Ludwig Thoma

Sämtliche Beiträge aus dem »Miesbacher Anzeiger« 1920/21

Ludwig Thoma
Werke in Einzelausgaben
Herausgegeben von Bernhard Gajek

Ludwig Thoma

Sämtliche Beiträge aus dem »Miesbacher Anzeiger« 1920/21

Kritisch ediert und kommentiert
von Wilhelm Volkert

Piper
München Zürich

ISBN 3-492-03276-1
2. Auflage, 3. Tausend 1990

Gesetzt aus der Bembo-Antiqua
Gesamtherstellung: Kösel, Kempten
Printed in Germany

Vorwort

Im schriftstellerischen Werk Ludwig Thomas nehmen die Veröffentlichungen in Zeitungen und Zeitschriften einen breiten Raum ein. Viele seiner Arbeiten für den »Simplicissimus«, für die »Jugend«, für die »Süddeutschen Monatshefte« und für den »März« sind nach der Erstveröffentlichung nachgedruckt und in die verschiedenen Ausgaben der Gesammelten Werke aufgenommen worden. Bei den Artikeln zum »Miesbacher Anzeiger« aus den Jahren 1920/21 ist dies, von wenigen Ausnahmen abgesehen, nicht der Fall. Die Sammlung der Artikel ist erst möglich seit den grundlegenden Untersuchungen von Richard Lemp, der Thomas handschriftlichen Nachlaß der Forschung erschlossen hat. Die Ausgabe der Thoma-Beiträge zum »Miesbacher Anzeiger« erforderte eine sorgfältige Untersuchung der Überlieferung, um gesicherte Zuschreibungen zu begründen. Näheres darüber ist im Nachwort zu dieser Edition ausgeführt.

Die politische Tendenz der oberbayerischen Provinzzeitung »Miesbacher Anzeiger« in den Jahren nach dem Ersten Weltkrieg richtete sich gegen die in der Revolution von 1918 entstandene Republik mit dem parlamentarischen System, gegen die sozialistische Bewegung, gegen das Judentum, gegen den Unitarismus im Deutschen Reich und gegen die demokratischen Parteien, die den Zentralismus des Reiches propagierten. Dieser journalistischen Richtung folgte Thoma; 1920/21 prägte er sie selbst. In der Geschichte der Publizistik und in der Forschung über den späteren Ludwig Thoma ist dies in Umrissen bekannt.

Schon zur Erscheinungszeit der Artikel wurde die Anonymität des Publizisten Thoma gelüftet. Stimmen in der interessierten Öffentlichkeit hielten ihm vor, daß die politische Meinung des Simplicissimus-Autors der Jahre vor dem Ersten Weltkrieg sich in unerklärbarer und unvertretbarer Weise gewandelt hätte zur reaktionären Anschauung des Nachkriegs-Journalisten, der zudem unverantwortliche antisemitische Hetze betreibe. Thoma hielt dem entgegen, daß er stets das bekämpft habe, was er für »dumm und schädlich« gehalten habe, und daß dies auch jetzt in der Zeit der Not des Vaterlandes gelte. Seine persönliche Situation in jenen Jahren mag dies erklären. Viele der Zeitgenossen konnten diese Erklärung jedoch nicht verstehen. Für den späteren Leser sind die Verständnishürden noch höher; bei vielen Varianten seiner Diktion sind sie unüberwindbar.

Die Edition der Beiträge Thomas zum »Miesbacher Anzeiger« in den Jahren 1920/21 soll einen Beitrag zur politischen Publizistik Bayerns in den frühen Jahren der Weimarer Republik liefern; damit soll die Entstehung und Verbreitung politischer Meinungen erhellt werden. Das erscheint notwendig, weil jene Meinungen mit dazu beigetragen haben, höchst verhängnisvolle Folgen hervorzubringen.

Zur Erläuterung der zeitgeschichtlichen Zusammenhänge und zur Einordnung der Texte in das publizistische Umfeld wurden die Thoma zuzuschreibenden Texte mit kommentierenden Anmerkungen versehen; einige Sachkomplexe sind im Nachwort erläutert.

Bei dieser Edition habe ich vielfach Hilfe erfahren. Dafür danke ich Bernhard Gajek, Regensburg, und Richard Lemp, München. Die Arbeit am Thoma-Nachlaß in der Handschriftenabteilung der Städtischen Bibliotheken München erleichterten mir in dankenswerter Weise Fritz Fenzl, Ursula Hummel und Gabriele Weber. Besonderen Dank sage ich den Mitarbeiterinnen und Mitarbeitern am Lehrstuhl für Bayerische Geschichte an der Universität Regensburg, besonders Irene Meier für die Herstellung des Manuskriptes und Georg Köglmeier für die Umsetzung des Registers in die elektronische Datentechnik.

Regensburg, 6. Juli 1989 Wilhelm Volkert

Inhalt

Anhang

Donnerstag, den 15. Juli 1920 1

Bayern unter »franz. Protektorat«.

Das ist die neueste Phantasie-Kombination der sozialdemokratischen »Münchner Post«[1]. Weil die bayerische Regierung erklärt hat, trotz der Nachrichten aus Spa[2] an ihrem Standpunkt in der Frage der Einwohner- und Sicherheitswehr[3] festzuhalten, glaubt sie, die »Münchner Post« nämlich, daß die bayerische Regierung[4] von seiten Frankreichs Garantien erhalten hat, die ihr gestatten, in dieser Frage einen anderen Standpunkt als die Reichsregierung einzunehmen, und bringt damit die Meldung von der beabsichtigten Errichtung einer französischen Gesandtschaft[5] in München in Zusammenhang.

»Und[a)] gerade Bayern, das durch seine militarisierte Einwohnerwehr ein Stein des Anstoßes in den Augen der Entente gewesen war«[a)] – schluchzt schmerzhaft die »Münchner Post« – »soll[b)] nun plötzlich ein Reservatrecht in der Entwaffnung der Einwohnerwehr erhalten?«

Die nachträglich dementierte »Riß«-Rede des Ministerpräsidenten von Kahr[6] erhält jetzt eine ganz besondere Bedeutung. Diese Rede ist seinerzeit fast im gleichen Wortlaut an deutsche wie ausländische Blätter telegraphiert worden, und zwar in einer Fassung, die, wenn sie nicht die Zustimmung der bayerischen Regierung gefunden hätte, sofort von ihr dementiert werden mußte. Diese Rede konnte jedoch ruhig ins Ausland gelangen. Die »Münchner Post« erhielt einen Auszug der Rede Kahrs, wie sie von Führern der Einwohnerwehr an ihre Getreuen ausgegeben war und die in dem Hauptpassus inhaltlich mit den bereits verbreiteten Telegrammen übereinstimmte. Damals erklärte Herr von Kahr, daß er nicht an der bayerischen Einwohnerwehr rütteln lassen wolle, selbst auf die Gefahr eines Risses hin, der in den Beziehungen Bayerns zum Reiche eintreten könnte.

Und am 9. Juli kündigte Herr von Kahr in einer Entscheidung der bayerischen Regierung förmlich den von den Vertretern Deutschlands beschlossenen Abmachungen in Spa den Gehorsam[7]. Er bekennt sich damit zu seiner am 10. April verbreiteten Münchener Riß-Rede. Er dementiert also gleichsam seine dementierte Rede. Zugleich aber redet das rechts-demokratische Blatt des Justizministers Müller[8] in einem Telegramm von Spa über die »Gefahr der Absplitterung« Bayerns vom Reich. Die Gefahr des »Risses« marschiert also wieder auf.

Wenn sich Bayern in der Frage der Einwohnerwehr ein Reservatrecht[9] erhandeln will, so kann es zu diesem Ziele nur durch Sonderabmachungen mit der Entente gelangen. Irgendein Mitglied der deutschen Delegation kann doch Bayern nicht besondere, über die Abmachungen von Spa hinausgehende Rechte einräumen.

Wenn Bayern seine militarisierte und zentralisierte Einwohnerwehr weitererhalten will, so kann es das nur durch Sonderverträge mit der Entente erreichen. Diese Verträge würden aber einen Bruch mit der Reichsverfassung[10] und einen entscheidenden Schritt auf der Bahn der Riß-Politik des Herrn von Kahr bedeuten.

Über diese wirkliche Lebensfrage des Deutschen Reiches muß die deutsche Volksvertretung sofort durch eine Interpellation an die deutsche Reichsregierung Klarheit schaffen und im gegebenen Falle Maßnahmen gegen eine die Reichsverfassung auflösende Politik leitender bayerischer Riß-Männer ergreifen. Letzten Endes werden sich die deutschen Arbeiter, Angestellten und Beamten wieder als das feste und sturmerprobte Bollwerk gegen alle reaktionären, die demokratisch-soziale Reichsverfassung unterminierenden Bestrebungen zu erweisen haben[b)]. – So schreibt die »Münchner Post«.

Sie möge sich aber beruhigen, denn ihre Kombinationen sind nichts als inhaltslose Hirngespinste.

Wir lassen nicht noch einmal unser bayerisches Vaterland versauen von Menschen, die sich mit der »schwarzen Schande«[11] in den besetzten Gebieten messen können, unser eiserner Wille, dies zu verhüten, ist einzig und allein unsere Garantie und unser »Reservatrecht«, das wir uns selbst geschaffen haben – komme, was da kommen mag. Die ganze ordnungs- und friedliebende Bevölkerung steht da treu und fest zu ihrer Regierung, das ist das offene Geheimnis des »französischen Protektorates« über Bayern. Und wem unsere Einwohnerwehr nicht paßt und nicht genehm ist, der möge ruhig sein Bündel schnüren und zu den Bolschewiki[12] nach Rußland hinüberwandern, wir halten Niemand auf!

Or. fehlt. – MA 46 Nr. 162 S. 1 v. 15. 7. 1920. – Lemp S. 240 Nr. 1460; Hofmiller S. 725.

a)–a) aus MP Nr. 160 v. 13. 7. 1920
b)–b) wie Note a)–a)

1 Das offizielle Organ der bayer. MSP »Münchener Post« tendierte zum rechten Flügel der sozialdemokratischen Presse; vgl. Piepenstock S. 152 ff; Knaus S. 20. Seit 1919 war Paul Kampffmeyer Chefredakteur (vgl. Nr. 3 Anm. 10). Die MP war die wichtigste Zielscheibe von Thomas Angriffen. Der MA hatte bereits am 13. 7. 1920 (Nr. 159 S. 1) gegen die MP wegen deren Ablehnung der Einwohnerwehrpolitik der bayer. Regierung polemisiert. – Die Vorlage für diesen Artikel war der Leitartikel »Die Riß-Politik des Herrn v. Kahr« in der MP Nr. 160 v. 13. 7. 1920, aus dem größere Teile wörtlich übernommen sind [s. Noten a)–a) und b)–b)]. Über Thomas Verhältnis zur MP vgl. Brehm S. 52 ff u. unten S. 486.

2 In Spa (belg. Provinz Lüttich) tagte vom 5.–16. 7. 1920 die Konferenz der Vertreter der Alliierten und der deutschen Reichsregierung über den Vollzug des Versailler Vertrags; einer der wichtigsten Verhandlungspunkte war die Durchführung der Entwaffnung (Schulthess 1920/II, S. 372; vgl. Gebhardt-Grundmann 4/I, S. 227 f; Huber 7, S. 151 f, 157 f).

3 Über die vorwiegend bürgerlich-konservativen Einwohnerwehren und ihre zum Teil restaurativ-reaktionären Ziele vgl. HBbG 4/I, S. 462 ff; Deuerlein S. 33 ff. Zur Situation 1920 vgl. Kanzler S. 108 ff; über die Haltung der MSP zur Einwohnerwehr vgl. Kritzer S. 173 ff sowie unten S. 480.

4 Über die Bildung der Koalitionsregierung von BVP, DDP und Bauernbund unter dem Ministerpräsidenten Gustav v. Kahr am 15. 3. 1920 vgl. HBbG 4/I, S. 454 ff; nach der Landtagswahl (6. 6. 1920) und der Neuwahl v. Kahrs als Ministerpräsident (16. 7. 1920) wurde die Regierung neu gebildet. Über v. Kahrs Haltung gegenüber den Beschlüssen der Konferenz in Spa vgl. Fenske S. 101 ff.

5 Am 23. 7. 1920 berichtete Ministerpräsident v. Kahr über den Besuch des französischen Gesandten Dard (16. 7. 1920); der Abg. Timm (MSP) forderte die Regierung auf, über die Reichsregierung die Abberufung des Gesandten zu betreiben; er fürchtete, daß durch den französischen Diplomaten die Einheit und Geschlossenheit der deutschen Republik und des deutschen Volkes gestört werden könne (LV 1920/21, StenBer 1, S. 119, 129; zur Sache vgl. auch BStZtg Nr. 167 S. 3 v. 21. 7. 1920 und Nr. 174 S. 2 v. 29. 7. 1920). Bayern und das Reich nahmen die franz. Aktion, die wohl separatistischen Zielen dienen sollte, hin, um weitere Schwierigkeiten zu vermeiden (Schwend S. 157 f; Huber 6, S. 453; Fenske S. 115 f). Zu den franz. Aktivitäten vgl. auch AR Fehrenbach S. 31 f, 102 f und Moser v. Filseck S. 65 ff.

6 Am 12. 4. 1920 berichtete die MP Nr. 85, Kahr habe einer Abordnung der Bezirksführer der Münchener Einwohnerwehr erklärt, Bayern müsse sich der Auflösung der Einwohnerwehr widersetzen, es müsse seinen Weg weitergehen, selbst auf Kosten einer vorübergehenden Trennung Bayerns vom Reich. Diese Äußerung wurde alsbald von Regierungsseite dementiert (s. BStZtg Nr. 85, 86

v. 13. u. 14.4.1920; MP Nr. 88 v. 15.4.1920; Schulthess 1920/I, S. 92; Fenske S. 102; vgl. Schwend S. 160). – Dr. Gustav Ritter v. Kahr (1862–1934), seit 1917 Regierungspräsident v. Oberbayern, v. 16.3.1920–11.9.1921 bayer. Ministerpräsident, er führte daneben auch das Ministerium des Äußern und das Innenministerium; seine Wahl hatte vor allem Dr. Georg Heim (s. Nr. 19 Anm. 11) betrieben. Vgl. NDB 11, S. 29f; Benz-Graml S. 171. Vgl. auch S. 474f..

7 Erklärung der bayer. Regierung v. 9.7.1920, daß sie auf die Einwohner- und Sicherheitswehr nicht verzichten könne; auch die Nachrichten aus Spa würden an dieser Haltung nichts ändern (MP Nr. 158 v. 10./11.7.1920; BStZtg Nr. 159 v. 11.7.1920; Schulthess 1920/I, S. 190; vgl. Schwend S. 163; Fenske S. 103).

8 Dr. Ernst Müller-Meiningen (1866–1944), bayer. Justizminister v. 31.5.1919–15.7.1920 (DDP); Bayer. Biogr. S. 536; Landtagshandbuch 1921, S. 73f. Müller-Meiningen schrieb regelmäßig in den MNN (Reimann S. IV). Zum Bayern-Reich-Verhältnis s. Müller-Meiningen S. 253–257. – Zum »Telegramm aus Spa« vgl. die »Eigenen Drahtberichte« in MNN Nr. 276–280 v. 9.–13.7.1920. Zum Verhältnis Thomas zu den MNN s. auch Keller, Briefe S. 434 (v. 27.8.1920); Brehm S. 50.

9 Die in der Reichsverfassung von 1871 Bayern eingeräumten Reservatrechte (Huber 3, S. 806ff) waren durch die Weimarer Verfassung beseitigt worden; Zimmermann S. 48ff. Vgl. auch Nr. 8 Anm. 4.

10 Über das Reich-Länder-Verhältnis in der Weimarer Verfassung v. 11.8.1919 vgl. Huber 7, S. 76ff. – Dem Führer der bayer. Einwohnerwehren, Forstrat Escherich, schwebten bayerisch-französische Sonderverhandlungen vor, um den bayer. Standpunkt in der Entwaffnungsfrage zu erklären. Der Ministerrat lehnte dies jedoch ab (Reimann S. 251f; Schwend S. 160f).

11 Am 7.5.1920 brachten die Frauen sämtlicher Fraktionen des Bayer. Landtags einen Antrag ein, wonach die Staatsregierung bei der Reichsregierung darauf hinwirken solle, daß die Entente die farbigen Besatzungstruppen zurückziehe; die wiederholt von farbigen Besatzungsangehörigen gegen deutsche Mädchen und Frauen verübten Sittlichkeitsverbrechen würden zu einer »bleibenden Schmach für die weiße Rasse« (LV 1919/20, BeilBd 4, S. 274 Nr. 1369). In der Debatte am 11.5.1920 werden diese Vorgänge als »Schmach und Schande« und als »Kulturschmach« bezeichnet (Ebd. StenBer 3, S. 164ff; Schulthess 1920/I, S. 132). Den Ausdruck »Schwarze Schande« in der Pfalz erwähnt auch Müller-Meiningen S. 247. In der Presse werden Übergriffe farbiger Soldaten vielfach als »Schwarze Schmach« bezeichnet (z. B. BStZtg Nr. 154, 158, 181, 225 v. Juli bis September 1920; MA Nr. 164 S. 1f v. 17.7.1920). Im französischen Besatzungskontingent im bayer. Regierungsbezirk Pfalz sollen sich 20000 Farbige und Schwarze aus Marokko, Algier, Tunis, Cochinchina und Annam befunden haben (Anton Pfeiffer, Die Pfalz unter franz. Besatzung 1918–1930 [ZBLG 5] 1932, S. 90). Vgl. auch HBbG 4/I, S. 446f.

12 Seit dem Londoner Kongreß v. 1903 führten die Anhänger Lenins die Bezeichnung Bolschewiki (Valentin Gitermann, Geschichte Rußlands 3, Hamburg 1949, S. 358).

Samstag, den 17. Juli 1920 2

Antisemitisches.

Wer heute mit Bedauern, oder wenn er selbst Jude ist, mit Sorge das Anwachsen der antisemitischen Stimmung gerade in der akademischen Jugend[1], der Zukunft Deutschlands, sieht, der lege sich Rechenschaft ab über die große Schuld, welche die jüdische Presse an dieser Erscheinung trifft.

Das »Berliner Tageblatt«[2] züchtet an einem Tage mehr Antisemitismus als die Hakenkreuze[3] an jeder Straßenecke.

Es ist mit vollem Zielbewußtsein antiarisch, antideutsch, antichristlich. Nicht minder die »Frankfurter Zeitung«[4], die einmal glänzend redigiert war und heute die dümmsten Entgleisungen begeht, die im Feuilleton einen leidenschaftlichen Rassenkrieg gegen die deutsche Kultur führt unter Leitung eines degenerierten Salonbuben[5]. Es ist gut, daß das deutsche Volk zu seinem größten Teile nicht weiß, was Berliner Winkelblätter schreiben. Sonst könnte der Antisemitismus noch ganz andere Formen annehmen und sich nicht darauf beschränken, Hakenkreuze anzumalen.

Wir Arier haben es am Ende nicht nötig, ruhig zuzusehen, wie schmierige Lausbuben, Tango- und Spinatburschen zu Christenpogromen hetzen.

Das ist keine Übertreibung. Tut der Siegfried Jacobsohn[6] in seiner Schau- und Saubühne[7] etwas anderes? Er fordert zum Bürgerkrieg auf, er hetzt zu Mord und Brandstiftung auf, er kokettiert mit dem Terror des kommunistischen Pöbels. Er selber ein kümmerlicher, läppischer, armseliger Feigling. Muß man das geduldig hinnehmen, verehrte Staatsbürger israelitischen Glaubens?

Wenn Sie Staatsbürger sind und sein wollen, warum protestieren Sie nicht gegen diese. – Sie alle betreiben da gemeine Hetze[a)].

Der Kerl schadet Ihnen, der vertieft Abscheu und Haß gegen Sie, denn man macht Sie dafür mitverantwortlich. Und auch nicht mit Unrecht, wenn Sie schweigen, wo Sie sehr laut reden müßten.

Es wäre Ihre Pflicht gegen sich und Ihre Angehörigen, von solchen Menschen und ihrem Treiben deutlich abzurücken. Aber es kitzelt immer noch Ihre Eitelkeit und Ihr Sensationsbedürfnis, wenn einer der Ihrigen durch den radikalsten, oder auch durch den gemeinsten Journalismus Aufsehen erregt.

Können Sie sich wundern, daß das gebildete Deutschland, das diese Leistungen kennt, in Zorn gerät und wollen Sie, daß dieser Zorn noch die Unterschiede macht, die Sie selbst nicht machen?

Sie sagen mit Recht, es gibt anständige Juden; es gibt sehr viele kluge, hilfsbereite Juden, aber wer das weiß und glaubt, sieht mit Unmut, daß sie ein in diesem Falle unberechtigtes Gefühl der Zusammengehörigkeit abhält, Farbe zu bekennen.

Es gibt Lagen, sehr verehrte Mitbürger israelitischer Konfession, in denen Duldung, Lauheit Verbrechen sind.

Die unsrige ist eine solche. Darum kokettiert nicht mit Gefallen am geistreichen Spielen mit Revolution – oder wundert Euch nicht, daß man verallgemeinert!

Der Wolff[8], der Harden[9], der Jacobsohn, der Kraus[10], neben den Levin[11], Leviné[12], Toller[13], Mühsam[14], Bela Kun[15] und so vielen andern – die haben das Feuer des Rassenhasses angefacht. Das sind die Brandstifter – und wenn Ihr ernsthaft löschen wollt, dann stellt Euch nicht in ihre Reihe!

Or. fehlt. – MA 46 Nr. 164 S. 1 v. 17. 7. 1920. – Lemp S. 240 Nr. 1461; Hofmiller S. 725.

a) MA: Sie alle belasten da gemeine Hetze?

1 Über antisemitische Umtriebe an den Universitäten Berlin, Breslau, Frankfurt, Greifswald, Hannover (TH), Heidelberg, Karlsruhe (TH), Leipzig, München und Würzburg 1919/20 vgl. Jürgen Schwarz, Studenten in der Weimarer Republik (Ordo Politicus 12) 1971, S. 97, 220 ff; Adolf Leisen, Die Ausbreitung des völkischen Gedankens in der Studentenschaft der Weimarer Republik (Diss. Heidelberg) 1964, S. 206 f; Julie Meyer-Frank, Erinnerungen an meine Studienzeit (Vergangene Tage) S. 215 f; Roland Flade, Juden in Würzburg 1918–1933 (Mainfränkische Studien 34) 1985, S. 280 ff; Walter Ziegler, Die Universität Würzburg im Umbruch (1918–1920) (Vierhundert Jahre Universität Würzburg, hg. v. Peter Baumgart) 1982, S. 225 f; Michalski S. 90 f. Zum studentischen Antisemitismus vgl. Oskar Franz Scheuer, Burschenschaft und Judenfrage, Berlin 1927, S. 52, 55 f; Thomas Nipperdey, Die deutsche Studentenschaft in den ersten Jahren der Weimarer Republik (Kulturverwaltung der Zwanziger Jahre, hg. v. Wilhelm Zilius u. Adolf Grimme) Stuttgart 1961, S. 38–41; Michael H. Kater, Studentenschaft und Rechtsradikalismus in Deutschland 1918–1933. Eine sozialgeschichtliche Studie zur Bildungskrise in der Weimarer Republik (Historische Perspektiven 1) 1975, S. 145 ff, 151.

2 Über das liberal-demokratische, im Rudolf-Mosse-Verlag erscheinende Berli-

ner Tageblatt, das sehr häufig Zielscheibe antisemitischer Angriffe war, vgl. Becker S. 207ff; Ders., Liberale Presse S. 85, 117ff; Gotthart Schwarz, Berliner Tageblatt 1872–1939 (Deutsche Zeitungen) S. 324.

3 Über das Hakenkreuz als alldeutsch-antisemitisches Abzeichen vgl. Otto Hupp, Runen und Hakenkreuze, München 1921, S. 89ff, 125. – Über Hakenkreuzschmierereien in Tegernsee und den Nachbarorten am 9. 7. 1920 s. MA Nr. 163 S. 2 v. 16. 7. 1920; an der Synagoge in München s. RV Bd. 350, S. 3946; vgl. Fenske S. 105 Anm. 87.

4 Über die linksdemokratische Frankfurter Zeitung s. Kurt Koszyk, Deutsche Presse 1914–1945 (Geschichte der deutschen Presse 3) 1972, S. 216; Kurt Paupié, Frankfurter Zeitung (Deutsche Zeitungen) S. 64f, 249; Becker S. 207ff; Ders., Liberale Presse S. 73ff.

5 Meint Thoma damit Siegfried Kracauer (1889–1966), der seit 1920 in der Feuilletonredaktion vor allem als Filmkritiker arbeitete? Vgl. Becker, Liberale Presse S. 129; Kaznelson S. 707; Kosch 9, Sp. 326f. Wichtiger Feuilletonredakteur war auch Rudolf Geck (1868–1936); s. NDB 6, S. 124f. J. Mainländer, Die Frankfurter Zeitung – kein Judenblatt? (Hammer 19) 1920, S. 14f stellt die »geradezu ausschließliche Herrschaft des Judentums im Feuilleton der Frankfurter Zeitung« fest.

6 Siegfried Jacobsohn (1881–1926), Gründer der Schaubühne; Enc. Jud. 9, Sp. 1238f; NDB 10, S. 245f; Benz-Graml S. 157; Enseling S. 19–28.

7 Die 1905 von Siegfried Jacobsohn gegründete Zeitschrift Schaubühne führte seit 1918 den Titel Die Weltbühne; s. Enseling S. 32; Becker, Liberale Presse S. 102ff; Heinz-Dietrich Fischer, Die Weltbühne 1905–1939 (Deutsche Zeitschriften des 17. bis 20. Jahrhunderts) Pullach 1973, S. 323–348. Vgl. Nr. 80. – Zur Reaktion bürgerlicher jüdischer Kreise auf die Revolution vgl. auch MinProt S. 280 u. Nr. 147 Anm. 4.

8 Theodor Wolff (1868–1943), seit 1906 Chefredakteur des Berliner Tageblatts; Enc. Jud. 16, Sp. 612; Benz-Graml S. 372; Becker S. XXIIf.

9 Maximilian Felix Ernst Harden (1861–1927), Publizist; Enc. Jud. 7, Sp. 1333ff; NDB 7, S. 647–651; Benz-Graml S. 124f; Berglar S. 190–197.

10 Karl Kraus (1874–1936), Schriftsteller; Enc. Jud. 10, Sp. 1243f; NDB 12, S. 694ff; Österr. Biogr. Lex. 4, S. 230–233; Benz-Graml S. 193f. Vgl. Nr. 80.

11 Thoma meint wohl Max Levien (1885–1937), Herausgeber der Münchener Roten Fahne (Huber 5, S. 1121); Morenz S. 128 (gibt 1930 als mutmaßliches Todesjahr an); Levien war nicht Jude (Angress S. 242).

12 Eugen Leviné (1883–1919), Politiker; Enc. Jud. 11, Sp. 113f; NDB 14, S. 400f; Morenz S. 129.

13 Ernst Toller (1893–1939), Dramatiker; Enc. Jud. 15, Sp. 1211f; Benz-Graml S. 342; Morenz S. 133; Osterroth S. 311f.

14 Erich Mühsam (1878–1934), Schriftsteller; Enc. Jud. 12, Sp. 498f; Benz-Graml S. 233; Morenz S. 130. Zur Korrespondenz mit Thoma 1917 vgl. Lemp S. 148.

15 Bela Kun (1886–1939), ungarischer Politiker; Enc. Jud. 10, Sp. 1290f; Biogr. Lex. zur Geschichte Südosteuropas 2, 1976, S. 528f.

Samstag, den 31. Juli 1920 3

Die Münchner Post[I].

Diese Zeitung hat es fertig gebracht, dem toten Dichter Ludwig Ganghofer[2] eine Schmähung ins offene Grab nachzugeifern.

Es hätte schweigen können – aber doch nicht, diese Möglichkeit gab es nicht.

Es ist das bleibende Merkmal dieser Leute, daß ihnen Ehrfurcht fremd ist und bleiben muß, daß sie kein Gefühl ehren, daß Roheit ihr Gewerbe ist. Wir wußten es schon vorher, daß der Itzig[3] am Altheimereck[4] das Werk des bayerischen Volksdichters Ludwig Ganghofer nicht würdigen kann; wir wollen das gar nicht, denn dazu ist der Dichter, der zu uns gehört, zu heimatlich, zu wertvoll und zu deutsch[5].

Aber sein Maul hatte der Schmuhl[6] zu halten; diese Stunde der Trauer hatte er nicht zu stören.

Was übermorgen in dem Leiborgan der Zuhälter von der Schwanthalerhöhe[7] gestanden hätte, wäre jedem anständigen Bayern gleichgültig gewesen. Ein Blatt, in dem der Kurt Eisner[8] seine Schmotzes[9] ausgespuckt hat, kann das Andenken an einen edlen Dichter nicht besudeln.

In einer besseren Zeit hätte man den Schmuhl gezwungen, unser Gefühl am offenen Grabe Ganghofers zu schonen, heute erlaubte ihm Unglück und Schmach des Vaterlandes, frech zu sein.

Wer wundert sich, daß er die armselige Möglichkeit mißbrauchte?

Doch Niemand, der die Burschen kennt[10].

Or. fehlt. – MA 46 Nr. 176 S. 2 v. 31. 7. 1920; Kloeber S. 56. – Lemp S. 240 Nr. 1462; Hofmiller S. 725.

1 S. Nr. 1 Anm. 1; MP Nr. 171 v. 26. 7. 1920.
2 S. Nr. 4 Anm. 1.
3 Abwertend für Jude (Küpper 4, S. 1368).
4 Straße in der Münchener Innenstadt; dort befanden sich Redaktion und Druckerei der MP; s. Zils S. 434 f; Emil Werner, Aus der Geschichte der Münchener Post (100 Jahre Sozialdemokratie in München) 1969, S. 95.
5 Vgl. den Nachruf v. Klaus Eck in MA Nr. 171 S. 2 v. 27. 7. 1920. – MA Nr. 172 v. 28. 7. 1920 beschäftigt sich nochmals mit Ganghofers Tod; Kirmayer S. 75

meint, dieser Artikel sei »mit ziemlicher Sicherheit« Thoma zuzuschreiben. Dies wäre genauer zu untersuchen. In die Edition wird der Artikel nicht aufgenommen, da er weder in den beiden Listen noch bei Hofmiller erwähnt wird.

6 Abwertend für Jude (Grimm 9, Sp. 1132).

7 Wohnviertel im Münchener Westen um die Schwanthalerstraße.

8 S. Nr. 14 Anm. 7. Eisner war Mitarbeiter der MP gewesen.

9 Geschwätz, v. jidd. schmuje, schmuoth, schmonzes (Küpper 7, S. 2517; Landmann S. 226; Kluge-Mitzka S. 666f).

10 Paul Kampffmeyer (Chefredakteur der MP) erhob wegen der in diesem Artikel enthaltenen Beleidigungen Klage gegen Klaus Eck (Herausgeber des MA) am Schöffengericht beim Amtsgericht München. Eck bekannte sich als Verfasser des Artikels; er wurde zu 250,– Mark Geldstrafe verurteilt (s. S. 466f).

Donnerstag, den 19. August 1920 4

Fassung A.

Prolog zu Ludwig Ganghofers Gedächtnisfeier in Tegernsee[1].

Gesprochen am 17. August von Fritz Greiner.

Er schied von uns. Kein Händedruck, kein Wort,
Das lang in uns erinnernd Nachhall fände.
Gab uns den Abschied. Schweigend ging er fort,
Aus Heute ward ein Gestern ohne Ende.

Er ist nicht mehr, der Form uns und Gestalt
Der deutschen Art so lange war gewesen
In harten Zeiten letzter Halt,
An dem so viele hofften, zu genesen.

Wie eine Tanne steht auf hohem Sitz,
Den Stürmen trotzend, die sie kaum zum Neigen
Des Wipfels bringen, stand er, als ein Blitz
Ihn traf. Er fiel, ein Baum mit grünen Zweigen.

Wir sehen tieferschüttert seinen Fall
Und grauer scheint das ungewisse Morgen

Und schwer drückt auf uns, was überall
Sich um uns drängt an Not, Gefahr und Sorgen.

Und dennoch – nein! Uns Andern ziemt es nicht,
An ihn mit Trauer nur und Schmerz zu denken,
An ihn, den Frohen, der so lebend spricht
Aus seines Werkes köstlichen Geschenken.

Wir schöpfen immer noch aus diesem Quell
Des Lebensmutes seiner heit'ren Güte,
Das Dunkel weicht und in uns wird es hell
Und manchen Frühling grüßt noch neue Blüte.

Sein ganzes Leben war ein Sonnenschein,
Den sperrt kein Tod in einen engen Schrein,
Der wird noch Vielem, was sich drängt zum Leben,
Sein warmes Licht zu starkem Wachstum geben.
Und fühlt das Volk auch noch in fernen Tagen
Sein edles Herz für alles Hohe schlagen
Und klingt in bess'ren Zeiten noch sein Wort
Als hoher Trost, als ernster Mahnung fort,
Wie wär er tot – der so lebendig bleibt?
Kein Baum verdorrt, der neue Blüten treibt.
Er lebt der Heimat, die ihn stets beglückte.
Die er mit seinen Werken dauernd schmückte,
Er lebt dem Volke, das er heiß geliebt
Und das ihm dankbar Treu' um Treue gibt.

Ludwig Thoma

Or. fehlt; vgl. jedoch die folgenden Entwürfe. – MA Nr. 192 S. 2 v. 19. 8. 1920. – Lemp S. 240 Nr. 1463; Hofmiller S. 725.

Fassung A – Entwurf.

Er schied von[a)] uns. Kein Händedruck, kein Wort
das lang in uns erinnernd Nachhall fände,
[so plötzliches und plötzliches Geschehen riß ihn fort,

er ging, da ihn so viele sich als Hort
sich heiß ersehnten, daß er nie verschwände]
und heute war ein gestern ohne Ende[a].

Er schied von uns. Kein Händedruck, kein Wort
Das lang in uns erinnernd Nachhall fände
Gab uns den Abschied. Schweigend ging er fort.
Aus heute ward ein gestern ohne Ende.

Er[b] ist nicht mehr, der Form uns und Gestalt
[des Deutschtums des Deutschen]
der deutschen Art so lange war gewesen
in harten Zeiten noch ein letzter Halt,
an dem so viele hofften, zu genesen.

Wie [eine Wettertanne] eine Tanne, die [der Sturm gefällt]
steht, auf hohem Sitz
[dem Sturme trotzt], den Stürmen trotzend, die sie kaum
zum Neigen
des Wipfels bringen, stand er, als ein Blitz
[an hohem Fall] ihn traf. Er fiel mit immergrünen Zweigen[b].

Or. 1 Bl., L 2407 fol. VI (Lemp S. 197 Nr. 130; vgl. auch Lemp, 1967, S. 59).

Fassung B – Erster Entwurf.

Prolog zur Ganghofer-Gedächtnisfeier, 17. August 1920

Er schied von uns, der lange noch zu bleiben
Als starker Hort in schwerer Zeit versprach.
Der Trost für Viele, lebend ihn zu wissen,
Ward uns genommen, die so vieles nahm
Die graue Gegenwart hat ihn entrissen.
Wie eine Wettertanne im Gebirg,
Gesund im Mark, von jähem Blitz getroffen,
So sank er hin, der gestern noch geragt

Als stolzer Baum mit immergrünen Zweigen.
Wir sahen tief erschüttert seinen Fall
Und fühlten bange, wie des Tages Sorge
Uns als vereinsamt doppelt hart bedrückt.
– Und doch! Von ihm, dem Frohen, nur in Trauer,
– Verhaltnem Schmerz zu reden, ziemt sich nicht.
Wenn er auch schied, er blieb uns doch erhalten
In seinem Werk, aus dem er lebend spricht,
Aus dem uns heiter lachend seine Güte
Entgegentritt, sein hoher Sinn, ein Quell
Von Lebensmut, erquickend, der kein müdes
Verzagen leidet, der Erfrischung gibt,
Und Kraft zur Arbeit, zum Genießen Freude.
Sein helles Leben war ein Sonnenschein.
Den sperrt kein Tod in einen engen Schrein.
Der soll noch Vielem, was sich drängt zum Leben
Sein warmes Licht zum frohen Wachstum geben.
Und [hört] fühlt das Volk auch noch in fernen Tagen
Sein edles Herz für alles Hohe schlagen,
Und klingt in bess're Zeiten noch sein Wort
Als froher Trost, als [edle] ernste Mahnung fort.
Wie wär er tot – der so lebendig bleibt?
Kein Baum verdorrt, der neue Blüten treibt.
Er lebt der Heimat, die ihn stets beglückte,
Die er mit seinem Werke dauernd schmückte,
Er lebt dem Volke, das er heiß geliebt
Und das ihm dankbar Treu um Treue gibt[c].

Ludwig Thoma

Or. 1 Bl., L 2407 fol. III (Lemp S. 197 Nr. 130).

Fassung B – Weiterer Entwurf.

Prolog[d] zur Ganghofer-Gedächtnisfeier, 17. August 1920

Er schied von uns, der lange noch zu bleiben
Als starker Hort in schwerer Zeit versprach.

Der Trost für Viele, lebend ihn zu wissen,
Ward uns genommen. Die so vieles nahm,
Die graue Gegenwart hat ihn entrissen,
Wie eine Wettertanne im Gebirg,
Gesund im Mark, von jähem Blitz getroffen
So sank er hin, der gestern noch geragt
Als stolzer Baum mit immergrünen Zweigen.
Wir sehen tief erschüttert seinen Fall
Und fühlen bange, daß die schwere Sorge
Uns als vereinsamt doppelt hart bedrückt.

Und doch! Von ihm, dem Frohen, nur in Trauer,
Nur in verhaltnen Schmerz zu reden ziemt sich nicht[d].
Und[e] schied von uns, den lange zu erhalten
Wir heiß erfleht von uns'res Schicksals Walten.
Den Trost für viele, lebend den zu wissen,
Hat uns die graue Gegenwart entrissen,
Der uns in schwerer Zeit als [Schutz und Hort] fester Hort
Der Heimat galt, den nahm das Schicksal fort,
Das uns so tief, das uns so schwer getroffen,
Als nähme man uns auch dies noch – auf ihn zu hoffen.
Wie eine Tanne, die [auf hohem Gipfel] von einem Sturm
umweht
[mit derben Wurzeln steht, und deren Wipfel]
auf hohem Gipfel unerschüttert steht[e].

Or. 1 Bl., L 2407 fol. IV (Lemp S. 197 Nr. 130). – Lemp S. 158f Nr. 261 (Faksimile und Druck der Vorderseite).

Fassung B – Vorentwurf.

Prolog zur Ganghoferfeier in Egern[2].

[Wir haben ihn begraben]
Er schied von uns, der lange noch zu bleiben
Als starker Hort in dieser Zeit versprach;
[Ein Mann, für Jeden Freude ihn zu sehen,]

4

Trost für Viele, lebend ihn zu wissen,
Ward uns genommen; die so vieles nahm,
Die graue Gegenwart hat ihn entrissen,
Und eine Sonne, deren heller Schein
Durch alle Wolken brach, ist uns erloschen.
So standen trauernd wir an seinem Grab
Wir fühlten bange, daß[f] [die Not des Tages] die schwere Sorge,
[Uns als vereinsamt doppelt hart bedrückt.]
Uns als vereinsamt doppelt hart bedrückt.
Und doch von ihm, dem Frohen, nur in Trauer,
Nur in verhaltnen Schmerz zu reden, ziemt sich nicht.
Wer so im Volke lebt, ist nicht gestorben.
[Das wäre nicht Gedenken, wär' Vergessen,
Daß uns sein Bestes immer leben bleibe, über Grab und Tod,]
Wenn er auch schied, er blieb uns doch erhalten
In seinem Werk, aus dem er lebend spricht,
Aus dem uns heiter lachend seine Güte
Entgegentritt, sein hoher Sinn ein Quell
Von Lebensmut erquickend, der kein müdes
Verzagen litt, der stets Erfrischung bot,
[Zum Schaffen Kraft,]
Zu Arbeit Kraft, und zum Genießen Freude.
[Sein helles Leben war ein Sonnenschein
Und gab Gedeihen, Wachsen.
Den sperrt kein Tod in kalte Gräber ein,
Der wirkt noch fort, der gibt uns Frucht und Blüte,
In seinem Werk ist, was er lebend gab
Die Sonnenwärme]
Sein helles Leben war ein Sonnenschein
Den sperrt kein Tod in [kalte Gräber ein] einen engen Schrein,
Der kann noch Vielem, was sich drängt zum Leben
[Gesundes Licht] erneute Kraft zum frohen Wachstum geben.

[Und unser Volk, das ihm sehr viel gewesen,
Gab ihm das Beste, was ein Dichter gibt.
Er hat es treu und ohne Falsch geliebt.]
Er lebt der Heimat, die ihn stets beglückte.

Wie wär' er tot, wenn wir in fernen Tagen
Und fühlt das Volk auch noch in fernen Tagen
Sein edles Herz für alles Hohe schlagen,
Und klingt in bess'ren Zeiten uns noch sein Wort
Als froher Trost, als ernste Mahnung fort.
Wie wär' er tot, der so lebendig bleibt.
Kein Baum verdorrt, der neue Blüten treibt.
Er lebt dem Volke, das er heiß geliebt
Und das ihm dankbar Treu' um Treue gibt[f].

Or. 1 Bl., L 2407 fol. V (Lemp S. 197 Nr. 130).

a)–a) Stenogramm. Übertragung v. Dr. Anton Motan, Herrlingen
b)–b) wie Note a)–a)
c) Schlußzeichen
d)–d) L 2407 fol. IV^r
e)–e) wie Note a)–a)
f)–f) wie Note a)–a)

1 Ludwig Ganghofer (1855–1920); s. NDB 6, S. 60f; Adolf Layer, Schwäbisches Ehrenbuch, Weißenhorn 1985, S. 89ff. Zur Nachricht von Ganghofers Tod am 24. 7. 1920 s. Nr. 3. – Der Prolog wurde vor einer Festvorstellung in Anna Denggs Bauerntheater im Steinmetzsaal in Tegernsee gesprochen. Über eine Gedächtnisfeier in Schliersee mit der Aufführung »Der Herrgottsschnitzer von Oberammergau« berichtete MA Nr. 184 S. 1 v. 10. 8. 1920. – Thoma erwarb bald darauf einen Grabplatz neben dem Ganghofer-Grab auf dem Friedhof in Egern (Lemp S. 30). – Über die Bekanntschaft Thomas mit Ganghofer seit 1902 vgl. Lemp S. 91f, 98, 151, 158 und Rösch S. 21–28, 67–73, 78–85.
2 Letzter Wohnort Ganghofers.

Samstag, den 28. August 1920 5

Nach Bayern – Brandenburg.

In der Provinz Brandenburg[1] hat sich in allen Kreisen ein Flur- und Ortsschutz gebildet. Dieser Schutz umfaßt in der Hauptsache die ganze Manneskraft der ländlichen Bevölkerung der Provinz und der Ostmark[2]. Alle diejenigen, welche dieser Organisation verfassungswidrige Ziele unterstellen, tun dies wahrheitswidrig aus Unkenntnis oder mit bestimmter böser Absicht. Dieser Selbstschutz ist die natürliche Folge der bestehenden Zustände. Raub, Mord, bandenweises Plündern, ständig zunehmende Unsicherheit in den Städten, Ortschaften, auf den Feldern, Straßen, beweisen die Hilf- und Machtlosigkeit der Staatsregierung diesen Zuständen gegenüber.

Der Selbstschutz[3] der Provinz Brandenburg und der Ostmark umfaßt etwa 150000 ordnungsliebende Männer aller Berufe, Stände und Parteien, die sich zum örtlichen und kreisweisen Selbstschutz und zu gegenseitiger Hilfeleistung verbunden haben.

Die Arbeitsgemeinschaft der landwirtschaftlichen Organisationen Brandenburgs haben nun dem Oberpräsidenten ein Schreiben zugehen lassen, dem zu entnehmen ist:

Dem Herrn Minister des Innern ist dringend vorzustellen, daß die Auflösung des Selbstschutzes in der Provinz und in der Ostmark nicht dem Zwecke der Erhaltung von Ruhe und Ordnung dienen würde. Um unliebsame Zwischenfälle zu vermeiden, scheint es uns angezeigt, schnellstens die Herren Regierungspräsidenten und Landräte anzuweisen, den Selbstschutz unbehelligt zu lassen. Wir sind entschlossen, uns mit eiserner Energie und mit allen uns zu Gebote stehenden Mitteln im Interesse unserer Heimat und der Zukunft unseres Volkes gegen eine Auflösung zu wehren.

Im Übrigen sind wir gerne bereit, uns der Regierung jederzeit entsprechend unserer Aufgabe im Interesse der Gesamtheit unseres Volkes, des Staates und des Vaterlandes zur Verfügung zu stellen[4].

Aus dem Inhalt dieser Kundgebung geht dreierlei klar hervor:

Es handelt sich nur um Notwehr des beunruhigten, ständig bedrohten Landes, bitter nötig geworden durch die Unfähigkeit der Regierung, Leben, Eigentum und friedliche Arbeit zu schützen. Damit zugleich um Notwendigkeiten der Volksernährung und Staatserhaltung.

Selbst abgesehen von der Notwehr aber, die stets erlaubt ist[5], handelt es sich um ein völlig verfassungsmäßiges Vorgehen. Dies Vorgehen ist keineswegs in Parallele zu stellen mit der Haltung der radikalen Eisenbahner[6], die sich eigenmächtig gegen die Verfassung – genau wie Kapp[7] und Lüttwitz[8]! – an die Stelle verfassungsmäßiger Gewalten setzen; auch nicht mit dem Vorgehen der Reichsregierung, die den Eisenbahnern verfassungswidrige Zugeständnisse macht.

Der märkische Selbstschutz ist schließlich auch durchaus vereinbar mit dem durch Spa auferlegten Entwaffnungsgebot[9]. In seiner Begründung der Entwaffnungsforderung hat Lloyd George[10] ausdrücklich von der bolschewistischen Gefahr gesprochen, die durch das Vorhandensein großer Waffenmengen in den Händen der Bevölkerung Deutschlands gegeben sei. Der märkische Selbstschutz will aber der Abwehr dieser Gefahr dienen, solange die Regierung nicht stark genug ist, diese Abwehr selber zu verbürgen. Nicht dieser Selbstschutz widerspricht an sich Spa, sondern eine schwache und unfähige Politik der Regierung, die tatsächlich die durch Spa geforderte Reinigung Deutschlands von bolschewistischer Gefahr in das Gegenteil umzubiegen droht[11].

Ein Anlaß zum »Konflikt«, den ein linksstehendes Blatt[12] aus dem Vorgehen der Märker schon erwachsen sehen will, ist also sachlich nicht gegeben. Er kann nur durch Schuld der Regierung erstehen – wenn diese sich hartnäckig der inneren Wahrheit der Dinge und den Staatsnotwendigkeiten verschließt.

Was Bayern anbelangt, so wird auch da die Berliner »Semmelsuppen-Regierung« erkennen und einsehen lernen, daß nichts zu ändern ist: Orgesch[13] bleibt und wenn auch Berlin auf dem Kopf steht.

Or. fehlt. – MA 46 Nr. 200 S. 1 v. 28. 8. 1920. – Lemp S. 240 Nr. 1464; Hofmiller S. 725.

1 Zur preuß. Provinz Brandenburg gehörten die Regierungsbezirke Potsdam und Frankfurt a. d. Oder; s. Werner Vogel, Brandenburg (Grundriß der deutschen Verwaltungsgeschichte, A 5) 1975, S. 46f. – Oberpräsident war v. 1919–1933 Adolf Maier (DDP); Huber 6, S. 766f.

2 Gemeint ist wohl die 1919/22 gebildete preuß. Provinz Grenzmark Posen-Westpreußen; vgl. Walther Hubatsch, Provinz Grenzmark Posen-Westpreußen (Grundriß [wie Anm. 1] A 2/II) 1975, S. 103, 111. – Überleitungskommissar u. Oberpräsident war Friedrich v. Bülow (DVP); Huber 6, S. 766f; Schwabe, Oberpräsidenten S. 326.

3 Vgl. Jens Flemming, Die Bewaffung des »Landvolks«. Ländliche Schutzwehren und agrarischer Konservativismus in der Anfangsphase der Weimarer Republik (Militärgeschichtl. Mitteilungen 26) 1979, S. 26; Peter Bucher, Zur Geschichte der Einwohnerwehren in Preußen 1918–1921 (Ebd. 9) 1971, S. 49ff. – Gegen den

Aufbau eines Orts- und Flurschutzes bei der Auflösung der Einwohnerwehren wandten sich im Mai 1920 die preuß. Sozialisten; Schulthess 1920/I, S. 130; zur Haltung der Reichsregierung vgl. AR Fehrenbach S. 116f.

4 MA Nr. 199 S. 1 v. 27. 8. 1920 berichtete über den Aufruf der Arbeitsgemeinschaft landwirtschaftlicher Organisationen in Brandenburg. – Preuß. Innenminister war Wilhelm Severing (MSP); s. Nr. 55 Anm. 5.

5 Vgl. Ludwig Thomas Dissertation »Zur Lehre von der Notwehr«; Lemp S. 55, 172 Nr. 10; Gritschneder, Thoma und die Justiz S. 99; Ders., Angeklagter S. 109–112; Robert Heinrich, 100 Jahre Rechtsanwaltskammer München, München 1979, S. 259–288.

6 Über die Kontrolle von Militärtransporten durch Arbeiterorganisationen (u. a. den deutschen Eisenbahnerverband) vgl. AR Fehrenbach S. 100f, 132ff, 142ff; MA Nr. 200 S. 1 v. 28. 8. 1920 warf der Reichsregierung zu große Nachgiebigkeit gegenüber den linksgerichteten Organisationen vor.

7 Wolfgang Kapp (1858–1922); s. NDB 11, S. 135f. Zusammen mit Lüttwitz (s. Anm. 8) putschte er am 13. 3. 1920 gegen die Reichsregierung. – Zum Kapp-Putsch vgl. Thomas Äußerung v. 14. 5. 1920, die einige Sympathie für Kapp erkennen läßt; s. Keller, Briefe S. 423.

8 Walter Frhr. v. Lüttwitz (1859–1942); s. NDB 15, S. 486 f. Führend im Putsch v. 13. 3. 1920; s. Anm. 7.

9 Vgl. Nr. 1 Anm. 2.

10 David Lloyd George (1863–1945), 1919–1922 brit. Premierminister; s. The New Encyclopaedia Britannica 7, 1985, S. 423ff. Zu den Erklärungen von Lloyd George in Spa vgl. Schulthess 1920/II, S. 371f sowie Nr. 12 Anm. 10.

11 Vgl. dazu die Verhandlungen im Reichstag über das Entwaffnungsgesetz am 5. 8. 1920; s. Schulthess 1920/I, S. 231ff; AR Fehrenbach S. XLVII, 130ff. S. auch Nr. 6 Anm. 1.

12 MP Nr. 190 v. 17. 8. 1920 berichtet über die Auflösungsverfügung Severings (s. Anm. 13). Welches »linksstehendes Blatt« gemeint ist, war nicht zu ermitteln.

13 Die Organisation Escherich (Orgesch) war 1920 in München als eingetragener Verein gegründet worden. Über den Leiter, Forstrat Georg Escherich (1870–1941), s. NDB 4, S. 648f. Ihr Ziel war der Zusammenschluß aller Selbstschutzverbände im Reich. Die Regierungen aller deutschen Länder, mit Ausnahme Bayerns, verweigerten die Anerkennung. Am 15. 8. 1920 ordnete der preuß. Innenminister Severing die Auflösung der Orgesch-Vereinigungen in Preußen an; s. Schulthess 1920/I, S. 235ff; vgl. auch BStZtg Nr. 182, 188, 190 v. 7., 14., 17. 8. 1920; Kanzler S. 79; Nußer S. 175ff. Vgl. S. 479.

Dienstag, den 31. August 1920 6

Leggo – –!

Eine Situation, die komisch wäre, wenn uns heute noch etwas zum Lachen reizen könnte.

Die Zeitungen bringen einen hochoffiziellen Aufruf der Reichsregierung zur Ablieferung der Waffen[1] und darunter stehen ein paar Amtsstellen, die sehr viel bedeuten müßten, wenn nicht die Namen ihrer Träger diese Bedeutung wieder aufheben würden.

Der Präsident des Deutschen Reiches – der deutsche Reichskanzler.

Aber – Ebert[2] und Fehrenbach[3]?? Sanft sind sie, diese zwei Größen.

Sie bitten, flehen, beschwören; sie befehlen nicht.

Sie wissen selbst, daß ihnen Befehl und Kommando herzlich schlecht zu Gesicht stünden.

Der dicke, olle Sattlerjeselle und der Freiburger Prozeßkoschteveranschtalter haben die Autorität nicht, die einem Volke Befehle gibt.

»Kinner, det deutsche ehemalige Reich is wie ne Hühnerleiter, von oben bis unten beschissen. Nu tut mir den einzigsten Jefallen und glaubt nich an eure Existenzberechtigung. Wir haben sie in Versailles[4] und in Spa[5] in den Dreck jeschmissen. Nu seid jemütlich un laßt euch die Hälse umdrehen ...«

So fleht der gute, alte Ebert.

Und der eiserne Kanzler[6] aus dem Freiburger Büro, der den Franzosen in Spa was vorgeweint hat, akkompagniert mit Tränen im Schtimmschtock.

»Jetz isch scho älles hi ... gebet in der Gotts Nam Eure Gwehr her! Mir hent in Schpaa Verreckerles gschpielt, jetzt müaßet ihr au in der Gotts Nam verrecke. Es isch amal gschriewe und petschiert. Und wenn euch d' Lumpebagasch d' Häuser abbrennt, na denket halt, es isch von Rechtswege und schriftli a'gmacht ...«

Wer fühlt sich nicht erschüttert, wenn ihn die Größen des Reiches gar so schön bitten?

Wer kann widerstehen, wenn er die nervige Hand des Reichspräsidenten, die einmal Roßhaarmatratzen[7] stopfte, am Steuer sieht, und ginge es auch in den Abgrund?

Und der Knöpfleschwab, der in den Stiefeln Bismarcks[8] so leise auftreten kann, ist er nicht goldig?

Man vergißt förmlich auf sein bißchen Leben und Eigentum, wenn uns der Fehrenbach so treuherzig in die Augen schaut, wie ein Schwarzwälder Mädle und dabei mit einem Seufzer sagt: »Jetza müasset ihr verrecka ... ja no, mir hent de Sauerei amal unterschriewe...« Was sagen wir Bayern zu der schtammverwandte Biederkeit?

Ist Einer unter uns so grob, daß er sein Rückteil nach Berlin hinkehrt und die unsterblichen Worte des alten Berlichingen[9] laut und deutlich sagt?

Ich fürchte fast, wir sagen es einstimmig und denken dabei noch mit besonderer Innigkeit und Verehrung an den dritten im Bunde, an den sogen. Reichs»wehr«-Minister[10].

Or. fehlt. – MA 46 Nr. 202 S. 1 v. 31. 8. 1920; Kloeber S. 59f. – Lemp S. 240 Nr. 1465; Hofmiller S. 725.

1 MA Nr. 199 S. 1 v. 27. 8. 1920 (Aufruf v. 21. 8. 1920); s. Schulthess 1920/I, S. 242; s. auch Nr. 5.

2 Reichspräsident Friedrich Ebert (1871–1925); NDB 4, S. 254ff. Ebert hatte das Sattlerhandwerk erlernt (Witt S. 22ff; Maser S. 20).

3 Reichskanzler Konstantin Fehrenbach (1852–1926) bildete am 25. 6. 1920 ein Minderheitskabinett (Zentrum, DVP, DDP, zwei parteilose Minister); s. NDB 5, S. 51f; AR Fehrenbach S. XXff. Fehrenbach war ursprünglich Rechtsanwalt in Freiburg i. Br. gewesen; seit 1903 MdR, führender Zentrumspolitiker.

4 Zur Unterzeichnung des Vertrags von Versailles (28. 6. 1919) s. Schulthess 1919/I, S. 271f; 1919/II, S. 486.

5 S. Nr. 1 Anm. 2. Über die Unterzeichnung des Protokolls von Spa durch Fehrenbach und Simons (Reichsaußenminister) am 9. 7. 1920 s. AR Fehrenbach S. 51f; Schulthess 1920/II, S. 372.

6 Als »eiserner Kanzler« wurde seit den 1880er Jahren Bismarck, Thomas politisches Leitbild, bezeichnet, s. V. Langermann, Neue Bismarckgespräche (Die Grenzboten. Zeitschrift f. Politik, Literatur u. Kunst 73) 1914, S. 138. Vgl. auch Nr. 23, 65.

7 Knüpft an Eberts erlerntes Handwerk an; s. Anm. 2.

8 Otto Fürst v. Bismarck (1815–1898), Reichskanzler v. 1871–1890; s. NDB 2, S. 268–277. Vgl. Nr. 23.

9 J. W. v. Goethe, Götz v. Berlichingen mit der eisernen Hand, 3. Akt. – Darauf bezieht sich der Vulgärausdruck der Überschrift.

10 Dr. Otto Geßler (1875–1955), 1920–1928 Reichswehrminister; s. NDB 6, S. 350; AR Müller I, S. XVIII; AR Fehrenbach S. XXVIf. Über seine Haltung in der Entwaffnungsfrage s. Ebd. S. 42f, 51ff; vgl. auch Geßler S. 160ff.

Freitag, den 17. September 1920 7

Der Brandstifter von Tegernsee.

Der Brand beim Krinner am Lehberg[1] könnte den Tegernseern zu denken geben. Nicht bloß wegen der Brandbriefe[2], die nachher gelegt worden sind. Es ist ein solches niederträchtiges Getratsch sogar unter Ortsangesessenen und Bürgern herumgegangen, daß man nur von einem wirklichen Tiefstand des öffentlichen Gewissens reden kann. Die Wahrheit ist, daß der Krinner das Unglück erlitt, weil er Obmann des Bauernbundes[3] ist und als solcher die Forderung der Bauern auf Erhöhung des Milchpreises ruhig und sachlich vertreten hat.

Seitdem war die Hetze, die unwürdigste und gemeinste Agitation gegen den Mann im Gange.

Und dieses Geschwätz, dieses Schimpfen und Verleumden hat Früchte getragen. Es fand sich der Mordbrenner, der – seit langer Zeit der erste in diesem Tal – die feige Tat beging.

Die Tegernseer hätten Grund, darüber sehr ernsthafte Betrachtungen anzustellen. Sind wir auch bei uns schon so weit gekommen in der Verwilderung? Das Nachdenken wäre klüger wie das gewissenlose Nachpappeln dummer Verleumdungen. An die Bauern aber geht die Frage, wie lange sie geduldig der Hetze zusehen wollen.

Or. fehlt. – MA 46 Nr. 217 S. 2 v. 17. 9. 1920. – Lemp S. 240 Nr. 1466; Hofmiller S. 725.

1 Über den Brand im Anwesen Kriner in Leeberg (Stadt Tegernsee, Lkr. Miesbach) am 10. 9. 1920 berichtete MA Nr. 213 S. 2 v. 12. 9. 1920.

2 Drohbrief über Brandstiftung; s. Schmeller 1, Sp. 360; Küpper 2, S. 468.

3 Über die Agrarpolitik des Bayer. Bauernbundes 1919/20 vgl. Bergmann, Bauernbund S. 177f.

Donnerstag, den 30. September 1920 8

Unter falscher Flagge.

Die »Augsburger Postzeitung«[1] wandelt seit einiger Zeit recht merkwürdige Wege. Sie hat sich von der revolutionären Gehirnbeeinträchtigung allem Anschein nach noch nicht erholt. Besonders stark scheint sie am Farbenkoller zu leiden. So hat zum Beispiel ein weiß-blaues[2] Tuch auf sie die Wirkung wie ein rotes auf einen in heutiger Zeit besonders preiswerten Vierfüßler. Sie fühlt sich offenbar als besonders privilegierte Hüterin der Weimarer Reichsverfassung[3] berufen, und jede andere Farbe als »schwarz-rot-gold« erscheint ihr als Bekundung reichsfeindlicher, hochverräterischer Gesinnung. Deshalb bringen auch die Väter und Beiständer des Weimarer Verfassungswerkes, das uns glücklich den reichspreußischen Einheitsstaat[4] mit der Schieberzentrale Berlin[5] als wirkliche Hauptstadt gebracht, in ihr mit Vorliebe Eier unter, die sich freilich manchmal besser in irgend einem sozialistischen Blatte ausnähmen.

Erst dieser Tage wieder hat die »Augsburger Postzeitung« das inbrünstige Wohlgefallen der Schriftgelehrten der »Münchner Post«[6] erregt durch den von uns bereits erwähnten Hetzartikel[7] gegen die bayerischen Einwohnerwehren und das von diesen veranstaltete Landesschießen[8], das sie schon zum Voraus, ohne nur erst dessen Verlauf und Ausgang abzuwarten, als eine »Hauptgaudi«, als eine »auftrumpfende Demonstration« usw. verschimpfierte.

»Ich kenne die Motive der Regierung nicht, aber ich mißbillige sie«, sagte jener bibelfeste Deputatus im Reichstag[9]. Gerade so macht's die »Augsburger Postzeitung«. Sie gab dem noch ungeborenen Kinde, ob es nun ein Knäblein oder ein Mägdelein würde, schon im Voraus den Namen. Die »Augsburger Postzeitung« tut sich auf ihre unverfälschte kirchliche Gesinnung ungemein viel zu Gute und Mancher, der ein guter Katholik und ein treuer Sohn der Kirche zu sein wähnte, weilt noch unter den Sterblichen, den die strengen Kirchenväter am Lech in den großen Kirchenbann getan haben. Das Landes-Schießen soll als eine »Hauptgaudi«, der feierliche Begrüßungs-, Weihe- und Gelöbnis-Akt am Königsplatz eine »auftrumpfende Demonstration« gewesen sein. An der »Hauptgaudi« bzw. »auftrumpfenden Demonstration«, ließ sich der Herr Erzbischof von München offiziell durch einen hohen kirchlichen Würdenträger vertreten[10].

Und der Herr Erzbischof dürfte, insbesondere auch nach dem erhebenden und tiefergreifenden Verlauf des Begrüßungsaktes am Königsplatz wohl niemals in die Lage kommen, es zu bereuen, seiner vaterländischen und staatsbürgerlichen Empfindung auch bei diesem Anlaß öffentlich Ausdruck verliehen zu haben. Die »Augsburger Postzeitung« findet ja allerdings eine Eideshelferin an der sozialdemokratischen »Münchner Post«, die die volle Schale ihres ohnmächtigen Zornes über die Veranstaltung ausschüttet und natürlich mit wieherndem Vergnügen den einschlägigen Artikel des Augsburger Schwesterblattes zitiert[11]. Wer am Sonntag dem Begrüßungsakt am Königsplatz beigewohnt hat, gleichviel, welcher Parteistellung er angehören mag, wenn er nur staatserhaltender Gesinnung ist, wird sagen müssen, daß von »auftrumpfender Demonstration« nichts zu sehen und nichts zu hören war, und daß Einer entweder von Haus aus den Begriff »Vaterland und Heimat« nicht kennt, oder ihn mit den Revolutionsnachwirkungen verloren hat – oder, was sehr häufig vorkommen soll, ihn aus Angstmeier-Politik verleugnet, wenn er für diese schlichte vaterländische Kundgebung, die jeden Teilnehmer ergreifen mußte und auch ergriffen hat, noch Worte des Spottes findet.

In Pfarrhöfen wird die »Postzeitung« gelesen! In strengkatholischen Kreisen! Der Bayerischen Volkspartei[12] will sie dienen!

Das stimmt! Daß sie aber verjudet, verpreußt und politisch verwahrlost ist, stimmt auch![13]

Or. fehlt. – MA 46 Nr. 228 S. 1 v. 30. 9. 1920. – Lemp S. 240 Nr. 1467; Hofmiller S. 725.

1 Die Augsburger Postzeitung stand dem Zentrumsflügel der BVP nahe, lehnte separatistische Tendenzen ab und berichtete objektiv auch über Vorgänge in Norddeutschland; vgl. AR Fehrenbach S. 357; HBbG 4/II, S. 1158; van Laak S. 97 Nr. 712.

2 Die altüberlieferten Landesfarben Bayerns »Weiß und Blau« hatte die Verfassung v. 14. August 1919 übernommen (§ 1 [II] GVBl 1919 S. 531).

3 Über die Reichsfarben »Schwarz-Rot-Gold« s. Nr. 36 Anm. 7.

4 Über die unitarischen Tendenzen der Reichsverfassung und die Beseitigung

der bayerischen Reservatrechte s. Zimmermann S. 48 ff; Huber 6, S. 69 f; Schwend S. 99 ff, 105–121. Vgl. auch Nr. 14 Anm. 13.

5 Zum Berlin-Komplex Thomas vgl. Nr. 135; zu dem der BVP s. Keßler S. 408 f (Berlin als internationale Schieberzentrale, cloaca maxima, zentralistisches Ungeheuer).

6 S. Nr. 1 Anm. 1. MP Nr. 225 v. 27. 9. 1920 zitiert die Augsburger Postzeitung Nr. 434 v. 25. 9. 1920.

7 MA Nr. 227 S. 1 v. 29. 9. 1920.

8 Das von der Landesleitung der Einwohnerwehren organisierte, von der Regierung Kahr gerne gesehene Landesschießen in München vom 25.–30. 9. 1920 sollte die »schießsportliche Tüchtigkeit« der Bewohner Bayerns zeigen, anknüpfend an Schweizer Vorbilder. Sozialistische Kreise und die Entente empfanden die Veranstaltung als Provokation; vgl. Kanzler S. 186; Heyl S. 58 u. Tafel IV; zum vielfältigen Presseecho vgl. etwa BStZtg Nr. 221, 225, 226, 230 v. 22. 9. bis 2. 10. 1920; MA Nr. 217 S. 3 v. 17. 9. 1920, Nr. 222 S. 3 v. 23. 9. 1920, Nr. 226 S. 1 f v. 28. 9. 1920, Nr. 228 S. 3 v. 30. 9. 1920, Nr. 229 S. 1 v. 1. 10. 1920, Nr. 231 S. 2 v. 3. 10. 1920; s. auch Schulthess 1920/I, S. 256; Moser v. Filseck S. 67 f.

9 Dieser Ausspruch ist bereits für den 15. 2. 1849 aus dem Mund des Abgeordneten der zweiten sächsischen Kammer, Julius Krell, nachgewiesen (s. Büchmann S. 404). Diesen zitierte Bismarck 1886 im Reichstag (Horst Kohl, Die politischen Reden des Fürsten Bismarck, 11, Stuttgart 1894, S. 337).

10 Michael v. Faulhaber (1869–1952), seit 1917 Erzbischof v. München u. Freising; s. NDB 5, S. 31 f; Ludwig Volk, Kardinal Michael v. Faulhaber, Erzbischof v. München u. Freising, 1917–1952 (Das Erzbistum München u. Freising in der Zeit der nat.-soz. Herrschaft, hg. v. Georg Schwaiger, 1) 1984, S. 219 ff.

11 Der in Anm. 7 zitierte MA-Artikel bezeichnet die beiden Zeitungen als »der rote Münchner Jud und die schwarze Augsburger Scheinheilige«.

12 S. Nr. 19 Anm. 9.

13 »Verjudet«: Eigentümer der Augsburger Postzeitung war das »Literarische Institut Haas & Grabherr«; Angehörige dieser Familien des Augsburger Bürgertums waren Chefredakteure u. Geschäftsführer (Augsburger Stadtlexikon S. 22, 25 f); 1920/21 war Dr. Josef Merkle Chefredakteur; »verpreußt«: Der preuß. Gesandte in München gab eine positive Charakteristik des Blattes (AR Fehrenbach S. 357).

Sonntag, den 3. Oktober 1920 9

Erzbergerei![1]

Der Artikel der »Augsburger Postzeitung«[2] gegen die Einwohnerwehr[3] hat tiefere Gründe, und er stammt aus Quellen, die viel trüber sind, als gutmütige Leser ahnen. Hinter dem pflaumenweichen, sich staatsklug gebenden Artikel steht die Erzbergerei. So kläglich es ist, so unglaublich es klingt – es ist doch wahr, daß der schwäbische Zentrumsflügel heute noch unter der Führung und dem Einflusse[a] dieses Menschen steht[b][4].

Erzberger weiß, daß die Entwicklung in Bayern seine politische Wiederkehr[c] unmöglich macht[5], daß jeder Fortschritt zu Reinlichkeit und Ordnung seine Person der[d] Verachtung ausliefert.

Er sieht mit Angst[e], wie der Sumpf trocken gelegt werden soll, in dem er Gedeihen, politische Macht und Geldgewinn finden konnte.

Deswegen sucht dieser »strenggläubige Katholik« nicht bloß Anschluß, er sucht Hilfe auch bei der extremsten Linken[6]. Bei verworrenen Zuständen könnte es ihm noch einmal gelingen, an die Reihe zu kommen.

Daß der Ehrenmann noch Hoffnungen hegen darf, ist Schuld der Leute, die[f] jede Schädigung von Land und Volk vorziehen, um der Zugehörigkeit zur Partei willen.

Erzberger steht tatsächlich vor der Türe[7]. Dieser Mensch, der als Abgeordneter Staatsgeheimnisse zum Verderben des Vaterlandes preisgegeben hat[8], der seinen Einfluß um Tantiemen und Gehälter verkauft hat, den ein deutsches Gericht als unglaubwürdigen Zeugen, trotz seines Eides, gebrandmarkt hat[9], der als Delegierter bei den Waffenstillstands-Verhandlungen durch lächelnde Dienstfertigkeit den tiefen Abscheu der Feinde erregt hat, der als Delegierter den grimmigsten Todfeind Deutschlands – Foch[10] – um private Gefälligkeiten angebettelt hat[11], der im Krieg durch sein Mandat und sein Amt zu unaufgeklärtem Reichtum gelangt ist[12], der als Minister – angeblich für Stiftungen – Gelder in der Schweiz angelegt hat[13] – der heute der Mensch ist, auf den jeder Deutsche mit Fingern zeigt, dem kein anständiger Mann im Vaterlande anderes, als Haß und Verachtung entgegenbringt, wartet darauf, daß ihm das Zentrum die Türe öffnet[14].

Und an diesem Menschen geht die einst so gefürchtete und mächtige Partei[g] zu Grunde!

Vor wenigen[h] Wochen sagte ein englischer Diplomat zu einem hohen deutschen Herrn, daß vom letzten Hafenarbeiter bis zum Könige in England nur eine Stimme des tiefsten Abscheues herrsche über[i] Erzberger, daß dort Niemand – er setzte hinzu – Gottlob! – die Möglichkeit einer solchen Existenz verstehe.

Es gibt auch in Deutschland keinen warmherzigen Vaterlandsmann, dem sich die Stirne nicht vor Zorn und Scham rötet, bei Nennung dieses Namens[k)].

Und trotzdem mehren sich die Zeichen, daß das bornierte, gegen die gellenden Schreie der Verachtung taube Schwäbische Zentrum den Menschen wieder in den Vordergrund schieben will[15]. Mit Hilfe der linken Parteien[l)].

Der Augsburger Schleicher hat uns die schleimige Soße des Biberachers[16] serviert und sein Angriff gegen Kahr[17] – denn der Artikel gegen die Einwohnerwehr ist nichts anderes – gegen den Vertrauensmann der Bayerischen Volkspartei, kommt aus jenen Zentrumskreisen, die mit den Sozis uns die schandbarsten Zustände geschaffen haben[18].

Man muß der Postzeitung die Maske vom Gesicht herunterreißen, dann grinst einem das feiste Antlitz des Erzberger entgegen.

Aber er soll erst sehen, ob Deutschland so arm an Ehrgefühl geworden ist, daß es sich ihn noch einmal gefallen läßt. Und darin soll er Recht haben, daß seine entschlossensten Feinde in Bayern sitzen[19].

Or.[m)] 5 Bll., L 2396 (Lemp S. 198 Nr. 160; irrtümlich auf Nr. 19 bezogen). – MA 46 Nr. 231 S. 1 v. 3. 10. 1920. – Lemp S. 240 Nr. 1468; Hofmiller S. 725.

a) folgt: [vorerst versteckter Führung]
b) folgt: [, der als Abgeordneter und Werkzeug des jämmerlichen Karl[20] Staatsgeheimnisse verraten hat zum Verderben des Vaterlands, der als Abgeordneter seinen Einfluß um Tantiémen und Aufsichtsratsgehälter verkauft hat,]
c) verbessert aus: [Auferstehung]
d) folgt: [gebührenden]
e) folgt: [und Erbitterung]
f) folgt: [jede Gemeinheit verzeihen]
g) verbessert aus: [Zentrumspartei kaputt]
h) MA: einigen
i) folgt: [den feisten Menschen aus]
k) folgt: [, den unsere Knaben sich wie den des Ephialtes[21] merken werden.]
l) folgt: [Hinc illae lacrimae Tatschiburgenses![22]]
m) Bl. 5: Schlußzeichen

1 Matthias Erzberger (1875–1921), Lehrer, seit 1903 MdR (Zentrum), 21. 5. 1919–12. 3. 1920 Reichsfinanzminister und Vizekanzler; am 26. 8. 1921 wird er ermordet; s. Epstein; vgl. AR Bauer S. XXXIV f; NDB 4, S. 638 ff. Der Ausdruck »Erzbergerei« wird mehrfach seit 1906 (Aufdeckung von Mißständen in der Kolonialverwaltung durch Erzberger) für betriebsame Aktivitäten Erz-

bergers verwendet; s. Eschenburg S. 23, 77; Epstein S. 70ff, 457ff; Morsey, Zentrumspartei S. 64. Vgl. auch Nr. 19. – Thoma schreibt immer Mathias E.

2 S. Nr. 8 Anm. 1 und 6. Die Augsburger Postzeitung Nr. 444 v. 1. 10. 1920 distanzierte sich von den Folgerungen, die die sozialistische Presse aus ihrem Artikel v. 25. 9. 1920 gezogen hatte.

3 Vgl. dazu S. 479.

4 Der Zentrums-Landesverband Württemberg hatte Erzberger an die Spitze der Landesliste für die Reichstagswahl am 6. 6. 1920 gesetzt; s. Epstein S. 415; Miller S. 171. Vgl. Nr. 19 Anm. 8. Zu den württembergischen Wahlergebnissen s. Statistik für das Deutsche Reich 291/I, 1920, S. 53; 291/II, 1920, S. 94, 99, 124f.

5 Aus Protest gegen den »Erzberger-Kurs« des Zentrums hatte die BVP am 9. 1. 1920 im Reichstag die Fraktionsgemeinschaft mit dem Zentrum gelöst (Schwend S. 129f; Morsey, Zentrumspartei S. 280ff; Zimmermann S. 80).

6 Seit der Friedensresolution v. 19. 7. 1917 wurde Erzberger die Zusammenarbeit mit den Sozialdemokraten von rechtsstehenden Politikern vorgeworfen; vgl. Epstein S. 225–228. S. auch Nr. 121 Anm. 28.

7 Vgl. Sincton Upclair, Erzberger kommt wieder! (Deutscher Aufklärungsdienst für das In- und Ausland, Innere Politik, 1) 1920; deutschnationale Propaganda-Schrift, welche die gegen Erzberger im Helfferich-Prozeß erhobenen Vorwürfe publizistisch auswertet und gegen Erzbergers Rückkehr in die Politik polemisiert.

8 Anspielung auf die Bekanntgabe der sog. Czernin-Denkschrift am 23. 7. 1917; s. Epstein S. 229ff, 396f. Vgl. auch Nr. 45 Anm. 18.

9 Vgl. dazu Nr. 139.

10 Ferdinand Foch (1851–1929), franz. Marschall, seit April 1918 Oberbefehlshaber der alliierten Truppen in Frankreich; s. Dictionnaire de Biographie Française, 14, 1979, Sp. 153ff.

11 Zu Erzbergers Entsendung nach Compiègne (anstelle von Conrad Haußmann) s. Epstein S. 307–321 (vgl. Nr. 64); über seine Kommissionstätigkeit 1918/19 s. Ebd. S. 330–341. Vgl. auch Nr. 19. Von Bitten um private Gefälligkeiten war nicht einmal im Helfferich-Prozeß die Rede (s. Nr. 139).

12 Über Erzbergers Vermögensverhältnisse s. Epstein S. 484–489.

13 Der sog. Kapitalfluchtvorwurf konnte im Helfferich-Prozeß nicht bewiesen werden; s. Epstein S. 416f, 488f; Prozeß-Protokoll S. 824f, 896, 955, 963, 1030f.

14 Erzberger erschien nicht im Reichstag, so lange die gegen ihn anhängigen Verfahren nicht abgeschlossen waren; im August 1921 bereitete er die Rückkehr in den Reichstag vor; s. Epstein S. 415ff; Morsey, Zentrumspartei S. 397f.

15 Für Erzberger setzten sich die Landesverbände Baden, Württemberg und Hessen des Zentrums, die Gewerkschaftsvertreter und der Reichsfinanzminister Joseph Wirth ein; s. Epstein S. 416f; Morsey, Zentrumspartei S. 360ff.

16 Der Mittelpunkt von Erzbergers oberschwäbischer Zentrumshausmacht war seit 1903 Biberach (Baden-Württemberg); vgl. Epstein S. 28; s. auch die in Anm. 4 zitierten Wahlstatistiken.

17 Bayer. Ministerpräsident; s. Nr. 1 Anm. 6.

18 Über die Bildung der »Weimarer Koalition« (MSP, DDP, Zentrum) 1919 s. Morsey, Zentrumspartei S. 165ff. Vgl. Nr. 19 Anm. 10.

19 Über München und Regensburg als Zentren der Organisationen, aus denen Erzbergers Mörder stammten, s. Epstein S. 433ff.

20 Österr. Kaiser, s. Nr. 85 Anm. 1.

21 Ephialtes wies den Persern bei den Thermopylen den Weg in den Rücken der Griechen; s. Pauly-Wissowa 5, Sp. 2848 f; Ephialtes für Hochverräter s. Mackensen, Dt. WB. S. 281.
22 Tatschiburg, Neckname für Augsburg (von Zwetschgendatschi, -kuchen); s. Augsburger Stadtlexikon S. 74.

Freitag, den 5. November 1920 10

Blamiert!

Es gibt doch noch Freuden. Mit einer Erquickung, an die man nicht mehr glauben konnte, liest man die Affäre Dobner[1].

Seit es Parlamente gibt, seit es dumme und gescheite, anständige und hundsgemeine Parteipolitik gibt, hat sich im ganzen, weiten Umkreise der Natur noch niemals eine Fraktion so gottsjämmerlich, so blöd, so selbstmörderisch bis in die Knochen hinein blamiert, wie hier, und diesmal die hochnäsige Sozialdemokratie mitsamt ihren noch minderwertigeren Ablegern, den Uspes[2].

Es ist nicht seltsam, es ist kein Wunder, es ist die selbstverständliche Folge eines wildgewordenen, den niedrigsten Instinkten dienstbaren Parteitreibens.

Da ist der Herr Timm[3].

Zu Anfang der Revolution haben ihn zahme Spießer als recht erträglichen, in Gottes Namen mit einem Seufzer hinzunehmenden Volksmann und Minister betrachtet.

Er köpfte die Stammgäste des Hofbräuhauses[4] nicht, er überlieferte sie sogar mit scheinbarem Bedauern den Frechheiten des zügellosen Sauhaufens, und man war ihm schon für diese, durch Phrasen abgemilderte Entrechtung und Zerstörung von Zucht und Ordnung dankbar.

Aber wer sich jetzt wundert, daß gerade er als Retter und Paladin eines Menschen vom Schlag Dobners auftrat, der vergißt, was diese Leute, diese Volksführer zuerst und zuletzt alle miteinander sind. Nicht die Beherrscher des Pöbels, sondern seine Diener.

Und im Pöbel hat nie Vernunft und Mäßigung das letzte Wort, sondern immer die frechste Zuchtlosigkeit.

Auch der Herr Timm mußte, ob er wollte oder nicht, die

Interessen eines Landesverräters und Strizzis[5] vertreten, in dem Augenblicke, wo der Lump von irgend einer Masse auf den Schild gehoben wurde, wo er sich als Opfer eines zur Ordnung zurückkehrenden Regimes gebärdete, wo sich eben der immer und überall gegen Recht und Sitte aufgehetzte Haufen hinter ihn stellte.

Keine offen zu Tag liegende Unmöglichkeit konnte Timm abhalten, für die Lügen dieses Menschen gegen die verhaßte Ordnungsregierung aufzutreten. Die Wahl, den Pöbelinstinkten zu dienen oder beim Sauhaufen unbeliebt zu werden, fällt keinem Führer schwer. Die Entscheidung ist immer die gleiche. Für seine Stellung beim Pöbel übernahm Herr Timm den Auftrag, sich zu blamieren.

Nicht »sich unmöglich zu machen«. Denn wir leben ja in Deutschland und bei uns wird auch nach dieser kläglichen, dreckigen Affäre Herr Timm weiterhin Führer bleiben.

Noch etwas[a)] anderes ist deutsch, bloß deutsch.

In jedem anderen Lande Europas hätte jeder noch so wütende Sozi die Verteidigung eines käuflichen Spiones und Verräters mit Entrüstung abgelehnt, in Deutschland allein konnte sich ein Mann, der im öffentlichen Leben steht, zu so etwas hergeben.

Das muß einem die Schamröte ins Gesicht treiben; das macht es jedem ehrlichen Menschen unmöglich, mit dieser Partei zu gehen.

Da gibt es keine Kompromisse mehr, da gibt es bloß mehr abgrundtiefe Verachtung.

Or. fehlt. – MA 46 Nr. 258 S. 1 v. 5. 11. 1920; Kloeber S. 82f. – Lemp S. 240 Nr. 1469; Hofmiller S. 725.

a) Kloeber folgt: ganz

1 Bei der Hans Dobner-Affäre, in die auch der angeblich belgische Staatsangehörige Georg Pracher (alias Prachère oder Brachère) verwickelt war, handelte es sich um Waffenschiebungen und um Zwischenträgereien zwischen der Polizeidirektion München und der Ententekommission. Im Landtag wurde zur Klärung ein Untersuchungsausschuß gebildet (vgl. LV 1920/21, StenBer 1, S. 550, 575ff, 584ff; BeilBd 3, S. 227 Nr. 379, S. 262 Nr. 435; Gumbel S. 107–111). – Berichte über die Affäre s. in MA Nr. 254–256 v. 30. 10.–3. 11. 1920. Zum Presseecho vgl. BStZtg Nr. 254–258 v. 30. 10. 1920–5. 11. 1920; MA Nr. 258 S. 1 v. 5. 11. 1920; zum Abschluß der Sache s. Nr. 39.

2 Über die Sozialdemokraten in Bayern vgl. S. 484. Die Unabhängige Sozialdemokratische Partei (USP) formierte sich seit 1917 vor allem um Kurt Eisner (s. Nr. 14

Anm. 7) durch Abspaltung von der Mehrheitssozialdemokratie (MSP); vgl. HBbG 4/I, S. 383. Zur allgemeinen Entwicklung s. Huber 6, S. 232 ff; Wende S. 131 f.

3 Johannes Timm (1866–1945), seit 1905 MdL, Justizminister in der Regierung Eisner als Vertreter der MSP; s. Osterroth 1, S. 310 f; Bayer. Biogr. S. 782; MinProt S. XXXVIII ff; Schwend S. 588.

4 Die seit 1589 nachgewiesene Braustätte ist seit 1830 öffentliches Gasthaus, seit dem späten 19. Jahrhundert einer der meistbesuchten Fremdenplätze der Stadt; s. Hauttmann-Karlinger S. 76. Karl Baedeker, München–Oberbayern–Allgäu, Leipzig 1921, S. 4 »Hofbräuhaus am Platzl, von allen Ständen besucht, man bedient sich im Erdgeschoß selbst«.

5 Süddeutsch-österr.: Leichtsinniger Mensch, Strolch, Zuhälter (Wahrig Sp. 3608; Borneman Nr. 48.21). Hofmiller, Revolutionstagebuch S. 33, 150, 194, 208 ff, 305 bezeichnet Teilnehmer an der Revolution von 1918/19 als Strizzi, er nennt die Regierung Eisner »Strizzikratie«.

Dienstag, den 16. November 1920 11

Die erste Landesschützenfahne[a) 1].

Schart wieder sich ein treues Volk
Um seine alten Farben,
Für die die Väter[b)] heiß gekämpft,
Und stolz die Jungen starben,
Dann glaub ich wohl, so tief uns auch
Das schwerste Leid getroffen,
Es regt sich doch im Vaterland
Ein neues frohes Hoffen.

Ihr Schützen alle, Gott zum Gruß!
Doch nicht zum heitern[c)] Feste,
Zu einem ernsten Manneswerk
Seid Ihr willkomm'ne Gäste.
Wir richten heut' ein Zeichen auf,
Das soll uns Heilung geben,
Nach schwerer[d)] Krankheit wieder Mut
Und neue Kraft zum Leben.

Schaut rings um Euch! Die Heimat grüßt,
Uralte Heimaterde.

So schwört Euch zu, daß wieder sie
So frei wie einstmals werde!
Das Land, das Ihr den Kindern gebt,
Drin Eure Väter schlafen,
Sei eines tapferen Volkes Hort
Und nicht ein Land der Sklaven!

Und sei ein Land, in dem sich froh
Die starken Arme regen,
Wo Recht und Ordnung Schutz verleih'n,
Und jede Arbeit Segen.
Und werde so, wie wir's geerbt,
Und werde es aufs Neue –
Das Vaterland der Redlichkeit,
Das Vaterland der Treue.

Es liegt in unserer Erde Schoß
Als zukunftsreicher Samen
Der besten Helden treuer Tod.
Nennt ihre stolzen Namen
Den Kindern und erhaltet Euch
Den Geist, in dem sie starben!
Und schafft dem Lande jedes Glück,
Um das sie kämpfend warben.

Ihr Schützen alle, Mann für Mann,
Das laßt uns heut geloben[e)].
Wenn Jeder recht nach aufwärts drängt[f)],
Dann kommen wir nach oben[2].
Dann werden wir nach gutem Brauch
Die frohen Feste feiern.
Ein Hoch dem deutschen Vaterland
Und Hoch dem alten Bayern!

Ludwig Thoma[g)]

Or. Doppelbl., L 2467/16 (Lemp S. 196 Nr. 123). – Tegernseer Zeitung – Seegeist – v. 13./14. 11. 1920 S. 1 (wie MA); MA 46 Nr. 267 S. 2 v. 16. 11. 1920;

Kanzler S. IXf (wie MA). – Lemp S. 240 Nr. 1470, S. 248 Nr. 1711; Hofmiller S. 725.

a) MA: Festgedicht.
b) MA: Alten
c) MA: frohen
d) MA: langer
e) MA: Das wollen wir geloben.
f) MA: strebt
g) MA: Name fehlt; der Verfasser ist jedoch im redaktionellen Teil genannt.

1 Am 14. 11. 1920 veranstaltete der Isarwinkel-Mangfall-Gau der bayerischen Einwohnerwehren in Tegernsee ein Fest zur Weihe der beim Landesschießen (26.–30. 10. 1920; s. Nr. 8) in München gewonnenen Landesschützenfahne (vgl. dazu MA Nr. 233 S. 3 v. 6. 10. 1920). Anwesend waren Ministerpräsident v. Kahr, Oberst v. Epp, Forstrat Escherich, Polizeipräsident Pöhner; vgl. Einladung, Programmankündigung, Beschreibung der Fahne und Bericht über die Veranstaltung in MA Nr. 250 S. 2 v. 26. 10. 1920, Nr. 260 S. 2 v. 7. 11. 1920, Nr. 261 S. 3 v. 9. 11. 1920, Nr. 265 S. 2 v. 14. 11. 1920 u. Nr. 267 S. 1 v. 16. 11. 1920; BStZtg Nr. 267 S. 3f v. 16. 11. 1920; Kanzler S. 186, nach S. 192, 200, 208 (Bilder); Das Tegernseer Tal S. 134f (Bilder); Lemp S. 159 (Fotos). – Thoma gehörte zum Organisationsausschuß; er machte das Gedicht »auf Wunsch oder Vorschlag Kahrs« (Keller, Briefe S. 437 v. 24. 10. 1920). Kahr schrieb am 12. 10. 1920 an Thoma und bat um ein Gedicht zum öffentlichen Vortrag bei der Feier (Konzept: BHStA, Min. d. Äuß. Nr. 102382). Es sollten darin die »Gedanken der Abwehr von Unordnung und Aufruhr im Innern des Landes« erwähnt werden, außerdem sei der Hinweis erwünscht, daß »der Selbstschutz in Waffen kein Dauerzustand« bleiben könne. Die »sozialen Aufgaben der Einwohnerwehr (Pflege der vaterländischen Gesinnung und sittlichen Ertüchtigung, Erziehung unserer Jugend zu ordentlichen, vaterländisch gesinnten Staatsbürgern, Hochschätzung der Arbeit, Pflege des Gemeinschaftsgeistes im Volk, der alle Vaterlandsfreunde ohne Unterschied des Berufes und Standes sozial verbindet)« sollten herausgestellt werden. Bereits am 31. 10. 1920 bedankte sich Kahr bei Thoma für das »treffliche Gedicht zur Fahnenweihe«, dessen Manuskript er behielt (StBibl., HsAbt., Briefe an Thoma). MA Nr. 268 S. 2 v. 17. 11. 1920 Abdruck der Rede Kahrs in Tegernsee. – Gegen Thomas Zusammenwirken mit Kahr, Epp und Escherich bei der Fahnenweihe polemisierte Karl Kraus (Die Fackel 22, 1921, Nr. 557/60, S. 8).
2 Vgl. dazu Nr. 163 Anm. 3.

Donnerstag, den 18. November 1920 12

Erzberger[1] und andere Gelbfüßler[2].

Biberach[3] liegt in Schwaben und ist durch »Ihn« berühmt geworden, durch »Den«, der vor dem Krieg zweifelhaft, im Krieg eindeutig und nach dem Kriege, in der Revolution, überragend als der größte politische Schieber sich erwies: Mathias Erzberger.

Biberach besitzt auch ein Blättle, eine Zeitung für die Schwaben[4]. Und Erzberger, der Ausgestoßene, der Verfemte – der nur mehr von Revolutionswanzen hochgehaltene und von Scheidemann[5] und ähnlichen Volksverjudungskommissaren beschützte Knöpfleschwab, schreibt nun, nachdem er überall abgewirtschaftet hat[6], nur mehr zu Hause in sein Biberacher Kässpatzenpapier.

So läßt sich das Biberacher Blättle, »Anzeiger vom Oberland«, am Montag[7] aus zuverlässigen diplomatischen Kreisen berichten – Erzberger war schon immer zuverlässig und diplomatisch war er derart, daß wir noch heute an seinen diplomatischen Früchten zu nagen haben – läßt sich also berichten, daß die Entente einstimmig beschlossen hat, die im Spaer Abkommen[8] angedrohte Besetzung des Ruhrgebietes durchzuführen, wenn Bayern auf der Nichtablieferung der Militärwaffen und der Beibehaltung der Einwohnerwehren weiter beharrt. England, Italien und Amerika haben Frankreich zugestimmt. An diesem Beschluß ist nicht mehr zu rütteln und eine Änderung nicht mehr zu erreichen ... Ganz unabwendbar steht heute die Tatsache fest, daß das Beharren der bayerischen Regierung auf dem bisher eingenommenen Standpunkt zur Besetzung des Ruhrgebietes führt. Der leichtfertige Einwand mancher bayerischer Politiker, daß wir das Ruhrgebiet doch verlieren, wenn nicht jetzt, dann später, ist nur der Ausfluß einer verwerflichen Hasardeurpolitik, und bayerischem Egoismus gegenüber Lebensinteressen des Reiches entsprungen. Als Schwaben sprechen wir es ganz offen aus, daß wir uns diese Politik des Selbstmordes nicht gefallen lassen können, weil alle Teile des Reiches darunter zu leiden haben.

Leichtfertig und verantwortungslos nennt die zweite Biberacher Zeitung, das »Biberacher Tagblatt«[9], diese diplomatische Leistung des Biberacher Gelbfüßler-Organs. O nein, verehrte schwäbische Schwester, das ist nicht leichtfertig und verantwortungslos, das ist mit Vorbedacht hinterhältig, das ist zielbewußt gemeingefährlich – das will nicht mehr und nicht weniger als die Entente darauf hinweisen, daß wir die Besetzung des Ruhrgebietes, die von ihr in keiner Weise erklärt wurde, mit Sehnsucht erwarten, und daß wir jede Ausrede, jede bei den Haaren herbeigezogene Ursache zum Einmarsch als recht und billig anerkennen. Wir – wir Biberacher, wir Anbeter und Verehrer des Goldgötzen Mathias – wir warten ja schon mit Schmerzen auf den Einmarsch.

Was Lloyd George[10] zur Besetzung des Ruhrgebietes sprach, ist der Biberacher Erzberger-Kloake gleichgültig, wichtig ist nur, was »Mathiesle« dazu ausschleimt.

Lloyd George hat auf dem Lord-Mayor-Bankett am 9. November gesagt, daß die militärische Ohnmacht Deutschlands erreicht ist und Deutschland nicht mehr aggressiv sein könne[11]. Lloyd George hätte das nie sagen können, wenn er mit der Besetzung des Ruhrgebietes einverstanden wäre; denn diese Besetzung ließe sich auf Grund des Friedensvertrages[12] nur dann irgendwie rechtfertigen, wenn die Entente eine militär-politische Bedrohung Frankreichs durch Deutschland konstruieren könnte. Das einzige, was heute feststeht, das ist die Sehnsucht Frankreichs nach dem fetten Bissen des Ruhrgebiets. Gründe der Gloire, wirtschaftliche Nöte und maßlose Machtbegierde weisen Frankreich auf diese Bahn. Allein von England wird es abhängen, ob es seine Hand zur Aufrichtung eines zweiten »Empire« in Europa reichen wird.

Wie läßt sich diese Biberacher Diplomatie vereinigen mit den Worten des deutschen Reichsministers des Äußern[13], der eben erst im Rheinlande geäußert hat, »daß Deutschland eine Drohung mit dem Einmarsch nicht als verbindlich anerkenne, und daß die deutsche Regierung einen weiteren Vormarsch in deutsches Gebiet als feindliche Handlung betrachten werde. Deutschland habe in der Entwaffnungs-Frage so viel geleistet, daß jede militärische Gefahr von seiner Seite ausgeschlossen sei«. Hier ist der einzig richtige Standpunkt vertreten, daß die Entente überhaupt keinen Rechtstitel für einen Einmarsch besitzt.

Nun ist es richtig, daß wir trotz der Hoffnungen, daß die französischen Bäume nicht in den Himmel wachsen werden, damit rechnen, daß Frankreich tatsächlich mit seinem Willen durchdringt und sich irgend einen Rechtstitel, zum Beispiel die bayerische Einwohnerwehr, konstruiert. Wer die Rede des bayerischen Ministerpräsidenten[14] genau liest, wird daraus klar ersehen, daß man in München keine Erzbergerische Politik macht, gestützt auf wackelige Optimismen mit dem Kehrreim »es wird schon nicht so schlimm kommen«, sondern daß man klaren Auges und festen Willens allen Eventualitäten kühl ins Auge sieht und sich darauf eingestellt hat. Und diese Einstellung ist nicht der »Ausfluß einer verwerflichen Hasardeurpolitik«, sondern der Zwang eines durch sittliche Notwendigkeiten orientierten Gewissens. »Tragischer Konflikt«, sagte Herr von Kahr in seiner Rede, die gleichzeitig die Richtung angab, wie dieser Konflikt zu lösen ist. Wenn Frankreich das feierliche Versprechen abgeben würde, daß es seine rechtsrheinischen Pläne ein für alle Mal aufgibt, wenn Bayern seinem bewaffneten Selbstschutz entsagt, dann könnte man über die Argumentation des »Biberacher Kässpatzenpapiers« reden. Aber Frankreich denkt gar nicht daran, sondern freut sich darüber, daß es in Deutschland noch immer solche politische Kinder gibt, die auf derartige Scheinmanöver hereinfallen, die nicht in der Lage sind, Schein und Vorwand von den wahren Absichten einer Politik zu unterscheiden.

Einmal hat die »Augsburger Postzeitung« schon in Erzbergers Judenhorn geblasen[15], jetzt will uns die »Biberacher Blitzschwäbin« bekehren – wir lehnen dankend ab, weil wir wissen, daß alles, was von Biberach kommt, gestempelt ist: mit dem Datschikopf des Mathiesle.

Or. fehlt. – MA 46 Nr. 269 S. 1 v. 18. 11. 1920. – Lemp S. 240 Nr. 1471; Hofmiller S. 725.

1 S. Nr. 9 Anm. 1.

2 Spottname für Schwaben; Grimm 5/I, Sp. 2885; Fischer, Schwäb. WB. 3, 1911, Sp. 264f; Schmeller 1, Sp. 895. Vgl. auch Epstein S. 274 (Bezeichnung Erzbergers als Gelbfüßler in der in Rottach-Egern erscheinenden Zeitung Alpen-Bote im April 1918).

3 S. Nr. 9 Anm. 16.

4 In Biberach erschien der Anzeiger vom Oberland, der dem Zentrum nahestand (HB der deutschen Presse 53, S. 517; Traumann S. 260).

5 Philipp Scheidemann (1865–1939), 1919 Ministerpräsident der Reichsregierung; s. AR Scheidemann S. XXV ff; Biogr. WB. 3, Sp. 2471 f; vgl. Schröder S. 196 f; Sperlich S. 212. Über sein Verhältnis zu Erzberger vgl. Scheidemann, Memoiren II, S. 30, 371. Scheidemann trat als Ministerpräsident wegen der Ratifizierung des Versailler Vertrags, wofür sich Erzberger einsetzte, zurück (Epstein S. 360). Vgl. Nr. 152 Anm. 13.

6 Erzberger war seit 22. 2. 1920 vom Amt des Reichsfinanzministers beurlaubt; nach dem Urteil in dem von Helfferich angestrengten Prozeß trat er zurück (Epstein S. 409, 414).

7 Die BStZtg Nr. 270 v. 19. 11. 1920 erwähnt Erzbergers Artikel im »Anzeiger vom Oberland« (Biberach) v. 15. 11. 1920 und polemisiert ebenso wie die Korrespondenz der BVP gegen die Haltung des württ. Zentrums in der Frage der Entwaffnung der bayer. Einwohnerwehr; vgl. auch BStZtg Nr. 277 v. 27. 11. 1920, wo Erzberger als Urheber dieser Stellungnahme herausgestellt wird, und Moser v. Filseck S. 71 f.

8 S. Nr. 1 Anm. 2. – Die Regierung Kahr lehnte zu diesem Zeitpunkt die Entwaffnung der Einwohnerwehr strikt ab, ebenso das Argument, daß durch diese Haltung die Entente einen Vorwand für die Besetzung des Ruhrgebietes erhalte; vgl. dazu AR Fehrenbach S. 199 ff; Moser v. Filseck S. 70 ff (auch zu den Äußerungen in der württ. Presse).

9 Das Biberacher Tageblatt galt als parteilos (HB der deutschen Presse 53, S. 517).

10 S. Nr. 5 Anm. 10.

11 Beim Lord-Mayor-Bankett in der Guildhall in London äußerte Lloyd George, daß die Abrüstung Deutschlands befriedigend verlaufe und daß die Gewehre in Händen der Bevölkerung eine Gefahr für den inneren Frieden, nicht aber für die Sicherheit der benachbarten Länder seien; s. Schulthess 1920/II, S. 41 f; BStZtg Nr. 263 v. 11. 11. 1920 u. MA Nr. 264 S. 2 v. 12. 11. 1920.

12 Zu den im Vertrag v. Versailles (am 10. 1. 1920 in Kraft getreten) vorgesehenen Sanktionen gegen das Reich bei Nichterfüllung der Verpflichtungen s. Huber 5, S. 1176.

13 Walter Simons (1861–1937), parteilos, Außenminister im Kabinett Fehrenbach 1920/21; s. Biogr. WB. 3, Sp. 2663 f; AR Fehrenbach S. XXIII ff. – Über seine auf den Ausgleich mit Frankreich bedachte Außenpolitik vgl. Gründer S. 123 ff, 163 ff. Zur Reise ins besetzte Rheinland vgl. Schulthess 1920/I, S. 294.

14 Gustav v. Kahr; s. Nr. 1 Anm. 6. – Bezieht sich auf die Erklärung im bayer. Landtag am 10. 11. 1920 (LV 1920/21, StenBer 1, S. 618 f); vgl. MA Nr. 264 S. 2 v. 12. 11. 1920; Schulthess 1920/I, S. 292 f.

15 Vgl. Nr. 8 Anm. 6; Augsburger Postzeitung Nr. 521 v. 16. 11. 1920 brachte die in Anm. 7 nachgewiesenen Informationen »aus diplomatischen Kreisen Stuttgarts«. – Zu Erzbergers Einstellung zum Judentum s. Epstein S. 18, 454. Gegner Erzbergers wollten seine jüdische Abstammung nachweisen; vgl. das Pamphlet v. F. C. Holtz, Matthias Erzberger, ein Jude und Verräter (Fridericus 17 Nr. 5) 1934.

Dienstag, den 23. November 1920 13

Theaterstreik.

Das Münchner Ballett streikt[1]. Diese erschütternde Kunde dringt aus dem Feenreiche unterm Dache des Nationaltheaters[2] in die Stadt herunter und verbreitet sich übers Land. Was? fragt man besorgt. Das sind doch keine leichtsinnigen jungen Mädchen! Die ehrbaren Matronen des keineswegs leichtfüßigen Münchner Balletts machen auch noch solche Sachen? Die langgedienten ehemaligen königlichen Hofhaxen werden nicht mehr in die Luft geschmissen? Sie ahmen die Arbeiterfäuste nach und feiern? Diese guten, alten Haxen stellen sich auch auf den bekannten Boden der Tatsachen?

Aber freilich, man hat es den Ballett-Engeln schon angemerkt, wie freiheitlich sie gleich gesinnt waren im November 1918, als sie Kurt[3], den Langhaareten, umtänzelten und ihm das holde Lächeln schenkten, das sie so manches Jahrzehnt zu den Hoflogen hinauf geschickt hatten. –

Scherz bei Seite! Theaterleute, die man nicht für voll nimmt, und die kein Verständnis für den Ernst dieser Zeit haben, muß man unsanft daran erinnern, daß die Welt ganz anders ist, als sich's die eitlen Herrschaften einbilden. Sie halten sich für unentbehrlich, obwohl sie nur geduldet sind. Das Land zahlt heute 7½ Millionen für das Nationaltheater[4]; die Frage, ob sich das noch mit der Pflicht des Landtages verträgt, wird immer brennender, und in diesem Augenblick stellen die kleinen Nebengötter Forderungen, die das Defizit um eine halbe Million erhöhen würden. Gleich hintendrein kämen die Kulissenschieber mit größeren Ansprüchen.

Gewiß, die Theaterkunst soll, wenn irgend möglich, erhalten werden. Aber nur die Kunst, nicht ein unsinnig großer Apparat, der, wie das Nationaltheater zeigt, die künstlerischen Leistungen nicht erhöht. Im Gegenteil.

Für ein gutes Ensemble von Solisten kann was aufgewendet werden, denn das gleicht sich aus durch vermehrten Besuch; aber gerade die ersten Kräfte sind schlecht bezahlt im Verhältnis zu dem Heer von Choristen, Angestellten, Arbeitern. Die verschlingen die ungeheuren Summen und können keine Gegenwerte bieten. Der Hof, der gerade vom Theater den größten Undank erfuhr[5], konnte freigiebig sein, und war's auch. Das Volk hat dazu weder Anlaß noch Recht. Der Landtag bewies bis heute dem Nationaltheater Pietät, also etwas, was die Herrschaften selber am wenigsten gezeigt hatten. Allein das geht bis zu sehr bestimmten Grenzen.

Wenn Arbeiter in lebensnotwendigen Betrieben durch Streiks immer wieder Lohnerhöhungen durchsetzen können, den Angestellten eines Vergnügungsetablissements bleibt diese Möglichkeit benommen. Das Leben geht weiter, ob auf den Brettern gehupft wird oder nicht.

Blöde Redensarten von der Notwendigkeit der Kunst ändern daran nichts. Und außerdem, gerade eine sehr gewissenhafte Stellungnahme zur Kunst könnte die Reihen der Theaterleute sehr stark lichten. Besonders das Ballett würde so, wie es ist, seine Existenzberechtigung nicht nachweisen können.

Die Gewerkschaften der Chorsänger und Haxenschmeißerinnen können noch so straff organisiert sein, helfen wird es ihnen nichts. Wir wollen keine Sozi[6], sondern Künstler auf der Bühne, und wer imstande ist, mitten in einer Vorstellung durch Streik die Vorstellung zu gefährden, hat keine Spur von künstlerischem Ernste und Ehrgeiz.

Das sind Steinträger- und Mörtelweiber[7]-Scherze, die das Land nicht als künstlerische Darbietungen bezahlt. Glauben es die selbstgefälligen Herrschaften nicht, so wird es ihnen der Landtag klar machen.

Or. fehlt. – MA 46 Nr. 273 S. 1 v. 23. 11. 1920; GW (1956) 8, S. 416f; GW (1968) 1, S. 597f. – Lemp S. 240 Nr. 1472; Hofmiller S. 725.

1 Über Streik von Chor und Ballett im Nationaltheater in München s. BStZtg Nr. 271 u. 272 v. 20. und 21. 11. 1920.

2 Zum Übergang vom kgl. Hoftheater zum Nationaltheater vgl. Volkert S. 225; Ursula Haaß, Die Kulturpolitik des Bayer. Landtags in der Zeit der Weimarer Republik 1918–1933 (Diss. München) 1967, S. 127.

3 Ministerpräsident Kurt Eisner; s. Nr. 14 Anm. 7. Zum Ausdruck »sich auf den bekannten Boden der Tatsachen« stellen vgl. Nr. 122 Anm. 1. – Am 17. 11. 1918 fand im Nationaltheater eine von Eisner veranstaltete »Revolutionsfeier« unter Mitwirkung von Orchester und Chor statt; sie wurde noch zweimal wiederholt. Zu Programm und Ablauf vgl. Hofmiller, Revolutionstagebuch S. 59; Dieter Albrecht, Bruno Walter, Kriegsende u. Revolution in München u. der Plan einer Volksoper (Münchener Histor. Studien, Abt. Bayer. Geschichte 10) 1982, S. 448.

4 Das Finanzgesetz 1920 sah für die Staatstheater in München ca. 10,2 Mill. Mark vor (LV 1920/21, BeilBd 1 Nr. 18 S. 44).

5 Bis zur Revolution trug die kgl. Zivilliste, der auch Fundus und Instrumente gehörten, die Betriebskosten.

6 Sozialdemokraten; vgl. S. 484. – Über Streikdrohungen des Chor- und Ballettpersonals und über den Beginn der Verhandlungen mit dem Kultusministerium s. BStZtg Nr. 269 u. 270 v. 18. u. 19. 11. 1920, Nr. 275 v. 25. 11. 1920.

7 Männliche und weibliche Hilfsarbeiter auf Baustellen; s. Grimm 10/II, 2, Sp. 2157.

Sonntag, den 28. November 1920 14

Allerhand.

In Tirol drein fahren jetzt wieder die Eisenbahnen mit allerhöchster Genehmigung der Waggonschieber und wenn die Boarn wöllen, können sie jetzt wieder Erdäpfel oder epper gar a Möhl für die werktätigen Böhmaken einer fahrn. Selle Fressalien nehmen die Krattler und Revoluzzer epper woll an.

Es scheint aber, daß sich die Sozi über ihren Streik[1] gegen die Einwohnerwehr nicht gar so freuen können, denn Bürger und Bauern, also die wirklichen Tiroler, wollen den Krattlern zeigen, daß sie sich von dem zugereisten Bahngesindel nicht vergewaltigen lassen. Die Pinzgauer voran haben jetzt der Staatsverwaltung ein Licht aufgesteckt. Sie verlangen die Dienstentlassung und Bestrafung der Rädelsführer des Streiks, widrigenfalls die Bevölkerung des Pinzgaues jede Lieferung von Fleisch, Milch, Fett und dergleichen und jeden Geschäftsverkehr einstellt.

An das Herz eines Krattlers und Revoluzzers zu appellieren, auf Liebe zur Heimat usw. zu rechnen wäre falsch, aber an den Magen – sell ischt was anderes.

Aft geaht der Karren umkehrt, den bloß von seine Läus kann auch ein böhmischer Waggonschieber nicht leben. Es ghört deacht a bissele a Speck dazua. Woaßt woll. – –

Was anderes, aber auch von der Einwohnerwehr[2]. Der sozialdemokratische Abgeordnete Auer[3] hat in der »Münchner Post«[4] seine Bedenken gegen die Organisation der E.-W. dargelegt. Der Artikel ist beachtenswert, weil er ruhig und anständig geschrieben ist.

Die Spalten des Münchner Blattels haben sich gegen diesen Ausnahmston gesträubt und zwei Redakteure sollen die Freiseln gekriegt haben, wie sie das Ungewohnte fressen mußten.

Die Bedenken Auers richten sich besonders dagegen, daß die Einwohnerwehr sozusagen eine Geheimorganisation sei[5].

Das stimmt nicht. Auer kann sich darauf verlassen, daß die Wehr offen für Recht und Ordnung wirkt und daß ihr Bestreben allein hinreicht, um solche Zustände zu verhindern, denen er beinahe zum Opfer gefallen wäre[6].

14

Die Zeiten sind vorbei, wo Vorstadtstrizzis den Landtag besetzen und Mordversuche auf Minister machten.

Die Zeiten der Eisner[7], Lindner[6], Geiselmörder[8] und Konsorten sind vorbei, Dank der Einwohnerwehr.

Und wenn die Juden und Uspes[9] ihre Wiederkehr wünschen, werden sie merken, daß die Wehrlosigkeit des Volkes aufgehört hat. Dazu braucht es nichts Geheimes, das kann gar nicht offen genug gezeigt werden. –

Noch was anderes:

Das galizische Leibblatt der Mischpoche, die »Frankfurter Zeitung«[10] will unserm Ministerpräsidenten von Kahr[11] was anhängen. Weil er mit klaren Worten den gesunden Föderalismus als ein Mittel zum Wiederaufbau des Reiches bezeichnet hat, versucht ein Lügner daraus eine Kundgebung gegen die deutsche Einigkeit zu machen. Wir haben nicht einmal, sondern oft und immer wieder gerade von Herrn von Kahr das Bekenntnis der unverbrüchlichen Treue zum Reiche gehört. Der betreffende Verleumder natürlich auch, aber den Juden in der Schieberstadt am Main paßt die Ordnung in Bayern nicht und ihr Haß gegen die Männer, die einzig und allein in Deutschland wieder ein Regiment der Redlichkeit aufgerichtet haben, ist groß. Wir wollen aber allen Schiebern, Kriegsgewinnlern und Lumpen an der Spree wie am Main unumwunden sagen, daß unsere Geduld Berliner Zuständen gegenüber zu Ende ist.

Wir Bayern wissen, daß alle Schuld am Unglück Deutschlands der Berliner Unfähigkeit, der alten wie der neuen, zuzuschreiben ist.

Dort hat man uns die Feindschaft der ganzen Welt heraufbeschworen, dort hat man uns im Krieg ausgewuchert, von dort aus ist in der Revolution Deutschland vergiftet worden, dort hockt heute noch eine Regierung[12], die jede Gesundung unmöglich macht.

Und wenn die Berliner Sozi glauben, daß wir uns durch den Unitarismus[13] zu schweigenden Knechten einer Sauwirtschaft, bei der sie sich die Taschen füllen, machen lassen, dann irren sie sich.

Berlin ist nicht deutsch, ist heute das Gegenteil davon; ist galizisch[14] verhunzt und versaut. Und jeder brave Mann in Preußen weiß heute, wo er den Grundstock eines ehrlichen Deutschtums zu suchen hat – in Bayern. Daran macht sie und uns kein Jud irre.

Or. fehlt. – MA 46 Nr. 278 S. 1 v. 28. 11. 1920. – Lemp S. 240 Nr. 1473; Hofmiller S. 725.

1 Am 20./21. 11. 1920 veranstaltete die Heimatwehr Tirol auf dem Berg Isel bei Innsbruck ein Landesschießen, welches die sozialistischen Parteien durch einen Eisenbahnerstreik verhindern wollten. Trotz dieser Behinderung erschienen dort bayer. Teilnehmer; zu Zwischenfällen kam es nicht. Vgl. MA Nr. 268–272 v. 17.–21. 11. 1920; BStZtg Nr. 269, 271–273 v. 17.–23. 11. 1920; MP Nr. 271 v. 21. 11. 1920. Zur Heimatwehr vgl. Josef Riedmann, Tirol (Österreich 1918 bis 1938, 2) 1983, S. 970f, 982–985, 1000.

2 S. dazu S. 479f.

3 Erhard Auer (1874–1945), seit 1907 soz.-dem. MdL, Innenminister in der Regierung Eisner; s. NDB 1, S. 429f; MinProt S. XXXVIff (Auer war erst seit November 1921 Chefredakteur der MP; s. BHStA, Slg. Rehse Nr. 3527); Hoegner, Außenseiter S. 17ff.

4 MP Nr. 273 v. 23. 11. 1920.

5 Über die Veranstaltungen der Einwohnerwehren wurde regelmäßig in der Presse berichtet, die Mitgliederzahl lag um 300000 (vgl. Large S. 23–26).

6 Attentat auf Erhard Auer durch Alois Lindner (Mitglied des Revolutionären Arbeiterrats) am 21. 2. 1919. Zum Ablauf s. Die Attentate im bayer. Landtag. Der Prozeß gegen Alois Lindner vor dem Volksgericht München, München 1919; vgl. Mitchell S. 236f; MinProt S. XXXVII, LVI; HBbG 4/I, S. 425ff; Hitzer S. 139 u. ö. – Zu Lindner (geb. 1887) s. Morenz S. 129.

7 Kurt Eisner (1867–1919), soz.-dem. Politiker, seit 1917 führend in der USP in Bayern, Organisator des Umsturzes in München am 7./8. 11. 1918, v. 8. 11. 1918–21. 2. 1919 bayer. Ministerpräsident u. Minister des Äußern, am 21. 2. 1919 von Anton Graf Arco-Valley ermordet; s. NDB 4, S. 422f; Bayer. Biogr. S. 172; Benz-Graml S. 73f; MinProt S. XXX–XXXVI. Vgl. auch S. 484.

8 Über die Ermordung von zehn Geiseln im Luitpoldgymnasium am 30. 4. 1919 s. Morenz S. 88f; Mitchell S. 288f.

9 Unabhängige Sozialdemokraten; s. Nr. 10 Anm. 2.

10 Galizisch s. Anm. 14; Mischpoche s. Nr. 15 Anm. 9; Frankfurter Zeitung s. Nr. 2 Anm. 4. Thoma bezieht sich wohl auf den Artikel in Nr. 866 v. 22. 11. 1920 »Zur Rede des Herrn v. Kahr«.

11 Zu Kahr s. Nr. 1 Anm. 6. Thoma bezieht sich auf das Bekenntnis Kahrs zum Reich in der Erklärung vor dem bayer. Landtag am 10. 11. 1920 (s. Nr. 12 Anm. 14). Vgl. auch Schulthess 1920/I, S. 303.

12 Die Reichsregierung unter Konstantin Fehrenbach war eine Minderheitsregierung aus Zentrum, DDP und DVP (s. Nr. 6 Anm. 3). Die preuß. Regierung unter Otto Braun (MSP) stellten die Parteien der Weimarer Koalition (MSP, Zentrum, DDP); vgl. Schulthess 1920/I, S. 75f.

13 Über das Reich-Länder-Verhältnis und den Abbau der Länderrechte vgl. Huber 6, S. 69ff. Zur Haltung der BVP in dieser Frage vgl. Schwend S. 132–138; Keßler S. 408–415. Vgl. auch Nr. 135.

14 Galizisch, bei Thoma synonym für jüdisch, besonders ostjüdisch; s. S. 482. Zur Judenfrage in Berlin vgl. bes. Nr. 60 u. 76.

Sonntag, den 28. November 1920 15

Dichter und Dieb.

Ein Schriftsteller namens Georg Kaiser[1], der in Berlin, Schwabing[2] und Frankfurt von galizischen Rotzlöffeln als »Schänie« abgestempelt wurde, hat eine Viertelmillion gestohlen[3].

Leider in Bayern und nicht in Gegenden, wo Galizier straflos stehlen dürfen unterm Schilde sozialdemokratischer Herrscher[4]. Die reaktionäre bayerische Polizei packte den Burschen und steckte ihn ins Gefängnis. Seine Kalle[5] auch, die mitgeholfen hat. Das ist was ganz Gewöhnliches und gehört in die Rubrik Gerichtssaal.

Aber siehe da! Die Berliner Presse erhebt ein Jammergeschrei über die schreckliche Gewalt, die man dem Geisteshelden antut; sie protestiert dagegen, daß vor dem Gesetze Alle gleich sein sollen. Dieser Satz gehört dem untergegangenen christlichen Staate an, heute soll der »Dichter« eine Ausnahmestellung haben. Einige sagen, daß er nur den Mut gehabt habe, seiner Phantasie auch in der Tat zu folgen; ein anderer Sauhund aus Tarnopol[6] schreibt gar, der Diebstahl sei eine verdienstliche Entlarvung der veralteten Gesellschaftsordnung[7]. Dabei hat der grauße Dichter Kaiser nicht etwa als phantasievoller, poetischer Brigant geräubert, er hat als hundsgemeiner Einmietedieb eine Wohnung ausgestohlen und hat anvertraute Schmuckstücke veruntreut[8].

Ganz jämmerlich, mit besonders ehrloser Gesinnung, hat er das Vertrauen auf seine Stellung und seinen Namen mißbraucht.

So sieht der Held der Berliner Mischpoche[9] aus.

In Bayern soll Recht noch Recht bleiben, und damit das expressionistische Zion[10] doch auch was hat, wird man dem Genie möglichst lange Zeit in einem Zuchthaus geben, wo er seine Schmotzes[11] dichten kann.

Dann soll er in Berlin als Genie gelten; bei uns ist und bleibt er ein Lump.

Or. fehlt. – MA 46 Nr. 278 S. 1 v. 28. 11. 1920; Kloeber S. 77. – Lemp S. 240 Nr. 1474; Hofmiller S. 725.

1 Georg Kaiser (1878–1945), expressionistischer Dramatiker; s. NDB 11, S. 38f; Kosch 8, Sp. 835–839; Hansel S. 205f.
2 Stadtteil im Münchener Norden. Zum »klassischen Schwabing« zählt Karl Bosl, München, Stuttgart-Aalen 1971, S. 113 auch den Simplicissimus. Vgl. auch die Äußerung von Erich Mühsam, Namen und Menschen. Erinnerungen, Leipzig 1931, S. 117 »Schwabing ... Ich denke an die frei seelische Luft, die Schwabing durchwehte und den Stadtteil zu einem kulturellen Begriff machte«. – Bibliographische Nachweise zum »literarischen Schwabing« s. bei Theodor Dombart, Schwabing, München 1967, S. 223–232.
3 Kaiser war im November 1920 wegen Unterschlagung erheblicher Wertgegenstände seiner Mietgeber in Tutzing und München verhaftet worden; s. BStZtg Nr. 264 v. 12. 11. 1920; MA Nr. 253 S. 3 v. 29. 10. 1920.
4 Hinweis auf Berlin unter der preuß. Regierung des sozialdemokratischen Ministerpräsidenten Otto Braun (s. Nr. 14 Anm. 12).
5 Jidd. kále, Braut (Landmann S. 177). – Kaiser war seit 1908 mit Margarete Habenicht verheiratet; das Ehepaar hatte drei Kinder (NDB 11, S. 38).
6 Synonym Thomas für Ostjuden; s. Nr. 29 Anm. 5.
7 Zum Presseecho s. Nr. 52.
8 Die Aneignung und Verwertung der dem Mieter anvertrauten Gegenstände gilt als Unterschlagung (§ 246 StGB).
9 Jidd. mischpoche, Familie, Verwandtschaft, Sippschaft (Landmann S. 199). – Nach Fritsch S. 338 war Georg Kaiser Jude.
10 Über den jüdischen Anteil am literarischen Expressionismus s. Tramer, vor allem S. 329, 334f, 369–375.
11 S. Nr. 3 Anm. 9.

Samstag, den 4. Dezember 1920 16

Der Unternehmer.

Ein Großstadtbild.

Durch die Straßen der Vorstadt geht ein gut gekleideter Mann. Er schaut eigentlich ganz gemütlich aus; grübig[1], wie man in den Zeiten der Monarchie zu sagen pflegte. Aber was ist das? Zornige Blicke folgen ihm; Abscheu malt sich in den edlen Gesichtern des werktätigen Volkes. Es ist gerade ein blauer Dienstag[2], weshalb sich ziemlich viele Arbeitsschklaven auf der Straße im Zustande des Ausruhens befinden. Alle rauchen die Zigarette der Armen, die Schport[3] und haben die arbeitsgewohnten Fäuste in den Hosensäkken; die Herbstsonne vergoldet ihre müden Züge, die sie schutzlos dem Wetter preisgeben, weil die Schpartakusmützen[4] ganz hinten auf den Kopfwirbeln sitzen. Ihre Bräute und Geschosse und Schlitten stehen neben ihnen. Auch ihre Augen, die sonst in Liebe entflammen, sprühen Verachtung und Zorn auf den grübigen Wanderer.

Hat er ein Verbrechen begangen? Oder was hat ihm sonst den Haß des arbeitenden Volkes zugezogen?

Er ist – – – ein Unternehmer!

Er hat 40 Schklafen in seiner Baufirma. Nun versteht man alles.

Vierzig Söhne des Volkes ruhen sich an diesem blauen Dienstag von der achtstündigen Arbeit[5] aus, die sie für diesen Ausbeuter leisten.

Wohin geht dieser Blutsauger?

Er geht von einem Kapitalisten zum Andern, bloß um neue Arbeit zu finden, die dann wieder die armen Söhne des Volkes tun müssen. Das kommt heute noch vor!

Wann endlich wird das Volk zu seiner wahren Freiheit gelangen?

Wehe den Unterdrückern!

Kare[6] nimmt die Schport aus dem Munde und schbeibt verächtlich aus; seine Zenta, sein Alles legt ihre rechte Hand auf die Hinterfassade, um dem Unternehmer anzudeuten, welche besonderen Wünsche sein verhaßter Anblick in ihr erregt hat.

Ihre Freundin Paula streckt ihre vom Eiszuckerlutschen gerötete Zunge hervor.

Lucke, der zermste Mörtelbatzer von der Gruben[7], Vorstand des sozialdemokratischen Stammklubs läßt einen Gruß erschallen, welcher trotz allen Grimmes die Heiterkeit der Umstehenden erregt. Endlich verschwindet der Ausbeuter und Ruhe kehrt wieder in den Herzen des werktätigen Volkes ein. Kein Anschein von Arbeit beleidiget mehr die Augen der Genossen.

Es erscheint die Ausgabe der »Münchner Post«[8] und legt Balsam auf die Wunden der Unterdrückten. Paula kauft sich eine

Erzet-Schokoladi und geht mit Lucke ins Kino; Zenta geht in die Stadt, harmlos wie jener geheimnisvolle Waldvogel, von dem der Jäger singt: Oculi, da kommen sie[9]. – Der blaue Dienstag klingt harmonisch aus.

Or. fehlt. – MA 46 Nr. 283 S. 3 v. 4. 12. 1920; Miesbacher Büchl S. 57f; Kloeber S. 122f (zu 1921); GW (1956) 8, S. 417f; GW (1968) 1, S. 598f. – Lemp S. 240 Nr. 1475; Hofmiller S. 725.

1 Gemütlich, behaglich; s. Küpper 3, S. 1124.
2 Vgl. Nr. 101 Anm. 7.
3 Zigarettenmarke »Sportsman«; s. Kurt Bormann, Die deutsche Zigarettenindustrie (Zeitschrift für die gesamte Staatswissenschaft, Erg.-Heft 33) 1910, S. 37f.
4 Über den Spartakus-Bund in der USP (1916/17), seine Trennung von der USP und die Gründung der Kommunistischen Partei (Dezember 1918) s. Huber 5, S. 181, 191, 999f.
5 Über die Einführung der täglichen Arbeitszeit von acht Stunden in der gewerblichen Wirtschaft durch die Regierung Eisner s. MinProt S. 15, 35, 419f; zur allgemeinen Entwicklung vgl. Heinrich August Winkler, Von der Revolution zur Stabilisierung. Arbeiter u. Arbeiterbewegung in der Weimarer Republik 1918 bis 1924, Berlin–Bonn 1984, S. 76f, 394; Irmgard Steinisch, Arbeitszeitverkürzung u. sozialer Wandel (Veröffentlichungen der Histor. Kommission zu Berlin 65) 1986, S. 369ff. Vgl. auch Nr. 24.
6 Kare (Karl) und Lucke (Ludwig), Witzfiguren in der Münchener Bauarbeitersprache. Zerm, bayer. für zünftig s. Küpper 8, S. 3157.
7 Ärmliches Wohnquartier im Münchener Stadtteil Haidhausen; s. Walter Herde, Haidhausen, Geschichte einer Münchner Vorstadt (Oberbayer. Archiv 98) 1974, S. 49, 54f, 269.
8 S. Nr. 1 Anm. 1.
9 Oculi, dritter Sonntag in der Fastenzeit, gilt als Rückkehrtermin der Schnepfen; s. Ernst Ritter v. Dombrowski, Deutsche Weidmannssprache, 3. Aufl., Neudamm 1913, S. 93; Schnepfe: Straßenprostituierte (Küpper 7, S. 2537; Borneman Nr. 48.2).

Sonntag, den 5. Dezember 1920 17

Der Bund gegen die Einwohnerwehr[1].

Den gibt es jetzt auch. In[a)] München war neulich die Versammlung vom republikanischen Führerbund[2], der die Einwohnerwehr entwaffnen möchte.

Der Einberufer, ein – Hauptmann a. D. Schützinger[3], ehemaliger Offizier – jawohl! ! – der auch einmal dem König den Eid geleistet hat und der jetzt zum Revolutionär und zum Liebling der »Münchner Post«[4] avanciert ist.

Allerhand Schönes hat die Revolution gebracht; Charaktere haben sich gezeigt und erwiesen, vor denen der ehrliche Mensch ausspeit, eine Gemeinheit und Feigheit der Gesinnung hat sich geoffenbart, die manchen Deutschen auf eine Stufe mit dem galizischen Auswurfe der Menschheit stellt – aber auch edle Männer sind hervorgetreten. Die Alleredelsten sind doch ganz gewiß jene paar selbstlosen Offiziere, manchmal auch Etappenritter, die des Königs Rock mit dem Janker des Vorstadtsozi vertauscht haben.

Früher dienten sie Ludwig III.[5], jetzt dienen sie Lucke, Freiherren von Giesing[6].

Also der – ehemalige Hauptmann – es gibt ja keine Ehrengerichte mehr – also der Hauptmann außer Dienst und Agitator im Dienst der Sozi, namens Schützinger, hielt die erste Rede gegen die Einwohnerwehr.

Er sagte was davon, daß man den Wehrmännern die Waffen aus der Hand schlagen müsse![a)]

Ist schon recht. Wir laden den Schützinger ein, ins Oberland zu kommen und den Versuch zu machen, einem Wehrmann die Büchse aus der Hand zu schlagen. Wir wünschen das von ganzem Herzen. Alles andere erlebt dann der Liebling Schützinger ganz von selber.

Nur probieren! So ein ritterlicher Offizier, dem sein Eid das heiligste ist, hat doch gewiß Schneid.

Und es ist ja bloß ein Kinderspiel, einem Oberlandler das Gewehr aus der Hand schlagen.

Wir wissen nicht, ob der Freund der »Münchner Post« im Schützengraben war, oder ob er im Feuer der Gullaschbatterien gestanden hat, wir wissen aber sehr genau, was er jetzt ist und deswegen hätten wir die größte Freude, wenn er die Entwaffnung der Oberlandler versuchen wollte.

Und dann redete auch der – Johannes Timm[7]. Eigentlich ist es hocherfreulich, daß diese Exzellenz von vorgestern jetzt so viel redet. Man weiß doch, daß er seine Sprache wieder gefunden hat, die er so gründlich verloren hatte in der wunderschönen Rätezeit.

Sein ehemaliger Landesherr Kurt Eisner[8] war ihm nicht immer wohl affektioniert. Man glaubte sogar, daß der Langhaarete an jenem Tag, wo er ins Gras oder vielmehr in das Pflaster der Promenadestraße biß, arge Pläne hatte gegen den Timm ebenso, wie gegen den Auer. Als sein Genosse Lindner[9] alsdann seine Gastrolle im Landtag gab, verschwand und verstummte Johannes Timm.

In der gefährlichen Zeit zog er sich zurück, und niemand hörte mehr die Stimme des Propheten. Kaum waren mit Kahr[10] Ordnung und Sicherheit ins Land gekommen, tauchte er wieder auf. Jetzt ist es ja wieder gemütlich, Opposition zu machen, denn die Leute, die er bekämpft, schützen ihn wie uns alle. Die Sicherheit in München ist unter Pöhner[11] Gott sei Dank so gefestigt, daß man ganz unbeschadet das Maul gegen die Sicherheit und gegen Pöhner aufreißen kann.

Der Sozialismus ist wieder theoretisch, und seine Propheten brauchen keine Konsequenzen mehr zu ziehen und zu tragen. Das ist wieder die Zeit, wo die Timms blühen und sogar für die Strizzis à la Dobner und Brachere als Ritter kämpfen dürfen[12].

Der Lindner geht nicht mehr um mit dem knackenden Revolver, die Sonne scheint friedlich auf die Straßen Münchens herunter und so ergehen sich die sozialdemokratischen Rekonvaleszenten heiter im Freien und schimpfen wieder.

Gelt[b)] Timm, Sie sagen's ehrlich,
Es ist nicht mehr gefährlich?
Es ist nicht mehr so schlimm?
Ja unter Pöhner
Ist's doch viel schöner,
Man wird der alte Timm[b)].

Wie schön es ist, den Pöbel zu streicheln, wenn man gewiß weiß, daß er an der Kette liegt!

Dann kann man tapfer auf die Leute schimpfen, die die Bestie halten, aber nur ja net loslassen! Nur ja net loslassen!

Sonst muß der Herr Timm wieder verschwinden[13].

Or. fehlt. – MA 46 Nr. 284 S. 1 v. 5. 12. 1920; MA 47 Nr. 112 S. 2 v. 15. 5. 1921. – Lemp S. 240 Nr. 1476; Hofmiller S. 725.

a)–a) Münchener Zeitung Nr. 130 v. 13. 5. 1921
b)–b) MA 47 Nr. 112 S. 2 v. 15. 5. 1921: nach: Sonst muß der Timm wieder verschwinden.

1 S. S. 477ff.
2 Über die Gründungsversammlung des Republikanischen Schutzbundes berichtete BStZtg Nr. 264 v. 12. 11. 1920; vgl. MP Nr. 263 v. 11. 11. 1920 u. MA Nr. 264 S. 2 v. 12. 11. 1920. Er ging aus dem Republikanischen Führerbund hervor; vgl. Lexikon zur Parteiengeschichte 3, S. 544f, 4, S. 97f; Deutsche Militärgeschichte 3, Abschn. 6, S. 169. Über die Versammlung im Löwenbräukeller in München am 29. 11. 1920 s. BStZtg Nr. 280 v. 1. 12. 1920.
3 Hermann Schützinger (1888–1962), am 1. 4. 1920 als Hauptmann entlassen; BHStA, KrA OP 49443.
4 S. Nr. 1 Anm. 1.
5 Ludwig III. (1845–1921), 1913–1918 König von Bayern; NDB 15, S. 379ff; Alfons Beckenbauer, Ludwig III. v. Bayern (1845–1921), Regensburg 1987.
6 Arbeiterviertel im Münchener Südosten, das als »Hochburg der Kommunisten« galt (vgl. Morenz S. 86, 94ff; Hillmayr S. 96).
7 S. Nr. 10 Anm. 3. Nach dem in Anm. 2 zitierten Bericht der BStZtg Nr. 280 war Timm Hauptredner der Veranstaltung. Timm war Justizminister in der Regierung Eisner; nach dem Attentat auf Auer (21. 2. 1919) hielt er sich aus Sicherheitsgründen verborgen; vgl. MinProt S. LVII; Müller-Meiningen S. 135.
8 S. Nr. 14 Anm. 7 u. Nr. 67 Anm. 8. – Über die Spannungen zwischen Eisner einerseits u. Auer-Timm andererseits s. MinProt S. XXXVIII; Mitchell S. 147–151.
9 S. Nr. 14 Anm. 6. Lindner gehörte zum Revolutionären Arbeiterrat, der die Mehrheitssozialisten unter Auer (s. Nr. 14 Anm. 3) und Timm strikt ablehnte.
10 S. Nr. 1 Anm. 6. Timm nahm seit 1. 10. 1919 wieder an den Landtagssitzungen teil (LV 1919, StenBer 1); v. Kahr wurde am 16. 3. 1920 Ministerpräsident.
11 Ernst Pöhner (1870–1925) war am 3. 5. 1919 von Innenminister Martin Segitz (MSP) zum Polizeipräsidenten von München ernannt worden; vgl. Schwend S. 584; Morenz S. 131; Deuerlein S. 26f; LV 1920/21, StenBer 2, S. 659.
12 Über die Affäre Dobner-Brachère und Timms Rolle dabei s. Nr. 10.
13 Wegen dieses Artikels verklagten Johannes Timm (Vertreter: Rechtsanwalt Alwin Saenger) und Hermann Schützinger den Herausgeber und verantwortlichen Redakteur des MA, Klaus Eck, wegen Beleidigung. Das Schöffengericht beim Amtsgericht München verurteilte Eck am 12. 5. 1921 wegen übler Nachrede zu 500,– Mark Geldstrafe (Prozeßakt im Document Center Berlin, AG München Nr. 14/1921; Berichte: MA Nr. 111 u. 112 v. 14. 5. u. 15. 5. 1921; Urteilstenor: MA Nr. 121 S. 3 v. 29. 5. 1921; weitere Kommentare v. Thoma [Nr. 102/2] u. Eck [MA Nr. 116 S. 1 v. 21. 5. 1921]). Am 23. 1. u. 4. 2. 1921 bat Thoma den mit ihm befreundeten Redakteur der Münchener Zeitung, Hans Maier, um nähere Angaben über die dem Artikel zugrundeliegende Veranstaltung als Material für die Verteidigung, da Schützinger Eck wegen verleumderischer Beleidigung verklagt habe (StBibl., HsAbt. I/36 u. III/7); s. dazu auch Nr. 39/1. Vgl. auch S. 467ff.

Mittwoch, den 8. Dezember 1920 18

Allerhand.

Der Abg. Auer[1] erklärt und dementiert sich jetzt über die Einwohnerwehr[2] herum und gibt zu erkennen, daß sie so, wie sie ist, nicht paßt, weil sie den Proletariern nicht zusagt. Wir geben den bürgerlichen Blättern den Rat, auf den ganzen Summs nicht einzugehen. Die Einwohnerwehr ist da, ist genau so, wie sie ist, vortrefflich, paßt jedem, der auf Ruhe und Ordnung hält und damit basta.

Es wird Zeit, den Herren Timm[3] und Auer recht deutlich zu sagen, daß die Tage ihrer Macht und die Tage der Sauerei endgültig vorbei sind[4]. Sie sollen opponieren und Lindner[5] züchten; innerlich sind sie froh, daß ihre Redereien keine Konsequenzen mehr haben können.

Wenn der Herr Timm nicht aufhört, furchtbare Entdeckungen zu machen, so werden wir noch einmal auf die saudumme Affäre Dobner-Brachere[6], Lucke, Strizzi und Genossen zurückkommen und die ganze Schönheit dieses Staatsmannes enthüllen, der sich für einen schuftigen Verräter in Position gesetzt hat. –

Droben im Norden wirbelt die Affäre Scheidemann[7] Staub auf. Der rechtsunkundige Oberbürgermeister von Kassel hat sich für eine dreizehn Zimmerwohnung die Möbel aus dem Kaiserschlosse Wilhelmshöhe[8] – – geholt und zahlt für die kostbarste Einrichtung jährlich – – 300 Mark Miete!! An sich ist es schon eine ekelhafte Vorstellung, sich den ädlen Brolehtarier von Prunkmöbeln umgeben zu denken. Jeder Spiegel an der Wand muß ihm doch seine Setzerexistenz und die ungeheuerliche Lächerlichkeit seiner Rolle wachrufen, aber davon haben diese – – Staatsmänner keine Ahnung. Takt haben heißt noch immer: gebildet sein. In der furchtbaren Tragödie unseres Vaterlandes spielen diese Akteurs, die Ebert[9] und Scheidemann die lustige Rolle.

Es gibt ein Stück von Shakespeare: der Widerspenstigen Zähmung. Darin kommt ein Kesselflicker vor, der im besoffenen Zustand von Spaßmachern zum Lord umgewandelt wird[10]. Auch dieser edle Proletarier glaubt an seine Lordschaft, bis er hinausgeschmissen wird.

Der grimmige Spaß ist Ernst geworden – in Deutschland.

Die Existenzfähigkeit der Theater wird zur Zeit hin und her erwogen und angezweifelt.

Wir prophezeien ihnen allen den Untergang. Er muß kommen infolge der Verarmung Deutschlands, infolge der Kinoseuche[11] und infolge der Zuchtlosigkeit des Personals.

Die »Stars« filmen und wie es schon einmal im Charakter der Schauspieler liegt, ist ihre wirtschaftliche Unabhängigkeit vom Theater gleichbedeutend mit ihrer Unbotmäßigkeit.

Man spielt bloß mehr so nebenher Theater, tritt protzig auf und hält sich an keine Disziplin mehr.

Der große Krach wird kommen und der hebräische Kinounflat[12] wird alle ehedem edle Kunst ersticken.

Dann kommt aber hoffentlich auch der Kinokrach.

Und wer uns Mitleid predigen will mit der Welt der Mimen, dem sagen wir heute schon, daß es im Volke unvergessen bleiben muß, wie alle diese Hof- und anderen Schauspieler die ersten Mitläufer der galizischen Revolte gewesen sind[13].

Untreue schlägt den eigenen Herrn. Es wird und es muß ihnen schlecht gehen, diesen lächelnden Halbmännern, die mit dem Entsetzen Scherz getrieben haben.

Aus Paris kommt ein Weheruf: Monsieur Georges Caspari[14] aus Munich ist gesetzt worden gefangen, weil dieser Kunsthändler und Ableger des Uspe Cassirer[15] aus Berlin, große französische Kunstwerke nach Deutschland geschmuggelt haben soll.

Haißt große Kunstwerke!

Er wird Dreck von Futuristen[16] und Expressionisten[17] nach Daitschland geschafft haben, denn das ist jetzt die Cassirermarke.

Aber wir wollen die Franzosen bei ihrem Glauben lassen. Sie sollen ihn nur behalten und wenn sie den Cassirer erwischen, den auch dazu nehmen.

Und se sollen se schicken auf die Teifelsinsel[18].

Es wär grau- aber auch heilsam. Für Deutschland und die Gesundung der Kunst.

Or. fehlt. – MA 46 Nr. 286 S. 1 v. 8. 12. 1920. – Lemp S. 240 Nr. 1477; Hofmiller S. 725.

1 S. Nr. 14 Anm. 3.
2 S. S. 479f.
3 S. Nr. 10 Anm. 3.
4 Auer war Innenminister, Timm Justizminister in der Regierung Eisner; Auer wurde am 21. 2. 1919 durch Attentat schwer verletzt, Timm zog sich aus Sicherheitsgründen aus der Öffentlichkeit zurück (vgl. Nr. 17 Anm. 7).
5 S. Nr. 14 Anm. 6.
6 S. Nr. 10 Anm. 1.
7 S. Nr. 12 Anm. 5 u. Nr. 152 Anm. 14. Scheidemann war von 1920–1925 Oberbürgermeister von Kassel; vgl. seine Memoiren II, S. 413f; Schulthess 1919/I, S. 510; MP Nr. 262 v. 10. 11. 1920. Er war ursprünglich Schriftsetzer (Sperlich S. 212).
8 Schloß Wilhelmshöhe, erbaut vom Landgrafen Wilhelm IX. v. Hessen (1785–1821), war nach 1866 bevorzugter Aufenthaltsort der preuß. Könige und deutschen Kaiser, besonders Wilhelms II. (Karl E. Demandt, Geschichte des Landes Hessen, 2, 2. Aufl., Kassel 1971, S. 584, 588).
9 S. Nr. 6 Anm. 2.
10 Christopher Sly (Christoph Schlau).
11 Nach der Aufhebung der Filmzensur 1918 nahm die Produktion außerordentlich stark zu; s. Jerzy Toeplitz, Geschichte des Films, 2, München 1973, S. 212; Ulrich Gregor – Enno Patalas, Geschichte des Films, 1, Reinbek b. Hamburg 1976, S. 49ff. Eine gemäßigt abwertende Betrachtung über das Kino hatte Thoma in März 9/I, 1915, 267–270 (Lemp S. 240 Nr. 1449) veröffentlicht.
12 Über die Produktion von Filmen zur »Sexualaufklärung« 1919/20 vgl. Siegfried Kracauer, Von Caligari bis Hitler. Eine psychologische Geschichte des deutschen Films, Frankfurt a. Main 1984, S. 50ff. Über jüdische Regisseure s. Engelmann S. 84f; Tramer S. 369.
13 Über die Revolutionsfeiern im Nationaltheater in München (November/Dezember 1918) s. Nr. 13 Anm. 3. – Seit 1911 gehörte Thoma zu den meistgespielten Autoren des Staatsschauspiels; H. Reiner, Die bayer. Hof-(National-, Staats-)Theater u. ihr Spielplan v. 1871–1920 (Zeitschrift des Bayer. Statistischen Landesamts 56) 1924, S. 37. Die Regierung Eisner verbot Thoma-Aufführungen im Nationaltheater (Keller, Briefe S. 341; Lemp S. 29).
14 Der Münchener Kunsthändler Georg Caspari hatte Bilder von Cézanne, Renoir, Manet, van Gogh, Daumier und Diaz von Ungarn nach Paris gebracht und dort zum Kauf angeboten; vgl. BStZtg Nr. 282, 283, 285 v. 3.–7. 12. 1920.
15 Paul Cassirer (1871–1926), Kunsthändler u. Verleger, setzte sich besonders für franz. Maler des Impressionismus ein; nach 1918 gehörte er zur USP (NDB 3, S. 169f).
16 Über die sich als revolutionär verstehende Bewegung des Futurismus seit 1908/10 vgl. Rossana Bosaglia, Futurismus u. Pittura metafisica (Propyläen-Kunstgeschichte 12) 1977, S. 192f. S. auch Hofmiller, Revolutionstagebuch S. 104.
17 Seit 1911 als Bezeichnung der neuen künstlerischen Bewegung in Deutschland angewendet; s. Manfred Schneckenburger, Der deutsche Expressionismus (Propyläen-Kunstgeschichte 12) 1977, S. 148f. – Paul Cassirer galt als Förderer des literarischen Expressionismus (vgl. Tramer S. 374f).
18 Ile du Diable in franz. Guayana mit berüchtigten Straflagern u. Gefängnissen (Hans Tanner, Südamerika, 2: Atlantikstaaten, Bern–Braunschweig 1980, S. 227).

Freitag, den 10. Dezember 1920 19

Erzbergerei[1].

Wenn an dem dicken Biberacher[2] irgend etwas Sympathisches wäre, könnte man Verständnis haben für die schwäbischen Ultramontanen, die ihn immer wieder in den Vordergrund schieben wollen. Aber der Mann war als Abgeordneter, geschäftiger Unterhändler ebenso widerwärtig, wie späterhin als Staatsmann des Kompromißpöbels[3].

Die unglückliche Idee, ihn, diese schlimmste Karikatur des deutschen Philisters, zu den Waffenstillstandsverhandlungen zu schicken[4], war für uns verhängnisvoll. Er brachte uns bloß durch seine Erscheinung die Verachtung der Feinde ein und seine ekelerregende Art des Verhandelns gab uns den Rest. Man muß nicht Deutsche, man muß Engländer hören über Mathias Erzberger. Sie hatten bei aller Feindschaft Achtung vor dem Volke, das 4½ Jahre lang der Welt widerstand; als es zusammengebrochen war, erwartete der Feind – wenigstens England – in den Abgesandten etwas von der hohen Würde der tapfersten, besiegten Nation zu finden.

Und da kam dieses Urbild eines Spätzelfressers, behäbig, selbstzufrieden mit seiner Wichtigkeit, lächelnd, sich verbeugend, sich anschmierend –

Der Eindruck war vernichtend. Also das war der Vertreter des grimmigen Deutschlands?! Man weiß, wie er verhandelte, mehr bot, als verlangt wurde, wie er sich um Gefälligkeiten für persönlich Bekannte an Foch heranmachte! Noch deutlicher konnte die furchtbare Entwürdigung der Nation nicht bekundet werden. – Das sind Dinge des Taktes, der ganz offensichtlich den demokratischen Tagesgrößen von damals gefehlt hat.

Was folgte, war noch schlimmer. Nie ist ein Mann, der im öffentlichen Leben stand, so kläglich nach kurzer Tätigkeit entlarvt worden, wie Erzberger im Helfferich-Prozesse[5].

Entlarvt als Profitler in der höchsten Not des Vaterlandes. Entlarvt als Trinkgeldnehmer, der Tantiemen, Bezüge, Gehälter, Spekulationsgewinne mit seinem Einflusse und seiner Stellung erwarb[6].

Wer das nicht sah und nicht sieht, wer das nicht mit tiefstem Abscheu empfindet, dem fehlt jede Sittlichkeit[7].

Das schwäbische Zentrum wird es erfahren, daß man der Moral nicht ins Gesicht speien kann, und die Wiederwahl dieses Menschen war nichts anderes, als eine tiefe Unsittlichkeit[8].

So kann das Volksgewissen nicht auf den Hund kommen, daß es sich noch einmal den Erzberger gefallen läßt. Das muß den Schwaben klargemacht werden und[a)] nirgends eindringlicher, als in der bayrischen Volkspartei[9].

Gerade weil sie dazu berufen war und ist, die Ordnung zurückzuführen, könnte ihr nichts schädlicher sein, als die Meinung, daß die äußerliche Angehörigkeit zur Zentrumspartei eine freundliche Stellung zu einem Menschen vom Schlage Erzbergers bedinge.

Unsere Regierungspartei muß und wird das Vertrauen nähren, daß sie Redlichkeit, Unantastbarkeit des Beamtentums, absolute Zuverlässigkeit ins Land zurückbringt[10]. Und das Alles wäre sofort widerlegt, wenn sie sich für Erzberger einsetzte.

Es wäre gut, wenn Dr. Heim[11] die Wühlereien gewisser Zentrumsherren mit einem deutlichen, scharfen Bekenntnisse gegen Erzberger zunichte machte[a)].

Der Herr ist für uns erledigt.

Or. fehlt (Lemp S. 198 Nr. 160 irrtümlich hierher bezogen). – MA 46 Nr. 287/288 S. 1 v. 10. 12. 1920; Kloeber S. 92f. – Lemp S. 240 Nr. 1478; Hofmiller S. 725.

a)–a) Kloeber: fehlt

1 S. Nr. 9 Anm. 1.
2 S. Nr. 9 Anm. 16.
3 Erzberger war seit 1903 MdR (Zentrum). In der Regierung Max v. Baden war er Staatssekretär ohne Portefeuille (3. 10.–9. 11. 1918); unter Scheidemann und Bauer war er Staatsminister ohne Geschäftsbereich, zuständig für Waffenstillstandsfragen (13. 2.–20. 6. 1919), Vizekanzler (21. 6.–3. 10. 1919) und Reichsfinanzminister (21. 6. 1919–12. 3. 1920); vgl. Epstein. – »Kompromißpöbel« bezieht sich auf die Weimarer Koalition (MSP, DDP, Zentrum).
4 Dies hatte der Reichskanzler Max v. Baden vorgeschlagen; s. Nr. 9 Anm. 11.
5 S. Nr. 139 Anm. 3.
6 Vgl. Nr. 9 Anm. 12.
7 Zum Vorwurf gegen Erzberger »Verstoß gegen die Wohlanständigkeit« s. Epstein S. 411.
8 Vgl. Nr. 9 Anm. 4; Morsey, Zentrumspartei S. 321.

9 Zur Gründung der BVP im November/Dezember 1918 s. HBbG 4/I, S. 410f; Lexikon zur Parteiengeschichte 1, S. 156ff; Fritz Hartmannsgruber, Die christlichen Volksparteien 1848–1933 (Geschichte d. Christlich-Demokratischen und Christlich-Sozialen Bewegungen in Deutschland, hg. v. G. Rüther, 1) 1984, S. 278f, 290f. Vgl. Nr. 9 Anm. 5.

10 Die BVP stand hinter dem am 13. 3. 1920 gewählten Ministerpräsidenten v. Kahr (s. Nr. 1 Anm. 6); vgl. dessen Regierungserklärung v. 18. 3. 1920 (LV 1919/20, StenBer 2, S. 562ff; Schulthess 1920/I, S. 63ff).

11 Dr. Georg Heim (1865–1938), Geh. Landesökonomierat, 1897–1911 MdL (Zentrum), 1897–1912 MdR (Zentrum), 1919 Mitglied der Nationalversammlung, 1920–1924 MdR (BVP); s. NDB 8, S. 267f; Schwarz S. 341f. Zum Verhältnis Heim-Erzberger s. Epstein S. 63, 73. – Thoma stand seit 1916 mit Heim in engerer Verbindung (Lemp S. 28, 178 Nr. 47/IV).

Freitag, den 17. Dezember 1920 20

Die Münchner Abstimmung[1].

Bei der Abstimmung ist die zur Herbeiführung neuer Wahlen notwendige Stimmenzahl nicht erreicht worden. Hinterher ist es leicht zu sagen, aber es ist in diesem Fall doch wahr: Es war vorauszusehen.

Oder, noch deutlicher: Die erreichte Zahl ist ein vernichtendes Urteil über das Sauregiment. 180000 Stimmen trotz des Tricks, den die braven Mehrheitssozi mit den Rötesten, den Kommunisten, den Plünderern und Rucksacktruppen der Vorstadthöhlen, gemeinsam ausgeheckt haben[2]. –

180000 Stimmen, trotz des Terrors! – öffentlich, nicht in geheimer Abstimmung, abgegeben.

Ganze Bezirke, die gesamte Arbeiterschaft, Tausende von Kleingewerbetreibenden waren gewaltsam von der Bekundung ihres Willens abgehalten – und doch 180000 Stimmen gegen die Luderwirtschaft, die München dem Bankerott zutreibt! Das ist das Resultat!

Und jetzt wollen wir seine Folgen betrachten. Wäre in der Sozialdemokratie irgend etwas Soziales, das heißt, wäre die Wahrung der allgemeinen Interessen maßgebend, so müßte die Sozialdemokratie selbst auf der Stelle eine Verwaltung, die gegen so viele Interessen verstößt, aufgeben. Wäre sie wirklich demokratisch, so müßte sie sofort das Votum des Mißtrauens und der Abneigung dieser Hunderttausende, der erdrückenden Majorität, anerkennen und sich dem so offen ausgesprochenen Volkswillen fügen. –

Aber sie war nie sozial und nie demokratisch, sie ist nichts als Pöbelregiment und Klassenherrschaft.

Sie will nicht das Wohl der Allgemeinheit, sondern Knechtschaft, und ihre Führer wollen nichts, als die Gelegenheit zur Bereicherung. Und dies klar, mit schreiender Deutlichkeit bewiesen zu haben, ist der erste Erfolg der Abstimmung.

Der zweite ist der Nachweis, daß durch die Sozialdemokratie, durch die Organisation, die persönliche Freiheit gerade der kleinen Leute vollkommen aufgehoben worden ist.

Es kann sehr fraglich sein, ob der sozialdemokratischen Masse der Krieg gegen die Abstimmung, die Unterdrückung des Arbeitenden zu Gunsten des Arbeitslosen und Arbeitsscheuen recht gewesen ist.

Sie hatten keine Meinung zu haben, und hatten kein Recht, sie zu äußern, sie sind stummes Stimmvieh, und haben sich den Beschlüssen der Führer willenlos zu fügen.

Der rechtschaffene Arbeiter und Familienvater ist Sklave des Vorstadtgesindels, mit dem die Organisation den Pakt geschlossen hatte.

So schaut die Demokratie, das heißt die Herrschaft des Volkes, in Wirklichkeit aus.

Kein vernünftiger Arbeiter kann mit der Ausplünderung Münchens einverstanden sein, aber hier gibt es weder Einsicht, noch Überzeugung, hier gibt es bloß sklavischen Gehorsam. –

Der dritte und wichtigste Erfolg dieser Abstimmung ist der von der Sozialdemokratie mit schamloser Offenheit erklärte Bruch mit allen bisher so oft und so laut betonten Grundsätzen der Partei. –

Erinnern wir uns daran, was gerade die Sozialdemokratie für das allgemeine, geheime Wahlrecht gesagt, geschrieben, gedruckt, gepredigt hat[3]. Wie viele Gründe sie aufgeführt hat für dieses »heiligste und wichtigste Recht des Volkes!«

Und hier, um die Mißwirtschaft eines unfähigen, arbeitsscheuen Pöbels zu erhalten, hat man das geheime Abstimmungsrecht geknebelt, hat mit Boykott, mit Spitzeln, hat mit gemeiner Überli-

20

stung und mit Gewalt dem Volke das Recht zur Abstimmung entrissen. –

Wenn die Käsblätter der arbeitsfeindlichen Partei jetzt über die Niederlage der Bürgerlichen jubeln[4], kann man ihnen die Freude lassen. In kürzester Zeit muß sich dieses Manöver rächen.

Eine Partei, die ihre sogenannten Grundprinzipien selbst mit Füßen tritt, hat alle werbende Kraft, aber auch alle Existenzberechtigung, verloren.

Und darum ist diese angebliche Niederlage der Ordnungsparteien[5] ein Sieg.

Freilich: München wird noch eine bittere Zeit durchmachen müssen. Aber seine Bevölkerung wird auch für alle Zeiten die gemeine Unterdrückung hassen und verabscheuen lernen.

Or. fehlt. – MA 46 Nr. 294 S. 1 v. 17. 12. 1920. – Lemp S. 240 Nr. 1479; Hofmiller S. 725.

1 Im Herbst 1920 versuchten die konservativen Kreise Münchens (Münchener Bürgerrat), über ein Volksbegehren Neuwahlen des Stadtrats zu erzwingen, um die sozialistische Mehrheit nach der Wahl v. 1919 zu brechen. Das am 12. 12. 1920 durchgeführte Volksbegehren scheiterte. Die bürgerliche Presse führte dies auf sozialistischen Wahlterror zurück; vgl. Peter Steinborn, Grundlagen und Grundzüge Münchener Kommunalpolitik in den Jahren der Weimarer Republik (Miscellanea Bavarica Monacensia 5) 1968, S. 220f. Zum Presseecho vgl. BStZtg Nr. 286, 287, 289–291 v. 8.–14. 12. 1920; MA Nr. 291, 292 v. 14. u. 15. 12. 1920; Schulthess 1920/I, S. 314.

2 Die links stehenden Parteien und Gewerkschaften hatten zum Boykott der Abstimmung aufgerufen. In Haidhausen u. Giesing sei Wahlbeeinflussung durch USP-Mitglieder beobachtet worden (BStZtg Nr. 291 v. 14. 12. 1920). – Zu »Mehrheitssozi« s. Nr. 66 Anm. 1.

3 Über die Verhandlungen zum Gemeindewahlgesetz v. 1908 vgl. LV 1907/08, Rep. 1, S. 377ff. In Gemeinden mit mehr als 4000 Einwohnern war das Verhältniswahlrecht eingeführt worden; s. HBbG 4/I, S. 357f.

4 MA Nr. 292 S. 1 v. 15. 12. 1920 berichtete, daß die sozialistische Presse den Mißerfolg des Volksbegehrens begrüße.

5 Den Stadtrat bildeten USP (16 Mandate), MSP (10), BVP (15), Liberale (7), Splittergruppen (2); s. Steinborn (wie Anm. 1) S. 172f. Mit »Ordnungsparteien« sind die bürgerlichen Parteien gemeint.

Samstag, den 18. Dezember 1920 21

Karlchen Endres[1].

Auch eine lachende Kritik.

Der bloß a Major Karl Endres ist in den Zeiten der Monarchie in die Türkei verschickt worden, da man seine Anpassung ans Orientalische rechtzeitig erkannte.

Er kam ohne Roßschweif zurück und beendete an der Isar sein militärisches Leben nach hartem Todeskampfe als Major. Sein von den Wittelsbachern unentdecktes Talent blühte eine Zeit lang im Verborgenen weiter. Dann aber nahm er Dienst bei den damaligen Orientalen der Sendlingergasse. Während des Weltkrieges war er nicht im Schützen-, sondern beim Färbergraben[2].

Als[a)] wichtige Stütze des ehemals spinatgrünen Oberkommandos der Kuhhaut legte er Minen an und eroberte zum Schmerze aller Abonnenten viele Spalten. Er schlug sie in die Flucht. Nämlich die Abonnenten, und da man damals in München noch keine Handgranaten hatte, blieb den wehrlosen Lesern nichts anderes übrig, als davonlaufen.

Als das spinatgrüne Oberkommando seine Angriffe gegen die Vaterlandspartei eröffnete, leitete Endres-Pascha die Offensive. Von Tirpitz unbemerkt, eroberte er während derselben noch mehr Spalten[3].

Beim Ausbruch der Revolution errang er über Nacht den Charakter eines Republikaners; unter der alten Regierung hatte er bloß den Charakter eines Majors errungen. Sein Zeilenkollege Kurt, der sich mittlerweile auf den Thron geschwungen hatte, soll ein wohlwollendes Auge auf den alten Türken der Sendlingergasse geworfen haben[4]. Dafür blieb er »in Treue fest« bei diesem, wie er früher »in Treue fest« bei den Wittelsbachern gewesen war.

Er führte nun mit seinen Kriegskameraden Hausenstein[5] und Müller[6] einen ebenso erbitterten, wie erfolgreichen Krieg gegen die Abonnenten der Neuesten Nachrichten. Er lichtete ihre Reihen in geradezu verheerender Weise, wie er noch nie die Reihen der

21

Feinde, weder als türkischer, noch als bajuwarischer Säbelmann, gelichtet hatte. Seine Artikel waren Giftbomben, Gelb-Kreuz-Granaten[7] und die letzten, noch übriggebliebenen Abonnenten lasen die Neuesten nur mehr, nachdem sie Gasmasken angelegt hatten. Sonst wanderten sie ins Massengrab.

Der alte Türke wütete weiter und als die letzten Reserven des spinatgrünen Oberkommandos, die Todes-Anzeigen, ins Wanken gerieten, ergriff dieses selbst die Flucht und gab seine letzte Position gegen Barzahlung auf.

Die neue Führung in der Sendlingergasse erkannte sofort, daß die Abonnenten nicht die Feinde, sondern nur die Verbündeten einer Zeitung sein können, und stellte den Angriff auf die Münchner Lesewelt ein[a)] [8].

Sie, die neue Führung, wußte damit auch, daß sie mit dem alten Türken auf der Stelle aufräumen müsse.

Es gibt eine Stiege in dem Palazzo in der Sendlingergasse, über welche der grausame Feind aller Abonnenten, der berühmte Endres-Pascha, am ersten Tage der Erneuerung des Kommandos hinuntergeschmissen wurde.

Er hätte sich sicherlich schwer verletzt, wenn er nicht auf seinen Kameraden Hausenstein gefallen wäre, der schon fünf Minuten vorher hinuntergefeuert worden war. So fiel er verhältnismäßig weich auf.

Trotzdem ist sein Ende vermutlich ein fürchterliches. Zwar erhielt er ein Kommando in der »Süddeutschen Presse«[9], allein er kann seinem angeborenen Instinkte, der Vertilgung von Abonnenten, nicht nachkommen, da ihm die »Süddeutsche Presse« Leser, die sie nicht hat, nicht preisgeben kann. Der alte tapfere Türke plänkelt mürrisch gegen die Einwohnerwehr[10] und Ähnliches, aber das freut ihn nicht und kann ihn nicht befriedigen.

Er will Abonnenten niedermetzeln. Wo ist die Zeitung, die dem grimmigen Osmanen, der einst im Blute von Tausenden watete, ihre Leser aufopfern will?

Sollte ihm die »Münchner Post«[11] ihre keuschen Spalten öffnen? Er würde sich gierig hinein stürzen, der Karlchen Pascha, der alte Türkl. Aber wie man hört, herrscht unter den »Post«-Abonnenten eine furchtbare Grippe. Die Meisten sind schon abonnentsunfähig, sie brauchen den Karlchen nicht mehr dazu. Deswegen fürchten wir, daß der Löwe des Ostens seinen letzten Leser schon zerfleischt hat.

Es wird ihm wieder so gehen, wie beim Militär, er wird auch im Pressefach als charakteristischer Major in Pension gehen. Also vor Entfaltung seiner größeren Talente. In Treue fest![12]

Or. fehlt. – MA 46 Nr. 295 S. 1 v. 18. 12. 1920. – Lemp S. 241 Nr. 1480; Hofmiller S. 725.

a)–a) Nachdruck in MA 46 Nr. 305 S. 1 v. 31. 12. 1920[13]

1 Franz Carl Endres (1878–1954), bayer. Oberstleutnant, 1911 zum Dienst in der türk. Armee kommandiert, kehrte 1915 wegen Krankheit nach Deutschland zurück; s. Gerhard Schmolze, Ein Münchner mit der Wasserpfeife. Der Weg des Franz Carl Endres (Unser Bayern 27) 1978, S. 98f; Bayern und seine Armee S. 102f.

2 Seit August 1917 schrieb Endres für die MNN, deren Redaktionsgebäude am Färbergraben stand (Ecke zur Sendlinger Straße); s. Zils S. 434. Vgl. auch Nr. 1 Anm. 8.

3 Die Deutsche Vaterlandspartei (1917/18) entstand als Reaktion auf die Friedensresolution des Reichstags, sie wollte den Willen zum Sieg im Volk beleben; s. Sachwörterbuch 1, S. 205; Lexikon zur Parteiengeschichte 2, S. 391–403. Erster Vorsitzender war Großadmiral Alfred v. Tirpitz (1849–1930); Biogr. WB. 3, Sp. 2912f. – Über Kontakte Thomas mit Tirpitz und über sein Eintreten für die Vaterlandspartei s. Lemp S. 28, 149; S. 173 Nr. 17, S. 247 Nr. 1687, 1691, 1694, 1696. Vgl. auch S. 435.

4 Endres setzte sich 1918/19 für die Republik Kurt Eisners ein und arbeitete im »Rat geistiger Arbeiter« mit; s. Schmolze (wie Anm. 1). – Eisner war seit 1910 Mitarbeiter der MP (MinProt S. XXXIII).

5 Wilhelm Hausenstein (1882–1957), Schriftsteller; s. NDB 8, S. 113ff; HB d. Lit. in Bayern S. 448.

6 Chefredakteur der MNN war v. 1918–1920 Dr. K. E. Müller (Piepenstock S. 140).

7 Bezeichnung für einen im Ersten Weltkrieg viel verwendeten Gaskampfstoff (Dichlorethylsulfid); s. Römpps Chemie-Lexikon 1, 8. Aufl., Stuttgart 1979, S. 450; 3, Stuttgart 1983, S. 2405.

8 Über den Eigentumswechsel bei den MNN 1920 und die Bestellung von Paul Nikolaus Cossmann zum Redaktionsbeauftragten s. NDB 3, S. 374; Selig S. 44f. Vgl. auch Piepenstock S. 134ff.

9 Zeitung bürgerlich-demokratischer Richtung im Pflaum-Verlag, München, seit Frühjahr 1921 mit täglicher Erscheinungsweise, gegründet von Franz Carl Endres. Im Sommer 1921 sollten finanzielle Mittel beschafft werden, um Bedeutung und Wirkung zu steigern (MA Nr. 160 S. 1 v. 13. 7. 1921; vgl. auch Nr. 147).

10 Zur Einwohnerwehr s. S. 477f.

11 S. Nr. 1 Anm. 1.

12 Devise des Kgl. bayer. Hausritterordens vom Hl. Hubertus (Georg Schreiber, Die Bayer. Orden u. Ehrenzeichen, hg. v. Alexander Frhr. v. Reitzenstein, München 1964, S. 30–35); sie wurde auch auf den Helmen, Degen u. Säbeln des bayer. Militärs getragen (Weber 18, S. 205 f v. 1886). – Mit dem Ausdruck »charakteristischer Major« ist gemeint »charakterisierter Major«. Bei der Verabschiedung wurden Offizieren häufig Titel und Abzeichen des nächsthöheren Ranges (nicht aber die Bezüge) verliehen (»Charakterisierung«); vgl. Eugen v. Frauenholz, Die Kgl. Bayer. Armee v. 1867 bis 1914, München 1931, S. 119.

13 Nachdruck im Anschluß an die von Franz Carl Endres verlangte Veröffentlichung einer Berichtigung, daß er wegen schwerer Malaria-Erkrankung seinen Abschied erbeten u. daß er die Redaktion der MNN beim Wechsel der politischen Richtung selbst verlassen hätte.

Samstag, den 18. Dezember 1920 22

Timm[1], Timmer, am Timmsten!

Es ist kein Geheimnis, daß die Landtagssozi mit der »Münchner Post« und mit dem wieder erweckten Propheten Johannes Timm sehr unzufrieden sind[2].

Wenn die großen Volksmänner unter sich sind, schimpfen sie über die Skandalgeschichten Dobner[3], Strizzibua und Genossen und sagen offen, daß die einst so erhabene Regierungspartei[4] in eine nette Drecklache getreten ist. Freilich, das hat ja seine Ursachen.

Der verflossene Staatsanzeiger vom Altheimereck[5], von der Gruben[6] und Schwanthalerhöh[6] steckt ganz fatal in der Geldklemme.

Wer soll das viele Geld für das Blatt zahlen? Der Arbeiter? Der nüchterne und tätige Arbeiter liest viel lieber eine bürgerliche Zeitung, in der nicht jede Zeile eine Parteihetze ist; der andere, der ganz rabiate hat Blätter, die im Bürgermord schwelgen; jetzt ist das Altheimereck in der Verlegenheit. Dem tätigen Mann, der seine Ruh haben will, kann man nichts bieten, also muß Krach her und Gaudi und Skandal. Enthüllungen müssen her. Das ist die einfache und einzig richtige Erklärung für die Räubergeschichten. Der Hereingefallenste ist die verflossene Exzellenz Timm. Der prächtige Justizminister[7], der sich ausgerechnet für die Existenzen à la Dobner und Brachere[3] eingesetzt hat, und der als Spezialität den Kampf gegen eine straffe Polizei[8] betreibt, hat sich mit rückwirkender Kraft unmöglich gemacht. Das müßte ja eine saubere Rechtspflege sein, sagt auch der kleine Arbeiter, die den Abhub der Großstadt unter ihre schützenden Fittiche nimmt. So blind ist auch der vernagelteste Parteisimpel nicht, daß er – wenn überhaupt noch Sinn für Arbeit, Ehrlichkeit und Säuberlichkeit in ihm steckt – die Gönnerschaft, die man den verächtlichsten Elementen erweist, nicht häßlich fände.

Man kann dem Arbeiter Haß gegen die Kapitalisten und Unternehmer aufpfropfen, aber daneben besteht immer noch sein eingewurzelter, durch ehrliche Arbeit vertiefter Abscheu gegen Zuhälter und Spione.

Den läßt er sich durch keine dicken Phrasen wegschwätzen.

Heut muß ja der Arbeiter Sozi sein, sonst wird ihm Arbeit, Brot und Lohn entzogen. Also läßt er sich in drei Teufels Namen organisieren, zahlt in drei Teufels Namen den Sekretären seine verdienten Groschen – aber Kamerad und Bruder von Lumpen wird er doch nicht. Das Sauberkeitsbedürfnis hat er oder er ist selber nichts wert.

Und je mehr die »Post« hetzt und der Timm schürt gegen die Polizei für die Dobner und Konsorten, desto weiter wird die Kluft, die den ehrlichen Mann von einer solchen Politik scheidet.

Das hat aber die »Post« nicht verstanden und der Herr Timm auch nicht.

Und deswegen sind sie hinuntergerutscht von der Höhe, wenn sie schon wirklich droben waren.

Die Landtagssozi fühlen das, wie viel Stoff zum Angriff diese Skandalaffären geboten haben und deswegen sagen sie heimlich, was wir offen sagen

Timm, Timmer, am Timmsten.

Or. fehlt. – MA 46 Nr. 295 S. 2 v. 18. 12. 1920. – Lemp S. 241 Nr. 1481; Hofmiller S. 725.

1 S. Nr. 10 Anm. 3; vgl. auch Nr. 17 Anm. 7.
2 Timm war Vorsitzender der MSP-Fraktion im Landtag (Schwend S. 148). Zur MP vgl. Nr. 1 Anm. 1.
3 S. Nr. 10 Anm. 1.
4 Die MSP war an den Regierungen Eisner und Hoffmann beteiligt

(8. 11. 1918–14. 3. 1920); s. Landtagshandbuch 1920, S. 123ff; vgl. HBbG 4/I, S. 399ff; 4/II, S. 1287ff.
5 Bezieht sich auf die MP; vgl. Nr. 3 Anm. 4.
6 S. Nr. 16 Anm. 7 (Grube) und Nr. 3 Anm. 7 (Schwanthalerhöhe).
7 Über Timm als Justizminister vgl. Hermann Rumschöttel, Das Bayer. Staatsministerium der Justiz 1799–1966 (Festschr. f. Karl Bengl) 1984, S. 351.
8 Zu den Vorwürfen gegen die Polizeidirektion München s. Nr. 10 Anm. 1.

Sonntag, den 19. Dezember 1920 23

Das Testament Bismarcks.

Als Staatsmann konnte Bismarck[1] dem Vaterlande nicht mehr dienen. Acht kostbare Jahre seiner Tätigkeit, die ganz gewiß die Rettung Deutschlands bedeutet hätten, sind uns von dem halbdeutschen Wilhelm II., der alle Fehler seiner Mutter geerbt hat, geraubt worden[2]. So wollte uns der alte Ekkehart in seinen Gedanken und Erinnerungen ein Testament hinterlassen, das dem Volke und seinen Führern die Möglichkeit bot, in den immer drohender heranrückenden Gefahren den rechten Weg zu finden.

Die Familie Bismarcks hat uns in serviler Rücksicht auf Wilhelm II. auch um dieses Testament gebracht. Sie unterdrückte den 3. Band[3], der uns die ganze Gefahr des wilhelminischen Systems und der verderblichen Kopflosigkeit, Charakterlosigkeit und Zuchtlosigkeit der obersten Reichsbehörden gezeigt hätte.

Noch nie ist an einem Volke von servilen Fürstendienern ein ähnliches Verbrechen begangen worden. Die Erben Bismarcks haben Deutschland um die Möglichkeit seiner Rettung betrogen, um sich einem eitlen, undankbaren Schwächling gefällig zu erweisen, dem sie letzten Endes doch nur das eigene Verderben bereitet haben.

Es ist immer so dargestellt worden, als hätte Bismarck selbst bestimmt, daß der dritte Band seiner Erinnerungen erst nach dem Tode des Kaisers veröffentlicht werden dürfe.

Heute wissen wir, daß das nicht wahr ist. Bismarck hat sein Werk als ein Ganzes dem Volke hinterlassen, aber sein Sohn Herbert[4] ließ sich durch Wilhelm II. dazu überreden, den dritten

Band zurückzuhalten. Es war eine Schicksalsstunde Deutschlands, als Herbert Bismarck auf diese Zumutung einging.

Wir fragen uns, was geschehen wäre, wenn im Jahre 1900 die Willensschwäche und Eitelkeit des Kaisers, die furchtbare Zerfahrenheit der auswärtigen Politik, schonungslos klargelegt worden wären? Wenn noch ein Rest von Einsicht, Mut und Entschlossenheit bei den Bundesfürsten, beim Volke, im Parlamente, bestanden hätte, wäre der Wortgaukler in Berlin kaltgestellt worden.

Was[a)] 1908 mit so jämmerlichem Kleinmute begonnen und wieder aufgegeben wurde, wäre in jenem verhängnisvollen Zeitpunkte, als uns England das Bündnis anbot – von 1898 bis 1901 –, vielleicht doch mit mehr Kraft ausgeführt worden[a)][5].

Freilich, es wäre nicht mehr gewesen, als eine Möglichkeit, und ob Fürsten und Volk sie benützt hätten, ist fraglich.

Die Parteien hätten ihre Interessenpolitik, das Volk hätte seine Interesselosigkeit, die Fürsten hätten ihre läppische Scheu vor dem Operetten-Kaiser aufgeben und einmal das Vaterland über alles stellen müssen und diese, durch Zeitungen verbildete, verführte, verblödete Gesamtheit hätte erst noch lernen müssen, den Ernst und die Größe Bismarcks zu verstehen – dann, ja, dann wäre die Umkehr gekommen.

Wir fürchten freilich, das Zentrum hätte den »Kirchenfeind«, die Sozialdemokratie den »Volksfeind« Bismarck bei den Massen um das hohe Ansehen gebracht[6], das zur Befolgung seines letzten Willens unumgänglich nötig gewesen wäre.

Aber trotzdem, es war eine Möglichkeit, und daß sie hinterrücks vernichtet wurde, ist und bleibt eine unsühnbare Schuld.

Die Veröffentlichung nach der Zerstörung des Vaterlandes wirkt wie grausamer Hohn. Daß sie – wieder durch Verschulden Wilhelms II. – zuerst im Auslande erfolgt, verschärft diese Grausamkeit.

Deutschland liegt am Boden; die Tragödie ist zu Ende.

Da tritt der Ausländer vor den Vorhang und hält uns den Epilog aus den Gedanken und Erinnerungen des Reichsgründers. Jede Warnung, jede Mahnung dringt wie glühendes Eisen ins Herz des Deutschen.

Bismarck hat das Unheil vorausgesehen; er hat es mit dem Aufgebote seiner letzten Kraft abwenden wollen. Zu spät!!

Die Tragödie ist zu Ende. Lauft in die Hanswurstbude, wo Fritze Ebert[7] das komische Nachspiel eröffnet hat!

Or. fehlt. – MA 46 Nr. 296 S. 1 v. 19. 12. 1920; Kloeber S. 90f. – Lemp S. 241 Nr. 1482; Hofmiller S. 725.

a)–a) Kloeber: fehlt

1 S. Nr. 6 Anm. 8.
2 Wilhelm II. (1859–1941), deutscher Kaiser, König v. Preußen (1888–1918), Sohn Friedrichs III. u. der englischen Prinzessin Victoria; Biogr. WB. 3, Sp. 3152–3156.
3 Bd. 1 u. 2 des Erinnerungswerkes von Bismarck erschienen unmittelbar nach Bismarcks Tod (1898). Gegen das Erscheinen des dritten Teiles zu Lebzeiten Wilhelms II. hatte Bismarck selbst erhebliche Bedenken. Diese veranlaßten Bismarcks Sohn Herbert und dessen Familie 1904/05 zu einer Vereinbarung mit dem Verlag Cotta, daß der Band erst nach des Kaisers Tod herausgegeben werden dürfe. 1919 druckte der Verlag den Band, dessen Auslieferung jedoch Wilhelm II. durch eine Klage beim Landgericht Berlin I verhinderte. Darüber berichtete der MA Nr. 301 S. 2 v. 25. 12. 1920 (s. auch Schulthess 1920/I, S. 322). Der Band erschien erst nach Abschluß des Prozesses im Lauf des Jahres 1921 (mit Erscheinungsjahr 1919). Ob die in Nr. 45 Anm. 2 zitierten fremdsprachigen Ausgaben schon 1920 vorlagen, ist offen; die schwedische Ausgabe muß sehr bald im Jahr 1921 vor dem Erscheinen der deutschen Ausgabe im Handel gewesen sein, wie die Benutzung durch Wilhelm Schüßler, Bismarcks Sturz, Leipzig 1921, S. VII zeigt. Eine englische Ausgabe erschien im April 1921 (MNN Nr. 147 v. 7. 4. 1921, Nr. 152 v. 11. 4. 1921). Belege dafür, daß sie Thoma kannte, fehlen (vgl. dazu aber auch Gajek, Serie Piper 543, S. 212ff). Am 12. 12. 1920 hatte die BStZtg Nr. 290 S. 1 nach einem Bericht der Vossischen Zeitung mitgeteilt, daß die römische Zeitung »Il Tempo« wie auch »Zeitungen verschiedener Länder außerhalb Deutschlands« mit Veröffentlichungen aus dem dritten Band von Bismarcks Erinnerungen begonnen hätten; das Werk sei in Deutschland durch Gerichtsbeschluß verboten. Bismarck habe sich als Prophet erwiesen durch die Feststellung: »Aus all diesen Umständen sehe ich schwere Gefahren für Deutschland und für ganz Europa aufsteigen. Je später die Katastrophe eintreten wird, um so furchtbarer wird sie sein«. – Thomas scharfe Angriffe auf die Familie Bismarck stimmen überein mit einem Artikel in den Süddeutschen Monatsheften 17/I, März 1920, S. 452ff, wo die völlig aus der Luft gegriffene Vermutung ausgesprochen wird, daß die Verhinderung des Erscheinens dieses Bandes mit den Bemühungen des Fürsten Herbert v. Bismarck (s. Anm. 4) um den Reichskanzlerposten zusammenhingen und daß dies der Bismarckschen und der Hohenzollernschen Hauspolitik gedient habe. – Zum dritten Band von »Erinnerung und Gedanke« vgl. Bismarck, Gesammelte Werke 15, 1932, bes. S. XXIII, XXVII; Werner Pöls, Das Friedrichsruher Archiv u. seine Bedeutung für die Bismarckforschung (Schriften des Historischen Kollegs, Kolloquien 2) 1983, S. 266–270.
4 Herbert Fürst v. Bismarck (1849–1904), preuß. Staatsminister (1888–1890); s. NDB 2, S. 268.
5 Zur politischen Situation 1908 vgl. Huber 4, S. 302ff; zum englischen Bündnisangebot 1898–1901 Gebhardt-Grundmann 3, S. 340ff. Über die Diskussion im

nationalen Lager während des Weltkrieges und in den ersten Jahren der Weimarer Republik über die Frage, daß der Krieg unvermeidbar gewesen sei und um 1906 noch mit erträglichen Aussichten hätte geführt werden können, vgl. Lange S. 140f.

6 Zum Verhältnis Bismarcks zum Zentrum während des Kulturkampfs s. Huber 4, S. 52–55, 700f, 796ff; zur Sozialdemokratie Ebd. 4, S. 100ff, 1153–1166.

7 S. Nr. 6 Anm. 2.

Dienstag, den 21. Dezember 1920 24

Demokratisch.

Auf dem Demokratentag[1] hat der bekannte Walther Rathenau[2] ein großes Wort geredet: »Das Zentralproblem ist und bleibt die Produktion«.

Aus dem Kauderwelsch in vernünftiges Deutsch übersetzt, heißt es: »Die Hauptsache ist, daß wir was zu fressen haben und daß Lebensmittel erzeugt werden –«.

Diese Einsicht ist dem Moses Rathenauer nicht durch unsern Herrgott, sondern durch die Valuta geschickt worden. Mit der Valuta hat er ein intimes Verhältnis, denn der Rathenauer kann gut rechnen und weiß, daß die, allen Demokraten geheiligte Einfuhr heute unmöglich ist[3].

Also jetzt soll und muß es die dreimal verdammte und allen Demokraten verhaßte Landwirtschaft machen[4].

Die Produktion, sagt der Rathenauer, kann aufs Doppelte gesteigert werden. Nu, multipliziert man mit zwei..... Aber so ein biederer, grundgescheiter Jud aus Berlin, der sich auf dem Asphalt seine Plattfüße geholt hat, ist in dem Augenblick dumm, wo er von der Gottes freien Natur redet.

Der Rathenauer meint den Kunstdünger, und er stellt sich vor, daß alles mit zwei multipliziert ist, wenn jedes Stück Land schwarz bestäubt wird. Sonnenschein und Regen, Hitze und Kälte, Trockenheit und Nässe, sind Dinge, die so ein Berliner Asphalttreter nicht kennt. Und dann die Hauptsache wär auch noch da – die strenge, umsichtige, immer bereite Arbeit.

Und da wären wir bei dem Kapitel, wo die Bundesgenossen

24

und charakterlosen Schmeichler der Sozis, die Herren Demokraten[5], ein schlechtes Gewissen haben.

Es hört sich schön an, in so einer Versammlung die Wege zum Aufbau zu weisen, und wie sonst der Schmarrn heißt; aber wie steht's denn mit der Wirklichkeit? Glauben die Nürnberger[6] Schwätzer, daß die Produktion vorwärts gehen kann, wenn der Bauer auch die Achtstunden-Faulenzerei[7] einführt? Und wenn alle landwirtschaftlichen Dienstboten von den Sau-Blättern verhetzt werden?

Wie dumm und leer schaut jetzt die Phrase aus von der Produktion, die das Zentral-Problem ist und bleibt?

Die Demokraten, die von jeher jeden vernünftigen Schutz, jedes Gedeihen der Landwirtschaft mit den dümmsten Redensarten bekämpft haben, die großen Maulaufreißer von Weimar, die ihre letzte bürgerliche Stellung an den edlen Proletarier ausgeliefert haben – jetzt ist ihnen das Licht aufgegangen, daß das Volk auch, und zu allererst, was zu essen haben muß.

Daß aber fein Niemand glaubt, der Rathenauer oder ein anderer von den Phrasendreschern hätte der Wahrheit die Ehr gegeben und hätt' es einmal richtig gesagt, daß Bestehen oder Untergang des Landes ausschließlich in der Hand der Bauern liegt![8]

Und die notwendige Folgerung wär ja furchtbar für die Börsianerpartei. Denn die heißt, daß der Retter des Landes auch vorzugsweise der Gesetzgeber des Landes sein muß.

Die Knechte der Achtstunden-Faulenzer, der herumstrolchenden Arbeitslosen[9], der Mord predigenden Unabhängigen[10] und Kommunisten[11], die Sklaven des Großstadtgesindels und Fabrikpöbels sind die Bauern nicht und werden sie nicht.

Und sie werden das Zentral-Problem lösen und das wird heißen: Wer nicht arbeitet, soll auch nicht essen[12].

Or. fehlt. – MA 46 Nr. 297 S. 1 v. 21. 12. 1920; Kloeber S. 88 f. – Lemp S. 241 Nr. 1483; Hofmiller S. 725.

1 Vom 11.–14. 12. 1920 fand in Nürnberg ein Parteitag der DDP statt (Schulthess 1920/I, S. 314).

2 Walther Rathenau (1867–1922), führender Wirtschaftspolitiker, 1921 Minister für Wiederaufbau im Kabinett Wirth; s. Biogr. WB. 2, Sp. 2261 ff. Über sein Verhältnis zur DDP s. Berglar S. 239 f. – Das folgende Zitat bringt auch der Bericht der BStZtg Nr. 292 v. 15. 12. 1921.

3 Über die Reglementierung der Einfuhr von Waren in das Reich vgl. Schulthess 1920/I, S. 71f; 1920/II, S. 321. Die Blockade wurde ab 12. 7. 1919 aufgehoben (BStAnz 1919 Nr. 173).
4 Die DDP stand v. 1918–1921 in einem Wahlbündnis mit dem Deutschen Bauernbund; landwirtschaftliche Fragen spielten in Programm u. Politik der DDP keine besondere Rolle; vgl. Martin Schumacher, Land u. Politik. Eine Untersuchung über politische Parteien u. agrarische Interessen (Beiträge zur Geschichte des Parlamentarismus u. der politischen Parteien 65) 1978, S. 432–453.
5 Zur Bildung der »Weimarer Koalition« s. Huber 7, S. 9ff. – Über die Gründung der DDP 1918/19 vgl. Ebd. 5, S. 985ff; 6, S. 210ff; Lexikon zur Parteiengeschichte 1, S. 574ff.
6 Der Parteitag fand in Nürnberg statt; s. Anm. 1.
7 Zum Acht-Stunden-Tag s. Nr. 16 Anm. 5. Anordnungen über die tägliche Arbeitszeit in der Landwirtschaft (8–11 Stunden) ergingen im Januar 1919 (RGBl 1919, S. 111); vgl. Bergmann, Bauernbund S. 104f.
8 Thoma u. die Bauern: Vgl. Lemp S. 132ff; Gajek, Serie Piper 543, S. 214.
9 Nach dem Statistischen Jahrbuch für den Freistaat Bayern 15, 1921, S. 210 war die Zahl der unterstützten Erwerbslosen von 1919–1921 rückläufig. Zur Lage auf dem ländlichen Arbeitsmarkt vgl. Bergmann, Bauernbund S. 246f. Zur strukturellen Arbeitslosigkeit nach November 1918 vgl. Pledl S. 133–138.
10 Unabhängige Sozialdemokraten; s. Nr. 10 Anm. 2.
11 Anhänger der KP; s. Nr. 114 Anm. 1.
12 2. Thess. 3, 10; vgl. Nr. 142 Anm. 4.

Mittwoch, den 22. Dezember 1920 25

Der passive Widerstand.

Eine Geschichte von Heute.

Die Gefängniswärtersgehilfenstochter Fräulein Arabella Trankl steht als freistaatliche Postassistentin[1] im Büro und verdreht ihre Augen nach dem Postsekretär. Er ist eigentlich nicht schön, sondern bereits schiech, aber Fräulein Arabella hat eine stark ausgebildete[a)] Hinneigung für Männliches, weil sie bisher durch ihr eigenes Aussehen an der Erfüllung ihrer Wünsche verhindert worden ist.

Am Schalter stehen zwei Frauen und ein Mannsbild. Die eine Frau ist eine unausstehliche Person, die mit dem Aluminium-Fufzgerl auf das Schalterbrett klopft. Das freche Ding will damit ausdrücken, daß es ihr pressiert. Fräulein Arabella wirft ihr aus ihren strengen Batzelaugen einen strafenden Blick zu und suzzelt in ihren Zähnen und tut so, als ob sie in einem Bogen Papier was studierte.

Jetzt klopft die freche Person schon wieder. Und auch die Andere macht eine Bemerkung, als wenn sie mit der freistaatlichen Post nicht einverstanden wäre.

Sie sagt: Unerhört!

Aber Fräulein Arabella achtet nicht darauf, indem sie jetzt einen schmachtenden Blick auf die glänzende Scheibe der Hose des Herrn Postsekretärs wirft.

Auf einmal wird auch das Mannsbild vor dem Schalter ungeduldig; er ist ein grober Sagwerkbesitzer, der ein Telegramm in der Hand hat.

Früher, wenn man ein Telegramm aufgeben wollte – ja früher!

»Herrgottssakraments Trankhafa varreckter!«

Brummt der ungebildete Sagwerksbesitzer.

»I' stier's ge mit'n Stecka auf. De schlaft scheint's.«

Fräulein Arabella hat es nicht deutlich gehört, sonst gäbe es eine Anzeige wegen freistaatlicher Beamtenbeleidigung, aber sie merkt doch, daß sich das Publikum ungehörig benimmt und sie kegelt ihre Batzelaugen drohend heraus. Derweil klopft die ganz Unverschämte wieder und ruft noch dazu:

»Fräulein, was is denn? Wann wird man denn endlich bedient?«

Das hat noch gefehlt. Bedient!!!!

Die Postassistentin Arabella kriegt vor Entrüstung einen Hätscher[2].

»Ich bedien' überhaupt nicht. Merken Sie sich das!« sagt sie.

Der Postsekretär[b)] geht zu ihr hin und sie erzählt ihm hochrot vor Entrüstung, wie sie beleidigt worden ist.

Der Herr Sekretär geht ruhig an den Schalter. »Aha« sagt der Sagwerksbesitzer zu sich selber. »Dös is der Gscheidter und fertigt die Leut ab. A Mannsbild is do was anders, wia so a Trankhafa, so a hundshäuterner...«

Jetzt ist der Sekretär am Schalter – und zieht das Gitter herunter zum Zeichen, daß der Verkehr vorläufig gesperrt ist.

»Ja ... Herrschaft kreuzhimmi...« flucht der Säger, und die andere Frau haut mit ihrem Fufzgerl ganz wild ans Gitter.

Fräulein Arabella ist entzückt über den ritterlichen Sekretär und wirft ihm einen Blick zu, der durch sein freistaatliches Hinterquartier gedrungen wär, wenn nicht der Schmiergel an der Hose den sengenden Blick gemildert hätte[c].

Or. fehlt. – MA 46 Nr. 298 S. 2 v. 22. 12. 1920; Miesbacher Büchl S. 61 ff; Kloeber S. 119 f (mit falschem Datum). – Lemp S. 241 Nr. 1484; Hofmiller S. 725.

a) Kloeber: ausgeprägte
b) Kloeber: Postassistent
c) Miesbacher Büchl und Kloeber folgt: Jetzt steht das Publikum noch draußen, die zwei Frauen, der Sägwerksbesitzer, zwei Bauern, eine Kellnerin, der Zeitungsträger und etliche Buben, die die Post holen sollen.
Vielleicht bilden sich die auch ein, daß sie »bedient« werden?
Fräulein Arabella zieht seelenruhig eine Haarnadel aus ihrem falschen Zopf und angelt in ihren rosaroten Wascheln nach Ohrenschmalz – – –
»Himmi ... Herrgott«, flucht der Sägwerksbesitzer.
Das war vor dem passiven Widerstand, den die freistaatliche Post inszeniert hat.
Jetzt möcht' ich wissen, was sie während des Widerstandes nicht tun[3].

1 Die bayer. Post war am 1. 4. 1920 in die Reichspostverwaltung überführt worden. »Freistaatliche« Postbeamte gab es im Dezember 1920 nicht mehr; vgl. Volkert S. 256. – Meldungen über passive Resistenz von Postbeamten s. BStZtg Nr. 286 u. 287 v. 8. u. 9. 12. 1920.
2 Bayer. Bezeichnung für Schluckauf; vgl. Schmeller 1, Sp. 1184; Grimm 4/II, Sp. 1269.
3 Für den Nachdruck im Miesbacher Büchl (u. danach bei Kloeber) stand offensichtlich noch das Manuskript zur Verfügung.

Freitag, den 24. Dezember 1920 26

Parlamentarismus.

Im Reichstag sitzt der Korrespondent einer englischen Zeitung. Sein Blick umfaßt mit einem höhnischen Ausdrucke die leeren Sitzreihen; rechts, links, in der Mitte, nicht ein Drittel der Plätze besetzt. Das ist das deutsche Parlament, das viele Rechte will und keine Pflichten kennt.

Hie und da kommt aus dem Restaurant irgend ein schlecht angezogener Mensch in den Saal herein, horcht gleichgültig zu und geht wieder hinaus. Irgend ein Vertreter der Reichsregierung[1], dem der Proletarier aus allen Knopflöchern herausschaut, redet im Vereinsversammlungsstil; wenn er heftiger wird, ist er noch mehr Gewerkschaftssekretär. Keine Spur von Autorität, Persönlichkeit, Würde.

Ein Parlament! Denkt der Engländer und ein verächtliches Lachen zieht ihm die Mundwinkel in die Höhe.

Drüben links hocken unter polnischen Juden ein paar dicke Weibsbilder[2], wie man sie früher in den Kellerkneipen der Vorstädte sah; aufgeschwemmte freche Gesichter; hie und da schreit eines von diesen, in schmierigen Wollblusen steckenden Frauenzimmern dem Redner dazwischen; Eine gestikuliert heftig, die Andere bohrt in der Nase; Alle sehen sie aus wie jene Weiblichkeiten, die in Kaschemmen hinter der Buddel hocken oder vor Jahrmarktsbuden an der Kasse sitzen.

Ein Duft von abschreckender Gemeinheit um die Gruppe.

Der Engländer sieht nun doch verdutzt darauf hin. Er war vierzehn Jahre früher als Korrespondent einer der größten Londoner Zeitungen in diesem gleichen Saale gewesen[3] – nicht als Freund und Bewunderer Deutschlands, aber doch, wenn er an jene Zeit denkt, will er seinen Augen nicht trauen.

Dieses Volk nennt sich frei, redet von Parlamentarismus und achtet seine Würde so gering, daß es solche Existenzen in seinen Reichstag schickt? Eben erhebt eines von den Weibsbildern die Hand und droht nach dem Präsidententisch hinauf.

Gibt es eine Londoner Matrosenkneipe, aus der sie nicht nach fünf Minuten hinausgeschmissen würde? Schwerlich.

Vertreterin des deutschen Volkes – pfui Teufel! Wie soll man diese Gesellschaft mit Worten beschreiben? Photographieren und die Bilder in alle Welt schicken.

Wir haben die Deutschen unten, auf der tiefsten Stufe.

Vor vierzehn Jahren stand der behäbig lächelnde Bülow[4] oben und sprach zu einer Versammlung verhältnismäßig gut aussehender Herren. Ein paar hätten sogar im Unterhause Figur gemacht. Und jetzt dieser Metzgergeselle oder was er sonst war, als Staatssekretär[5] vor einem Auditorium, das so aussieht!

Nein, Deutschland ist unten.

Es ist die Rede von den Forderungen Frankreichs. Es will aus dem halb verhungerten Lande Hunderttausende von Milchkühen holen[6].

Ein Thema, das der Engländer kennt. Es gibt in London eine Propaganda zur Abwehr der grausamen Aushungerung deutscher Kinder. Man weiß, über 40 bis 50 Prozent sind unterernährt. Die Amerikaner erheben ja auch laute Wehklagen über diese furchtbare Roheit[7]. In Dänemark, Holland, Schweden holen sie deutsche Kinder, um das christliche Gewissen der zivilisierten Welt zu wahren.

Nun wird es hier, im deutschen Reichstag, wohl zu einem großen Protest kommen? Da steht ein Frauenzimmer oben. Was sagt sie?

Sie verteidigt die Brutalität der Franzosen, redet von französischen Kindern, die Milch haben müssen...

Nicht möglich!!!

Doch!!

Sie heißt Wurm[8], heißt[a)] sich Sozialistin –

Der Engländer notiert sich den Namen – und geht.

Ist dies das Volk, das der Welt Widerstand geleistet hat?

Ja! ... Deutschland ist unten.

Or. fehlt. – MA 46 Nr. 300 S. 2 v. 24. 12. 1920; Kloeber S. 67f. – Lemp S. 241 Nr. 1485; Hofmiller S. 725.

a) Kloeber: nennt

1 Der Reichsregierung unter Kanzler Konstantin Fehrenbach gehörten vier Minister des Zentrums, drei Minister der DVP, zwei Minister der DDP und zwei parteilose Minister an; s. AR Fehrenbach S. 673.

2 Im Dezember 1920 gehörten zehn Frauen zu den Reichstagsfraktionen der USP und KP (Schwarz S. 538–547).

3 Nicht ermittelt.

4 Bernhard Fürst v. Bülow (1849–1929), Reichskanzler 1900–1909; s. NDB 2, S. 729–732. Zu Thomas Meinung über Bülow vgl. Simplicissimus 24, 1919/20, S. 378 (Lemp S. 231 Nr. 1147).

5 In der in Anm. 6 zitierten Debatte, auf die sich der Artikel bezieht, ergriff als Vertreter der Reichsregierung nur der Ministerialdirektor im Reichsernährungsministerium, Dr. Heinrici, das Wort (RV Bd. 346, S. 1656, 1661). – Über die Staatssekretäre vgl. AR Fehrenbach (passim).

6 Am 14. 12. 1920 debattierte der Reichstag über die zu erwartenden Entente-Forderungen nach Lieferung von Milchkühen (RV Bd. 346, S. 1633–1638); darüber berichtete der MA Nr. 296 S. 1 v. 19. 12. 1920.

7 Über das von Herbert C. Hoover (1874–1964) unterstützte, von Quäkerorganisationen durchgeführte amerikanische Ernährungshilfswerk vgl. Herbert Hoover, Memoiren, Mainz 1951, S. 289. Darüber berichtete MA Nr. 300 S. 3 v. 24. 12. 1920. Über Hilfsaktionen der amerikanischen Katholiken vgl. Ludwig Volk, Akten Kardinal Michael v. Faulhabers, I: 1917–1934, Mainz 1975, S. 157, 168 (Sept./Okt. 1920).

8 Mathilde Wurm (1874–1935), MdR (USP); s. Schwarz S. 792. Sie äußerte u. a.: »Uns Sozialisten stehen die verhungernden französischen Proletarierkinder genau so nahe als die verhungernden deutschen Proletarierkinder und wir denken gar nicht daran, deswegen diese Ablieferung abzulehnen« (RV Bd. 346, S. 1635).

Samstag, den 25. Dezember 1920 27

Isak Tulpenstock und Mathias Salvermoser[I].

Eine Geschichte von Ludwig Thoma.

Der Rechtsanwalt Isak Tulpenstock war nach einigen Vermahnungen an das Kanzleipersonal soeben im Begriffe, sich in das Landgerichtsgebäude zu begeben, als ihm der Besuch des Ökonomen Mathias Salvermoser gemeldet wurde.

»Was für ein Volk, diese Bauernlümmel! Immer in der letzten Minut! Immer zu spät! gerad' als ob ... lassen S' ihn 'rein!«

Salvermoser hatte auf die Erlaubnis nicht gewartet, sondern war schon hinter dem Schreiber eingetreten.

»Nu, was wollen Sie?« fragte Tulpenstock immer noch ärgerlich.

»A Frag' hätt' i, Herr Dokta.«

»Wenn's eine gescheite Frag' is, kommen Sie später. Ich muß zum Gericht.«

Salvermoser verlor seine Ruhe nicht.

»Nacha geh' i halt mit«, sagte er, »i ko Eahna ja auf 'm Weg aa frag'n.«

Tulpenstock bedachte, daß ein unangenehmer Klient besser ist, wie keiner, und ließ es zu, daß der Ökonom neben ihm her ging.

Es war ihm peinlich, weil die Leute sich nach ihnen umsahen und weil Salvermoser mit seinen Stiefeln auf dem Bürgersteige einen sehr unfeinen Lärm machte.

»Nu, rücken Sie halt emal raus mit der Sprach!« sagte er ungnädig; »was haben Sie für eine Frag'?«

Mathias Salvermoser blinzelte ein wenig mit dem linken Auge, dann stieß er den kleinen Rechtsgelehrten mit dem Ellenbogen an und sagte:

»Sie, Herr Dokta, was kost' des, bal ma oan mit an kloan Stecken am Kopf aufi haut?«

»Was das kost? Das kost emal viel, emal weniger. Da gibt's kein Tarif.«

»Des woaß i scho. Aba unser Burgermoasta hat g'sagt, nach dem neuen G'setz[2] werd's billiger.«

»Nach was für en neuen Gesetz?«

»No, halt nach dem preußischen G'setz, wo's jetzt ei'g'führt hamm.«

»Ach so! Das Bürgerliche Gesetzbuch! Da steht nix drin von Strafen wegen Körperverletzung.«

Salvermoser zeigte sich erstaunt.

»Des kon i do scho net glaab'n«, sagte er, »daß de G'setzmacher auf des vergessen hamm. Da hätt's es ja überhaupt net braucht, daß ma was Neu's kriag'n. Des glaab i scho ganz und gar durchaus net.«

»Glaubst Du nicht? Brauchst Du nicht zu glauben«, sagte Tulpenstock sehr ärgerlich.

»Guten Morgen, Herr Kollega!« rief er einem Vorübergehenden zu, »lassen Sie mich mitkommen, ich begleite Sie.«

Salvermoser ließ sich nicht abschütteln.

»Halten S' a wengl, Herr Dokta! I bin no net firti. Moana S', es ko mir was g'schehg'n. I ko hundert Eid schwör'n, daß i in einer Notwehr befunden g'wen bi. Überhaupts hob i eahm bloß mit an kloan Steckerl am Kopf aufi g'haut.«

»Nu, um so besser für Sie. Ich hab' jetzt kei' Zeit mehr.«

»Sie, Herr Dokta, mit an ganz an kloan Steckerl. Es is net dicker g'wen, als wia mei Finga.«

»Was reden Sie dann? Wenn er nicht krank war, gibt es vielleicht gar keinen Prozeß.«

»Jaa, krank war er scho.«

»So?«

Tulpenstock interessierte sich doch etwas für den Fall.

27

»Wann war die Sache?« fragte er.

»Vor a sechs, an acht Wocha, beim Unterwirt.«

»Also eine Wirtshausgeschichte. Mhm! Wie lange war der Mann krank? Hat er sich ins Bett gelegt?«

»Jaa, sell scho.«

»Nu, wie lang is er gelegen?«

Salvermoser blinzelte wieder mit dem linken Auge.

»Er liegt no«, sagte er.

»Was? Das ist ja ernsthaft! Ich kann nicht länger auf der Straße bleiben, kommen Sie ins Bureau!«

»Sie, Herr Dokta . . .!«

»Später, später!« Der Rechtsanwalt betrat schleunig das Gerichtsgebäude und ließ seinen Begleiter stehen. Als er nach drei Stunden wieder herauskam und eben daran ging, seinem verehrten Herrn Kollega Schiedermann einen verwickelten Rechtsfall klar zu machen, wurde er jählings unterbrochen.

Mathias Salvermoser rief ihn mit lauter Stimme an: »Des ist g'scheit, daß i Eahna siech. Jetzt hab i Eahna do no derwarten kinna. I bin beim Wirt g'sessen neben an Landg'richt.«

»Ich habe Ihnen doch gesagt, daß Sie in die Kanzlei kommen sollen.«

»Scho. Aba i hab leicht g'wart; i hab halt a paar Halbe mehra trunken.«

Diese Versicherung war überflüssig, denn Salvermoser roch so stark nach Bier, daß man es weithin merken konnte. Er hielt sich mit einiger Mühe aufrecht und faßte beim Reden den Sachwalter am Rock, um sich zu stützen.

Tulpenstock war sehr peinlich berührt. Da er jedoch dem Volke, welches Rechtshilfe sucht, im Allgemeinen geneigt war und sich nur ungern dazu verstand, seinen Schutz zu verweigern, beschloß er, den Ökonomen zwar anzuhören, aber möglichst schnell abzufertigen.

»Erzählen Sie mir halt, was Sie auf dem Herzen haben, und später kommen Sie in mein Bureau.«

»Sehg'n S', des is a Wort«, lallte Salvermoser; »i hab's glei g'sagt, der Tulpenstock, hab i g'sagt, des is halt a Mo, der wo . . . sag' i. Han?«

»Schon gut, schon gut! Erzählen Sie nur rasch. Ich habe noch nicht zu Mittag gegessen.«

»Ah, des macht nix. Passen S' auf, i erzähl's Eahna ganz g'nau. Also i geh beim Unterwirt außa, net? Und da steht a Holzhaufa, net? Oha!« Salvermoser stolperte nach vorwärts und mußte sich wieder an dem Rechtsvertreter einhalten.

»Mein Lieber, gehen Sie jetzt und erholen Sie sich.«

»Na, na, Herr Dokta, Sehg'n S'. Sie san a so g'führiger Mo, i muß 's Eahna glei verzähl'n. I kimm nacha viel liaba.«

»Also meinetwegen; nur rasch, rasch!«

»Ja, und da bin i beim Unterwirt außa und da steht a Holzhaufa net? Ja und des han i o'gschaugt. A schön's Holz is g'wen, lauter feichtene und buachene Scheiteln. Do hob i mir denkt, was werd jetzt dös Holz kosten, net? Sie, Herr Dokta! Oha!«

Tulpenstock wurde nervös.

»Entweder erzählen Sie mir den Vorfall, oder...«

»Es kimmt scho. Passen S' nur auf, Herr Dokta. Also, i ziag a Scheitel außa, und wia'r i 's o'schaug, geht g'rad der Brunner Peter daher. Ja, und nacha hat er g'sagt: ›Was tuast denn Du do?‹ ›Nix‹, hab i g'sagt, und nacha hab i eahm a bisserl am Kopf aufi g'haut.«

»Mit dem Holzscheit? So? Und warum?«

»Ja, es is ganz kloa g'wen. Und überhaupts hon i eahm gar net treffen woll'n. I ho mir denkt, i hau in d' Luft, daß er derschrickt. Aba, er muaß g'rad neig'rennt sei. I glaab, daß er des mit Fleiß to hot. Sie, Herr Dokta, oha! Moana S', daß i frei g'sprocha wer?«

Tulpenstock war über diese Frage etwas erstaunt; aber da er einem Klienten nicht gerne die Stimmung verdarb, sagte er: »Freigesprochen? Hm, ja, wer weiß? Wir müssen eben abwarten.«

»Ja, passen S' auf, Herr Dokta. Mir macha de G'schicht a so: bal i frei wer, zahl i Eahna, und bal i g'straft wer, nacha kriag'n S' nix.«

»Was fällt Ihnen ein? Ich lasse mir doch keine Bedingungen stellen.«

»So, Sie mögen des net?« fragte Mathias Salvermoser und blinzelte wieder mit dem linken Auge, »jetzt kenn i mi scho aus. Bal Sie a richtige Fiduz auf mein Prozeß hätt'n, nacha redeten Sie ganz anderst. Na, mei Liaba! Do geh i zua an andern.«[3]

Or. fehlt. – MA 46 Nr. 301 S. 3 v. 25. 12. 1920. – Lemp S. 241 Nr. 1486; Hofmiller S. 725. – Erstdruck: Simplicissimus 6, 1901/02, S. 98 (Lemp S. 217 Nr. 560); Nachdruck: MA 28 Nr. 98 S. 1f v. 26. 8. 1902 (Lemp S. 240 Nr. 1457); weitere Nachdrucke s. Lemp S. 210ff Nr. 358, 379 u. 381.

1 Diese Überschrift nur im MA; die Veröffentlichungen zwischen 1901/02 und 1916 gingen unter dem Titel »Der Klient«, ebenso in GW (1922) 3, S. 285ff. – Möglicherweise geht die Titeländerung auf Eck zurück; der Name Tulpenstock wird auch sonst in abwertender Weise im MA verwendet (Kloeber S. 137).

2 Das Bürgerliche Gesetzbuch für das Deutsche Reich v. 18. 8. 1896 trat am 1. 1. 1900 in Kraft; s. Hans Schlosser, Grundzüge der Neueren Privatrechtsgeschichte, 3. Aufl., Heidelberg-Karlsruhe 1979, S. 95–105. – Über die Einführung des BGB und seine Aufnahme unter den bayerischen Juristen schrieb Thoma die Geschichte »Der Befähigungsnachweis« (Der Sammler. Belletristische Beilage zur Augsburger Abendzeitung 67, 1898, Nr. 43, S. 7f. Lemp S. 214 Nr. 413). Möglicherweise besteht ein Zusammenhang zwischen der Einführung des BGB (1. 1. 1900) und der Aufgabe der Anwaltspraxis Thomas (15. 9. 1899; Lemp S. 18, 70; vgl. dazu Thomas Erinnerungen in GW [1922] 1, S. 151). Wegen der Einführung des neuen Gesetzbuches war älteren bayerischen Richtern die Möglichkeit zur vorzeitigen Pensionierung eröffnet worden (Gesetz v. 9. 6. 1899; GVBl 1899, Beilage zu Nr. 28, S. 223).

3 Zur Charakterisierung der Bauern bei Thoma vgl. Gajek (Serie Piper 487), S. 142–146 sowie Nr. 24 Anm. 8.

Donnerstag, den 30. Dezember 1920 28

Der Vertrag.

Eine Geschichte aus früherer Zeit von Ludwig Thoma[a)].

Der königliche Landesgerichtsrat[b)] Alois Eschenberger war ein guter Jurist und auch sonst von mäßigem Verstande.

Er kümmerte sich nicht um das Wesen der Dinge, sondern ausschließlich darum, unter welchen rechtlichen Begriff dieselben zu subsumieren waren.

Eine Lokomotive war ihm weiter nichts als eine bewegliche Sache, welche nach bayrischem Landrechte auch ohne notarielle Beurkundung veräußert werden konnte, und für die Elektrizität interessierte er sich zum erstenmal, als er dieser modernen Erfindung in den Blättern für Rechtsanwendung begegnete und sah, daß die Ableitung des elektrischen Stromes den Tatbestand des Diebstahls-Paragraphen erfüllen könne[1]. –

Er war Junggeselle. Als Rechtspraktikant hatte er einmal die Absicht gehegt, den Ehekontrakt einzugehen, weil das von ihm ins Auge gefaßte Frauenzimmer nicht unbemittelt war, und da überdies die Ehelosigkeit schon in der lex Papia Poppaea de maritandis ordinibus[2] ausdrücklich mißbilligt erschien.

Allein der Versuch war mit untauglichen Mitteln unternommen; das Mädchen mochte nicht; ihr Willenskonsens ermangelte, und so wurde der Vertrag nicht perfekt.

Alois Eschenberger hielt sich von da ab das weibliche Geschlecht vom Leibe und widmete sich ganz den Studien.

Er bekam im Staatsexamen einen Brucheinser[3] und damit für jede Dummheit einen Freibrief im rechtsrheinischen Bayern.

Aber davon wollte ich ja nicht erzählen, sondern von seinem Erlebnisse mit Michael Klampfner, Tändler in München-Au.

Und dies war folgendes.

Eines Tages mußte sich der Herr Rat entschließen, seine alte Bettwäsche mit einer neuen zu vertauschen.

Die Zugeherin besorgte den Handkauf und überredete ihren Dienstherrn, die abgelegten Materialien zu veräußern. Auf Bestellung erschien daher in Eschenbergers Wohnung der oben erwähnte Trödler Michael Klampfner und gab auf Befragen an, daß er derjenige sei, wo die alte Wäsche kaufe.

»So«, erwiderte der königliche Rat, »so? Sie wollen also gegen Hingabe des Preises die Ware erwerben?«

»Wenn ma's[c)] brauchen ko, nimm i's«, sagte Klampfner.

»Schön, schön; Ihr Wille ist sohin darauf gerichtet. Sagen Sie mal, Herr ... Herr ... wie heißen Sie?«

»I? I hoaß Klampfner Michael, Tandler von der Au, Lilienstraßen Nummera achti.«

»Also, Herr Klampferer...«

»Klampfner!«

»Richtig, Herr Klampfner. Sie sind doch handlungsfähig?«

»I moa scho. I handel scho dreiß'g Johr.«

»Gut, Sie sind also nicht entmündigt, als prodigus, furiosus, als Verschwender oder wegen Geisteskrankheit?«

»Jo, was waar denn jetzt dös? Moana S', i bi da her ganga, daß Sie mi dablecken?«

28

»Mäßigen Sie sich. Ich mußte die Frage an Sie stellen; es handelt sich um eine wesentliche Bedingung des Konsensualkontraktes.«

»Vo mir aus. Wo is denn nacha de Wasch?«

»Sie wird Ihnen vorgezeigt werden; der Kauf wird nach Sicht geschlossen.«

Die Zugeherin führte den Tändler in ein Zimmer, in welchem zwei große Bündel auf dem Boden lagen. Das eine enthielt die gebrauchte Wäsche, in dem andern war die neuangeschaffte.

Michael Klampfner prüfte das alte Bettzeug mit Kenneraugen.

»Bedeuten thuat dös net viel«, sagte er; »zwoamal waschen, nacha is dös G'lump hi. Aba, weil Sie's san, Herr Rat, gib i Eahna zwoa Markl dafür.«

»Zwei Mark? Der Kaufpreis scheint mir sehr niedrig gegriffen.«

»Ja, wos glauben S' denn? Wer kaaft denn so was? Do kenna S' de arma Leut schlecht, wenn S' moanen, de mögen was Alt's. De kaafen si liaba was Neu's und bleiben's auf Abzahlung schuldi.«

»Hm! ja, das mag sein, ... aber ... was sagen Sie, Frau Spitzelberger[d)]«, wandte sich der Rat an seine Zugeherin, – »finden Sie den Preis ortsüblich und wertentsprechend?«

»Ich mein halt doch so, Herr Rat, verzeihen S', wenn man halt doch[e)] die Sach hergeben tut, nicht wahr, dann mein ich halt, entschuldigen S', es ist doch nicht viel zum kriegen damit.«

»Sie raten mir also zum Abschlusse?«

»Ja, ich ... ich mein halt so, Herr Rat, es wird nichts andres herausschauen.«

»Gut. Dann bleibt es bei dem vereinbarten Preise von zwei Mark.« –

»Gilt scho«, sagte Michael Klampfner, »g'hört scho mei. I laß von mei'n Buab'n abhol'n.«

»Nein, nein, so schnell geht die Sache nicht«, unterbrach ihn hier Eschenberger, »ich beharre auf schriftlicher Verlautbarung des Vertrages.«

»Ah, zu wos denn? Dös braucht's do it.«

»Notwendig ist es allerdings nicht«, erklärte der Herr Rat, »Sie haben wohl recht; der Vertrag kann formlos abgeschlossen werden, die traditio würde überdies brevi manu erfolgen, allein ich ziehe die Abfassung einer privaten Urkunde vor.«

»No, wenn's net anders geht, mir is wurscht.«

Eschenberger[f] holte Papier, Tinte und Feder und fing hastig zu schreiben an, wobei er den Text laut vorlas.

»Schön. Ich werde den Vertrag gleich hier niederschreiben.«

»Also ... zwischen dem königlichen Landge ... Landgerichtsrat Alois Eschenberger in ... in München und dem ... was sind Sie, Herr Klampfner?«

»Tandler vo der Au ...«

»... Tändler, hm! also Kleinkaufmann ... und dem Kleinkaufmann Michael Klampfner kommt folgender ... folgender Vertrag zustande:

Erstens: Der königliche Landgerichtsrat Eschen ... Eschenberger verkauft an den ... den Kleinkauf ... Kleinkaufmann Klampfner die demselben vorgezeigte, in einem Bündel zusammen ... zusammengefaßte, von demselben ge ... gebrauchte und hierwegen abgelegte ... abgelegte Bettwäsche ... Bettwäsche. – Nicht wahr?«

»I ... ja!« sagte Klampfner.

»Also fahren wir fort:

Zweitens: Der vereinbarte ... vereinbarte, auch wert ... wertentsprechende Kaufpreis beträgt die Summe von zwei ... zwei Mark Reichswährung, über deren Empfang der Verkäufer hiemit ... hiemit quittiert. – Sie können gleich bezahlen, Herr Klampfner.«

»I will's it schuldi bleiben«, sagte der Tändler und zählte auf den Tisch eine Mark und dann zehn Nickelstücke hin.

»Schön«, sagte Eschenberger, »fahren wir fort. Drittens: Die Einreden des Zwanges, des Irrtums ... des Irrtums und ... und des Betrugs sind ... ausgeschlossen. – So, das hätten wir. Wünschen Sie den Vertrag noch einmal vorgelesen?«

»Na, g'wiß net!«

»Gut. Also auf Vorlesen verzichtet und unterschrieben. Setzen Sie Ihre Unterschrift hieher.«

Klampfner unterschrieb und ging dann, nachdem er erklärt hatte, daß sein Sohn das Bündel abholen werde. Die Zugeherin begleitete ihn zur Türe und lächelte beistimmend, als der Tändler sich mit der Faust an der Stirne rieb und dann mit dem Daumen gegen das Zimmer deutete, worin Eschenberger weilte. –

28

Einige Stunden später kam Klampfner junior und holte im Auftrage seines Vaters das Bündel Wäsche ab.

Noch denselbigen Abend stellte sich aber heraus, daß eine unliebsame Verwechselung stattgefunden hatte. Dem Boten war das Bündel mit der neuen Wäsche übergeben worden.

Michael Klampfner wurde eilig hievon in Kenntnis gesetzt, allein er verschloß sich heftig allem Zureden.

»Wos?« sagte er, »i soll de Wasch wieda hergeb'n? Waar mir scho z' dumm! Für wos hat er denn an Vertrag g'schrieb'n? Dös gilt, wia's g'schrieb'n is. Irrtum is ausg'schlossen. Waar mir scho z' dumm!«

Dieses geschah dem königlichen Landgerichtsrat Alois Eschenberger, welcher seinerzeit einen Brucheinser erhalten hatte.

Or. fehlt. – MA 46 Nr. 304 S. 2 v. 30. 12. 1920. – Lemp S. 241 Nr. 1487; Hofmiller S. 725. – Erstdruck: Simplicissimus 5, 1900/01, S. 414 (Lemp S. 217 Nr. 543); Nachdrucke s. Lemp S. 210ff Nr. 358, 373 u. 381.

a) Frühere Drucke: Untertitel fehlt
b) Frühere Drucke: Landgerichtsrat
c) Frühere Drucke: ma's no
d) Frühere Drucke: Sitzelberger
e) Frühere Drucke: fehlt
f) Frühere Drucke: Reihenfolge der nächsten beiden Absätze vertauscht

1 Die Zeitschrift Blätter für Rechtsanwendung 1899 u. 1900 geht auf das Gesetz über die Bestrafung der Entziehung elektrischer Arbeit v. 9. 4. 1900 (RGBl 1900, S. 228f) nicht ein. Darüber handelt Eduard Kohlrausch, Das »Gesetz betreffend die Bestrafung der Entziehung elektrischer Arbeit« und seine Vorgeschichte (Zeitschrift für die gesamte Strafrechtswissenschaft 20) 1900, S. 459–510.

2 Über die Ehegesetzgebung des Kaisers Augustus in der Lex Julia de maritandis ordinibus (4 n. Chr.) u. der Lex Papia Poppaea (9 n. Chr.) s. Rudolph Sohm, Institutionen, Leipzig 1899, S. 455.

3 Brucheinser s. Gritschneder, Thoma und die Justiz S. 98; Ders., Angeklagter S. 110f, 152; Karl Gelbert, Der Jurist Ludwig Thoma (Juristenzeitung 1970) S. 500f.

Freitag, den 31. Dezember 1920 29

Berlin.

Das »Berliner Tageblatt«[1] hat sich darüber aufgehalten, daß der Simplizissimus[2] den Unterschied von Weihnachten in Berlin und Weihnachten in Deutschland hervorgehoben hat. In Berlin tanzen dicke, herausgefressene Schieber mit ihren Toppsäuen und schlemmen – in Deutschland sitzt eine arme Familie um einen Tisch, auf dem ein Lichtlein brennt.

Wie kann man so gegen Berlin hetzen? fragt der Wolff-Moises-Mosse[3].

Auf der nächsten Seite bringt er einen großen Bericht über die Tanzwut in Berlin, woselbst in den Armenvierteln Hunderte von Tanzlokalen eröffnet sind[4]. Er berichtet, daß Berufstänzer 25 000 Mark!! monatlich Gage bekommen, und daß in allen teuren Lokalen das gute Publikum von einst den neumodischen Lumpenhunden Platz gemacht hat usw.

Also Wort für Wort das, was der Simplizissimus dargestellt hat.

Der Moises straft sich selber Lügen.

Im Übrigen ist es noch viel, viel ärger, als das Berliner Blatt zugibt.

Darin hat der Simplizissimus am Meisten recht, daß er Berlin und Deutschland als zwei verschiedene Begriffe auseinanderhält. In Berlin ist nichts mehr deutsch. Es war im Frieden schon ein halbes Krakau-Tarnopol-Krotoschin[5].

Heute ist es eine Mischung von galizischem Judennest und New Yorker Verbrecher-Viertel.

Unbefangene, die von dort zurückkommen, schildern das Leben in dieser von Schiebern beherrschten Metropole der Huren, Spieler und Spinatbuben[6] in den schwärzesten Farben.

Einen reizenden Trick hat dort die Halbwelt. Die Menscher laufen in den Straßen als Rote Kreuz-Schwestern herum! Die Tausende von Spinatbuben, die sich öffentlich anbieten!, sind als Matrosen kostümiert.

Nacktbälle, Tanzvorstellungen halb und ganz nackter Backfische – nicht in guten – sondern in reichen Familien, Betrug,

Schlemmerei, Gemeinheit, neben der Mord und Brand predigenden, von Schmuhl und Levy kommandierten Kommunisten-Bande – das ist Berlin![7]

Wie kann man diesem Brutnest aller Laster nur so bittere Wahrheiten sagen, wie der Simplizissimus?

Warum sollen die Levys nicht tanzen? Se haben doch das Geld!

Or. fehlt. – MA 46 Nr. 305 S. 1 v. 31. 12. 1920; Kloeber S. 86f. – Lemp S. 241 Nr. 1488; Hofmiller S. 725.

1 S. Nr. 2 Anm. 2. Berliner Tageblatt Nr. 591 v. 25. 12. 1921 »Ein Weihnachtsbild. In Berlin«.
2 Bezieht sich auf die Zeichnung v. Karl Arnold im Simplicissimus 25, 1920/21, S. 528 v. 22. 12. 1920 »Weihnachten in Berlin und Weihnachten in Deutschland«.
3 Theodor Wolff, Chefredakteur des Berliner Tageblatts; s. Nr. 2 Anm. 8 und Nr. 83 Anm. 1.
4 In der in Anm. 1 genannten Ausgabe unter der Überschrift »Das tanzlustige Berlin. Eine Umfrage«.
5 Krakau (1849–1919 Österr.-Galizien) hatte 1920 21% jüd. Bevölkerung (Enc. Jud. 5, Sp. 1027); Tarnopol (Ostgalizien) hatte um 1920 einen jüd. Bevölkerungsanteil von ca. 40% (Jüd. Lex. 5, Sp. 872); Krotoschin s. Nr. 41 Anm. 4.
6 Borneman Nr. 355 bringt den Ausdruck mit Paedicator in Verbindung.
7 Über die politischen Verhältnisse in Groß-Berlin, das durch Gesetz v. 27. 4. 1920 gebildet worden war, nach der Wahl im Juni 1920 s. Hans Herzfeld, Allgemeine Entwicklung u. politische Geschichte (Berlin u. die Provinz Brandenburg im 19. u. 20. Jahrhundert, hg. v. Hans Herzfeld u. Gerd Heinrich) 1968, S. 120ff (die sozialistischen und kommunistischen Parteien besaßen die absolute Mehrheit im Stadtrat). – Über einen am Landgericht Berlin II anhängigen Prozeß gegen die Veranstalter von »Nackttanzabenden« berichtete das Berliner Tageblatt Nr. 11 v. 8. 1. 1921; die Angeklagten wurden zu Geldstrafen verurteilt.

Dienstag, den 4. Januar 1921 30

Kusch!

Mit dem Biberacher Gelbfüßler[1] müssen wir noch ein wenig deutlich reden. Er erklärt es als »frechen Schwindel«, daß er in München gewesen sei[2]. Frech und Schwindel soll der Erzberger nicht ins Maul nehmen, denn er ist zur Zeit wegen Verletzung der Eidespflicht in Untersuchung[3], und wenn wir uns an den Helfferich-Prozeß[4] erinnern, so fällt uns ein, daß ein Gericht mit allem Ernst, der bei so was vorherrscht, dem Gelbfüßler die Glaubwürdigkeit abgesprochen hat.

Deshalb ist das Dementi noch lange nicht beweiskräftig, wenn es bloß der Erzberger abgegeben hat. Das Gericht glaubt ihm nicht einmal, was er auf Eid sagt, dann nehmen wir das Gedruckte erst recht nicht bar hin.

Vielleicht »erinnert« sich der Biberacher nicht daran, daß er in München war; er hat sich im Prozeß an das Meiste nicht mehr erinnert. Von wem zum Beispiel das Geld war, das er in die Taschen bekam. Und so was merkt man sich am Ende leichter, wie eine hintervotzige Spritztour nach München. Natürlich kann sich auch der Verbreiter der Nachricht geirrt haben und hat am Ende einen dicken Schieber für den Stipendiaten der Firma Thyssen[5] gehalten. Zum Verwechseln ähnlich schaut ja der Gelbfüßler einem solchen Edelmann.

Daß der Mensch sich erfrecht hat, über das Ministerium Kahr[6] ein Urteil abzugeben, ist nicht verwunderlich; man kennt diese Stirne aus Messing[7]. Aber dem christlich-sozialen Blatt[8] wollen wir sagen, daß es solche taktlose Kunststücke bleiben lassen soll.

Es ist nicht der Brauch, daß Leute, die dem Gensdarm und dem Staatsanwalt Aufklärung schuldig sind, über ihre politischen Ansichten gefragt werden.

Außerdem hat sich der Spätzlefresser im Amt viel Geld, aber nicht das geringste Ansehen verdient[9], und in Bayern gilt die Meinung des bezahlten Agenten von Thyssen bloß als verächtlich.

Die Einwohnerwehr[10] richtet sich gegen Lumpen und Plünderer, und wir begreifen, daß sie der Biberacher mit Unbehagen sieht.

Im Übrigen ist unser Verhältnis zu Kahr das ehrlicher Leute zum Ehrenmann, und so steht es turmhoch über der Meinung des Menschen, der seit dem Helfferich-Prozeß den gelben Schandfleck[11] auf dem Kittel trägt.

Der dicke »Spätzleschwab« ist uns auch als Minister bloß als klägliche Karikatur bemerkenswert gewesen. Wenn er jetzt schreibt, er wolle nicht mehr in den Reichsdienst, weil er kein Esel sei[12], so haben wir den Beweis, daß Jeder, der diesen Menschen ernst genommen hat, ins Krankenhaus gehört.

So armselig hat sich doch noch kein neu-deutscher[13] Staatsmann bloßgestellt.

Der zahnlose Fuchs schimpft über die Trauben, die ihm Helfferich zu hoch gehängt hat.

So hoch, daß er sie nie mehr erreichen kann, auch wenn er auf dem Buckel des größten schwäbischen Rindviehs steht, das ihn gewählt hat[14].

Und jetzt kann ihn die »Münchner Post« als Autorität zitieren, so viel sie mag[15].

Uns andern ist er der Erz – – berger.

Or. fehlt (nach Lemp S. 199 Nr. 176 mit 3 Bll. in L 2396 erhalten; dort 1986 nicht vorhanden). – MA 47 Nr. 2 S. 1 v. 4. 1. 1921. – Lemp S. 241 Nr. 1489; Hofmiller S. 725.

1 Matthias Erzberger; s. Nr. 12 Anm. 2 u. Nr. 9 Anm. 16.
2 MA Nr. 299 S. 1 v. 23. 12. 1920 berichtete von der angeblichen Anwesenheit Erzbergers in München; er habe dort gegen die Regierung Kahr agitieren wollen.
3 Zum Meineidsverfahren, das Erzberger gegen sich selbst beantragte, vgl. Epstein S. 416. S. auch Nr. 54 Anm. 6.
4 S. Nr. 139 Anm. 3.
5 Zu Erzbergers Tätigkeit für die Firma Thyssen s. Epstein S. 465–473.
6 S. Nr. 1 Anm. 6.
7 Helfferich hatte Erzberger »den Mann mit der ehernen Stirn« genannt; dies wertete das Gericht als Beleidigung (s. Schulthess 1920/I, S. 42).
8 Erzberger dementierte in der Zeitung »Das neue Volk«, Organ der Christlichsozialen Partei, seinen München-Aufenthalt; s. MP Nr. 301 v. 27. 12. 1920; MA Nr. 303 S. 1 v. 29. 12. 1920. Vgl. auch Nr. 94.
9 Zum Bereicherungsvorwurf gegen Erzberger s. Schulthess 1920/I, S. 41; Epstein S. 411.
10 S. S. 477ff.
11 Im völkischen Jargon wurde »gelber Schandfleck« auf die Farben der Republik »Schwarz-Rot-Gelb« bezogen; vgl. O. de la Chevallerie, Die völkisch-nationale Strömung der deutschen Studentenschaft, 1922, S. 8f. – Gelb gilt als Farbe der Schande (Bächtold-Stäubli 3, Sp. 582f).
12 Äußerung Erzbergers in dem in Anm. 8 zitierten Dementi.
13 Wohl auf den Umsturz v. 1918 bezogen.
14 Zu Erzbergers Stellung in den katholischen Teilen Württembergs s. Miller S. 156f. Zum Erfolg des Zentrums bei der Wahl am 20. 6. 1920 s. Nr. 9 Anm. 4.
15 Die MP nannte Erzbergers Dementi (s. Anm. 8) »ein ernstes Wort zur Lage«.

Mittwoch, den 5. Januar 1921 31

Alte und neue Jäger.

Ein Jäger schreibt uns: Der Artikel »Der Kampen«[1] klingt am Schlusse aus, wie eine sozialdemokratische Versammlung.

»Herein in die Organisation! Nur der Zusammenschluß der Massen kann die Lohnsteigerung bringen«. Fehlt bloß noch der Streik und der Achtstundentag und der ganze andere Saustall, an dem unser Land zu Grunde geht[2].

Die Ohren tun einem weh, wenn man so was im Zusammenhange mit Jagd und Jäger hören muß[3].

Unsere alten Jäger, deren Namen heute noch mit Stolz genannt werden, die dem edlen Waidwerk in Bayern einen glänzenden Ruf verschafft haben, wären schamrot geworden, wenn man sie als organisierte Sozi angeredet hätte.

Das haben sie den Giesinger Steinträgern[4] überlassen; sie selber aber waren voll Freude an ihrem Berufe, den sie über jeden andern stellten und ihr schlichter, gerader Sinn widerstrebte der verlogenen Wühlerei und Hetze. So waren die Alten.

Die harte Zeit, die wir alle miteinander durchmachen müssen, führt erst dann zum ganzen Verderben, wenn sie jedes herzliche Verhältnis, jede Anhänglichkeit und Treue und jeden Anstand der Gesinnung zerstört.

Niemand verlangt, daß ein Mann um Hungerlohn seine Pflicht erfüllen soll, aber es ist ein Unsinn, wenn sich die Jäger auf einmal als organisierte Arbeitnehmer gegen ein Unternehmertum, das es nicht gibt, zusammentun wollen.

Die Jagd ist zuerst und zuletzt, und gerade dann, wenn sie richtig betrieben wird, ein Vergnügen, bei dem alles, was geschieht, freiwillig geschieht.

Der wohlwollendste Jagdpächter kann sich von einer Organisation die Ausgaben für sein Vergnügen nicht vorschreiben lassen. Die Grenzen bestimmt ausschließlich er.

Es ist weder Willkür, noch Geiz, wenn einer findet, daß eine Luxusausgabe ein gewisses Maß nicht überschreiten darf. Das kann auch an der Unmöglichkeit scheitern.

Es gibt kein Gesetz, das einen Jagdpächter zwingt, seine Jagd aufzugeben, wenn er den Jagdschutz[5] nicht mehr nach Tarifsätzen entlohnen kann. Er wird sich eben auf irgend eine Weise behelfen. Den Jagdschutz selbst ausüben oder ihn Reisjägern[6] überlassen. Oder, wer größere Jagden hat, vermindert die Zahl seiner Jäger. Das alles ist gutes Recht, gegen das eine »Organisation« nicht das Geringste machen kann.

Was folgt daraus?

Da, wo es sich um freiwillige Leistungen handelt, ist Zwang ausgeschlossen und nur gütliches Übereinkommen möglich. Wenn auf der einen Seite Güte und Verstand und Liebe zur Jagd, und auf der anderen Treue und Anhänglichkeit vorwalten, wird diese Verständigung sicher erfolgen.

Wenn aber bloß mehr von Tarif und erzwungenen Löhnen die Rede sein soll, dann hört auch auf der anderen Seite, beim Jagdherrn, die Freude, und mit der Freude das Entgegenkommen auf.

Wir wünschen jedem tüchtigen Berufsjäger eine auskömmliche Stellung. Wenn aber der Verfasser des Artikels »Kampen« schreibt, es solle Jedem gleichgültig sein, ob er es mit seinem Jagdherrn verderbe oder nicht, so ist das die lächerliche Verkennung einer Stellung, die nur auf freiwilliger Leistung und auf Vertrauen beruht.

Die alten, erprobten Jäger, von denen wir eingangs geschrieben haben, haben anders gedacht.

Sie haben sich im jahrzehntelangen, treuen Dienste die freundschaftliche Kameradschaft ihrer Jagdherren erworben, und Jeder war ein ganzer Mann für sich und hat als solcher etwas gegolten, ohne daß er dazu einen Zusammenschluß der Massen brauchte.

Und nie hat die Jägerei mehr Ansehen genossen, als zu ihrer Zeit.

Or. fehlt. – MA 47 Nr. 3 S. 3 v. 5. 1. 1921. – Lemp S. 241 Nr. 1490; Hofmiller S. 725.

1 MA Nr. 304 S. 2 v. 30. 12. 1920. Der Artikel, gegen den sich Thoma (»Ein Jäger schreibt uns«) wendet, warb für den Beitritt der angestellten Jäger zum

Reichsverband der Privat- u. Forst-Jagd-Beamten. – Der Kampen ist ein Höhenzug zwischen Bad Wiessee und Lenggries.

2 Zum Achtstundentag s. Nr. 16 Anm. 5 u. Nr. 24 Anm. 7.

3 Über Thoma als Jagdpächter, der zeitweilig fünf Jäger und Jagdaufseher beschäftigte, s. Gajek (Serie Piper 321) S. 94ff; ders. (Serie Piper 925) S. 150f, 186f; Lemp S. 21, 25 u. ö.; Tegernseer Tal S. 217ff.

4 S. Nr. 17 Anm. 6 (Giesing) u. Nr. 13 Anm. 7 (Steinträger).

5 Zum Jagdschutz (Schutz des Wildes vor Wilderern, Raubwild, Futternot u. a.) vgl. Albert Behr, Das Bayer. Jagdgesetz v. 30. 3. 1850, München 1918, S. 233.

6 Jäger, der im Unterholz jagt, der niedere Jagd betreibt (Grimm 8, S. 748f).

Samstag, den 8. Januar 1921 32

Bethmann Hollweg[1]†.

Auf seinem Gute Hohenfinow[2] ist Bethmann Hollweg einem Grippe-Anfall erlegen.

Es gibt ein Wort, das heißt: »Über die Toten soll man nur Gutes sagen.«[3] Das läßt sich auf Staatsmänner, von deren Wirken das Schicksal eines Landes abhängt, nicht anwenden; deren Taten müssen ohne Sentimentalität gewertet werden.

Bethmann hat das sehr äußerliche Glück gehabt, daß sich nach dem furchtbaren Zusammenbruche eigentlich Niemand gegen den Leiter der Politik von 1914 gewandt hat, wenigstens Niemand mit Leidenschaftlichkeit, und Niemand, dessen Stimme gehört werden mußte. Er verschwand im Privatleben, in das er sich zurückgezogen hatte.

Sehr äußerlich nur kann diese Ruhe gewesen sein, denn wenn dem Manne nicht jede Einsicht gefehlt hat, so müssen ihn Reue und Schmerz gefoltert haben. Und wer, frei von Parteimeinungen, sein Wirken beurteilt, wird im Gegensatze zu dem alten Advokaten Fehrenbach[4] sein Andenken nicht in Ehren halten, sondern wird ihm übers Grab hinaus, über das nebensächliche Geschehnis seines Todes hinaus, die schwerste Schuld am Zusammenbruche Deutschlands beilegen.

Redensarten haben keinen Wert gegenüber der Furchtbarkeit unseres Schicksales. Die »Schuldfrage«[5] hat verschiedenen Eseln der Linksparteien Gelegenheit verschafft, sich vor Europa zu blamieren; was sie zu sehen glaubten, war immer noch nicht so dumm, wie das, was sie nicht sahen.

Die unheimliche Schuld der deutschen Auslandspolitik vom 28. Juni 1914 ab[6].

Es läßt sich hier nicht in wenigen Zeilen klarlegen, wie mit Zustimmung des dafür allein verantwortlichen Kanzlers das Geschick Deutschlands in die Hände der österreichischen Vabanque-Spieler gelegt worden ist.

Am 17. Juli 1914 ist in Ischl von den Ministern der Donaumonarchie der Krieg beschlossen worden, ohne daß Bethmann Hollweg auch nur gehört worden wäre[7].

Am 1. August 1914 hat er für Deutschland den Krieg an Rußland erklärt[8], während Österreich noch vier Tage zögerte.

Vier Tage lang stand Deutschland formell, und wenn auch nur formell, als der einzige und ausschließliche Urheber des furchtbarsten Krieges vor der empörten Welt da.

Diese ungeheuerliche, verbrecherische Dummheit war nur der Anfang einer Reihe der verhängnisvollsten Fehlgriffe, die alle ihre tiefsten Gründe in einer Mischung von Eitelkeit, Schwäche und Feigheit hatten.

Die Rede über den belgischen Einmarsch, die Verkennung der Situation gegenüber England, die Politik gegenüber den Neutralen, gegenüber Amerika, die Politik im Innern, die hinterhältige Feindseligkeit gegen jeden energischen Willen in der Heimat, die Intriguen im Hauptquartier, die sinnlose Aufpäppelung der Sozialdemokratie, wer zählt alle die Verbrechen her, die schon im September 1914 den klarsehenden Männern das Schicksal Deutschlands zeigten?

Der Deutsche hängt im Glück wie im Unglück an Phrasen. Als das Land vernichtet war, ging das Schlagwort um, daß der Kaiser und daß auch Bethmann den »guten Willen« hatte[9].

Es ist ungefähr das Dümmste, was gesagt werden kann.

Wir möchten doch wissen, was sich diese Michelei[10] unter einem »bösen Willen« vorstellt.

Vielleicht den bösen Willen der Theaterbösewichte, die bloß damit, was hin ist, die Welt und sich verungenieren?

Bösen Willen kennen in der Politik bloß Schwätzer vom Schlage der sozialdemokratischen Staatsmänner oder der Förster[11].

Wo Einsicht und Pflichtgefühl herrschen, weiß man, »daß bloß ein Wahrzeichen gilt, das Vaterland zu erretten«[12].

Das Wahrzeichen der Schwächlinge Wilhelm[13] und Bethmann war, Halbes zu wollen und schön dazustehen.

Sie haben das Vaterland zerstört.

Der »gute« Wille, die blühende Jugend des Landes zu opfern, ohne mit unbeirrbarer Sicherheit auf ein festes Ziel loszugehen, war verbrecherischer, als irgendeine Schandtat irgendeines Tyrannen.

Daß Bethmann Hollweg in den Krieg hineinglitt ohne Glauben an den Erfolg, daß er ihn weiterführte, ohne Glauben an ein Gelingen, daß er im Amte blieb, ohne Glauben an sich selbst, das sind seine furchtbaren Verschuldungen, von denen sein Andenken kein verwaschenes Beileid des Ebert[14] und Fehrenbach befreit.

Im Übrigen wird auch über den Charakter des Mannes, der in der Politik ebenso hilflos war, wie er gewandt war im Vorzimmer des Kaisers, der um jeden Preis am Amte klebte und der mit dem Müller-Rasputin[15] den besten Mann im Hauptquartier, den Großadmiral Tirpitz[16], um seinen Einfluß und dann um sein Amt brachte, der Stab gebrochen werden.

Spätere Generationen werden den Mann, dem sein kläglicher Ehrgeiz mehr galt, als die Sicherheit des Vaterlandes, für den Verderber Deutschlands halten.

Was ihm die Anerkennung der Sozialdemokratie einbrachte, war gerade sein Mangel an allen Tugenden und Gaben, die den Gründer[17] des Deutschen Reiches ausgezeichnet haben.

Bethmann hat sich die Gunst und er hat sich die Nachsicht des Pöbels verdient.

Das ist in einem Satze seine Grabschrift.

Or. fehlt (nach Lemp S. 198 Nr. 150 mit 2 Bll. in L 2396 erhalten; dort 1986 nicht vorhanden). – MA 47 Nr. 5 S. 1 v. 8. 1. 1921. – Lemp S. 241 Nr. 1491; Hofmiller S. 725.

1 Theobald v. Bethmann Hollweg (1856–1921), Reichskanzler v. 1909–1917; s. NDB 2, S. 188–193. MA Nr. 3 S. 1 v. 5. 1. 1921 brachte die Nachricht vom Tod Bethmann Hollwegs. Thoma hat seit 1909 mehrfach kritisch über Bethmann Hollweg im Simplicissimus u. seit 1910 im März geschrieben (vgl. Lemp S. 226 Nr. 939 u. ö.). Zu Thomas Ansichten über Bethmann Hollweg vgl. auch Gajek (Serie Piper 543) S. 216ff.

2 Kreis Oberbarnim, Brandenburg.

3 Zur Überlieferung des griech.-lat. Zitats s. Büchmann S. 231.
4 S. Nr. 6 Anm. 3.
5 Zur vielschichtigen Diskussion über die Kriegsschuldfrage vgl. Gebhardt-Grundmann 4/I, S. 52–57. Vgl. auch Nr. 34 Anm. 3 über die Eisner-Veröffentlichung.
6 Tag des Mordes v. Sarajewo; s. Gebhardt-Grundmann 4/I, S. 42 ff. Vgl. Schulthess 1914/I, S. 461 ff. Zu Bethmann Hollwegs Rolle in der Julikrise 1914 u. beim Kriegsausbruch s. Vietsch S. 179–194.
7 Vgl. vor allem den Ministerrat in Wien am 7. 7. 1914; s. Miklós Komjáthy (Hg.), Protokolle des Gemeinsamen Ministerrates d. Österreichisch-Ungarischen Monarchie (Publikationen des ungarischen Staatsarchivs II, 10) Budapest 1966, S. 141–150.
8 Zur deutschen Kriegserklärung vgl. Gebhardt-Grundmann 4/I, S. 50.
9 Vgl. dazu Vietsch S. 302 ff.
10 Der deutsche Michel als Verkörperung des schwerfälligen, schlafmützigen, gutmütig unklugen Deutschen; s. Röhrich 2, S. 642 ff.
11 Friedrich Wilhelm Foerster (1869–1966), 1914–1920 Professor in München, Pazifist; s. Biogr.WB. 2, S. 703.
12 Nach Homer, Ilias, 12. Ges., V. 243.
13 S. Nr. 23 Anm. 2.
14 S. Nr. 6 Anm. 2.
15 Georg Alexander v. Müller (1854–1940), Admiral, Chef des Marinekabinetts 1908–1918; s. Biogr.WB. 2, Sp. 1953 f. Über den diffamierenden Beinamen s. Georg Alexander v. Müller, Regierte der Kaiser? hg. v. Walter Görlitz, Göttingen 1959, S. 7, 18 f, 349; S. 166 über Müllers Rolle bei der Entlassung Tirpitz'. Ebd. S. 243 über Grigorij Rasputin (1875–1916) u. seine Rolle am russischen Hof.
16 S. Nr. 21 Anm. 3. Über seinen Sturz vgl. Schulthess 1916/I, S. 104–108.
17 Bismarck; s. Nr. 6 Anm. 8.

Donnerstag, den 13. Januar 1921 33

Der Saustall.

Die Berliner Stadtverordnetenversammlung[1] ist jetzt der Schauplatz von Szenen, die man ehedem in Paris unter der Kommune[2] erlebt hat. Vielleicht noch um ein paar Grad gemeiner, weil solche Kerle wie der Zehngebote-Hoffmann[3] an der Seine nicht wachsen und weil das Berliner Gesindel immer noch hundsgemeiner ist, als das Pack[a)] in irgendeiner Stadt. Die Tribüne herrscht. Das ist ja das Zeichen jeder Pöbelregierung. In München haben wir die liebliche Erscheinung auch gehabt. Die Redner werden unterbrochen, wütendes Kreischen gellt in die Verhandlung, die unabhängigen Strizzis[4], die kommunistischen Schandweiber brüllen Schimpfnamen herunter, bedrohen die Stadtverordneten und schmeißen Stinkbomben in den Saal.

Dabei sind diese Stadtväter in ihrer großen Mehrzahl[b)] Sozialisten, die aber längst die Herrschaft über den Abhub und Misthaufen der menschlichen Gesellschaft verloren haben.

Sie fliehen aus dem Saal, in dem die Unabhängigen[5], der verrückte Hanswurst Hoffmann[c)] vornedran, der Tribüne Beifall klatschen.

Es stinkt infernalisch. Die Umgebung denkt an Hoffmann, was bei den Lebensgewohnheiten dieses Revolutionsministers[6] immer anzunehmen ist.

Es sind aber die Stinkbomben, nicht bloß die Ausdünstungen des Zehngebote-Mannes, die die Luft verpesten. Die Stadtverordneten wollen die Tribüne räumen lassen, der Pöbel widersetzt sich. Man berät in einem anderen Saal, aber die Unabhängigen protestieren.

Alles das wäre uns nicht der Erwähnung wert, denn man kennt bei uns die Verwilderung des Berliner Mobs, die durch die Schwäche der Schwätzer-Regierung bis zur Tollwut gediehen ist. Man braucht bei uns dieses Gesindel nicht zu schildern, aber das Verhalten der Sozi ist wieder einmal der Betrachtung wert. Feig – wie immer und überall. So lang sie sicher waren, taten sie alles, um diese Bevölkerung in die Verachtung jedes Rechts, jedes Gesetzes, jeder Sitte hineinzuschwätzen und zu hetzen. Der ehrliche Arbeiter wurde von ihnen der verbrecherischen Hefe der Großstadt ausgeliefert; an alle Führerstellen brachten sie charakterlose oder verlumpte Existenzen. Und jetzt zittern sie vor den Folgen ihrer eigenen, jahrelang betriebenen Hetze und sehen sich bedroht im Besitze ihrer Sinekuren. Jetzt heulen sie nach der Ordnung, die sie untergraben haben. Und das heben wir hervor, weil es uns wieder einmal lebhaft an die Vorgänge in Bamberg[7] erinnert, wo die großen Volkshelden, an der Spitze der Pfälzer Schullehrer Hofmann[d)] [8], damals Ministerpräsident, flehentlich um die Bildung der Einwohnerwehr bettelten. Einer wurde gar beim Erzbischof vorstellig, und bat ihn, die Christlichen des Sprengels aufzufordern, daß sie von der Kanzel herunter die Leute zum Eintritt in die Einwohnerwehr ermahnen sollten[9].

33

Kaum war in Bayern Ordnung gemacht, ging die Hetze wieder von vorne an und jetzt plärren die Bamberger Feiglinge am lautesten gegen die Einwohnerwehr[10]. So sind sie und werden sie bleiben.

Und so was regiert!

Or. fehlt. – MA 47 Nr. 9 S. 1 v. 13. 1. 1921; Kloeber S. 107f. – Lemp S. 241 Nr. 1492; Hofmiller S. 725.

a) Kloeber: Volk
b) Kloeber: Mehrheit
c) Kloeber: fehlt
d) Kloeber: Hoffmann

1 MA Nr. 6 S. 1 v. 9. 1. 1921 berichtete über die Sitzung der Berliner Stadtverordnetenversammlung am 5. 1. 1921; von der Tribüne wurde der Abbruch der Sitzung erzwungen, als ein kommunistischer Antrag über die Zulassung einer Arbeiterdeputation abgelehnt wurde. Dabei wurde der MSP-Stadtverordnete Hirsch stark angegriffen und als Jude diffamiert.

2 Über die Regierung der Kommune in Paris im März/Mai 1871 vgl. HB der europ. Geschichte 6, S. 234ff.

3 Adolf Hoffmann (1858–1930), 1900–1921 Stadtverordneter in Berlin (SP, USP, KP), besonders bekannt geworden durch die antikirchliche Agitationsschrift »Die Zehn Gebote und die besitzende Klasse«, 15. Aufl., Berlin 1920; s. NDB 9, S. 402f. Vgl. Nr. 43 Anm. 2.

4 S. Nr. 10 Anm. 5.

5 Die USP und KP setzten sich für die nach einem Streik gemaßregelten Berliner Elektrizitätsarbeiter ein; vgl. den in Anm. 1 zitierten Bericht.

6 Hoffmann (s. Anm. 3) war von November 1918 bis Januar 1919 preuß. Kultusminister (Schwarz S. 351f).

7 Sitz der parlamentarisch legitimierten Regierung unter Ministerpräsident Hoffmann von Anfang April 1919; s. HBbG 4/I, S. 430; Mitchell S. 274ff.

8 Johannes Hoffmann (1867–1930), Kultusminister der Regierung Eisner ab 8. 11. 1918, Ministerpräsident, Minister des Äußern u. Kultusminister (18. 3. 1919–14. 3. 1920); s. NDB 9, S. 427f; Hans Fenske, Johannes Hoffmann (Pfälzer Lebensbilder 3) 1977, S. 267–299; MinProt S. XLI ff. – Thoma schreibt konsequent Hofmann.

9 Über die Kanzelabkündigungen in der Osterzeit 1919 s. Schwend S. 92; Hillmayr S. 87.

10 Zur MSP-Forderung, die Einwohnerwehren aufzulösen, s. Nr. 18 Anm. 2 und S. 480.

Samstag, den 15. Januar 1921 34

Die Dokumente.

Im Auftrag des Auswärtigen Amtes haben Graf Montgelas und Professor Schücking die »deutschen Dokumente zum Kriegsausbruch«[1] herausgegeben. Die Geschichte dieser Ausgabe ist an sich nicht erfreulich, denn der verbohrte sozialdemokratische Theoretiker Karl Kautsky[2] hat die Dokumente eigentlich gesammelt, um ähnlich wie Kurt[3] der Vielgeliebte die Schuld Deutschlands nachzuweisen und der eine der Herausgeber, der Professor Walter Schücking ist auch keinem Vaterlandsfreund sympathisch – aber, wenn uns hinterdrein noch irgend etwas nützen kann, so ist es die volle Klarheit über das Entstehen[a)] des furchtbaren Unheils, das die Weltgeschichte kennt.

Es wird soviel dummes Zeug darüber geschwätzt, daß schon deshalb diese Klärung[b)], wenn auch nicht wohltuend, so doch notwendig ist.

Wir wollen in der Folge an der Hand der Dokumente die Persönlichkeiten und die Geschehnisse[c)] unseren Lesern vor Auge führen. Zuerst sagen wir etwas über den Eindruck des ganzen Werkes.

Er ist niederschmetternd.

Nicht etwa, weil von einer Schuld, von einem mörderischen Willen der deutschen oder der[d)] österreichischen Regierung die Rede sein kann, sondern weil wir nun erst ganz verstehen, was für eine furchtbare Talentlosigkeit, was für eine hilflose Dummheit bei uns am Ruder war, weil wir sehen, wie diese Halbmänner, hinter denen die ungeheuere Lebenskraft des deutschen Reiches stand, blind, leichtsinnig, töricht in die längst gesponnenen Netze der Entente gerannt sind.

Und noch eines[e)] muß hervorgehoben werden: was[f)] auch hinterher noch die Seele mit Grauen erfüllt, das ist die Persönlichkeit[g)] Wilhelms II.[4], die aus seinen Randbemerkungen zu den Aktenstükken vor unsere Augen tritt.

Das ist kein größenwahnsinniger Despot, am allerwenigsten ein blutdürstiger Kriegsfürst, den wir vor uns sehen, es ist ein

Schwächling, dem die Größe des Momentes noch Gelegenheit gibt, sich aufgeblasen in Szene zu setzen, der keine Ahnung von[h)] den Vorgängen, weder von ihrer Vorgeschichte, noch von ihrer Tragweite hat und der den historischen Fatzke mit friederizianischen Randglossen spielen möchte, in Wirklichkeit aber nur die Ansichten eines geschwätzigen Commisvoyageur von sich gibt.

Wir greifen ein paar Beispiele heraus. Im »Berliner Lokalanzeiger« vom 14. Juni 1914 steht ein Artikel der Birschewja Wjedomosti, der mit[i)] den großen Rüstungen Rußlands prahlt und von Frankreich ebenso die äußersten Anstrengungen verlangt[5]. Wilhelm II. schreibt an den Rand:

»Na! Endlich haben die Russen die Karten aufgedeckt! Wer in Deutschland jetzt noch nicht glaubt, daß von Russo-Gallien mit Hochdruck auf einen Krieg gegen uns hingearbeitet wird, und wir dementsprechende Gegenmaßregeln ergreifen müssen, der verdient umgehend ins Irrenhaus nach Dalldorf[6] geschickt zu werden!«

»Stramme neue Steuern und Monopole und die 38 000 Nichteingestellten sofort in die Armee und Marine hinein!« Diese läppische Banalität des Ausdruckes entspricht der Einsicht des Herrschers, die erst am 14. Juni 1914 den Russen in die Karten sah, obwohl nicht bloß die Militärattachés, sondern alle Zivilisten, die aus Rußland kamen, schon im Januar 1914 über den Vormarsch und die Konzentration der sibirischen Armeen Berichte erstattet hatten!

Aber[k)] die unheilvolle Art Wilhelms kommt erst nach dem Attentat von Serajewo ganz zur Geltung.

Am 30. Juni 1914 meldet der deutsche Botschafter von Tschirschky aus Wien[7], daß dort der zornige Wunsch, mit den Serben abzurechnen, auch von ernsten Leuten zu[l)] oft und zu laut geäußert werde. »Ich benütze jeden Anlaß, um ruhig, aber sehr nachdrücklich und ernst vor übereilten Schritten zu warnen ...«

Daneben schreibt Wilhelm an den Rand: »Das ist sehr dumm! Geht ihn gar nichts an, da es lediglich Sache Österreichs ist ...

Tschirschky soll den Unsinn gefälligst lassen ...!«

Der Kaiser findet, daß es uns nichts angehe!!! wenn Österreich eine Verwicklung herbeiführe, die von Deutschland das Einsetzen des letzten Mannes verlange.

Er verhindert Tschirschky, dem Jongleur Berchtold[8] und Genossen ihre Pflicht zur Rücksicht auf Deutschland und Europa vor Augen zu stellen, er hemmt jede[m)] das deutsche Interesse wahrende[n)] Tätigkeit des Wiener Botschafters.

Die Folge[o)] ist, daß von nun ab die österreichischen Diplomaten die Existenz Deutschlands auf die Karte setzen. Man kann von da ab Schritt für Schritt die[p)] von allem Anfang verkehrte Politik der Donaumonarchie zum verzweifelten Spiel werden sehen. – Einen Bericht des deutschen Gesandten in Belgrad von Griesinger[9], der schreibt, Paschitsch wolle, soweit es in seiner Macht stehe, die Auswüchse der Nationalisten in Serbien unterdrücken, versieht Wilhelm dreimal mit dem Ausrufe: Blech!! Phrasen!

Tschirschky meldet am 14. Juli, Österreich werde die Drohnote, das[q)] Ultimatum – dessen[r)] Inhalt und Fassung weder der Kaiser, noch Bethmann, noch Tschirschky damals kannte! – erst nach der Abreise Poincarés von Petersburg, also am 25. Juli an Serbien überreichen. »Wie schade!« schreibt Wilhelm an den Rand[10]. Es pressiert ihm.

Von Tisza schreibt der Botschafter, der habe gesagt, er sei nun von der Notwendigkeit des Krieges überzeugt und habe ihm beim Abschied warm die Hand gedrückt mit den Worten: »Wir wollen nun vereint der Zukunft ruhig und fest ins Auge sehen ...«

Dazu bemerkt Wilhelm: »Na doch mal ein Mann!«[11]

Noch am 23. Juli meldet der Staatssekretär des Auswärtigen Jagow, daß Grey die österreichischen Forderungen unterstützen werde, falls sie gemäßigt seien und sich mit der Selbständigkeit Serbiens vereinigen ließen.

Alles komme auf die Gestaltung der Note an. Auf Grund leichtfertiger Behauptungen sei es unmöglich, in Belgrad Vorstellungen zu machen.

Daneben schreibt Wilhelm: »Was ist leichtfertig? Wie kann Grey so ein Wort über den alten, ehrwürdigen Herrn gebrauchen!«[12]

Es war Grey nicht eingefallen, den alten Franz Josef für den Mann zu halten, der die Note an Serbien vorabfassen[s)] würde.

Der Jagowsche Bericht ist überhaupt reichlichst mit Wilhelminischen Randglossen[t)] versehen: »damit Grey sieht, daß ich keinen Spaß verstehe etc.«

Und in diesem Tone geht es bis zum 1. August weiter. Im Tone eines Sektreisenden, der sich den großen Mann vorspielt.

Ein tiefer Ekel überkommt uns, wenn wir diese Fridericiana lesen; sie geben das Bild eines bis zur Unglaubwürdigkeit unreifen, jeder Selbstzucht und jedem Pflichtbewußtsein entfremdeten Menschen wieder, dessen Machtstellung in Deutschland das vernichtendste Urteil über uns ist und bleiben wird[13]. Damit genug für heute[14].

Or.[u] 9 Bll., L 2396 (Lemp S. 198 Nr. 153). – MA 47 Nr. 11 S. 1 v. 15. 1. 1921. – Lemp S. 241 Nr. 1493; Hofmiller S. 725.

a) folgt: [und Fortgang]
b) folgt: [wohltuend und]
c) MA: Geschichte
d) MA: fehlt
e) folgt: [läßt sich sagen:]
f) davor: [Das]
g) verbessert aus: [bei Wirksamkeit]
h) folgt: [allen Voraussetzungen]
i) verbessert aus: [von]
k) folgt: [das Unheil bei]
l) folgt: [sehr]
m) folgt: [dem deutschen Nutzen gewidmete Tätig⟨keit⟩]
n) MA: erachtende
o) folgt: [war]
p) folgt: [Haßpolit⟨ik⟩]
q) verbessert aus: [ihr]
r) über: [von dem]
s) MA: abfassen
t) MA: Randbemerkungen
u) Bl. 9: Schlußzeichen

1 Die deutschen Dokumente zum Kriegsausbruch. Vollständige Sammlung der v. Karl Kautsky zusammengestellten amtlichen Aktenstücke mit einigen Ergänzungen im Auftrag des Auswärtigen Amtes nach gemeinsamer Durchsicht mit Karl Kautsky hg. v. Graf Max Montgelas u. Prof. Walter Schücking, 4 Bde., Charlottenburg 1919, 5. Bd., Kommentar v. B. W. v. Bülow u. Graf Max Montgelas, Berlin 1920. Zur Entstehung vgl. Ulrich Heinemann, Die verdrängte Niederlage, Göttingen 1983, S. 74–78; Winfried Baumgart, Quellenkunde zur deutschen Geschichte der Neuzeit v. 1500 bis zur Gegenwart, 5/I, Darmstadt 1977, S. 8f; Wolfgang Jäger, Historische Forschung u. politische Kultur in Deutschland (Kritische Studien zur Geschichtswissenschaft 61) 1984, S. 23–27. – Max Graf v. Montgelas (1860–1938), General, Historiker; s. Genealogisches HB des in Bayern immatrikulierten Adels, 9, 1967, S. 79. Walter Schücking (1875–1935), Professor (Jurist), 1919/20 Mitglied d. Nationalversammlung,

1920–1928 MdR (DDP); s. Biogr. WB. 3, Sp. 2559; Schwarz S. 754. – Zur Bedeutung von Nr. 34 und 35 für Thomas Roman »Der Ruepp« vgl. Gajek, Serie Piper 543, S. 218 f. Am 13. 1. 1921 schrieb Thoma an Frau v. Liebermann: »Ich habe jetzt die Dokumente zum Kriegsausbruch mit den offiziellen Noten und den Randglossen des Kaisers. Ich habe den Mann immer viel zu milde beurteilt. Den hätte Feist als Sektreisenden anstellen müssen« (Keller, Briefe S. 441).

2 Karl Kautsky (1854–1928), sozialistischer Theoretiker, seit 1917 Mitglied der USP; 1918 Parlamentarischer Unterstaatssekretär im Auswärtigen Amt; s. NDB 11, S. 373 ff; Osterroth S. 156–159.

3 Kurt Eisner; s. Nr. 14 Anm. 7. Über die Dokumentenveröffentlichung Eisners im November 1918 vgl. Georg Karo, Der Bericht des Legationsrats v. Schoen (Süddeutsche Monatshefte 16) September 1919, S. 480–485; Karl Alexander v. Müller, Neue Urkunden (Ebd. 18/II) Juli 1921, S. 293–296; Schulthess 1918/I, S. 515; 1918/II, S. 759–765; Pius Dirr, Bayer. Dokumente zum Kriegsausbruch und zum Versailler Schuldspruch, München 1922, S. 3–16 (vgl. auch Süddeutsche Monatshefte 19/I, Februar 1922, S. 241–277); MinProt S. 73, 91, 96; HBbG 4/I, S. 415 f.

4 S. Nr. 23 Anm. 2.

5 Dokumente 1, S. 1 ff Nr. 2. Die abschließende Mitteilung des Artikels, »daß Rußland seine kolossalen Rüstungen vor zwei Jahren laut Abmachungen mit Frankreich begann«, versah Wilhelm II. mit dem Randvermerk »was mein Generalstab stets behauptet hat«; diese Anmerkung läßt Thoma weg.

6 »Irren- u. Idiotenanstalt der Stadt Berlin« (Baedeker, Berlin und Umgebung, 16. Aufl., Leipzig 1910, S. 198).

7 Dokumente 1, S. 10 f Nr. 7. Heinrich von Tschirschky u. Bögendorff (1858–1916), seit 1907 deutscher Botschafter in Wien; s. Kosch, Biogr. Staatshandbuch 2, S. 1157. – Zum Attentat v. 28. 6. 1914 s. Schulthess 1914/I, S. 461 ff; 1914/II, S. 923 ff; 1108 ff; über den Thronfolger Franz Ferdinand (1863–1914) s. NDB 5, S. 364 f.

8 Leopold Graf v. Berchtold (1863–1942), 1912–1915 österr. Außenminister; s. Österr. Biogr. Lex. 1, S. 71.

9 Dokumente 1, S. 53 f Nr. 32 v. 8. 7. 1914. Julius Adolf Frhr. v. Griesinger (geb. 1863), seit 1911 deutscher Gesandter in Belgrad; s. Wer ist's? 6, 1912, S. 537. Nikola P. Pašić (1845–1926), 1912–1918 serbischer Ministerpräsident; s. Biogr. Lex. zur Geschichte Südosteuropas 3, S. 402 ff.

10 Dokumente 1, S. 75 f Nr. 50. Raymond Poincaré (1860–1934), 1913–1920 Präsident d. Republik Frankreich; s. Werner Digel (Hg.), Taschenlexikon Geschichte 5, Mannheim–Wien–Zürich 1982, S. 44.

11 Dokumente 1, S. 74 f Nr. 49. Stephan Graf Tisza v. Borosjenö u. Szeged (1861–1918), 1913–1917 ungarischer Ministerpräsident; s. Biogr. Lex. zur Geschichte Südosteuropas 4, S. 320 ff.

12 Dokumente 1, S. 142 Nr. 121. Gottlieb v. Jagow (1863–1936), 1913–1916 Staatssekretär des Auswärtigen; s. Biogr. WB. 2, Sp. 1291. Sir Edward Grey (1862–1933), 1905–1916 brit. Minister des Auswärtigen; The New Encyclopaedia Britannica 5, 1985, S. 492. Franz Joseph I. (1830–1916), 1848–1916 österr. Kaiser; s. NDB 5, S. 361 ff. Zur österr.-ungarischen Note an Serbien vgl. Dokumente 1, S. 128 Nr. 106; S. 132 Nr. 113; 4, S. 99–102 (Text).

13 Vgl. dazu auch Thomas Äußerungen in den Erinnerungen; s. GW (1922) 1, S. 147 ff, 180 ff.

14 Fortsetzung s. Nr. 35.

Sonntag, den 16. Januar 1921 35

Die Enthüllungen.

Die österreichisch-deutsche Politik vom Juli 1914 ist keinem versteckten Spiele der Entente gegenübergestanden.

Die deutschen Dokumente zum Kriegsausbruch[1] beweisen, daß die Falschspieler in Wien und die Phrasendrescher in Berlin mit einem Ernste gewarnt worden sind, den man nicht anders als würdig, ja sogar wohlmeinend, nennen kann. Von London, Petersburg, Rom und Bukarest aus sind kluge, beherzigenswerte Mahnungen am Anfange des Juli 1914 ergangen, neben denen sich die frivolen Unwahrheiten des Grafen Berchtold fast ebenso kläglich ausnahmen, wie die aufgeputzte Ritterlichkeit Wilhelms II.[2]

Wenn man sich die Lage vor dem Morde von Serajewo[3] klar machen will, muß man sich an Tatsachen halten und davor hüten, unausgesprochene Absichten der Feinde als feststehende Faktoren in die Rechnung einzustellen.

Die Tatsache war, daß England dem französisch-russischen Bunde beigetreten war, mit Verpflichtungen, über die es schwieg, während es rund und deutlich seine Verständigung mit der Entente kundgegeben hatte[4].

Weitere Tatsache war, daß Rußland im größten Maßstabe rüstete, daß Frankreich daran ging, mit Einführung der dreijährigen Dienstzeit seine Armee zu vermehren[5], und daß die Situation für das durch eigene Schuld isolierte oder auf Österreich angewiesene Deutschland unheimlich genug geworden war.

Wir standen vor einem Abgrund und sahen seit Agadir[6] recht deutlich, wie er sich vor uns aufgetan hatte.

Ein besonnener Mann hätte jeden Tritt berechnet, um an ihm vorbeizukommen, ein Feigling wurde schwindlig und befreite sich von der Angst durch den Sprung in die Tiefe.

Die Entente hatte sich also auf die Möglichkeit oder auf die von ihr gewollte Gewißheit eines großen Krieges eingerichtet; seit Tripoli hatte es Italien sicher auf seiner Seite[7]; die Stimmung in Rumänien war so, daß auch dieser Balkanstaat nicht mehr für Österreich in Betracht kam[8]. Serbien war durch die ungarische

Politik zum Todfeinde der Monarchie geworden[9], Griechenland hatte seit dem Balkankriege den Anschluß an Serbien[10], in Bulgarien war der russische[11], in der Türkei der englisch-französische Einfluß mächtig[12]. Man wird zugeben, daß diese Situation ungeheuer bedrohlich war.

Hätte man in Berlin eingesehen, daß sie ausschließlich das Werk der deutschen Torheiten nach 1890 war, so wäre vielleicht eine Rettung möglich gewesen. Aber die Halbmänner, die diese Situation geschaffen hatten, waren die letzten, die sie durch Klugheit abwenden konnten.

Die größte Gefahr lag in dem drohenden Zerfalle Österreichs. Auch hier kein Mann, der die Kraft und den Willen und die Fähigkeit hatte, die Schäden von innen heraus zu heilen. So war die Befürchtung nur zu nahe gerückt, daß gewissenlose Kurpfuscher nach altem Rezept einen Krieg als letztes Mittel hinnehmen würden.

Am 28. Juni wurde der Thronfolger Franz Ferdinand ermordet. An sich war das kein Ereignis, das Europa in seinen Fundamenten erschüttern mußte, ja Kenner der Verhältnisse behaupten, daß das Unglück von den Deutschen Österreichs mit ebensoviel Fassung hingenommen wurde, wie vom Hause Habsburg[13].

Es ist wohl noch in vieler Leute Erinnerung, wie schlicht sich die Überführung der Leichen nach Amstetten[14] vollzogen hat.

Die Täter, serbische Studenten, überhitzte Nationalisten, und, wie alle Radikalinskis, unreife, verbildete Menschen, waren festgenommen[15]. Mit denen hatte es zunächst und ausschließlich die österreichische Justiz zu tun. Die österreichische Regierung hingegen hätte sich vielleicht gegen die gewissenlose Schlamperei ihrer Polizei und aller verantwortlichen Männer, Potioreks[16] usw., wenden sollen.

Davon war keine Rede; man ging vom ersten Tage an darauf aus, das Attentat »als Herausforderung Österreichs durch Serbien« der erhitzten öffentlichen Meinung vorzustellen.

Nirgends hat diese übergefährliche Torheit mehr Anklang gefunden, als bei Wilhelm, der vom serbischen Gesamtvolke bloß mehr als von »Mördern« sprach und am 30. Juni den Bericht des deutschen Botschafters v. Tschirschky mit der Randglosse versah: »Mit den Serben muß aufgeräumt werden und zwar bald!«[17]

An diesem 30. Juni – zwei Tage nach der Ermordung des Thronfolgers!!! – hatte Tschirschky geschrieben: »Graf Berchtold sagte mir heute: Alles!?! deute darauf hin, daß die Fäden der Verschwörung in Belgrad zusammenliefen – –«

Hier war doch bloß eines klar und erwiesen, daß Berchtold diesen Verdacht zum casus belli gebrauchen wollte, denn irgendeinen Beweis, auch nur den kleinsten Anhaltspunkt für eine wirkliche Überzeugung, konnte er gar nicht geben. Die Lüge lag offen zu Tage[18].

In der stattlichen Reihe von Attentaten der letzten Jahrzehnte finden sich verschiedene, die von Ausländern an gekrönten Häuptern begangen worden waren. War je die Ansicht offiziell, daß für die Tat des Einzelnen ein ganzes Volk zur Verantwortung gezogen werden sollte?

Gegen das unwahrhaftige Vorgehen der österreichischen Staatsmänner erhoben sich auf der Stelle ernste, abmahnende Stimmen. Als erste die des deutschen Botschafters in Wien, die denn auch von Wilhelm II. als »sehr dumm« glossiert wurde.

Auch Graf Tisza[19] verlangte, man müsse gentleman like vorgehen!

Aus London meldet Lichnowsky[20], die öffentliche Meinung in England sei nicht dafür zu haben, daß man die Angelegenheit auf das politische Gebiet hinüberspiele; man könne vor Engländern nicht die serbische Nation als ein Volk von Bösewichtern und Mördern brandmarken.

Rußland mahnt ab[21], Grey[22] mahnt ab, San Giuliano[23] in Rom mahnt ab.

Der Italiener macht den deutschen Gesandten noch besonders darauf aufmerksam, daß die Ermordung des Thronfolgers ja nicht einmal von einem serbischen, sondern einem österreichischen Untertanen begangen worden sei[24]. König Carol von Rumänien warnt vor den österreichischen Mißgriffen. In Wien scheine man den Kopf verloren zu haben, es wäre gut, von Berlin aus dort einzuwirken. (Bericht des Bukarester Geschäftsträgers vom 11. Juli 1914)[25].

Durch alle diese Warnungen klingt wirkliche Besorgnis, und es kann ernstlich nicht daran gezweifelt werden, daß Österreich in jeder gerechten Forderung nach Sühne unbehindert geblieben wäre.

Allein mit zynischer Offenheit sagt Graf Berchtold am 10. Juli 1914 zum deutschen Botschafter: »Sollten die Serben alle gestellten Forderungen annehmen, so wäre das eine Lösung, die mir unsympathisch wäre, und ich sinne darüber nach, welche Forderung man stellen kann, die Serbien eine Annahme völlig unmöglich macht«.

Der Botschafter Tschirschky berichtet das wörtlich nach Berlin (10. Juli), und der Bericht liegt dem Kaiser vor, der kein Wort gegen diese klar ausgesprochene Absicht, auf alle Fälle den Krieg zu entflammen, einwendet. Im Gegenteil, die Randglossen enthalten nur ein paar unsäglich banale Drohungen gegen Serbien[26].

Wozu noch weiter unterhandeln?

Am 14. Juli erklärt Tisza, er sei jetzt fest von der Notwendigkeit des Krieges überzeugt – und damit ist das Unheil beschlossen[27].

Noch am 16. Juli wendet sich Lichnowsky aus London mit heftigen Worten gegen die »abenteuerliche Pandurenpolitik Österreichs«, das Deutschland seine Hilfe nicht einmal danken werde[28].

Aber die deutschen Regierungsmänner hatten sich jedes Rechtes auf eigene Meinung begeben; angefesselt an den brüchigen Staatswagen Berchtolds, machten wir die Pandurenfahrt in den Abgrund mit.

Es fällt uns nicht ein, und nach diesen Enthüllungen erst recht nicht, an eine bluttriefende Machtpolitik Wilhelms II. zu glauben. Geschwätz, das der Engländer im Kriege zum Aufpeitschen der Stimmung brauchte und das heute bloß mehr für französische Hanswursten mundgerecht ist, mag den zuchtlosen und unwissenden Mob in Neu-Deutschland aufregen, wer aber ehrlich und männlich sein deutsches Vaterland liebt, wird sich die Mühe nehmen, klar zu sehen. Die unglückselige Loyalität, an die geniale Natur Wilhelms II. zu glauben, wird freilich mit jedem Schritte zur Erkenntnis unmöglicher.

Er »wollte« den Krieg nicht, er wollte nie etwas fest und entschlossen; sicher war sein Wunsch, wieder einmal, wie 1909, in schimmernder Weise als Nibelunge pausbäckig in Wien einzuziehen[29], wenn die Aktion vom Juli 1914 mit schmetternden Fanfaren geendet hätte.

Als der Krieg mit seinen ungeheuren Opfern kam, durfte er der Wahrheit gemäß sagen: »Das habe ich nicht gewollt«[30].

35

Or. fehlt. – MA 47 Nr. 12 S. 1 v. 16. 1. 1921. – Lemp S. 241 Nr. 1494; Hofmiller S. 725.

1 S. Nr. 34 Anm. 1.

2 Bezieht sich auf die Berichte der deutschen Diplomaten in Bukarest, Rom, London und Petersburg zwischen dem 11. und 16. 7. 1914 (Dokumente 1, S. 61–82 Nr. 41–55). – Zu Berchtold s. Nr. 34 Anm. 8; zu Wilhelm II. s. Nr. 23 Anm. 2.

3 S. Nr. 34 Anm. 7.

4 England trat der franz.-russischen Allianz v. 1894 nicht bei, war vielmehr mit Frankreich durch die Entente cordiale (1904) u. mit Rußland durch die Konvention v. 1907 in Verbindung getreten (HB der europ. Geschichte 6, S. 116ff). – Die folgende Analyse der europäischen Politik läßt Parallelen zu den Ausführungen von Graf E. Reventlow, Deutschland vor Gericht (Süddeutsche Monatshefte 17/I) 1919, S. 191–222 erkennen.

5 Zur russischen Rüstung s. Dietrich Geyer, Der russische Imperialismus, Göttingen 1977, S. 192ff; zur Einführung der dreijährigen Dienstpflicht in Frankreich 1913/14 s. G. Krumeich, Aufrüstung u. Innenpolitik in Frankreich vor dem Ersten Weltkrieg (Veröffentlichungen des Instituts für europ. Geschichte Mainz 96) 1980, S. 130–138. Vgl. auch Nr. 57 Anm. 14.

6 Zur Marokko-Krise zwischen Frankreich u. dem Deutschen Reich wegen des Zwischenfalls in Agadir (1911) vgl. Emily Oncken, Panthersprung nach Agadir. Die deutsche Politik während der Zweiten Marokkokrise 1911, Düsseldorf 1981. Vgl. dazu auch Simplicissimus 16, 1911, S. 285 u. 301 v. 24. u. 31. 7. 1911.

7 1911 besetzte Italien die türkische Provinz Tripolis (Libyen); zur vielschichtigen internationalen Reaktion darauf u. zur Anerkennung der Ansprüche Italiens im Frieden v. Lausanne (1912) s. R. J. B. Bosworth, Italy, the Least of the Great Powers: Italian foreign policy before the First World War, London 1979, S. 171–193.

8 Zu den Spannungen zwischen Rumänien und Österreich s. Uhlirz 2/II, S. 1102ff. Zur folgenden Analyse der politischen Lage auf dem Balkan vgl. das österr.-ung. Memorandum von Juni 1914 (Dokumente 1, S. 21–30 Nr. 14).

9 Zum serbisch-ungarischen Verhältnis vgl. HB der europ. Geschichte 6, S. 392ff, 572ff, 593f.

10 Ebd. 6, S. 581f (1912/13).

11 Die Beziehungen zwischen Bulgarien und Rußland waren 1912/14 eher gespannt; 1915 schloß sich Bulgarien den Mittelmächten an; s. Ebd. 6, S. 603f.

12 Der engl.-franz. Einfluß dominierte in der Türkei keineswegs ausschließlich; s. Ebd. 6, S. 542.

13 Vgl. Schulthess 1914/I, S. 461f. Zum Attentat vgl. Friedrich Würthle, Die Spur führt nach Belgrad. Die Hintergründe des Dramas v. Sarajewo 1914, Wien–München–Zürich 1975; Ders., Dokumente zum Sarajewo-Prozeß (Mitteilungen des Österr. Staatsarchivs, Ergbd. 9) 1978; im allgemeinen vgl. Uhlirz 3, S. 28ff, 38ff.

14 Beisetzung von Franz Ferdinand u. Sophie Herzogin v. Hohenberg in Amstetten am 3. 7. 1914; vgl. Schulthess 1914/I, S. 462b.

15 Das Attentat ging auf die Verabredung bosnischer Revolutionäre zurück; Haupttäter war Gavrilo Princip (1894–1918); s. Österr. Biogr. Lex. 8, S. 282f; er u. Trifko Grabez (1896–1916) stammten aus Bosnien; Nedelko Čabrinović

(1895–1916) aus d. Herzegowina (St. Stanojević, Narodna Enciklopedija Srpsko-Hrvatsko-Slovenačka 1, Zagreb o.J., S. 411 u. 762).

16 Oskar Potiorek (1853–1933), österr. Feldmarschalleutnant, Armeeinspekteur in Sarajewo und Chef der Landesregierung v. Bosnien-Herzegowina, verantwortlich für die mangelhaften Sicherheitsvorkehrungen im Juni 1914; s. Österr. Biogr. Lex. 8, S. 227.

17 Dokumente 1, S. 10f Nr. 7. – Zu Tschirschky s. Nr. 34 Anm. 7.

18 Vgl. den Bericht v. 1. 7. 1914 (Dokumente 1, S. 9 Nr. 6a). Über die Verbindung der Attentäter mit Serbien s. Zöllner S. 478f; HB der europ. Geschichte 6, S. 598. – Zu Berchtold s. Nr. 34 Anm. 8.

19 S. Nr. 34 Anm. 11; zu seiner Haltung vgl. Dokumente 1, S. 36 Nr. 19; S. 49f Nr. 29.

20 Karl Max Fürst Lichnowsky (1860–1928), 1912–1914 deutscher Botschafter in London; s. NDB 14, S. 443ff. Vgl. den Bericht v. 14. 7. 1914 (Dokumente 1, S. 68 Nr. 43).

21 Bericht v. 13. 7. 1914 (Dokumente 1, S. 78–81 Nr. 53).

22 S. Nr. 34 Anm. 12; vgl. Bericht v. 9. 7. 1914 (Dokumente 1, S. 51f Nr. 30).

23 Antonio San Giuliano (1852–1914), 1910–1914 ital. Außenminister; s. Enciclopedia Italiana 30, 1949, S. 661. Vgl. Bericht v. 12. u. 15. 7. 1914 (Dokumente 1, S. 58, 77 Nr. 38, 51).

24 Dokumente 1, S. 91f Nr. 64.

25 Carol I. (1839–1914), 1881–1914 König v. Rumänien; s. NDB 11, S. 260f. Vgl. Dokumente 1, S. 61–64 Nr. 41.

26 Dokumente 1, S. 49f Nr. 29.

27 Dokumente 1, S. 74f Nr. 49.

28 Dokumente 1, S. 88ff Nr. 62.

29 Zum Kaiserbesuch 1909 vgl. Schulthess 1909/I, S. 171f. – Fürst Bülow prägte 1909 die Bezeichnung »Nibelungentreue« für das Bundesverhältnis zwischen dem Deutschen Reich u. Österreich-Ungarn. Otto Hötzsch (Hg.), Fürst Bülows Reden nebst urkundlichen Beiträgen zu seiner Politik 3, Berlin 1909, S. 187.

30 Vgl. dazu das Schlußwort »Die Stimme Gottes: Ich habe es nicht gewollt« von Karl Kraus, Die letzte Nacht. Epilog zu der Tragödie Die letzten Tage der Menschheit, Wien 1918, S. 48. – Zu diesem Werk von Karl Kraus vgl. auch Tramer S. 366.

Sonntag, den 16. Januar 1921 35/1

Habts a Schneid?[a)]

Die Berliner Hanswursten wären gleich gar noch hitziger gegen uns Bayern und wollen »beantragen« und »beauftragen«, daß der bayrischen Einwohnerwehr die Waffen genommen werden[1]. »Beantragen« ist das richtige für die preußischen Sozi[2]; das kann man mit dem Maul machen und das ist ja das beste und größte an den

Pappelfritzen. Aber sonst ist's nicht weit her damit und wenn wir warten müssen, bis die Maulhelden kommen, um uns zu entwaffnen, können wir alt werden. Es wär' recht interessant, was die Berliner Regierung, auf die wir[b)] husten, recht eigentlich machen will oder machen soll. Sie kann pappeln, schwätzen, dekretieren, befehlen, schreiben – der bayrische Wehrmann, der den Berliner Schmarrn frißt, muß erst noch geboren werden. Also meine Herren Sozi, nur fleißig anfragen. Unsere Antwort ist alleweil die gleiche. Kreuzweis...

Or.[c)] 1 Bl., Lg 181 (Lemp S. 200 Nr. 232). – MA 47 Nr. 12 S. 2 v. 16. 1. 1921; Die Weltbühne 17/I, Nr. 6 S. 178 v. 10. 2. 1921; LV 1920/21, StenBer 2, S. 628[3]; Lemp S. 160f Nr. 266, 266a. – Lemp S. 241 Nr. 1495; fehlt bei Hofmiller.

a) MA folgt: Zur Entwaffnung der Einwohnerwehren!
b) folgt: [mit allem Respekt]
c) Bl. 1v: Schlußzeichen

1 Zur Einwohnerwehr s. S. 479f.
2 In der Reichsregierung unter Kanzler Fehrenbach saßen keine Sozialdemokraten (s. Nr. 6 Anm. 3). Die preuß. Regierung in Berlin stand unter der Führung der MSP (Braun – Severing); s. Nr. 14 Anm. 12; Nr. 55. Sie hatte jedoch in der Einwohnerwehrfrage Bayern keine Anweisungen zu erteilen. Thoma denkt möglicherweise an den Reichspräsidenten Ebert (s. Nr. 6 Anm. 2).
3 Nach vollständigem Zitat des Abg. Karl Gareis (USP) am 16. 3. 1921 in der Debatte des Landtags über den Haushalt des Staatsministeriums des Innern für 1920.

Freitag, den 21. Januar 1921 36

Nachwort zum 18. Januar[1].

Versammlungen, Reden, sie mögen alle erhebend gewesen sein, aber rührend war es, wie in unseren verschneiten Gebirgsdörfern die Glocken läuteten zu Ehren des alten Reiches[2]. Vielleicht wäre dabei auch[a)] in[b)] Berliner Maulaffen die Ahnung aufgedämmert, daß wir Altbayern Gott sei Dank anders, und weil anders, darum viel echter und wahrer am deutschen Vaterlande hängen, als die degenerierten Männchen[c)] an der Spree.

Wir haben keine Abtrennungsgelüste, wir brauchen sie nicht zu haben, denn vom neuen Berlin sind wir getrennt durch Alles, was in uns noch deutsch und wertvoll ist.

Unsere Kirchenglocken haben das alte Reich gegrüßt, so wie es war, so wie es uns sein Begründer, Otto von Bismarck[3], gegeben hat.

Von dem versauten Unitarismus der Scheidemann-Levi[4] und Ebert-Kohn[5] wollen wir nichts wissen; die Verfassung, die uns der größte Staatsmann hinterlassen hat, geben wir nicht auf, um das Flickwerk der subalternen Sekretäre und Advokaten, die vom Volke nichts wissen, gar nichts von seiner Art und seiner Geschichte[6].

Das Affenwerk von Weimar verachten wir. In diesen Tagen geht man ja damit um, das klägliche Wahrzeichen der Leichenfledderer von Weimar, den schwarz-rot-gelben[d)] Fetzen, herunterzuholen. Als die Gothein, Schmuhl und Schweißfuß die Erinnerungs-Fahne der Hanswurstiade von 48 hißten, ging ja doch bloß ein Gelächter durch die Reihen der Deutschen[7].

Glaubten die Maulwürfe wirklich, daß sie die ruhmreichste Flagge der Welt, das schwarz-weiß-rote Panier Bismarcks, vernichten könnten?

Wir in Bayern haben die Schwätzerfarben vom ersten Tage an verachtet; in der schlimmsten Zeit Münchens hing der Lappen aus etlichen Fenstern verzagter Spießbürger[8], seit wir Ordnung geschaffen haben, ist er verschwunden. –

Wir haben immer gezeigt, daß wir zum Deutschen Reiche vom 18. Januar 1871 halten.

Gegen manche Rede aber, die bei der Erinnerungsfeier gehalten worden ist, wollen wir auch etwas sagen.

»Wenn heut' ein Geist herniederstiege«, der Geist Bismarcks, und fragte uns, ob wir sein Erbe in treuer Hut gehalten haben, dann dürfte das Volk dem Alten ruhig in die brennenden Augen schauen und sagen: Ja! Volk und Heer von 1914 waren der Großen wert, und sie waren wert, von Bismarck und Moltke[9] geführt zu werden und sie hätten unter ihnen das Reich durch alle Stürme unversehrt gebracht.

Was an ungeheurer Schuld zum Untergange führte, liegt bei den eitlen, schwachen Nachfolgern, die alle Opfer des Volkes mit verbrecherischer Dummheit vergolten haben. Aus ihren Fehlern heraus kam die Krankheit[e] von 1918.

Aber weil es Krankheit war, darum kann es nicht[f] dauern, und jeder Schritt zur Gesundung muß und wird uns von ihr befreien. Das Volk kann nicht sterben, und noch weniger kann es krank bleiben.

Mögen heute noch galizische[10] Juden und kommunistische Schulmeister mit ihrer traurigen Halbbildung ihr Unwesen treiben, alles Gesunde drängt zur Heilung.

Wir hoffen nicht bloß, wir wissen, daß es wieder ein Deutschland geben wird, in dem auch Bismarck leben möchte und könnte.

Und dieses Reich haben am 18. Januar die Glocken im letzten bayerischen Alpendorfe gegrüßt.

Or.[g] 3 Bll., Lg 181 (Lemp S. 199 Nr. 183). – MA 47 Nr. 16 S. 1 v. 21. 1. 1921; Miesbacher Büchl S. 7f; Kloeber S. 96f. – Lemp S. 241 Nr. 1496; Hofmiller S. 725.

a) folgt: [im verrotzten]
b) MA: einem
c) verbessert aus: [degenerierte galizische Saubande]
d) verbessert aus: [schwarzgelbroten]
e) verbessert aus: [Pest]
f) Kloeber folgt: lange
g) Bl. 1 oben links: Leiter (Anweisung des Redakteurs für den Setzer); Bl. 3: Schlußzeichen

1 Der Tag der Kaiserproklamation am 18. 1. 1871 galt allgemein als der eigentliche Reichsgründungstag; zum Ablauf vgl. Huber 3, S. 750–754. – In März 5/I, 1911, S. 145–148 (Lemp S. 238 Nr. 1372; GW [1922] 7, S. 489–492; Lemp S. 213 Nr. 396) schildert Thoma unter der Überschrift »Zum 18. Januar« die Vorgänge in Versailles 1870/71 und stellt die überragende Bedeutung Bismarcks heraus.

2 Vgl. beispielsweise die Berichte über die Reichsgründungsfeier des Veteranen- u. Kriegervereins Miesbach am 18. 1. 1921 in MA Nr. 13 u. 15 v. 18. u. 20. 1. 1921. Der Leitartikel in Nr. 13 stand unter dem Titel »50 Jahre deutsches Reich«; er betont die gewaltige Größe Bismarcks u. die Schwäche seiner Nachfolger.

3 S. Nr. 6 Anm. 8.

4 S. Nr. 12 Anm. 5 u. Nr. 70 Anm. 4.

5 S. Nr. 6 Anm. 2 u. Nr. 70 Anm. 7.

6 S. Nr. 8 Anm. 4. Mit »Affenwerk von Weimar« ist wohl die Reichsverfassung v. 14. 8. 1919 gemeint. Über die Mitwirkung v. Conrad Haußmann an den Beratungen vgl. Huber 5, S. 1190f.

7 Zum Weimarer Flaggenkompromiß vgl. Huber 5, S. 1192 u. 6, S. 605 sowie Hans Hattenhauer, Deutsche Nationalsymbole (Analysen u. Perspektiven 19)

1984, S. 24–30 u. Paul Wentzcke, Die deutschen Farben, Heidelberg 1955, S. 142–150. Die Mehrheit der DDP, zu deren maßgebenden Vertretern Georg Gothein (1857–1940; Schwarz S. 326; Biogr. WB. 1, Sp. 931) gehörte, stimmte für Schwarz-Rot-Gold. – S. auch Nr. 65. – Die deutschen Farben Schwarz-Rot-Gold wurden im Jahr 1848 mit Zustimmung des Königs und des Ministeriums in München gezeigt und von der Bevölkerung mit Begeisterung begrüßt; vgl. Biedermeiers Glück und Ende. Ausstellungskatalog, hg. v. Hans Ottomeyer, 1987, S. 255 ff. – Im August 1922 standen die Redakteure des MA Martin Weger und Klaus Eck unter der Anklage der Verächtlichmachung der Reichsfarben, die in MA Nr. 149 v. 29. 6. 1922 als »Schwarz-Rot-Hennadreck« bezeichnet worden waren; sie wurden freigesprochen, weil die Geschworenen des Schwurgerichts München II die Schuldfrage verneinten (s. S. 470).

8 Über schwarz-rot-goldene Fahnen in München im November 1918 s. Hofmiller, Revolutionstagebuch S. 82 f.

9 Helmut Graf v. Moltke (1800–1891), preuß. Generalfeldmarschall; s. Biogr. WB. 2, Sp. 1920–1923.

10 Diskriminierende Herkunftsbezeichnung; sonst Synonym für Juden; vgl. S. 482.

Donnerstag, den 27. Januar 1921 37

Unter den Rockschößen des Staatsanwalts.

Vor zehn und mehr Jahren gefiel sich der sozialdemokratische Presseklüngel[1] darin, über die Stränge zu schlagen und sich recht burschikos erhaben über Gesetz und Recht zu fühlen. Jeder feuchtohrige Reporter, dem die geistige Bürde im Gymnasium zu schwer gewesen[a)] war, und der dann mit den traurigen Lappen einer Halbbildung aufgeputzt, seine dummen Schulaufsätze für die »Münchner Post«[2] schrieb, kam sich als freier Kämpfer wider das Philisterwesen furchtbar vor, andere neckten als »lose Spötter« das Gesetz und ihre Vertreter, und im ganzen sozialdemokratischen Lager war die feindseligste Stimmung gegen den verhaßten Staatsanwalt obenauf.

Dem leichtgläubigen Volke wiederholte man es so oft, daß wir eine Klassenjustiz[3] hätten, daß das Ansehen unserer Gerichte erheblich untergraben wurde.

Wenn eine besoffene Sau, die organisiert war, wegen einer Unflätigkeit bestraft wurde, wenn die Genossen Lucke und Kare[4] sich belästigt fühlten, wenn ein frecher Schlampen[5], aus dem

Dienste gejagt, ihr vermeintliches Recht nicht fand, wenn ein galizischer Jude wegen Betrugs gefaßt wurde, immer erhob sich das sozialdemokratische Geschrei über Klassenjustiz.

Häufig[b] ereilte die[c] strafende Gerechtigkeit einen von den Presshelden. Sogleich war er ein gefeierter Märtyrer seiner Überzeugung, auch wenn er sich noch so feig herauszulügen versucht hatte.

Der Staatsanwalt war immer im Unrecht, war immer der Vertreter der Klassenjustiz, war immer gehaßt und geschmäht.

Wer hätte gedacht, daß sich das sozialdemokratische Presseheldentum einmal schutzflehend unter die Rockschöße des Staatsanwaltes bergen würde?

Und doch ist es nicht verwunderlich.

Diese Freiheitsmänner und Verächter der Ordnung waren im Kerne ihres Wesens nie was anderes, als jämmerliche Spießbürger. Mochte er sich noch so burschikos gebärden, der deutsche Sozi war, ist und bleibt ein kläglicher Philister, der selbstverständlich nach der Polizei schreit, weil er nicht auf sich selbst gestellt sein kann. So lange er enterbter Spießbürger war, gehabte er sich wild und ungebärdig; als er etwas zu haben und zu sein schien, kam der dürftige[d] Spießbürger in ihm zum Durchbruch. Der[e] Umschlag kam durch das Narrenjahr 1918.

Als beim Umsturz der sozialistische Hanswurstenstaat eine Weile in Erscheinung trat und[f] bei den heftigsten Erschütterungen die Hefe des Landes obenauf kam, war es wohl das zugleich traurigste und komischste Bild, wie sich die rohe Unbildung eines armseligen Pöbels als staatliche Autorität gebärdete.

Alle diese Parvenüs[g] stolzierten mit einer Dünkelhaftigkeit herum, die dem größten, aber auch dem unheimlichsten Possenspiel der Weltgeschichte erst die rechte Farbe gab.

Diese Burschen, die sich mit den gestohlenen Emblemen der Staatshoheit aufputzten, diese maskierten Proleten, die beim Weltbrande geplündert und sich einträgliche Pöstchen ergaunert hatten, zeigten uns einen Tag um den andern das grauenhafte Elend, das die Voraussetzung dieser ganzen, unwahren Komödie war.

Einige ehrliche Führer der Sozialdemokratie erkannten das wohl selbst und erschraken vor der Lüge, an die sie so lange geglaubt hatten, und die ihnen jetzt nackt und frech entgegengrinste.

Sie hatten nicht den Mut, ihre spät gewonnene Einsicht, ihre Meinung über die Unmöglichkeit des sozialistischen Staats offen zu bekennen; sie zogen sich zurück.

Es kam, was kommen mußte; die Hanswurstiade wurde abgebrochen.

Aber in den verhinderten Nutznießern des deutschen Unglücks blieb[h)] die echt spießbürgerliche Meinung von ihrer Bedeutung erhalten, und sie führte dazu, daß sie nunmehr ungemein empfindlich gegen Kritik sind. Jetzt sind sie es, die bei jeder Gelegenheit nach Gericht und Staatsanwalt schreien, und der »Miesbacher Anzeiger« zum Beispiel steht unter einem Hagel von gerichtlichen Klagen[6].

Wir sehen darin nur den Beweis[i)], daß es uns doch nicht übel gelingt, den Feind zu treffen.

Wenn wir die verkappten Philister Hilfe suchend zum »Kadi«[7] laufen sehen – so hieß es früher im Sozi-Jargon – dann wissen wir, daß ihnen die Hintern richtig brennen.

Und dazu wachsen ja die Haselnussenen.

Or.[k)] 4 Bll. (Bruchstück), L 2396 (Lemp S. 199 Nr. 222). – MA 47 Nr. 21 S. 1 v. 27. 1. 1921. – Lemp S. 241 Nr. 1497; Hofmiller S. 725.

a) MA: geworden
b) verbessert aus: [Zuweilen]
c) folgt: [Strafe]
d) MA: gehobene
e) folgt: [Umweg ging über]
f) folgt: [über Nacht]
g) folgt: [von Ministern, Ministerialdirektoren und Räten und Präsidenten]
h) folgt: [eine Sehnsucht nach der Macht zurück, mit der sie ein paar Monate paradiert hatten, und]
i) folgt: [wie sehr es den Kostgängern der] (Ende Bl. 4; Rest des Manuskriptes fehlt)
k) Bl. 1 oben links: Leiter (Anweisung des Redakteurs für den Setzer)

1 Vgl. Nr. 90 Anm. 1.
2 S. Nr. 1 Anm. 1.
3 Die Weltbühne 1921/I, S. 195f stellte die Staatsanwaltschaften als Hort der Klassenjustiz heraus.
4 S. Nr. 16 Anm. 6.
5 Schimpfwort für unordentliche (auch unmoralische), weibliche Person; s. Brockhaus-Wahrig 5, S. 570; Ringseis S. 233; Borneman Nr. 48.2.
6 Zu den gegen den Miesbacher Anzeiger anhängigen Prozessen s. S. 466–470.
7 Richter; s. Küpper 4, S. 1394.

Freitag, den 28. Januar 1921 38

Eine internationale Lüge.

Jüngst bekamen wir südamerikanische Zeitungen zu Gesicht und lasen mit Staunen – oder doch ohne Staunen –, daß sich die von deutschen Korrespondenten belogene südamerikanische Presse aufregte – über die Ermordung des Hirschfeld[a) 1] aus Berlin!! Er[b)] sei einem antisemitischen Mordanschlage in München zum Opfer gefallen. In Bayern herrsche der weiße Schrecken und bereits sei die Roheit so weit gediehen, daß kein Jude seines Lebens sicher sei.

Dieser ehrwürdige, hilflose Greis Hirschfeld sei nun von einer wütenden Mordbande überfallen und erschlagen worden[c)].

So dick die Lüge ist – sie ist doch fein gesponnen. Sie erreichte vollkommen den Zweck, den ihre Verbreiter, Berliner Ostjuden[2], beabsichtigten: Stimmung gegen Deutschland und gegen alle auf Ordnung hinzielenden Bestrebungen zu machen.

Wenn die Nachricht nach Monaten überhaupt dementiert wird, so ist das ganz belanglos. Im amerikanischen Publikum hat sich bis dahin längst die Meinung festgesetzt, daß in Deutschland[d)] Pogrome[3] stattfinden, daß dort alle Sicherheit aufgehoben sei, usw.

Und das wollten die Halunken, die, wie so viele Ostjuden Berlins, Spinatbuben[4] sind, die sich über die Jagdhiebe, die ihr Apostel in München bezog, kreischend aufregten.

In Amerika würde ein Mann, der in öffentlicher Versammlung den zehnten Teil der Schamlosigkeiten predigte, die der Hirschfeld in München exhibiert hat, gefedert und geteert werden.

Die Nachkommen des Sem[5], der die Scham seines Vaters entblößt hat, können ihre ererbte Zuchtlosigkeit in angelsächsischen Ländern nicht zur Schau stellen.

Dafür ist Berlin da, das heute wohl die Metropole[e)] aller sodomitischen[6] Laster ist.

Or.[f)] 3 Bll., L 2396 (Lemp S. 199 Nr. 177). – MA 47 Nr. 22 S. 1 v. 28. 1. 1921; Kloeber S. 101. – Lemp S. 241 Nr. 1498; Hofmiller S. 725.

a) MA: Dr. Hirschfeld
b) davor: [Die Jagdhiebe, die der Spinatapostel]

c) folgt: [Man könnte]
d) folgt: [alles drun⟨ter⟩]
e) folgt: [auch]
f) Bl. 3: Schlußzeichen

1 Dr. Magnus Hirschfeld (1868–1935), Arzt u. Sexualforscher, setzte sich besonders dafür ein, die Diffamierung der Homosexualität abzubauen; vgl. NDB 9, S. 226f; Enc. Jud. 8, 1931, Sp. 103f; Jüd. Lex. 2, Sp. 1627. Der Überfall in München hatte sich im Sommer 1920 ereignet, die irrtümliche Todesnachricht verbreitete eine Wiener Agentur (s. MA Nr. 261 S. 1 v. 9. 9. 1920; Nr. 234 S. 1 v. 7. 10. 1920; Nr. 253 S. 1 v. 29. 10. 1920).
2 Vgl. dazu S. 482.
3 Von Hetze begleitete Ausschreitungen gegen nationale, religiöse oder rassische Gruppen; vgl. Brockhaus-Wahrig 5, S. 162.
4 S. Nr. 29 Anm. 6.
5 Ältester Sohn Noes (LThK 9, Sp. 645).
6 S. Nr. 159 Anm. 3.

Freitag, den 28. Januar 1921 39

Heilig gesprochen!

Ein Bursche, der Waffenlager an unsere Feinde verraten wollte, gegen Geld, wurde von zwei Studenten verprügelt[1]. Der Abgeordnete Timm[2] und die »Münchner Post«[3] machten daraus eine rührselige Komödie, in der der geldhungrige Verräter als Held, die Münchner Polizei als Mörder-Zentrale figurierten. Durch Tage hindurch wurde diese Komödie vor aller Öffentlichkeit aufgeführt und jede Zuchthauspflanze hatte ihre Freude an den roten Schutzengeln. Nachher stellte sich das Ganze als Schwindel heraus, die Polizei war an der Verprügelung des Verräters unbeteiligt und die zwei Studenten traten selbst als Ankläger gegen sich auf. Timm und »Post« lagen im Blamagekübel. Als Schlußakt der inszenierten Komödie verblieb nichts als eine Schöffengerichtsverhandlung in Freising[4] gegen die zwei Studenten wegen Körperverletzung. 250 Mark Geldstrafe war die Sühne für die Beiden, zuerkannt von den Freisinger Schöffen. Vorbei, möchte man meinen. Aber nein! Jetzt geht die »Münchner Post« her und wirft den Volksrichtern allerlei Grobheiten ins Gesicht wegen des Urteils, und nochmals wird versucht, den Verräter Dobner[5] als Heiligen hinzustellen. – – Das

Alles überdacht, zeigt neuerdings wieder, was man für ein Geselle sein muß, um der Gnade roter Heiligsprechung teilhaftig zu werden – und welches Glück es für jeden ehrlichen Menschen ist, von der »Münchner Post« als Unheiliger gebrandmarkt zu werden.

Or. fehlt. – MA 47 Nr. 22 S. 1 v. 28. 1. 1921. – Lemp S. 241 Nr. 1499; Hofmiller S. 725.

1 Hans Dobner, s. Nr. 10. Am 17. 6. 1921 erwähnte Hans Unterleitner (USP) die Dobner-Affäre im Reichstag (s. Nr. 135 Anm. 4).
2 S. Nr. 10 Anm. 3.
3 S. Nr. 1 Anm. 1.
4 Urteil des Schöffengerichts Freising v. 25. 1. 1921 gegen Karl Schuster u. Hermann Berchtold (Gumbel S. 110; Ders., Politischer Mord S. 138). – Der mit in die Angelegenheit verwickelte Georg Pracher wurde vom Schöffengericht München am 15. 1. 1921 wegen Verrats militärischer Geheimnisse zu einem Jahr Gefängnis verurteilt (MA Nr. 10–12 v. 14.–16. 1. 1921).
5 MP Nr. 20 v. 26. 1. 1921 über die Freisinger Gerichtsverhandlung.

Samstag, den 29. Januar 1921 39/1

Schandgoschen[1].

Das Fraktionsblättchen vom Altheimereck[2] fordert unter der Aufschrift »Kriegsteilnehmer heraus!« alle Schandgoschen auf, ihren Schmutz, statt auf der Bierbank, in der Redaktionsstube abzuladen und zu erzählen, was sie über Offiziere zusammenlügen können.

Dieses Material ist für einen Genossen in Frankfurt a. O. bestimmt, der wegen Beleidigung des Offiziersstandes verklagt ist. Der Ehrenmann hat zuerst beleidigt; hinterher soll in ganz Deutschland Wahrheitsbeweis für ihn zusammenhausiert werden.

Das macht die »Münchner Post«, die selber alle Augenblicke Klage stellt und stellen läßt.

Wir könnten[a)] diesem Beispiel folgen und sagen: Anständige[b)] Menschen vortreten!

Wer immer etwas vom republikanischen Schutzbund und vom Herrn[c)] Schützinger[3] weiß, schicke sein Material an uns!

Wir haben's aber nicht nötig; wir sehen uns die Leute vorher an und haben für das, was wir sagen, vorher die Beweise.

Übrigens hatte dieser Schutzbund neulich eine Versammlung, in der sein Direktor Schützinger den Edelmut der Franzosen rühmte! Es waren aber[d] nur sehr wenig Leute anwesend, darunter einige Horizontale mit ihren Beschützingern.

Or.[e] 2 Bll., L 2396 (Lemp S. 200 Nr. 239). – MA 47 Nr. 23 S. 2 v. 29. 1. 1921. – Drucknachweise fehlen.

a) über: [werden]
b) davor: [Alle]
c) MA: Hauptmann
d) MA: fehlt
e) Bl. 2: Schlußzeichen

1 Lästermaul, lästerliche Ausdrucksweise (Küpper 7, S. 2436).
2 S. Nr. 1 Anm. 1 und Nr. 3 Anm. 4. MP Nr. 17 v. 22. 1. 1921 brachte die Aufforderung »Kriegsteilnehmer als Zeugen heraus«.
3 S. Nr. 17. Nach der Mitteilung von Staatssekretär Dr. Schweyer im Landtag am 17. 3. 1921 (LV 1920/21, StenBer 2, S. 673) war der Republikanische Schutzbund die Nachfolgeorganisation des Republikanischen Führerbundes, den die Polizeidirektion München verboten hatte, weil er nach seiner Satzung darauf ausging, die Wehrmacht politisch zu beeinflussen. Die leitenden Personen waren in beiden Vereinigungen dieselben; Generalsekretär war Adolf Schmalix (s. Nr. 92 Anm. 10).

Dienstag, den 1. Februar 1921 39/2

Ein Engländer über die Einwohnerwehr[1] und sonstiges.

Wir erhalten die folgende interessante Meinungsäußerung eines britischen Majors M'Shone. Unser Gewährsmann, der den bewährten Offizier seit längerer Zeit kennt, schreibt uns, daß sicherlich die irische Abstammung des Majors seine Ansichten beeinflussen mag, daß aber im Großen und Ganzen die Meinung M'Shones die eines jeden englischen Ehrenmannes ist[2]. Ich fragte M'Shone, ob in der britischen Armee und ihrer Leitung tatsächlich der Glaube herrsche, daß die Bürgerwehr, die sich in Bayern gebildet habe, eine Bedrohung der Entente bedeute.

Er schlug sich auf den Schenkel und sagte: »Ich hoffe nicht, daß in unserer Armee ein Mann von so geringer Einsicht Leutnantsrang bekleidet. Wir haben in Köln in den ersten Tagen der Besetzung[3] klar genug gesehen, um alles zu wissen.

Wenn ein Volk, das eine solche Armee, wie die deutsche, hatte, einen Waffenstillstand[4] schließt, der die ausgeklügelte Vernichtung nicht bloß der Wehrmacht, sondern auch aller Wehrfähigkeit für die Zukunft bedeutet, muß in seinem Herzen Verzweiflung und jeder Gedanke an Widerstand ausgerottet sein. Legen Sie die Frage einem Rekruten vor, wie sich ein Land zum Angriffe rüsten kann ohne Bahnen, ohne Artillerie, ohne Flugzeuge, ohne Kavallerie, ohne die geringsten technischen Hilfsmittel, die etwa 100 000 Mann die Aussicht geben könnten, auch nur einen Tag lang gegen eine modern ausgerüstete Division Stand zu halten.

Glauben Sie, daß Marschall Foch[5] im Ernste daran denken kann, daß die zahlreichste, zum Tode entschlossene Masse Menschen militärisch etwas bedeutet, wenn sie mit Infanteriegewehren und vielleicht mit ein paar tausend Maschinengewehren ausgerüstet ist?

Und meinen Sie etwa, England und Frankreich, die in jeder deutschen Stadt heute militärische Kommissionen und tausende von – ich will höflich sagen – Auskunftspersonen hat, wüßten nicht, wie viel Widerstand in Deutschland besteht gegen den leisesten Versuch eines erneuten Kampfes?

In Wahrheit, kein Soldat und kein Subalternoffizier der britischen Armee ist so verblendet, an die Aktion eines Volkes zu glauben, dessen furchtbares Heer in dieser Weise aufgelöst wurde. Ich rede von heute, von zehn Jahren, von zwanzig Jahren. Was später sein wird, müssen die sehen, die dann Männer sein werden«. – – –

»Aber wie erklären Sie dann das Verlangen nach vollständiger Entwaffnung?«

»Aus einem Hasse, der in einer hysterischen Nation nicht mehr nach Gründen, noch weniger nach Grenzen frägt. In England will man einen Feind vernichten, in Frankreich will man den Vernichteten mißhandeln. Sie haben ein Volk gegen sich, das fünfzig Jahre zum Hassen erzogen worden ist; hätte es im Jahre 1914 gesiegt, vielleicht hätte der militärische Sieg und der Stolz darüber das

Rachegefühl gemildert. Aber vergessen Sie nicht, Frankreich hat nichts erreicht, als daß Deutschland von uns und Amerika erdrückt worden ist. Das verleiht keinen Stolz; nur die Gewißheit, daß es jetzt seine Rache auskosten darf«.

»Denkt man in England nicht, daß ein wehrloses Deutschland, wenn es zur Verzweiflung getrieben ist, mit dem Bolschewismus eine ungeheuere Gefahr bedeuten kann?«[6]

»In England denken das Viele; in England denkt man auch, daß ein Organ, wie Deutschland, nicht absterben kann, ohne daß der gesamte Körper und das ist Europa dem Tode verfallen ist. Aber in Frankreich denkt man das nicht; in Frankreich gibt es nur Haßgefühle, aber keine politischen Gedanken. Ich glaube, wenn ich es auch nicht weiß, daß unsere einsichtigen Politiker deutlich sehen, daß Frankreich heute genauso, wie alle die letzten Jahrhunderte das einzige oder doch das größte Hindernis für einen europäischen Frieden ist«.

»Was würden Sie als Engländer in einer solchen Lage für ihr Volk wünschen?«

»Widerstand bis zum äußersten; jedes Nachgeben in einer Existenzfrage ist ein Unrecht. Ich glaube und ich hoffe, daß jeder Engländer so denkt; ich hoffe nicht, daß es bei uns Schwärmer gibt, die von Menschenrechten sprechen, indes sie ihrem eigenen Lande das Recht zum Leben absprechen«.

»Ich weiß, was Sie meinen. In diesen Fragen ist nichts so niederdrückend, wie das Verhalten vieler Leute im eigenen Lande und das Verhalten eines Teils der Presse ...«

»O ja und auch nichts so unverständlich für einen Engländer. Ich frage oft, ob Ihr der furchtbare Feind seid, den wir fast fünf Jahre in Euch gekannt haben, wenn ich sehe, wie unter Euch jeder Spion und Verräter ohne Gefahr herumgehen darf. Ich hoffe, in England müßte Jeder sterben, mit dem Gesetz oder gegen das Gesetz. Aber er müßte tot sein, oder kein Mann hätte mehr englisches Blut in den Adern«.

Or.[a] 5 Bll., L 2396 (Lemp S. 200 Nr. 227). – MA 47 Nr. 25 S. 1 v. 1. 2. 1921. – Drucknachweise fehlen.

a) Bl. 1 oben links: Leiter (Anweisung des Redakteurs für den Setzer); Bl. 5: Schlußzeichen

1 Zur Einwohnerwehr vgl. S. 477ff. – Der britische Generalkonsul in München, Seeds, hatte im Januar 1921 geäußert, daß nach seiner Meinung die Einwohnerwehr als Gegengewicht gegen den Bolschewismus bestehen bleiben müsse (Moser v. Filseck S. 74).
2 Es gibt keine Anhaltspunkte für die Annahme, daß der britische Major irischer Abstammung M'Shone eine reale Persönlichkeit war. Über die Sinn Fein-Bewegung und deren Auseinandersetzung mit der britischen Regierung 1920/21 (vgl. dazu HB der europ. Geschichte 7/II, S. 752ff) berichtete der MA wiederholt mit deutlich erkennbarer Sympathie für die irische Seite.
3 Nach dem Waffenstillstand v. 11. 11. 1918 wurde das linksrheinische Reichsgebiet von Entente-Truppen besetzt; englische Verbände rückten am 8. 12. 1918 in den Raum Köln ein; vgl. Frhr. v. Solemacher, Die abgetretenen und besetzten Gebiete im deutschen Westen (Rheinische Schicksalsfragen 1/2) 1925, S. 3, 121f; The Occupation of The Rhineland 1918–1929, London 1987, S. 84ff.
4 Die das Kriegsmaterial u. die Flotte betreffenden Bestimmungen des Waffenstillstands v. 11. 11. 1918 vgl. Schulthess 1918/II, S. 722ff. Die Bestimmungen über die Höchstgrenze von Heer und Marine des Deutschen Reiches und über die Beschränkung der Bewaffnung enthielt der Vertrag von Versailles (Teil IV und V), der am 28. 6. 1919 unterzeichnet wurde und am 10. 1. 1920 in Kraft trat; vgl. Sachwörterbuch 2, Sp. 1334.
5 S. Nr. 9 Anm. 10.
6 Vgl. Nr. 5 Anm. 10.

Mittwoch, den 2. Februar 1921 40

Panama[1] – –

Wenn vor 1918 ein Schandarm[2] einen besseren Bürger nicht aufschrieb, obwohl er seine dringende Notdurft bei Nacht an einer Straßenecke verrichtete, schrieb die Sozi-Presse: Panama! Wenn ein Schreiber eines Gerichtes Briefmarken unterschlug, hieß es wieder: Panama!

Das sollte im Jargon der Arbeitersekretäre[3] so viel heißen, als daß es im kapitalistischen Staate Durchstechereien[4] gebe. Der Leser der »Post«[5] schüttelte dann ingrimmig die Faust über die Fäulnis der Gesellschaft.

Jetzt wärmen sich an vielen Orten Sozi-Minister und Präsidenten ihre fünf Buchstaben auf Samtsesseln und wie ist es jetzt?

Seit Jahresfrist verlangt die öffentliche Meinung den Prozeß gegen den Berliner Juden Sklarz[6]; dieser Name taucht immer wieder auf; die oppositionellen Blätter weisen seit Jahren mit Fingern auf ihn. Man spricht nicht bloß – man druckt öffentlich Anklagen gegen Millionen-Schiebungen, man nennt[a)] die Namen von beteiligten Regierungs-Sozis –

Sklarz rührt sich nicht – die Regierungs-Sozi rühren sich auch nicht. –

Der Name Philipp Scheidemann[7] ist oft in dieser Affäre genannt worden – er hat sich still verhalten.

Fragen wir uns, was wäre für ein mörderisches Johlen, Pfeifen, Schreien, für ein Geplärr in den Sozi-Blättern erhoben worden, wenn vor 1918[b)] ein[c)] Regierungsbeamter bei einem tausendmal geringeren Vorwurfe geschwiegen hätte?

Und jetzt: Sklarz! Sklarz!! Sklarz!!!

So tönt seit Jahren die gellende Anklage in allen antisozialistischen Blättern, und man schweigt!! Kein Prozeß, keine Beleidigungsklage, keine Untersuchung, nichts – – – – –

Und immer Neues kommt dazu. Da ist vor Kurzem ein ehemaliger Schnorralist[d)] der »Frankfurter Zeitung«, namens Ulrich Rauscher[8], als Gesandter nach Tiflis geschickt worden.

Kopfschütteln. – Was tut dieser Mann in Tiflis?

Er war ein geschickter Journalist vor dem Kriege, schrieb im Krieg ein gutes Buch über Belgien, mußte später einrücken und ging im November 1918 mit fliegenden Fahnen ins Lager der Sozi über.

Er war die rechte Hand des Scheidemann, nebenbei der Orthograph des ollen ehrlichen Gastwirts Ebert[9]. Man machte ihn zum Ministerialrat und Direktor, zum Presse-Chef, und ließ dem Manne alles Gute aus den[e)] Mitteln Anderer zukommen; denn bezahlen mußten es ja die Andern, nicht die Sozi. Wie kommt der Presse-Chef als Gesandter nach Tiflis?

Nun schreien wieder die Ankläger: Sklarz! Sklarz!! Sklarz!!!

Uli der Knecht, weiß viel von Philippche, vielleicht weiß er Alles auch vom Sklarz.

Tiflis ist heute unendlich weit von Berlin, liegt im Staate Georgien am Fuße des Kaukasus, zwischen dem Schwarzen Meere und dem Kaspischen Meer. Es braucht ein Studium, um herauszukriegen, wie man hinkommt, und wer dort ist, der kommt seiner Lebtag nicht mehr dazu, als Zeuge vor einem Berliner Gericht auftreten zu müssen.

Es ist himmelschreiend, wie unrecht man den Sozis tut, daß man durch Entsendung eines so viel Wissenden die glänzende Rechtfertigung von Lieblingen der Partei unmöglich macht.

Wir sind überzeugt, daß die »Post« nächstens einen Mordslärm aufschlägt, unter der Aufschrift: Panama!!!!

Die Herren, die es angeht, klopfen sich schmunzelnd auf die voll gestopften Taschen. Zwar klingt das Saugeld nicht, weil es aus Papier ist. Aber es rauscht.

Und das ist die Geschichte von Ulrich dem Rauscher.

Or.[f] 4 Bll., L 2396 (Lemp S. 199 Nr. 186). – MA 47 Nr. 26 S. 1 v. 2. 2. 1921; Kloeber S. 105 f. – Lemp S. 241 Nr. 1500; Hofmiller S. 725.

a) MA und Kloeber: druckt
b) MA und Kloeber: 1914
c) folgt: [hoher]; MA und Kloeber: hoher
d) MA und Kloeber: Schornalist
e) folgt: [Quellen zufließen, die]
f) Bl. 4: Schlußzeichen

1 Seit dem Zusammenbruch der Panama-Kanal-Gesellschaft 1893 galt »Panama« als Schlagwort für ein schwindelhaftes wirtschaftliches Unternehmen (Schulz-Basler 2, S. 299 f).

2 Angehöriger des Gendarmeriekorps, das die öffentliche Sicherheit zu überwachen hatte (Volkert S. 50).

3 S. Nr. 110 Anm. 14.

4 Allgemeine Bedeutung: Betrug (Grimm 2, Sp. 1691); im engeren Sinn auch »Betrügerei im Amt« (Klappenbach 2, S. 896).

5 S. Nr. 1 Anm. 1.

6 Die Brüder Georg, Heinrich u. Leon Sklarz hatten während des Krieges für Reichsbehörden Warenlieferungen aus Skandinavien durch die Entente-Blockade geschleust; auch nach der Revolution standen sie mit hohen Reichsinstanzen in Berlin in geschäftlichen Beziehungen, die im Herbst 1919 von MSP- und USP-Anhängern als zum Teil unseriös herausgestellt wurden. Ebert, Noske und Scheidemann liefen Gefahr, erheblich kompromittiert zu werden (AR Bauer S. 486 f; Fritsch S. 305). Das antisemitische Blatt »Hammer« bespricht die persönlichen Beziehungen, die zwischen den Sklarz, Ebert und Scheidemann bestanden hätten (19, 1920, S. 49 f, 86 f, 316). Auch Die Weltbühne 1921/I, S. 196 erwähnt die Prozeßmanipulationen im Fall Sklarz. Über die Beziehungen der Brüder Sklarz zu Alexander Helphand und die von Maximilian Harden in Gang gebrachte Kampagne gegen diese Kreise und führende deutsche Sozialisten vgl. Scharlau-Zeman S. 325 ff; s. auch Nr. 60.

7 S. Nr. 12 Anm. 5.

8 Dr. Ulrich Rauscher (1894–1930), Journalist, als Sekretär Scheidemanns, dann als Pressechef der Reichsregierung unter Scheidemann, Bauer u. Müller, seit Herbst 1919 als Ministerialdirektor tätig, 1920–1921 deutscher Gesandter in Tiflis, 1922–1930 in Warschau (AR Bauer S. XXIII; AR Scheidemann S. XXXVII; Benz-Graml S. 264; Osterroth S. 245f; Werner Zürrer, Kaukasien 1918–1923, Düsseldorf 1978, S. 474f; Gordon A. Craig – Felix Gilbert, The Diplomats 1919–1939, Princeton N. J. 1953, S. 152). Seit 1922 hielt sich Rauscher häufig in Berlin auf (AR Wirth S. 716 u. ö.). Rauscher schrieb »Belgien heute und morgen«, Leipzig 1915. – Vor dem Krieg gehörte er zu den Autoren der von Thoma mitbegründeten Zeitschrift »März« und korrespondierte freundschaftlich mit Thoma (StBibl., HsAbt., Briefe an Thoma). Vgl. zahlreiche Beiträge Rauschers in März 7/I–8/III, 1913/14.

9 S. Nr. 6 Anm. 2. Anspielung auf die Tätigkeit Eberts als Gastwirt in Bremen (Maser S. 57f).

Mittwoch, den 2. Februar 1921 41

Reisende, meidet Bayern!

Das ist die Aufschrift von einem Schmotzes[1], was geschrieben hat der Chaim Wrobel, alias Teiteles Tucholsky[2], alias Isak Achselduft, in der »Weltbühne«[3] in der Spreestadt Berlin.

Er ist, wie alle Neu-Berliner, aus Krotoschin[4] in Galizien, wo man mit der linken Hand den Hintern kratzt und mit der rechten Hand in der Nos bohrt.

Der Wrobel beschwört die Mischpoche[5] vom Kurfürstendamm, daß sie nix mehr nach Bayern fahrt.

Er haißt uns eine Partikularistenblase[6].

Nämlich mir sennen Preißenhasser und der Teiteles is a Preiß, sagt er, und er vertritt den Standpunkt von em Preißen.

Haißt e Preiß!

Wie noch regiert hat der Friedrich der Grauße[7], nicht der Ebertleben[8], da sennen diese Preißen noch in de galizischen Mistgruben gelebt und auf die Bäume gewohnt.

Jetzt leben sie am Kurfürstendamm und häufeln die Banknoten, was der neupreißische Staat druckt, und fressen, daß ihnen der Schlagrahm zu de großen Ohrwaschel[9] herauskommt. »Was bei uns verübt wird – bei uns Bayern meint der Teiteles – ist klarer Preußenhaß der dümmsten Eisenstirnigkeit[a)], der schlimmsten Sorte – – –«

41

Wir wollen dem Schmotzesschreiber verraten, daß wir jeden wirklichen preußischen Hund für tausendmal wertvoller halten, wie jeden galizischen Staatsmann. – Darin sind wir eisenstirnig.

In Berlin darf der Teiteles ruhig schreiben, daß die »Kahr-Regierung[10] lächerlich ist«, wenn er aber zu uns herunterkommt und so was sagt, kriegt er altbayerische Fotzen[11], daß ihm der gehamsterte Schlagrahm zu lauter Butter gerührt wird. Das ist ein Geheimnis, was wir wollen dem Teiteles verraten.

Eine Million eisenstirnige Bayern mit ferchterlich groben Händen haben sich verschworen, den Brandenburgern aus Krotoschin das Fell zu gerben.

Krotoschiner, meidet Bayern!

Or. fehlt. – MA 47 Nr. 26 S. 2 v. 2. 2. 1921; Miesbacher Büchl S. 37; Kloeber S. 127f. – Lemp S. 241 Nr. 1501; Hofmiller S. 725.

a) Kloeber: Engstirnigkeit

1 S. Nr. 3 Anm. 9.

2 Kurt Tucholsky (1890–1935), Schriftsteller, Pseudonym: Ignaz Wrobel; s. Biogr. WB. 3, Sp. 2943; Kosch 4, S. 3062f; Hansel S. 233. – Zu Teiteles s. Nr. 53 Anm. 4.

3 Die Weltbühne 17/I, Nr. 4 S. 114 v. 27. 1. 1921. Zum Fortgang der Diskussion s. Ebd. Nr. 9 S. 264 v. 3. 3. 1921, Nr. 11 S. 319 v. 17. 3. 1921 u. Nr. 16 S. 447 v. 21. 4. 1921; sowie Nr. 76 u. 98. – Über Tucholskys Mitarbeit an der »Weltbühne« vgl. Becker, Liberale Presse S. 103ff.

4 Kreisstadt in der bis 1918/19 preuß. Provinz Posen. Der jüdische Bevölkerungsanteil ging zwischen 1849 und 1921 von 30% auf 1% zurück. Die Abwanderer gingen meist in deutsche Städte (Enc. Jud. 10, Sp. 1279f; Jüd. Lex. 3, Sp. 914f).

5 S. Nr. 15 Anm. 9. Der Berliner Kurfürstendamm galt konservativen Süddeutschen als Zentrum des modernen, dekadenten Berlin; vgl. Nr. 135.

6 Der Partikularismus-Vorwurf gegen politisch rechtsstehende Bayern wurde auch im Reichstag erhoben (Schulthess 1921/I, S. 12), z. B. gegen Strathmann, DNVP, aus Erlangen; s. Schwarz S. 771.

7 Friedrich II. (1712–1786), 1740–1786 König in Preußen; s. NDB 5, S. 545–558. Zu »grauß« s. Nr. 51 Anm. 6.

8 Zur Namenbildung mit -leben vgl. Krause S. 153 Nr. 30; Bach 1/II, S. 130. Zu Friedrich Ebert vgl. Nr. 6 Anm. 2.

9 Von Antisemiten häufig gebrauchte Äußerung, um das jüd. Äußere abstoßend zu beschreiben (vgl. Fritsch S. 26), was durch Beobachtungen der angeblich wissenschaftlichen Rassenkunde untermauert werden sollte (Günther S. 218).

10 S. Nr. 1 Anm. 6.

11 Schlag ins Gesicht, Ohrfeige (Küpper 3, S. 917).

Freitag, den 4. Februar 1921 42

Volk in Not.

Der Aschermittwoch[1] hat sich um acht Tage früher eingestellt, als er im Kalender steht. Vielleicht verstehen heute auch die Tanzmäuse in München, die beim Filmballe nackte Schweine bewunderten[2], daß der Karneval zu Ende ist.

Wir sollen zu Grunde gehen – das ist der Sinn und der Inhalt der Pariser Beschlüsse[3].

Vielleicht trifft dieser letzte haßerfüllte Schlag einer hysterischen Koalition ein Volk, das die Schwere des Todesurteiles versteht und sich nicht sektsaufend und Bachanale feiernd über die Schrecken des Unterganges hinweglügt.

Vielleicht ist gerade dieser Augenblick, in dem der Feind die Maske der Kultur abnimmt und uns und der Welt die grinsende Fratze des Mörders zeigt, vielleicht ist diese furchtbare Stunde imstande, alle Narren in Deutschland zu bekehren.

Ehrenwerte Freunde und Förderer[a)] der Menschlichkeit, Prediger der allgemeinen Verbrüderung, hier habt ihr die Antwort auf eure Lehren und Bestrebungen, die der ganzen Welt genützt und nur ein Land vernichtet haben.

Daß es zufällig euer Vaterland war, wird euch ja nicht bekehren, aber vielleicht werden Hungertod und Elend mehr vermögen, als Heimatgefühle, die in euch seit Jahrzehnten erstickt worden sind.

Und ihr, ihr weisen Demokraten, vielleicht werdet ihr kopfschüttelnd das Pariser Dekret mit den 14 Punkten vergleichen, mit denen ein Gauner die schalsten Dummköpfe der Welt geködert hat[4].

Vielleicht seht ihr in diesem Todesurteile die Quittung eurer Tätigkeit seit 50 Jahren, seit dem Tage der Wiedergeburt Deutschlands, das ihr, wo es immer ging, in seiner Verteidigung gelähmt habt[5].

Ihr Narren der Friedensresolution[6], hier endlich ist die Antwort auf euren feigherzigen[b)] Beschluß, der unserem Heere an der Front die Sehnen zerschnitten hat.

Und du ganzes deutsches Volk, ehedem so groß im Frieden, wie im Kriege, und so klein, würdelos und gemein im Unglücke, vielleicht gibt dir die Sterbestunde den Ernst zurück, der deine edleren Söhne zur[c)] Hingabe ihres Lebens befähigt hat[d)].

Bekreuzt euch die Stirne mit Asche[7]! Der Karneval ist aus.

Or.[e)] 3 Bll., L 2396 (Lemp S. 199 Nr. 215). – MA 47 Nr. 28 S. 1 v. 4. 2. 1921. – Lemp S. 241 Nr. 1502; Hofmiller S. 725.

a) folgt: [des Menschengeistes]
b) MA: freiherzigen
c) folgt: [vollen]
d) folgt: [Streut euch Asche aufs]
e) Bl. 1 oben links: Leiter (Anweisung des Redakteurs für den Setzer); Bl. 3: Schlußzeichen

1 9. 2. 1921. Am 2. 2. 1921 hatte der Ministerrat »wegen der ungeheueren Forderungen der Alliierten« ein Verbot von Faschingslustbarkeiten ab 4. 2. 1921 beschlossen (BStAnz v. 4. 2. 1921); vgl. die Berichte in MA Nr. 29 S. 4 v. 5. 2. 1921 und Nr. 31 S. 2 v. 8. 2. 1921.

2 Die Landtagsfraktion der Mittelpartei hatte ein Tanzverbot beantragt, »um das volksverbrecherische Treiben in Schlemmerlokalen zu unterbinden« (MA Nr. 28 S. 1 v. 4. 2. 1921).

3 Die Beschlüsse der Konferenz in Paris über die Reparationsleistungen des Deutschen Reichs v. 29. 1. 1921 s. bei Schulthess 1921/I, S. 33–50; 1921/II, S. 234–239.

4 14 Punkte von Woodrow Wilson (1856–1924, Präsident der Vereinigten Staaten v. Amerika 1913–1921) v. 8. 1. 1918; vgl. Concise Dictionary of American Biography, 1964, S. 1225–1229. – »Demokraten« meint die DDP (s. S. 488).

5 Vgl. dazu Nr. 36. – Zur Haltung der liberalen u. sozialistischen Parteien zur Heeresvermehrung u. zu den Flottenvorlagen zwischen 1893 u. 1913 vgl. Gebhardt-Grundmann 3, S. 327f, 350, 357; Deutsche Militärgeschichte, 3, Abschnitt 5, S. 116–121; 5, Abschnitt 8, S. 196–219. – Thomas Äußerungen zur Wehrvorlage (vor allem v. 1913) s. Lemp S. 229 Nr. 1065, 1073; S. 239 Nr. 1418, 1419, 1425 u. ö.

6 Die Friedensresolution des deutschen Reichstags v. 19. 7. 1917 mit Mehrheit aus Sozialdemokratie, Zentrum u. Fortschrittlicher Volkspartei kam vor allem auf Betreiben Erzbergers zustande; vgl. Epstein S. 227ff; Gebhardt-Grundmann 4/I, S. 122–126. Die bayerischen Nationalliberalen waren gegen die Friedensresolution, die linksliberale Fortschrittliche Volkspartei in Bayern war nur bedingt dafür (Reimann S. 185).

7 Über die Aschenzeremonien am Aschermittwoch s. LThK 1, Sp. 919.

Sonntag, den 6. Februar 1921 43

Gareis[1].

Im Reichstag hat es der Kommunist Hoffmann[2], aus irgendeinem Nuttenkeller[a)] von Berlin-Nord, fertiggebracht, dem Ernst der wichtigsten Sitzung das Hanswurstspiel anzuhängen – in München besorgte es der Gareis.

Unsere Leser stoßen öfter auf den Namen; der Beschützer des Dobner[3] macht ja von sich reden.

Wer ist er? Woher? Usw.

Dieser Uspe[4] ist einmal nicht aus einem polnischen Kleiderladen, sondern, wie wir zu unserem Bedauern zugeben müssen, aus einem bayrischen Forsthause hervorgegangen.

Der Vater[5] war Forstmeister in Anzing und Eichstätt.

Was zu der schönen Entwicklung des Filius geführt hat, ist uns nicht bekannt; am Ende ist es uns Bayern auch wurst, da wir uns aus dieser Landsmannschaft noch weniger wie nichts machen.

Kriegspsychose oder erbliche Belastung oder Gehirnhautentzündungen im jugendlichen Alter oder Halbbildung, irgend so was hat diese Frucht[b)] gezeitigt.

Der Herr Papa, in Friedenszeiten ein wortreicher Liberaler, gehörte bei Beginn der Revolution zu den Leuten, die wurzellos, ohne Festigkeit, ohne Treue mit Allem brechen konnten.

Das gibt schon eine Brücke zu der Erscheinung des Uspe-Gareis, der übrigens als Kind mehrmals vom[c)] dritten Stock aufs Pflaster herunter[c)]gefallen sein soll.

Or.[d)] 2 Bll., L 2396 (Lemp S. 198 Nr. 164). – MA 47 Nr. 30 S. 2 v. 6. 2. 1921. – Lemp S. 241 Nr. 1503; Hofmiller S. 726.

a) MA: Nachtkeller (vom Redakteur geändert)
b) verbessert aus: [Erscheinung]
c)–c) verbessert aus: [aus dem Bett]
d) Bl. 2: Schlußzeichen

1 Karl Gareis (1889–1921), Gymnasialassistent, 1920–1921 MdL (USP); Landtagshandbuch 1921, S. 48. Am 2. 2. 1921 hatte er im Landtag die Begründung einer Interpellation über die Maßregelung von Beamten mit sozialistischer Gesinnung vorgetragen (LV 1920/21, StenBer 2, S. 272–277).

2 S. Nr. 33 Anm. 3. Hoffmann war v. 1920–1924 auch MdR (Schwarz S. 351 f, 676). In den Reichstagssitzungen v. 26. 1. u. 1. 2. 1921 hatte er heftige Wortwechsel mit dem Reichstagspräsidenten u. dem Reichsaußenminister (RV Bd. 347, S. 2167, 2305, 2321 f).

3 S. Nr. 10 Anm. 1.

4 S. Nr. 10 Anm. 2.

5 Wilhelm Gareis, bis 1905 Vorstand des Forstamtes Anzing (Lkr. Ebersberg), seit 1906 Vorstand des Forstamtes Eichstätt-Ost (BJb. 1905, S. 401; Hof- u. Staatshandbuch f. das Kgr. Bayern, 1906, S. 387), seit 1911 Forstrat (Ebd. 1911, S. 337). Vgl. auch LV 1920/21, StenBer 3, S. 216.

Donnerstag, den 10. Februar 1921 44

Ein Tegernseer Kommunist.

Als am 6. Februar in Tegernsee eine Protestversammlung erwachsener Männer und Frauen stattfand, in der man gegen die Pariser Beschlüsse Stellung nahm[1], stieg ein Knäbchen auf das Podium, dem der Hemdenlatz aus dem hintern Hosenschlitze baumelte. Das Baby hielt eine kommunistische Ansprache, piepste was von dem rettenden Bolschewismus, von Aufteilung der Bauernhöfe, und wurde dann von der Hausmeisterin auf den Topf gesetzt, wo es sich weiterhin vernehmlich machte.

Der reizende Kleine gehört dem Herrn Marktschreiber Kögler von Egern[2] – nicht Kegler, der das Pulver erfunden hat[3], sondern Kögler, dem man das nicht nachsagt und ist Lehramtskandidat.

Deswegen[a)] beschäftigen wir uns auch mit dieser Kleinigkeit in nassen Windeln, denn die Ausbildung der künftigen Volksschullehrer, die kleine Rotzlöffel zu kommunistischen Rednern macht, ist der Erwähnung wert.

Wir haben Präparandenschule und Lehrerseminar[4] immer für sonderbare Pflanzstätten gehalten, in denen jener Hochmut gezüchtet wurde, von dem das Sprichwort herkommt: »Bader und Schullehrer – –«[5]

Wenn das in und nach der Revolution sich so nett entwickelt hat, daß die feuchtohrigsten Bengel kommunistisch quäken, so hat die Regierung alle Veranlassung, nach dem Rechten zu sehen. Das geht über den Spaß. Man hört ja aus dem und jenem Dorfe Altbayerns, daß Hilfslehrer als Uspe[6] und Kommunisten[7] wirken und die Jugend versauen wollen. Dagegen muß sich, wenn sonst nichts hilft, das Volk selber schützen. Noch wächst manche kernige Haselnußstaude und ihre Zweige können unsere Dorfschaften von den revolutionären Fremdkörpern heilen. Man haue so einem aller Sitte und allem Glauben feindlichen jugendlichen[b)] Jugendverderber mit dem Stecken zwischen die Augen, daß ihm der ganze Sternenhimmel davor tanzt. Und man wird sehen, daß der Radikalismus entweicht. Wir empfehlen dieses Mittel mit gutem Gewissen, denn es wirkt rasch und nachhaltig. Unsere Bezirksamtmänner[8] sind für kräftige Kuren selten mehr zu haben[a)] und so müssen sich die Bauern selber helfen.

Wenn die Kunde davon in die Lehrerseminare dringt, wird dort der angehende Volksbildner sicherlich darauf aufmerksam gemacht, daß er die Gefühle des Volkes schonen muß.

Früher sind die Buben so erzogen worden, jetzt müssen die[c)] Herrn[c)] Lehrer so erzogen werden.

Dieses zeigt der Fall des Knäbleins Kögler.

Or.[d)] 3 Bll., L 2396 (Lemp S. 199 Nr. 175). – MA 47 Nr. 33 S. 2 v. 10. 2. 1921. – Lemp S. 241 Nr. 1504; Hofmiller S. 726.

a)–a) LV 1920/21, StenBer 3, S. 44; der Schlußsatz des Zitats lautet: »Es hilft nichts anderes, da muß man sich selber helfen«[9].

b) folgt: [Volksv⟨erderber⟩]

c)–c) MA: solche (vom Redakteur geändert)

d) Bl. 3: Schlußzeichen

1 S. MA Nr. 31 S. 1 v. 8. 2. 1921 u. Tegernseer Zeitung – Seegeist Nr. 17 v. 9. 2. 1921. Vgl. auch Nr. 47. – Zu den Pariser Beschlüssen s. Nr. 42 Anm. 3.

2 Egern gehörte zur Gemeinde Rottach, die nicht die Bezeichnung Markt führte (Volkert S. 522).

3 Kegler als Erfinder des Schießpulvers nicht ermittelt.

4 Zur Organisation d. Lehrerbildung in den Präparandenschulen u. den Lehrerseminaren s. Volkert S. 190. Über die Entwicklung 1918/19 s. Nr. 47 Anm. 5. MA Nr. 204 u. 208 v. 2. u. 7. 9. 1920 polemisiert gegen Lehrer als kommunistische Agitatoren, ebenso auch Nr. 36.

5 »99 Bader u. ein Schullehrer sind 100 Dappige« (mündl. Überlieferung in Niederbayern).

6 S. Nr. 10 Anm. 2.

7 S. Nr. 114 Anm. 1.

8 Vorstand der unteren Staatsverwaltungsbehörde; über die Mitwirkung des Bezirksamtmanns bei d. Schulaufsicht s. Volkert S. 205.

9 Nach Zitat des Abg. Karl Gareis (USP) in der Debatte des Haushalts des Staatsministeriums für Unterricht und Kultus für 1920 im Landtag am 11. 5. 1921. Gareis verlegt die Versammlung in Tegernsee auf den 13. 2. 1921 und erwähnt, daß gegen den Schulamtsbewerber und seinen Seminarlehrer Disziplinarverfahren eingeleitet worden seien.

Dienstag, den 15. Februar 1921 45

Der Hochverrat in Stockholm[a) 1].

Im Ausland hat man jetzt den dritten Band von Bismarcks Erinnerungen, um den wir Deutsche durch den Servilismus der Familie Bismarck gekommen sind[2].

Aber wir erleben zur Zeit einen Ersatz: Die Denkwürdigkeiten vom Philipp Scheidemann[b) 3], und wer wissen will, wie man sich aus den Trümmern des Vaterlandes hohe Posten heraus – – holen konnte, der kann seine Neugierde stillen.

Aber auch wir Andern, wir Deutschen, können von unserm Feinde Manches lernen. Unter anderm, wie gottesjämmerlich unser tapferes Vaterland um Glück und Sieg betrogen wurde, als der Jammerkerl Bethmann[4] die sozialistischen Agenten ins Ausland schickte[5].

Eigentlich ging die Schweinerei schon 1914 an. Wir erinnern uns daran, wie im Herbste 1914 die ganze Krapäle[c) 6] als Sendboten nach Rom, Kopenhagen, Stockholm, Rotterdam, Bern geschickt wurde; wie sich die Schnorralisten mit Begleitschreiben des Auswärtigen Amtes in Neutralien als allerneueste Diplomaten aufspielten, und der abgefeimten Spionenbande der Entente auf jeden Leim krochen; wie sie mit ihren großen internationalen Beziehungen protzten und sich von jedem Entente-Juden die Würmer aus der Nasen ziehen ließen. Schon damals war es das Bild des verkauften und verratenen Deutschlands, was sich den Blicken darbot; das jämmerlichste Bild, wie sich dieser schlotterische Kanzler von seinen Leibsozis[7] düpieren ließ, die wiederum von den Pariser Juden düpiert waren.

Dann kam der Sendbote Erzberger[8] dazu, die schwäbische Kröte[d)], die in allen neutralen und später feindlichen Ländern Gift einsog, das sie hinterher in Deutschland ausspritzte.

Und ab 1917 begann die sozialistische Wühlerei, die unser Vaterland untergrub.

Eine solche beschreibt ungemein herzig der Philipp Scheidemann in seinem Buche »Der Zusammenbruch«, aus dem es der Großmann im »Tagebuch« vorabdruckt[9].

Ein Brechmittel und ein Abführmittel ist dieses Kapitel: Die Reise mit Viktor Adler[10] nach Stockholm.

Der Wiener Sozi reist über Berlin nach Schweden, mit den Genossen, die von der Spreestadt aus mitfahren.

Er ist eigentlich schon ein Kadaver, stirbt beinahe im Coupé an Herzkrämpfen, aber er muß noch mittun, »als passiver Horchposten« in Stockholm.

Der rechte Mann, um den Genossen der feindlichen und neutralen Länder einen Begriff vom eisernen Willen des Zweibundes zu geben, dieser mit Kampfer gerade noch vegetierende Wiener Jud, der mit der Mordtat seines Sohnes Friedrich[11] renommiert.

»Wir werden den Engländern und Franzosen reinen Wein einschenken, was wir ›gemacht‹ haben ...« sagt er zwischen zwei Collapsen. Das heißt, »wir« werden ihnen zeigen, wie wir die Widerstandskraft Deutschlands und Österreichs untergraben haben.

»Ich bitte«, sagt er fortwährend als akklimatisierter Weana. »Bidd schön, mir[e)] Österreicher können überhaupts nimmer; bidde, mir[e)] Österreicher mögen nimmer ... bidde, ich hab an Leistenbruch und bidde, gestottert hab ich von Kindsbeinen[f)] an ...«

Was für ein Mann – nehmt Alles nur in Allem![12]

Er hat aber – bidde – nicht gestottert, als er den aufhorchenden Spionen in Stockholm zuschrie: »Wir[g)] den Krieg fortsetzen? Mir können nicht, mir wollen nicht, ich stelle das autoritativ für ganz Österreich fest; der Kaiser[13] und Czernin[14] wollen unter allen Umständen!! den Frieden ...«

Das Nationalgefühl des braven Mannes hatte einen Leistenbruch und einen Wossabruch[15] und der edle Patriot ließ vor den Augen der hohnlachenden Feinde das Bild einer jammervollen Schwäche erstehen, für die er selber die kläglichste Illustration war.

In diese Hände war das Schicksal der todesmutigen Völker[h)] gelegt, deren Söhne damals – im Mai 1917 – täglich zu Tausenden ihr Leben hingaben[i) 16].

Pfui Teufel!

Und zwei Monate später kam jene[k)] Groteske von Dummheit und Feigheit – die Friedens-Resolution[17], die Verräterei Erzbergers[18], der die Schrift Czernins, die ihm der Wiener Schani Koarl ausgeliefert hatte, allen Schwätzern und durch sie der Entente auslieferte.

Und während alle diese Menschen ihr Schlimmstes taten, schlugen unsere treuen Helden die großartigen Schlachten in Flandern, im Baltikum, in Italien, und litten und starben für das verratene Vaterland.

Das sind die Denkwürdigkeiten des Scheidemann.

Or.[l)] 6 Bll., L 2396 (Lemp S. 198 Nr. 171). – MA 47 Nr. 37 S. 1 v. 15. 2. 1921. – Lemp S. 241 Nr. 1505; Hofmiller S. 726.

a) über: [Philipp Der Viktor Adler]
b) verbessert aus: [Zappel-Philipp[19]]
c) MA: Sippe
d) verbessert aus: [Kaulquappe]
e) MA: wir
f) MA: Kindsbaanern
g) MA: Mir
h) verbessert aus: [Länder]
i) verbessert aus: [für die damals – im Mai 1917 – täglich Tausende ihr Leben hingaben.]
k) MA: seine
l) Bl. 6: Schlußzeichen

1 Zum Sozialistentreffen in Stockholm 1917 s. Schulthess 1917/II, S. 323, 598, 609, 617ff (das Treffen wurde nach mehrfachen Verschiebungen schließlich im September 1917 abgesagt); vgl. Scheidemann, Zusammenbruch S. 115–148.
2 Schwedische Ausgabe: Otto v. Bismarck, Kejsaren oeh jag. Tankar och minnen, 3 (Övers. fran tyskan av Ernst Lundquist) Stockholm 1921. Französische Ausgabe: Otto v. Bismarck, Pensées et souvenirs tom. 3 (hg. v. J. Ris) Straßburg-Paris 1921. Über Veröffentlichungen in ausländischen Zeitungen s. Nr. 23 Anm. 3.
3 Scheidemann, Zusammenbruch; vgl. Nr. 12 Anm. 5.
4 S. Nr. 32 Anm. 1
5 S. Nr. 152 Anm. 3.
6 Krapüle: Gesindel (Duden S. 200).
7 Zu Bethmann Hollwegs Stellung gegenüber den Parteien s. Gebhardt-Grundmann 4/I, S. 101ff; vgl. dazu Scheidemann, Zusammenbruch S. 25f, 30–33; Vietsch S. 214ff, 297.

8 S. Nr. 9 Anm. 1. Über seine Auslandstätigkeit während des Weltkrieges s. Epstein S. 120ff.

9 Das Tage-Buch, Hg. Stefan Großmann, 2. Jahrgang, 1921, S. 105ff, wenig geänderter Vorabdruck von Scheidemann, Zusammenbruch S. 122–125. Über Stefan Großmann (1875–1935), sozialistischer u. pazifistischer Schriftsteller s. Österr. Biogr. Lex. 2, S. 78. Über die Wochenschrift »Tage-Buch« vgl. Becker, Liberale Presse S. 106f.

10 Victor Adler (1852–1918), Arzt, österreichischer sozialdemokratischer Politiker; s. Österr. Biogr. Lex. 1, S. 7f; Biogr. WB. 1, Sp. 26; Scheidemann, Zusammenbruch S. 122–125 (Stockholm-Reise); vgl. auch Scharlau-Zeman S. 264.

11 S. Nr. 118 Anm. 3.

12 William Shakespeare (1564–1616), Hamlet (1. Akt, 2. Szene): 'A was a man, take him for all in all.

13 Karl I., Kaiser v. Österreich; s. Nr. 85 Anm. 1.

14 Ottokar Graf Czernin von und zu Chudenitz (1872–1932), 1916–1918 österr.-ungarischer Außenminister; s. NDB 3, S. 458ff.

15 Hydrozele (serösentzündliche Flüssigkeitsansammlung, vor allem im Testis); s. Willibald Pschyrembel, Klinisches Wörterbuch, Berlin 1969, S. 524.

16 Von April bis Juni 1917 betrugen die deutschen Verluste an der Westfront 67700 Tote, 89000 Vermißte und Gefangene und 257000 Verwundete (Statistisches Jb. für das Deutsche Reich 42, 1921/22, S. 29).

17 S. Nr. 42 Anm. 6. Vgl. Scheidemann, Zusammenbruch S. 80–105.

18 Zur Weitergabe der Czernin-Denkschrift (1917) durch Kaiser Karl I. an Erzberger s. Epstein S. 229ff, 396f; vgl. Nr. 9 Anm. 8. – Zum Ausdruck Schani s. Nr. 85 Anm. 5.

19 Unter der Überschrift »Zappel-Philipp« schrieb Thoma (1919?) eine satirische Glosse über Philipp Scheidemann (L 2467/40; unveröffentlicht; s. Lemp S. 203 Nr. 284). Über Heinrich Hoffmann (1809–1894), den Erfinder des »Zappel-Philipp«, s. NDB 9, S. 423f.

Mittwoch, den 16. Februar 1921 46

Die Staatsmänner von der Schwanthalerhöh'[a)] [1].

Wir haben ja schon Bericht erstattet von der Freitagssitzung des bayrischen Landtags[2], in welcher die Genossen ihre fünf Buchstaben mit »ädler Entriestung« vom duftenden Pfühl erhoben und hinauswandelten[b)] als Sinnbilder eines beleidigten, werktätigen Volkes. Sie schritten dahin wie stolze Eckmaurer[3], bald es zwölf Uhr schlagt, wo jedem Brolehtarier ganz von selber der letzte Mörtelbatzen aus der Hand fallt. Mit finsteren Mienen schlichen die streikenden Politiker am Präsidententische vorbei und in ihren intelligenten, echten Staatsmännergesichtern stand der eiserne Entschluß: »Mir mögma nimma. Mir mochma a politische Brodzeit...«

Es war erschütternd anzusehen.

Meine lieben Leut', das ist nicht so einfach, wenn die großen Männer, die Herren der Refoluzion, streiken und die Mörtlbatzerei einstellen.

Da waren Staatsminister dabei; früherne Schtaatsminister[4], ab-g'haute, die wo das Land Bayern regiert haben, vom Judastag[5] bis hinterhalb Lichtmeß[6], schier gar drei Monat lang, bis ihnen das Szepter entwunden wurde von den polnischen Strizzibuben[7].

Der große Justizminister von vorgestern, der Herr Timm[8], dirigierte den Chor.

»Wir wollen der Regierung Gelegenheit geben, hier klare Auskunft zu geben über ihre Stellungnahme zum Pariser Diktat[9]...«

Darauf wurde gesagt: »Das darf die Regierung nicht, weil sich die Berliner strenges Stillschweigen ausbedungen haben.« Allein unser Ministerpräsident v. Kahr[10] hat ja den Herrn Auer[11] auf Samstag zu einer Unterredung eingeladen. Da erfährt er Alles, was er wissen will...

Jetzt trat der Herr Auer auf. Er konnte es ja nicht ableugnen, daß er eingeladen worden war, allein wozu und warum, behauptete er, das habe man ihm verschwiegen.

Der Oberamtmann v. Schelhorn[12], der das Telephongespräch mit Auer hatte, sagte aber: »Das ist nicht wahr! Ich kann es auf Eid nehmen, daß ich Herrn Auer deutlich sagte, zur Besprechung der politischen Lage...«

Also stehen sich die zwei Aussagen direkt gegenüber – eine muß falsch sein.

Wer glaubt, daß Herr v. Schelhorn etwas Unwahres behauptet hat? – –

Niemand – – wer noch?

Also hat Herr Auer – – – –?

Übrigens, was hat der große Staatsmann eigentlich geglaubt? Zu was ladet man ihn gerade jetzt zur Besprechung ein? Zum Geldbeutelwaschen nach dem Karneval oder zur Beratung über die Möglichkeit des Salvator-Ausschankes auf dem Nockherberg?[13] Oder zwegen dem Maurerschweiß, der auf Flaschen abgezogen wird?

Hätte der Herr Schelhorn nicht gleich am Telephon Alles sagen sollen, über was in dieser Zeit Stillschweigen herrschen muß? Oder noch besser, hätte er es nicht beim Soller im Thal[14] nach einem Trompetentusch verkünden sollen, oder beim Steyrer in der Schützenstraße[14], damit die Herren Uspe[c)] [15] was zum bolidisieren gehabt hätten.

Nach Beendigung des Ledermarktes, des Handels mit abgeschnittenen Coupéfensterriemen, verschwundenen Treibriemen et cetera. Und darüber, daß dem Herrn Auer nicht Alles am Telephon gesagt wurde, kamen die Genossen in die »ädle Entriestung«, die sie schon seit ein paar Tagen eingeübt hatten.

Ob der Herr Exminister draußen[d)] die Händedrücke der dankbaren Uspe entgegengenommen hat?

Schöne Seelen finden sich – –

Wahrscheinlich war unter den Uspe mehr wie einer, der selbigsmal, im Februar 1919, den Mordversuch auf Auer schon ein paar Stunden, vor er erfolgte, gewußt hat[16].

Das macht aber nichts, wenn es nur gegen Kahr und Ordnung geht, dann kann man Vieles verzeihen, auch einen Lungenschuß.

Die Zeit ist ja so langweilig, da brauchen wir eine Gaudi, einen Parlamentsstreik, daß die Schwanthalerhöh' auch was hat fürs Gemüt.

Es lebe die Firma Auer und Blumtritt![17] Die Schtützen des Vaterlandes in seiner größten Not.

Or.[e)] 4 Bll., L 2396 (Lemp S. 199 Nr. 207). – MA 47 Nr. 38 S. 1 v. 16. 2. 1921; Miesbacher Büchl S. 15 f. – Lemp S. 241 Nr. 1506; Hofmiller S. 726.

a) über: [Plärrochsenpolitik]
b) MA: hinauswanderten
c) verbessert aus: [Genossen]
d) folgt: [nicht]
e) Bl. 1 oben links: Leiter (Anweisung des Redakteurs für den Setzer); Bl. 4: Schlußzeichen

1 S. Nr. 3 Anm. 7.
2 S. MA Nr. 36 S. 1 v. 13. 2. 1921. – Über die Landtagssitzung v. 11. 2. 1921 s. LV 1920/21, StenBer 2, S. 482–489; vgl. die Zusammenfassung bei Schulthess 1921/I, S. 56f.
3 Qualifizierte Maurer, die Ecksteine setzen. Der Ausdruck kommt bei Thoma mehrfach vor.
4 Dem Landtag gehörten 1921 die Abg. Auer, Timm u. Roßhaupter an, welche Minister in der Regierung Eisner gewesen waren (s. Landtagshandbuch 1921, S. 1, 14, 18).
5 Tag des »Verrats« (7./8. 11. 1918).
6 2. Februar 1919.
7 Über die Bildung der Regierung der »Volksbeauftragten« am 6. 4. 1919 u. den Anteil der Landfremden unter den Führenden s. Gerstl S. 11ff; Mitchell S. 243; Schmolze S. 267ff; Morenz S. 64ff.
8 S. Nr. 10 Anm. 3. Timm war Fraktionsvorsitzender der MSP im bayer. Landtag.
9 S. Nr. 42 Anm. 3.
10 S. Nr. 1 Anm. 6. Kahr hatte am 5. 2. 1921 in Berlin an der Konferenz der Reichsregierung mit den Ministerpräsidenten der Länder zur Beratung der Pariser Beschlüsse teilgenommen (AR Fehrenbach S. 457ff; vgl. Schulthess 1921/I, S. 52).
11 S. Nr. 14 Anm. 3; vgl. MP Nr. 34, 35 v. 11. u. 12./13. 2. 1921.
12 Dr. Rudolf v. Schelhorn, Oberregierungsrat im Staatsministerium des Äußern (BJb. 1922, S. 274).
13 Im Salvatorkeller über dem Münchener Stadtteil Au (Hauttmann-Karlinger S. XIX, 161).
14 »Zum Soller« und »Steyrer« waren Bierwirtschaften; Thal: Straße östlich vom Marienplatz; Schützenstraße unweit des Hauptbahnhofs (Hauttmann-Karlinger S. 73). Im MA 46 Nr. 175 S. 2 v. 30. 7. 1920 als zwielichtige Absteigen geschildert. Vgl. auch Nr. 53 Anm. 9.
15 S. Nr. 10 Anm. 2.
16 Über das Attentat auf Erhard Auer am 21. 2. 1919 vgl. Mitchell S. 237, 241. Zum Gerücht, daß die Sprengung des Landtags geplant gewesen sei, s. Hofmiller, Revolutionstagebuch S. 159f, 163f; Müller-Meiningen S. 121f, 126. Vgl. MinProt S. LXIII.
17 Max Blumtritt (1877–1931), seit 1919 MdL (USP); s. Landtagshandbuch 1920, S. 34; 1921, S. 35; Christoph Rabenstein, Politische u. publizistische Strömungen in einer Stadt Oberfrankens: Hof 1918–1924, Bayreuth 1986, S. 179ff. – Zu »Schwanthalerhöh« vgl. Nr. 3 Anm. 7.

Mittwoch, den 16. Februar 1921 47

Auch eine Abwehr.

Der Herr Lehrer Heim aus Wiessee[1] hat im »Seegeist«[2] einen Wutschlaganfall erlitten, von dem man die geschätzte Lehrkraft kurieren muß. Setzen S' Ihnen nur nieder, Herr Heim, und trinkens einen Schluck Wasser – so – – und jetzt reibens Ihnen 's Hirn ein bissel mit Salmiak ein – so – – geht schon besser? Nicht wahr? Jetzt passens auf:

Wir haben über die Tegernseer Kommunistenrede deutlich geschrieben[3], nicht weil uns der junge Mann in Schrecken gesetzt hat, sondern weil uns die allgemeine Schlußfolgerung aus diesem Vorkommnis ermahnt hat, gewissen ganz hochmögenden Herrschaften zu bedeuten, daß unterm Tisch noch ein Boden ist. Der junge Bursch, von dem jetzt Alle wegrücken wollen, der für ein räudiges Schaf unter lauter blühweißen gelten soll, hat bloß das gesagt, was er in sich aufgenommen hat in der Schule. Und wir, hochgeborner Herr Lehrer Heim, wollen nicht, daß künftige Lehrer im Seminar[4] kommunistische Lehren in sich aufnehmen. Da fehlt's an der Erziehung. Verstanden? Warum hat es das vor 1918 nicht gegeben? Die jungen Leute waren genau so dumm und genau so feucht hinter den Ohrwascheln, wie heute, aber ausgelassen haben sie sich nicht mit den kommunistischen, sozialen[a)] Sprüchen. Und heraußen auf dem Land hat der Herr Pfarrer obacht gegeben, daß die Bäum nicht in den Himmel wachsen, und daß die Schule zuerst und allerst und ganz zu allererst gut bayrisch und christlich geblieben ist[5].

Das war Autorität, und so war's den Bauern recht; jetzt müßten wir die Schul' haben, wie es gerade Jedem paßt? Und dabei müßten wir zuschauen, wie die jüngeren Lehrer-Jahrgänge mit unverdauten kommunistischen Brocken herumlaufen? Gibt's nicht, Herr Lehrer! Halt a wenig, reiben's Ihnen nur wieder mit Salmiak ein – es vergeht schon.

Wo haben wir denn ein Wort gegen die Lehrerschaft des Bezirkes Miesbach gesagt? Sie müssen schon über Ihren künftigen Kirchturm hinausschauen und müssen verstehen – nur fest einreiben! – verstehen, daß wir nicht bloß Wiessee meinen, wenn wir von bayrischen und deutschen Zuständen schreiben. Wir wollen zunächst unser bayrisches Vaterland freihalten von der Schulverderbnis, die sofort mit der Revolution aufs Tapet gekommen ist, wir wollen sie freihalten von der Verhöhnung des Christentums. Haben Sie in Wiessee nichts gehört und gelesen davon, wie es in norddeutschen und mitteldeutschen Schulen zugeht? Wie der Zehngebote-Hoffmann[b) 6], wie jüdische Schuldirektoren in Berlin und anderswo, die Jugend verhunzen wollen?

Wir wollen die Regierung in München ersuchen, daß sie dem Schulmonarchen von Wiessee und »O'winkei«[7] Material unterbreitet, damit er sieht, wohin der Karren laufen soll.

Gibt's in Bayern keine Lehrer unter den Unabhängigen?[8] Keine unter den Kommunisten?[9] Also, was reden Sie denn? Lassen Sie die Sprüche daheim, daß wir die Autorität untergraben! Wir helfen mit, sie zu erhalten. Allerdings die richtige und einzig wahre Autorität, die den Respekt vor unserm Herrgott, vor Vaterland und der gesegneten schönen Zeit, die unser Land als tausendjährige Monarchie gesehen hat, pflegt.

Jetzt machen's nur noch eine Flasche[c)] Salmiak auf, wir sind noch nicht fertig.

Schauen Sie, Herr Lehrer, wenn Sie uns Revolverblatt heißen, dann fällt uns ein, daß wir allerdings vor den Revolvermündungen und den Handgranaten der Spartakisten[10] ohne Zaudern alleweil die Güter verfochten haben, die vor dem 7. November 1918[11] in allen Schulen als die höchsten hingestellt worden sind: Religion, Treue, Gehorsam, Liebe zur Heimat, Ehrfurcht vor unserm tapfern Herrn[d)].

Haben Sie diese Güter so offen und so laut in Schutz genommen, als der Saujud[12] in München mit seinen maskierten Matrosen regierte? Sie zitieren ja den Kerl gegen uns! – Einreiben – fest einreiben! – Sie zitieren seine Worte gegen die »zügellose Presse«. O mein Herr Lehrer! Das glauben wir schon, daß dem Burschen die Bloßstellung seiner landesverräterischen Machenschaften nicht gefallen hat. Aber der »Miesbacher Anzeiger« hat eine Pflicht getan und hat das offen gesagt, was sich Andere kaum zu denken trauten[13].

Wir waren da, verstanden Herr Heim!?, zu derselbigen Zeit, als gewisse, hochgeehrte Autoritäten in die Mauslöcher schloffen, als man sich allgemein »auf den Boden der Verhältnisse stellte« und Alles vergaß, was man einmal als heilig und unantastbar hingestellt hatte – als der brave »Seegeist« zu Allem »Ja und Amen« sagte und demütig das in sein Blatt gab, was man ihm vorbrockte.

Selbigesmal, wie so Viele in der Kloake der Revolution untergetaucht sind, ist der »Miesbacher Anzeiger« so gut bayrisch und deutsch geblieben, wie es jetzt auch wieder Andere sind, die gestern noch im Mausloch waren.

Und daraus entnehmen wir unser Recht, scharf aufzupassen, daß nicht von hinten herum das Gift in unserem Volke verbreitet wird.

Wenn Sie das nicht verstehen, bleiben Sie bei der Salmiak-Kur, und wenn Sie unsere Sprache nicht vertragen, dann lesen Sie uns nicht!

Das Gebirgsvolk, für das wir auch in der gefährlichen Zeit eingetreten sind, weiß viel besser, wie Sie, daß unser Kampf verdienstlich war und ist, und daß man derb zuhauen muß. So ist es ihm recht, und es kümmert sich so wenig, wie wir, darum, ob dabei ein paar beleidigten Leberwürsten die Haut platzt. So – – und jetzt machen's noch einen kalten Umschlag ums Köpferl. Adje derweil!

Or.[e] (Masch.schrift) 3 Bll., L 2396 (Lemp S. 200 Nr. 225). – MA 47 Nr. 38 S. 2 v. 16. 2. 1921. – Lemp S. 241 Nr. 1507; Hofmiller S. 726.

a) MA: sozialistischen
b) MA: Hofmann
c) MA: ein Flaschl
d) MA: unserem tapferen Heere
e) Bl. 3: Schlußzeichen

1 Bad Wiessee, am Tegernsee (Lkr. Miesbach). Vgl. auch die Berichte in MA Nr. 36 S. 3 v. 13. 2. 1921; Nr. 39 S. 2 v. 17. 2. 1921.
2 Tegernseer Zeitung – Seegeist Nr. 19 v. 13. 2. 1921 brachte einen Artikel v. Ludwig Heim, der die Vorwürfe des MA gegen die Lehrerschaft des Bezirks Miesbach zurückwies.
3 S. Nr. 44.
4 Über die Lehrerseminare s. Nr. 44 Anm. 4. – Am 13. 12. 1918 hatte Kultusminister Hoffmann die geistliche Leitung und Aufsicht in den Präparandenanstalten und Lehrerseminaren aufgehoben (KMBl 1918, S. 333); vgl. Scharnagl S. 6f. Vgl. auch Nr. 95.
5 Aufhebung der geistl. Schulaufsicht am 16. 12. 1918 (GVBl 1918, S. 1275;

MinProt S. 172, 176ff); über Proteste des Bayer. Christlichen Bauernvereins über die Schulverhältnisse auf dem Land s. Bergmann, Bauernbund S. 130ff.

6 S. Nr. 33 Anm. 3 und 6. Adolf Hoffmann war 1918/19 preuß. Kultusminister.

7 Abwinkl, Gemeinde Bad Wiessee (Lkr. Miesbach).

8 USP; s. Nr. 10 Anm. 2.

9 S. Nr. 114 Anm. 1.

10 Anhänger des Spartakus-Bundes. – Zur Gründung des Spartakus-Bundes in München (Dezember 1918) unter Führung von Max Levien vgl. Schmolze S. 192ff; Morenz S. 37; Mitchell S. 169; Schade S. 78.

11 Beginn der Revolution in München.

12 Kurt Eisner; s. Nr. 14 Anm. 7. Über Matrosen als Eisners Palastgarde s. Nr. 53 Anm. 6.

13 Zur Einstellung der Münchener Presse gegenüber Eisner im Dezember 1918 s. Schmolze S. 187ff; MinProt S. 103, 133–138. Zum MA: Appel S. 83, 234f. Zu den »landesverräterischen Machenschaften«, womit Eisners Dokumentenveröffentlichung über den Kriegsausbruch im Juli 1914 gemeint ist, s. Nr. 34 Anm. 3.

Donnerstag, den 17. Februar 1921 48

Der Gerlach[1].

Es hat in Preußen zwei Gerlachs gegeben. Leopold[2] und Ludwig[3], die waren als frömmelnde Stockjunker die Freunde, Berater und Verderber des Kronprinzen, späteren Königs Friedrich Wilhelms IV.[4] Ihre Namen hatten einen schlechten Klang im ganzen Lande; verbohrt und zu gleicher Zeit feig, als es anno 48 zum Krawall kam.

Ein Nachkomme des einen Gerlach ist seit mehr als zwanzig Jahren eine viel belachte Figur in Berlin, als überdemokratischer Leiter des Spektakelblattes »Welt am Montag«, als Abgeordneter und Vielschwätzer[5].

Die »Augsburger Abendzeitung«[6] bringt folgenden Auszug aus einem Artikel, den das drei Käse hohe, immer radikale Phrasen krähende Männchen, auch äußerlich die Karikatur eines preußischen Junkers losgelassen hat.

Ekelhaft! Gerlach schreibt[a)] in seiner »Welt am Montag«:

Meine Herren Franzosen! Ich verstehe die Stimmung, aus der heraus die Beschlüsse von Paris[7] geboren sind. Sie wissen, daß unsere Regierenden Ihnen 1914 den Krieg aufgezwungen haben, daß sie entschlossen waren, Ihnen lieber Toul und Verdun abzuverlangen, ehe sie die Neutralität Frankreichs duldeten. Sie wissen, daß bei uns die mächtigsten Wirtschaftsverbände im Annexions-Wahnsinn gegen Frankreich schwelgten. Sie wissen, daß unsere Militärs durch die Deportation Ihrer Zivilbevölkerung, durch die planmäßige Verwüstung des Somme-Gebietes, durch die Zerstörung Ihrer Fabriken und Kohlengruben sich unsagbare Verbrechen haben zuschulden kommen lassen, für die noch keiner zur Rechenschaft gezogen worden ist. Sie haben mit Ingrimm den Zustand Ihres verödeten Ostens und Nordens mit dem blühenden Rheinland verglichen. Sie leiden jetzt wirtschaftlich und finanziell mindestens so wie wir......

So was darf sich noch Deutscher nennen![a)]

Jawohl[b)], und was noch sonderbarer ist, so was darf frei und ungefährdet herumlaufen.

Allerdings müssen wir zu Ehren einiger Berliner feststellen, daß der Gerlach bei einer Versammlung im letzten Jahre Maulschellen bezogen hat[8].

Sein gußeisernes Brandenburger[9] Mundstück hat aber die Operation überstanden; wie man sieht, kann er es längst wieder zur Verunglimpfung Deutschlands auf- und zuklappen.

Wenn ihm bayrische Hände d'rübergefahren wären, könnt' es eher sein, daß es noch aus der Scharnier wäre.

So[c)] schimpft er gemütlich weiter als lebendiger Beweis für unsere stets wiederholte Behauptung, daß der Berliner Demokrat[10] weit unterm Sozi steht. Und ob man uns tausendmal Partikularisten heißt, wir sagen es immer wieder: Von dieser angefaulten, reichsverderberischen Gesellschaft müssen wir abrücken.

Gegen die Leute gibt es nichts als die geballte Faust und wo[d)] sie uns dreinreden wollen – drauf auf die Schnauze!

Or.[e)] 2 Bll. (Bruchstück), L 2396 (Lemp S. 198 Nr. 165). – MA 47 Nr. 39 S. 1 v. 17. 2. 1921; Kloeber S. 103f. – Lemp S. 241 Nr. 1508; Hofmiller S. 726.

a)–a) fehlt im Original; dafür: etc. etc. (Thoma gab offensichtlich seinem Manuskript ein Exemplar der MAA bei; s. Anm. 6).
b) folgt: [so was darf sich Deutscher nennen]
c) folgt: [lebt er ge⟨mütlich⟩]
d) MA: wenn (vom Redakteur verbessert); Kloeber: ebenso
e) Bl. 2: Schlußzeichen

1 Hellmut Georg v. Gerlach (1866–1935), Politiker u. Journalist, 1903–1907 MdR; s. NDB 6, S. 301f; Schwarz S. 321; Benz-Graml S. 103.
2 Leopold v. Gerlach (1790–1861), preuß. General; s. NDB 6, S. 294f.
3 Ludwig v. Gerlach (1795–1877), 1849–1858 Mitglied des preuß. Abgeordnetenhauses; s. NDB 6, S. 296–299.
4 Friedrich Wilhelm IV. (1795–1861), 1840–1861 König v. Preußen; s. NDB 5, S. 563–566. – Zur Situation der konservativen Kräfte in Preußen 1848 s. Gebhardt-Grundmann 3, S. 143; Thomas Nipperdey, Deutsche Geschichte 1800–1866, München 1983, S. 632.
5 Hellmut v. Gerlach war mit den Brüdern Leopold u. Ludwig v. Gerlach nicht verwandt; s. Hellmut v. Gerlach, Erinnerungen eines Junkers, Berlin o. J. [1924], S. 9ff. Hellmut v. Gerlach war seit 1908 Chefredakteur der linksdemokratischen, pazifistischen Wochenzeitung Welt am Montag in Berlin (HB der deutschen Presse 53, S. 420; Schulte S. 7ff, 157ff).
6 MAA Nr. 60 v. 10. 2. 1921.
7 S. Nr. 42 Anm. 3. – Zu der auf eine deutsch-französische Verständigung abzielenden Publizistik Gerlachs vgl. Schulte S. 177.
8 Gerlach wurde am 20. 2. 1920 bei einer Veranstaltung der Deutschen Friedensgesellschaft in Berlin von Angehörigen der Brigade Ehrhardt angegriffen u. verletzt (Schulte S. 182).
9 Gerlach war Schlesier; vgl. seine Erinnerungen (wie Anm. 5) S. 25.
10 Gerlach gehörte 1918 zu den Gründern der DDP (Ebd. S. 155, 158; Schulte S. 170f).

Donnerstag, den 17. Februar 1921 49

Muttersprache.

In offiziellen Kundgebungen finden wir jetzt oft das Wort »Der Feindbund«. Wir bitten unsere bayrische Regierung, daß sie diese Berliner Sauerei nicht mitmacht. Der Jude als geborener Lispler ist ein Feind des Ringel»es« im Genitiv[1]. Deswegen hat auch der polnische Kladerjüd[2] Chaim Witkowski, genannt Harden[3], das Ringel»es« abgeschafft.

Jetzt wäre es auf einmal schon Amtssprache oder Amtsprache, wie der Kladerjüd schreibt.

Einen schönen Gruß an die Spreethebaner[4] und es heißt: »Der Feindesbund«. So ist es richtig und das andere ist nicht deutsch, nicht einmal daitsch, sondern dreckiges Jiddisch aus dem Jrunewald, wo die Holzauxion war[5].

Or.[a] 1 Bl., L 2396 (Lemp S. 199 Nr. 182). – MA 47 Nr. 39 S. 1 v. 17. 2. 1921. – Lemp S. 241 Nr. 1509; Hofmiller S. 726.

a) Schlußzeichen

1 Komposita können ohne Verbindungselement (z. B. Maurerkelle) oder mit einem solchen (Fugenzeichen) (z. B. Bischofsmütze) gebildet werden. Die Fugenzeichen können Flexionsendungen vorausgegangener syntaktischer Fügungen sein, brauchen diesen aber auch nicht zu entsprechen (z. B. Bischofskonferenz). Eine allgemeine Regel gibt es nicht; vgl. Grammatik der deutschen Gegenwartssprache (Der Große Duden 4) 1959, S. 336–341; 4. Aufl. 1984, S. 450–456.

2 Jude, der sich mit Handel oder Anfertigung von Kleidern beschäftigt.

3 S. Nr. 2 Anm. 9. – Harden war als Herausgeber der Zeitschrift »Die Zukunft« nach 1890 Bismarcks Leibjournalist (Erich Eyck, Bismarck, 3, Erlenbach-Zürich, 1944, S. 607f).

4 Bildung wohl in Anlehnung an die seit dem späten 18. Jahrhundert vorkommende Bezeichnung Berlins als »Spreeathen« (Büchmann S. 112).

5 Villenkolonie am Grunewald-Forst im Südwesten Berlins (Baedeker, Berlin u. Umgebung, 16. Aufl., Leipzig 1910, S. 180). Den Schlagertext »Im Grunewald ist Holzauxion ...« erwähnt Thoma auch in der Erzählung »Das Volkslied« (Simplicissimus 18, 1913/14, S. 220–222; Lemp S. 229 Nr. 1072).

Freitag, den 18. Februar 1921 50

Die[a)] »Münchner Post«[1].

Unsere Leser wissen bereits, daß der »Miesbacher Anzeiger« nicht wegen Sattlermajestätsbeleidigung verklagt wird, indem daß Ihro Majestät von der Sprungfedernmatratzen nicht so tief zum kleinen Volke heruntersteigen wollen[2].

Was der Allerhöchst in Gott ruhende hochselige Herr Vater[3] von Fritze Ebert dazu sagen würde, wenn er diesen Ukas[4] des Knäs von Berlin[b) 5] gelesen hätte?

Wir bewahren ihn als Kultur-Kuriosum auf für spätere Zeiten, wo man in Deutschland wieder herzlich lachen können wird.

Die andere Seite dieses komischen Vorfalles ist das Benehmen der »Münchner Post«, die unsern Artikel[6] an den Stufen des Sattlerthrones niedergelegt hat, mit der untertänigst ersterbenden Bitte[c)], doch Allerhöchst Strafantrag gegen den »Miesbacher Anzeiger« zu stellen.

Seit Jahr und Tag stehen die Fritzchen vom Altheimereck[7] mit aufgehobenem Finger da: »Herr Lehrer, der ›Miesbacher Anzeiger‹ hat was über Sie gesagt! Herr Lehrer, der ›Miesbacher Anzeiger‹ hat beleidigt! Herr Lehrer, und so weiter«.

Wir sehen in diesem männlichen Benehmen die Quittung für die vielen schmerzhaften Maulschellen, die wir austeilen. Und immer noch hängt der Ochsenfiesel[8] neben unserm Schreibpult. Die »Münchner Post« wird noch oft »anzeigen«.

Or. 1 Bl., L 2396 (Lemp S. 199 Nr. 190). – MA 47 Nr. 40 S. 2 v. 18. 2. 1921. – Lemp S. 241 Nr. 1510; Hofmiller S. 726.

a) folgt: [Post]
b) verbessert aus: [Hamborch[9]]
c) davor: [Ersuchen]

1 S. Nr. 1 Anm. 1.
2 S. Nr. 6 Anm. 2.
3 Franz Karl Ebert (1834–1892); s. NDB 4, S. 254; Maser S. 15ff.
4 Befehl (meist mit Nebensinn des Tyrannischen oder Rücksichtslosen); s. Grimm 11/II, Sp. 751.
5 Spitzname Eberts? Auch Reichskanzler Wirth wird im MA so bezeichnet (Kloeber S. 160f).
6 MP Nr. 35 v. 12. 2. 1921 brachte unter der Überschrift »Schimpffreiheit« die Mitteilung, daß das Büro des Reichspräsidenten dem Bezirksverband Oberbayern-Schwaben der Sozialdemokratischen Partei mitgeteilt habe, der Reichspräsident wolle sich nicht der Lächerlichkeit aussetzen, gegen ein Blatt wie den MA gerichtliche Schritte zu unternehmen. Der Bezirksverband hatte dem Reichspräsidenten ein Exemplar des MA mit einem »Schimpfartikel« zugesandt. Der Bericht schließt mit der Bemerkung: »Der MA hat also Schimpffreiheit, Herr Eck kann also ruhig weiter schimpfen«. – Auf die gen. MP-Mitteilung wies MA Nr. 37 S. 2 v. 15. 2. 1921 bereits hin. Vgl. auch S. 469.
7 Sitz der Redaktion der MP (s. Nr. 3 Anm. 4).
8 Derbe Peitsche (eigentlich membrum bovis); s. Schmeller 1, Sp. 768; Küpper 6, S. 2066.
9 Thoma schreibt gelegentlich irrtümlich, daß Ebert in Hamburg gelebt habe (s. Nr. 102 Anm. 12).

Samstag, den 19. Februar 1921 51

Unsere Gewaltherren.

Ja, Leut', das wißt Ihr noch gar nicht recht, daß wir jetzt nicht mehr Bundesstaat sind, sondern ein Brei, den die Köche in Weimar zusammengerührt haben, und das wißt Ihr auch nicht, wie uns die beschnittenen Neu-Brandenburger bloß so als Untertanen behandeln möchten[1].

Neulich schrieb irgend ein galizischer Rotzlöffel in einer Berliner Zeitschrift, daß in Berlin die bayrische Nebenregierung lästig empfunden werde.

Lest 's das nur nochmal! Neben-Regierung; die Haupt-Regierung ist in Schieberopolis an der Spree und wird ausgeübt vom Stamme Ephraim und Levi.

Früher, als in Berlin eine Macht saß und ein gewaltiger Mann das Ruder führte, so bis 1890, war die Sprache gegen Süddeutschland würdig und taktvoll[2]; nach 1890 kam ja die Maulaufreißerei in Schwung[3], aber uns gegenüber war man aus guten Gründen zurückhaltend.

Nach dem Krieg, der dem bayrischen Waffenruhm[a)] in der ganzen Welt Anerkennung verschaffte, kam die Sauerei von 1918.

Das schmierige Gesindel, das in Berlin obenauf kam, die Hyänen der Revolution[b)], die sich an der Leiche unseres heldischen Vaterlandes gütlich taten, dieses traurige Saupack aus Tarnopol und Jaroslau[4], möchte gegen Bayern den überlegenen Ton der Herren[c)] oder gar Herrscher anschlagen. Auf den Gesetzestafeln des Mosses[d)], im »Berliner Tagblatt«[5], in der Frankfurter Schieberbörse, in der ganzen jiddischen Presse, will man uns als »graußes Preißen« kommen, beschimpft unsere Landes-Regierung, verhöhnt sie und überlegt sich, ob man sie weiter existieren läßt[6].

Diese ehrlosen Feiglinge, die sich freiwillig zu Spucknäpfen der Franzosen machen[7], möchten uns Bayern als Gewalthaber einschüchtern.

Natürlich bloß mit Druckerschwärze, denn mündlich trauen sie sich nicht, weil sie wissen, daß wir sie totschlagen würden, wenn sie uns ihre Frechheiten ins Gesicht grinsen würden.

Diese geborenen Kleiderhändler, die[e] als maskierte Preußen eine besoffene Fastnachtsgaudi[8] aufführen, wollen das Volk, dessen Helden in Flandern, vor Verdun, an der Somme, in den Karpaten, in Rumänien, in Serbien, in Italien unsterblichen Ruhm erwarben[9], als Deutsche zweiter Klasse behandeln. Warum?

Weil wir bei der Mischpoche[10] unbeliebt sind, seit wir außer dem Itzig von der Promenadestraße[11] noch etliche vom Stamme Levi abgeschossen haben. Deswegen kreischen sie auch nach der Auslieferung unserer Waffen[12]. Aber unsere »lästige Neben-Regierung«, zu der wir wie ein Mann stehen, wird hoffentlich die schärfste Tonart gegen das Schieberpack finden.

Wir vermelden der getragenen Kleiderbranche an der Spree, daß wir jederzeit bereit sind, frechen[f] Galiziern das Fell zu verhauen. Wir kommen sofort; Postkarte genügt.

Or.[g] 3 Bll., L 2396 (Lemp S. 198 Nr. 167). – MA 47 Nr. 41 S. 1 v. 19. 2. 1921. – Lemp S. 241 Nr. 1511; Hofmiller S. 726.

a) folgt: [von einem Ende]
b) verbessert aus: [des Revolutionsbildes]
c) verbessert aus: [des Herrn]
d) MA: Moses
e) folgt: [sich]
f) davor: [den]
g) Bl. 3: Schlußzeichen

1 Zum Bundesstaatscharakter des Reiches nach der Weimarer Verfassung s. Nr. 1 Anm. 10.
2 Entlassung des Reichskanzlers Otto Fürst v. Bismarck (vgl. Nr. 23) am 20. 3. 1890. Zum Föderalismusproblem in der Reichsverfassung v. 1871 s. Huber 3, S. 788 ff.
3 Vgl. Nr. 34 Anm. 13.
4 Über Tarnopol s. Nr. 29 Anm. 5. Jaroslau westlich von Lemberg in Galizien (Polen) mit ca. einem Drittel jüdischem Bevölkerungsanteil (Enc. Jud. 9, Sp. 1288 f).
5 Berliner Tageblatt; s. Nr. 2 Anm. 2.
6 Gleichsetzung des Reiches mit Preußen; zum jiddischen Vokalismus vgl. Landmann S. 81 (Entrundung). Zu den Spannungen zwischen der Reichsregierung u. der Regierung Kahr s. Nr. 46. – Im Berliner Tageblatt Nr. 13 v. 19. 1. 1921 war von Gerüchten, daß Kahr amtsmüde sei, die Rede; die Drahtzieher dieser Regierung hätten eingesehen, daß das Auftrumpfen in der Einwohnerwehrfrage ihnen selbst schade.
7 Vgl. dazu etwa Nr. 48.
8 Vgl. Nr. 42.
9 Zur bayer. Militärgeschichte s. Die Bayern im Großen Krieg 1914–1918, hg. v. Bayer. Kriegsarchiv, München 1923.

10 S. Nr. 15 Anm. 9.
11 Ermordung Kurt Eisners (s. Nr. 14 Anm. 7) in der Promenadestraße in München. Auch Gustav Landauer wurde ermordet (Morenz S. 128).
12 Zur Entwaffnung der bayer. Einwohnerwehr s. S. 480f.

Dienstag, den 22. Februar 1921 52

Der Fall Kaiser[a)].

Nichts hat die furchtbare[b)] Entsittlichung dieser Zeit heller beleuchtet, wie der Prozeß gegen das Diebsehepaar Kaiser[1].

Die Ausflüchte der Angeklagten selber sind dabei nicht so bemerkenswert, wie die ganze Aufmachung, die Verhandlung, die Presse-Urteile usw.

Es war immer das gute Recht eines Lumpen, sich hinauszulügen oder den Verführten zu spielen und der Kaiser hat zur Abwechslung das Genie gespielt, für das bürgerliche Rechtsbegriffe nicht vorhanden sind. Vor 1918 und gar vor 1914 hätte man dem Genie mit ein paar Worten deutlich gemacht, daß gerade[c)] der wirklich geistig oder sozial höher Stehende die strengere[d)] Pflicht zur Beobachtung der Gesetze hat, als der kleine Staubgeborene.

Das ist in vielen Fällen geschehen, wo Verfehlungen durch zügelloses Temperament veranlaßt worden sind.

Mit einem kläglichen Dieb, der Leute bestahl, die ihm Vertrauen schenkten, mit einem Hausmarder und Einmietedieb hätte man noch[e)] weniger Federlesen gemacht.

Diese Verfehlungen beruhen auf einer völligen Charakterlosigkeit, sind nicht mit Temperament usw. zu entschuldigen, sondern sind klipp und klar Ehrlosigkeiten; der Dieb ist immer verächtlich und im Diebstahl liegen die Möglichkeiten und Keime zu allen Verbrechen.

Das hätte das Gericht mit dürren Worten sagen müssen.

Hier gibt es keine geistige Größe mehr und die Berufung auf zweifelhafte, literarische Leistungen ist nur eine Frechheit.

Wer stiehlt, ist ein Lump; wer Freunde unter Mißbrauch seines Ansehens bestiehlt, ist ein doppelter Lump und damit fertig.

Statt dessen hört man geduldig saudumme Sprüche an vom nationalen Unglück, das die Verhaftung dieses Stücke schreibenden Gauners bedeutet habe, und so weiter. Das ist Schindludertreiben mit Staat und Gesellschaftsordnung, und ein Staat, in dem man noch darüber debattieren kann, ob ein Juwelendieb wegen ein paar Bühnenfatzkereien straflos bleiben soll, hat kein Ansehen mehr.

Von »hungernden Kindern« redete dieses saubere Paar, das nachgewiesen von den Verlegern in zwei Jahren – 190000 Mark erhalten hatte![f)]

Immer ist in dieser Verhandlung von »Not« die Rede, gerade so, als habe man das Gericht für die recht »humane« Behandlung des Falles auch noch verhöhnen wollen.

Glauben wir noch an unsere Existenzberechtigung? Wenn ja, dann schieben wir Lumpen ins Zuchthaus – wenn nein – gut, dann hat der Herr Kaiser das Wort und seine Spießgesellen dazu, für die der Diebstahl der Ausfluß einer Weltanschauung ist. –

Das[g)] Kennzeichen der Zeit aber ist die Behandlung des Falles durch die Presse[2]. So tief gesunken kann heute das Rechtsbewußtsein des Volkes sein, daß eine hysterische Preßhure mit unzweideutigen Worten für ein ehrloses Verbrechen ein zweifelhaftes Skribententum als strafausschließenden Grund ausschreit!

Und Vertreterinnen des »werktätigen« Volkes verteidigen einen innerlich verfaulten Prasser, der bei einem Einkommen von 190000 Mark Juwelen stehlen muß, um leben zu können.

Wer ein ehrlicher Arbeiter ist, muß doch ausspeien vor diesen Mithelfern, vor diesem, bloß mehr Redensarten erbrechenden Preßgesindel.

Laßt sie ihren eigenen Kot fressen, diese Auswürflinge, und besinnt euch auf Gottes Gebot!

Or.[h)] 5 Bll., L 2396 (Lemp S. 198 Nr. 162). – MA 47 Nr. 43 S. 1 v. 22. 2. 1921. – Lemp S. 241 Nr. 1512; Hofmiller S. 726.

a) über: [Menetekel]
b) folgt: [Demo⟨ralisierung⟩]
c) verbessert aus: [auch]
d) verbessert aus: [höhere]
e) folgt: [kürzeres]
f) folgt: [»Ich bin namenlos groß!« ruft der Bursche in der Voruntersuchung aus[3].

Jawohl, ein namenlos großer Gauner, den man in gesünderen Zeiten an den Galgen gehängt hätte.]
g) folgt: [Bezeichnende]
h) Bl. 5: Schlußzeichen

1 Georg und Margarete Kaiser; s. Nr. 15 Anm. 1.
2 MA Nr. 38 u. 40 v. 16. u. 18. 2. 1921 berichten über die Verhandlung vor dem Landgericht München I. Kaiser und Frau hatten 1918 bis 1920 Gegenstände ihrer Mietgeber unterschlagen; die aus Verlegervorschüssen stammenden Einnahmen Kaisers betrugen 1919 90000 Mark und 1920 100000 Mark. Kaiser wurde zu einem Jahr, seine Frau zu vier Monaten Gefängnis verurteilt. – Über den Fall Kaiser berichtete MP Nr. 38 u. 39 v. 16. u. 17. 2. 1921 (»Nachdenkliches zum Fall Kaiser«). Vgl. auch Berliner Tageblatt Nr. 76 u. 77 v. 15. u. 16. 2. 1921.
3 Diese Äußerung Kaisers überliefert auch der Prozeßbericht in MAA Nr. 69 v. 16. 2. 1921.

Mittwoch, den 23. Februar 1921 53

Unser Timm[1]

ist halt nicht zufrieden mit den Leistungen des jüngeren Ministerjahrgangs Kahr[2].

Neulich hat er ihm die Note 4 gegeben, jetzt die Note 3 bis 4, eher 4 bis 3[3].

Bei mehr Aufmerksamkeit auf die Sozi und bei gründlicherer Beherrschung der Redensarten, kann der Ministerpräsident vielleicht die Note 3 erringen. Höher geht es nicht.

Warum hat aber die Exzellenz Kahr nicht besser obacht gegeben, als uns allen unter Teiteles premier oder Kurt[4], dem Langhaareten, der große Minister[5] Timm das Regieren vormachte?

Waren seine diplomatischen Verhandlungen mit dem Matrosenkare[6] und der Rucksackzenzi nicht musterhaft? Wer erinnert sich nicht mit Stolz an die Konferenzen in der Gruabn, in der Orleaßschtraße, wo unter dem Vorsitz des Baron Giesing[7] die politische Stellung Bayerns befestiget wurde? Wer denkt nicht wehmütig zurück an den wirtschaftlichen Aufschwung unter Teiteles, Auer[8], Timm? An die Gründung der Fundbörse beim Steyrer[9], an die Sozialisierung des Einbruchdiebstahles?

Ist die glänzende Reorganisation der Polizei[10] unter Teiteles,

Timm und Genossen schon in Vergessenheit geraten? Damals, als die echt volkstümliche Figur des Batzi[11] den vertrockneten Beamten in allen höheren Stellungen ablöste? Denken wir doch an die goldene Freiheit, die unter jenem ersten Ministerium in Bayern ihren Einzug hielt! Als die herzigen Mädchen von der Au, vom Nordend und der Schwanthalerhöhe[12] ihre Kakteen in die Ministerialbüros, Polizeikanzleien, in die Säle der Residenz und anderer Paläste pflanzten.

Diese Hebung der Gartenkunst, diese ungeahnte Mehrung der Fäkalien und noch vieles Andere soll[a)] unausrottbar in unserem Gedächtnisse bleiben; diese Blüte der Kultur ist für immer verbunden mit dem Namen der ersten glorreichen Regierung[13].

Leider dauerte sie zu kurz. Als der Kurt in der Promenadestraße ausrutschte[14], fiel ja auch jenes glänzende Ministerium und Timm verbarg sich vor dem glühenden Danke seines ihn anbetenden Volkes[15].

Or.[b)] 2 Bll., L 2396 (Lemp S. 199 Nr. 210). – MA 47 Nr. 44 S. 2 v. 23. 2. 1921. – Lemp S. 241 Nr. 1513; Hofmiller S. 726.

a) verbessert aus: [ist]
b) Bl. 1 oben rechts: Leiter (Anweisung des Redakteurs für den Setzer); Bl. 2: Schlußzeichen

1 S. Nr. 10 Anm. 3. Vgl. die kritische Stellungnahme des Abg. Timm (MSP) zur Politik der Regierung Kahr in der Landtagssitzung v. 17. 2. 1921 (LV 1920/21, StenBer 2, S. 541–547; MP Nr. 40 v. 18. 2. 1921).
2 S. Nr. 1 Anm. 6.
3 In den bayer. Schulen galt das Vier-Noten-System (I = sehr gut – IV = ungenügend); s. Englmann-Stingl, 5. Aufl., S. 516.
4 Kurt Eisner (s. Nr. 14 Anm. 7 u. Nr. 67 Anm. 8). – Teiteles vom Namen David (Krause S. 48) oder von »Deuter«, »Zeiger« (bei der Thoralesung) abgeleitet (Jüd. Lex. 4, Sp. 902).
5 Timm war Justizminister in der Regierung Eisner (s. Nr. 10 Anm. 3). Über Timms gespanntes Verhältnis zu Eisner s. Mitchell S. 147ff. Vgl. auch Nr. 102/2 Anm. 7.
6 Bezieht sich wohl auf die Vorgänge am 10. 1. 1919 vor und im Ministerium des Äußern; die republikanischen Sicherheitstruppen (zu Eisners Schutz) bestanden vornehmlich aus Matrosen; vgl. Schmolze S. 196ff; MinProt S. 281–290; Müller-Meiningen S. 87. Über Eisners Matrosenwache s. auch Schmolze S. 176; Hümmert S. 105f; über den Matrosenputsch in München am 19. 2. 1919 vgl. Morenz S. 50.
7 Grube in Haidhausen (s. Nr. 16 Anm. 7), Orleansstraße beim Ostbahnhof, Giesing (s. Nr. 17 Anm. 6) galten als Arbeiterwohnquartiere. In der Grube

wurden Anhänger der Rätebewegung erschossen (Hofmiller, Revolutionstagebuch S. 215).

8 S. Nr. 14 Anm. 3.

9 In der Gastwirtschaft zum Steyrer (Schützenstraße in München) wurden vielfach geplünderte Gegenstände verkauft; s. Hofmiller, Revolutionstagebuch S. 209, s. auch Ebd. S. 27 über den Verkauf militärischer Ausrüstungsgegenstände durch Soldaten anfangs November 1918 in dieser Gastwirtschaft. Vgl. auch Nr. 46 Anm. 14.

10 Über den von der Regierung Eisner bestellten Münchener Polizeipräsidenten Josef Staimer s. Schmolze S. 102, 231, 251; Mitchell S. 217, 233, 249. Staimer versuchte, gegen die Kommunisten in München vorzugehen, insbesondere Max Levien zu verhaften, S. MinProt S. XXVII, 17, 274–280. Vgl. Nr. 116 Anm. 13.

11 Durchtriebener Kerl, Halunke (Wahrig Sp. 580).

12 Au, Münchener Stadtteil mit starker Arbeiterbevölkerung; Hauttmann-Karlinger S. 161; Nordend (westliches Schwabing); Schwanthalerhöhe (s. Nr. 3 Anm. 7). – Kakteen pflanzen vulgär für Defäkation (Borneman Nr. 72).

13 Über das Ministerium des Äußern unter Eisner vgl. auch Moser v. Filseck S. 28 f; Hofmiller, Revolutionstagebuch S. 127–130. Vgl. auch Nr. 130 Anm. 13.

14 Ermordung Eisners; s. Nr. 14 Anm. 7.

15 Timm hielt sich nach dem Attentat auf Auer (21. 2. 1919) aus Sicherheitsgründen verborgen (s. Nr. 17 Anm. 7).

Dienstag, den 1. März 1921 54

Zentrums-Politik[a) 1].

In Preußen wird jetzt sehr viel darauf ankommen, ob das Zentrum sich furchtlos zur Politik der Vernunft und Ordnung bekennen mag oder ob es dem[b)] saudummen Schlagwort, daß man nicht »gegen die Sozialdemokratie regieren könne«, weiterhin untertan bleiben wird[2]. Man regiert nicht gegen und nicht für Parteien und Klassen, sondern für das Wohl des Staates und der Allgemeinheit. Die überwiegende Mehrheit des preußischen Volkes hat den Willen zur Ordnung bekundet, aber aller Sinn einer[c)] Wahl wird Unsinn, wenn hinterdrein die gewählte Ordnungsmehrheit selbst die rohe Gewalt der organisierten Minderheit feig anerkennt und sie höher einschätzt, als den Willen der eigenen Wähler.

Im Zentrum sind alle Begriffe verwirrt seit dem Tage, wo sich furchtsame und charakterlose Philister durch den schwäbischen Proletarier[3], dem Katholizismus und Politik bloß zur schamlosesten Bereicherung[4] gedient haben, tyrannisieren ließen.

Daß sich Leute, die ihre Einsicht, Redlichkeit und guter Wille, wie ihre Vaterlandsliebe, zur Verachtung des Buttenhausener[5] Kriegsgewinnlers hätte zwingen müssen, die Führung[d)] dieses Menschen gefallen ließen, ist[e)] ein Schandfleck, von dem sich das Zentrum reinwaschen muß.

Wenn in den Kreisen schwäbischer Pfarrer und verdummter Spießbürger das[f)] Schamgefühl so tief gesunken ist, daß ein des Meineids verdächtiger[6], der gemeinsten Gewinnsucht aber längst überführter Kerl immer noch parteifähig bleibt, so ist das traurig genug.

Die alten Führer des Zentrums in Preußen, deren Verstand nicht von dem blöden, oberschwäbischen Kantönligeist verengt ist, müssen aber endlich die Erbschaft des Reichsverderbers Erzberger auf den Mist schmeißen[7]. Mag sich der zudringliche Kerl, dessen Taschen von schmutzigen Trinkgeldern strotzen[g)], in Biberach noch den Beifall eines verführten und verdummten Haufens durch seine maulfertigen Lügen holen[8], in Preußen soll und muß sich das Zentrum endlich zur Ordnung und Reinlichkeit bekennen.

Wir in Bayern werden darüber wachen, daß uns der Bursche kein Unkraut unter den Weizen sät.

Die frechen Angriffe, die der Prior des Schieber-Ordens gegen Kahr[9] und gegen die Einwohnerwehr[10] unternommen hat, sind lange nicht so gefährlich, als die heimlichen Wühlereien, die er unter der Maske des Katholizismus ausübt.

Es gibt einige Herren, die nicht abgeneigt wären, dem sauberen Burschen behilflich zu sein.

Wir kennen sie und wir werden ihnen bei der ersten Gelegenheit das Schandmal auf die Stirne brennen.

Hier zu Land gibt es nix Erzberger! Das möge man sich merken.

Or.[h)] 4 Bll., L 2396 (Lemp S. 199 Nr. 220). – MA 47 Nr. 49 S. 1 v. 1. 3. 1921. – Lemp S. 241 Nr. 1514; Hofmiller S. 726.

a) darüber: [Das Preußen]
b) folgt: [öden]
c) folgt: [freien]
d) verbessert aus: [Gesellsch⟨aft⟩]
e) verbessert aus: [bleibt]

f) verbessert aus: [jedes]
g) verbessert aus: [gefüllt sind]
h) Bl. 1 oben links: Leiter (Anweisung des Redakteurs für den Setzer); Bl. 4: Schlußzeichen

1 Zur Zentrums-Partei und Erzberger vgl. Nr. 9 und 19 sowie Nr. 144 Anm. 1.
2 Nach der Landtagswahl in Preußen am 20. 2. 1921 bildeten die Sozialisten die stärkste Fraktion (Schulthess 1921/I, S. 63). Über die Regierungsbildung im April 1921 s. Nr. 96.
3 Matthias Erzberger (s. Nr. 9 Anm. 1); über seine sozialen Ideen und seine konfessionelle Bindung s. Epstein S. 83, 418ff, 445.
4 S. vor allem Nr. 139.
5 Erzbergers Geburtsort; s. Epstein S. 17.
6 Zum Meineidsvorwurf gegen Erzberger s. Nr. 30 Anm. 3.
7 Zur Diskussion in der Reichstagsfraktion des Zentrums über Erzberger vgl. Morsey, Zentrumspartei S. 360f; Morsey-Ruppert S. 50–60, 102f.
8 Zu Erzbergers Position in seinem Stimmkreis Biberach s. Epstein S. 32; Miller S. 156f. Vgl. auch Nr. 9 Anm. 16; Nr. 12 Anm. 3.
9 S. Nr. 1 Anm. 6.
10 Zur Einwohnerwehr s. S. 479.

Dienstag, den 1. März 1921 55

Preußisch-bolschewistische Regiererei.

Die Pressehetze der norddeutschen Klosettpapiere gegen Bayern geht noch immer weiter. Die schwarz-emaillierte »Germania«[1] hetzt mit. Innen rot marmoriert und außen pechig, zeigt sie das Bild der Partei, die heute schon – trotz des blamablen Ausfalles der Wahlen[2] – für einen Linksanschluß eintritt.

Von den Demokraten[3] nicht zu reden. Das scheint in Preußen die Kehrichttonne zu sein für unbrauchbar gewordene Waschlappen.

Etwas anderes aber gibt zu denken. Die preußische Regierung geht nun schon dazu über, Kommunisten als Landräte zu berufen! Vorbereitungen für den Sowjet-Staat, an der Spitze der Jude Levi![4]

Ableugnen hilft nichts! Auch Sonstiges deutet auf den bereits eingeschlagenen Weg. Die Severinge[5] und die Silberlinge! Die einen sind blutrot, die anderen dienen den Blutroten zur Erreichung ihrer Ziele.

Preußen beruft kommunistische Landräte! Höre es und fühle es:

du saumseliger Bayer. Und solche Hundsfotte[6], die sich preußische Minister nennen, maßten sich an, über unseren bayerischen Ministerpräsidenten[7] zu Gericht zu sitzen.

Er, der nichts verbrochen, mußte sich vor die Kerle stellen, die jetzt beginnen, das Land zu verraten und zu verkaufen. Oder ist es etwas anderes als Verrat, wenn man Führer einer Partei, die die Zertrümmerung der heutigen Staatsform und die Erkämpfung der Räteherrschaft erstrebt, zu einflußreichen, ja zu diktierenden Beamten ernennt.

In Oberschlesien sollen in den nächsten Tagen die Wahlen stattfinden[8]. Glaubt man nicht, daß dieser Berliner Saustall auch für den Ausgang dieser Wahlen von entscheidendem Einfluß sein kann. Manchem kann polnische Wirtschaft für erträglicher dünken, als das Wühlen der Levi und Konsorten in Berlin und wie die Bereitsamkeit der preußischen Regierer, den Befehlen und Wünschen der Levis Folge zu leisten.

Möchte man nicht da oben auch ein bisserl an Bayern denken! Wir, so wirft man uns vor, seien Separatisten, wir wollen Sonderrechte, wir seien zu wenig deutsch und zu viel bayrisch gesinnt. Und ihr? Seid ihr noch die alten Preußen? Habt ihr nicht bei den Wahlen der Vorwoche eure Stimme für Ordnung und Recht abgegeben, habt ihr nicht mit dem Wahlzettel in der Hand der linken Seite eine Riesenschlappe beigebracht? Wie lange wollt ihr euch noch von dieser Sippe, die tonangebend in eurer Regierung sitzt, schurigeln[9] lassen? Schon setzt man euch Rätegesindel als Landräte vor, schon richtet man sich allgemach bolschewistisch ein – – und von uns Bayern verlangt man wohl, daß wir Berlin und Preußen die Treue halten, auch dann noch, wenn der Bolschewik dort regiert?! Da seid ihr aber auf dem Holzweg.

Regiert uns deutsch, dann bleiben wir beim Reich! Versucht aber ja nicht, bolschewistisch zu regieren – sonst habt ihr uns gesehen.

Or. fehlt. – MA 47 Nr. 49 S. 1 v. 1. 3. 1921. – Lemp S. 241 Nr. 1515; Hofmiller S. 726.

1 Die Zeitung »Germania« stand dem Zentrum nahe (HB der deutschen Presse 50, S. 274); vgl. Morsey, Zentrumspartei S. 604 (»Germania« unterstützte den zu

zentralistisch-republikanischen Kurs im Sinne Erzbergers u. Wirths). MP Nr. 48 v. 28. 2. 1921 zitierte die Berliner Zeitung »Germania«, die Putschanschlägen gegenüber allergrößte Aufmerksamkeit empfahl.

2 Bei der Landtagswahl in Preußen erreichte das Zentrum 81 Sitze (bisher 89); s. Nr. 54 Anm. 2.

3 Die DDP erreichte 26 Sitze; bisher hatte die DDP 65 Sitze eingenommen (Schulthess 1921/I, S. 63).

4 Dr. Paul Levi; s. Nr. 70 Anm. 4. Die Stellen der politischen Beamten in Preußen (Landräte, Regierungs- u. Oberpräsidenten) wurden unter Berücksichtigung der Parteirichtung besetzt; Kommunisten kamen dabei nicht zum Zug; vgl. Hans-Karl Behrend, Zur Personalpolitik des preuß. Ministeriums des Innern (Jb. für die Geschichte Mittel- u. Ostdeutschlands 6) 1957, S. 173–214; weitere Lit. s. Deutsche Verw.gesch. 4, S. 541 u. Klaus Sühl, SPD und öffentlicher Dienst in der Weimarer Republik, Opladen 1988, S. 166ff, 188f.

5 Carl Severing (1875–1952), v. 11. 4. 1920–21. 4. 1921 preuß. Innenminister (Biogr. WB. 3, Sp. 2630). Über seine Personalpolitik s. Severing 1, S. 283.

6 Niederträchtiger Mann, Feigling, Betrüger; s. Küpper 4, S. 1347f.

7 Gustav v. Kahr, s. Nr. 1 Anm. 6. – Zur Berliner Konferenz der Ministerpräsidenten am 5. 2. 1921 s. Schulthess 1921/I, S. 52 (vgl. Nr. 46 Anm. 10).

8 Zum Plebiszit im oberschlesischen Abstimmungsgebiet am 20. 3. 1921 s. Nr. 156; Terr. Ploetz 2, S. 237; Schulthess 1921/I, S. 77f; 1921/II, S. 281.

9 Quälen (Küpper 7, S. 2573).

Mittwoch, den 2. März 1921 56

Die feinere Haut

haben schon unsere bayrischen Sozi, viel feiner, wie die preußischen. Wenn wir im »Miesbacher Anzeiger« den Münchner Vorstadtgrößen eine überziehen, schlagen sie gleich aus und laufen zum Kadi. Zum Beispiel spielt[a)] gegenwärtig der Schützinger[1] als Beleidigter eine Gerichtsfigur und der Staatsminister a. D. Timm[2] nimmt[a)] ebenfalls als Kläger eine Stellung in der bayrischen Justizverwaltung ein. Er gefällt uns als solcher ganz entschieden besser, wie als Leiter des Justizwesens und gewiß werden alle unsere Landsleute finden, daß diese neue Stellung als Privatkläger seiner Vorbildung viel mehr entspricht, wie die des Exzellenzherrn[3].

Aber es soll ja die Rede sein von der gröberen Haut der preußischen Staatsmänner. Zum Beispiel: Was hat der Scheidemann[4] Philipp für eine harte Epidermis! Aus der könnte man sich nach dem Ableben des Vaters der Stadt Kassel ein tüchtiges Paar Bergschuhe machen lassen.

Seit zwei Jahren schreiben die preußischen Zeitungen von dem Hausfreund des Oberschiebers Sklarz[5].

Man behauptet, daß der Philipp mit diesem berüchtigten Berliner Juden aus einem Teller gegessen hat zu einer Zeit, wo er Reichskanzler[6] – die Feder sträubt sich – tatsächlich Reichskanzler war.

Was diese beiden Zierden Deutschlands so innig zu einander gezogen hat, weiß man nicht.

Während sie beinander gesessen sind und den Fisch mit dem Messer aßen, und mit der Gabel sich die Zähne ausfieselten als »neugebachene D'schentlemänner« fuhren die Waggongs mit dem Gute des daitschen Volkes über die Grenze. »Prosit[b)] Philippleben« sagte der Jüd Sklarz zu dem daitschen Reichskanzler.

»Prosit Teiteles![7]« sagte der Philipp zu dem anderen Ehrenmann Sklarz. Aber gemerkt hat er nix, der Scheidemann, wie die Millionen lautlos in die Tasche des Jüden floßen.

Sie haben ja nicht geschebbert.

Die zwei Ehrenmänner suzzelten aus den Zähnen die Überreste vom Hummer und vom Trüffelschwein und wischten sich lächelnd die Mäuler ab.

Und das daitsche[c)] Volk kann sich auch das Maul abwischen und sich freuen, daß es seinen Scheidemann hat.

Or.[d)] 3 Bll., L 2396 (Lemp S. 198 Nr. 169). – MA 47 Nr. 50 S. 1 v. 2. 3. 1921; Kloeber S. 102. – Lemp S. 241 Nr. 1516; Hofmiller S. 726.

a) verbessert aus: [ist]
b) folgt: [du sollst läben]
c) MA: deutsche
d) Bl. 1 oben links: Leiter Nr. 50 (Anweisung des Redakteurs für den Setzer); Bl. 3: Schlußzeichen

1 S. Nr. 17 Anm. 3. – Über eine Versammlung des Republikanischen Schutzbundes mit Hermann Schützinger als Redner hatte der MA Nr. 23 S. 2 v. 29. 1. 1921 berichtet. Über den Prozeß s. Nr. 17 Anm. 13 sowie S. 467.
2 S. Nr. 10 Anm. 3. – Timm war Justizminister in der Regierung Eisner.
3 Bis zur Revolution führten Minister u. Generäle (vom Generalleutnant an) den Titel Exzellenz. Die Verfassungen v. 1919 schafften die durch Geburt erworbenen Titel ab; Adelsbezeichnungen galten als Namensbestandteile (Weimarer Verf.

Art. 109; Bayer. Verf. III. Abschnitt § 15). Grundsätzlich blieben nur akademische Grade als Titel bestehen. Bisher verliehene Titel blieben jedoch unberührt.
4 S. Nr. 18 Anm. 7.
5 S. Nr. 40 Anm. 6.
6 S. Nr. 12 Anm. 5.
7 S. Nr. 53 Anm. 4.

Sonntag, den 6. März 1921 57

Aktenstücke[a)] über die Schuld am Kriege[a) 1].

Zu der Anklagerede Lloyd Georges auf der Londoner Konferenz[2].

Immer noch hält englische Heuchelei die Lüge aufrecht, Deutschland sei der Schuldige am Weltkrieg. Lloyd George sprach neuerdings am Donnerstag auf der Londoner Konferenz mit erhobener Stimme über die deutsche Verantwortlichkeit für den Krieg – und daraus leiten unsere Feinde auch das Recht her, uns heute als Schuldige zu be- und verurteilen: Zwangsarbeit dem deutschen Volke auf Generationen hinaus.

Nur einen kleinen Auszug aus den Aktenstücken über die Schuldfrage möchten wir heute hier wiedergeben. Daß bis jetzt die deutsche Regierung hiezu immer noch geschwiegen hat, ist eine Schande und bedeutet für das ganze deutsche Volk riesigen Schaden.

Die[b) 3] »Saturday Review«, ein Organ des englischen Industrialismus, schrieb im Jahre 1895:

»Wir Engländer haben uns bisher immer unserer Handels-Rivalen durch Krieg entledigt, und unser Haupt-Nebenbuhler ist Deutschland, nicht Frankreich«.

Ein halbes Jahr später, am 1. Februar 1896, schrieb das gleiche Blatt:

»Wir müssen uns fertig machen, Deutschland zu bekämpfen, da Deutschland vernichtet werden muß. (Germania est delenda)«[4].

57

Seit der Zeit begannen die heimlichen Kriegsvorbereitungen Englands.

Der Zivil-Lord der englischen Admiralität erklärte im Februar 1905:

»Der Feind wird die Kanonen der englischen Flotte hören, ehe er noch Zeit gehabt hat, durch Zeitungen die Nachricht von der Kriegserklärung zu erhalten. Die Wachsamkeit erstreckt sich hauptsächlich auf die Nordsee«[5].

Nach Entstehen der Triple-Entente zwischen Frankreich, Rußland und England berichtete der belgische Gesandte in Berlin, Baron Greindl, an seine Regierung am 23. September 1905:

»Der von Deutschland geleitete Dreibund hat uns 30 Friedensjahre in Europa beschert. Die neue französisch-englisch-russische Triple-Entente würde kein Ersatz sein, sondern im Gegenteil eine Ursache dauernder Beunruhigung... Die neue Verteilung der englischen Seestreitkräfte richtet sich unzweifelhaft gegen Deutschland«[6].

In einer Aufzeichnung vom 10. April 1906 teilt der belgische Generalstabschef Ducarne dem Kriegsminister das Ergebnis einer Reihe von Unterredungen und Verabredungen mit, die er seit Anfang des Jahres mit dem britischen Militär-Attaché in Brüssel, Barnardiston, gehabt hatte. Die Verhandlungen bezweckten das Zusammenwirken des belgischen, französischen und englischen Heeres für den Krieg mit Deutschland[7].

Zur Maskierung der heimlichen Pläne betrieb König Eduard VII. eine auffällige Friedens-Propaganda. Der belgische Gesandte in Berlin bemerkt dazu im Februar 1909:

»Der König von England versichert, daß die Erhaltung des Friedens immer das Ziel seiner Bemühungen gewesen sei; das hat er seit Beginn des diplomatischen Feldzuges immer gesagt, den er erfolgreich durchgeführt hat, um Deutschland zu isolieren. Aber es kann einem nicht entgehen, daß der Weltfrieden niemals ernstlicher bedroht war, als seitdem der König von England sich damit befaßt, ihn zu befestigen«[8].

Was ging inzwischen in Rußland vor? Rußlands Sehnsucht war von jeher der Besitz Konstantinopels. Ein russischer Geschichtsschreiber sagt:

»Der Drang nach Süden ist für Rußland eine historische, politische und ökonomische Notwendigkeit, und der fremde Staat, der sich diesem Drange widersetzt, ist ohne Weiteres ein feindlicher Staat. Es ist den Russen jetzt alles klar geworden: wenn alles so verbleibt, wie es jetzt ist, geht der Weg nach Konstantinopel über Berlin«[9].

Rußland lauerte darauf, Österreichs Konflikte mit den Balkan-Staaten zu benützen, um einen Krieg vom Zaune zu brechen. Schon im Jahre 1911 bot sich Gelegenheit dazu; die Entente-Staaten waren aber mit ihren Vorbereitungen noch nicht fertig, darum riet der französische Minister Cambon zu einer Verständigung mit Deutschland und Österreich.

Der serbische Gesandte in London berichtet darüber am 8. September 1911:

»Das Ergebnis dieser Verständigung wird nur ein Aufschub des Krieges um drei bis vier Jahre sein ... Aber Frankreich sowohl als auch seine Verbündeten sind der Ansicht, daß selbst um den Preis größerer Opfer der Krieg auf einen entfernteren Zeitraum verschoben werden müsse, d. h. auf 1914 bis 1915 ... die Frist ist auch für Rußland notwendig«[10].

Der belgische Gesandte schreibt an seine Regierung am 8. Mai 1914:

»Eines der gefährlichsten Momente in der augenblicklichen Lage ist die Rückkehr Frankreichs zum Gesetz der dreijährigen Dienstzeit. Sie wurde von der Militär-Partei leichtfertig durchgesetzt, aber das Land kann sie nicht ertragen. Innerhalb von zwei Jahren wird man auf sie verzichten oder Krieg führen müssen«[11].

Am 25. Februar 1913 berichtet der russische Botschafter von der Botschafter-Konferenz aus London:

»Der französische Botschafter in London läßt ein gewisses Vertrauen auf die bewaffnete Mitwirkung Englands durchblicken. Ich weiß nicht, ob sich das auf Abmachungen bezieht, die er gezwungen ist, geheim zu halten, oder nur seinen Grund in den Maßnahmen der englischen Flotte hat, die, wie Churchill ihm noch gestern wiederholte, vollkommen bereit und vollkommen mobilisiert ist«[12].

Der belgische Gesandte in Paris berichtet am 12. Juni 1913 über die Wirkungen der dreijährigen Dienstzeit:

»Die Lasten des neuen Gesetzes werden für die Bevölkerung so schwer, die Aufgaben, die es mit sich bringt, werden so ungeheuer sein, daß das Land bald protestieren wird; und Frankreich wird sich dann vor die Frage gestellt sehen: entweder zu entsagen, was es nicht wird ertragen können, oder: Krieg in kürzester Frist!«[13]

Am 13. Juni 1914, also sechs Wochen vor Ausbruch des Krieges, schreibt der russische Kriegsminister in der Petersburger »Börsen-Zeitung«:

»Rußland hat alles getan, wozu es durch das Bündnis mit Frankreich verpflichtet ist und muß natürlich erwarten, daß auch unser Verbündeter seine Verpflichtungen erfüllt..... Die vom Kriegsministerium in der Organisation der russischen bewaffneten Macht durchgeführten Reformen übertreffen alles, was jemals nur irgendwie in dieser Richtung getan worden ist. Unsere jährliche Rekruten-Einstellung ist nach dem letzten kaiserlichen Befehl von 450000 auf 580000 Mann gebracht worden. Demnach haben wir eine jährliche Vermehrung der Armee um 130000 Mann. Gleichzeitig ist die Dienstzeit um ein halbes Jahr vermehrt worden, so daß also während jedes Winters vier Rekruten-Kontingente unter der Fahne sein werden: 580000 × 4 = 2300000. Zur Vergleichung sei erwähnt, daß die deutsche Armee nach dem letzten Militärgesetz 880000, Österreich etwa 500000 und Italien ungefähr 400000 Mann hat.

Es ist daher ganz natürlich, daß wir erwarten, daß Frankreich jene 770000 Mann stellt, die nur mit Beibehaltung der dreijährigen Dienstzeit aufgebracht werden können..... Rußland und Frankreich wollen keinen Krieg; aber Rußland ist bereit und hofft, daß auch Frankreich bereit sein wird«[14].

Und was tat Deutschland inzwischen?

Es feierte Völker-Versöhnungsfeste, sandte Annäherungs-Deputationen nach England, der Kaiser hielt Reden – Friedensreden und Drohreden, um die Feinde zu warnen, aber niemand dachte ernstlich an Rüstung[15].

Der Kaiser lud den Zaren nach Potsdam ein und reiste im Juli 1912 nach Baltisch-Port zu einer Begegnung mit dem Zaren, und beide Fürsten tauschten Freundschafts-Zusicherungen aus[16]. Die deutsche Presse schwamm in Friedens-Seligkeit. Nur eine einzige

Stimme im deutschen Blätterwalde warnte vor dieser Selbsttäuschung.

Es ist erwiesen, daß die sibirischen Armeekorps bereits im März 1914 mobilisiert und nach dem Westen in Bewegung gesetzt wurden[17].

Als endlich der Aufmarsch der feindlichen Heere an den Grenzen keine Zweifel an den Kriegsabsichten der Gegner mehr ließ, erklärte der deutsche Kaiser plötzlich den Krieg an Rußland und Frankreich[18] – und lieferte dadurch den Gegnern die willkommene Gelegenheit, Deutschland als den Urheber des Krieges hinzustellen. –

Und die betörten Völker glauben an diese Lüge bis auf den heutigen Tag.

Wir aber fragen: Warum hat die deutsche Regierung, der diese aktenmäßigen Nachweise seit Jahren zugänglich waren, bis heute nichts getan, um durch Bekanntgabe obiger Tatsachen – die sich noch durch hundert andere unwiderlegliche Zeugnisse vermehren ließen – die ungerechte Verleumdung von dem deutschen Volke abzuwenden?[b)]

Or. fehlt. – MA 47 Nr. 54 S. 1 v. 6. 3. 1921. – Lemp S. 242 Nr. 1517; Hofmiller S. 726.

a)–a) übereinstimmend mit »Hammer«, 1. März (Lenzing) 1921 Nr. 449, S. 86
b)–b) wie Note a)–a) S. 86–90 (mit geringen Auslassungen)

1 Beachte die in den Noten nachgewiesene Abhängigkeit von der am 1. März 1921 erschienenen Zeitschrift Hammer 20, S. 86–90. – Enge inhaltliche Parallelen bestehen auch zu Klemens Löffler, Die Tatsachen (Süddeutsche Monatshefte 18/II) Juli 1921, S. 245–275 und Jean Lulvès, Fünfzig feindliche Zeugenaussagen (Ebd.) S. 276–283. Ob dieses Material über die Redaktion der Süddeutschen Monatshefte Thoma bekannt geworden ist, ist nicht belegt. In Nr. 162 erwähnt er diese Veröffentlichung. – Zur Bedeutung dieses Artikels, den zum allergrößten Teil Thoma wörtlich übernommen hat, in der Entstehungsgeschichte des Romans »Der Ruepp« vgl. Gajek (Serie Piper 543) S. 220.

2 Zu Lloyd George vgl. Nr. 5 Anm. 10. Über die Rede bei der am 1. 3. 1921 beginnenden Londoner Reparationskonferenz berichtet MA Nr. 53 S. 1 v. 5. 3. 1921; vgl. Schulthess 1921/II, S. 240ff.

3 Für die Übernahme aus der in den Noten genannten Zeitschrift spricht die zeitliche Abfolge des Erscheinens.

4 Für die beiden Zitate aus Saturday Review von 1895 und 1896 ist als Vorlage nur die Hammer-Publikation (wie Anm. 1) nachzuweisen.

5 Erklärung des Zivillords der Admiralität Artur Lee am 3. 2. 1905: »Wenn ein

Seekrieg zu erklären wäre, würde die englische Flotte losschlagen, bevor man auf der anderen Seite (also in Deutschland) Zeit hätte, die Kriegserklärung in der Presse zu lesen«; Löffler S. 248.

6 Lulvès S. 282 nach Belgische Aktenstücke 1905–1914 (hg. v. Auswärtigen Amt) Berlin 1915, S. 8f Nr. 8.

7 Ebenso in: Die Belgischen Dokumente zur Vorgeschichte des Weltkrieges (Amtliche Aktenstücke zur Geschichte der europäischen Politik 1885–1914, 2. Kommentarband, hg. v. Bernhard Schwertfeger) 1925, S. 100ff.

8 Bericht des Barons Greindl v. 13. 2. 1909; s. Lulvès S. 280 nach Aktenstücke (wie Anm. 6) S. 65 Nr. 54.

9 Brief von Paul v. Mitrofanoff, Historiker in Petersburg, an Hans Delbrück v. 12. 4. 1914; s. Löffler S. 260; vgl. Preußische Jahrbücher 156, 1914, S. 392, 394.

10 Bericht des serbischen Geschäftsträgers Gruitsch v. 21. 9. 1911; s. Löffler S. 252.

11 Bericht des belgischen Gesandten in Paris, Baron Guillaume, v. 8. 5. 1914; s. Löffler S. 257 nach Aktenstücke (wie Anm. 6) S. 135 Nr. 115.

12 Als Vorlage nur die Hammer-Publikation (wie Anm. 1) S. 88f nachzuweisen.

13 Aktenstücke (wie Anm. 6) S. 124f Nr. 107.

14 Das Zitat entspricht inhaltlich dem in Nr. 34 Anm. 5 nachgewiesenen Artikel der Birschewja Wjedomosti, der vom russischen Kriegsminister General Suchomlinow inspiriert war; vgl. Löffler S. 260: »Frankreich und Rußland wollen den Krieg nicht, aber Rußland ist bereit und hofft, daß Frankreich es ebenfalls sein wird«. Vgl. auch Nr. 35 Anm. 5.

15 Thoma hatte die 1897 und 1904 erschienenen, von Johannes Penzler besorgten Reclam-Ausgaben der Reden Wilhelms II. während der Haft in Stadelheim 1906 gelesen; GW (1922) 1, S. 289–292. In März 1/I, 1907, S. 48–60 veröffentlichte er eine umfangreiche Rezension (Lemp S. 203 Nr. 281; S. 235 Nr. 1242; vgl. auch Lemp 1967, S. 45).

16 Besuch des Zaren Nikolaus II. (1868–1918) am 4./5. November 1910 in Potsdam s. Schulthess 1910, S. 362, 599; Reise Wilhelms II. im Juli 1912 nach Baltisch-Port (Paldiski) s. Ebd. 1912, S. 431.

17 Nachrichten über die Mobilisierung der sibirischen Armeekorps im Frühjahr 1914: Löffler S. 260f.

18 Kriegserklärung an Rußland (1. 8. 1914) und Frankreich (3. 8. 1914) s. Schulthess 1914/I, S. 371f; 1914/II, S. 678; Dokumente (wie Nr. 34 Anm. 1) 3, S. 187f Nr. 734b, 734c.

Samstag, den 12. März 1921 58

Demokratische Staatsmänner[a].

Die Demokratisierung[b] der Staaten hat das geistige Proletentum obenauf gebracht; nicht nur bei uns, schon früher in Frankreich, in England, in[c] Italien, in[d] Amerika. Die Politiker der alten Schule hätten niemals diesen Weltkrieg, und nach ihm diesen Frieden mit allen nachfolgenden Verhandlungen, Konferenzen und Diktaten verbrochen; in den historisch gebildeten[e)] Staatsmännern einer vergangenen Zeit war[f)] die Vorstellung von der Notwendigkeit des Nebeneinanderlebens der Nationen viel zu stark[g)] entwickelt, als daß sie über kriegerischen Erfolgen die Zukunft Europas vergessen hätten.

Erst die französische Revolution hat den Totschlag ganzer Nationen, die Einverleibung fremder Völker, den rohen Machthunger zum politischen Faktor gemacht; die große Tat der Gebildeten war es, nach 1815 wieder ein »europäisches Konzert« geschaffen zu haben[1]. Und noch einmal war es Frankreich, das nach 1870 die roheste Idee der letzten Jahrhunderte, die Revanche-Idee[2], zum politischen Glaubensbekenntnis erhob, aus dem dieser Weltkrieg[h)] und der Untergang Europas hervorgegangen ist. –

Die demokratischen und, was gleichbedeutend ist, die unwissenden, vom Parteigeist verwirrten Staatsmänner Englands konnten über dem Hasse gegen ein mächtig aufstrebendes Deutschland, über den naheliegenden, ihrem engen Geiste faßlichen Bedenken gegen eine wirtschaftliche Konkurrenz[i)] den großen Gedanken der europäischen Gemeinschaft vergessen und Helfershelfer der Pariser Revanchehelden werden.

Diese verbohrte und verderbliche Politik hat keinen typischeren Vertreter, als den Walliser Proletarier Lloyd George[3].

Es gibt ja in Deutschland allerhand Leute, die mit einem bewundernden Augenaufschlag von dem »starken britischen Staatsmanne« reden; wir finden sie in den Reihen der nämlichen Parteien, die seinerzeit mit wütendem Hasse gegen die starke Persönlichkeit des Fürsten Bismarck[4] aufgetreten sind, die Gefolgsmänner der Frankfurter Zeitung, des Berliner Tageblattes und der ganzen sozialistischen Presse[5].

Diese Hanswursten haben dem ersten Kanzler nie die Erhöhung des eigenen Vaterlandes verziehen – aber daß Lloyd George für sein Land Festigkeit und Härte zeigt, fordert[k)] diesen entmannten Jämmerlingen Ehrfurcht ab.

Und sie rühmen an ihm die Ausdauer in Gefahren, die sie im eigenen Lande unterwühlt und bekämpft haben. Wir brauchen keine Kannegießerei, um zu erkennen und zu sagen, daß der Leiter der englischen Regierung kein Staatsmann ist.

58

Dazu fehlt ihm jede Größe, jede tiefere Einsicht, und vor allem fehlen ihm Kenntnisse[l)], die den Staatsmann erst vom bloßen Parteiführer unterscheiden.

Die Menge, die den Erfolg des Feindes scheu bewundert, kann nicht sehen, daß nur die Fehler der deutschen Regierung, nicht die klugen Schachzüge des Engländers, zu[m)] unserer Niederlage geführt haben.

Sie verstehen auch nicht, daß gerade die Mängel Lloyd Georges die Niederlage Deutschlands zur Niederlage Europas gemacht haben.

Der Walliser Parteimann kennt Deutschland nicht, kennt die Geschichte des Kontinents nicht; er hat keine Ahnung davon, wie Europa durch den Versailler Frieden[6] um eine notwendige, in Jahrhunderten geschaffene Entwicklung gebracht worden ist.

Seine Reden während dieser Londoner Konferenz[7] weisen samt und sonders die echt demokratischen Eigenschaften auf; hohles[n)] Pathos, engherziges Pharisäertum, Kleben an einer Parteiphrase, Kurzsichtigkeit und Verbissenheit.

Wann hat je ein Staatsmann von Schuld und Sühne, von der Bestrafung eines großen Volkes gesprochen? Wann vorher hat sich eine Friedens-Konferenz als oberster Gerichtshof aufgespielt?

Deutschland ist unterlegen. Der Sieger hat ein Interesse daran, seine Kosten hereinzubringen, Gewinne zu erzielen, einen Zustand zu schaffen, der seine Macht stärkt. Alles das ist staatsmännisch; das Geschwätz von Schuld und Strafe ist das Gegenteil davon.

Daß der Mann diese Phrasen[o)] gegen sein besseres Wissen mit Pathos vorträgt, auch das ist echt demokratisch.

Und glaubte er daran, so wäre es wieder demokratisch.

Sein geschäftiger Handlanger, der ehemalige Kritiker der »Münchner Post«, der galizische Jude Eisner, hat sicher im Übereifer des taktlosen, unwissenden Zeitungspolitikers an die Schuld Deutschlands geglaubt[8].

Er mußte sich an Äußerlichkeiten halten, die sich ihm in den Dokumenten der jammervollen Dummheit der deutschen Regierung darboten; das Werden dieses Weltkrieges, die ungeheure Schuld Frankreichs, Englands und Rußlands konnte das armselige Rindvieh, das nur Parteibroschüren gefressen hatte, nicht erkennen.

Davon weiß allerdings Lloyd George mehr, aber er schwätzt sich nach Demokratenart über die Erkenntnis weg und geht mit den Scheuklappen des Parteiführers vor den Augen nur auf die Niederwerfung Deutschlands los[p)].

Dabei ist er seit November 1918 mit jedem Schritte von der alten, weitsichtigen und klugen Politik Englands abgerückt und hat schon heute seinem eigenen Lande die Führerrolle verloren und es zum Vollstreckungsorgane Frankreichs gemacht.

Clemenceau[9], der den Haß, Wilson[10], der die Lüge, und Lloyd George, der die Dummheit zum Element der Politik gemacht hat – die drei sind die demokratischen Staatsmänner.

Und vor ihnen erschauert der knechtselige, deutsche Demokraten-Hanswurst in Ehrfurcht.

Or.[q)] 7 Bll., L 2396 (Lemp S. 199 Nr. 206). – MA 47 Nr. 59 S. 1 v. 12. 3. 1921. – Lemp S. 242 Nr. 1518; Hofmiller S. 726.

a) über: [Die Londoner Tage]
b) folgt: [des öffentlichen Le⟨bens⟩]
c) folgt: [Amerika]
d) davor: [noch früher]
e) folgt: [Männern]
f) verbessert aus: [lebte]
g) folgt: [ausgebild⟨et⟩]
h) folgt: [hervorgegangen ist]
i) folgt: [das große Ziel]
k) verbessert aus: [reizt]
l) folgt: [ohne die es Politiker]
m) folgt: [einem letzten]
n) verbessert aus: [das hohle]
o) über: [lügt,]
p) folgt: [Wie lächerlich dumm klingen seine Redensarten im Unterhause, wenn er darlegt, daß England für seine Invaliden 500 Millionen Pfund jährlich zahlen müsse und dann fragt, ob es recht sei, daß Deutschland weniger zahle!]
q) Bl. 7: Schlußzeichen

1 Diplomatischer Begriff für die Einheit der europäischen Staatenwelt vor 1789 und für deren Neufassung durch den Wiener Kongreß (1815); vgl. Sachwörterbuch 1, S. 254f.
2 Besonders von Léon Gambetta (s. Nr. 64 Anm. 18) vertreten.
3 S. Nr. 5 Anm. 10. – Die in Note p) erwähnte Äußerung Lloyd Georges fiel in der Unterhausdebatte über die Reparationsbill am 10. 3. 1921 (Schulthess 1921/II, S. 18).
4 S. Nr. 6 Anm. 8.

5 Frankfurter Zeitung u. Berliner Tageblatt standen der DDP nahe (s. Nr. 2 Anm. 2 u. 4); zur sozialistischen Presse in Bayern s. Nr. 90 Anm. 1.
6 S. Nr. 6 Anm. 4.
7 S. Nr. 57.
8 Kurt Eisner (s. Nr. 14 Anm. 7) war seit 1910 Mitarbeiter der MP (s. Nr. 21 Anm. 4); zur Aktenveröffentlichung, die die deutsche Schuld am Krieg beweisen sollte, s. Nr. 34 Anm. 3.
9 Georges Clemenceau (1841–1929), 1906–1909 u. 1917–1920 franz. Ministerpräsident; s. Dictionnaire de Biographie Française 8, Paris 1959, Sp. 1420–1423.
10 S. Nr. 42 Anm. 4.

Samstag, den 12. März 1921 59

Prinz-Regent Luitpold[1]. Zum hundertsten Geburtstage.

Seinen Namen nennen, das heißt schon die Erinnerung an glückselige Tage feiern, als es bei uns noch so weiß-blau und altbayrisch war.

Die Vorfrühlingstage in München fallen uns ein, wo sich ein frohes Volk um die Residenz drängte. Wenn dann im offenen Fenster der alte Herr erschien und seine zahllosen Gratulanten grüßte, war's einem wohl ums Herz.

So, wie er war, hatten wir ihn gern. Liebenswürdig, einfach, taktvoll, ein Mann, der zu Allen, die im Lande was Rechtes waren, Beziehungen suchte, bei dem sich in heiterer Tafelrunde täglich ein Kreis angesehener Männer zusammenfand, der für Alles Interesse hatte, aber es nie vordringlich zeigte, der Respekt hatte vor jedem Können und in allen seinen Manieren ein vornehmer Mann war.

Der alte Herr, der noch hoch in den Achtzigern ein eifriger Jäger war und der doch schon zu Vaters und Großvaters Zeiten in den Allgäuer Bergen herumgepirscht hatte, war uns so recht das Symbol einer lieben, gemütlichen Zeit geworden, und er war uns nicht bloß der Repräsentant der Staatshoheit, sondern auch der Repräsentant unseres besten Volkstums.

Heute ist's einem, als atme man mit vollen Lungen erfrischende Höhenluft, wenn man an ihn und seine Zeit zurückdenkt.

Es ist auch damals vielleicht nicht alles richtig und alles staatsweise, aber es ist alles rechtschaffen gemacht worden. Das wußte Jeder im Volke, und der Spektakelmacher auf der Bierbank konnte wohl glauben, daß er's etwas besser gemacht hätte, aber daran rüttelte Keiner, und das stand Jedem[a)] wie die Umwandelbarkeit eines Naturgesetzes fest, daß Recht und Gerechtigkeit nirgends auf der Welt auf festeren Fundamenten ruhte.

Einmal war es uns eine Selbstverständlichkeit, die man kaum mehr beachtete, dann wurde es uns ein versunkenes Glück, dessen Größe wir dann freilich ganz verstehen lernten. Das fällt uns heute ein, wenn wir das ehrenfeste Gesicht des alten Herrn anschauen.

Was hat der Alles erlebt und was für andere Zeiten hat der gesehen!

Wie er auf die Welt kam, anno 1821, da regierte noch der gutmütige, alte Max[2], der sich bekanntlich keine größere Freude wußte, als bei uns im Oberlande, an seinem Tegernsee, zu weilen.

Als der kleine Luitpold zum ersten Male die Uniform der Artilleristen trug, dienten vielleicht im Regiment noch Offiziere und Wachtmeister, die die napoleonischen Feldzüge mitgemacht hatten.

Anno 1844 war der junge Prinz Luitpold mutmaßlicher Thronerbe von Griechenland, weil die Ehe des Königs Otto[3] kinderlos geblieben war. Er erklärte aber als treuer Katholik, daß er[b)] unter keinen Umständen zum griechischen Glaubensbekenntnis übertreten werde und entsagte damit für immer dieser Aussicht, die freilich keine glänzende gewesen wäre.

Wie der Lola-Rummel in München war, den man recht kindisch als Revolution bezeichnet, war Prinz Luitpold schon ein recht ernsthafter, und ein recht glücklicher Ehemann[4].

Sein Bruder, Max II.[5], der 1848 den Thron nach der Abdankung Ludwigs I.[6] bestieg, hatte immer Hochachtung vor dem gradsinnigen Luitpold, der schon als junger Prinz den ärgsten Hetzereien des Ministers Abel im Reichsrate entgegengetreten war[7].

Die ruhigen, schönen Jahre unter Max II., während deren München wohl die glücklichste[c)] Zeit gesehen hat, galten dem alten Regenten in später Zeit noch als die liebste Erinnerung.

Das Jahr 1870 verbrachte er im Hauptquartier des Königs Wilhelm[8] und er war Augenzeuge vieler welthistorischer Ereignisse.

59

Wie treu er an Freunden und Kameraden hing, bewies er unter anderm durch die rührende Sorgfalt, die er bis zu seinem Tode der Grabstätte des bei Sedan schwer verwundeten Hauptmanns Slevogt angedeihen ließ[9].

Unter Ludwig II.[10], der sich schon in den siebziger Jahren in die Einsamkeit der Berge zurückzog, traf ihn manche Repräsentationspflicht, die er vornehm[d)] und taktvoll erfüllte.

Die Ereignisse des Jahres 1886 riefen ihn an die Spitze Bayerns, dessen Regent er noch 26 Jahre lang bis ins höchste Greisenalter blieb[11].

Er, der Deutschland wachsen und groß werden[e)], der es aus kleinen und kleinlichen Verhältnissen zum mächtigsten Reiche des Kontinents aufblühen sah, starb kaum zwei Jahre vor dem Weltkriege[12], der uns in den Abgrund führte. Wir wollen heute sein Andenken ehren, in dem wir unverbrüchliche Treue[f)] seinem geliebten Bayern und unserem armen, deutschen Vaterlande geloben.

Or.[g)] 6 Bll., L 2396 (Lemp S. 199 Nr. 191). – MA 47 Nr. 59 S. 2 v. 12. 3. 1921; Miesbacher Büchl S. 33 ff. – Lemp S. 242 Nr. 1519; Hofmiller S. 726.

a) über: [war mit der Sicherheit eines Natur]
b) folgt: [nie zu]
c) MA: glückseligste
d) MA: vornahm; Miesbacher Büchl: wahrnahm
e) folgt: [sah]
f) MA und Miesbacher Büchl folgt: zu
g) Bl. 6: Schlußzeichen

1 Prinz Luitpold v. Bayern (1821–1912), 1886–1912 Regent, Verweser des Königreichs; s. NDB 15, S. 505 f.

2 Maximilian I. Joseph (1756–1825), 1799–1805 Kurfürst, 1806–1825 König v. Bayern (Biogr. WB. 2, Sp. 1840–1843); er kaufte 1817 die Klostergebäude in Tegernsee u. hielt sich häufig dort auf; vgl. Karl Spengler, Die Wittelsbacher am Tegernsee, München 1969, S. 12 f.

3 Otto I. (1815–1867), 1832–1862 König v. Griechenland; s. Biogr. WB. 2, Sp. 2107; zur griech. Sukzessionsfrage s. Gollwitzer S. 487.

4 Auguste v. Österreich-Toscana (1825–1864) war seit 1844 mit Luitpold verheiratet; vgl. Adalbert Prinz v. Bayern, Als die Residenz noch Residenz war, München 1967, S. 276. – Zu Lola Montez (1818–1861; Biogr. WB. 2, Sp. 1928 ff) vgl. Gollwitzer S. 668 ff.

5 Maximilian II. (1811–1864), 1848–1864 König v. Bayern; s. Biogr. WB. 2,

Sp. 1843f. Vgl. auch Michael Dirrigl, Maximilian II., König v. Bayern (1848–1864), München 1984.

6 Ludwig I. (1786–1868), 1825–1848 König v. Bayern; s. NDB 15, S. 367–374; zum Thronverzicht s. Gollwitzer S. 706–720.

7 Carl v. Abel (1788–1859), 1837–1847 Minister des Innern; s. NDB 1, S. 9f. Zum Widerstand Luitpolds gegen Abel im Staatsrat u. in der Kammer der Reichsräte s. Gollwitzer S. 601, 612; Hubert Ostadal, Die Kammer der Reichsräte in Bayern v. 1819–1848 (Miscellanea Bavarica Monacensia 12) 1968, S. 152ff, 158ff.

8 Wilhelm I. (1797–1888), 1861–1888 König v. Preußen, 1871–1888 deutscher Kaiser; s. Biogr. WB. 3, Sp. 3149–3152. Luitpold war am 1. 8. 1870 in das Große Hauptquartier abgereist. Den sog. Kaiserbrief Ludwigs II. übergab er am 3. 12. 1870 dem preuß. König (v. Bismarck, Gedanken u. Erinnerungen, 2, Stuttgart 1898, S. 119 u. Ges. Werke 6/II, S. 609f Nr. 1942).

9 Der Hauptmann Friedrich Ritter v. Slevogt wurde am 31. 8. 1870 bei Bazeilles (nahe Sedan) verwundet u. starb am 13. 10. 1870; sein Grabstein in München trägt eine Widmungsinschrift des Prinzen Luitpold (Elfi Zuber, Der Alte Nördliche Friedhof. Ein Kapitel Münchner Kulturgeschichte, 2. Aufl., München 1984, S. 67).

10 Ludwig II. (1845–1886), 1864–1886 König von Bayern; s. NDB 15, S. 374–379. Vgl. auch Ludwig II. in Augenzeugenberichten, hg. v. Rupert Hacker, München 1972, S. 333.

11 Über die Rolle Luitpolds bei der Einsetzung der Regentschaft 1886 vgl. HBbG 4/I, S. 335–347; Ebd. S. 349f auch über die legendäre Verklärung der Prinzregentenzeit (mit weiterführender Literatur).

12 Prinz Luitpold, Regent, starb am 12. 12. 1912.

Sonntag, den 13. März 1921 60

Ehrenmänner.

Ein Berliner Hotel. In der Halle hocken die kurz geschürzten Damen herum und zeigen ihre krummen Haxen Jedem, der sie sehen mag; daneben lackeln in den Lederstühlen verlebte, gelbgesichtige Mannsbilder herum[a]; mancher[b] hat den Zylinder ins feiste Genick geschoben und klemmt einen Glasscherben in das müde Auge, damit seine »Goldene Neun«-Visage, sein getragenes Kleiderhandels-Gfrieß einen Anstrich vom »Baron« älterer Ordnung kriegt. Die Daumen steckt er aber doch noch in die Ärmellöcher des Gilets, denn das ist ererbt, gerade so wie sich der Aff am Hintern kratzt.

Die Meisten sind Perser aus Labuschin[1] und Krotoschin[2], die ihre Taschen mit Sklarz[3]-Banknoten gefüllt haben; Jeder hat einen

Ausfuhrschein im Portefeuille, unterzeichnet von einem sozialdemokratischen Minister.

Das ist ein Paß ins Land des Schieberreichtums. Die Türe geht auf und ein dicker, kleiner, bis zum Grauenerregen häßlicher Kerl tappt auf Plattfüßen herein. Schmierig im neuesten Anzug, gemein aussehend, mit Bewegungen, die einen überzeugen, daß sein Großvater noch auf allen Vieren gegangen ist.

Ein Flüstern geht durch die Gesellschaft, aber ein Flüstern des Respekts.

Das ist der größte Schieber; einer, dem Hunderttausender-Schecks an jedem klebrigen Finger hängen bleiben, wo er nur hintappt.

Der Helphant, der Parvus[4] – Gott sei Dank nicht »barfuß« – sonst röche es nach Limburger in Massen –. Aber wer geht mit ihm? Hinter ihm? Ein dicker Herr – ssst! Der Reichspräsident[5] – dann ein Mensch mit einem verbindlichen Kellnerlächeln – der Rauscher[6] Ulerich, Ministerialdirektor – dann noch einer, der gschneckelte Haare um eine Platten hat, so gschneckelt, wie die aufgepappte Wolle von einem Bähschaf im Spielzeugladen – ah! der Herr Reichskanzler Philipp Scheidemann![7]

Und richtig, im Speisesaal hocken sie an einem Tisch beisammen.

So konnte man es sehen, Tag für Tag, im Narrenjahre 1919 zu Berlin an der Spree.

Und wer es sah, der wußte, was aus deutscher Redlichkeit, aus Anstand und Sitte geworden war.

Dann verschwand der Barfuß in die Schweiz, wohin er sein dem Reiche schon 1915 usf. abgegaunertes Riesenvermögen gebracht hatte.

Wie aber der Scheidemann stellenlos war[c)], nach der Reichskanzlerei und vor die Stadt Kassel[8] mit ihm gesegnet wurde, reiste er zu seinem Herzensbruder Parvus und lebte drei Monate bei ihm. Kost-, Logis-, Holz- und Lichtfrei. Er lebte, der große, untadelige Richter über die Männer des alten Kurses, bei dem größten Gauner des alten und neuen Kurses, und es war ihm wohl.

Der Kellner mit dem freundlichen, burschikosen Lächeln, der Ulrich Rauscher aber ließ in seiner Tasche ein kleines Trinkgeld verschwinden, das ihm der Barfuß grinsend hinwarf. Man sagt, so zwischen 12–20000 Mark, die der Burschikosus zum Schuldenzahlen brauchte.

Der Rauscher – Pardon, nicht Kellner, sondern[d] Gesandter des Deutschen Reiches in Tiflis[9].

Oh Deutschland hoch in Ehren![10]

Or.[e] 4 Bll., L 2396 (Lemp S. 198 Nr. 155). – MA 47 Nr. 60 S. 2 v. 13. 3. 1921; Kloeber S. 98ff. – Lemp S. 242 Nr. 1520; Hofmiller S. 726.

a) MA und Kloeber: fehlt
b) verbessert aus: [die meisten]
c) folgt: [zwischen]
d) MA und Kloeber: Pardon, nicht Kellner, sondern Rauscher –
e) Bl. 4: Schlußzeichen

1 Labischin (südlich Bromberg, preuß. Provinz Posen), Polen.
2 S. Nr. 41 Anm. 4.
3 S. Nr. 40 Anm. 6.
4 Dr. Alexander Helphand, Pseudonym Parvus, (1867–1924) russischer sozialrevolutionärer Schriftsteller, auch politisch (sozialistisch) und kaufmännisch tätig; vgl. Bonn S. 253–257. Über seine Beziehungen zu Ebert und besonders zu Scheidemann s. Scharlau-Zeman S. 264, 284f, 289, 292f, 312f, 326f; zu Rauscher Ebd. S. 339; zu Erzberger s. Epstein S. 190.
5 Friedrich Ebert (s. Nr. 6 Anm. 2).
6 S. Nr. 40 Anm. 8.
7 S. Nr. 12 Anm. 5.
8 S. Nr. 18 Anm. 7.
9 Rauscher ging 1920 als deutscher Gesandter in Georgien nach Tiflis (s. Nr. 40 Anm. 8).
10 Anfang des vaterländischen Liedes von Ludwig Coelestin Bauer (1832–1910); s. NDB 1, S. 642.

Dienstag, den 15. März 1921 61

Todesanzeigen[a].

Die Internationale[1] ist kapores. Man kann die Todesanzeige sogar im »Vorwärts«[2] lesen. Das alte Saumensch[b], dem die daitschen Ideologen nachgelaufen sind, dem zu Liebe sie das Vaterhaus besudelt und zuletzt zerstört haben, liegt im Sarge und die tieftrauernd hinterbliebenen Daitschen von Berlin glauben, es sei zu London vom Schlage gerührt worden. Die rotgeschminkte Hure ist aber schon seit vielen Jahren tot und wenn der »Vorwärts« nicht eine an Gestank gewöhnte Nase oder »Noos« hätte, müßte er am Verwesungsgeruche merken, wie lange seine Geliebte schon verreckt[c] ist.

Der englische Arbeiter[3], der was auf sich und sein Haus hält, ist nie zu ihr ins internationale, jüdisch geleitete Bordell gegangen; der schlaue Franzos hat sie bloß für die Andern, für die Dummen, eine Zeit lang ausgehalten; anno 1914 hat er ihre Leiche auf den Mist geworfen.

Aber der Daitsche, der infolge der Grenzsperre von ihrem Ableben nichts wußte, hat sie noch immer angebetet, bis er jetzt – tatsächlich jetzt erst! – an ihr plötzliches Hinscheiden glauben mußte.

Allein, ob er sie begraben wird? Nein! Er wird die Leiche wieder schminken und wenn das stinkende Aas rötliche Bäckchen hat, wird der Berliner Jüd den Arbeitermassen zurufen: »Se lebt[d] noch!«

Drüben im Osten soll ja das gewaltige Sowjet-Rußland auch schon am Abkratzen sein[4]. Was in dem ausgesaugten Lande noch an Kraft erhalten ist, erhebt sich gegen die jüdische Mörderbande. Der Jubel darüber kann heute noch verfrüht sein, aber die Zeit kommt, die die natürliche russische Lösung bringen wird.

Und diese Lösung, der unausbleibliche Schluß, ist – ein ungeheueres Pogrom. Wenn bei uns auch Wetten auf politische Ereignisse aufgelegt würden, wie in England, dann hielten wir mit 10[e]: 1 darauf, daß binnen Kurzem alles, was russisch ist, über die jüdischen Mörder herfallen wird, und daß es diesmal ein Pogrom absetzt, bei dem allen deutschen Apfelbaums und Mandelbaums[5] die Haut vom bloßen Lesen erschauern wird.

Or.[f] 3 Bll., L 2396 (Lemp S. 199 Nr. 211). – MA 47 Nr. 61 S. 2 v. 15. 3. 1921. – Lemp S. 242 Nr. 1521; Hofmiller S. 726.

a) über: [Zwischen zwei gebrochenen Stühlen.]
b) MA: Luder (vom Redakteur geändert)
c) MA: verendet (vom Redakteur geändert)
d) MA: läbt
e) MA: 100
f) Bl. 3: Schlußzeichen

1 Die II. Internationale der Sozialistischen Parteien v. 1889 war seit der Bildung der III. (kommunistischen) Internationalen 1919 gespalten. Über die vom britischen Aktionskomitee Anfang 1921 ausgehenden Versuche, die II. Internationale zu aktivieren, vgl. Schulthess 1921/II, S. 323–327; Gerhard A. Ritter (Hg.), Die II. Internationale 1918/19, 1, Berlin-Bonn 1980, S. 80–98. Die sozialistischen Parteien, die aus der II. Internationalen ausgetreten waren, schlossen sich im Februar 1921 in Wien zur Internationalen Arbeitsgemeinschaft sozialistischer Parteien zusammen (vgl. Schulthess 1921/II, S. 328–331).

2 Zentralorgan der sozialdemokratischen Partei in Berlin, seit 1890 unter diesem Titel; vgl. Volker Schulze, Vorwärts Leipzig-Berlin 1876–1933 (Deutsche Zeitungen) S. 329–347.

3 Vgl. George D. H. Cole, A history of the Labour Party, London 1969, S. 131–136.

4 Zur inneren Situation Sowjet-Rußlands nach dem Bürgerkrieg und zu den Unruhen im Februar/März 1921, s. HB der europ. Geschichte 7/I, S. 489ff; vgl. auch Schulthess 1921/II, S. 157f sowie die Berichte in MA Nr. 55 u. 60 v. 8. u. 13. 3. 1921.

5 Zum Familiennamen Mandelbaum s. Bach 1/II, S. 224.

Mittwoch, den 16. März 1921 62

Funkspruch[a)] an alle[b)]

Sau- und Regierungs-Juden an der Panke, Dahme, Biese, Dosse, an der Havel und an der dreckigen Spree:[a) 1]

Wir haben vernommen, was Ihr alles verbieten und verboten haben wollt und wir erkennen wohl, daß Ihr damit im Dienste Eurer Sozen, Uspen und Kapeden[2] einen Feldzug gegen uns Bayern eröffnen wollt. Wir[c)] machen Euch kund und zu wissen, daß Ihr das beschließen oder nicht beschließen könnt, ganz nach Belieben, daß aber jetzt und hinfür für Eure Machtsprüche, die nichts sind als Sprüche ohne Macht – und das werden wir Euch beweisen – in Bayern kein Geltungsgebiet ist[3].

Ihr könnt bei uns Schwätzer und schlechte Kerle aufhetzen; wir haben Gesindel und Lumpenhunde im Land, denen Eure Paragraphen recht nett anstehen werden, aber unser[d)] Gesamtvolk verachtet Euch, Eure Befehle und Eure Gesetze[d)], wenn sie nach unserer unbeirrbaren Überzeugung dazu angetan sind, die Tyrannei des Pöbels wieder aufzurichten[c)].

Wir haben damit aufgeräumt, und wenn Ihr glaubt, daß wir sie uns durch Berliner Sau-Juden wieder ins Land schaffen lassen, dann ist das bloß ein Beweis, daß ihr zu viel Maschinengewehrschnauzen aber zu wenig Hirn habt.

Ihr kennt weder uns, noch unsere Verhältnisse und braucht sie nicht zu kennen. Die Ordnung, die wir im März 1920 ohne Euch und gegen Eure dumme Meinung geschaffen haben, die erhalten wir uns[4].

Ob sie Euch paßt, ist uns wurscht. Uns paßt sie, und wenn Ihr glaubt, daß Ihr uns Euern jämmerlichen Willen aufzwingen könnt, dann macht nur die Probe!

Mit[e] Euerm Entwaffnungs- und Entmannungsgesetz[5] wischen wir uns die..... Wenn sich die Preußen fügen, ist das ihre Sache. Wenn sich die Sachsen mit ihrem Uspe-Gesindel freudig an Euch anschließen, ist es uns begreiflich. Wenn die Württemberger durch Demokraaaate und Kriegsgewinnslumpen um alles Verständnis für Recht und Ordnung gebracht sind – auch gut[6]. An den weißblauen Grenzpfählen – und die stehen noch und werden stehen bleiben – hört Euer Wille auf.

Hier steht unverrückbar fest das Nein, das Euch seit einem Jahre kurz und deutlich entgegengehalten worden ist. In unserem Lande ist Euer schwarz-rot-gelber Weimarer Putzhadern, Euer demokratischer Schandfetzen nicht in Geltung[7].

Es gibt kein Vollstreckungsorgan für Euer Entmannungsgesetz bei uns im Lande[e]. Vom Präsidenten bis herunter zum Schandarm – keinen, der es unternimmt, einem tapferen, anständigen Volke die Waffen zum Schutze gegen die roten Plünderer zu entreißen. Wollt Ihr's darauf ankommen lassen, dann kommt nur selber herunter, und hernach werden wir ja sehen, ob uns die beschnittenen Eunuchen der Entente Gewalt antun können.

Vorläufig[f] aber regen wir uns darüber nicht auf. Wir lassen die Berliner Sau-Juden gebieten und verbieten und lachen dazu. Bei uns in Bayern ist alle Tage Kirchweih, zu der die Machthaber an der Spree eingeladen sind[8].

Und jetzt, Landsleute, zünden wir uns eine Pfeife Tabak an und gehen an unsere Arbeit, ohne daß wir uns von dem Lärm der Maschinengewehrschnauzen irre machen lassen!

Es[g] soll nur so ein galizischer Prikes-Jud[9] kommen und uns entwaffnen wollen – den schlagen wir, daß er in keinen Sarg mehr hineinpaßt[g)].

Und weiß-blau und schwarz-weiß-rot[10] heut' und alle Tage![f)]

Or. fehlt. – MA 47 Nr. 62 S. 1 v. 16. 3. 1921; Gesammelte Aufsätze S. 3f. – Lemp S. 242 Nr. 1522; Hofmiller S. 726.

a)–a) MP Nr. 65 v. 19./20. 3. 1921; LV 1920/21, StenBer 2, S. 841[11] und RV Bd. 350, S. 3948[12]
b) MA: Über dieser Überschrift noch eine Drei-Spalten-Überschrift: »Berliner Schwarzrotgelb« gegen »Bayrisch-Weißblau«; Gesammelte Aufsätze folgt: (16. März 1921)
c)–c) MP Nr. 65 v. 19./20. 3. 1921
d)–d) LV u. RV wie Note a)–a)
e)–e) wie Note c)–c)
f)–f) wie Note c)–c)
g)–g) LV u. RV wie Note a)–a); anstelle von »galizischer Prikes-Jud« steht »Jude«

1 Panke u. Dahme sind Nebenflüsse der Spree; Briese (nicht Biese) u. Dosse Nebenflüsse der Havel; in letztere mündet die Spree bei Spandau. Die Biese fließt weiter nördlich v. Berlin u. mündet in die Aland (linker Nebenfluß d. Elbe). – Der Artikel wurde vielfach nachbestellt, war aber bald vergriffen, obwohl eine »weit größere Auflage« hergestellt worden war (Kirmayer S. 156f).
2 Abkürzungen für (Mehrheits-)Sozialdemokraten, Unabhängige Sozialdemokraten und Angehörige der Kommunistischen Partei (KPD).
3 Bezieht sich wohl auf die Reichsregierung unter Kanzler Fehrenbach (s. Nr. 6 Anm. 3). Jüdischer Abstammung war der (evangelische) Reichsinnenminister Erich Koch (Koch-Weser); vgl. Angress S. 153, 313.
4 Zur Bildung der Regierung v. Kahr im März 1920 s. Nr. 1 Anm. 4.
5 Über den Regierungsentwurf des Gesetzes zur Durchführung der Art. 177 u. 178 des Friedensvertrags (Entwaffnungsgesetz) berichtete der MA Nr. 60 u. 61 v. 13. u. 15. 3. 1921; vgl. dazu auch AR Fehrenbach S. 467 u. ö. Am 14. 3. 1921 wurde er erstmals im Reichstag beraten (RV Bd. 348, S. 2915; vgl. zur Situation der Einwohnerwehr im März/April 1921 Kanzler S. 113f; Moser v. Filseck S. 79; Schulthess 1921/I, S. 102); am 19. 3. 1921 wurde das Gesetz vom Reichstag beschlossen (RV Bd. 349, S. 3315; vgl. RGBl 1921, S. 235).
6 Die Landesregierungen in Preußen und Sachsen standen unter mehrheitssozialistischer Führung, die in Württemberg unter einem demokratischen Ministerpräsidenten (s. Minister-Ploetz 2/IV, S. 474, 492, 647).
7 Schwarz-Rot-Gold s. Nr. 36; »Putzhadern« auch in Nr. 67.
8 Beleidigende Aufforderung (Grimm 5, Sp. 833; Küpper 4, Sp. 1484).
9 Prikes, wohl v. prick »drall, feist« abgeleitet (Grimm 7, Sp. 2113; Küpper 6, S. 2208).
10 Farben Bayerns u. des Deutschen Reiches (Rabbow S. 220; Hattenhauer S. 20ff; Wentzcke S. 124–134). – Der Artikel ist auszugsweise abgedruckt bei Werner Maser, Frühgeschichte d. NSDAP, Frankfurt a. Main – Bonn 1965, S. 321 als Beleg für die NS-Propaganda des MA.
11 Nach Zitat des Abg. Alwin Saenger (MSP) am 28. 4. 1921 im Landtag.

12 Nach Zitat des Abg. Hans Unterleitner (USP) am 17. 6. 1921 im Reichstag; vgl. Nr. 135 Anm. 4.

Samstag, den 19. März 1921 63

Die Wortführer.

Den Berlinern[1] werden wir schon so entgegentreten, daß die liebliche Mischung von Feigheit nach außen und Frechheit nach innen zum Teufel geht.

Heut' reden wir einmal mit den bayerischen Matadoren der Sozi, jener Sozi, die jetzt so groß-deutsch geworden sind[2], nachdem sie von 1917 bis 1918 alles getan haben, um Deutschland zu vernichten[3].

Ein[a)] Wort an die Herren Auer[4] und Timm. Woher nehmen Sie eigentlich das Recht, die Vorfechter gegen die Regierung Kahr[5] zu spielen? Sie, Herr Auer, sind leiblich zu dreiviertel, politisch aber ganz tot geschossen. Bleiben Sie im Grabe und verwesen Sie gütigst! Der Kerl, der auf Sie das Mordattentat verübt hat, hat Ihnen bloß die Quittung des Pöbels für Ihre politische Wirksamkeit überreicht. Er kam aus den Reihen Derer, denen Sie, wie alle Sozi, jahrelang das vorgeredet haben, was Sie hinterdrein nicht erfüllen konnten. Er blieb bei den Prinzipien, die Sie aufgegeben hatten. Er wußte, daß der von Ihnen vorgegaukelte Zukunftsstaat ihm das Recht zum Stehlen, Plündern und Morden gab. In treuer Befolgung Ihrer Grundsätze von ehedem, zu denen er sich durch Ihr Wirken bekehrt hat, hat er auf Sie geschossen[a)].

Damit sind Sie politisch tot. Wollen Sie die Farce von vorn anfangen und wieder einen Pöbel aufhetzen, der Sie, wenn Sie schon ans Ruder kämen, noch einmal abschlachten würde?

Er mußte es tun, je fester er an Ihre Theorien glaubte. Aber wir anderen, wir Bürgerlichen, werden Ihnen keine Gelegenheit mehr geben dazu, daß Sie Ihre Prinzipien wiederum lächelnd verleugnen, wenn Ihnen die harte Wirklichkeit die Dummheit derselben zeigt.

Und Sie, Genosse und Mitwühler Timm[6], Sie verflossenster und verflüchtigster aller Minister, halten Sie doch das Maul ungefähr so innig, wie vom Februar bis Mai 1919.

Es ist wirklich zum Kotzen, wenn Sie heute Ihren Leibarzt Pöhner[7] anpöbeln zum Dank dafür, daß er Ihnen das Herz aus der Hose heraus operiert und wieder an den normalen Fleck gesetzt hat.

Und auch die Sprache hat er Ihnen wieder geschenkt, die Sie verloren hatten, als unter Ihrem Justizministerium so treffliche Rechtszustände erblüht waren, daß Sie nicht mehr über die Straße gehen durften.

Herr Auer und Herr Timm, Sie beide sagen die Unwahrheit.

Niemand ist froher, wie Sie zwei, daß diese Regierung Kahr das leistet, was Sie nicht geleistet haben, nämlich, daß sie Leben und Eigentum wieder sichergestellt hat.

In Allem, worin sie das Gegenteil von Ihrem Wirken ist, ist die Regierung Kahr gut, stark und segensreich.

Und Sie selber hoffen heimlich nichts sehnlicher, als daß diese Regierung Kahr niemals und in nichts der Ihrigen ähneln möge. Das ist die Wahrheit, die Sie vor Anderen verschweigen und verleugnen.

Der Herr Auer hat tatsächlich die Stirne gehabt, zu fragen: »Woher nimmt Herr von Kahr das Recht, anderen Regierungen Qualifikationen zu geben?«

Davon, Sie[b)] Erschossener des Volkes[b)], daß er seinem Lande Recht und Ordnung zurückgebracht hat, die Sie verloren hatten.

Davon, daß er die ungeheuere Mehrheit[8] seines Volkes wirklich hinter sich hat, daß er immer seinen Grundsätzen treu geblieben ist, während Sie gerade von Ihren eigenen Leuten und von Ihren preisgegebenen Theorien meuchlerisch angefallen wurden.

Ganz entschieden, Sie sind wieder einmal theoretisch zu edel, Herr Auer, daß Sie uns zu der Sozialdemokratie überreden wollen, von der Sie hingerichtet wurden.

Streicheln Sie die Bestie, die Sie zerfleischt hat, aber wir – Sie entschuldigen schon – wir lassen sie im Käfig, und will sie mit Gewalt heraus, so schießen wir sie nieder.

Denn Sie, Herr Auer, sind uns zu wertvoll, als daß wir Sie noch einmal von der Bestie zerreißen ließen.

Um Herrn Timm wäre uns allerdings nicht so bang; der ist noch jugendlich flink und vermag den ausgesprungenen Raubtieren zu entrinnen. So wie im schönen Frühling 1919.

Or. fehlt. – MA 47 Nr. 65 S. 1 v. 19. 3. 1921. – Lemp S. 242 Nr. 1523; Hofmiller S. 726.

a)–a) LV 1920/21, StenBer 2, S. 864[9]
b)–b) wie Note a)–a)

1 Zu Berlin s. Nr. 51 u. 62.
2 Wohl Anspielung auf den von der Österr. Sozialistischen Partei angestrebten Anschluß von Deutsch-Österreich an das Deutsche Reich (vgl. Schulthess 1920/I, S. 367).
3 Bezieht sich wohl auf die Haltung der Sozialisten in der Frage der Friedensresolution (1917), der Streiks (1918) u. der Revolution (1918); vgl. Mitchell S. 22 f; Schmolze S. 43 ff. Vgl. auch Nr. 45.
4 S. Nr. 14 Anm. 3. Anspielung auf das Attentat des USP-Mitglieds Lindner. Zu Auers gemäßigt sozialistischer Linie vgl. vor allem Kritzer S. 21 f.
5 S. Nr. 1 Anm. 6. Bezieht sich auf die Landtagsdebatte v. 15. 3. 1921, über die MA Nr. 63 S. 1 v. 17. 3. 1921 berichtete (LV 1920/21, StenBer 2, S. 595 ff, 605 f; Schulthess 1921/I, S. 103 f).
6 S. Nr. 10 Anm. 3. Timm hatte sich nach dem Attentat auf Auer aus Sicherheitsgründen aus der Öffentlichkeit zurückgezogen. Vgl. Nr. 17 Anm. 7.
7 S. Nr. 17 Anm. 11. Der Münchener Polizeipräsident Pöhner war in der Debatte (s. Anm. 5) vom Abg. Auer angegriffen worden (LV 1920/21, StenBer 2, S. 611 ff).
8 Die Parteien, die die Regierung Kahr stützten, hatten bei der Wahl v. 1920 69% der Stimmen und 110 (v. 158) Mandate erhalten (HBbG 4/II, S. 1298; Pledl S. 165–168).
9 Nach Zitat des Abg. Alwin Saenger (MSP) im Landtag am 28. 4. 1921.

Sonntag, den 20. März 1921 64

Der starke Mann.

Unser Freund Lloyd George[1] beschwert sich darüber, daß die Deutschen keinen starken Mann haben, mit dem sich's unterhandeln ließe.

Haben hätten wir mehr als einen, aber sowie einer was ist, ist er unpopulär. In Deutschland gab und gibt es nur ein Mittel[a)], was zu gelten; der Betreffende muß noch gemeiner sein, als der Pöbel.

Bismarck[2] war beim »kleinen« Volk verhaßt, den Bethmann[3] ließ natürlich die Krapäle[b) 4] gelten.

Der beste Mann in Berlin am 1. August 1914 war Tirpitz[5].

Nennt heute seinen Namen und die ganze Schwätzerbande vom Demokraten bis zum kommunistischen Haderlumpen schreit Zeter und Mordio.

Die Weimaraner Rindvieher wissen heute noch nicht, wie viel Deutschland verloren hat durch die hundsföttische Durchstecherei des Filou Bethmann gegen Tirpitz. Die[c)] Demokraten haben seit 1911 mit Bethmann gegen den einzigen starken Mann in Berlin intrigiert und der dreckige deutsche Zeitungspöbel hat sich seine Meinung von der Frankfurterin[6] und dem Meusche Püsch Mosse[7] aufschwätzen lassen.

Jawohl, ein starker Mann in Deutschland!

Vor er dazukommt, seinem Vaterland zu nützen, hat ihn die Saubande vom Demokraten bis zum kommunistischen Taschendieb[d)] um allen Kredit gebracht.

Man begreift Lloyd George, daß ihm ein Simons[8] auf die Nerven geht; uns geht es nicht anders, wenn wir den[e)] Wuisler[9] im Reichstag sagen hören: Besser Unrecht leiden, als Unrecht tun.

Dieser demokratische Waschlappen ist die Verkörperung seiner Partei; ein mit[f)] Phrasen und mit Zeitungspapier ausgestopfter Kopf ohne Willen. Ein Mensch, der als Untergebener seine Pflicht erfüllen würde, der aber nicht an einen Platz gehört, wo ein Mann stehen muß.

Aber gerade der paßt dem demokratischen Schwatzpöbel.

Die Engländer können noch lange warten, bis sie mit einem starken, deutschen Mann zusammentreffen.

Ist's einer, so muß er zur Seite stehen, denn es ist das Wesen der Demokratie, daß sie Tüchtigkeit nicht ertragen kann.

Seit Herbst 1918 ist in Berlin nur jämmerlicher Durchschnitt ans Ruder gekommen. Nie hat der Bildungs-Philister und der charakterschwache Hosenscheißer solche Chancen gehabt, wie im Deutschland der Revolution.

Entweder angebrannte[g)] Ehrenmänner[h)] à la Erzberger[10] oder Liedertafelvorstände à la Fehrenbach[11] hat die Bourgeoisie als Kompromißmänner dem werktätigen Volke an die Seite gestellt.

In der Reichsregierung vom Oktober 1918, wo es so lieb volkstümlich und demokratisch herging, hat man wirklich die Schamlosigkeit gehabt, den Erzberger nach Frankreich zu schikken[12]. Wenn die Demokraten hätten beweisen wollen, daß Demokrat und taktloser, stilloser Schwätzer gleichbedeutend ist, hätten sie nichts Besseres tun können. Rein äußerlich war es eine

64

Gemeinheit, diese Erscheinung den französischen Generälen[13] zu präsentieren.

Eine welthistorische Entwürdigung Deutschlands für lange Jahrzehnte.

Das Bild, das der Simons in London machte[14], hat jetzt Lloyd George zu dem Wunsche nach einem »Manne« veranlaßt.

Für den tieferen Sinn dieses Ausspruches hat die Demokratie kein Verständnis. Ihr fehlt der Takt, der einem Mann begreifen läßt, daß auch der Feind Würde am Feinde schätzt.

Die Berliner Schwätzerbande wäre morgen imstande, eine Figur aus den Verbrecherkellern oder eine schmutzstarrende unabhängige Genossin nach London zu schicken, wenn nur die Uspes[15] die Majorität hätten.

Warum denn nicht?

Man muß nur nicht glauben, daß ein ästhetisches Empfinden die Demokraten davon abhalten könnte. Sie verabscheuen bloß das Anständige und das Starke.

Die ekelhafte Bande, die dem ehrwürdigen Namen Weimars durch ihre Tagung einen unauslöschlichen Schmutzfleck beigebracht hat[16], sah ohne Scham und Gewissensbisse einen Scheidemann auf dem Platze des Reichskanzlers[17].

In diesen Leuten war doch keinen Augenblick das Empfinden lebendig, daß dieses eine Faktum die trostlose Entwürdigung Deutschlands bewies.

Deutschland, sagt Lloyd George, hat im Kriege keinen Gambetta[18] und keinen Thiers[19] gehabt.

Es hat bessere Männer gehabt, als die Beiden waren, aber die Besten wurden vom demokratischen Philister gehaßt und abgelehnt, denn es ist wider die Natur des Hanswursten, Tüchtigkeit zu ehren.

Das verlangt Selbstlosigkeit und Selbstbescheidung. Und das Wesen der stinkenden Philister ist Eitelkeit.

Deswegen steht in Deutschland kein starker Mann an der Spitze.

Or.[i] 7 Bll., L 2396 (Lemp S. 199 Nr. 178). – MA 47 Nr. 66 S. 1 v. 20. 3. 1921. – Lemp S. 242 Nr. 1524; Hofmiller S. 726.

a) folgt: [beim Wahlpöbel]

b) folgt: [eher]
c) davor: [Sie haben]
d) folgt: [herunter]
e) MA: die
f) folgt: [unverstandenen]
g) MA: abgebrannte
h) verbessert aus: [Jungens]
i) Bl. 1 oben links: Leiter (Anweisung des Redakteurs für den Setzer); Bl. 7: Schlußzeichen

1 S. Nr. 5 Anm. 10. Auf der Konferenz in Spa (s. Nr. 1 Anm. 2) hatte Lloyd George die schwache Haltung der deutschen Minister gegen die deutschen Militärs beklagt (vgl. dazu Geßler S. 160f).
2 S. Nr. 6 Anm. 8. Vgl. Gall S. 572f, 607, 697ff.
3 S. Nr. 32 Anm. 1.
4 S. Nr. 45 Anm. 6.
5 S. Nr. 21 Anm. 3.
6 Frankfurter Zeitung (s. Nr. 2 Anm. 4). Zur deutschen Flottenpolitik 1910/11 vgl. Gebhardt-Grundmann 3, S. 369ff; Deutsche Militärgeschichte 5, Abschnitt VIII, S. 260ff.
7 Im Mosse-Verlag, Berlin, erschien das dem Liberalismus nahestehende Berliner Tageblatt (s. Nr. 29 Anm. 3); vgl. auch Nr. 83 Anm. 1. – »Demokraten« bezieht sich auf die liberalen Parteien (s. S. 488).
8 Reichsaußenminister Simons (s. Nr. 12 Anm. 13) erklärte am 12. 3. 1921 bei der Debatte über die Londoner Konferenz »Man soll nicht immer Böses mit Bösem vergelten« (RV Bd. 348, S. 2847). – Simons gehörte der DDP nicht an.
9 Winsler (Schmeller 2, Sp. 1030).
10 S. Nr. 9 Anm. 1.
11 S. Nr. 6 Anm. 3.
12 S. Nr. 9 Anm. 11.
13 Die franz. Delegation leitete Marschall Foch (s. Nr. 9 Anm. 10 u. Nr. 19 Anm. 4); vgl. Schulthess 1918/II, S. 719ff.
14 Zur Londoner Konferenz vgl. auch Nr. 57 u. 58. Ausführlicher Bericht: Schulthess 1921/II, S. 240–259; 1921/I, S. 80–102.
15 USP u. Kommunisten hatten im Reichstag gegen den Antrag der Regierungsparteien (Ablehnung der unerfüllbaren Forderungen der Alliierten) gestimmt (Schulthess 1921/I, S. 102).
16 Die Verfassunggebende Nationalversammlung trat am 6. 2. 1919 in Weimar zusammen; in der Eröffnungsrede beschwor Friedrich Ebert als Volksbeauftragter »den Geist von Weimar« (RV Bd. 326, S. 3; Schulthess 1919/I, S. 30–34; vgl. auch Maser S. 226–231).
17 S. Nr. 12 Anm. 5. – Über die Bildung des Reichsministeriums am 13. 2. 1919 unter dem Reichsministerpräsidenten Scheidemann s. Schulthess 1919/I, S. 44; Scheidemann, Memoiren 2, S. 359f; Maser S. 233.
18 Léon Gambetta (1838–1882), treibende Kraft des nationalen Widerstands in Frankreich 1870/71; vgl. La grande Encyclopédie 18, S. 431ff.
19 Adolphe Thiers (1797–1877), erster Präsident der dritten Republik in Frankreich (1871–1873); vgl. La grande Encyclopédie 31, S. 14ff.

Mittwoch, den 23. März 1921 65

Unter der Schabbes-Flagge[a) 1].

Hat wer Reichsfeind gesagt? Ich glaub' gleich, der Teiteles Simon in Frankfurt[2] heißt uns Bayern so; besonders unsern Herrn v. Kahr[3].

Früher hat man unter Reichsfeinden die sozialdemokratischen[4] Mehrer unseres Ansehens verstanden und auch den Löb Sonnemann[5] von der Frankfurterin hat man so betitelt. Die Welt dreht sich.

Die guten Deutschen von einst sind jetzt unten, dagegen die zweifelhaften oben.

Der Dess-, der Liss-, der Warsch-, der Pissauer halten die Wacht vor der schwarz-gelb-roten Fahne, die ihnen voran flattert in der Börs, im Gewühl der Schieberschlachten. »Die Schabbes-Flagge schwarz-gelb-rot...«

Ihr haben sie Treie geschworen, im Sinken und Steigen der Preise, beim Kettenhandel[6], in furchtbaren Kriegsgesellschaftskämpfen[7], beim Zischen und Krachen der Dividenden. Die Devise kann sinken, aber die schwarz-gelb-rote[b)] Schabbes-Flagge sinkt nicht.

»Ran an den Profit!« ruft der Liss- und der Pissauer. »Durch!« ruft der Teiteles und dringt über die Grenze vor mit verschobenen Waggonen.

Ergreifend tönt der Gesang aus der Frankfurter Zeil:[8] »Mer sennen treu bis in den Tod – der Schabbes-Fahne schwarz-gelb-rot«.

Herr von Kahr in München erbleicht; wir anderen Reichsfeinde erbleichen auch.

Wenn diese Armee kampferprobter Schieber herannaht, sind wir verloren.

Diese in Proviantämtern ergrauten Veteranen, diese Löwen der Etappe, diese Helden, deren Sitzleder in den Feldkanzleien abgehärtet worden ist, sind furchtbar.

Ruhmvolle Hämorrhoiden zeugen von ihrer Tapferkeit im Weltkriege; sie haben nie vor Konjunkturen gezittert und sie sind im Feuer der Valuta kaltblütig geblieben. Dazu kommt ihre glühende Vaterlandsliebe.

Ganz anders, als Hindenburg[9] – Tirpitz[10] – Ludendorff[11], lieben sie dieses Daitschland. Heiß, glühend. Und es ist Krotoschiner[12] Mark in ihren Knochen.

Man muß es gesehen haben, wie ihre Augen geflammt haben, wie ihr eiserner Kanzler Philipp[13] durch die Reihen schritt. Das war an dem denkwürdigen Tage, wo der große Reichskanzler dem Löb Baruch auf die Schulter klopfte und sagte: »Wir kennen uns?«

»Nu«, erwiderte Baruch, dem der Stolz das Blut in die Stirne trieb, »warum sollen wir uns nix kennen?«

Und zum Teiteles sagte der eiserne Kanzler: »Mein Sohn, wo haben Sie sich Ihren Ausfuhrschein verdient?«

»Nu«, sagte der Teiteles, »ich werd 'n gekriegt haben, wo 'n de andern auch gekriegt haben...«

»Fahren Sie so fort!«, sagte der Gründer der daitschen Republik.

»Wie haißt?«, fragte Teiteles. »Wohin soll ich sofort fahren? Nach Holland[14]?«

Ein leutseliges Lächeln umspielte den großen Versammlungsmund des Kanzlers Scheidemann und er verabschiedete sich von seiner Garde. Brausende Hochrufe schallten hinter ihm her.

Wahrlich, von ihnen gilt das Wort des Dichters: »In unserm Lager is Daitschland[15]...«

Das sieht Herr v. Kahr nicht? Und auch wir andern vaterlandslosen Gesellen haben kein Verständnis für den Patriotismus vom Teiteles Simon in Frankfurt?

Wehe uns! Dann sind wir nicht wert zu leben unter der schwarzgelb-roten Schabbes-Fahne.

Or.[c)] 5 Bll., L 2396 (Lemp S. 199 Nr. 197). – MA 47 Nr. 68 S. 1 v. 23. 3. 1921; Gesammelte Aufsätze S. 6ff. – Lemp S. 242 Nr. 1525; Hofmiller S. 726.

a) über: [Die Paladine]; Gesammelte Aufsätze folgt: (23. März 1921)
b) MA und Gesammelte Aufsätze: schwarz-rot-gelbe
c) Bl. 1 oben links: Leiter (Anweisung des Redakteurs für den Setzer); Bl. 5: Schlußzeichen

1 Zum Flaggenstreit s. Nr. 36 Anm. 7. – Schabbes: jidd. Form für Sabbat (Landmann S. 220).
2 Gemeint ist wohl die Frankfurter Zeitung (s. Nr. 2 Anm. 4); über deren Redak-

teure vgl. Becker, Liberale Presse S. 77f. Vgl. Anm. 5. Teiteles Simon: Dr. Heinrich Simon (1880–1941), Enkel des Gründers der Frankfurter Zeitung (Kaznelson S. 134); zu Teiteles s. Nr. 53 Anm. 4.

3 S. Nr. 1 Anm. 6. Vgl. Frankfurter Zeitung Nr. 199 v. 16. 3. 1921 »Herr v. Kahr u. das Reich«.

4 Vgl. auch Nr. 90 Anm. 2 (»vaterlandslose Gesellen«). Über die Bezeichnung der Sozialdemokraten als Reichsfeinde zur Zeit Bismarcks s. Gall S. 571.

5 Leopold Sonnemann (1831–1909), Gründer der Frankfurter Zeitung (Kaznelson S. 573).

6 Wirtschaftlich nicht erforderliche Einschaltung v. Händlern, wodurch die Ware verteuert wird, ohne daß spezielle Handelsfunktionen erfüllt sind.

7 Während des Weltkrieges von den Körperschaften des öffentlichen Rechts (vor allem Ländern u. Gemeinden) gegründete Gesellschaften zur Abwicklung der Bewirtschaftung von Lebensmitteln u. Gebrauchsgütern; über die in Bayern bestehenden Einrichtungen s. Volkert S. 278ff. Über die Entwicklung auf Reichsebene vgl. Deutsche Verw. gesch. 3, S. 886–893.

8 Hauptgeschäftsstraße Frankfurts. Der jüd. Bevölkerungsanteil Frankfurts betrug 1925 6%; s. Enc. Jud. 7, Sp. 89.

9 Paul v. Hindenburg (1847–1934), Generalfeldmarschall, 1916–1919 Chef der Obersten Heeresleitung; s. NDB 9, S. 178–182.

10 S. Nr. 21 Anm. 3.

11 Erich Ludendorff (1865–1937), 1916–1918 Generalquartiermeister der Obersten Heeresleitung; s. NDB 15, S. 285–292.

12 Krotoschin; s. Nr. 41 Anm. 4.

13 Philipp Scheidemann; s. Nr. 12 Anm. 5. 1919 Reichsministerpräsident. »Eiserner Kanzler« ist Anspielung auf die Bezeichnung Bismarcks (vgl. Nr. 6 Anm. 6).

14 Möglicherweise Anspielung auf das holländische Exil Wilhelms II.

15 In Abwandlung des Grillparzer-Zitats »In deinem Lager ist Österreich«? (Gedicht: Feldmarschall Radetzky, 1848; Sämtliche Werke, hg. v. August Sauer – Reinhold Backmann, I, 1/I, Wien 1932, S. 230f).

Donnerstag, den 24. März 1921 66

Wühler.

Wie auf Signal laufen die Mehrheitssozi[1] Sturm gegen Kahr[2] und Bayern. Alle Tage werden sie rautiger[a)], die Auer[3] und Timm[4]; der Hofmann[5], der Sei-sei-sel-Minister, der immer verreiste oder im Abort war, wenn was Wichtiges passierte, hat auch seinen Fotz[b)] bedeutsam aufgetan, und der Mischmasch, die Uspe[6], sehen ihre Aktien steigen und werden frech.

Da frägt man sich doch, was wollen denn eigentlich die Sozi?

Daß sie jetzt nicht an die Regierung können, muß ihnen doch

klar sein; sie reden doch selber immer bombastisch vom Volk und seinem Willen. Der Wille des bayrischen Volkes ist unzweifelhaft, unbestreitbar in ungeheurer Majorität dargelegt antisozialistisch.

Also?

Außerdem: bildet sich ein Auer wirklich ein, daß er eine Stunde lang zum Minister tauglich ist? Für so einfältig halten wir ihn nicht[c)] – aber er muß wühlen.

Alle diese Leute sind und bleiben Partei-Existenzen. Was sie jung lernen, ist Parteiwissenschaft, Parteilehre. Sie kommen nie zu irgend einem freien Standpunkte, sie kommen nie dazu, das Wesen einer Sache zu erkennen; für sie ist alles, das Kleine, wie das Große, in Beziehung zu bringen zum Parteidogma.

Es sind ganz gewiß viele brave und anständige Leute darunter, aber kein freier Kopf.

Der einzige, der sich nach Bildung und Charakter von der subalternen Anschauung hätte befreien können, war Vollmar[7]. Aber der mußte bald – hoffentlich mit Reue – erkennen, wie hoch der Zaun ist, der um die enge Welt sozialistischer Anschauungen gezogen ist.

Wir glauben, daß er seine Popularität teuer bezahlt hat, mit schmerzhaften Verleugnungen seiner besseren Einsicht. Er hat ja rebelliert gegen die Tyrannis der norddeutschen Proleten[8], allein in der Demagogie siegt immer und überall die Gemeinheit. Das beste Rezept für einen Volkstribunen ist: einseitig bleiben!

Nie forschen, nie lernen! Sonst kommt der Zwiespalt, und wehe dem, der sich nur zu einem Teil zur erkannten Wahrheit bekennen will. Der Pöbel geht über ihn weg. Dem ist ein konsequenter, schreiender, hundsgemeiner Lump immer der liebste Führer.

Gegen jeden Wert in Charakter und Bildung ist der Mob mißtrauisch und bald darauf wütend. – Herr Auer weiß es –. Aber er ist schon zu lange bei der Partei, er hat außer ihr keine Wurzeln, seine Persönlichkeit ist für sich eine Null, ist nur etwas in der Partei. Darum macht er jetzt wieder den Agitator.

Aber gerade so, wie er war und ist, ist er der stärkste Beweis, daß die Sozialdemokratie als Leiterin eines Staates unmöglich ist.

Man muß Staatsdiener sein, um Staatsbeherrscher sein zu können.

Wer aber Parteiknecht ist, kann dem Staate, der Allgemeinheit, nicht dienen. Er hat nicht das Recht, nicht die Möglichkeit, nicht die Gabe dazu.

Auer hat es ehrlich versucht. Im Chaos von 1918 wollte er hilfreich sein. Der erste Schritt, den er zur Erhaltung der wichtigen Staatsnotwendigkeiten machte, zog ihm den Haß des Pöbels zu. Es ist nicht übertrieben, wenn wir behaupten, daß Auer schon im Dezember 1918 der bestgehaßte Mann in München war[9]. Man konnte fast an die Qualitäten eines Politikers glauben, dem[d)] die Ehre des Pöbelhasses in solchen Maßen zuteil wurde.

Und heute buhlt er um den Beifall dieses Gesindels. Er ist eben doch nur Parteisozi.

Or.[e)] 5 Bll., L 2396 (Lemp S. 199 Nr. 217). – MA 47 Nr. 69 S. 1 v. 24. 3. 1921. – Lemp S. 242 Nr. 1526; Hofmiller S. 726.

a) MA: krautiger
b) MA: sein Maul (vom Redakteur geändert)
c) folgt: [und darum müssen die Gründe andere sein.]
d) MA: nachdem ihm
e) Bl. 1 oben links: Leiter für Mittwoch (Anweisung des Redakteurs für den Setzer; zwei Handschriften); Bl. 5: Schlußzeichen

1 Inoffizielle Bezeichnung für die Sozialdemokratische Partei (MSP) in Deutschland nach der Abspaltung der Unabhängigen Sozialdemokraten (USP) auf dem Parteitag in Gotha am 6./8. 4. 1917 (vgl. Schwarz, Nürnberg S. 206f; Huber 5, S. 187–191; Wende S. 121–131).
2 S. Nr. 1 Anm. 6.
3 S. Nr. 14 Anm. 3.
4 S. Nr. 10 Anm. 3.
5 S. Nr. 33 Anm. 8; Anspielung auf die Verlegung der Staatsregierung über Nürnberg nach Bamberg im Frühjahr 1919 und auf die von dem Volksbeauftragten Franz Lipp kolportierte Geschichte von Toilettenschlüsseln des Ministeriums des Äußern (s. Gerstl S. 35; Hümmert S. 116; Hofmiller, Revolutionstagebuch S. 187; Mitchell S. 272).
6 Unabhängige Sozialdemokraten (s. Nr. 10 Anm. 2).
7 Georg v. Vollmar (1850–1922), Vorsitzender der Sozialdemokraten in Bayern, MdR 1881–1918, MdL 1893–1918, Vertreter des revisionistischen Kurses; s. Biogr. WB. 3, Sp. 3001 f; Schröder S. 218.
8 Bezieht sich auf die Stellungnahme Vollmars im Revisionismusstreit gegen die Sozialdemokraten in Berlin. – Zum Ausdruck Volkstribun vgl. Nr. 123 Anm. 2.
9 Vgl. dazu Hofmiller, Revolutionstagebuch S. 102, 106, 108, 111 über die gegen Auer gerichtete Stimmung im Dezember 1918; s. auch MinProt S. 133ff.

Freitag, den 25. März 1921 67

Der Gipfelpunkt.

Das ehemalige Volksorgan, jetzige Berliner Polizeiblatt, genannt die »Münchner Post«[1], hat einen Artikel von uns mit ein paar hysterischen Ausrufungen wiedergegeben und als Titel darüber gesetzt: »Gipfelpunkt der Aufreizung durch ein Kahrsches[2] Amtsblatt«.

Wir nageln das fest, weil es so ganz echt ist für die Kampfmethode des Polizeiorgans, und so recht bezeichnend für die Hilflosigkeit dieser armen, asthmatischen alten Jungfer, von der man sagen kann »junge Revoluzzerinnen – alte Polizeischwestern«[a)] mit Abänderung eines bekannten Sprichwortes[3].

»Kahrsches Amtsblatt« schreibt die Schwester und verdreht entsetzt ihre giftig grünen Augen.

Ja, gelt, das ist fürchterlich? Ein Amtsblatt des vielgehaßten Herrn Kahr heißt die[b)] Schabbes[4]-Flagge einen »Weimaraner[5] Putzhadern?«

Und die Schandarmen laufen nicht atemlos herbei, und die Staatsanwälte und die Polizeidiener lassen das Blatt und seinen Redakteur am Leben!

Die alte, asthmatische Revoluzzerin kriegt den Hätscher[6] vor Entrüstung. Wie sie noch jung war und vor jeder wirklichen staatlichen Autorität den Rock hinten aufhob und vorn die Zunge herausblöckte – da hat sie Zeter und Mordio geschrien, wenn sie eins mit der Hundspeitsche übergezogen kriegte – und jetzt dürfen »Amtsblätter« gegen die Scheinautorität von aufgeblasenen Schwätzern was riskieren! Schauderhaft!!

Sie schreibt es sofort[c)] aus, damit es die anderen Sozi-Detektiv-Institute aufgreifen. Und damit es wirkt, lügt die asthmatische Revoluzzerin.

»Amtsblatt« – der dümmste Mitarbeiter der »Post« und das heißt schon was – der letzte zugereiste galizische Hadernsammler[7] weiß, daß der »Miesbacher Anzeiger« nur insofern »Amtsblatt« ist, als er Insertionsorgan eines Amtsgerichtes und Bezirksamtes ist und wegen seiner weitaus größten Verbreitung sein muß.

67

Das ist die ganze amtliche Eigenschaft, die mit der Regierung nicht das Mindeste zu tun hat.

Aber das bloße Wort »Amtsblatt« gibt der Lügnerin eine willkommene Gelegenheit, ihren saudummen Gläubigen was vorzuschwindeln und dem verhaßten Ordnungsregime was anzuhängen. Oder anhängen zu wollen.

Natürlich sind auch ein paar Neidbrocken in dieser Brühe, die die alte Revoluzzerin[d)] ihren Lesern vorsetzt.

Selber war sie ja einmal »Amtsblatt«, richtiger »offiziöses Organ«, in der schönen, stolzen Zeit, »als der Kare in Palästen packte und die Zenzi in Palästen kackte«. Selbigesmal, als der Langhaarete[8], von Matrosen stolz umgeben, unser Königreich Bayern zu einem jiddischen Saustall umgewandelt hatte. Und später, wie der Sei – sei-sel-Hofmann[9], der Unsichtbare, auf Krücken regierte.

Nachher, wie ihm die Krücken weggeschlagen wurden und Männer ans Ruder kamen, war es aus mit dem offiziösen Charakter und das alte Geschäft des Hetzens, Wühlens und Lügens[e)] wurde wieder aufgemacht.

Aber weil droben, im schönern[f)] Norden, der Sozifotz[10] noch regierungsmäßig aufgerissen wird, kann die alte Revoluzzerin herunten das Berliner Polizeiorgan, die staatstreue Raichsdaitsche spielen und aus gespieltem Entsetzen einen regierungstreuen Hätscher kriegen[11].

Verdreh die Augen, alter, sozialdemokratischer Trankhafen, so viel's dich freut!

Wir ärgern uns nicht darüber und schieben den Hut ein wengl[g)] rechts hinüber und singen dir eins aus altbayrischer Kehle:

»Alte, gel mi mögst gern ...
Schiaglate Stallatern,
Ausgrunnens Trebernfaß
Mi - - - - - - - - -«

Or.[h)] 6 Bll., L 2396 (Lemp S. 198 Nr. 168). – MA 47 Nr. 70 S. 2 v. 25. 3. 1921. – Lemp S. 242 Nr. 1527; Hofmiller S. 726.

a) MA: Revoluzzerin – alte Polizeischwester
b) folgt: [Berliner]
c) folgt: [dem Vorgesetzten in die Zeitung]
d) verbessert aus: [das alte Revoluzzermensch[12]]

e) MA: Hetzens, und Wühlens
f) MA: schönen
g) folgt: [links]
h) Bl. 6: Schlußzeichen

1 S. Nr. 1 Anm. 1. MP Nr. 65 v. 19./20. 3. 1921 bezieht sich auf Nr. 62.
2 S. Nr. 1 Anm. 6. – Am 17. 3. 1921 sagte der sozialdemokratische Abgeordnete Giermann im bayer. Landtag: »Ich glaubte, als ich Herrn v. Kahr vorher mit dem ›Miesbacher Anzeiger‹ in der Hand stehen sah, daß der ›Miesbacher Anzeiger‹ wahrscheinlich wohl nun Staatszeitung werden würde.« (LV 1920/21, StenBer 2, S. 681; vgl. auch Ebd. S. 841, 864 u. 867 v. 28. 4. 1921).
3 Wohl Abwandlung des Sprichworts »Junge Hure, alte Betschwester« (Mackensen, Zitate S. 424).
4 S. Nr. 65 Anm. 1.
5 Zu Weimar vgl. Nr. 64 Anm. 16; zur Reichsflagge s. Nr. 36 Anm. 7. Derselbe Ausdruck erscheint auch in Nr. 62.
6 S. Nr. 25 Anm. 2.
7 Hadernsammler wohl in Anlehnung an Haderlump als verächtliche Bezeichnung für Lumpensammler, verkommener Mensch (vgl. Grimm 4/II, Sp. 116; Schmeller 1, Sp. 1051). Zu »galizisch« s. S. 482.
8 Ministerpräsident Kurt Eisner; s. Nr. 14 Anm. 7 u. Nr. 17 Anm. 8. Foto Eisners s. bei Mitchell S. 100. Die MP kann kaum als »offiziöses Blatt« Eisners bezeichnet werden (s. MinProt, bes. S. 217f, 230f). Zu »Kare« u. »Zenzi« vgl. Nr. 16 Anm. 6 u. Nr. 53 Anm. 6.
9 S. Nr. 33 Anm. 8.
10 Fotz vulgärer Ausdruck für Mund (Schmeller 1, Sp. 782; Grimm 4/I, Sp. 44f).
11 In der Reichsregierung unter Reichskanzler Fehrenbach saßen keine Sozialdemokraten (vgl. Nr. 6 Anm. 3). In Preußen wurde im April 1921 die Regierung unter dem Sozialdemokraten Otto Braun vom Kabinett Stegerwald (Zentrum) abgelöst (s. Schulthess 1921/I, S. 119f). Vgl. Nr. 54 u. 96.
12 Das Mensch verächtliche Bezeichnung für unverheiratete Frau (Schmeller 1, Sp. 1629).

Dienstag, den 29. März 1921 – Dienstag, den 26. April 1921 67/1

Die Wilderer.

Eine Geschichte von Ludwig Thoma[1].

Text: Simplicissimus 8, 1903/04 Nr. 27, S. 214 – Nr. 36, S. 286 (Erstdruck); Gajek (Serie Piper 321) S. 18–57; zur Textgestaltung vgl. Ebd. S. 114.

Or. fehlt. – MA 47, Roman- und Unterhaltungsbeilage »Der Erzähler« Nr. 13 v. 29. 3. 1921; Nr. 14 v. 5. 4. 1921; Nr. 15 v. 12. 4. 1921; Nr. 16 v. 19. 4. 1921; Nr. 17 v. 26. 4. 1921. – Lemp S. 245 Nr. 1630; fehlt bei Hofmiller. –

Erstdruck: s. oben (Lemp S. 220 Nr. 698); Nachdrucke s. Lemp S. 210 Nr. 356, S. 212 Nr. 379 u. 396.

1 Vgl. Gajek (Serie Piper 321) S. 105ff. Ders. (Serie Piper 925) S. 161.

Mittwoch, den 30. März 1921 68

Spitzbubenpolitik.

Vor ein paar Tagen hat ein roter[a)] Hund gebellt, der zu denen gehört, die das Beißen und Gebissenwerden den Dummen überlassen, und er hat seine Rede mit den Worten geschlossen: Tötet den Staat![1]

Das ist deutlich und wir können uns ohne Aufregung darauf einrichten, daß wir, wenn das Gesindel schon den Mut hat, anzufangen, um das Leben des Staates noch einmal kämpfen müssen. Ganz recht! Es gibt viele Leute unter uns, die das seit einem Jahr sagen und darauf hinweisen, daß die Mordbrennerbande im Mai 1919 viel zu glimpflich weggekommen ist[2]. Damals stand das feige Ministerium Hofmann[3] jeder energischen Maßregel im Wege und die Quittung für diese Unterlassungen hören wir ja: Tötet den Staat!

Er hat aber mehr Leben in sich, als sich so ein vorstädtischer Strizziführer denkt, und das Experiment, das in der Zeit der schwersten Sorgen einem Lumpenhund für kurze Zeit geglückt ist, wird nicht mehr glücken. Wenn es die bezahlten Schufte versuchen wollen, läßt sich von unserer Seite aus wenig dagegen sagen.

Die Luft würde stark gereinigt werden, und so viel wir von der Sache wissen und verstehen, wird es die erste Sorge sein, diesmal die »intellektuellen« Hintermänner des Umsturzes mit bluten zu lassen. Wir möchten aber nicht Drohung mit Drohung erwidern. Lassen wir sie schreien: Tötet den Staat! Aber wenn einer nur die Miene verzieht, um Ernst zu machen – dann Landsleute, wollen wir zugreifen.

Wenn man richtig nachdenkt über das, was gerade jetzt wieder geschieht, so muß man sagen, daß die Kommunisten[4] und Unabhängigen[5] in der schönen roten Gesellschaft nicht die Widerlichsten sind. Den Vorrang[b)] haben schon die Mehrheitssozi[6], die nach rechts und links lügen, die die Staatsmänner spielen und dem Raubgesindel schmeicheln, die sich mit jeder Gemeinheit die Gunst des Mordpöbels erringen wollen und auf der anderen Seite wieder als die Retter des deutschen Volkes die Backen aufblasen. Diese Schleicher[7], diese Wohldiener der niedrigsten Instinkte müßt ihr recht erkennen.

Sie sündigen auf eure Leichtgläubigkeit und noch mehr auf eure Vergeßlichkeit und sie muten euch zu, daß ihr euch noch hinterher blind und taub stellt gegen die Jämmerlichkeit ihres Benehmens, die sie über ein halbes Jahr, vom November 1918 bis Mai 1919[8], bewiesen haben. Sie haben damals in der ersten Stunde vor Eisner[9] und vor dem Straßenpöbel kapituliert, sie gaben sofort die Macht 20-jährigen Lausbuben in die Hände und zitterten in ihren Kanzleien, wenn auf den Plätzen der Stadt München das rotzigste Maulheldentum der Levin[10], Toller[11], des besoffenen Mühsam[12], des Landauer[13] usw. regierte. Wenn sie Miene machten, dem Hexensabbath entgegenzutreten, brauchte bloß ein galizischer[14] Judenbengel zu drohen oder ein[c)] Sträfling, wie Egelhofer[15], auf die Handgranate hinzudeuten, dann kuschten diese großen Staatsmänner und verleugneten ihre Worte, ihre Absichten und ihre Unterschriften.

Nur nicht vergessen, wie an den Plakatsäulen der Aufruf zur Bildung einer Schutzwehr[16] angeschlagen war und wie sich auf einen Pfiff des Pöbels die tapferen Retter der Stadt verschloffen haben!

Und wie machen sie es jetzt? Am 24. März »dekretieren« diese aufgeblasenen Schwätzer, daß die Einwohnerwehr zu entwaffnen sei, und sie »drohen« mit den schärfsten Maßregeln[d)] [17].

Diese Leute, die vor jedem Sauhaufen unreifer Buben zitterten, erklären dem ganzen bayerischen Volke den Krieg! Warum? Weil sie darauf rechnen, daß unsere anständige Gesinnung, unsere Sorge ums Land, unsere Gesittung sie schützt vor der unmittelbaren Gefährdung ihres teuren Wohlbefindens.

Das, nur das gibt ihnen den Mut, gegen uns frech zu sein und[e)] die andere Erwägung, daß wir ja doch den Pöbel niederhalten werden, gibt ihnen den weiteren Mut, diesem Pöbel, den sie fürchten, Dienste zu leisten.

Wenn diese Leute glaubten, daß bei uns der Mob nur einen Tag obenauf kommen könnte, wären sie die ersten, die Herrn von

Kahr[18] um festes Auftreten anflehen würden, und wir könnten ihre Hilferufe wieder an den Plakatsäulen lesen.

Nicht wir, sie zittern vor der Möglichkeit der Entwaffnung[f)], und nur, weil sie wissen, daß wir fest bleiben, sind sie frech. Nur darum spielen sie mit der Revolution, weil sie sich überzeugt haben, daß sie nicht losgehen kann.

So glauben sie, ihr Gesicht nach rechts und links wahren zu können und wühlen und hetzen im sicheren Schutze, den ihnen das verhaßte Regime Kahr gewährt.

Or.[g)] 8 Bll., L 2396 (Lemp S. 199 Nr. 205). – MA 47 Nr. 73 S. 1 v. 30. 3. 1921. – Lemp S. 242 Nr. 1528; Hofmiller S. 726.

a) MA: blutroter (vom Redakteur geändert)
b) folgt: [in der Gemeinheit]
c) folgt: [entlassener]
d) folgt: [Sie zeigen uns höhnisch, daß sie zwar vor dem Giesinger Sauhaufen]
e) folgt: [die Liebediener des Pöbels zu spielen]
f) folgt: [wir wissen, daß wir festhalten und diese Gewißheit läßt uns die Drohungen verachten, aber in den Staatsmännern der Mehrheitssozi lebt noch die Angst, der sie sich einmal besinnungslos hingegeben haben]
g) Bl. 1 oben links: Leiter (Anweisung des Redakteurs für den Setzer); Bl. 8: Schlußzeichen

1 MA Nr. 72 S. 1 v. 27. 3. 1921 berichtete über die Versammlung der Münchener Kommunisten im Münchner-Kindl-Keller, in der MdR Wendelin Thomas (KP) als Hauptredner diese Äußerung tat; über Thomas (geb. 1884) vgl. Schwarz S. 775. Er wurde nach der Versammlung in München verhaftet.
2 Über die Niederwerfung der Räterepublik in München im Mai 1919 vgl. Schulthess 1919/I, S. 200ff; Morenz S. 91–110; HBbG 4/I, S. 433ff; Gumbel, Politischer Mord S. 31–49; Hillmayr S. 158–176.
3 S. Nr. 33 Anm. 8.
4 S. Nr. 114 Anm. 1.
5 S. Nr. 10 Anm. 2.
6 S. Nr. 66 Anm. 1.
7 In Nr. 122 werden konservative Kreise ebenfalls als »Schleicher« bezeichnet.
8 7./8. 11. 1918 (Revolution in München) bis 2. 5. 1919 (Niederwerfung der Räterepublik).
9 S. Nr. 14 Anm. 7.
10 S. Nr. 2 Anm. 11.
11 S. Nr. 2 Anm. 13.
12 S. Nr. 2 Anm. 14.
13 Gustav Landauer (1870–1919), Schriftsteller, Volksbeauftragter für Volksaufklärung in der Räteregierung v. 7. 4. 1919; bei der Besetzung Münchens am 2. 5. 1919 ermordet; s. NDB 13, S. 491ff; Morenz S. 128.
14 Zum antisemitischen Vorwurf, daß Juden in besonderer Anzahl maßgeblich an

der Revolution in München beteiligt gewesen seien, vgl. Nr. 77 Anm. 5, Nr. 147 Anm. 5 sowie S. 483.

15 Rudolf Eglhofer (auch Egelhofer) (1893–1919), Marineangehöriger, seit November 1918 in München, seit 14. 4. 1919 Stadtkommandant von München, am 1. 5. 1919 standrechtlich erschossen; vgl. Mitchell S. 281, 289; Huber 5, S. 1122 Anm. 56; Morenz S. 125 (gibt 1896 als Geburtsjahr an).

16 Zu den Bürgerwehr-Plänen, die in der zweiten Dezemberhälfte 1918 Auer u. Timm verfolgten u. dann wieder aufgeben mußten, vgl. Mitchell S. 172 ff; MinProt S. 211 ff, 439 f. Vgl. auch Nr. 109 Anm. 7.

17 Zur Diskussion um die Auflösung der Einwohnerwehr, insbesondere den Vollzug des Gesetzes v. 22. 3. 1921 (RGBl 1921, S. 235), vgl. Nr. 62 und S. 480. Die Initiative zu diesem vom Reichstag beschlossenen Gesetz ging unter dem Eindruck eines Ultimatums der Alliierten von der bürgerlichen Reichsregierung Fehrenbach aus.

18 S. Nr. 1 Anm. 6.

Donnerstag, den 31. März 1921 69

Karlche.

François Charles Endrès, früher Major in der türkischen, jetzt Berichterstatter bei der hebräischen Armee, leitet ein Blättchen, das man mit vielem Recht die süddeutsche Presse nennen könnte, wenn es außer der schlechten Absicht auch die Kraft hätte, uns zu pressen[1].

Aber der alte Abonnentenmörder aus der Sendlingergasse[2] kann mit seinem Rabbineralmanach und seinem Wegweiser für Schächter und solche, die es werden wollen, bloß mehr die Stammgäste der koscheren Lokale unterhalten.

Soweit München bayrisch ist, erfährt es nichts von den Meinungen und Lehren seines Propheten Charles, und es kauft ihm seinen türkischen Honig nicht ab.

Der Haudegen a. D. gibt uns den Rat, wir sollen uns nur ja nicht mucksen gegen dies mörderische, hundsgemeine Abwürgen, das die Franzosen bloß so lang treiben, bis sie sich schämen oder bis wir verreckt sind[3].

Ein ganzer Mann, ein ganzer Demokrat! Schätzungsweise, denn es ist uns nicht der Mühe wert, nachzuschlagen, muß der alte Krummsäbel hoch in den Fünfzigern stehen und hat fünf Jahrzehnte unter Grundsätzen gelebt, die unserm Volke eine andere, wie diese feige, dreckige, knechtselige Rolle zuwiesen.

Jahrzehnte lang hat er der löwenherzigen bayrischen Armee als Offizier angehört – und das ist das Resultat? Seit 1917 – als noch hunderttausende tapfere Bayern die Grenzen schützten – ist er Stufe für Stufe heruntergeschritten bis zum Vertrauensmann der »Frankfurter Zeitung«[4].

Und der ist unser Landsmann! Nein! Er war es nie. Aber als gewissenhafte Politiker haben wir uns doch bei den früheren Besitzern der »Neuesten«[5] erkundigt, ob man seinen Lehren und Ratschlägen nicht doch Gehör schenken müsse.

Wir erhielten den Bescheid, daß François Charles Endrès der zuverlässigste politische Wegweiser sei, den es gebe; man gehe nie fehl, wenn man immer das Gegenteil von dem tue, was er anrät. Diese, aus schmerzlichsten Erfahrungen geschöpfte Erkenntnis geben wir unseren Lesern bekannt, damit sie sich auskennen, wenn der alte Türke seinen Krummsäbel gegen unseren Herrn v. Kahr[6] schwingt. Er ist stumpf, dieser Säbel, und dient nur dazu, vom türkischen Honig Scheiben abzuschneiden, wenn wieder Oktoberfest[7] ist.

Aber Karlche wird kaum mehr unter uns weilen, wenn das wieder eintritt; er soll nach Frankfurt ins Hauptquartier befohlen sein, um die Mainlinie gegen Bayern zu befestigen.

Wir wünschen ihm glückliche Reise auf jeden Weg, der ihn von dannen führt.

Or. fehlt. – MA 47 Nr. 74 S. 2 v. 31. 3. 1921. – Lemp S. 242 Nr. 1529; Hofmiller S. 726.

1 Zu Franz Carl Endres s. Nr. 21 Anm. 1; zur Süddeutschen Presse s. Nr. 147.
2 Endres schrieb für die MNN; Sitz der Redaktion war in der Sendlinger Straße (s. Nr. 21 Anm. 2).
3 Vgl. Süddeutsche Presse Nr. 38 v. 20. 3. 1921 oder Nr. 41 v. 24. 3. 1921.
4 1915 wurde Endres wegen Krankheit vom Militärdienst entlassen; er arbeitete bis Sommer 1917 für die Frankfurter Zeitung; s. Schmolze (wie Nr. 21 Anm. 1) S. 98.
5 Seit August 1917 war Endres Mitarbeiter der MNN, er trennte sich 1920 von der Redaktion (s. Nr. 21 Anm. 8 u. 13).
6 MA Nr. 68 S. 2 v. 23. 3. 1921 kommentiert einen Bericht der Süddeutschen Presse Nr. 36 v. 18. 3. 1921, daß die BVP Kahr (s. Nr. 1 Anm. 6) nicht mehr halten wolle (vgl. auch Nr. 102 Anm. 11).
7 Volksfest im September/Oktober auf der Theresienwiese in München.

Freitag, den 1. April 1921 70

Berliner Gefahren[a].

Wie wir aus gut unterrichteter Quelle erfahren, hegt man in Münchener Regierungskreisen schwere Sorgen wegen der heftigen Kampfansage eines gewissen Jakobsohn[1], Herausgebers eines vorstädtischen Theateralmanachs und unabhängigen Sozis. Polizeipräsident Pöhner[2] soll sich bereits mit Rücktrittsgedanken befassen und Herr von Kahr[3] soll eine Zusammenkunft mit den Bühnenreportern planen, um die Möglichkeit eines friedlichen Ausgleiches zu erwägen.

Wir haben uns an unseren Berliner Berichterstatter gewandt, mit dem Ersuchen, uns Näheres über den gewaltigen Feind Bayerns mitzuteilen.

Hier geben wir seinen Bericht wieder: »Siegfried Jakobsohn ist der Sprößling eines galizischen Kleiderladens in der Jakobstraße und ist wegen seines Diebstahls von geistigem Eigentum in den Kreisen der Berliner Weh-Juden bekannt geworden. Bei Kriegsausbruch wußte er sich durch Bettnässen vom Militärdienste zu befreien, wurde aber brotlos, da die übrigen Theaterreporter nichts lieferten, was er hätte abschreiben können. Der bruchleidende junge Mann begrüßte, wie alle Mitglieder seiner Familie, die Morgenröte der Revolution, ohne sich jedoch gefährlichen Unternehmungen auszusetzen. Er folgte dem Beispiele der Übrigen vom Stamme Jakob und Judas und feuerte nur von hinten die Zuhälter-Kompagnien Berlins zur Tätigkeit an. Auf diese Weise gelang es ihm, wie ja auch der Levi[4], Levin[5], Toller[6], Cohn[7] und Schweinehund seine Existenz zu erhalten. Von derselben macht er zur Zeit reichlichen Gebrauch, ist aber bereit, sie für den Fall des Schießens, Hauens und Stechens in den Kanalröhren Berlins unterzubringen.

Die Erfahrungen, die seiner Zeit der Doktor Magnus Spinatfeld[8] in München gesammelt und nur langsam ausgeheilt hat, erregten in Jakobsohn jene Zweifel an der daitschen Gesinnung des bayerischen Volkes, denen er jetzt Ausdruck verleiht. Ein paar Maulschellen würden ihn sicherlich wieder zur Ruhe und zum Bettnässen bringen, ohne daß es langer diplomatischer Verhandlungen dazu bedürfte«.

Wir glauben nach diesem Berichte, daß sich die bayerische Regierung mit Abwehrmaßregeln nicht übereilen sollte. Wir planen, in Schwabing[9] Nacktbälle zu arrangieren, zu denen wir die Mischpoche[10] von Berlin-Weh einladen werden. Es ist ziemlich sicher anzunehmen, daß der Siegfried dazu erscheinen wird und dann kurieren wir ihn, wie seiner Zeit den Magnus Spinatfeld.

Or. fehlt. – MA 47 Nr. 75 S. 1 v. 1. 4. 1921; Gesammelte Aufsätze S. 8f. – Lemp S. 242 Nr. 1530; Hofmiller S. 726.

a) Gesammelte Aufsätze folgt: (1. April 1921)

1 Siegfried Jacobsohn, Herausgeber der »Weltbühne«; s. Nr. 2 Anm. 6.
2 S. Nr. 17 Anm. 11.
3 S. Nr. 1 Anm. 6.
4 Dr. Paul Levi (1883–1930), 1919–1920 Führer der KP; s. NDB 14, S. 397f; Osterroth S. 191f; Schwarz S. 704.
5 Max Levien; s. Nr. 2 Anm. 11.
6 S. Nr. 2 Anm. 13.
7 Dr. Oskar Cohn (1869–1934), Rechtsanwalt, seit 1912 MdR (seit 1917 USP); s. Schwarz S. 631; Schröder S. 92f.
8 Dr. Magnus Hirschfeld; s. Nr. 38 Anm. 1; vgl. auch Nr. 80 Anm. 7.
9 S. Nr. 15 Anm. 2.
10 S. Nr. 15 Anm. 9.

Samstag, den 2. April 1921 71

Schwarmgeister.

Als wir noch ein Staat waren, in dem Alles an seinem rechten Platze stand, konnten wir nicht selten sogenannte »Originale« sehen, Menschen, die aus der Bahn geschmissen, nichts Tüchtiges konnten und Unmögliches wollten. So Erfinder vom perpetuum mobile und ähnlichem Unfug, Menschheitsbeglücker, Kohlrabiapostel[1], gutmütige Hanswursten, die sich keine Suppe schmalzen konnten, aber unerhörte Reichtümer in den Wolken suchten. Wir waren gesund genug, um die paar Narren in ihrer Fledermausjagd ungestört lassen zu können und für alle Fälle gab es ja ein Giesing[2] und später ein Eglfing[3]. Als unser Volk erkrankte und aufs Siechbett kam, trat die erschreckende Erscheinung ein, daß alles, was wir an Narren, Deppen und Trotteln hatten – und der Krieg hatte die Zahl unheimlich vermehrt – sich auf die Politik warf und im Narrenhaus, das unser Staat wurde, eine Rolle spielen durfte.

Unser Volk hat den Willen zur Gesundheit, und findet sich wieder, trotz der fürchterlichen[a)] Trostlosigkeit aller Zustände, aber wir sind noch weit davon entfernt, daß wir die Narren unbekümmert ihre Narrheit ausüben lassen können.

Der typische Geisteskranke aus der Umsturzzeit ist zum Beispiel der Gareis[4]. Er stammt aus einer geachteten Familie, die manchen verdienten Mann hervorgebracht hat und schien selbst in sicheren Bahnen eine geachtete Stellung erringen zu können. Im Krieg wurde er gefangen genommen und nach Algerien gebracht. Dort hätte er reichlich Gelegenheit gehabt, die Entmenschung der französischen Rasse kennen zu lernen und an den Leiden seiner Landsleute zu lernen, wie ungeheuer hoch die deutsche Gesittung über dem Sadismus des gallischen Pöbels steht. Aber – kaum war es gelungen, den Mann in die Schweiz verbringen zu lassen[5], durch Anstrengungen, die von der alten Regierung erfolgreich unterstützt wurden, kaum war er geborgen in der Schweiz, schloß er sich russischen Juden an, die dem armseligen, widerstandslosen Menschen ihre nihilistischen Ideen beibrachten.

Heute gehört er zu Denen, die Deutschland verleugnen; er hängt mit keiner Wurzelfaser mehr im Heimatboden und ist nichts mehr als ein entnervter, dekrepiter[6] Narr, der Entschuldigungen für die französischen Peiniger weiß, aber keinen Funken Gefühl für sein Land und seine Landsleute hat[7].

In gesunden Zeiten könnte man einen solchen Narren dulden, in der langsamen, mühseligen Genesung, in der wir uns aber befinden, sind sie unerträglich.

Die sogenannten Ideen, die sich diese erkrankten Gehirne zusammensuchen und die sie mit der Leidenschaftlichkeit aller Geisteskranken verbreiten, sind nur Aufreizungen für den arbeitsscheuen, blutrünstigen Pöbel, der am ersten Tag über die Theorie weg zur Befriedigung seiner Gemeinheit schreitet.

Narren[b)] gehören heute mehr als je ins Narrenhaus[b)].

Or.[c)] 3 Bll., L 2396 (Lemp S. 199 Nr. 201, 223). – MA 47 Nr. 76 S. 2 v. 2. 4. 1921; Kloeber S. 129f. – Lemp S. 242 Nr. 1531; Hofmiller S. 726.

a) MA und Kloeber: fürchterlichsten
b)–b) MA und Kloeber: fehlt
c) Bl. 3: Schlußzeichen

1 Vegetarier (Küpper 4, S. 1565).
2 Im Münchener Stadtteil Giesing befand sich bis 1859 ein städt. Irrenhaus (s. Giesing-Au-Haidhausen 1854–1979, München 1979, S. 41); dann wurde zwischen den Stadtteilen Giesing und Haidhausen die neue Kreisirrenanstalt errichtet (Franz Reber, Bautechnischer Führer durch München, München 1876, S. 162f).
3 Die in Anm. 2 genannte Anstalt wurde 1905 nach Eglfing, Gem. Haar, Lkr. München verlegt (BJb. 1906, S. 335).
4 S. Nr. 43 Anm. 1.
5 Karl Gareis war im August 1914 in franz. Kriegsgefangenschaft geraten; er wurde im Dezember 1916 als invalid in die Schweiz gebracht, dort interniert u. im September 1917 nach Deutschland ausgetauscht (BHStA, KrA, KrStR 3021/531).
6 Heruntergekommen, abgelebt.
7 Vgl. Nr. 88 Anm. 2.

Samstag, den 2. April 1921 72

Obacht! da Breiß kimmt![a)]

Eppa werd jetzt da Peters[1] kemma,
Eppa werd er ins d' Waffen nehma,
Eppa kriagt er an Dreck,
Eppa roast er wieder weg.

Or. fehlt. – MA 47 Nr. 76 S. 3 v. 2. 4. 1921; Berliner Volkszeitung Nr. 157 v. 5. 4. 1921[2]; Gesammelte Aufsätze S. 9. – Lemp S. 242 Nr. 1532; Hofmiller S. 726.

a) Gesammelte Aufsätze folgt: (2. April 1921)

1 S. Nr. 81 Anm. 1. – Die Ankündigung des Besuches von Dr. Peters wird in MA Nr. 74 S. 1 v. 31. 3. 1921 erwähnt.
2 Vgl. Nr. 83 Anm. 3.

Sonntag, den 3. April 1921 73

Die Aschantis[I] an der Saale[2].

Unsere Bayern müssen mithelfen, daß unter die Wilden an der Saale wieder Menschlichkeit einzieht[a)], und wir hoffen, daß sie einige von den tückischen Dynamitlegern in die Hände bekommen[3]. Wir möchten unsere Landsleute darauf hinweisen, wie dieser Fleck Erde einmal berühmt war durch die Rührigkeit und den Fleiß seiner Bewohner und wie er jetzt an Kultur hinter einem Negerstaate an der westafrikanischen Küste steht.

Bei Eisleben[4] wird eine Schandsäule errichtet, auf der[b)] das Manifest des[c)] Hörsing[5] angenagelt wird und welches verkündet, daß im Mittelpunkte Deutschlands Leben und Eigentum der Bürger dem Verbrechen preisgegeben sind, daß Mord, Brandstiftung, Totschlag und Raub für straffrei erklärt werden, daß Mörder und Räuber vor polizeilicher Verfolgung gesichert bleiben.

Dieses Denkmal wird, umrankt von Berliner Lettfeigen[6] und Lorbeer, der Nachwelt künden, was aus einem gesitteten Lande in einem Jahre Hörsingscher Verwaltung geworden ist.

Wehe dem Lande, das ein Prolet regiert! Die ganze jämmerliche Gemeinheit dieser seit einem Jahre vorbereiteten und von der sogenannten Verwaltung zärtlich behüteten Brandstiftung verknüpft sich unlösbar mit dem Namen Hörsing. Und der ist nur als Gattungsbegriff wichtig, denn die Persönlichkeit dieses sogenannten Oberpräsidenten[d)] ist eine, von denen zwölf noch lange kein Dutzend ausmachen.

Aber gattungsbegrifflich zeigt er, was geschieht und geschehen muß, wenn ein Parteigeschöpf, das nie eine Pflicht kennen gelernt hat, an eine Stelle kommt, wo nur Pflichtgefühl und Sorge fürs Gemeinwohl nützlich wirken können. So ein Geschöpf handelt nach seinen Instinkten, wenn es, die Gleichberechtigung Aller mißachtend, der Masse dient, in der allein es die Stütze seines Emporkommens sieht und sehen muß. Jede normale Entwicklung, jedes natürliche Gedeihen ist ihm persönlich feindlich, weil es ihn sofort wieder in das Dunkel zurückwirft, aus dem es hervorgekrochen ist.

Wer durch den Pöbel herrscht, muß dem Pöbel dienstbar bleiben.

Alles, was ein Hörsing ist, das ist er doch bloß durch den Umsturz von[e] Sitte und Herkommen und im Kampfe gegen das gewerbfleißige Bürgertum geworden.

Wie könnte er dazu kommen, für dieses Bürgertum und für Herstellung von Recht und Sitte einzutreten, gegen die Bewegung, der er Alles verdankt? Darum kann und soll man nicht seine einzelnen Handlungen kritisieren und verurteilen. Im Instinkte[f] liegt die Sauerei.

Die Möglichkeit, daß es einen Präsidenten Hörsing gibt, ist die Möglichkeit, daß es diese Zustände in Sachsen gibt.

Und der Sammelbegriff Hörsing kommt aus dem Berlin von heute[7].

Or.[g] 3 Bll., L 2396 (Lemp S. 198 Nr. 146). – MA 47 Nr. 77 S. 2 v. 3. 4. 1921. – Lemp S. 242 Nr. 1533; Hofmiller S. 726.

a) verbessert aus: [herrscht]
b) folgt: [zu lesen steht]
c) folgt: [Proleten]
d folgt: [gehört zu denen,]
e) folgt: [Recht]
f) verbessert aus: [Ganzen]
g) Bl. 3: Schlußzeichen

1 Population in Süd-Ghana mit monarchischer Struktur, um 1950 ca. 1 Mill. Angehörige (Michel Panoff – Michel Perrin, Taschenwörterbuch der Ethnologie, übersetzt v. Justin Stagl, 2. Aufl., Berlin 1982, S. 37f). – Zur Diskussion um die vom MA eingeführte und vom Badischen Staatsanzeiger weiter tradierte »Aschanti«-Metapher vgl. LV 1920/21, StenBer 3, S. 217 (v. 21. 6. 1921).

2 In den mitteldeutschen Bezirken Merseburg u. Halle a. d. Saale kam es im März 1921 zu planmäßig vorbereiteten Aufständen von Kommunisten; die öffentliche Sicherheit war schwer gefährdet. Vgl. Nr. 74 u. Schulthess 1921/I, S. 104ff.

3 Über die Bereitstellung von Reichswehreinheiten aus Bayern und Württemberg zum Einsatz in Mitteldeutschland berichtete der MA Nr. 74 S. 1 v. 31. 3. 1921. Die Münchener Truppen kehrten am 12. 4. 1921 wieder zurück (Stadtarchiv München, Chronik 456 Ia).

4 Kreisstadt, preuß. Prov. Sachsen. – Eisleben war wichtiger Stützpunkt der Aufständischen (s. AR Fehrenbach S. 609f; vgl. MA Nr. 71 S. 1 v. 26. 3. 1921; Nr. 72 S. 2 v. 27. 3. 1921).

5 Otto Hörsing (1874–1937), Mehrheitssozialist, 1920–1927 Oberpräsident der preuß. Provinz Sachsen (Benz-Graml S. 150f; Schwabe, Oberpräsidenten S. 328). Hörsing wurde vorgeworfen, nichts gegen die Vorbereitungen der Aufständi-

schen unternommen zu haben; er habe Ende März den Aufständischen, die die Waffen freiwillig niederlegen, Straffreiheit zugesichert (AR Fehrenbach S. 620 Anm. 3). Vgl. auch MA Nr. 68 S. 1 v. 23. 3. 1921; Nr. 69 S. 1 v. 24. 3. 1921. MP Nr. 72 v. 29. 3. 1921 erwähnt den Aufruf Hörsings an die Arbeiter des Regierungsbezirks Merseburg, die Waffen niederzulegen und zur Arbeit zurückzukehren. Über die Zugeständnisse Hörsings an die streikenden Arbeiter vgl. Sigrid Koch-Baumgarten, Aufstand der Avantgarde. Die Märzaktion der KPD 1921, Frankfurt a. Main 1986, S. 165f.

6 Zaghafter Mensch, Tropf; s. Schmeller 1, Sp. 1533.

7 Zur Stellung der politischen Beamten in Preußen vgl. Nr. 55 Anm. 4.

Dienstag, den 5. April 1921 74

Die[a)] Entspannung.

Der Severing[1] hat eine Kommission von Beamten zu den Sachsen[2] geschickt, mit dem Befehl, daß sie dort Alles so finden sollen, wie es[b)] zur Abfassung einer Note in Berlin paßt.

Jedes Kommissionsmitglied trat mit einer Gasmaske auf, die es am Sehen verhinderte. Sie fanden infolgedessen in Mitteldeutschland Alles »den Umständen angemessen«.

Es waren »bloß« 34 Leute der Schutzpolizei[3] ermordet und bestialisch verstümmelt, es waren »nur« 50 weitere Leute der Polizei verwundet, es waren »nur einige« Bahnhöfe, Amtschebeide, Gabidalistenheiser zerdebbert, es waren »nur einige Dutzend« Private ermordet, es waren »bloß« einige Brücken gesprengt, Eisenbahndämme »veruncheniert«, aber was die Hauptsache war, der Oberbresidente Hörsing[4] war im besten Befinden und bei sehr gutem »Abbedidde«.

Dieser Bericht wurde dem Reichskabinett vorgelesen und erregte allgemeine Befriedigung.

Besonders wohltuend berührte es einige humane Hosenträträ, daß die Reichswehr nicht eingegriffen hatte, was sehr leicht zur Verletzung von Kommunisten geführt hätte.

Unser guter alter Knieschnackler, der Advokat Fehrenbach[5], verspürte eine solche Erleichterung, daß er einige Augenblicke hinausgehen mußte; der Eisenfresser Geßler[6] war gerührt über die Unanwendbarkeit seiner Reichswehr; er hatte in den letzten Tagen an schweren Verdauungsstörungen gelitten, weil er die Befürchtung gehegt hatte, daß geschossen würde, das heißt auch auf die linksten Freunde der Koalitionssozi[7].

Gott sei Dank, es sind bloß Polizeisoldaten und Bourgeois abgemurkst worden!

Infolgedessen stellt man in der Metropole der[c)] Schieber und Feiglinge[8] fest, daß »eine kolossale Entspannung« eingetreten sei.

Gleichzeitig, als diese Hanswurstiade aufgeführt wurde, meldete der Draht, der nicht ganz koalitionsregierungsmäßig bedient wird, einige herzerfrischende Nachrichten:

1. In Gröbers[9] sind 10 Sicherheitsmänner ermordet und grauenvoll verstümmelt worden.

2. Auf dem Kruppwerk in Rheinhausen[10] ist ein blutiger Kampf ausgebrochen.

3. Im Ölsnitzer[11] Steinkohlenbezirk haben die Kommunisten Hunderte von Bergleuten in den Schächten abgesperrt. Ihr Leben ist schwer bedroht!!

4. In Dresden belagerten die Kommunisten das Arsenal[12].

5. Das Dortmunder Stadthaus ist durch ein Dynamitattentat schwer beschädigt worden[13].

6. Auf die Eisenbahnbrücke bei Sonnborn[14] ist ein schweres Dynamitattentat versucht worden.

7. In Halle streifen kommunistische Banden herum[15].

8. In Bockwitz[16] wurden drei Gutsbesitzer gefangen und verschleppt??

Noch was??

Die Entspannung ist wundervoll. Wir[d)] Untertanen dieser Regierung[e)] möchten auch einmal entspannt werden von dem traurigen[f)] Gefühle, daß solche Leute sich gegenseitig die Ministerposten zugeschanzt haben und eine derartige Mißregierung führen dürfen. Wir wollen[g)] Männer an den leitenden Stellen, die den Mut der Pflichterfüllung haben, die sich nicht vor dem Gesindel fürchten und mit dem Gesindel paktieren. Weg mit denen!

Jeder Tag, jedes einzelne Geschehen hat die Unfähigkeit und die Würdelosigkeit dieser Kompromiß-Nutznießer gezeigt.

Hinaus damit, und Hut und Mantel nachgeschmissen! Daß ein Severing noch einen Tag bleiben kann, ist eine Beleidigung aller anständig Denkenden in Deutschland.

Or.[h] 5 Bll., L 2396 (Lemp S. 198 Nr. 157). – MA 47 Nr. 78 S. 1 v. 5. 4. 1921; Kloeber S. 163 ff. – Lemp S. 242 Nr. 1534; Hofmiller S. 726.

a) folgt: [Lage]
b) folgt: [einem feigen Hanswursten in Berlin]
c) folgt: [Feiglinge und Hanswursten]
d) folgt: [Bayern]
e) folgt: [wir leidenden Bewohner die]
f) folgt: [gemeinen]
g) folgt: [Leute]
h) Bl. 1 oben links: Leiter (Anweisung des Redakteurs für den Setzer); Bl. 5: Schlußzeichen

1 S. Nr. 55 Anm. 5.
2 Über die Unruhen in der preuß. Provinz Sachsen s. Nr. 73; zum Polizeieinsatz s. Severing 1, S. 321 ff; Schulthess 1921/I, S. 110 f. – Über die Kommission berichtete MP Nr. 77 v. 4. 4. 1921.
3 Über Verluste der Schutzpolizei in Eisleben (10 Tote, 12 Verwundete) berichtete MA Nr. 72 S. 2 v. 27. 3. 1921.
4 S. Nr. 73 Anm. 5.
5 S. Nr. 6 Anm. 3. – Vgl. auch AR Fehrenbach S. 615 f Nr. 222.
6 S. Nr. 6 Anm. 10.
7 Im Kabinett Fehrenbach, dem Geßler als DDP-Minister angehörte, saßen keine Sozialdemokraten.
8 Reichshauptstadt Berlin; vgl. Nr. 8 Anm. 5.
9 Gröbers, Kr. Halle, preuß. Prov. Sachsen. Vgl. Gumbel, Politischer Mord S. 68.
10 Rheinhausen, Kr. Moers, preuß. Rheinprovinz. Vgl. MA Nr. 76 S. 1 v. 2. 4. 1921.
11 Oelsnitz im Erzgebirge, Kr. Stollberg, Sachsen. Vgl. MP Nr. 75 v. 1. 4. 1921.
12 Arsenal im Stadtteil Albertstadt der sächs. Hauptstadt Dresden. Vgl. MA Nr. 76 S. 1 v. 2. 4. 1921.
13 Dortmund, preuß. Prov. Westfalen. Vgl. MA Nr. 76 S. 1 v. 2. 4. 1921.
14 Sonnborn, Vorort v. Elberfeld (Wuppertal), preuß. Rheinprovinz.
15 Halle a. d. Saale, preuß. Prov. Sachsen. Vgl. MA Nr. 77 S. 1 v. 3. 4. 1921.
16 Bockwitz, Kr. Liebenwerda, preuß. Prov. Sachsen. Vgl. MA Nr. 76 S. 1 v. 2. 4. 1921.

Mittwoch, den 6. April 1921 75

Pflichtvergessen ...

Alles, was wir heute schon als festgestellt über die Unruhen und über[a] das Verhalten der Reichsregierung wissen, zeigt uns, daß diese, aus Parteikonstellationen hervorgegangene Leitung weder den Willen, noch die Fähigkeit, noch den Mut zur Pflichterfüllung hat.

Seit Monaten war es offenes Geheimnis, daß es in diesem Frühjahr losgehen werde; die kommunistischen Blätter renommierten mit ihren Beziehungen zu Rußland und mit dem Aufstande, den sie erregen würden; im Reichstag wurde auf die Gefährlichkeit des Lumpen Kopp[1] nachdrücklich[b] hingewiesen.

Die Jämmerlinge der Regierung schwiegen, vertuschten, und wenn sie einmal aufdrahten, machten sie saudumme Sprüche gegen die Rechtsparteien[2].

Wir können und müssen aber noch weiterhin annehmen, daß diese Rentner der Revolution, diese selbstgeschaffenen Größen, deren Titel sich an solchen Menschen ausnehmen, wie Verhöhnungen einer Autorität, die es vor 1918 gegeben hat, daß sie genau unterrichtet waren über die Einzelheiten des geplanten Putsches. Die Akten der Berliner Polizei, des Reichsministeriums des Innern und viele andere enthalten Belege dafür, daß die Regierung – wenn man das schon so heißen mag – mit Nennung von Namen dringendst gewarnt war.

Es ist eine Lüge, daß die Unruhen überraschend kamen.

Das muß man sich vorhalten und dann ergibt sich die schöne Tatsache, daß es diese Menschen nicht der Mühe wert hielten, durch vernünftige und kräftige Maßregeln der Ermordung deutscher Bürger, der Verwüstung deutschen Eigentums vorzubeugen.

Was ist die Erklärung für diese Erscheinung, die noch vor vier Jahren unmöglich gewesen wäre?

Es hocken doch Bürgerliche auf den[c] Regierungs-Sesseln[3], vollsäftige Spießbürger, denen wie jeder Mut, so auch der zum Schlechten fehlt! Es sind weder Tyrannen, noch blutrünstige

Kerle, sondern Philister, die in Ohnmacht fallen, wenn sie sich in die Finger schneiden.

Wie kommen diese Schwächlinge dazu, bei dem Morde von Hunderten ihrer Mitbürger gleichgültig zu bleiben?

Die Antwort ist: Eben weil sie Schwächlinge sind. Die Bürgerlichen, die sich da mit den Emporkömmlingen, mit den Nutznießern des Radaus[d)] zusammengefunden haben, fassen den Kompromiß nicht etwa so auf, daß sie die Interessen ihrer bürgerlichen Wähler vertreten und mit den Interessen der[e)] in der Minderheit befindlichen Proletarier vereinbaren; sie unterwerfen sich willenlos dem Willen der beamteten Proleten.

Das Ganze zeigt den Blödsinn einer parlamentarischen Regierung, einer aus Parteien zusammengestellten Regierung in einem Lande, das ein Dutzend Parteien hat[4].

Die Wahlen waren überwiegend bürgerlich[5]; damit hat die Mehrheit des Volkes zu erkennen gegeben, daß es bürgerlich regiert sein will.

Das Ergebnis war: das Gegenteil. Wir werden nach dem Willen der Sozi antibürgerlich regiert[f) 6].

Die Sozi sind die Stärkeren, das muß man gern oder ungern zugeben; aber nicht, weil sie führende Talente haben, sondern weil sie mit der revolutionären Drohung winken, daß hinter ihnen die erregbare Masse steht.

Daraus haben die hohlen Därme, diese Regierungsphilister, den Grundsatz her: »Man kann nicht mehr gegen die Arbeiterschaft[g)] regieren«[7].

Infolgedessen regieren sie gegen Bürgertum[h)] und Bauernschaft[i)].

Wir sind so hundsjämmerlich daran, daß es einem schon beinahe wurst war, was in Berlin geschah; nun kam aber diese Umsturzbewegung und da hört alle Gleichgültigkeit auf.

Aus Angst vor einem Severing[8] und seinen Drohungen traute sich das gesamte Reichsministerium nicht, seine Pflicht zu tun.

Die Hasenfüße bewerben sich bei den Proleten um Anerkennung ihrer echt demokratischen Grundsätze und weisen rühmend darauf hin, daß sie die Reichswehr[k)] verhindert haben, das Leben friedlicher Bürger zu retten.

Hätte man den Hörsing[9] am ersten Tage verhaftet, so würde heute noch mancher Familienvater leben und manches Dynamit-Attentat wäre vermieden worden.

Ein Gutes hat dieser Saustall. Wir Bayern werden dadurch samt und sonders Föderalisten. Wenn wir heute abstimmen lassen, wer[l)] diesen Severing, Koch[10], Geßler[11] und Konsorten auch nur den geringsten Einfluß auf bayrische Verhältnisse zugestehen möchte, dann haben wir Millionenmehrheiten dagegen.

Vor den Berliner Erscheinungen wird es uns erst klar, was wir an Kahr[12], an Roth[13], an Pöhner[14], kurz, was wir an der Wiedergeburt von Pflichtgefühl und Ehrlichkeit trotz allen Unglücks gewonnen haben.

Und darum müssen wir stets bereit sein, die Timms[15] und Auer[16] aufs Maul zu schlagen, die uns die Berlinerei ins Land bringen möchten.

Or.[m)] 6 Bll., L 2396 (Lemp S. 199 Nr. 188). – MA 47 Nr. 79 S. 1 v. 6. 4. 1921. – Lemp S. 242 Nr. 1535; Hofmiller S. 726.

a) folgt: [ihre Behandlung]
b) MA: nachdrücklichst
c) folgt: [kuruli ⟨schen⟩]
d) verbessert aus: [Saustalls]
e) folgt: [Proletarier]
f) folgt: [Dazu kommt, daß für die Parteien nicht etwa die Tauglichkeit, sondern nur die Dienstbarkeit, die angeblichen Verdienste]
g) MA: Sozialdemokratie (vom Redakteur geändert)
h) davor: [Bürgerschaft]
i) MA: und den einsichtigen anständigen Teil der Arbeiterschaft (vom Redakteur geändert)
k) MA: Reichsmehrheit
l) folgt: [in Bayern]
m) Bl. 1 oben links: Leiter (Anweisung des Redakteurs für den Setzer); Bl. 6: Schlußzeichen

1 Viktor Kopp hatte sich im Oktober 1920 als Beauftragter der sowjet-russischen Regierung beim Reichsaußenminister um die Einreisegenehmigung für Vertreter der Sowjetrepublik zum Parteitag der USP bemüht (AR Fehrenbach S. 210); vgl. auch RV Bd. 347, S. 2061; MP Nr. 293 v. 16. 12. 1920. Über die Agitation Kopps in Deutschland berichtete 1920 mehrfach die Zeitschrift Hammer 19, 1920, S. 186, 274, 295, 452f.

2 Das Reichskabinett beschäftigte sich am 26. 3. 1921 erstmals mit den Unruhen in Mitteldeutschland (AR Fehrenbach S. 608ff).

3 Über die Zusammensetzung des Kabinetts Fehrenbach s. Nr. 6 Anm. 3.

4 An der Reichstagswahl v. 6.6.1920 beteiligten sich zehn Parteien (von den Splitterparteien abgesehen); s. Gebhardt-Grundmann 4/II, S. 832. Mandate erhielten: DNVP, DVP, Wirtschaftspartei, Deutsch-hannoversche Partei, BVP, Zentrum, DDP, SP, USP, KP.

5 Die bürgerlichen Parteien hatten bei der Reichstagswahl knapp 57%, die sozialistischen Parteien u. die KP etwa 42% der Stimmen erhalten (Statistik des Deutschen Reiches, 291/IV, 1923).

6 Das Kabinett Fehrenbach war ein von der Sozialdemokratischen Partei toleriertes Minderheitskabinett (vgl. Nr. 6 Anm. 3).

7 Der preuß. Ministerpräsident Stegerwald (Zentrum) erklärt am 6.6.1921 im preuß. Landtag, daß »ohne die Sozialdemokratie auf die Dauer keine Politik zu machen« sei (Schulthess 1921/I, S. 192).

8 S. Nr. 55 Anm. 5. Vgl. auch Nr. 74 Anm. 2.

9 S. Nr. 73 Anm. 5.

10 Erich Koch (1875–1944), 1919–1921 Reichsinnenminister, 1920–1924 MdR (DDP); s. NDB 12, S. 280f; Schwarz S. 691f; AR Müller I, S. XVf; AR Fehrenbach S. XXVf.

11 S. Nr. 6 Anm. 10.

12 S. Nr. 1 Anm. 6.

13 Dr. Christian Roth (1873–1934), seit 1920 MdL (Mittelpartei), 1920/21 Justizminister im Kabinett Kahr; s. Schwend S. 585; Bayer. Biogr. Sp. 645; Landtagshandbuch 1921, S. 80f; Schwabe S. 312.

14 S. Nr. 17 Anm. 11.

15 S. Nr. 10 Anm. 3.

16 S. Nr. 14 Anm. 3.

Mittwoch, den 6. April 1921 76

Berliner Weh-Juden[1].

In seinem koscheren Salon
Beschreibt der Sigfried[a)] Jacobsohn[2],
Wie Bayern sich am Reich versündigt.
Der Sally Cohn hat's auch verkündigt.
Der Bern-, der Mann- und auch der Scheiß-
heimer manches Schlimme weiß.
Der Teitel Simon schreibt empört,
Daß Bayern unser Raich zerstört.
Der Schweiß-, der Scheiß-, der Bern-, der Mann-
heimer es kaum ertragen kann,
Wie undaitsch Bayern sich benehmt.
Der Jacobsohn hat sich geschämt.

Der Scheiß-, der Schweiß-, der Mann-, der Bern-
heimer und auch der Cohn und Stern
Sie annonxieren: Daitschen Sinn
Bezieht man ächt nur aus Berlin.

Or. fehlt. – MA 47 Nr. 79 S. 2 v. 6. 4. 1921; Die Weltbühne 17/I, Nr. 16 S. 447 v. 21. 4. 1921; Miesbacher Büchl S. 13; Kloeber S. 118. – Lemp S. 242 Nr. 1536; Hofmiller S. 726.

a) Miesbacher Büchl und Kloeber: Siegfried

1 Berlin war der wichtigste Ort für die deutschen Juden; es lebten um 1920 über 150000 Juden dort. Es überwogen zunächst Angehörige des selbständigen Handels- und Gewerbestandes und der freien Berufe mit überdurchschnittlich hohem Bildungsstreben, was auch in der Ansiedlung vieler jüdischer Familien im bevorzugten Wohngebiet wohlhabender Kreise, dem Berliner Westen (Tiergartenviertel, Zoolog. Garten) und dem angrenzenden Charlottenburg, sichtbar wurde. Während des Ersten Weltkrieges und kurz danach setzte starker Zuzug von Juden aus den Ostgebieten ein; sie faßten vor allem in ärmlichen Wohnquartieren im Norden der Stadt (sog. Scheunenviertel) Fuß. Vgl. Jüd. Lex. 1, Sp. 867–896; Enc. Jud. 4, Sp. 639–654; Eike Geisel, Das Scheunenviertel, Berlin 1981. Vgl. auch Nr. 77 Anm. 4.

2 S. Nr. 2 Anm. 6. – Zur »Bayern«-Diskussion in der Weltbühne vgl. auch Nr. 41. – Zu Teitel Simon vgl. Nr. 65 Anm. 2.

Donnerstag, den 7. April 1921 77

Berlin Weh[a) 1].

Wie damals unsere braven Soldaten durch Polen und Galizien marschierten[2], sahen sie zum ersten Male[b)] die furchtbaren Zustände eines unter jüdischer Herrschaft stehenden Landes und Volkes.

Kein Obstbaum blühte in Tälern, die Paradiese hätten sein können; sah man von Weitem ein Dorf und dachte schon an eine gewisse[c)] Wohnlichkeit, so war man entsetzt, sobald man diese Brutstätten der Pest und der Cholera betrat.

Haus[d)] für Haus bewohnt von grätzigen Juden; stand eine Türe offen, dann strömte ein Verwesungsgeruch heraus, der alles Lebende ansteckte.

Dicke, faule Jüdinnen, die ihre Hintern zu Fettpolstern züchten, krochen aus den Türen; der Mann stand im Talar, den er bekanntlich auch nachts nicht auszieht, auf der Straße. In dieser Hölle gibt es kein[e)] Wasser, keine Seife.

Jeder Gestank wird konserviert, der entsetzlichste Schmutz ist religiöse Einrichtung. Wanzen, Läuse, Flöhe kriechen und hüpfen um diese Menschen; in ganz Deutschland gab es keinen räudigen Hund, der so voll Ungeziefer war, wie hier der reichste Jude oder der Rabbiner[d)].

Die deutsche Mannschaft schaute entsetzt in diese Hölle. Manchmal drängte sich einer von diesen Galiziern heran und erzählte in singendem Ton, wie die Russen sie gemißhandelt und gehauen hätten. Man hat es ja auch gelesen und Mitleid gehabt. Hier verschwand es.

Der letzte Mann der Kompagnie verstand, daß die Russen die einzigen waren, die es verstanden, mit diesem Gesindel umzugehen. Hier hilft kein Zureden, hier hilft bloß die Knute[3].

Warum führte man Krieg mit den gutmütigen, anständigen Russen, statt mit ihnen diese Pest auszurotten? Mancher dankte seinem Herrgott, daß sie bloß vor den Toren Deutschlands stand und nicht eindringen durfte.

So dachte der arme, gute Kerl, der eben aus seinem blühenden, reinlichen Deutschland kam und der Meinung war, daß zwischen seinem Vaterlande und dieser Kloake ein Abgrund sei.

Er wußte nicht, daß schmutzige Kröten längst den Weg gefunden hatten. In Berlin hockten sie seit Jahrzehnten, als sie die Entwicklung Preußens angelockt hatte und ihnen mühelosen Erwerb in Aussicht stellte[4].

Die Söhne und Enkel dieser Aussätzigen – das ist Berlin W.

Sie schloffen durch die Kloakenröhren in die Stadt, nisteten sich ein; heute gehört ihnen das Häusermeer hinter dem Tiergarten, heute gehört ihnen die Presse, das Theater, der Handel, die Kunst, das Gewerbe – und seit 1918 – das Regiment[5].

Von hier aus wollen sie Deutschland knechten und der von der fressenden Fäulnis angesteckte Proletarier macht ihnen den Schergen.

Versteht man jetzt in Bayern, daß heute der Mainstrom ein tieferer Grenzgraben sein muß, als jemals vorher? Nicht gegen die preußischen Brüder, denen wir bei der Abrechnung einmal gerne helfen wollen – sondern gegen die galizische Pest.

Or.[f] 3 Bll., L 2396 (Lemp S. 198 Nr. 149). – MA 47 Nr. 80 S. 1 v. 7. 4. 1921; Gesammelte Aufsätze S. 9f. – Lemp S. 242 Nr. 1537; Hofmiller S. 726.

a) über: [Entwicklung]; Gesammelte Aufsätze folgt: (7. April 1921)
b) folgt: [die Pest des Judentums, allerdings in seiner]
c) folgt: [Gemütlichkeit und]
d)–d) LV 1920/21, StenBer 2, S. 857[6]
e) folgt: [frisches]
f) Bl. 1 oben links: Leiter (Anweisung des Redakteurs für den Setzer); Bl. 3: Schlußzeichen

1 Zum Berliner Westen (Berlin-W) vgl. Nr. 76.
2 In der Offensive des Sommers 1915 besetzten deutsche u. österr. Truppen »Kongreßpolen«, das von den Russen besetzte österr. Galizien u. Teile von Wolhynien (Gebhardt-Grundmann 4/I, S. 69f). Thoma hielt sich von April bis August 1915 als Angehöriger einer Transportkolonne des Roten Kreuzes im rückwärtigen Kampfgebiet der Ostfront auf (Lemp S. 144); seine Eindrücke hielt er in Tagebuchnotizen fest (s. Lemp S. 175 Nr. 36, 37; mit Lücken veröffentlicht in GW [1968] 1, S. 353–366). Vgl. dazu auch S. 482.
3 Galizien gehörte zu Österreich; es war seit September 1914 von russischen Truppen besetzt. Die Lage der Juden in Rußland vor dem Ersten Weltkrieg und in den Kriegsjahren war durch Pogromstimmung, welche die Behörden duldeten, gekennzeichnet; vgl. Jüd. Lex. 4, Sp. 1556–1563; Frank Golczewski, Polnisch-jüdische Beziehungen 1881–1921. Eine Studie zur Geschichte des Antisemitismus in Osteuropa (Quellen u. Studien zur Geschichte des östl. Europa 14) 1981, S. 41, 49, 63 u. ö.
4 In dem in Anm. 2 genannten Tagebuch notiert Thoma 1915 im galizischen Zabrzez: »... die Großväter unserer Berliner Kunst- u. Theaterkritiker, Theaterdirektoren, Schauspieler u. tonangebenden Kunsthändler ... Der Großpapa von Reinhardt, Cassirer oder Barnowsky steht an der Ecke ...« (L 2467/82.1; fehlt in der in Anm. 2 genannten Edition). Zur Westwanderung der polnischen Juden vgl. auch Maurer S. 36ff, 508ff.
5 Zum jüdischen Anteil vgl. Kaznelson S. 88ff (Malerei), 134ff (Verlage), 200ff (Theater), 722ff (Banken), 788ff (Handel); zur Bedeutung der Juden in der Politik der Revolutionszeit s. vor allem Angress S. 312ff (biogr. Angaben).
6 Nach Zitat des Abg. Max Blumtritt (USP) am 28. 4. 1921 im Landtag.

Donnerstag, den 7. April 1921 78

? ? ?

Jetzt, was geschieht?[a)] Die Berliner Lettfeigen[1] haben erklärt, daß sie die Entwaffnung Bayerns befehlen, kommandieren und unnachsichtlich dekretieren[2]. Wir waren höflich und haben die gestrengen Herrn auf die Kirchweih eingeladen.

Vorläufig folgten sie dieser Einladung noch nicht, sondern schickten Männer mit Schreiben, worin stand, daß sie Bayern nicht entwaffnen können, wenn ihnen die Münchner Regierung nicht dabei hilft.

Herr von Kahr lehnte ab[3]. Die Abgesandten des Herodes aus Berlin wurden hinausgeschmissen. Hinterhalb Hof[4] gab ihnen der bayerische Schaffner einen Fußtritt, der sie schneller in den sächsischen Saustall, ins Paradies der Sozi, beförderte[5].

? ? ?

Nu? Was wird er tun der Herodes? Wird er seine Krieger schicken? Wir würden uns freuen, wenn die hebräischen Truppen kämen[b)], vielleicht gar unter der Anführung des neuen Holofernes, des Major Charles Endrés[6]. Werden die Makkabäer[7] auf das Blachfeld hinterm Main kommen?

Sie werden nicht kommen, sie werden unterhandeln. Sie werden noch eppes schärfer dekretieren, befehlen, beschließen, daß zum aller-, allerletztenmal die Bayern zum Entwaffnen aufgefordert werden.

Wir werden sie noch höflicher auf die Kirchweih laden.

Sie werden nicht zwei, sondern drei Männer schicken, mit einer naien[c)] Note.

Herr von Kahr wird ablehnen. Wir werden sie hinausschmeißen.

? ? ?

Nu? Werden sie doch kommen? Hiasl, sing oans!

Aba drei boarische Ruab'n,
Aba drei boarische Buab'n,
Und de san scho so raß,
Daß s' koa Deifi net fraß.

Traut's euch rüber über 'n Main! Astlöcher!

Or.[d] 2 Bll., L 2396 (Lemp S. 199 Nr. 173). – MA 47 Nr. 80 S. 2 v. 7. 4. 1921. – Lemp S. 242 Nr. 1538; Hofmiller S. 726.

a) folgt: [Der Heinze[8] und der Peters[9]]
b) folgt: [und wir stellen ihnen sogar einen Anführer, wenn sie keinen haben]
c) MA: naiven
d) Bl. 2: Schlußzeichen

1 S. Nr. 73 Anm. 6.
2 S. Nr. 62.
3 Erklärung v. Kahrs im bayer. Landtag am 15. 3. 1921 s. LV 1920/21, StenBer 2, S. 598f; vgl. Heyl S. 66; Fenske S. 106; vgl. Nr. 81.
4 In Oberfranken nahe der sächs. Grenze.
5 Seit Dezember 1920 bildeten Mehrheitssozialdemokraten und Unabhängige Sozialdemokraten die sächsische Landesregierung (Schulthess 1920/I, S. 313; Minister-Ploetz 2, S. 492).
6 S. Nr. 21 Anm. 1. – Holofernes: Assyrischer Oberfeldherr, der im apokryphen Buch Judith erwähnt wird (Enc. Jud. 8, Sp. 917f).
7 Familie des Judas Makkabi, die im 2. Jh. v. Chr. Heldenhaftes vollbrachte, um die Herrschaft der Syrer über Judäa zu brechen; s. Jüd. Lex. 3, Sp. 1335–1338. – »Blachfeld hinterm Main«: Anspielung auf die preuß. Mainarmee, die im Juli 1866 nördlich u. südlich des Mains erfolgreich gegen österreichische, bayerische u. weitere Truppen des Deutschen Bundes operierte; vgl. Axel Tittmann, Der Deutsche Krieg v. 1866 im Raum Würzburg (Mainfränkische Hefte 83) 1986.
8 S. Nr. 81 Anm. 2.
9 S. Nr. 81 Anm. 1.

Freitag, den 8. April 1921 79

Notizen.

»Sozialdemokratische Hanswursten haben großartig die Mittel zu einem Kranze für den Bismarckturm verweigert«[1].

Jetzt ist wieder einmal das Volksgewissen zu einem prachtvollen Durchbruch gekommen. Der »zerme« Beschluß des Magistrats[a)] erfreuet den Kare[2] so sehr, daß er seine Zenzi um eine Stunde früher auf den Strich schickt.

»Schaugst, daß d' a paar Schmetterlinge hoambringst!« sagt er. »Dann[b)] hau'n mir uns zuawi zum Gewäsche und feiern den sozialdemokratischen Sieg mit unserm platteten Stadtvater, mit 'n Schorsche«[3].

Die feurigsten Sozi, die galizischen Sau-Juden[4] hinterm Marienplatz[5], hüpfen auf ihre g'schneckelten Füß[c)]; in Schwabing[6] sprechen Alle, die expressionistisch aus dem Maul stinken, von den belichteten Gehirnen, die aus den tiefsten Erlebnissen belichtet sind und von dem reaktionären Daitschland, das damit zu Grabe getragen ist.

Der Timm[7] schmonzelt und der Auer[8] schmonzelt; es ist eine brüderliche Stimmung.

Wir möchten auch was dazu sagen: Wer war denn der geistreiche Mann, der diesem Magistrat den Vorschlag machte, das Andenken Bismarcks zu ehren?

Wenn es gut gemeint war, war es schlecht gemacht. Wachsen um Starnberg[9] herum keine Schlüsselblumen und Anemonen?

Gibt[d)] nicht der kleinste Strauß, vielleicht von Kinderhand gepflückt[e)], mehr wie ein gekaufter Kranz? Und wäre ein Kranz von diesen Menschen nicht eine Beschmutzung des Bismarck-Denkmals?

Wir wollen hoffen, daß[f)] man sich dessen klar wird. Die Kares sollen ihren Eisner[10] ehren und die Zenzi soll ihm einen Denkstein[g)] setzen.

Or.[h)] 2 Bll., L 2396 (Lemp S. 199 Nr. 185). – MA 47 Nr. 81 S. 2 v. 8. 4. 1921; Miesbacher Büchl S. 35 f; Kloeber S. 110. – Lemp S. 242 Nr. 1539; Hofmiller S. 726.

a) davor: [Schmaizler-]; Miesbacher Büchl und Kloeber: Münchner Magistrats
b) folgt: [gehen wir]
c) folgt: [und faiern den Durchbruch des aus den tiefsten Erlebnissen reflektierenden Weltbürgertums, das mit dem vorrevolutionären Daitschland endlich gebrochen hat]
d) verbessert aus: [Ist]; MA, Miesbacher Büchl und Kloeber: Gilt
e) folgt: [eine herzerquickende Gabe]
f) folgt: [man den Schiebern und Geschobenen der Sozi nicht noch einmal]
g) verbessert aus: [ein Denkmal]
h) Bl. 1 oben links: Leiter (Anweisung des Redakteurs für den Setzer); Bl. 2: Schlußzeichen

1 Bismarckturm bei Leoni am Starnberger See (s. Anm. 9), der 1896–1899 errichtet worden war; Helmut Scharf, Kleine Kunstgeschichte des deutschen Denkmals, Darmstadt 1984, S. 230 f. – Die bürgerlichen Mitglieder des Münchener Stadtrats hatten am 1. 4. 1921 am Bismarckturm des 106. Geburtstags des Reichskanzlers gedacht (MNN Nr. 139 v. 1. 4. 1921).
2 S. Nr. 16 Anm. 6 u. 7.
3 Georg Birk; s. Nr. 87 Anm. 10.

4 S. Nr. 67 Anm. 7.
5 Platz im Zentrum Münchens, unweit davon das Altheimereck, Sitz der Redaktion der MP (s. Nr. 3 Anm. 4).
6 S. Nr. 15 Anm. 2.
7 S. Nr. 10 Anm. 3.
8 S. Nr. 14 Anm. 3.
9 Starnberg a. Würmsee, nahe Leoni (s. Anm. 1).
10 S. Nr. 14 Anm. 7.

Freitag, den 8. April 1921 80

Anti-arisch[I].

Es gibt jetzt einige anti-arische Wochenschriften in Berlin und natürlich auch in Wien[2]. Das ist die Entwicklung des einst so hundsföttisch unterwürfigen Schmok[3], der sich in die deutsche Gemeinschaft hineinbettelte, und jetzt den Herrn spielt. Vor dem Krieg war das Gesindel ja schon frech genug, aber erst die Not des Landes gibt ihnen den Mut, die Maske ganz fallen zu lassen und die deutsche Niederlage mit Hohn und Spott zu begeifern.

In Berlin erscheint die »Weltbühne«[4], die der Jacobsohn[5] herausgibt, und die in jeder Nummer nachträglich noch den Widerstand Deutschlands gegen die Welt ins Lächerliche zu ziehen sucht.

Daß der Bursche ungeohrfeigt in Berlin herumgehen darf, ist ein Beweis für den Mangel an[a)] Zivilmut, der an der Spree unheilbar zu sein scheint.

In[b)] München haben wir doch mit der Hinrichtung des Eisner[6] und der Prügelstrafe gegen den Magnus Spinatfeld[7] den Nachweis geliefert, daß es uns nicht an Temperament fehlt. Die Berliner werden auch dankbar anerkennen müssen, daß wir ihnen den Landauer[8] durchgetan haben.

Immerhin waren das nur Vorspiele zu größeren Kuren, die wir uns gelobt haben, für den Fall, daß sich die Beschnittenen bei uns noch einmal mausig machen. Dann geht's aus dem Vollen[b)].

In Wien erscheint die »Fackel«[9] als anti-arisches Organ. Der frühere Journalist[c)] der »Neuen Freien Presse«[10], ein gewisser Karl Kraus[11], Sohn von fünf polnischen Juden, gibt sie heraus.

Der Schmok hat in Wien eine Berühmtheit als Watschenaffe. Er ist nämlich in allen Literaten-Kaffeehäusern der Stadt beohrfeigt[d] worden, und zwar immer von Leuten, in deren Gesellschaft er sich eingedrängt hatte. Man duldete ihn einige Wochen und der Schluß war immer, daß ihm irgendein Journalist oder Schriftsteller ein paar Maulschellen herunterzog. Dann begab sich Karl fort – bis an einen andern Ort[12], wo es wieder Literaten gab und Kaffee und nach 14 Tagen neue Maulschellen.

Ein französischer Bänkelsänger, der in Wien auftrat, traktierte den Kraus sogar mit der Hundspeitsche in einem öffentlichen Lokal.

Dieser meist geprügelte Hund Österreichs ist aber noch immer bissig geblieben. Es scheint zur Zeit in Wien keine Literaten und keine Maulschellen mehr zu geben. Bloß polnische Juden. Darum traut er sich jetzt anti-arisch aufzutreten.

Or.[e] 2 Bll., L 2396 (Lemp S. 198 Nr. 145). – MA 47 Nr. 81 S. 2 v. 8. 4. 1921. – Lemp S. 242 Nr. 1540; Hofmiller S. 726.

a) folgt: [Polizeimut]
b)–b) MP Nr. 85 v. 13. 4. 1921[13]; Die Fackel 23, 1921, S. 50 (vgl. Anm. 11); LV 1920/21, StenBer 2, S. 841–857[14] u. RV Bd. 350, S. 3948[15]
c) verbessert aus: [Angestellte]
d) MA: geohrfeigt
e) Bl. 2: Schlußzeichen

1 Wortbildung in Anlehnung an antisemitisch; die Wörterbücher kennen antiarisch nicht.
2 Zur Wochenschrift-Publizistik vgl. Tramer S. 376 ff.
3 Schmock: Durch Gustav Freytag (Die Journalisten, 1854) popularisierte Bezeichnung für gesinnungslosen Journalisten, ausgehend von der aus dem Prager Getto stammenden Bezeichnung für verschrobenen jüdischen Phantasten (Küpper 7, S. 2515 f).
4 S. Nr. 2 Anm. 7.
5 S. Nr. 2 Anm. 6.
6 Kurt Eisner wurde am 21. 2. 1919 in München ermordet (s. Nr. 14 Anm. 7); vgl. Hitzer S. 31 f u. ö.
7 Dr. Magnus Hirschfeld; s. Nr. 38 Anm. 1.
8 Gustav Landauer (s. Nr. 68 Anm. 13) wurde am 2. 5. 1919 in München ermordet.
9 1899 in Wien von Karl Kraus gegründete satirische Zeitschrift; vgl. Tramer S. 377 f. 1914 äußerte sich Thoma höchst lobend über Kraus und seine Zeitschrift »Die Fackel«; s. März 8/II, 1914, S. 886 ff (Lemp S. 239 Nr. 1438).
10 1864 gegründete, in Wien erscheinende liberale Zeitung (HB der deutschen Presse 53, S. 536).

11 S. Nr. 2 Anm. 10. Kraus kommentiert das in Note b)–b) angegebene Zitat. Über die Beziehungen von Kraus zur Neuen Freien Presse und über ein Attentat auf ihn im Jahr 1899 vgl. Marianne Lunzer-Lindhausen, Die Fackel 1899–1936 (Deutsche Zeitschriften des 17. bis 20. Jahrhunderts) Pullach 1973, S. 281–288.
12 Zitat nach Wilhelm Busch (1832–1908), Tobias Knopp.
13 Das Zitat steht in einer Notiz mit der Überschrift »Der Gipfel der Roheit«; der MA wird als »das von Ludwig Thoma begönnerte Blatt« bezeichnet.
14 Nach Zitaten der Abg. Alwin Saenger (MSP) u. Max Blumtritt (USP) am 28. 4. 1921 im Landtag.
15 Nach Zitat des Abg. Hans Unterleitner (USP) am 17. 6. 1921 im Reichstag; vgl. Nr. 135 Anm. 4.

Samstag, den 9. April 1921 81

Deutsch reden.

Rücken wir zusammen und reden wir deutsch. Gut deutsch, offen, ehrlich und ganz aufrichtig: die Wahrheit.

Man hört sie oft nicht gern. Sie schmeichelt nie, sie steht da einfach und gerade, auch ungefüge und so gar nicht zierlich; bei uns Bauernleut' klingt sie auch meist derb, mit wenig Rücksichtnahme, und es fließt dann und wann ein Schimpfwort mit ein, oder ein hanebüchener Vergleich oder eine Feststellung in ein kleines Wort zusammengepreßt, und das Wort ist so verflucht grob geworden, was kannst da machen?!

Da haben jetzt die Berliner, damit sind die gemeint, die da oben regieren, nicht die andern, die anständigen, da haben also neulich die Berliner Torwachtl den Entwaffnungs-Kommissär Peters[1] zu uns geschickt, dann den Vielschwätzer Heintze[2] – er ist dadurch Minister geworden, wie die anderen auch – und sie forderten von uns gebieterisch die Entwaffnung der Einwohnerwehren. Was dagegen zu sagen ist, haben wir wohl und öfters schon sehr deutlich gesagt, in einfacher, deutscher Sprache, ohne Umschweife, so klar und offen, als es uns möglich ist. Aus!

Jetzt aber wollen uns die Berliner noch einen schicken, einen Reichskommissar, der uns die Lederhosen ausziehen soll. Unsere bayerischen Lederhosen sind der größte Luxus, sagen die Berliner – – und die Berliner sind die größten Viecher mit Haxen – sagen wir, was leicht beweisbar ist.

Also wieder soll uns ein bayerisches Reservatrecht genommen werden. Alles ist hin, alles ist in Berlin, der Breiß raamt z'samm – gebt's alls her in Gottsnam!

Pfeifen werden wir ihnen was! Nichts geben wir her! Das können wir ihnen nachfühlen, den Brüdern in Berlin Weh, daß sie mit gemischten Gefühlen auf unsere Krachledernen blinzeln. Daß sie: die Ebert[3], Fehrenbach[4], Geßler[5], Koch[6], in keiner Gemshäutern Platz nehmen, begreifen wir ja – Ebert war ja seinerzeit schon in der Badehose so herzerfreuend – – – und übrigens, für die wär auch ein Hammelfell noch zu gut.

Aber[a)] offen und ehrlich im einfachsten Deutsch: der Berliner Kurze-Hosen-Entwaffnungs-Kommissär wenn zu uns kommt, der kann sich freuen, dem hauen wir unsere Lederhosen so lang um die Ohrwascheln, bis sie in Fransen gehen. Und unsere Kurzen brauchen lang, bis sie so weit sind[a)]. – –

– So! Was kann man nun da machen? Als friedfertigster Mensch fängst du am frühen Morgen mit der Arbeit an, denkst, heute soll mal ein ganz versöhnender, ausgleichender Artikel in den »Anzeiger« kommen, nichts gegen die Juden, kein Wort über die »Münchner Post«[7], keinen Schnaufer vonwegen der hohen Dividenden verschiedener Aktiengesellschaften, gar nichts über die gottverdammte und von Berlin gewollte Volksauswucherung – – und da wirft dir irgendein wohlgeneigter Mensch die Nachricht auf den Tisch, daß Berlin soeben einen Entwaffnungs-Kommissär ernannt hat, der uns die Lederhosen ausziehen soll.

Und weggeblasen ist sofort wieder alles Versöhnliche. Die guten Absichten werden erstickt im heiligen Manneszorn. Durchbricht durch alle Erziehungsglasur der Bauernbub, dem man seine Kurze nehmen möcht'. Uns Bayern! Nicht dem Teiteles Cohn und Isidor Veigelduft, die dürfen im Sommer nach wie vor ihre verschnörkelten Haxen in die Lederbuxen stellen, am Arm ihre Rebekka im Dirndlg'wand, nach Veilchen und Knoblauch duftend. Sie haben's ja, die zahlen einfach dafür die Luxussteuer[8].

Aber in Dreiteufelsnamen, sollen denn die Holzknechte, die Bauernburschen, die Jäger, dafür Luxussteuer nach Berlin entrichten, weil sie Hosen tragen, die um die Hälfte kürzer sind und zehnmal dauerhafter, als alle Hosen aus der »Goldenen 19« mitsammen?!

Hat diese neue Steuer wirklich ein galizischer Kladerjüd[9] erfunden, um seine Geschäfte zu heben, und ein galizischer Regierungsjüd im Reichstag durchgedrückt, um uns reaktionäre Bayern vor den Dickschädel zu stoßen?! Mit diesen Späßen bleibt zu Hause!

Wir[b)] Bayern, das sei euch nochmals gesagt, wir lassen uns weder entwaffnen, noch lassen wir uns die Kurze ausziehen. Und dem neuen Kommissär möchten wir noch raten, daß er auf seiner Reise nach Bayern einen Zinksarg[10] mitnimmt: er wird ihn zur Rückreise dringend benötigen![b)]

Or. fehlt. – MA 47 Nr. 82 S. 1 v. 9. 4. 1921. – Lemp S. 242 Nr. 1541; Hofmiller S. 726.

a)–a) RV Bd. 350, S. 3949[11]
b)–b) wie Note a)–a) u. LV 1920/21, StenBer 2, S. 857[12]

1 Dr. Wilhelm Peters (1876–1953), 1920/21 Reichskommissar für die Durchführung der Entwaffnung; s. Huber 7, S. 157; AR Fehrenbach S. 625 ff. Vgl. auch Schwend S. 165, 584; Moser v. Filseck S. 79 f; MA Nr. 77 S. 2 v. 3. 4. 1921. Anspielung auf Peters auch in Nr. 72; von seinem Aufenthalt in München berichtet MA Nr. 74 S. 1 v. 31. 3. 1921.

2 Dr. Rudolf Heinze (1865–1928), DVP, Vizekanzler u. Reichsjustizminister im Kabinett Fehrenbach; s. NDB 8, S. 448 f; AR Fehrenbach S. XXII f; Schwarz S. 666. Über seine Reise nach München vgl. AR Fehrenbach S. 605, 628–634; Moser v. Filseck S. 77; MA Nr. 76 S. 1 v. 2. 4. 1921; Nr. 80 S. 1 v. 7. 4. 1921; MNN Nr. 144 v. 6. 4. 1921.

3 S. Nr. 6 Anm. 2. – Das 1919 veröffentlichte Foto, das Ebert beim Baden zeigt, s. Maser, nach S. 224.

4 S. Nr. 6 Anm. 3.

5 S. Nr. 6 Anm. 10.

6 S. Nr. 75 Anm. 10.

7 S. Nr. 1 Anm. 1.

8 Seit dem Umsatzsteuergesetz v. 24. 12. 1919 Erhebungsform der Umsatzsteuer; aus Leder hergestellte Gegenstände sollten einer erhöhten Umsatzsteuer unterliegen (RGBl 1919, S. 2164 ff). Vgl. MA Nr. 84 S. 3 v. 12. 4. 1921 (Gedicht »Die neue Steuer« kritisiert die Besteuerung v. Lederhosen); MA Nr. 89 S. 2 v. 17. 4. 1921 (Meldung, daß das bayer. Handelsministerium beim Reichsfinanzministerium Vorstellungen gegen die geplante Einbeziehung der Lederhosen unter die luxussteuerpflichtigen Waren erhoben habe). – Mit Teiteles Cohn ist vielleicht Dr. Oskar Cohn gemeint (s. Nr. 70 Anm. 7).

9 Anspielung auf die unter Ostjuden häufige Tätigkeit im Textilgewerbe (Jüd. Lex. 4, Sp. 1561).

10 Zum Leichentransport in der Eisenbahn vorgeschrieben; s. Julius v. Henle, Handbuch der inneren Verwaltung für Bayern rechts des Rheins, München 1912–1925, S. 603 f.

11 Nach Zitat des Abg. Hans Unterleitner (USP) am 17. 6. 1921 im Reichstag; vgl. Nr. 135 Anm. 4.
12 Nach Zitat des Abg. Max Blumtritt (USP) am 28. 4. 1921 im Landtag.

Samstag, den 9. April 1921 82

Die Mischpoche[1] unter sich.

Der Feldherr und Feldhauptmann, Ex-Maire von Nürnberg, Aufbautechniker a. D. Geßler[2], muß sich wehren gegen die militärische Kritik der Sozi, die ihm vorwerfen, daß er nicht marschieren und schlagen lassen kann.

Der Zivil-Ludendorff mit dem Pfropfenzieher an der Linken, der den Rock Eberts[3] mit so viel Ehren trägt, verteidigt seinen taktischen Aufmarsch gegen Mitteldeutschland[4].

Als das tapfere Ministerium, das die Reichswehr nicht mobil machen wollte, dann doch die Reichswehr mobil machen wollte und schießen, aber nicht erschießen und schlagen, aber nicht treffen lassen wollte, diesen klaren, soldatisch knappen Beschluß an den Eisenfresser Geßler schickte, war der große Organisator sofort arschipret. Er schickte seine Harste[a)] an die Saale[5], aus der die Sozi für ihn eine Marne machen wollen.

Er bestreitet, daß die Sipos und die Schupos[6] – (japanische Hilfstruppen? Oder ist der Dreck deutsche Sprache?) – tapferner gewesen sind. Er beruft sich auf das Lob der unabhängigen Sozi – vermutlich der besten Kenner.

Die Sozi, die die Reichswehr nicht wollten und dann die Reichswehr doch wollten[7], beschweren sich darüber, 1. daß diese Truppen nicht zugehauen und 2. daß sie zu stark zugehauen haben[b)].

Wir hören das Geserres[8] mit geziemender Ehrfurcht an. Hoffentlich gelingt es dem erprobten, tapferen Proppenzieher, die Zufriedenheit seiner sozialdemokratischen Vorgesetzten wieder zu erlangen. Wir wünschen, daß Ebert dem Saale-Sieger den Ebertschen Hausorden, den rindsledernen Sattlerstern am Roßhaarbande, verleihen möge, oder daß er ihm eine Sprungfedermatratze mit eigenhändiger Widmung überreichen möge, oder daß uns die ganze Mischpoche, alle mitananda[c)] – am Ammersee begrüßen mögen.

Or.[d] 3 Bll., L 2396 (Lemp S. 199 Nr. 180). – MA 47 Nr. 82 S. 1 v. 9. 4. 1921. – Lemp S. 242 Nr. 1542; Hofmiller S. 726.

a) MA: Leute
b) folgt: [Es ist eine Lust, unter Geßler zu fechten.]
c) MA: miteinander
d) Bl. 3: Schlußzeichen

1 S. Nr. 15 Anm. 9.
2 S. Nr. 6 Anm. 10. Reichswehrminister Geßler war von 1914–1919 Oberbürgermeister von Nürnberg, 1919/20 Reichsminister für Wiederaufbau im Kabinett Bauer (AR Bauer S. XXXIX f).
3 Reichspräsident; s. Nr. 6 Anm. 2; am Ende des Artikels Hinweise auf Eberts erlernten Beruf als Sattler. Zu Ludendorff s. Nr. 65 Anm. 11.
4 Zu den Aufständen in Mitteldeutschland vgl. Nr. 73 u. 74.
5 Archipret: Erzbereit. – Harst: Schar, besonders im Schweizer Heer (Grimm 4/II, Sp. 497 f). – Das Saalegebiet war Zentrum der Aufstände.
6 Die Abkürzungen Sipo (Beamter der Sicherheitspolizei) u. Schupo (Beamter der Schutzpolizei) kamen um 1920 auf (Küpper 7, S. 2642, 2573).
7 Zur Diskussion über den Einsatz der Reichswehr bei den mitteldeutschen Aufständen s. MA Nr. 76 S. 1 v. 2. 4. 1921; Nr. 81 S. 1 v. 8. 4. 1921; vgl. Geßler S. 141; Severing 1, S. 323 f.
8 Geseier, Geseires: Jammern und Klagen (Küpper 3, S. 1061; Grimm 4/I, Sp. 4023; vgl. Landmann S. 168).

Sonntag, den 10. April 1921 83

Moisches Mosse[1] in Berlin.

Die »Berliner Volkszeitung«[2] druckt häufig dem »Miesbacher Anzeiger« entnommene Artikel, Absätze daraus, Verse und so weiter ab und schimpft darauf gottjämmerlich über das, was sie zwei Zeilen vorher selbst ihren Lesern, als aus unseren Suppenhäfen gestohlene Kost vorgesetzt. Vorgestern nun[a)] untersucht dieses schmierige Organ des noch schmierigeren Herausgebers Moisches Mosse in einem breiten Artikel: »Der Cato von Miesbach«[3], wer denn eigentlich der Mann da sein könnte, der in Miesbach so »ferchterlich« über die vom Stamme Moisches Mosse schimpft, dem kein Berliner zu heilig, kein Regierungsjud zu mistig ist, ihn so vor die Leser zu stellen, wie er in einer ganz verdrossenen Stunde vom Herrgott ohne Hemd und Kneifer geschaffen und auf die Menschheit gehetzt wurde. Und Moisches Mosses junger Mann sucht und findet.

Er verkündigt den aufhorchenden Berlinern, daß der Herausgeber des »Miesbacher Anzeiger« an der Panke[4] bodenständiger sei, als in Miesbach.

Jetzt, wirklich wahr, auf Alles ist man gefaßt, auf alle Schlechtigkeit, die einem vorgeworfen werden könnte, aber auf eine so infame, gemeine Beleidigung ist man nicht vorbereitet: Der Berliner möchte uns zu Berlinern stempeln. So eine Gemeinheit! Gibt es noch etwas Hinterhältigeres, wie dieses Hochgewächs des beschnittenen Berliner Gossenschornalismus?

Nein, Lausejunge mit dem Krauselhaar und deinen geschnekkelten Fortbewegungsschеren, wir sind ebensowenig aus Berlin, als wie du! Nur mit dem Unterschied, daß du daher kommst, wo wir durch euch die Wanzen, die Läuse, die Russen[5] und die Krätzen eingeschleppt erhielten, aus den galizischen Judenvierteln, wo man stinkenden Mist in Wohnlöchern züchtet und wo Waschwasser etwas ist, was man nicht kennt, und wenn man es kennt, verabscheut. Mit euch ist der Dreck und ihr seid mit ihm groß geworden, und jetzt hat man euch Tür und Tor geöffnet im neuen Deutschland[6] und Moisches Mosse sucht dich und deinesgleichen als Mitarbeiter für seine Berliner Giftpapiere zu gewinnen, weil die Sau und der Dreck immer noch einander gefunden haben!

So, lieber Moisches Mosse, jetzt kannste auch das in deiner »Berliner Volkszeitung« abdrucken, wie die vielen anderen Artikel aus dem »Miesbacher Anzeiger«. Unseren Segen hast du!

Or. fehlt. – MA 47 Nr. 83 S. 1 v. 10. 4. 1921; Miesbacher Büchl S. 14. – Lemp S. 242 Nr. 1543; Hofmiller S. 726.

a) Miesbacher Büchl fehlt: Vorgestern nun (Der folgende Satz ist grammatikalisch umgestellt.)

1 Rudolf Mosse (1843–1920), Zeitungsverleger; vgl. Becker, Liberale Presse S. 83 f; Jüd. Lex. 4, Sp. 324 f; Enc. Jud. 12, Sp. 440 f; Biogr. WB. 2, Sp. 1944 f. Gründer des Verlags, in dem das Berliner Tageblatt u. die Berliner Volkszeitung erschienen.

2 Der DDP nahestehende Zeitung des Mosse-Verlages (HB der deutschen Presse 50, S. 274; Becker, Liberale Presse S. 84, 116).

3 Berliner Volkszeitung Nr. 157 S. 2 v. 5. 4. 1921 (s. Lemp S. 160). Der Artikel »Der Cato von Miesbach« ist gezeichnet »Von Yatagan« (Pseudonym nicht ermittelt); er druckt das Gedicht Nr. 72 v. 2. 4. 1921 ab. Apostrophiert werden

nicht die antisemitischen Auslassungen des MA, sondern »die schrankenlose Verhetzung gegen das neue demokratische Preußen, die von den Vorstehern der bayerischen Ordnungszelle toleriert wird«. Zitiert wird aus den Artikeln Nr. 71 (Gareis) und Nr. 73 (Aschantis an der Saale; Hörsing).

4 S. Nr. 62 Anm. 1. Der in Anm. 3 zitierte Artikel schreibt: »... daß das publizistische Ingenium von Miesbach an der Panke bodenständiger ist als an der Isar... Es ist müßig, Betrachtungen anzustellen über die Person des Skribenten; der Bajuvare mit dem bierehrlichen Namen, der verantwortlich zeichnet, kommt sicherlich nicht in Frage, ... alles verweist auf einen beschäftigungslos gewordenen Ludendorffschen Nachrichtenoffizier«.

5 Bezeichnung für deutsche Schabe (Blatta germanica).

6 Über die Zuwanderung von Ostjuden in der unmittelbaren Nachkriegszeit vgl. Maurer S. 63 ff. Im MA Nr. 86 S. 1 v. 14. 4. 1921 wird die Mitteilung v. Dr. Paul Nathan (Hilfsverein deutscher Juden) erwähnt, daß seit der Revolution 80000 Ostjuden nach Deutschland eingewandert seien. – Zu Thomas Bericht über Galizien vgl. Nr. 77.

Dienstag, den 12. April 1921 83/1

Die Sonnenfinsternis[1].

»Is scho da aa«, sagt der Knoll Kaspar und schaut durch das angerußte Glas die Sonne an, in der oben ein Halbrund wie ausgeschnitten ist. »Wia, laß mi aa durchi schaug'n!«, bittet die Knollin, und der Bauer[a)] gibt ihr das Glas.

Dabei brummt er: »Was vasteht denn a Weibsbild von selle Sachen?« »Ah! Ah! Ah!« macht die Knollin. »Jetza schaugt d' Sunna gnetta so aus, wia da Halbmond. Ah so was! Daß's so was aa geb'n ko!«

»Dös is halt da Mond«, erklärt der Knoll. »Dös is da Mond, der wo si zuawi schiabt«.

»Ja wia geht na dös? Da draht si nacha der auf oamal ganz anderst?« fragt die Knollin.

»Ah was! Er schiabt si halt amal zuawi. Net wahr? Dös siehgst do durchs Glasel!«

»Scho, aba daß er si auf oamal anderst draht und in d'Sunn einikimmt, dös vahsteh i net«.

»Weils ös Weibsbilda überhaupts nix vastehts«, sagt der Knoll und geht ins Haus hinein.

Und die Knollin schüttelt den Kopf und möcht gern so g'scheit sein, wie er. Aber meine lieben Leut, dös mal war die Bäuerin gleich gscheiter, wie er, der wo alles besser versteht.

Nämlich, es müßte eigentlich bei jedem Neumond, wo der Mond zwischen Erde und Sonne steht, eine Sonnenfinsternis eintreten, wenn die Bahn der Erde mit der Bahn des Mondes in einer Ebene liegen würde.

Bloß weil das nicht der Fall ist, sondern weil beide Ebenen einen[b)] Winkel einschließen[b)], kann eine Sonnenfinsternis eintreten, wenn sich der Neumond in der Nähe eines Knotens befindet[2].

Die Sonnenfinsternis wird auf der Erde nicht überall gleich gesehen, es kommt darauf an, wo einer steht.

Anno 1905 hat man sie am schönsten und größten in Spanien gesehen, wo man sie heuer so bemerkt hat, daß der Mond die ganze Sonne zudeckt, weiß der Miesbacher Anzeiger vorläufig noch nicht[3].

Daß fein Niemand glaubt, mit der Sonnenfinsternis sei's genauso, wie mit der Mondfinsternis!

Das wär falsch.

Bei der Mondfinsternis wird der Mond wirklich verfinstert, bei der Sonnenfinsternis wird die Sonne bloß verdeckt und finster wird es dadurch bloß auf der Erde. Wir sehen aber, die Knollin hätt es gleich besser erraten, wie der Knoll, aber wissen tuns alle zwei nichts.

Und der Miesbacher Anzeiger weiß es auch nicht; der hat es im Konversationslexikon gelesen. Das macht aber nichts. In Berlin droben reden sie auch von der[c)] Relativität und vom Einstein[4] und wissen nicht viel mehr, als daß es nichts zum essen ist.

Die Hauptsach ist, daß man dergleichen tut und wenn mans richtig betrachtet, wird überhaupt viel geredet und wenig verstanden.

Bei der gescheitesten Unterhaltung sagt einer bloß das, was er gestern gelesen hat.

Or.[d)] 4 Bll., L 2396 (Lemp S. 200 Nr. 240). – MA 47 Nr. 84 S. 2 v. 12. 4. 1921. – Drucknachweise fehlen.

a) folgt: [brummt]
b)–b) MA: gegen einander geneigt sind (vom Redakteur geändert)

c) folgt: [Finsternis]
d) Bl. 1 oben links: Unterm Strich. Heutige Nummer (Anweisung des Redakteurs für den Setzer); Bl. 4: Schlußzeichen

1 Am 8. 4. 1921 konnte in Mitteleuropa eine partielle Sonnenfinsternis beobachtet werden; Hinweise darauf s. MA Nr. 79 S. 2 v. 6. 4. 1921 u. Nr. 82 S. 2 v. 9. 4. 1921. Astronomische Angaben s. bei Th. v. Oppolzer, Canon der Finsternisse, Wien 1887, S. 300f u. Blatt Nr. 150.
2 Als Knoten wird der Schnittpunkt der Mondbahn mit der Ekliptik bezeichnet; da beide einen Winkel von 5 Grad einschließen, tritt nicht bei jedem Neumond eine Sonnenfinsternis ein.
3 Die Totalitätszone der Sonnenfinsternis v. 30. 8. 1905 umfaßte auch Spanien; s. Oppolzer (wie Anm. 1) S. 298f u. Blatt Nr. 149. Vgl. auch Lemp S. 22.
4 Albert Einstein (1879–1955), wirkte seit 1914 in Berlin, entwickelte 1905 die spezielle, dann die allgemeine Relativitätstheorie; s. NDB 4, S. 404–408.

Freitag, den 15. April 1921 84

Warum 's nicht geht.

In Berlin beschäftigt man sich lebhaft mit dem »Miesbacher Anzeiger«[1], was uns aber nicht eitel macht und uns auch nicht beirrt auf dem Weg, den wir gradaus gehen.

Ein linksdemokratisches Blatt, die »Berliner Volkszeitung«[2], hat, wie wir schon in Nr. 83 bemerkten, die Entdeckung gemacht, daß unsere Meinung nicht unsere Meinung sei, sondern daß ein »Ludendorffscher Nachrichten-Offizier«[3] dahinterstecke.

Dieser Satz enthüllt – nicht unsern[a)] heimlichen[b)] Hauspreußen – wohl aber neben der trostlosen Dummheit der Demokraten[c)] die Unmöglichkeit unseres ganzen Systems.

So sehr wir an Bayern und Wittelsbach[4] hängen – und die zwei gehören auch die nächsten tausend Jahre zusammen – so könnten wir doch an eine ruhige Übergangszeit glauben, wenn Berlin nicht Berlin und die deutsche Demokratie nicht eben die charakterlose Deppokratie wäre.

Deutschland ist krank und braucht eine Erholungszeit und wäre die Republik ein Genesungsheim – in Gottesnamen, so wollten wir darin bleiben, bis wir wieder zu Kräften gekommen wären.

Wir konspirieren nicht und wir verstehen ganz gut, daß der Mann[5], der[d)] das Erbe Bismarcks[6] verspielt hat, nicht mit Schnedderedeng zurückkehren kann. Darüber reden wir gar nicht und es fiele uns nicht ein, die Republik, bloß weil sie das wilhelminische Kaisertum verdrängt hat, anzufeinden.

Wir urteilen sachlich und sagen, diese Republik, so, wie sie ist, zusammengeschustert, ideenlos, gegen Rasse und Art[e)], gegen Volkstum und Tradition zusammengeleimt, unsauber, pöbelhaft, geschmacklos geleitet vom ersten Tag an, diese Spottgeburt aus Dreck und ohne Feuer[7], verabscheuen und hassen wir.

Hätte man am ersten Tag mit Ehrfurcht vor allem Echten und Guten seine eigene Würde gewahrt und in der neuen Form das preiswerte Alte bestehen lassen – dann könnte sich ein ehrlicher und verständiger Mann mit der provisorischen Republik abfinden.

Mit der da nicht! An ihrer Wiege stand einer der verächtlichsten Menschen, dessen Namen unsere Enkel und Urenkel schamrot machen wird, der Erzberger[8].

Der Mann ist für sich ein Beweis, daß dieses neue Gebilde kernfaul ist.

Auf der großen Lüge, daß Deutschland sozialistisch geworden sei, baute sich das Ganze auf. Die Betäubung des Volkes wurde von der einzigen Partei, der Sozialdemokratie, die von dem fürchterlichen Schicksale des Vaterlandes unberührt geblieben war[9], zur Aufstellung einer Parteiherrschaft benützt.

Das jämmerliche Machwerk zerbröselte den Baumeistern[f)] unter den Händen, aber sie hatten immer noch so viel Zeit, sich hohe Posten, hohe Gehälter, Profite, zu sichern.

Als das Volk langsam erwachte, fand es die betriebsamen Herren alle in leitenden Stellungen und es hatte nicht die Energie, eine gründliche Säuberung vorzunehmen.

Die Demokratie, die sich zuerst als bürgerliche Retterin präsentierte und ziemlich viel Vertrauen fand, war ihrer Natur nach zu unfähig und zu feig, um der Klassenherrschaft entgegenzutreten und den Willen zum bürgerlichen Staat durchzusetzen[10].

Sie paktierte lieber mit der Sozialdemokratie. So kamen wir schon gleich in die ärgste Verlogenheit[g)] hinein, in ein schmutziges Kompromißlertum.

Das[h)] Zentrum folgte nach[11]. Es hat keine großen Führer mehr und es hat keine Grundsätze mehr. Es ließ sich von Erzberger in den

Sumpf führen und aus angeblicher Neigung zum Frieden hat es Deutschland in den dauernden, unstillbaren Zwist geführt.

So schleppen wir uns weiter. Vom Alten ist uns nichts erhalten, als der läppische, saudumme Parteienhaß. In Weimar[12] wurde genau so polemisiert, wie im unfähigsten Reichstag vor 1914. Diese Hanswursten hatten nichts gelernt und nichts vergessen. Ihre Schlagworte und ihre Zwistigkeiten hatten den Weltkrieg überdauert. Die unverzeihliche Kinderei, die ruhmreichen Farben Deutschlands abzuschaffen, an ihre Stelle das Banner des Schwatzpöbels von 1848 zu setzen[13], beweist allein schon den Mangel an Ernst, Würde und Fähigkeit der Weimaraner.

Alles Große und Ehrwürdige umstürzen, umkrempeln, hastig, würdelos wegschmeißen, und vom Alten nur die Dummheit und Zanksucht bestehen lassen – so geht es nicht. Das wissen wir selber, auch ohne Ludendorffschen Nachrichten-Offizier. Aber da haben wir sie ja, die traurigen Hanswurste!

Der Name Ludendorff ist ihnen ein Schreckenswort; die Persönlichkeit des großen Heerführers ist ihnen ein Sündenbock.

So undeutsch ist diese Deppokratie und so volksfremd ist sie.

Im Ausland hat noch Jeder, der für sein Vaterland etwas, und war es auch noch so wenig, geleistet hat, den Dank des Volkes verdient.

In Deutschland kann das größte Verdienst ein Verbrechen sein.

Und so lange die Parteiphrase regiert und immer wieder das Gift der Verlogenheit in den Volkskörper führt – so lange geht es nicht.

Or.[i] 5 Bll., L 2396 (Lemp S. 199 Nr. 218 mit irrtümlichem Verweis auf Nr. 94). – MA 47 Nr. 87 S. 1 v. 15. 4. 1921. – Lemp S. 242 Nr. 1544; Hofmiller S. 726.

a) über: [den Ludendorffschen]
b) folgt: [Preußen]
c) MA: Demokratie
d) folgt: [in 24 Jahren]
e) MA: Amt
f) verbessert aus: [Bauherrn]
g) MA: Verlegenheit
h) eingefügt von Hand des Redakteurs: preußische
i) Bl. 1 oben links: Leiter (Anweisung des Redakteurs für den Setzer); Bl. 5: Schlußzeichen

1 Zur Reaktion auf den MA s. S. 453 u. 463 sowie Nr. 151.
2 S. Nr. 83 Anm. 3.
3 S. Nr. 83 Anm. 4.
4 Mittelalterlicher Name des bis zur Revolution in Bayern regierenden Hauses.
5 Wilhelm II.; s. Nr. 23 Anm. 2.
6 S. Nr. 6 Anm. 8.
7 Vgl. den Ausspruch von Faust über Mephisto (Mackensen, Zitate S. 681).
8 S. Nr. 9 Anm. 1; Nr. 19 Anm. 3.
9 Über die Entwicklung der SPD 1918/19 vgl. Huber 5, S. 187ff; 6, S. 229ff.
10 »Demokratie« meint die DDP; über deren Gründung und Wirken s. Huber 5, S. 985ff; 6, S. 212f.
11 Über die Entwicklung des Zentrums 1918/19 vgl. Huber 6, S. 196–200. Vgl. auch Nr. 94 Anm. 5.
12 Zur Nationalversammlung in Weimar 1919 s. Nr. 64 Anm. 16.
13 Zum Fahnenstreit s. Nr. 36. – Zu Thomas Meinung über »1848« vgl. Keller, Briefe S. 208 (v. 12. 9. 1908).

Freitag, den 15. April 1921 85

Er liebt Frankreich.

Der Koarl[1], der frühere Zahlkellner von der Burg[2], gegenwärtig vazierend in der Schweiz, ist uiber[a)] Kundmachung des »Matin« von dessen Berichterstatter vernommen worden und hat auf mehrfaches und eindringliches Befragen zu Protokoll gegeben, daß er Frankreich liebe[3]. Die Kenner der Verhältnisse behaupten, daß diese Vernehmung wahrscheinlich nach 10 Uhr morgens, also bereits im Zustande der Besoffenheit, erfolgt ist.

Der Schlawiner von Schönbrunn[4] wird aber sicherlich als geborener Schani[5] ganz instinktiv nach jener Seite eine Verbeugung machen, von woher er ein Trinkgeld erwartet.

Vielleicht erwidert Frankreich[6] diese Liebeserklärung und verschafft dem superarbitrierten Trottel einen Freiplotz in einer Idiotenanstalt mit Höhenluft und Kaltwossabehandlung.

Or.[b)] 1 Bl., L 2396 (Lemp S. 198 Nr. 159). – MA 47 Nr. 87 S. 2 v. 15. 4. 1921. – Lemp S. 242 Nr. 1545; Hofmiller S. 726.

a) MA: unter
b) Bl. 1 oben links: Artikel nach Rundschau (Anweisung des Redakteurs für den Setzer); Schlußzeichen

1 Karl I. (1887–1922), 1916–1918 Kaiser v. Österreich u. König v. Ungarn (NDB 11, S. 243 ff). Karl hatte sich im März 1919 in die Schweiz begeben. Ende März 1921 versuchte er, die Restitution als König v. Ungarn zu erreichen; am 6. April 1921 kehrte er wieder in die Schweiz zurück; vgl. Schulthess 1921/I, S. 354f, 374–378. S. auch MA Nr. 75 u. 76 v. 1. u. 2. 4. 1921; Nr. 80 S. 2 v. 7. 4. 1921 (Gedicht).
2 Hofburg in Wien, k.u.k. Residenz.
3 Vgl. die Nachrichten im MA Nr. 78 u. 80 v. 5. u. 7. 4. 1921.
4 Schloß in Wien, häufiger Aufenthaltsort des k.u.k. Hofes.
5 Österr. Bezeichnung für serviler Mensch.
6 Am 2. 4. 1921 war in Schweizer Zeitungen verbreitet worden, daß einflußreiche franz. Kreise dem Unternehmen Karls nicht ablehnend gegenüber gestanden seien (Schulthess 1921/I, S. 374 f).

Samstag, den 16. April 1921 86

Simons[a)1].

Der Außenminister hat sich in Lugano nicht ganz erholt; er hatte noch eine starke Mauldiarrhöe, als er in Bern durchfuhr und er konsultierte einen französischen Zeilenlumpen[2], der ihm eine Menge Würmer aus der Nase zog.

Diese Erscheinungen lassen vermuten, daß der Simons für dienstunfähig erklärt werden wird.

Die Universitätsstudenten haben ein gutes Wort für diese Art, fremden oder feindlichen Korporationen taktlose Freundlichkeit zu erweisen; sie heißen es »Spinattreiben«[3].

Die jungen Leute wissen, daß nur unmännliche Charaktere sich damit befassen, und daß ein honnetter, frischer Kerl immer ganz auf der Seite steht, zu der er gehört. Leider fehlt diese einfache Erkenntnis, dieser Takt und das gefaßte Wesen sehr vielen erwachsenen und ergrauten Deutschen.

Die Spinaterer waren vor dem Kriege häufige Erscheinungen an hervorragenden Stellen, aber wir können ohne langes Kritisieren ruhig sagen, daß sie alle miteinander nichts getaugt haben. Geht's jetzt so weiter?

Diese Pflaumenweichen und Lahmärsche, die immer ein Hurenlächeln für den Gegner haben, die das betonen: Ich bin ja nicht so ... aber ..., sind die Alleruntauglichsten für exponierte Posten.

In diesem Verstehen und Anschmiegen an den Feind, in diesen Extratouren, in diesen Exhibitionen liegt etwas hündisches, feiges und unmännliches.

Ein Mannsbild steht auf der Seite seines Landes, ganz leidenschaftlich, unnahbar. Ein Franzose kann ein borniertes Rindvieh sein, der Engländer ein viereckiger Schädel – aber sie halten zu ihren Leuten in Recht und Unrecht.

Der Deutsche bewundert das an ihnen und erlaubt doch so vielen pflaumenweichen Schöpsen[4], sich auf Kosten seines Landes beim Fremden anzubiedern.

Kokotten in Hosen. Nichts anderes sind sie.

Dann kommt noch dazu die verfluchte Geschwätzigkeit, durch die so Vieles in Deutschland, ja zuerst und zuletzt Deutschland selber zu Grunde gegangen ist.

Nicht einmal jetzt, wo an jeder Straßenecke ein Spion und Denunziant steht, wo Millionen schadenfroher, hämischer Augen auf die – nicht Besiegten[5], aber Erwürgten gerichtet sind, können die Vertreter Deutschlands das Maul halten.

Ein Reporter des »Matin« drückt auf den Knopf und der Simons entleert sich, als hätte er Glaubersalz und Rizinus gesoffen.

Er öffnet sein ach so edles, weiches, in Schmalz getauchtes Herz dem hergelaufenen Pariser Spion und wispert ihm ins Ohr, daß er so viel opferfreudiger sei, wie die »Andern« in Deutschland.

Und so einer[b)] soll die Interessen Deutschlands vertreten?

Steckt ihn in eine parfümierte Spitzenhose und laßt ihn auf der Friedrichsstraße[6] spazieren gehen! Wir brauchen Mannsbilder.

Or.[c)] 3 Bll., L 2396 (Lemp S. 199 Nr. 202). – MA 47 Nr. 88 S. 1 v. 16. 4. 1921; Gesammelte Aufsätze S. 10f. – Lemp S. 242 Nr. 1546; Hofmiller S. 726.

a) Gesammelte Aufsätze folgt: (16. April 1921)
b) folgt: [würdeloser, taktloser Schwätzer]
c) Bl. 3: Schlußzeichen

1 S. Nr. 12 Anm. 13.
2 Das Interview erschien am 10. 4. 1921 in der franz. Zeitung Matin, deren Berner Vertreter Sauerwein mit dem Reichsaußenminister sprach. Simons vertrat die Leistungsbereitschaft des Deutschen Reiches gegenüber Frankreich beim Wiederaufbau der verwüsteten Gebiete (Wortlaut: Schulthess 1921/I, S. 113f). – Simons hielt sich im März/April 1921 in der Schweiz auf (Gründer S. 196ff).

3 Kraftlos werden (Küpper 7, S. 2680).
4 Verschnittener Schafbock (Grimm 9, Sp. 1569 ff).
5 Vgl. Nr. 155 Anm. 5.
6 Hauptgeschäftsstraße in Berlin. – Diese Diskriminierung wiederholte MA Nr. 92 S. 2 v. 21. 4. 1921, weil sich die MP Nr. 90 v. 19. 4. 1921 darüber aufgehalten hatte, daß der MA den elementarsten menschlichen Anstand bei seinen Angriffen gegen einen Reichsminister mißachte. Das falle auch der Regierung Kahr zur Last, die nichts gegen dieses »Amtsblatt« unternehme.

Sonntag, den 17. April 1921 87

Die verschleimte Alte.

Unsere Hauptfreundin, die »Münchner[a)] Post«[1], ist über Nacht heiser geworden. Am Altheimereck[2] geht ein schiecher Wind und da hat sich das brüchige, alte Mensch einen elenden Katarrh geholt. Weil ihr so die Augen tropfen, liest die zahnluckete Bisgurn[3], die uns so gern beißen möcht und nicht kann, allerhand Schreckhaftes aus dem »Miesbacher«. Zum Beispiel, daß wir blutrünstig sind und Judenmorde vorbereiten und dafür Stimmung machen. Ja, was waar denn jetzt dös? Wir sind so oft mit unserm intimsten[b)] Spezi[4] Benedikt[5] in der letzten Zeit beisammen gewesen, ohne daß wir blutrünstige Absichten haben blicken lassen, – und jetzt sagt die alte, ausgediente sozialdemokratische Postschäsen, daß wir pogromeln[6]. Sie ist ja viel zu ehrlich, als daß sie etwa einen Artikel von uns entstellen würde, also hat ihn die zahnlose Revoluzzerin bloß nicht mehr verstanden.

Wie halt alte Leut sind. Ein bissel dadädel und kindisch. Früherszeiten, mein Gott, wie sie noch selber die Scharfe war und die ganz zünftigen Artikel für die Gruben[7] und die Schwanthalerhöh[8] geschrieben hat, da ist sie nicht so leicht in die Frais[9] gefallen; das waren noch die Zeiten, wo die alte Krucken den Rock hoch aufgehoben hat, zum Spaß vom Birkvater[10], der seinen biernassen Schnurrbart wohlgefällig strich, wenn sie wieder recht ausgelassen war.

Jetzt hustet und schnauft und denunziert die Alte[c)] und ist recht unappetitlich zum Anschauen, wenn ihr der Speichel aus dem zahnlucketen Maul rinnt.

Wir müssen's ihr halt erklären. Schau, alte Gamshaut, mit der Blutrünstigkeit haben wir's nicht, für den Fall, daß die Leut oder die Lait ruhige Staatsbürger sind. Wir machten es nicht, wie deine heimlichen Spezeln in den Vorstädten, daß wir gegen Ruhe und Ordnung hetzen, sondern im Gegenteil, wir sagen, wenn's wieder losginge, dann wären wir dafür, daß man die eigentlichen Giftkröten tottritt. Und die kennen wir und die kennen auch andere Leute, die dann zupacken. Gerade so einen Kerl, wie den Landauer[11], der den Sträflingen und Zuhältern seiner Partei schon die schönen Bürgertöchter Münchens versprochen hat, muß man tottreten, wie Giftnattern. Daß er ein Berliner Ostjud war, das ist ja ein seltsamer Zufall; sonst war ja keiner dabei. Höchstens noch der Eisner[12] und der Levin[13], der Levinson[14], der Toller[15], der Mühsam[16], Leviné[17], der Neurath[18], der Axelrod[19], der Wadler oder Adler[20], der Fechenbach[21], der Cronauer[d] [22] und noch ein paar Dutzend oder Hundert in Schwabing[23] hinten.

Und das haben wir gesagt in einem Artikel gegen den frechsten Journalisten von Wien[24], der von uns Christen – bitte um Entschuldigung! – nur mehr als von »Arischgesichtern« spricht. Diese Herausforderung, die unsere ausgediente Postschäsen recht genau kennt, reizt sie aber nicht zum Schleimhusten.

Man kann ihr doch nicht bös sein, der pensionierten Revoluzzerin, die von ihrer Partei jetzt so magere Bezüge kriegt, daß ihr bald der Schnaufer ausgeht.

Nämlich, sie macht alleweil noch gute Witze. Sie stellt jetzt Alles auf den Kopf und das ist so komisch, daß man selbst in unserer Zeit herzlich lachen kann.

Sie macht einen Minister – freilich ist's bloß der Geßler[25] – darauf aufmerksam, daß der[e] Anzeiger[e] im Lesezimmer in Münchner Kasernen kompanieweise abonniert ist[26]! ! !

Wenn vor zehn Jahren Jemand[f] den bayrischen Kriegsminister scharf gemacht hätte, weil eine Sozizeitung in einer Kaserne war, was hätte die »Münchner Post« damals gesagt, geschrieben und geheult?

»Dreckiger, schuftiger, lausiger Denunziant und Meinungsschnüffler. Ehrloser, hundsföttischer Denunziant« usw., das hätte damals die »Münchner Post« geschrieben und der Birkvater hätte sich voller Entrüstung das Bier aus dem Schnurrbart gewischt und der ganze Altheimerecker Freiheitsklub hätte die Augen vor furchtbarer Entrüstung Karussell fahren lassen.

Jetzt steht's wortwörtlich in der »Post«: »Herr Minister, Ihre Soldaten haben den ›Miesbacher‹ abonniert!«

Geben wir der alten, zahnlucketen Krucken eine Dosis Morphium, daß ihr das Abkratzen leichter geht.

Or.[g] 3 Bll., L 2396 (Lemp S. 198 Nr. 143). – MA 47 Nr. 89 S. 1 v. 17. 4. 1921. – Lemp S. 242 Nr. 1547; Hofmiller S. 726.

a) über: [gute alte]
b) folgt: [Freund Bene⟨dikt⟩]
c) über: [zahnluckete]
d) verbessert aus: [Gronauer]
e)–e) fehlt im Original
f) über: [der bayerische Kurier[27]]
g) Bl. 3: Schlußzeichen

1 S. Nr. 1 Anm. 1.
2 S. Nr. 3 Anm. 4.
3 Zänkische Frau (Schmeller 1, Sp. 932).
4 Spezialfreund (Schmeller 2, Sp. 692).
5 Möglicherweise Rechtsanwalt Dr. Benedikt Bernheim, Prozeßvertreter d. MP (vgl. S. 466 u. 496 Anm. 135).
6 Zu Pogrom; s. Nr. 38 Anm. 3.
7 S. Nr. 16 Anm. 7.
8 S. Nr. 3 Anm. 7.
9 Convulsivischer Anfall (Schmeller 1, Sp. 826).
10 Georg Birk (1839–1924), Gastwirt, MdL 1899–1907; Herausgeber d. MP (Landtagshandbuch 1900, S. 100; Knaus S. 17f); MdR 1890–1907 (Schröder S. 82).
11 S. Nr. 68 Anm. 13.
12 S. Nr. 14 Anm. 7.
13 S. Nr. 2 Anm. 11.
14 Möglicherweise meint Thoma Dr. Richard Lewinsohn, Redakteur bei der Vossischen Zeitung (Becker, Liberale Presse S. 127).
15 S. Nr. 2 Anm. 13.
16 S. Nr. 2 Anm. 14.
17 S. Nr. 2 Anm. 12.
18 Dr. Otto Neurath (1882–1945), Soziologe u. Wirtschaftstheoretiker; v. März bis Mai 1919 unter der Regierung Hoffmann u. den Räterepubliken Leiter des Zentralwirtschaftsamts in München; s. Morenz S. 130; Huber 5, S. 1117 Anm. 30.
19 Dr. Tobias Axelrod (geb. 1887), russischer Sozialist, führend in der kommunistischen Räteregierung in München tätig; s. Morenz S. 123; Huber 5, S. 1122 Anm. 55.
20 Dr. Anton Wadler (geb. 1882), USP, in d. ersten Räteregierung Staatskommissar

für das Wohnungswesen; s. Morenz S. 134; Huber 5, S. 1119 Anm. 41; MinProt S. 306. – Zu Adler vgl. Nr. 45 Anm. 10, Nr. 118 Anm. 3.

21 Felix Fechenbach (1894–1933), USP, Sekretär Eisners; s. Osterroth S. 81f; Morenz S. 125.

22 Franz Michael Cronauer (1882–1925), Kaufmann, USP, Vorsitzender des Revolutionstribunals der Räteregierung; Morenz S. 124.

23 S. Nr. 15 Anm. 2.

24 Karl Kraus (s. Nr. 2 Anm. 10); vgl. Nr. 80.

25 S. Nr. 6 Anm. 10.

26 MP Nr. 83 v. 14. 4. 1921.

27 Der BVP nahestehende Zeitung (van Laak S. 14 Nr. 62).

Dienstag, den 19. April 1921 88

Die Debatte

um die Einwohnerwehr ist aus[1] und ist genau so gegangen, wie es anzunehmen war. Jetzt richten wir einen Appell an das demokratische Gewissen im Norden und im Süden und hoffen, daß die Hetzerei aufhört, indem ja die Herrschaften jetzt wissen, daß der Wille des Volkes, nicht bloß der der Regierung, den Selbstschutz aufrecht hält[a)].

Die Debatte war nicht aufregend, das kann man wohl konstatieren. Der Schandfleck der Familie Gareis[2] hat sich als Volontärspion der Franzosen produziert und niemand hat sich über den Menschen gewundert.

Unser Spezi, der Herr Timm[3], war voller Mitleid mit Herrn von Kahr[4], der sich so plagt und nicht versteht, daß ihm der Timm so gern tragen helfen möchte.

Die Lage ist heillos verfahren, sagt der Staatsweise von der Isar, und wir Belehrungsbedürftigen erinnern uns an die klare Situation vom November 1918 bis Februar[b)] 1919, die uns der Timm mitgeschaffen hatte[5]. Er war ein leuchtender Stern am Himmel, den aber kein Astronom mehr entdeckt hat, nach dem Preisschießen im Landtag[6].

Wenn wir den Timm hören, denken wir alleweil an den Wastel von Festenbach[7], der ein guter Kerl war, aber als Mordsrindvieh in keine Brandversicherung gehen wollte. »Es brennt net«, sagte er alleweil, und wie es dann doch einmal in seiner Nähe brannte, sagte er lachend, »wenn's beim Nachbarn brennt, brauch do i in koa Versicherung z' geh«. Ungefähr so gescheit war das, was der große verhinderte Staatenlenker Timm über die Unruhen in Mitteldeutschland[8] sagte.

Es ist nicht der Mühe wert, diese Sprüche zu widerlegen[c)], hinter denen doch nichts steckt, als wie die Liebedienerei vor den Massen. Für einen Sozi wäre es sehr leicht, die Berechtigung der Einwohnerwehr zu verstehen, selbst wenn gar keine Gefahr drohte, die aber eben da ist und die kein Herr Timm wegschwadronieren kann.

Der Sozi müßte sich bloß vorstellen, daß es eben endlich einmal auch eine Organisation der Bürger gibt, neben den Dutzenden, Hunderten und Tausenden von Organisationen der[d)] Arbeiter[d)].

Der große Tschingiskhan[9] von Deutschland, der Sozi, wird uns Bürgern das Recht[e)], uns zu schützen, allerhuldvollst gewähren, wenn er daran denkt, daß er in jedem Dorf Organisationen gründet, um anzugreifen, nicht um sich zu verteidigen. Und wenn er es nicht gewährt, nehmen wir uns in Gottes Namen das Recht der Existenz. Dieses hat auch der Landtag beschlossen[10] und jetzt kann der Timm die Walze in seiner Drehorgel auf was anderes einstellen.

»Mit dem Lied gegen die Wehr
Kriegt er keinen Schiffhut[11] mehr«.

Or.[f)] 2 Bll., L 2396 (Lemp S. 198 Nr. 151). – MA 47 Nr. 90 S. 1 v. 19. 4. 1921. – Lemp S. 242 Nr. 1548; Hofmiller S. 726.

a) folgt: [Die Debatte war maßvoll mit Ausnahme des Gareis, der als Volontärspion der Franzosen eine Vorstellung gegeben hat. Er hat scheinbar von den Aufsehern in Algerien[12] zu wenig Schmiergel gekriegt und]
b) davor: [März 19]
c) folgt: [die so gescheit klingen und]
d)–d) MA: anderer Leute (vom Redakteur geändert)
e) folgt: [das jede Fliege hat, sich gegen]
f) Bl. 1 oben rechts: Leiter (Anweisung des Redakteurs für den Setzer); Bl. 2: Schlußzeichen

1 Debatte im Haushaltsausschuß des Landtags über den staatlichen Zuschuß an die Einwohnerwehr vom 12.–14. 4. 1921; der Ausschuß befürwortete mehrheitlich gegen die Stimmen der sozialistischen Mitglieder den Zuschuß. Dies wurde im Plenum nach dem mündlichen Bericht über die Ausschußverhandlungen und Debatte bestätigt (LV 1920/21, StenBer 2, S. 868–874; vgl. auch Schulthess 1921/I, S. 115f).

2 S. Nr. 43 Anm. 1. Seinen Diskussionsbeitrag s. LV (wie Anm. 1) S. 873. Die Ausschußverhandlungen wurden nicht veröffentlicht; vgl. die Presseberichte, z. B. Augsburger Postzeitung Nr. 168–171 v. 13.–15. 4. 1921.
3 S. Nr. 10 Anm. 3. Diskussionsbeitrag s. LV (wie Anm. 1).
4 S. Nr. 1 Anm. 6. Seine Erklärung im Ausschuß s. LV (wie Anm. 1) S. 868 ff.
5 Timm war Justizminister in der Regierung Eisner.
6 Attentat im Landtag am 21. 2. 1919 durch Alois Lindner (s. Nr. 14 Anm. 6). Vgl. Nr. 17 Anm. 7.
7 Gemeinde Gmund a. Tegernsee (Lkr. Miesbach), nahe Finsterwald, dem Sommerfrischen-Ort Thomas (s. Lemp S. 20 ff).
8 Vgl. Nr. 73 u. 74.
9 Tschinggis-Chân (1162–1227), mongolischer Eroberer.
10 Über den Beschluß des Landtagsausschusses v. 14. 4. 1921 hatte der MA Nr. 88 S. 2 v. 16. 4. 1921 berichtet. Der endgültige Entscheid des Landtags fiel erst am 28. 4. 1921 (s. Anm. 1).
11 S. Nr. 117 Anm. 5.
12 In franz. Kriegsgefangenschaft (s. Nr. 71 Anm. 5).

Dienstag, den 19. April 1921 89

Unsauber.

Weil wir schon gegen das Reich hetzen, wie die »Münchener Post«[1] schreibt, möchten wir noch ein Wort sagen über die letzte Berliner Schweinerei.

Unsere Leser wissen, daß der Ministerialrat Pfundtner[2], als er die Verhandlungen mit den Papierfabrikanten und den Vertretern der Zeitungen führte, bereits die Anstellung in der Tasche hatte, die ihm die Papierwucherer zur Belohnung seiner guten Dienste übertragen hatten.

Man hat das früher Bestechung genannt und wir heißen es noch so, mit dem Beifügen, daß in der preußischen Monarchie kein Gemeindediener und kein Gerichtssekretär so schamlos war, die ihm anvertrauten Interessen zu verkaufen.

Das ist die Errungenschaft der Republik und das ist ganz echtes Berlin.

Es ist auch kein Einzelfall, der Entrüstung bei den Kollegen erregt, sondern es ist die Regel geworden, und wenn sich bei den Berliner Großkopfeten was rührt, ist es nicht das Gewissen, sondern bloß der Neid.

Wir behaupten das nicht bloß, sondern beweisen es gleich in diesem Falle aus dem Benehmen des Wirtschaftsministers Scholz[3], der die unglaubliche Sauerei mit einem Lächeln des Verständnisses hingenommen hat.

Die »M.N.N.« erzählen[4], daß er sich die Fingernägel geputzt habe, als man sich über die Bestechlichkeit des Pfundtner bei ihm beschwerte.

Die alten Beamten der Monarchie haben vielleicht keine so reinlichen Fingernägel, aber sie haben ganz gewiß reinere Hände gehabt.

Wundert man sich noch, daß die Sehnsucht nach Reinlichkeit[a)] heute in Deutschland gleichbedeutend ist mit dem Wunsche, von Berlin los zu kommen.

Im Schmutz und neben dem Schmutz gibt es keine Sauberkeit.

Or.[b)] 2 Bll., L 2396 (Lemp S. 199 Nr. 214). – MA 47 Nr. 90 S. 1 v. 19. 4. 1921. – Lemp S. 242 Nr. 1549; Hofmiller S. 726.

a) verbessert aus: [Redlichkeit]
b) Bl. 2: Schlußzeichen

1 Vgl. Nr. 1 Anm. 1. – Vgl. MP Nr. 85 v. 13. 4. 1921.

2 Geheimrat Dr. Pfundtner, Dezernent für die Papierbewirtschaftung im Reichswirtschaftsministerium; vgl. Nachricht in MA Nr. 86 S. 1 v. 14. 4. 1921, sowie das Gedicht in Nr. 88 S. 3 v. 16. 4. 1921 »Reichspapierskandal«. Die Reichsregierung hatte beschlossen, zum 1. 4. 1921 die Papierbewirtschaftung aufzuheben. Dadurch fühlten sich die Zeitungsverleger gegenüber den Papierherstellern benachteiligt (s. AR Fehrenbach S. 623 f).

3 Dr. Ernst Scholz (1874–1932), DVP, Reichswirtschaftsminister im Kabinett Fehrenbach; vgl. AR Fehrenbach S. XXVIII.

4 MNN Nr. 154 v. 12. 4. 1921. Dieselben Vorwürfe gegen den Geheimrat Dr. Pfundtner brachte der Abg. Dr. Pius Dirr (DDP) am 26. 4. 1921 im Landtag vor, als über die Preissteigerungen der Druckpapierhersteller debattiert wurde (LV 1920/21, StenBer 2, S. 795; MA Nr. 99 S. 1 v. 29. 4. 1921). Auch MP Nr. 94 v. 23. 4. 1921 nimmt kritisch zum skandalösen Fall Pfundtner Stellung.

Donnerstag, den 21. April 1921 90

Bergab.

Die Sozipresse[1] spielt sich heute als Wächterin der Regierung und eines braven Untertanensinnes auf und hie und da kriegt man es zu lesen, allerdings mit anderen Worten, daß wir »vaterlandslose Gesellen«[2] sind, die das Gottesgnadentum der Ebert[3] und Scheidemann[4] und einiger früherer Anwaltsschreiber[5], Setzer[6] und Parteikulis nicht respektieren.

Wir machen zerknirscht zu unserer Entschuldigung geltend, daß wir leider mit in der Kutsche sitzen und darum schreien, wenn wir sehen, daß wir abrutschen und in den Abgrund sausen.

Der Deutsche von heute hat sich an Ungeheuerlichkeiten gewöhnt und sagt es schon beinahe gesprächsweise, daß dort fünf, dort zehn Milliarden kaputt gegangen sind, daß hier ein Defizit von zwanzig, dort ein Defizit von dreißig Milliarden entstanden ist.

Er will nicht sehen, daß dies der Ruin des Landes ist, in den jeder Einzelne hinein gezogen wird, daß unser Geld täglich entwertet wird, daß wir alle zusammen nur mehr Schein-Vermögen besitzen und daß es heute schon wurst ist, was auf den Banknoten für Zahlen stehen, weil der Tausender genau wie der Fünfer nur mehr ein Fetzen Schwindelpapier ist[7].

In der Monarchie, die wir immer mehr als die wahre Hüterin der Ehrlichkeit und als das Schutzschild gegen die Auswucherung des Volkes verehren lernen, war es der Brauch, daß die Opposition alle Staatsausgaben auf den Pfennig prüfte und ein Indianergeheul aufschlug, wenn sie ein paar tausend Mark beanstanden konnte. In der kurzen Zeit von drei Jahren hat es die Sozialdemokratie fertig gebracht, daß eine Kontrolle über die hunderte von Milliarden, die sie verludert und verlumpt hat, nicht mehr möglich ist. Es gibt kein Finanzgenie, das auch nur annähernd auf fünfzig Milliarden sagen kann, wie viel seit November 1918 verlumpt worden ist.

Es gibt keinen Volkswirtschaftler, der auf hunderte von Millionen angeben kann, wie viel Papiergeld ausgegeben ist.

Das heißt mit andern Worten, an die Stelle der strengsten Gewissenhaftigkeit ist verbrecherischer Leichtsinn gepaart mit

Dummheit, schmutzigster Gewinnsucht, mit Diebstahl, Unterschlagung und Verschwendung getreten. Und diese Pest steckt alles an, Gemeinde und Staat, die Einzelnen wie die Gesamtheit, und vernichtet in unserm Volke nicht nur den Sinn für Redlichkeit, sondern auch die letzte Möglichkeit, daß Ehrlichkeit noch einen Sinn hat.

Wer tiefer nachzudenken vermag, der kann sich schon Rechenschaft darüber ablegen, daß diese Entsittlichung die naturnotwendige Folge der furchtbaren sozialdemokratischen Unmoral ist, die den einzigen, großen Sinn des menschlichen Lebens, die Arbeit leugnet, die das älteste und weiseste göttliche Wort: »Im Schweiße deines Angesichtes sollst du dein Brot verdienen«[8] durch die Verbrecherlehre des Marx[9] ersetzen will, durch die giftige Lüge, daß Arbeit ein Unglück ist. Alles, was heute in Rußland geschieht, die Zerstörung der Familie, der Gemeinde, des Staates, die Zerstörung der menschlichen Gesellschaft und der menschlichen Gesittung, die furchtbare Vertierung eines großen Volkes, das ist in erster wie in letzter Linie nichts als die Folge der Marxistischen Lehre, als das Ausdenken seiner Gedanken und ihre Umwandlung in die Tat.

Die Entwertung aller Werte, die Entwertung[a)] der Arbeit, die Entsittlichung der Gesellschaft.

Auch wir werden, ja wir müssen den Weg, der uns schon so weit ab von der Ehrlichkeit geführt hat, weiter gehen zur Vertierung, wenn nicht alles, was noch gesund und gut und was noch Gewissen im Volke ist, sich kehrt gegen die Sozialdemokratie und ihre Lehre.

Deswegen sind sie alle, die bürgerlichen Hanswursten[10], die mit ihr laufen, Verbrecher am Volke.

Or.[b)] 3 Bll., L 2396 (Lemp S. 198 Nr. 148). – MA 47 Nr. 92 S. 1 v. 21. 4. 1921. – Lemp S. 242 Nr. 1550; Hofmiller S. 726.

a) über: [Entsittlichung]
b) Bl. 1 oben rechts: Leiter (Anweisung des Redakteurs für den Setzer); Bl. 3: Schlußzeichen

1 Sozialdemokratisch eingestellte Zeitungen erschienen in Aschaffenburg, Augsburg, Bamberg, Bayreuth, Coburg, Erlangen, Hof, Ingolstadt, München, Nürnberg, Regensburg und Würzburg (vgl. die Nachweise bei van Laak). – Zur Bedeutung von Nr. 90 in der Entstehungsgeschichte von Thomas Roman »Der Ruepp« vgl. Gajek (Serie Piper 543) S. 221 f.

2 Wilhelm II. bezeichnete die Sozialdemokraten als »Vaterlandslose Gesellen« (Reinhard Höhn, Die vaterlandslosen Gesellen. Der Sozialismus im Licht der Geheimberichte der preuß. Polizei 1878–1914, 1, Köln-Opladen 1964, S. IX). Vgl. auch Nr. 65. In Simplicissimus 9, 1904/05, S. 462 (Lemp S. 221 Nr. 745; GW [1922] 1, S. 500) veröffentlichte Thoma das Gedicht »Vaterlandslose Gesellen« (mit Tendenz für »die Armen«).
3 S. Nr. 6 Anm. 2.
4 S. Nr. 12 Anm. 5.
5 Gustav Bauer; s. Nr. 102/1 Anm. 5.
6 Scheidemann war Schriftsetzer (Schröder S. 196).
7 Im April 1921 entsprach 1 US-Dollar ca. 63.50 Mark (= 4.198 Goldmark); vgl. Herbert Rittmann, Deutsche Geldgeschichte seit 1914, München 1986, S. 534f.
8 Genesis 3, 19: In sudore vultus tui vesceris (= essen!) pane.
9 Karl Marx (1818–1883); Biogr. WB. 2, Sp. 1811–1816. Nach Marx beginnt das Reich der Freiheit dort, wo das durch Not und äußere Zweckmäßigkeit bestimmte Arbeiten aufhört (vgl. Werner Maser, Genossen beten nicht. Kirchenkampf des Kommunismus, Köln 1963, S. 12f).
10 Zentrum u. DDP, die Partner der Sozialdemokraten in der Weimarer Koalition; vgl. Nr. 24 Anm. 5.

Freitag, den 22. April 1921 91

Der englische Streik[1].

Ein Mann, der lange Jahre in England lebte und Land und Volk gut kennt, schreibt uns:

Die deutschen Zeitungen haben sich seit Wochen in der Beurteilung der englischen Streikunruhen wieder einmal so kindisch gläubig und schlecht unterrichtet gezeigt, wie man es nachgerade von der deutschen Presse gewohnt ist.

Kenner der Verhältnisse konnten zu den Tiraden, besonders der sozialdemokratischen Blätter, nur lächeln.

Als der Streik eines ganzen Arbeiter-Dreibundes, ja als die Revolution angekündigt wurde, war sich, wer England kennt, darüber klar, daß gerade an der Größe der Gefahr das ganze Unternehmen scheitern müsse.

Kein englischer Arbeiter versteht sich letzten Endes dazu, den Staat zu gefährden. Sowie diese Gefahr ernstlich auftaucht, versagt der Einzelne, wie die Gesamtheit.

Es hat in England oft Lohnstreiks gegeben und es hat dabei nicht an Leidenschaftlichkeit gefehlt, aber Führer und Arbeiter verloren das Ziel nicht aus den Augen und gerade ein Deutscher konnte die strenge Sachlichkeit auch der heftigsten Zeitungsfehde nur bewundern.

Hier fehlte immer das törichte, politische Kannegießern und die noch viel dümmere internationale Phraseologie, die den deutschen Arbeiter zum blinden Mitläufer stempelt.

Jeder Mann wußte, um was es ging; darüber hinaus wollte man nichts, und der blöde Haß gegen das Unternehmertum als solches hat in England keinen Boden.

Hier einigt das Interesse und einigt die Kameradschaft, und das sind festumrissene Begriffe.

Der Engländer ist kein Proletarier, kein Klassenmensch, kein Herdenvieh, er ist und bleibt individuell, und jeder Einzelne verlangt klaren Begriff, klares Ziel, und verabscheut leere Schlagworte. Das liegt an der Erziehung.

Der englische Arbeiter treibt Sport, ist kein Wirtshaushocker, ist musterhafter Familienvater und hat auch gar nicht das, was der Deutsche Bildungstrieb heißt und was nichts ist, als das Ansammeln von unverdautem Zeug.

Der Engländer hat die gesunde Abneigung gegen Doktrin und Doktrinäre; der mit Phrasen ausgestopfte Versammlungsredner, der Arbeitersekretär[2] mit seinem Zeitungswissen, genießt nicht das Vertrauen der englischen Arbeiter; ihre Führer kommen alle aus ihren eigenen Reihen und müssen zu allererst ihre erprobten Kameraden sein.

Das hält jeder englischen Arbeiterbewegung von vorneherein den giftigen Einfluß fremdartiger Elemente fern, unter dem jede deutsche steht.

Daß polnische Juden, die in der deutschen Sozialdemokratie die führende Rolle haben[3], Engländer gegen Engländer aufhetzen könnten, ist ausgeschlossen[a)].

Dagegen sträubt sich schon der Stolz der Rasse, und zudem will man auch[b)] dem bewährten Führer nur auf klaren Wegen folgen.

Der deutsche Blödian läuft dem landfremden Schreier auf billige Schlagworte hin ins Ungewisse nach.

Daß weiterhin die Hefe des Pöbels obenauf kommt, obwohl sie sich natürlich auch bemerkbar macht, aber[c)] daß sie an führende

Stelle tritt, daß Sträflinge, Zuhälter, Dirnen die Rolle spielen, wie bei deutschen Unruhen, daß ein notorischer, mit Vorstrafen gebrandmarkter Lump in den Vorstand des Ausschusses gewählt wird, etwa wegen seiner frechen Maulfertigkeit, das Alles ist in England unmöglich, wo Millionen Arbeiter einem ihrer berühmtesten Führer den Namen[d)] »the honest John«[4], »der ehrliche Hans«, als besten Ehrentitel gaben.

Dafür hat man im Lande der unehrlichen Philipps[5] kein Verständnis.

Und die Pflicht gegen das Land vergißt kein englischer Arbeiter[e)]. Es konnten gewaltige Erregungen bei den heutigen wirtschaftlichen Verhältnissen entstehen und geschürt werden, aber als die Sicherheit, wenn nicht die Existenz Englands gefährdet erschien, kehrte man um.

Und gerade die Gefährlichkeit der Situation mußte dem Streik ein Ende machen, der bei uns ins Uferlose und zur Herrschaft des Verbrechertums geführt hätte.

Das ist der Segen eines nationalen Sinnes und eines festen, ehrenhaften Familiensinnes, was Beides in Deutschland von der Sozialdemokratie planmäßig unterhöhlt und zerstört worden ist.

Or.[f)] 6 Bll., L 2396 (Lemp S. 199 Nr. 209). – MA 47 Nr. 93 S. 1 v. 22. 4. 1921. – Lemp S. 242 Nr. 1551; Hofmiller S. 726.

a) folgt: [Man folgt einem bewährten Kameraden nur auf klaren Wegen. Der deutsche Blödian läuft dem nächstbesten landfremden Schreier ins Ungewisse nach. Und nie vergißt der Engländer das, was die Mehrzahl bei uns nicht kennt – die Pflicht gegen das Land.]
b) verbessert aus: [nur]
c) MA: oder
d) verbessert aus: [Ehrentitel]
e) folgt: [der als Ehemann und Vater hoch über dem deutschen steht.]
f) Bl. 1 oben links: Leiter (Anweisung des Redakteurs für den Setzer); Bl. 6: Schlußzeichen

1 Über die britische Streikbewegung im April 1921, vor allem unter den Eisenbahnern, Transportarbeitern und Bergleuten, s. die Nachrichten in MA Nr. 77–79 v. 3.–6. 4. 1921 (alle Bergwerke liegen still), Nr. 83 u. 84 v. 10. u. 12. 4. 1921, Nr. 91 S. 1 v. 20. 4. 1921 (Generalstreik ist gescheitert, Bergarbeiterführer bereiten Verhandlungen mit den Grubenbesitzern vor).
2 S. Nr. 110 Anm. 14.
3 Über führende jüdische Sozialdemokraten vgl. Kaznelson S. 563–568.

4 Möglicherweise ist damit John Elliot Burns (1858–1943), brit. Arbeiterführer, gemeint (Encyclopaedia Britannica 4, 1966, S. 454).
5 Philipp Scheidemann; s. Nr. 12 Anm. 5.

Samstag, den 23. April 1921 92

Die Quitte.

Die Quitte möchte ein Apfel sein, ist aber keiner und gibt bloß eine Marmelad, und der Quidde[1] möchte ein Bayer sein, ist aber keiner und gibt nichts ab, wie einen demokratischen Brei, der Niemand schmeckt.

Durch Gottes unerforschlichen Ratschluß ist er[a)] nach München gekommen und was er seit gut 30 Jahren an der süddeutschen Menschheit gesündigt hat, ist furchtbar. Ein Freund von ihm behauptet, daß er gutmütig ist, aber im Tag 24 Stunden Zeit hat, und daß er eine Weckeruhr in seinen Eingeweiden hat, die ablaufen muß, weil sie ein ehrgeiziges Glied der Familie immer wieder aufzieht.

Im Landtag, im Magistrat, bei Vereinen, bei Kongressen, bei Wahlen, bei Protestversammlungen ist der Quidde da. Alle möglichen politischen Erscheinungen sind von der Bühne verschwunden, der Quidde ist noch da.

Ganze Parteien sind abgestorben, weil er dabei war, manche Zeitung ist entschlafen, weil er mittat, aber[b)] er ist noch vorhanden.

Deutschland ist zusammengebrochen – der Quidde redet auf seinen Trümmern.

Im Krieg hat er im neutralen Ausland Quiddenmarmelade hausiert, und Niemand hat sie mögen; jetzt sollen wir sie ausschlecken.

Es gibt noch einen Verein, wo er reden darf, nämlich den Republikanischen Reichsbund[2], der durch dieses Zersetzungselement sehr bald kaputt gehen wird. Beim Mathäser[3] hat er jetzt gesprochen, aber die Zuhörer mußten erfahren[c)], was Bier und Quiddenmarmelade für einen Dünnschiß gibt.

Der unsterbliche Doktor der Politik hat auch gegen die Einwohnerwehr[4] gestritten, obwohl sie von der demokratischen Partei[5] gutgeheißen wurde.

»Bayern muß sich der Reichsregierung fügen«, sagte der Mann aus dem Lande der Baumkuchen[6].

Das glauben wir schwach und nachdem wir so oft Quidden genießen müssen, können wir pomadig auf den Berliner Willen – husten.

Nicht schön war es von dem alten Caligula[7], daß er den Kaiser ein paar Tage nach dem Tode der Kaiserin anpöbelte[8], aber wir haben ja schon in der ersten Zeile konstatiert, daß Quidden keinen Geschmack haben[d)].

Er sagte auch, er könne sich einen Mann von größeren Ausmaßen für die Stelle eines Reichspräsidenten denken als den Ebert[9]. Das ist unwahrscheinlich, denn was den Hosenbund anbetrifft, so mißt unser Präsident alle Monarchen der Vorzeit und Gegenwart hin und er hat um den Hals so viel Zentimeter, wie eine Frau um die Mitte[e)]. Noch größere Ausmaße gibt es nicht; in den geistigen Qualitäten steht er auch »turmhoch« über dem Reichspräsidenten, den der Quidde jeden Morgen im Auge hat, wenn er in den Spiegel schaut.

Sage mir, mit wem du umgehst und Versammlungen hältst...

Hinter dem Herrn Quidde kam ein gewisser Schmalix[f)] [10], der auf[g)] unsern Kronprinzen Rupprecht und seine junge Frau schimpfte und sagte, die Lenggrieser hätten »Hochverrat« getrieben, weil sie die Hochzeit des bayerischen Feldhauptmannes mit Ehrfurcht und Freude feierten[11]. Schmalix heißt er und im Isarwinkel ist er vogelfrei und wenn wir sein Bild erwischen, wollen wir es öffentlich ausstellen.

Or.[h)] 4 Bll., L 2396 (Lemp S. 199 Nr. 192). – MA 47 Nr. 94 S. 1 v. 23.4.1921. – Lemp S. 242 Nr. 1552; Hofmiller S. 726.

a) verbessert aus: [gerade dieser Hanseate]
b) folgt: [er die zähe Quitte]
c) verbessert aus: [werden schon sehen]
d) folgt: [Ein Biedermann, der sich Schmalix schreibt und ganz gewiß nicht mit Isarwasser getauft ist, griff unsern Kronprinzen Rupprecht und seine junge Frau an.
Den Lenggriesern sagte er »Hochverrat« nach, weil sie ihrer Prinzessin Toni und unserm Feldhauptmann Rupprecht herzliche Teilnahme bezeigten. Der Schmalix soll in jedem Isarwinkler Kalender notiert werden als vogelfrei und wenn wir sein Bild erwischen, werden wir es veröffentlichen, wie in einem Steckbrief und daneben den Wortlaut seiner Rede veröffentlichen. (Schlußzeichen)]

e) folgt: [wenn sie im sechsten Monat ist.]
f) folgt: [den wir nicht kennen]
g) folgt: [die Länggrieser]
h) Bl. 1 oben rechts: Leiter (Anweisung des Redakteurs für den Setzer); Bl. 4: Schlußzeichen

1 Dr. Ludwig Quidde (1858–1941), Historiker, stammte aus Bremen, 1907–1919 MdL, legte am 26. 6. 1919 das Mandat nieder; DDP; vgl. Utz-Friedebert Taube, Ludwig Quidde. Ein Beitrag zur Geschichte des demokratischen Gedankens in Deutschland (Münchener Histor. Studien, Abt. Neuere Geschichte 5) 1963.
2 Vereinigung von Anhängern der Parteien der Weimarer Koalition, vorwiegend aus Intellektuellen-Kreisen, setzte sich für die Sicherung der republikanischen Staatsform ein; vgl. Lexikon zur Parteiengeschichte 4, S. 97 ff. Über die teilweise stürmisch verlaufene Versammlung berichtete MP Nr. 88 v. 16. 4. 1921.
3 Große Bierwirtschaft in der Münchener Innenstadt. Vgl. Presseberichte in MP Nr. 80 v. 7. 4. 1921 u. MNN Nr. 162 v. 16./17. 4. 1921.
4 Vgl. S. 481 u. 489.
5 Im Landtag trat der DDP-Abg. Dr. Dirr (s. Nr. 89 Anm. 4) für die Einwohnerwehr ein (LV 1920/21, StenBer 1, S. 93, 680–683; 2, S. 659 ff).
6 Feines, stangenförmiges Gebäck, bekannt vor allem die in Salzwedel (Altmark; Reg. Bez. Magdeburg) hergestellten (Brockhaus, 2, 14. Aufl., 1894, S. 527).
7 Vgl. die gegen Wilhelm II. gerichtete Schrift v. Ludwig Quidde, Caligula. Eine Studie über römischen Caesarenwahnsinn (Die Gesellschaft 10) 1894, S. 413–430. 1896 wurde Quidde wegen Majestätsbeleidigung, begangen mit einer Rede in einer sozialdemokratischen Versammlung, zu drei Monaten Gefängnis verurteilt (Taube [wie Anm. 1] S. 102 f).
8 Auguste Viktoria, Gemahlin Wilhelms II., war am 11. 4. 1921 gestorben (MA Nr. 84 u. 85 v. 12. u. 13. 4. 1921).
9 S. Nr. 6 Anm. 2.
10 Adolf Schmalix (geb. 1890), Sekretär des Republikanischen Schutzbundes, später nationalistischer Agitator (BHStA, Slg. Rehse, P 4947; Deuerlein S. 358, 375; vgl. Nr. 39/1 Anm. 3).
11 Kronprinz Rupprecht v. Bayern (1869–1955) u. Prinzessin Antonie v. Luxemburg (1899–1954) heirateten am 7. 4. 1921 im Schloß Hohenburg bei Lenggries, Lkr. Bad Tölz-Wolfratshausen (MA Nr. 81 S. 2 v. 8. 4. 1921); vgl. Kurt Sendtner, Rupprecht v. Wittelsbach, Kronprinz v. Bayern, München 1954, S. 456.

Sonntag, den 24. April 1921 93

Warum's nicht geht?

Weil der ausgemergelte Körper des Deutschen Reiches mit Schmarotzern, Parasiten und Blutsaugern übersät ist, die ihm langsam aber sicher alle Lebenskraft aussaugen. Mit einem Worte sind diese Schädlinge zusammengenommen und bezeichnet als die sozialdemokratische Wirtschaft, denn Verwaltung ist ein zu anständiger Ausdruck für den Saustall.

Wenn's nicht so blutig ernst wär', könnte man nicht aus dem Lachen kommen über den schreienden Gegensatz zwischen den Sprüchen der Sozi und ihren Taten. Als es noch ein Deutsches Reich gab, war es der oberste Glaubenssatz von jedem Proletarier, der sich zum Abgeordneten hinaufschimpfte: sparen, der Staat darf nichts bekommen, die nötigsten Mittel zur Verteidigung, also zum Leben, werden verweigert. Über 10000 Mark wurde ein Wutgeheul angestimmt.

Wie ist es jetzt? Das Schreibergesindel[a)], entlassene, vorbestrafte, davongejagte Kanzlisten, ist sogleich von der Sozialdemokratie als wesentlicher Parteifaktor erkannt worden und für diese Kerle zahlen wir heute unendlich mehr, als vor 1914 für Armee und Marine. Tausende von Ämtern sind geschaffen, nicht weil sie nötig sind, sondern weil sie den Sozis Posten verschaffen.

Das Mieteinigungsamtswesen[1] kostet in Deutschland heute jährlich nahe an drei Milliarden!! Würden wir für die gleiche Summe bauen, gäbe es längst keine Wohnungsnot mehr – aber die 18jährigen Sozibuben hätten dann keine Stellen mit 15–20000 Mark Gehalt.

In München veranstaltet eine Stoffverteilungsstelle[2] Bankette, Autoausflüge, läßt sich in Schliersee extra selbst filmen, weil – sie das vorrätige, in unsauberster Weise zusammengewucherte Geld doch auch ausgeben muß!!!

Die Fettverteilungsstelle[3], die bei der 100[b)]-Gramm-Verteilung längst keine Bedeutung mehr hat, wird mit Millionen und Millionen weiter erhalten, weil die Sozibuben sonst arbeiten müßten. Gehen wir aber ins Große und schauen wir Post und Eisenbahn an.

Im Frieden haben die preußischen Bahnen[4] vielleicht 800 Millionen Goldmark jährlichen Profit abgeworfen, heute machen sie ein Defizit von vielen Milliarden; die Post[5] auch Milliarden. Warum? Weil weit über 500000 Angestellte[6] zu viel da sind, die dem verhungernden Deutschland täglich mindestens 15 Millionen kosten. Das multiplizier mit 365, dann haben wir schon die sechs Milliarden für überzählige Kostgänger.

Man hilft sich aber und verteuert den Tarif für Frachten so, daß heute schon ein Verkehr von unsern wichtigsten Handelsplätzen nach Bayern nicht mehr möglich ist.

In Berlin sind in Ministerien, wo 1914 acht Ministerialräte waren, heute 280[7]! ! ! Ein einziges Reichsministerium kostet heute dem Steuerzahler mehr, wie zwei Armeekorps[8] vor 1914. Die ungeheuerlichen Ausgaben für die kleinen und kleinsten Gemeindeverwaltungen, bei denen häufig die windigsten Buben untergeschloffen sind, kosten Milliarden!

Es führt hier zu weit, alle Einzelheiten anführen zu wollen, aber wir werden unsern Lesern nach und nach an den verschiedenen Ämtern nachweisen, wie schamlos gewirtschaftet wird. Unter der Monarchie hatten wir eine bis zur Lächerlichkeit genaue, ja knauserige, strenge Verwaltung. Die Monarchie war die Ehrlichkeit – die Republik ist die Verschwendung und Unterschlagung, ist der sanktionierte Diebstahl.

Sie[c)] ist es; ob sie[c)] es sein hat müssen, ist eine andere Frage, aber wenn man Frankreich und Amerika sieht, kommt man schon zu der Ansicht, daß das Beamtentum der Republik naturgemäß schlecht ist.

Wenn aber, wie bei uns, der ungebildete und halbgebildete Pöbel sich auf den Staat stürzt und das Volksgut als Raub unter sich verteilt, dann kommt eben das, was wir haben, der wirtschaftliche Untergang.

Das fleißige, sparsame, ehrliche deutsche Volk wird das Opfer der Schmarotzer und Diebe.

Deswegen geht es nicht.

Or.[d)] 5 Bll., L 2396 (Lemp S. 199 Nr. 218). – MA 47 Nr. 95 S. 1 v. 24. 4. 1921. – Lemp S. 242 Nr. 1553; Hofmiller S. 726.

a) MA: unterste, eine leserliche Handschrift habende Gesindel (vom Redakteur geändert)
b) MA: 60
c) MA: So
d) Bl. 1 oben links: Leiter [übermorgen] (Anweisung des Redakteurs für den Setzer); Bl. 5: Schlußzeichen

1 Die seit 1914 bei den Gemeinden eingerichteten Mieteinigungsämter sollten überwiegend dem Mieterschutz dienen; s. Kollmann, Vorschriftensammlung

(2. Aufl.), S. 132f. Über die Tätigkeit des Mieteinigungsamts in Miesbach vgl. Appel S. 194.

2 Gemeint ist wohl die aus der Kriegswirtschaft stammende Landesstelle für Textilien, die seit 1920 als Landesbekleidungsstelle für Maßnahmen der Notstandsversorgung weitergeführt wurde (Volkert S. 282).

3 Landesfettstelle (s. Volkert S. 280). Die Fettbewirtschaftung wurde ab 1. 6. 1921 aufgehoben (vgl. MA Nr. 103 S. 2 v. 4. 5. 1921).

4 Der preußische Überschuß in der Abrechnung der Preußisch-hessisch-badischen Eisenbahnbetriebsgemeinschaft betrug 1914 449 Millionen Mark (Statistisches Jahrbuch für den Preuß. Staat 16, 1920, S. 170). Das Defizit der Eisenbahnen im Deutschen Reich erreichte 1920 die Höhe von 13 Milliarden Mark (Statistisches Jahrbuch für das Deutsche Reich 43, 1923, S. 79).

5 Der Überschuß der Post im gesamten Reichsgebiet betrug 1913 115 Millionen Mark, das Defizit für 1920 3,1 Milliarden Mark (Ebd. S. 77).

6 Die Zahl der Beschäftigten bei den Eisenbahnen im gesamten Reichsgebiet betrug 1913 782000, 1920 1,1 Millionen, bei der Post 1913 334000, 1920 476000 (Ebd. S. 77, 79).

7 1914 waren bei den zentralen Reichsbehörden 123 Vortragende Räte, 1922 380 Ministerialräte beschäftigt (Jb. f. das deutsche Reich 1914 u. 1920). Schwere Vorwürfe gegen die Personalwirtschaft der Reichsverwaltung (»Berliner Wirtschaft«) erhebt auch Müller-Meiningen S. 275ff, der für 1921 1238 Beamte und Angestellte der Reichsministerien »in höchstbezahlten Stellungen« angibt.

8 Bei 20 Armeekorps (darunter drei bayerischen) betrugen die Heeresausgaben des Reiches 1913 ca. 760 Millionen Mark (Statistisches Jahrbuch für das Deutsche Reich 36, 1915, S. 349f, 353). Ein sinnvoller Vergleich mit den elf Reichsministerien und den Haushaltsausgaben von 145 Milliarden Mark im Jahr 1920 ist nicht möglich (Ebd. 43, 1923, 356).

Sonntag, den 24. April 1921 94

Durchstechereien[1].

In Bayern will sich eine christlich-soziale Partei auftun und von der Volkspartei absondern[2]. Richtung: gegen Kahr[3]. Man liest es ein paarmal, weil man es nicht glauben will, aber es scheint verbürgt zu sein. In den nächsten Tagen werden wir die Namen der Eigenbrötler lesen und erfahren, was wir schon lange[a)] wissen, daß[b)] es in Deutschland keinen ernsthaften, männlichen Willen zur Unterordnung und darum zu einer vernünftigen Politik gibt.

In England gibt es seit mehr als zweihundert Jahren zwei Parteien, eine konservative und eine liberale[4], und in Jeder eine Menge Sonderwünsche, Sonderinteressen, eine Menge Schattierungen, die

94

sich aber alle dem großen Hauptinteresse angliedern und unterwerfen.

Bei uns genügt die leiseste Differenz zur Gründung einer neuen Partei und zur Zersplitterung einer schon in dutzend Teile zersplitterten Gemeinsamkeit.

Das liegt nicht an der Heftigkeit oder Gründlichkeit einer Meinung, oder am Überzeugungsfanatismus, es liegt zu allererst an der läppischen Eitelkeit der kleinlichen Persönlichkeiten.

Sie können es nicht ertragen, die genannten oder gar die ungenannten Mitarbeiter zu sein; es ist ja so viel schöner, Führer zu spielen, den Schein eines Mächtchens[c)] zu genießen und das Maul aufzureißen. Wenn ehemalige Angehörige der Zentrumspartei[5] heute nicht verstehen, was die Forderung der Zeit ist: nicht bloß der enge, sondern der allerengste Zusammenschluß der Ordnungsfreunde gegen alle zersetzenden Elemente von links, dann sind sie gewissenlose Knechte ihrer Eitelkeit, pflichtvergessene Verräter an der eigenen Sache. Sie tun das, was sie als das Verderben Deutschlands mit eigenen Augen gesehen haben, sie fallen den Kämpfern in den Rücken und zertrümmern das, was sie doch mit bombastischen Worten als das Höchste und Heiligste preisen.

Uns überrascht ja diese klägliche Politik nicht, denn wir kennen unsere Pappenheimer[6], die schon lange ungeduldig auf den Sesseln hin- und herrutschen, und die darauf brennen, ihre Wichtigkeit auf Kosten des armen, zerrissenen Vaterlandes zu beweisen.

So mancher armselige Tropf[d)] ist schon seit Jahr und Tag empört darüber, daß er nur ein Glied des Ganzen sein soll, von dem nicht die Rede ist.

Hanswurst wartet auf sein Stichwort und möchte endlich vor dem staunenden Publiko auftreten.

Dazu kommt, daß der Erzlu . ., ah, der Erzberger[7] will ich sagen, hinter den Kulissen schon lange wieder sein Unwesen treibt und durch die »Augsburger Postzeitung«[8] Stimmung macht.

Die Spiegelschwaben[9] und Gelbfüßler[10] waren glücklich, daß Einer aus ihrer Mitte ans Ruder gekommen war, und sie lassen lieber alle sittlichen und ehrbaren Grundsätze fahren, wie der Biberacher Trinkgeldermann[11].

Seit Monaten hetzt der Bursche gegen Kahr und Ordnung, und

er hat nicht vergeblich gewühlt, denn es ist ihm gelungen, ein paar Dumme zum Verrate an der eigenen Sache zu verführen[e].

Wir begrüßen es, wenn möglichst bald die Karten aufgedeckt werden und die Trabanten Erzbergers auf den Plan treten; ihre Sache ist zu schlecht, ihre Persönlichkeiten zu kümmerlich, als daß sie als Gegner zu scheuen wären. Schädlich waren sie bloß als hinterhältige Schleicher und als Spione in unserem Lager.

Or.[f] 5 Bll., L 2396 (Lemp S. 198 Nr. 154; mit irrtümlicher Angabe 2 Bll.). – MA 47 Nr. 95 S. 1 v. 24. 4. 1921. – Lemp S. 243 Nr. 1554; Hofmiller S. 726.

a) folgt: [nicht]
b) folgt: [immer nur die Hanswursten ohne]
c) MA: Machthabers
d) verbessert aus: [Hanswurst]
e) folgt: [Wenn sie die Karten aufdecken, wollen wir ihnen aber mit altbayrischer Deutlichkeit sagen, was sie für gemeine und jämmerliche Kerle sind. (Schlußzeichen)]
f) Bl. 1 oben links: Leiter für Samstag (Anweisung des Redakteurs für den Setzer); Bl. 5: Schlußzeichen

1 S. Nr. 40 Anm. 4.
2 Am 5. 9. 1920 war in Treuchtlingen (Mittelfranken) die Christlich-Soziale Partei gegründet worden, die im Gegensatz zur BVP (s. Nr. 19 Anm. 9) sich stärker an das Zentrum anlehnte (BStZtg Nr. 211 v. 10. 9. 1920; Nr. 222 v. 23. 9. 1920; MA Nr. 212 S. 1 v. 11. 9. 1920; vgl. Lexikon zur Parteiengeschichte 1, S. 455 f). Für den 24. 4. 1921 war in Ingolstadt ein außerordentlicher Parteitag angesetzt, um über den Anschluß an das Zentrum zu beschließen (vgl. auch die Berichte MA Nr. 92 S. 1 v. 21. 4. 1921; Nr. 97 S. 1 v. 27. 4. 1921). Vgl. auch Nr. 30 Anm. 8.
3 S. Nr. 1 Anm. 6.
4 Gemeint sind wohl die seit dem späteren 17. Jahrhundert sich bildenden Gruppierungen der Tories und Whigs im engl. Parlament; seit der Reformbill v. 1832 spricht man von »Konservativen« und »Liberalen«. Aus den der Gewerkschaft nahestehenden Kreisen der Liberalen entstand die Labour Party (diese Bezeichnung seit 1900). Vgl. HB der europ. Geschichte 4, S. 349; 5, S. 352 ff, 389 ff; 6, S. 288.
5 Zu Spannungen im Zentrum nach 1918/19 s. Morsey, Zentrumspartei S. 620 f (u. ö.); vgl. auch Huber 6, S. 198 f.
6 Friedrich v. Schiller, Wallensteins Tod (3. Akt, 15. Szene): »Daran erkenn ich meine Pappenheimer«.
7 S. Nr. 9 Anm. 1. Am 3. 5. 1921 bezeichnete Hitler in einer Versammlung in München Erzberger als Erzlumpen (Deuerlein S. 39).
8 S. Nr. 8 Anm. 1.
9 Benannt nach dem Rotzspiegel am Rockärmel (Fischer, Schwäb. WB. 5, Sp. 1526).
10 S. Nr. 12 Anm. 2.
11 Erzberger; s. Nr. 9.

Montag, den 25. April 1921 95

Die Schulfrage.

Ja, da müssen wir Filzschuh anziehen, daß man uns nicht auftreten hört, und Glacéhandschuh, daß wir ja nicht zu grob anfassen.

Bsst! Es handelt sich nämlich um die[a)] hochgeborenen Herren Dorfoberstschulräte und die Dorfhochschul-Magnifizenzen. Wir trauen uns aber selber gar nichts zu sagen, sondern bloß zu melden, daß man im Landtag gewagt hat, eine Kritik an den Spitzen der Menschheit zu üben[1].

Frevelhafte Gemüter hegen den Wunsch, daß unsere jüngsten Hochschüler außer dem ABC und dem Einmaleins auch noch das Vaterunser lernen, weil's doch schon seit 1900 Jahren eingeführt ist und gewissermaßen der Brauch ist.

Wie die Revolutions-Franzosen die Religion abschafften, errichteten sie eine Göttin der Vernunft, die aber bald abgesetzt wurde und wieder unserm alten Herrgott Platz machen mußte.

Der Marat von der Palz oder der Robespierre von Zweebrücke, genannt Hofmann[2], schaffte auch die Religion ab und errichtete den »Gott der Vernunft und des ABC«.

Vielleicht kommt aber auch bei uns wieder der alte Herrgott ans Ruder und der »Gott der Vernunft« ist froh, wenn er ihm zu Ehren wieder Orgel spielen darf oder als Gmoaschreiber zu uns Sterblichen herniedersteiget[b)3]. Es sind schon Nachtwächter beim Tag gestorben.

Dieser Wunsch, daß die Geheimräte und Doktoren und Professoren des Einmaleins über ihren unergründlichen Forschungen die Kenntnis des Glaubens an Gott und des Vaterunsers nicht ganz bei Seite legen möchten, ist mit gebührender, in Ehrfurcht ersterbender Zartheit im bayrischen Landtag hingehaucht worden.

Wir müssen es pflichtgemäß melden und hoffen, daß wir die Magnifizenzen nicht zu sehr beleidiget haben.

Or.[c)] 2 Bll., L 2396 (Lemp S. 199 Nr. 200; mit irrtümlicher Angabe 5 Bll.). – MA 47 Nr. 96 S. 1 v. 25. 4. 1921. – Lemp S. 243 Nr. 1555; Hofmiller S. 726.

a) folgt: [Volksschule und]

b) folgt: [und wieder Nudeln und Gselchtes als Opfergabe annimmt.]
c) Bl. 1 oben rechts: f. Samstag (Anweisung des Redakteurs für den Setzer); Bl. 2: Schlußzeichen

1 Im Frühjahr 1921 war im Haushaltsausschuß des Landtags bei der Beratung des Kultusetats für 1920 ausführlich über schulpolitische und pädagogische Fragen (u. a. konfessionelle Lehrerbildung, Überführung der Lehrerausbildung an die Universitäten, Rechtsgültigkeit der sog. Hoffmannschen Schulerlasse) diskutiert worden. Ausführlicher Bericht darüber in LV 1920/21, StenBer 3, S. 578–610. In der anschließenden Debatte im Plenum des Landtags zitierte am 11. 5. 1921 der Abg. Karl Gareis aus Nr. 44. Vgl. auch Nr. 47.
2 S. Nr. 33 Anm. 8. Zum sog. Hoffmannschen Religionserlaß v. 25. 1. 1919 (KMBl 1919, S. 11 f) vgl. MinProt S. 90; Scharnagl S. 8; Guthmann S. 229; Heinz Hürten, Die Kirchen in der Novemberrevolution (Eichstätter Beiträge 11) 1984, S. 62 ff. – Jean Paul Marat (1744–1793) und Maximilien Robespierre (1758–1794) gehörten zu den radikalen Vertretern der franz. Revolution; s. Nouvelle Biographie Générale 33, S. 354 ff; 42, S. 397 ff. Zweibrücken war Bezirksstadt in der bayer. Pfalz; der Pfälzer Hoffmann lebte in Kaiserslautern.
3 Der weltliche Kirchendienst (Organist, Mesner) wurde durch das Volksschullehrergesetz v. 14. 8. 1919 vom Schuldienst getrennt (GVBl 1919, S. 437; Scharnagl S. 13). Auch die Verbindung mit dem Gemeindeschreiberamt wurde aufgehoben (vgl. dazu auch Volkert S. 204 Anm. 4).

Donnerstag, den 28. April 1921 95/1

Der Einser.

Eine Geschichte von Ludwig Thoma[a)].

Es klopfte, und der königliche Amtsrichter Josef Amesreiter rief: »Herein!« Dann erschien unter der Türe Frau Realitätenbesitzerswitwe Karoline Zwerger. Eine hübsche, junge Frau mit angenehmen Rundungen, da, wo sie am Platze sind.

Sie führte an der Hand ein kleines Mädchen von sieben Jahren, welches verschämt zu Boden blickte.

Auch Frau Zwerger war in einiger Verlegenheit, wie das vielen Leuten geschieht, wenn sie mit Behörden in Berührung kommen. Und dann schielte der Herr Amesreiter so merkwürdig über seine Brillengläser[b)].

Vielleicht meinte Frau Zwerger…? Aber das war ausgeschlossen.

Denn Amesreiter war ein sogenannter glänzender Jurist, hatte das Staatsexamen mit I gemacht und war sohin zeugungsunfähig.

Nein, an so etwas dachte er nicht.

Er schaute überhaupt immer so, und Frau Zwerger brauchte nicht rot zu werden.

»Also, was wollen Sie?«

Die junge Frau wollte, nicht wahr, dieses Kind also, ihr Mann nämlich war gestorben, und weil sie selber keine Kinder hatten, dieses Kind also zu sich nehmen.

Gut, oder vielmehr nicht gut. Was heißt zu sich nehmen? Was sollen diese unklaren Worte in einem klaren Rechtsgeschäfte?

Frau Karoline Zwerger wollte vermittelst der adoptio oder Wahlkindschaft, und zwar vermittelst der adoptio in specie minus plena, wozu sie nach erstem Teil, fünftes Kapitel, Paragraph elf bereits in der Geltungszeit des Codex Maximilianeus Bavaricus[1] als Weibsperson berechtigt war, an Kindes Statt annehmen die miterschienene Franziska Furtner.

Ist es nicht so?

Und wenn es so ist, Frau Zwerger, warum sagen Sie dann »zu sich nehmen«? Warum sind Sie nicht imstande, Ihrem auf Perfektion eines Rechtsgeschäfts gerichteten Willen[c)] deutlichen Ausdruck zu verleihen?

Die rundliche Frau weiß es nicht, aber sie weiß, daß dieser lange Mensch mit den vorquellenden Augen, der sie mit seiner Gelehrsamkeit anspuckt, ein königlicher Richter ist, eine Respektsperson. Und darum wagt sie es nicht, sich darüber innerlich klar zu werden, daß er trotz Stellung und Gelehrsamkeit ein recht saudummer Kerl ist. Ein Viech mit zwei Haxen, wie der Realitätenbesitzer Nepomuk Zwerger – Gott hab' ihn selig – immer zu sagen pflegte.

Nein, sie wagte es nicht; sie beantwortete, eine Stunde lang, die blödesten Fragen, welche der Exameneinser Josef Amesreiter an sie stellte, und wenn ihr manches sonderbar erschien, dann dachte sie bescheiden, daß ihr schlichter Verstand nicht hinreiche, die geheime Weisheit zu sehen. Endlich war die adoptio minus plena fertig. Da sagte Frau Zwerger zu dem kleinen Mädchen:

»So, jetzt bedank dich auch recht schön beim Herrn Amtsrichter, und mach ein Kompliment und gib ihm dein Blumenbukettl«.

Fannerl knickste, wie man es in der Schule bei den englischen Fräulein lernt, und streckte ihr Sträußchen dem gestrengen Herrn hin.

Es waren zwei Rosen und drei gesprenkelte Nelken.

Eine solche Tathandlung war dem Josef Amesreiter noch niemals begegnet, und er geriet in einige Verlegenheit.

Jedoch, bevor er sich besann und den Fall richtig prüfte, hatte er die Blumen in der Hand und war Frau Zwerger mit der Adoptatin verschwunden. Er ging einige Male auf und ab und überlegte. Diese Sache war nicht einfach.

Es lag eine Schenkung vor, unleugbar, eine donatio inter vivos, und überdies konnte sie als der Belohnung halber geschehen sein. Dies aber war unverträglich mit dem richterlichen Amte. Wie gesagt, Amesreiter überdachte mit juristischer Schärfe dieses Geschehnis und fand nach eifrigem Suchen den richtigen Ausweg.

Er befahl dem Schreiber, das Protokoll noch einmal vorzunehmen und diktierte.

»Nachtrag – haben Sie?«

»Nachtrag«.

»Erstens: Nach Abschluß des obigen Protokolles übergab das Wahlkind auf Betreiben der Wahlmutter dem unterfertigten Richter fünf Blumen – fünf Blumen.

Halten Sie, was sind das für Blumen?«

»Zwoa Rosen«, sagte der Schreiber, »und dös andere san Nagerln, Nölken!«

»So? So – – also schreiben Sie fünf Blumen, Komma, welche diesgerichtlich als zwei Rosen und drei Nelken bezeichnet wurden.

Zweitens: Der unterfertigte Richter nahm die obengenannten Blumen an, in der Erwägung, daß die Annahmeverweigerung das natürliche Gefühl der Dankbarkeit in dem Wahlkinde zu ersticken geeignet war.

Drittens: Fünf Blumen mit Akt an den Herrn Gerichtsvorstand mit dem Ersuchen um geneigte Rückäußerung, ob gegen die Annahme Bedenken bestehen«.

So, das war geschehen. Und der Schreiber wickelte um die Rosen und die gesprenkelten Nelken einen blauweißen Faden und legte sie zwischen die Aktendeckel, wo sie baldigst erstickten, wie alles frische Leben, das in Aktendeckel gelangt.

Josef Amesreiter aber fühlte sich in gehobener Stimmung. Er hatte gehandelt, wie man es von einem Einser erwarten durfte.

Von einem Viech mit zwei Haxen, wie der selige Herr Zwerger zu sagen pflegte.

Or. fehlt. – MA 47 Nr. 98 S. 3 v. 28. 4. 1921. – Lemp S. 243 Nr. 1556; fehlt bei Hofmiller. – Erstdruck: Simplicissimus 8, 1903/04, S. 410 (Lemp S. 221 Nr. 719); Nachdrucke s. Lemp S. 210ff Nr. 358, 373 u. 381.

a) frühere Drucke: Untertitel fehlt
b) frühere Drucke folgt: hinaus und schaute sie ganz sonderbar an.
c) MA: fehlt

1 Über die Adoptio minus plena nach dem Bayer. Landrecht v. 1756 (Codex Maximilianeus Bavaricus civilis), 1. Teil, 5. Kap., § 11 vgl. Paul v. Roth, Bayrisches Civilrecht, 1, 2. Aufl., Tübingen 1881, S. 557f. Das Bayer. Landrecht war bis zum Inkrafttreten des BGB (1. 1. 1900) geltendes Recht. Vgl. auch Nr. 27 Anm. 2.

Freitag, den 29. April 1921 96

Die neue Regierung in Preußen[1].

Der Ministerpräsident Stegerwald[2] scheint ein redlicher und kluger Mann zu sein, dem es nicht an Festigkeit fehlt, aber ob er die Kraft hat, den Berliner Saustall[a)] auszumisten, muß sich erst zeigen.

Auch frägt es sich, ob die staatstreuen und staatsklugen Sozi[3], die so viel Vernunft predigen und so wenig beweisen, ihm Zeit und Möglichkeit lassen, die Revolutionsschweinerei zu beseitigen.

Ein Land, das durch Minister, wie der Schnaps-Hoffmann[4] einer war, beschimpft und besudelt ist, braucht eine starke Kur.

Wir in Bayern haben Erfahrungen, die uns wenig Hoffnung für die Genesung Preußens lassen, denn wir kennen die Herrschaften, die ihre Überzeugung von der Notwendigkeit des Aufbaues und der Ruhe sogleich ins Gegenteil verkehren, wenn man ihnen die Pöstchen nimmt; das Land soll seine Existenz erkaufen gegen Überlassung der Herrschaft an die sozialdemokratische Minorität.

Will das Volk die Verknechtung durch die Klassenherrschaft

nicht, will es[b)] reinliche Politik und Durchführung seines Willens, dann geht der staatstreue Minister von gestern ins Lager der Kneipenredner und Hetzer über.

Dann besinnt er sich auf seine Herkunft aus der Masse und biedert sich beim Pöbel an, dessen verderblichsten Instinkten er schmeichelt.

Wir haben solche Staatsmänner gehabt und kennen den Willen zum Aufbau, der in gewesenen Ministersozis als Bodensatz bleibt und Blasen wirft.

Uns ist ein Minister außer Dienst bekannt, der sich zum Beschützer eines Zuhälters und Entente-Spions aufgeworfen hat und der[c)] dem Sicherheitsdienste einer gut geführten Polizei genau so viel Schwierigkeiten bereiten möchte, wie der Liebling von der Schwanthalerhöh, der Gareis[5].

Stegerwald wird die gleichen Erfahrungen machen müssen, wie Herr von Kahr[6], und um so schwerere, je anständiger und tüchtiger er ist.

Der Haß des beutelustigen Plündererpöbels, den er sich zuzieht, wird seinen enterbten[d)] Amtsvorgängern ein willkommenes Kampfmittel sein.

Der Severing[7], der die Märzrevolte[8] als Gesundung bezeichnete und die Milliarden Werte, die zerstört worden sind, so gering achtete, wie das Leben der ermordeten Bürger, wird dem Volke, das ihn hinausgeschmissen hat, die Genesung nicht gönnen.

Hänisch[9], der Angestellte des Herrn Parvus[10], der auch als Minister von der »Glocke«[11] Redaktionsgehalt bezog, wird ihm Beistand leisten und die Schar der Nutznießer der Schweinerei wird sich wieder auf das erprobte Geschäft des Hetzens verlegen.

Die Präsidenten und Oberpräsidenten, die Bürgermeister und Oberbürgermeister, die Landräte, die den Raub unter sich verteilt hatten, bangen um die hohen Gehälter und Stellen und Posten und Pöstchen.

Kurz und gut, die Sozialisten werden wieder in die Opposition eintreten. Ob Stegerwald die unerschütterliche Festigkeit unseres Kahr besitzen wird, das muß und wird sich zeigen.

Or.[e] 4 Bll., L 2396 (Lemp S. 199 Nr. 193). – MA 47 Nr. 99 S. 1 v. 29. 4. 1921. – Lemp S. 243 Nr. 1557; Hofmiller S. 726.

a) verbessert aus: [Stall]
b) folgt: [klare]
c) folgt: [unserer Sicherheitspolizei]
d) verbessert aus: [staatsklugen]
e) Bl. 1 oben links: Leiter (Anweisung des Redakteurs für den Setzer); Bl. 4: Schlußzeichen

1 Über die Regierungsbildung in Preußen nach der Landtagswahl v. 20. 2. 1921 (s. Nr. 54 Anm. 2) berichtet MA Nr. 74 S. 1 v. 12. 4. 1921; Nr. 86 S. 1 v. 26. 4. 1921; vgl. Schulthess 1921/I, S. 113, 119f; Morsey, Zentrumspartei S. 356f.
2 Adam Stegerwald (1874–1945), Zentrum, führende Persönlichkeit der christlichen Gewerkschaften; s. Biogr. WB. 3, Sp. 2751f.
3 Stegerwald bildete eine Minderheitsregierung (Zentrum, DDP); vgl. auch Schulthess 1921/I, S. 120.
4 Adolf Hoffmann (s. Nr. 33 Anm. 3 u. 6) war 1918/19 preuß. Kultusminister.
5 Bezieht sich auf Johannes Timm (Justizminister im Kabinett Eisner) und den Fall Dobner (s. Nr. 10 und 39) sowie den USP-Abgeordneten Karl Gareis (s. Nr. 43 Anm. 1). – Schwanthalerhöh: S. Nr. 3 Anm. 7.
6 S. Nr. 1 Anm. 6.
7 S. Nr. 55 Anm. 5.
8 Bezieht sich wohl auf den mitteldeutschen Aufstand im März 1921; vgl. Nr. 73 u. 74. Die Erklärung Severings im preuß. Landtag über die rasche Niederwerfung des mitteldeutschen Aufstands s. bei Schulthess 1921/I, S. 117f.
9 Konrad Haenisch (1876–1925), MSP, 1918–1922 preuß. Kultusminister; s. NDB 7, S. 442ff; Osterroth S. 111f.
10 S. Nr. 60 Anm. 4.
11 Von Helphand (s. Nr. 60 Anm. 4) gegründete Zeitschrift, deren Redakteur Haenisch v. 1915–1918 war (NDB 7, S. 443); vgl. dazu auch Konrad Haenisch, Parvus, Berlin 1925.

Samstag, den 30. April 1921 97

Die Maß[a)1].

Ehemals unter der fluchwürdigen Monarchie war der Sozi ein scharfer[b)] Wächter des Bierpreises und ein Aufschlag über die 26 Pfennig war eine Kriegserklärung[2]. Dann wurden die Kares und die Steintrager[3] mobil gemacht und die Postredakteure[4] schrieben solche Brandartikel, daß es ihnen die Hosenböden versengte.

Die alten Hatscher hingen[c)] am Altheimereck[5] bei solchen Gefahren auch einmal die weiß-blaue Fahne heraus und schworen[d)] auf die uralten Rechte der Bayern, auf die 26-Pfennigmaß.

Dann machte das Redaktions-Brisilglasl[6] heftiger die Runde und jeder Volksmann schnupfte mit dem Schmai eine grimmige[e)] Erbitterung gegen die Verteuerung der Maß auf.

Die neue Zeit kam und die Morgenröte der Menschheit und die Brüderlichkeit und die Mischmasch-Reichsregierung. Das Bier verschwand und der Schöps[7] kostete eine Mark sechzig, und er hatte keine Kraft mehr, so daß die Ausdünstung der Redaktöre keine Schärfe mehr hatte.

Sie schimpften bloß noch über die Verteuerung der Milch und rissen die Mäuler auf, weil die Milli genau halb so viel kostete, wie gefärbtes Wasser.

Jetzt ist die große Aufbauregierung in Berlin auf den glücklichen Gedanken gekommen, ihre bayrischen Heloten[8] durch eine ungeheuerliche Biersteuer[9] für den Mangel an Brüderlichkeit zu bestrafen und sie wollen die Maß Bier auf drei Mark und auch unsere Anhänglichkeit in die Höhe treiben.

Die Wähler gehen voll[f)] stiller Wut am Altheimereck vorbei und schauen, ob der Krampfaderer[10] kein Zeichen zum Volkskrieg gibt und ob er nicht wieder die weiß-blaue Fahne[11] für bayrisches Recht und Bier heraushängt. Aber die alten Hatscher haben sozialdemokratische Staatshämeriden[12] angesetzt und predigen Duldung und Hingabe an den Reichsschöps. Der Stoatrager-Kari, der jetzt mit der Zenzi jeden Tag im Kino[13] hockt und Schokoladi schnullt, läßt sich beschwichtigen.

Bloß der Burschoa[14] ist so politisch unreif, daß er sich von den Reichssozi nicht ausplündern lassen will, und der monarchische Gedanke, daß das Bier ein Getränke des kleinen Mannes ist, beherrscht bloß die Reaktionäre und die Mitglieder der † † † Einwohnerwehr[15].

Diese Kreise sind so verblendet, daß sie die herrliche Freiheit unter den Levi-Cohn[16] und die Levi-Cohn dazu und den Ebert[17] mitsamt dem Scheidemann[18], und wenn es sein muß, auch noch den Auer[19], und den Timm[20] und die ganze Sozialdemokratie und Volksbeglückerei für eine einzige gute, alte Maß Bier hergeben würden.

Die Maß, über die man nicht verächtlich reden soll, ist ein Sinnbild des alten Wohlstandes und der Gemütlichkeit, und wenn der Berliner Mischmasch es darauf anlegt, dann kann sie jetzt das Sinnbild des allgemeinen Hasses gegen die freche Berliner Wurzerei[21] und die ganze, das Land ausraubende, jede Freude zerstörende Saubande von mißregierenden Demagogen werden.

Or.[g] 4 Bll., L 2396 (Lemp S. 199 Nr. 179). – MA 47 Nr. 100 S. 2 v. 30. 4. 1921; Gesammelte Aufsätze S. 13 f. – Lemp S. 243 Nr. 1558; Hofmiller S. 726.

a) verbessert aus: [Das Bier]; Gesammelte Aufsätze folgt: (30. April 1921)
b) verbessert aus: [furchtbarer]
c) MA: hängen
d) MA: schwören
e) verbessert aus: [furchtbare]
f) MA: vor
g) Bl. 1 oben links: Freitag Leiter (Anweisung des Redakteurs für den Setzer); Bl. 4: Schlußzeichen

1 Flüssigkeitsmaß (1 Liter), in Bayern fast ausschließlich für Bier (Schmeller 1, Sp. 1659), auch Synonym für Bier (vgl. Note a).
2 Vgl. die Bierpreiserhöhung v. 1910, von Thoma im Filser-Briefwechsel erwähnt; s. Fischer (Serie Piper 464) S. 176 ff. Den stärksten Widerstand leistete die bäuerliche Bevölkerung.
3 Hilfsarbeiter auf Baustellen; vgl. Nr. 13 Anm. 7.
4 Redakteure der MP (s. Nr. 1 Anm. 1).
5 S. Nr. 3 Anm. 4. – Hatscher: Schleppend gehender Mensch (Küpper 3, S. 1182).
6 Wohl Brasilglas: Glasflasche für Schnupftabak; Schmai: Schmalzler (Schnupftabak); s. Küpper 7, S. 2502 f.
7 Minderwertiges Bier (Küpper 7, S. 2553).
8 Leibeigene Bauern in Lakonien (Pauly-Wissowa 15, Sp. 203 ff).
9 Proteste gegen die von der Reichsregierung geplante drastische Erhöhung der Biersteuer s. in MA Nr. 83 S. 2 v. 10. 4. 1921; Nr. 93 S. 3 v. 22. 4. 1921; Nr. 99 S. 1 v. 29. 4. 1921; ebenso im Landtag am 27. 4. 1921 (LV 1920/21, StenBer 2, S. 813–824); vgl. auch Menges S. 167–170.
10 Paul Kampffmeyer, Chefredakteur d. MP (s. Nr. 3 Anm. 10).
11 S. Nr. 8 Anm. 2.
12 Vgl. die von Franz Graf Pocci (1807–1876) gezeichnete Witzfigur des Staatshämorrhoidarius (Büchmann S. 167).
13 Vgl. Nr. 18.
14 Bourgeois.
15 Zur Forderung der Reichsregierung nach Auflösung der Einwohnerwehr s. Nr. 81.
16 Vgl. Nr. 70 Anm. 4 u. 7.
17 S. Nr. 6 Anm. 2.
18 S. Nr. 12 Anm. 5.
19 S. Nr. 14 Anm. 3.

20 S. Nr. 10 Anm. 3.
21 Übervorteilung, Ausbeutung (Küpper 8, S. 3131).

Sonntag, den 1. Mai 1921 98

Berliner Preßkanaille.

Aus der Zeitungskloake an der Spree steigen wieder Düfte auf, die sich über das Land verbreiten.

»Die Welt am Montag«[1] ist ein politisches Revolverblatt, das seit Bestehen nur das Bestreben hatte, jeden Montag durch fettgedruckte, ganz und halb erlogene Skandalgeschichten Käufer an den Straßenecken anzulocken. Der Besitzer ist ein Trottel ohne Bedeutung, der sich mit dem gutbezahlten Arrangeur der schreienden Skandalreklame in den Gewinn teilt. Die Richtung gibt der bekannte brandenburgische Ohrfeigenkavalier Gerlach[2] an, der aus einer Pietistenfamilie stammt und den ererbten Schwachsinn in den Dienst der Sozi gestellt hat, die aber den eiteln Renegaten beim Stellenschacher übergangen haben.

Er hat freiwillig die Aufgabe übernommen, den Dreck aufzurühren, der dem letzten Genossen aus dem Volke zu ekelhaft ist.

Als Exhibitionist besudelt er alle Empfindungen, die den Standesgenossen seiner Voreltern ehrwürdig waren, und mit diesen Vorführungen erringt er sich die Beachtung der galizischen Juden des Tiergartenviertels[3].

In dieser »Welt am Montag« führt ein jüdischer Paralytiker, der sich Wrobel[4] nennt, aber Jankel Steiß heißt, einen Krieg gegen Bayern, der an sich sehr spaßhaft ist.

Der Jankel fordert die Norddeutschen, besonders die Brandenburger und Berliner, auf, Bayern zu boykottieren, um uns klein zu kriegen.

Wenn man weiß und beinahe täglich aufs Neue erfährt, wie sich Alles, was in Norddeutschland anständig und gesittet ist, nach dem Ordnungslande Bayern drängt und sehnt, wie allwöchentlich Tausende von Bewerbungen um Ankauf und Pacht in Bayern einlaufen, dann macht es Spaß, diesen kleinen galizischen Krüppel

98

schreien zu hören, der seine gellenden Auwaihs gegen unsere Paßvorschriften in das Publikum der Stadtbahn schleudert.

Wir können unserem Polizeipräsidenten Pöhner[5] nur gratulieren zu den Angriffen der »Welt am Montag« und wir hoffen, daß der Jankel Steiß so fortfährt.

Der Jakobsohn[6] von der »Weltbühne« hat auch wieder von sich reden gemacht, indem seine Angriffe gegen den Kriegsberichterstatter Scheuermann[7] vor Gericht als ehrlose Verleumdungen festgestellt wurden.

Dieser Krotoschiner[8] hat die deutschen Schriftsteller bei den Franzosen denunziert und hat behauptet, daß er französisches Eigentum entwendet habe.

Scheuermann gab dem Kerl eine Tracht Prügel mit der Hundspeitsche, die in Berlin leider so selten gegen die galizische Presse angewendet wird, und nun kreischte der Sohn Jakobs, als er in Sicherheit war, seine Beschuldigungen erst recht wieder in die Welt hinaus. Im Prozesse, den Scheuermann führte, stellte sich ihre Unwahrheit heraus.

Wir hoffen auf kräftige Fortsetzung der Prügel und stellen Jedem, der mit der galizischen Preßkanaille an der Spree Differenzen auszugleichen hat, einige haltbare Miesbacher Ochsenfiesel[9] zur Verfügung.

Or. fehlt. – MA 47 Nr. 101 S. 1 v. 1. 5. 1921. – Lemp S. 243 Nr. 1559; Hofmiller S. 726.

1 Vgl. Nr. 48 Anm. 5.
2 Hellmut v. Gerlach (s. Nr. 48 Anm. 1) war seit 1908 Chefredakteur des Blattes. Haupteigentümer war von 1898–1926 Dr. Martin Langen, der Bruder von Albert Langen, dem Gründer des Simplicissimus (Schulte S. 102, 110, 212).
3 In Berlin-W.
4 Kurt Tucholsky; s. auch Nr. 41 Anm. 2. Als Leitartikler für die Welt am Montag schrieb Tucholsky unter dem Pseudonym Ignaz Wrobel (Schulte S. 196, 342).
5 S. Nr. 17 Anm. 11.
6 S. Nr. 2 Anm. 6.
7 Arno Voigt, Die Kriegsberichterstatter (Die Weltbühne 17) 1921/I, S. 464–467 hatte die Kriegsberichterstatter als Werkzeuge der Obersten Heeresleitung und typische Organe des preuß. Militarismus dargestellt und dabei namentlich Wilhelm Scheuermann wegen dessen Berichten aus dem Jahr 1916 angegriffen (vgl. auch Ebd. S. 566). Zum Fall »Scheuermann« s. auch Die Weltbühne 1919/II, S. 305ff, 330–335.
8 S. Nr. 41 Anm. 4.
9 S. Nr. 50 Anm. 8.

Sonntag, den 1. Mai 1921 99

Unsere Hetze gegen das Reich.

»Jetzt hat Oana g'sunga – Is eahm 's Rotz[1] obagrunna ...« sagt ein Schnaderhüpfel und das paßt auf den Saenger, der die Sozi-Fahnenwacht hält[2].

Er denunziert uns, den »Miesbacher Anzeiger«, wegen seiner maßlosen Hetze gegen das Reich und erzählt den roten Spießbürgern[a)] in Nord und Süd, daß der bayrische Ministerpräsident mit diesem furchtbaren Blatte unterm Arm den Bayrischen Landtag betreten habe.

»Jetzt hat Oana g'sunga ...«. Sollen wir dem Mann erklären, daß wir nie mit einer Zeile gegen das »Reich« gehetzt haben, noch hetzen können, weil es uns tausendmal höher steht, wie jedem[b)] Parteisänger?

Aber das deutsche »Reich«, daß Gott erbarm – Ist geworden ein Sozi-»Arm«[3], und gegen die Stellenjäger, die es im Kriege unterwühlt, im Frieden vernichtet haben, gegen die Ausbeuter, Schieber und Schwätzer führen wir Krieg.

Wir haben vor den Jämmerlingen, die uns eine Autorität vorspielen wollen, genau den Respekt, den die Sozi gegen die Männer hatten, die wirkliche Autorität waren.

Haust Du meinen Ludendorff[4], hau' ich Deinen Cohn[5]. Weil wir das Reich lieben, darum hassen wir seine Verderber, und wir lassen Euch die Phrasen nicht hingehen, mit denen Ihr die klare Tatsache verschmieren wollt, daß ihr die Widerstandskraft dieses starken, mächtigen Volkes erst heimlich, dann offen, unterwühlt habt[6].

Sollen uns die Titel schrecken, die an lächerlichen Figuren wie schlechte Lappen hängen? Die Theaterflinserln dieser Kanzler und Minister, die auf dem Podium schlechte Komödianten waren und sich hinter den Kulissen die Pöstchen zuschoben?

Wir kennen Berlin und Euch, und kein Wort ist so stark, daß es unsere Achtung ganz ausdrücken kann.

Wir stützen und erhalten das Reich, das in den Herzen seiner tapferen Kämpfer weiterlebt, und lachen über die Puppen, die uns ein anderes Reich vorspielen wollen im Berliner Kasperltheater.

Aber was versteht ein Sänger davon? Singe weiter!

Or.[c] 4 Bll., L 2396 (Lemp S. 198 Nr. 170). – MA 47 Nr. 101 S. 1 v. 1. 5. 1921. – Lemp S. 243 Nr. 1560; Hofmiller S. 726.

a) folgt: [im Landtag]
b) folgt: [Sozi]
c) Bl. 1 oben links: Leiter (Anweisung des Redakteurs für den Setzer); Bl. 4: Schlußzeichen

1 Im Bayer. kommt auch das Rotz vor (Schmeller 2, Sp. 195).
2 Alwin Saenger (1881–1929), Rechtsanwalt, seit 1919 MdL (MSP), 1919/20 Staatsrat bzw. Staatssekretär im Staatsministerium für Unterricht und Kultus (Landtagshandbuch 1920, S. 87; MinProt S. 86). Saenger hatte am 28. 4. 1921 im Landtag Artikel des MA zitiert (s. Nr. 62 und 80) und ihn als Organ des bayer. Ministerpräsidenten bezeichnet (»jedenfalls ging er [Ministerpräsident v. Kahr] hier im Landtag mit dem Miesbacher Anzeiger im Arm spazieren«); s. LV 1920/21, StenBer 2, S. 841. Vgl. auch Nr. 67.
3 Vorlage des Zitates nicht ermittelt.
4 S. Nr. 65 Anm. 11.
5 Allgemeines Synonym für Jude oder spezieller Hinweis auf Dr. Oskar Cohn (s. Nr. 70 Anm. 7).
6 Zu dem in der antisemitischen Literatur mehrfach erwähnten Vorwurf, daß die USP als jüdischer Teil der Sozialdemokratie dem kämpfenden Deutschland in den Rücken gefallen sei, vgl. Fritsch S. 188.

Dienstag, den 3. Mai 1921 100

Die weiße Schmach.

Der Saenger von Finsterwalde hat im Landtag den Schnabel aufgetan und auf die bayrische Justiz[a] einen Gassenhauer gesungen, den wir seit vielen Jahren kennen[1]. Der alte Schmarren ist nicht besser geworden, weil er aufgewärmt wurde. Wir wissen schon, daß die intimste Feindin[b] der Sozialdemokratie die Polizei war und ist. Gewisse Kreise der Bevölkerung nehmen immer die Partei der Unglücklichen, die beim Stehlen erwischt werden und die Menschlichkeit der Kneipenapostel besteht darin, für den Lumpen gegen den ehrlichen Menschen einzutreten.

Wenn sich also der Saenger interessant vorkommt, weil er diesen alten Mist wieder einmal im Landtag abgeladen hat, dann kann er sich sagen, daß in allen Diebsherbergen der Stadt dasselbe mit den gleichen Gründen jeden Tag hundertmal vorgetragen wird[c].

Die Sozialdemokratie teilt die Menschheit ein in Genossen und Reaktionäre und beurteilt darnach nicht bloß die Meinungen, sondern auch die Taten. Diese Methode ist für Schwachköpfe und für leicht bestimmbare Menschen[d)] direkt verderblich, denn sie verwirrt ihnen die zusammengeschachtelten Begriffe und sie trübt ihnen sogar das bißchen Bodensatz der allgemeinen moralischen Ansichten.

Wir schlagen dem Saenger vor, sich wieder in den natürlichen Zustand eines redlichen Menschen zurückzudenken und die allererste Unterscheidung von Gut und Böse zu machen, die in Kleinkinderbewahranstalten ebenso gelten muß, wie in Parlamenten.

Die Menschheit teilt sich in Ehrliche und Unehrliche, in Arbeiter und Lumpen, und wer sich das fest und klar hinstellt, den können tausend saudumme Leitartikel und Broschüren nicht wacklig machen, und wenn wo ein Bazi[2] gestraft wird, hat er Achtung vor dem Gesetz und Verachtung gegen den, der es übertritt.

Der Kommunismus in der Stube ist eine[e)] Krankheit; auf der Straße ist er ein Verbrechen und die Bedrohung der Sicherheit des Staates und der Sicherheit des Einzelnen, gegen die uns die Polizei zu schützen hat.

Wenn dumme Schwätzer die kommunistische »Überzeugung« achten wollen, können sie das machen, aber wer das Amt hat, die Sicherheit zu schützen, hat nicht das Recht, etwas anderes zu achten, als das Gesetz.

Theorien, die sich ein verrotztes Gehirn zusammenstopselt, kümmern die Polizei nicht, aber Dynamit-Attentate und Morde kümmern sie, und wenn die bayrische Polizei Verbrechen verhüten und sie nicht, wie der Severing[3], zum Ausbruch kommen lassen will, so erfüllt sie ihre Pflicht.

Der Gassenhauer, den der Saenger gesungen hat, gehört in die Vorstadtkneipe, wo der Kare[4] dazu den Votzhobel[5] blasen kann, aber nicht in den Landtag.

Der Uspe-Teitel Blumtritt[6] aus[f)] Fürth verteidigte den Mordbrenner Hölz[7] als Phantasten, über den ein richtiger Sozialist bloß lächle.

Der Kommunist Aenderl[8] redet von der »weißen Schmach in Bayern«. Das alles ist weder schlimmer noch dümmer, wie die

Redensarten des Saenger; es ist alles auf dem gleichen verrotteten Mist gewachsen und hat alles den gleichen Zweck: um die Gunst des schlechtesten Pöbels zu buhlen.

Or.[g] 4 Bll., L 2396 (Lemp S. 199 Nr. 199). – MA 47 Nr. 102 S. 1 v. 3. 5. 1921. – Lemp S. 243 Nr. 1561; Hofmiller S. 726.

a) folgt: [nach alten Noten ein Lied gesungen]
b) MA: Freundin
c) folgt: [Wir sollen viel weniger politische Unterschiede machen und die Menschen nicht in Partei]
d) folgt: [wie zum Beispiel den Saenger]
e) folgt: [Verrücktheit, Beschäftigung für Hansnarren]
f) folgt: [Fert]
g) Bl. 1 oben links: Leiter (Anweisung des Redakteurs für den Setzer); Bl. 4: Schlußzeichen

1 Alwin Saenger; s. Nr. 99 Anm. 2. Debatte im bayer. Landtag über den Ausnahmezustand am 28. 4. 1921 (LV 1920/21, StenBer 2, S. 862 ff; vgl. auch MA Nr. 100 S. 1 v. 30. 4. 1921). – »Sänger von Finsterwalde«: Seit 1871 Bezeichnung für Männergesangsverein, der unschön singt (von Finsterwalde bei Cottbus, Niederlausitz); s. Küpper 6, S. 2391 f.
2 Unzuverlässiger Mensch, Betrüger (Küpper 1, S. 313).
3 S. Nr. 55 Anm. 5. Anspielung auf die Polizeieinsätze bei den Unruhen in der Provinz Sachsen; vgl. Nr. 74.
4 S. Nr. 16 Anm. 6.
5 Mundharmonika (Küpper 3, S. 918).
6 S. Nr. 46 Anm. 17; Blumtritt war seit 1908 in Hof ansässig. In der Landtagsdebatte v. 28. 4. 1921 hatte sich Blumtritt von dem Kommunisten Hölz (s. Anm. 7) distanziert (LV 1920/21, StenBer 2, S. 855).
7 Max Hölz (1889–1933), Techniker, Anführer der aufständischen Kommunisten in Oberfranken und besonders im sächsischen Vogtland (Biogr. WB. 1, Sp. 1197). MA Nr. 71 S. 1 v. 26. 3. 1921 berichtete über die Verhaftung von Hölz. S. auch Nr. 137 Anm. 2.
8 Franz Aenderl (1883–1951), Parteisekretär, seit 1920 MdL (KP) (Landtagshandbuch 1921, S. 29); er bezeichnete die Maßnahmen der Regierung (Ausnahmezustand, Anordnung von Schutzhaft, Zeitungsverbote) am 28. 4. 1921 im Landtag als »weiß-blaue Schmach« (LV 1920/21, StenBer 2, S. 851). Dieser Ausdruck fiel auch im Reichstag (RV Bd. 348, S. 2913 v. 14. 3. 1921); s. MA Nr. 62 S. 1 v. 16. 3. 1921.

Samstag, den 7. Mai 1921 101

Das Freiheitsfest.

Die Steinträger-Vereinigung »Zermia«[1] veranstaltete am letzten Montag mit dem Schwesterklub der Mörtelweiber »Schlittonia« einen Frühlingsausflug nach der Menterschwaige[2].

Das heitere Völkchen bewegte sich fröhlich plaudernd durch die im Frühlingskleide prangenden Felder, wobei von Zeit zu Zeit eines der Mörtelmädchen zur Seite sprang, um Blumen zu pflükken, mit denen sich die lächelnden Jünglinge schmückten.

Ein würdig aussehender Mann, der sich schon dem Fünfziger näherte, zog ein seltsam geformtes Gläschen aus der Westentasche und öffnete den ebenso sonderbaren bunten Stopsel, worauf er schwärzlichen Tabak auf den Daumen schüttete und in die Nasenlöcher stopfte.

»Was hat denn unser Genosse Georg[3] für ein seltsames Gefäß?« fragte Zenta, ein rüstiges Mädchen.

»Daß d' fei du koa Schmaizlerglasl[4] nimma kennst, du grasgreane Schlingpflanz'n, du unappetittliche!« erwiderte ihr Begleiter.

»Pfui Xaver!« sagte das Mädchen. »Du weißt doch, daß wir unter der Sonne der Republik neugeboren wurden, und daß du deine monarchischen Angewohnheiten ablegen mußt«.

»Am Ohr...«, sagte der also Getadelte ziemlich derb, worauf das Mörtelmädchen vorauseilte und schluchzend ihren Genossinnen ihr Leid klagte.

Der ältere Mann, welcher den Vorgang beobachtet hatte, näherte sich dem Steinträger-Xaver und sagte mit ernster Miene: »Deine Sprache stört unser Fest...«

Der junge Mensch sah ihn verächtlich von der Seite an und erwiderte: »Magst di scho verrolln, stinkata Uhu, du gräuslichs Vorbild, sonst laß i dir d' Hand aufifalln auf dei Rappeenas'n, du schelchhaxata Wassersüchtler«.

Kopfschüttelnd hörten die Anderen diesen Ausbruch einer Gesinnung und Ausdrucksweise, die nur in den Zeiten der Monarchie üblich waren.

Ein jüngerer Mann sagte: »Wir wollen nicht verzagen an der Möglichkeit, auch unsern Freund Xaver[a] zu einem Republikaner zu erziehen. Bis dahin müssen wir Geduld mit ihm haben«.

Bald langte das Völkchen in der Menterschwaige an, wo es sich mit Limonade erfrischte. Eine stattliche[b] Mörtelfrau trat als Göttin der Freiheit mit dem schwarz-gelb-roten[c] Banner[5] unter sie und sprach einen feierlichen Prolog, in dem es hieß, daß die Morgenröte der[d] Gesittung und Arbeitslosigkeit über Haidhausen, Giesing und Au[6] heraufgezogen wäre. Die Rührung wuchs, als ein Jüngling in blauer Toga auftrat, um als Genius des blauen Montags[7] an jene Zeiten zu erinnern, da man die Feier dieses allen Münchner Enterbten heiligen Wochentages nur in der Stille begehen durfte. Dann trat man den Heimweg an.

Leider wurde dieses edle, echt republikanische Fest durch einen Streit gestört, den ein jüngeres Mörtelmädchen mit der Sprecherin des Prologes begann.

»Du mit dein gedämpften Prolog« sagte sie, »wia[e] du dein Brodladen[f] aufgmacht hast, hamm de schwarzen Zahnerl ausgschaut, wia an abbrennts Bauerndorf, du derfst di schleicha, du letscherte Konkubinatsmammsell«.

»Je, de ander schaugt's o!« rief die Göttin der Freiheit. »Dir gib i scho a Konkubinatsmammsell, du Heubodenspinna, du zuagroaster, tipfelter Abtrittratz![8] Wisch dir d' Nas'n mit da Putzwoll o, du Warnungstafel, du gräusliche! ...«

Nach längerem Wortwechsel schlug das Mörtelmädchen der Göttin der Freiheit den Sonnenschirm auf den Kopf, und die Göttin der Freiheit faßte das Mörtelmädchen bei den Haaren und bald wälzten sich die Töchter des Volkes auf dem Boden. Als sich die Anderen über dieses Gebahren untröstlich zeigten, sagte der ältere Mann, indem er wieder den schwärzlichen Tabak auf den Daumen schüttete: »Lasset sie! Die Pflanze der republikanischen Tugend[g] ist noch jung und zart und bedarf des Wachstumes. Wir empfinden eben immer noch die Nachwehen der Monarchie ...«

Or.[h] 5 Bll., L 2396 (Lemp S. 198 Nr. 163). – MA 47 Nr. 105 S. 4 v. 7. 5. 1921; Miesbacher Büchl S. 53 f; Kloeber S. 116 f. – Lemp S. 243 Nr. 1562; Hofmiller S. 726.

a) verbessert aus: [Georg]
b) MA: staatliche
c) Kloeber: schwarz-rot-gelben
d) verbessert aus: [einer wahren]
e) davor: [du zahnluckete]
f) Kloeber: Brotladen
g) MA: Jugend
h) Bl. 1 oben links: Feuilleton (Anweisung des Redakteurs für den Setzer); Bl. 5: Schlußzeichen

1 Von zerm abgeleitet; s. Nr. 16 Anm. 6. Vgl. auch Nr. 13 Anm. 7. Zu »Schlittonia« s. Borneman Nr. 48.2.
2 Ausflugsgaststätte über der Isar südlich von München.
3 Georg Birk; s. Nr. 87 Anm. 10.
4 S. Nr. 97 Anm. 6.
5 Vgl. Nr. 36 Anm. 7.
6 Über diese Münchener Stadtteile vgl. Nr. 16 Anm. 7; 17 Anm. 6; 53 Anm. 12 (Au).
7 Schon im Spätmittelalter wurde am Montag vielfach nicht gearbeitet (als Nachfeier des Sonntags); Blau war die liturgische Farbe des Montags vor dem Aschermittwoch (Grimm 6, Sp. 2514f; Küpper 5, S. 1931). Georg v. Vollmar bemerkte 1891, daß die Forderung der Arbeiter auf den 1. Mai als Feiertag nicht als Wunsch des »großen Blauen Montags« lächerlich gemacht werden dürfe (Georg v. Vollmar, Reden und Schriften zur Reformpolitik [Internationale Bibliothek 92] 1977, S. 145f). – Über die Maifeiern 1921 vgl. MA Nr. 102 S. 2 v. 3. 5. 1921.
8 Abtritt = Closett; Ratz = Ratte.

Donnerstag, den 12. Mai 1921 102

Deppen.

Die Münchner Sozialdemokratie oder überhaupt die bayrische war vor dem Kriege partikularistisch und die Reichsverdrossenheit wurde von der »Post«[1] schon aus Rücksicht auf die Stammgäste vom Soller[2] und die Zierde der Au, Giesings und der Schwanthalerhöhe[3] liebevoll gehegt. Der Schmaizler[4]-Abonnent brauchte neben den Artikeln gegen den »Kabidalismus« und den Stoßseufzern mißverstandener Blaumontags[5]- und Brodzeit-Maurer auch ein kräftiges Koppen gegen die »Breißen«.

Die Redaktion hatte ihre Spezialisten »fürs boarische G'müat«, die es verstanden, den roten Parteihadern im Kampfe für bayrische Reservatrechte[6] voranzutragen und in den internationalen Sautrank auch partikularistische Leibgerichte zu mischen.

Das änderte sich sofort mit der Errichtung der Banknoten[a)]-fälscher-Republik[7] und der Herrschaft der galizischen Wanzen-Juden.

Seitdem ist die Sozialdemokratie die Wortführerin für die Unitarisierung[8], das heißt, für die Aufhebung aller Eigenart und jedes uralten Volkstums.

Daß ein[b)] roher Mensch keinen Respekt hat vor der Tradition, die man nur[c)] liebt, wenn man sie kennt, und die man nur kennt, wenn man was lernt, ist selbstverständlich.

Die wirkliche Liebe zur engeren Heimat, die Ehrfurcht vor allem Großen und Kleinen, das auf uraltes Herkommen und auf die Art der Väter hinweist, hatte ja nie etwas zu tun mit dem biertriefenden Partikularismus der »Brodzeit-Politiker«.

Von der echten Empfindung kann der anständig Denkende, der sich bemüht, die Geschichte seines Volkes zu verstehen, nie loskommen – die saudummen Vorurteile des Pöbels freilich konnten im Nu ins Gegenteil verkehrt werden.

Man brauchte der gedankenlosen Herde nur vorzureden, daß heute bayrisch so viel bedeutet wie reaktionär[9], dann hatte man sogleich die Schreier dagegen[d)] gewonnen.

Nun ist es freilich lächerlich, zu glauben, daß unsere tiefgewurzelte, in der Rasse begründete, durch ein Jahrtausend hindurch festgehaltene Eigenart ausgerottet werden könnte durch die blöden Versuche der sozialdemokratischen Spießbürger.

Was diese Armen im Geiste dekretieren und beschließen, ist Spreu, die in wenig Jahren verweht, und die Berliner Juden können noch so oft an den uralten Stamm unseres Volkstums hinpinkeln, sie zerstören deswegen die Wurzeln nicht.

Aber daß man dieser Verunreinigung geduldig zuschauen soll, ist schon viel verlangt.

Es war durchaus nicht unrecht und am Allerwenigsten war es lächerlich, daß sich Bayern auch in dem neugegründeten starken Reiche Reservatrechte ausbedang[10].

Die Gründe lagen tief und der tiefste war, daß jede Bewahrung jeder Eigenart viel nationaler, auch im deutschen Sinne war und wirkte, als etwa ihr gleichgültiges Aufgeben.

Der Prolet freilich hat keine Tradition und hat keine Ehrfurcht;

ja das Ehrfurchtslose ist das eigentliche Wesen des Ungebildeten. Wobei wir unter Bildung und Bildungsfähigkeit nicht etwa das rein äußerliche Akademische verstehen, sondern die Herzensbildung, die einem kleinen Handwerker und Arbeiter oft mehr eigen ist, als einem, der alle Schulen durchgelaufen ist.

Ein Endres[11] kennt natürlich keine Tradition, und ein Kneipenredner und Parteisekretär darf sie nicht kennen oder gar anerkennen.

Nach Verflachen und Verschmieren geht das Trachten solcher Menschen, deren Unwert sofort aufkommt, wo Streben und Können Verschiedenheiten schaffen.

Wir Bayern erleben jetzt das klägliche Schauspiel, daß unter dem Präsidium eines Hamburger Beitzenwirtes[12] die äußerlichen Symbole unserer Reservatrechte verschwinden, die wir doch unter Wilhelm I. und Bismarck zu erhalten wußten.

Aber laßt sie nur ihren Dreckvogel an unsere Eisenbahnwägen hinmalen[13]; dem Vieh gehen von selber die Federn aus und die Zeit wird bald kommen, wo es nur mehr als das Hohnbild der Krankheit unseres Volkes gelten wird, das nach seiner Genesung den Pleitegeier[14] und seine Wappenherren[15] auf den Misthaufen schmeißen wird.

Or.[e)] 7 Bll., L 2396 (Lemp S. 198 Nr. 152). – MA 47 Nr. 109 S. 1 v. 12. 5. 1921. – Lemp S. 243 Nr. 1563; Hofmiller S. 726.

a) folgt: [republik]
b) folgt: [rohes, ungebildetes Vieh]
c) folgt: [ehrt]
d) verbessert aus: [dafür]
e) Bl. 1 oben links: Leiter (Anweisung des Redakteurs für den Setzer); Bl. 7: Schlußzeichen

1 Münchener Post; s. Nr. 1 Anm. 1. Über die auf Eigenständigkeit gerichteten Bestrebungen der »kgl. bayerischen Sozialdemokratie«, die auf Erhaltung und Ausbau der demokratischen Verhältnisse Bayerns gegenüber Preußen und dem Reich gerichtet waren, vgl. Hirschfelder 2, S. 527–534.
2 Münchener Gaststätte; s. Nr. 46 Anm. 14.
3 S. Nr. 53 Anm. 12 (Au), 17 Anm. 6 (Giesing) u. 3 Anm. 7 (Schwanthalerhöhe).
4 Schnupftabak (Schmeller 2, Sp. 551; Küpper 7, S. 2506).
5 S. Nr. 101 Anm. 7.
6 S. Nr. 1 Anm. 9. Besonders Georg v. Vollmar trat für die bayerischen Reservatrechte ein (Jansen S. 51 ff).

7 Die Volksbeauftragten der kommunistischen Räterepublik stellten im April 1919 Noten der bayerischen Staatsbank her; das Finanzministerium der Regierung Hoffmann erklärte diese als Fälschungen (Gerstl S. 106f; Karl S. 228, 264; Hillmayr S. 59).
8 Vgl. Nr. 14 Anm. 13.
9 Vgl. dazu die Ausführungen von Hans Unterleitner (USP) im Reichstag bei der Begründung der Interpellation wegen des Mordfalles Gareis (s. Nr. 135).
10 Gemeint sind die bayerischen Sonderrechte der Reichsverfassung von 1871; vgl. Anm. 6.
11 S. Nr. 21 Anm. 1. MA Nr. 103 S. 1 v. 4. 5. 1921 polemisierte scharf gegen Endres, weil sich dieser gegen Kahr und Pöhner ausgesprochen habe.
12 Beitze, kleine Gastwirtschaft (Küpper 1, S. 337). Der Reichspräsident Friedrich Ebert (s. Nr. 6 Anm. 2) betrieb zeitweilig eine Gastwirtschaft in Bremen (nicht Hamburg); vgl. Nr. 40 Anm. 9.
13 Die bayer. Eisenbahnen gingen am 1. 4. 1920 an das Reich über (Volkert S. 241, 261; Pledl S. 155). Gegen den Reichsadler an den Reichsbahnwagen polemisiert der MA Nr. 107 S. 1 v. 10. 5. 1921.
14 Schimpfwort für den Reichsadler seit 1919 (Küpper 6, S. 2181f).
15 Über das von der Reichsregierung bestimmte Wappen der Republik (Adler) s. Hattenhauer S. 88ff. Vgl. auch Nr. 36 u. S. 470.

Samstag, den 14. Mai 1921 102/1

Das Reichskabinett.

Das Ultimatum ist angenommen – das neue Kabinett ist gebildet[1].

Reichskanzler Wirth[2] – der Intimus des Gauners von Biberach, für den er noch vor einer Woche im Reichstag eine durch und durch verlogene Verteidigung geführt hat[3].

Er konnte keine Schuld an dem Steuerdefraudanten finden, verschwieg aber wohlweislich, daß er jedesmal Tischgast des feisten Burschen war, so oft sich der Spiegelschwab in Berlin sehen ließ. Wie oft werden sie bei Tische gefeixt haben über die moralische Entrüstung der Phantasten, die den unsaubersten Gesellen, der je in Deutschland Amt und Titel hatte, als Betrüger[a)] erklären und Verfehlungen aufdecken wollen, die ein Kerl, der so viel von seinen amtierenden Spießgesellen weiß, begangen hat. Sonderbare Schwärmer, die im heutigen Deutschland glauben, daß man einem Lumpen die versteckten Millionen nachweisen kann!

Bethmann[4] hat sie auf Treu und Glauben dem Erzberger zur

freien Verwendung überlassen – alles andere könnten nur die Kassenschränke schweizerischer Banken aufhellen.

Der Freund und Vertraute des Hochverräters Erzberger – Herr Wirth – ist also im W.C., im Kabinett Deutschlands der Kanzler.

Neben ihm hockt der[b)] Advokatenschreiber Bauer[5], der ehemals am 22. Juni 1919, am hundsföttischen Datum des Friedensvertrages[6], das Schandamt des Reichskanzlers übernahm, als sich der Philipp Scheidemann[7] das Ansehen gab, nach einem solchen Frieden nicht mehr amtieren zu können.

Die Demokraten schickten Schiffer[8] in dieses Klosett. Es sind merkwürdige Charakterathleten, unsere Demokraten. Maul-Catos, Maul-Brutusse und so gottsjämmerliche Spießbürger wie nur je die Sonne beschienen hat. Wenn sie ganz gewiß wissen, daß ihre Schwesterparteien einen feigen Hundekontrakt unterschreiben, kriegen sie patriotische Freiseln und können nicht, können um alles in der Welt nicht die Schande unterzeichnen, die sie so herzhaft mit herbeigeführt haben.

Ist die Majorität für einen Schandvertrag nicht ganz sicher, dann spalten sich die Demokraten, wie im Juni 1919; ein Teil kann dann, der andere Teil ringt mit sich selber und kann nicht[9].

Diesmal waren sie gegen das Ultimatum[10], aber sie liehen ihren Schiffer der Regierung, die für das Ultimatum ist. Prinzipien, so weich wie Klosettpapier, und so lauter – nach dem Gebrauche[c)].

Ein paar Sozi[11] außer dem Kopier-Bauer tun auch noch mit; wie die Lehmanns und Schulze heißen, ist ja wurscht. Von den alten Größen sind uns etliche erhalten geblieben, darunter der vielgewandte Geßler[12], der Pfropfenziehergeneral der Reichswehr.

Der Mehrer der deutschen Finanzen Giesberts[13], der das Briefporto steigert und das Vertrauen auf die Post mindert.

Heute lesen wir die Namen dieser Schemen, die wir allesamt morgen schon wieder vergessen haben. Soweit sind wir ja in Deutschland gekommen, daß es Niemanden mehr der Mühe wert erscheint zu wissen, wer die Ämter inne hat[d)].

Einen greifen wir aber heraus. Das Innere hat der Gradnauer[14], sozialdemokratischer Schmock und Phrasendrescher[e)] von Beruf, der im Paradiese der Demagochen und Kretäns, in der Heimat der rachitischen Zerdebberer des Berchertums, in der Räbublik Sachsen Ministerbresidente war. Wenn das Zentrum noch einen Beweis seiner[f] Unfähigkeit und Charakterlosigkeit hätte liefern müssen, dann wäre er mit der Besetzung dieses Ministeriums durch einen Gradnauer gegeben. Pfui Teufel!

Aber wenn das Zentrum schon durch die Duldung Erzbergers in seinen Reihen mit allen Begriffen von Ehrlichkeit und Sittlichkeit gebrochen hat, so kann es am Ende nicht Wunder nehmen, wenn es zuletzt noch seine ehemalige Stellung zur Religion aufgibt und einwilligt, daß ein atheistischer Schwätzer, ein Leibzcher Goddesleichner[15] von Beruf, das Ministerium des Innern übernimmt.

Aber am Ende ist es wurst, welche Musikanten zum deutschen Totentanze aufspielen.

Or.[g] 6 Bll., Lg 181 (Bl. 1–3; Lemp S. 199 Nr. 194) und L 2396 (Bl. 4–6; Lemp S. 199 Nr. 223). – MA 47 Nr. 111 S. 1 v. 14. 5. 1921. – Drucknachweise fehlen.

a) folgt: [entlarvten und am]
b) folgt: [Kanzleischreib⟨er⟩]
c) Ende Bl. 3 (Lg 181); Fortsetzung Bl. 4–6 (L 2396)
d) folgt: [deren Träger vor 1914 in der ganzen Welt. Und das Ultimatum haben wir angenommen durch die Hilfe und durch die Schuld des Zentrums.]
e) verbessert aus: [Phrasenscheißer]
f) folgt: [durch Erzberger für Jahrzehnte beschmutzten]
g) Bl. 1 oben links: [Leiter] (Anweisung des Redakteurs für den Setzer); Bl. 6: Schlußzeichen

1 Über die Regierungsbildung unter Reichskanzler Joseph Wirth (s. Anm. 2) nach dem Rücktritt des Kabinetts Fehrenbach am 4. 5. 1921 vgl. AR Wirth S. XIX–XXIII; Morsey, Zentrumspartei S. 383 ff; Schulthess 1921/I, S. 157 ff. Nachrichten darüber brachte MA Nr. 105 S. 1 v. 7. 5. 1921 und Nr. 109 S. 1 v. 12. 5. 1921. Zum Ultimatum s. Anm. 10.
2 Dr. Joseph Wirth (1879–1956), Gymnasiallehrer, seit 1914 MdR (Zentrum), seit 1920 als Nachfolger Erzbergers Reichsfinanzminister; s. AR Wirth S. XXIII f; Morsey, Zentrumspartei S. 386 ff.
3 Matthias Erzberger; s. Nr. 9 Anm. 1. Zu den im folgenden genannten Vorwürfen vgl. Nr. 9, 19 u. ö. Wirth sprach am 4. 5. 1921 im Reichstag zugunsten von Erzberger (RV Bd. 349, S. 3605 f; Schulthess 1921/I, S. 151).
4 S. Nr. 32 Anm. 1. Vgl. auch Epstein S. 120 f, 481.
5 Gustav Bauer (1870–1944), Bürovorsteher, seit 1912 MdR (Sozialdemokrat), nach dem Rücktritt Scheidemanns (s. Nr. 12 Anm. 5) am 21. 6. 1919 Reichsministerpräsident bzw. Reichskanzler bis 27. 3. 1920; im Kabinett Wirth war Bauer Vizekanzler und Reichsschatzminister; vgl. AR Bauer S. XXVIII ff und AR Wirth S. XXIV; NDB 1, S. 638.
6 S. Nr. 6 Anm. 4.

7 S. Nr. 12 Anm. 5. Scheidemann trat als Reichsministerpräsident zurück, weil er die Unterzeichnung des Versailler Vertrags ablehnte.

8 Eugen Schiffer (1860–1954), Oberverwaltungsgerichtsrat, seit 1912 MdR (Nationalliberaler, dann DDP), im Kabinett Wirth Reichsjustizminister; vgl. AR Wirth S. XXVI; Biogr. WB. 3, Sp. 2482.

9 Über die Stellungnahme der DDP zur Unterzeichnung des Vertrags von Versailles s. Schustereit S. 62–65.

10 Über das Londoner Ultimatum v. 5. 5. 1921, das den Anlaß für den Rücktritt des Kabinetts Fehrenbach gab, s. AR Fehrenbach S. 665–672; AR Wirth S. XIX–XXII. Über die Annahme des Ultimatums durch den Reichstag s. RV Bd. 349, S. 36.

11 Georg Gradnauer (s. Anm. 14) und Robert Schmidt (Reichswirtschaftsminister); s. AR Wirth S. XXV.

12 S. Nr. 6 Anm. 10.

13 Johann Giesberts (1865–1938), Redakteur, seit 1905 MdR (Zentrum), Reichspostminister seit dem Kabinett Scheidemann; s. NDB 6, S. 375f; AR Müller I, S. XX; AR Fehrenbach S. XXXIIf; Schwarz S. 322.

14 Dr. Georg Gradnauer (1866–1946), Redakteur (daher: Schmock; s. Nr. 80 Anm. 3), seit 1898 MdR (Sozialdemokrat), 1919/20 Ministerpräsident von Sachsen, im Kabinett Reichsinnenminister; s. AR Wirth S. XXV; Huber 4, S. 111; Kaznelson S. 568.

15 Georg Gradnauer stammte aus Magdeburg, nicht Leipzig; er war Jude, ließ sich taufen und bezeichnete sich später als konfessionslos (Dissident); s. Angress S. 163, 312.

Donnerstag, den 19. Mai 1921 102/2

Ein Nachwort.

Ob es die Münchner Post[1] so anschaut oder nicht, deswegen war es doch ein Zeitbild, als[a)] ich[2] vor Gericht einem Staatsrat[3] und einem Staatsminister[4] gegenüber stand und dieses Bild zeigte[b)], wie in den paar Monaten nach der Revolution[5] bis zum Ministerium Kahr[6] alles Gerade schief und alles Klare unklar geworden war.

Herr Timm hatte ein paar recht unschöne Momente in der Verhandlung und sie sind ja auch der »Post« im Magen liegen geblieben. Freilich verdrehte das ehrenwerte Blatt die Tatsachen und gab dem Gericht schuld, daß sich ihr Parteiführer bloßstellte.

Die Geschichte mit der Deputation, bei der Mühsam[7] dem obersten Leiter der Justiz den Erpresserrevolver vorhielt, und die der Hüter des Gesetzes mit Duldermut verschwieg und sich gefallen ließ – hm ... Herr Timm, finden Sie wirklich noch den Mut, die

Rückkehr zur[c] Gesetzlichkeit unter Roth[8] so hämisch zu kritisieren? Daß Sie zuallerletzt ein Recht dazu haben, mußten Sie im Prozesse gegen den kleinen »Miesbacher Anzeiger« halb unfreiwillig enthüllen.

Das war also die Justiz in Bayern, die Rechtspflege, die Wahrung der Gesetze, daß die besoffene Sau aus der Torggelstube[9] dem obersten Vertreter des Rechtes mit Drohungen kommen durfte?

Und Sie entblöden sich nicht, die Polizeibehörde anzugreifen, weil sie die Wiederkehr dieser Zustände unmöglich macht?

Ob Herr Timm ganz fühlt, wie er die Jämmerlichkeit jener Zeit greller beleuchtet hat, als irgendein Angriff eines Gegners?

Recht und Gemeinwohl dulden keine Parteimachenschaften, Kompromisse und schlappe Behandlung und weil das so ist, weil Recht ein Fundament sein muß, oder deswegen sind Sie und Ihre Partei unmöglich für Amt und Verantwortung. Das hat mein Prozeß für Jeden, der sehen will, klar gezeigt.

Ein Lebewohl dem Staatsmanne Timm.

Ist noch der Staatsrat a. D. vorhanden, der Saenger. Würdig der Sache, die er vertrat, war sein Auftreten. Schreierisch[d], mit Mätzchen unterspickt, zufahrend, taktlos[e]. Also das ist staatsrätlich im sozialdemokratischen Sinne?

Als diese Titel noch Bedeutung hatten, war ein Staatsrat etwas Vornehmes[f], wirklich Hochstehendes[10].

Was unter Eisner[11] kam, war eine Karikatur darauf; diese Titel waren höchst lächerliche Masken, hinter denen die Eitelkeit der Proleten Fratzen schnitt.

Dienstboten, die in den Kleidern der abwesenden Herrschaft eine besoffene Komödie aufführten. Im Nebel der Revolution sah man es nicht mit so grausamer Deutlichkeit, wie heute, wenn sie den Versuch machen, bei Tageslicht Eisnerische Possen aufzuführen.

Darum war dieser Prozeß ein Zeitbild, das uns zum Segen den Revolutionsplunder und alle Bestandteile dieses Misthaufens deutlich zeigte.

Or.[g] 3 Bll., L 2396 (Lemp S. 200 Nr. 237). – MA 47 Nr. 114 S. 1 v. 19. 5. 1921. – Drucknachweise fehlen.

a) folgt: [wir]
b) folgt: [die Verschiebung]
c) folgt: [Ehrlichkeit]
d) folgt von anderer Hand nachgetragen: und weinerlich; MA: ebenso
e) folgt von anderer Hand nachgetragen: und dann wieder gewunden und weich wie ein Staubtuch; MA: ebenso
f) folgt: [und Bedeutendes]
g) Bl. 1 oben rechts: Leiter (Anweisung des Redakteurs für den Setzer); Bl. 3: Schlußzeichen

1 S. Nr. 1 Anm. 1. MP Nr. 110 v. 13. 5. 1921 berichtete über das Strafverfahren gegen Klaus Eck.
2 Vor Gericht stand Klaus Eck; den Artikel, welcher Grund für die Anklage war, hatte Thoma verfaßt (Nr. 17; s. dort Anm. 13). Vgl. S. 467f.
3 Alwin Saenger; s. Nr. 99 Anm. 2.
4 Johannes Timm; s. Nr. 10 Anm. 3.
5 Am 7./8. 11. 1918.
6 S. Nr. 1 Anm. 6.
7 S. Nr. 2 Anm. 14. – Am 7. 2. 1918 war Max Levien verhaftet worden, wogegen eine Abordnung der Räte unter Mühsams Führung bei Justizminister Timm protestierte (s. Mitchell S. 219; vgl. Morenz S. 47; MinProt S. 358–366).
8 S. Nr. 75 Anm. 13.
9 Restaurant in der Münchener Innenstadt (am Platzl); Literatentreffpunkt, wo auch Thoma und Mühsam erschienen; vgl. Erinnerungen; GW (1922) 1, S. 143. S. auch Nr. 68 Anm. 12.
10 Den Titel Staatsrat führten seit 1817 die Mitglieder des Staatsrats (Minister und andere hohe Beamte). Nach dem Beamtengesetz von 1908 waren die als Vertreter eines Staatsministers fungierenden Ministerialdirektoren Staatsräte (Schärl S. 25; GVBl 1908, S. 687, 689).
11 S. Nr. 14 Anm. 7.

Donnerstag, den 19. Mai 1921 103

Sprachverhunzung.

Wir lesen, daß sich in Hamburg ein Verein gebildet hat, der den Kauf von »Feindbundwaren«[a] hintertreiben will[1]. Der Zweck ist gut, die Meldung aber ist scheußlich. In Berlin hockt ein galizischer Schmock[2], der seit zwanzig Jahren gegen den Genitiv Krieg verführt, gegen die gute, alte »es«-Endung. Wie alle galizischen Juden, hat der Kerl den körperlichen Fehler, daß er kein »s« aussprechen kann, ohne zu spotzen, und deswegen hat er es aus seiner Schrift möglichst entfernt.

103

Ein Berliner Jud sagt: Die Friedrich-Drase statt Friedrichsstraße[3], und da das deutsche Zeitungswesen – nicht Zeitungwesen – in den Händen der verkrüppelten Hanswursten – nicht Hanwursten – aus Krotoschin und Jaroslau liegt[4], gehen sie darauf aus, ihren Degenerationsfehler in die Schrift einzuschmuggeln.

Daher haben wir den »Feindbund« statt des Feindesbundes[5] und die »Feindbundware« statt die »Feindesbundware«, wenn so eine hebräische Sau schon nicht feindliche Ware oder Feindesware schreiben kann. Die andern Zeitungen aber, die von der galizischen Syphilis nicht angesteckt sein sollten, drucken den Schund nach und helfen mit zur Sprachverhunzung, die seit Jahr und Tag verheerend um sich greift.

Das sind keine Kleinigkeiten, wie vielleicht mancher gedankenlose Landsmann glaubt. In England und Frankreich sind Neubildungen der Sprache unmöglich; was irgend gegen den Sprachgeist verstößt, wird unwillig abgelehnt.

Deutschland stand immer unter dem unheilvollen Einflusse der Zeitungen mit ihrem Saudeutsch, das schon Tausende von Verhunzungen und Sprachdummheiten gebracht hat[6], die von den Ostjuden ins Land hereingeschleppt werden. Wir müssen uns dagegen absperren, wie gegen Pest und Cholera, die ja auch aus den lieblichen Behausungen der auserwählten Stinker kommen.

Or. fehlt. – MA 47 Nr. 114 S. 1 v. 19. 5. 1921. – Lemp S. 243 Nr. 1564; Hofmiller S. 726.

a) MA: »Feinbundwaren«

1 Näheres über diesen Verein konnte weder im Staatsarchiv Hamburg noch im Amtsgericht Hamburg (Registergericht) ermittelt werden.
2 S. Nr. 80 Anm. 3. – Gemeint ist Maximilian Harden (s. Nr. 2 Anm. 9).
3 Friedrichstraße, Hauptgeschäftsstraße in Berlin.
4 S. Nr. 41 Anm. 4 (Krotoschin) u. Nr. 51 Anm. 4 (Jaroslau). Vgl. auch Tramer S. 375f.
5 Vgl. Nr. 49.
6 Zum Problem Sprachnorm und Sprachwirklichkeit vgl. etwa Duden Grammatik, 2. Aufl., Mannheim 1966, S. 27f.

Dienstag, den 24. Mai 1921 104

Berliner Bilderbogen[a)].

Die neuen Staatsmänner[1] werden wie die Filmseppel sogleich photographiert, wenn sie vom Landesvater Ebert[2] abgestempelt sind. Das hat sein Gutes, denn ein Nachdenklicher kann vieles aus den Visagen ablesen und es ist nicht leicht etwas so verräterisch, wie eine Photographie. Ein Menschenkenner z. B. hätte Bethmann Hollweg[3], in dessen slawisches Gesicht eine eherne Dummheit eingeprägt war, nie zu einem Landrat befördert. Aber wir reden von den Heutigen.

Da steht mit unterschlagenen Armen in der Stellung, wie sich Schenkkellner gerne photographieren lassen, auf der ersten Seite der Ullsteiner Illustrierten[4] ein Spießbürger mit Nasenquetscher[5]. Was ist der Mann? Versicherungsinspektor? Selbstgefälliger Subalternbeamter? – Nein – der neue, erst 41jährige Reichskanzler Dr. Joseph Wirth[6]. – Erst 41 Jahre – und schon so Halts mi', daß i net umfall'!

Was die Epigonen Bismarcks[7] bloß an äußerlicher Unmöglichkeit geleistet haben – der Philipp[8] mit den Lamplschneckeln um die Platten, der Kopierbauer[9], der Freiburger Bretzelmann[10] und jetzt der Oberlehrer aus dem Badischen – das allein ist eine welthistorische Ironie.

Schon wie der Mann dasteht, jeder Zoll selbstzufrieden, satt, herausfordernd wie der Ausrufer einer Jahrmarktsbude, das ist allerschlimmstes Spießbürgertum. Kein gemütliches, sich bescheidendes, sondern Parvenütum, lautes, eisenstirniges, das die Arme unterschlägt und an einen dummen Pöbel die Frage richtet: Nu, was sagen Sie? Erst 41 Jahre – und schon – – was? Reichskanzler? I wo! Angestellter des Herrn Ebert in der bankrotten Firma: Michels unselige Erben.

Da haben wir auch die physiognomische Lösung der Erscheinung – doppelter Buchführer, schöner Mann, Schweißriese, zweiter Vorstand des demokratischen, kaufmännischen Vereins von Schwetzlinge oder Letzlinge. Also das ist der ganz nigelnagelneue, erst 41jährige Inhaber eines Amtes, das Bismarck innegehabt hat? Gut Nacht, Deutschland!

104

Um ihn in holdem Kreise schart sich das Reichsministerium.

Die typischeste Physiognomie, der Sozi – Gradnauer[11].

Verkniffene, sächsische Augen; Nase, Kinn hebräisch; noch hebräischer die Riesenohrwascheln. Das schlaue Gesicht eines Fuchses, und unangenehm, daß man weiß, nach fünf Minuten hätte man privatim einen Mordskrach mit Handgreiflichkeiten. Das ist der Reichsminister des Innern.

Der Kopier-Bauer, Vize – – kanzler, ist nicht so unsympathisch; derber Kopf, dem man aber nicht in einem Bilde des Reichsministeriums, sondern etwa in einem Gruppenbilde der Lader-Innung[12] begegnen möchte.

Der unangenehmste Kopf ist der des Herrn Gröner[13], der noch etwas monarchische Pomade aufs Haar geschmiert hat. Kalte Fischaugen, keine Treue und Herzhaftigkeit darin. Kein Soldatenkopf – Offizierskopf in gewissem Sinne –. Sehr schön macht sich das »Dem.« hinter seinem Namen.

Demokrat Gröner – so – so – mit Reminiszenzen an Depeschen im Oktober–November 1918[14] –.

Der Rest ist Schweigen. Die übrigen Köpfe beschreiben wir nicht – es lohnt nicht[15].

Stünde nicht darüber: »Das neue Reichsministerium«, so könnte darüberstehen: »Der Fachverein der Notariatsbuchhalter« oder »Vereinigung der gehobenen Privatangestellten« oder so was!

Das ist das äußerliche Bild der ledernen Machthaber in der ledernen[16] Republik.

Or. fehlt. – MA 47 Nr. 118 S. 1 v. 24. 5. 1921; Gesammelte Aufsätze S. 17 f. – Lemp S. 243 Nr. 1565; Hofmiller S. 726.

a) Gesammelte Aufsätze folgt: (24. Mai 1921)

1 S. Nr. 102/1 Anm. 1.
2 S. Nr. 6 Anm. 2.
3 S. Nr. 32 Anm. 1.
4 Die Berliner Illustrirte (sic) Zeitung erschien im Verlag Ullstein & Co., Berlin SW 68 (Becker, Liberale Presse S. 93 f).
5 Zwicker als Augenglas (Grimm 7, Sp. 414); auch Thoma trug Zwicker (s. Lemp, vor dem Titelblatt).
6 S. Nr. 102/1 Anm. 2.
7 S. Nr. 6 Anm. 8.
8 Philipp Scheidemann; s. Nr. 12 Anm. 5.

9 Gustav Bauer; s. Nr. 102/1 Anm. 5.
10 Konstantin Fehrenbach; s. Nr. 6 Anm. 3.
11 S. Nr. 102/1 Anm. 14.
12 Speditionsfirma in München.
13 Wilhelm Groener (1867–1939), Offizier, 1918 als Nachfolger Ludendorffs Generalquartiermeister, parteilos, stand der DDP nahe, Reichsverkehrsminister seit dem Kabinett Fehrenbach; s. NDB 7, S. 111–114; AR Fehrenbach S. XXXIII f; AR Wirth S. XXVI.
14 Über die Zusammenarbeit Groeners mit Ebert im Oktober und November 1918 s. Maser S. 167, 179, 195, 202.
15 Dem Kabinett Wirth gehörten außer den in Nr. 102/1 und 104 schon Genannten zunächst noch an: Heinrich Brauns (Zentrum; Arbeitsminister), Andreas Hermes (Zentrum; Ernährungsminister), Otto Geßler (DDP; Reichswehrminister) und Friedrich Rosen (parteilos; Außenminister); s. AR Wirth S. XXXIV ff.
16 Wohl Anspielung auf die nach Thomas Meinung politisch nach links gerichtete Tendenz der Reichsregierung; in der biographischen Skizze über den österreichischen Sozialdemokraten Engelbert Pernerstorfer (1850–1918) spricht Thoma vom »ledernen Marx«; GW (1922) 1, S. 251.

Mittwoch, den 25. Mai 1921 105

Niedergang.

Da die Zeiten nun erfüllt sind, kommen auch die falschen Propheten, von denen geschrieben steht, und ihr Erscheinen beweist uns das Ende der gesitteten, christlichen Welt, die jetzt in Mammonismus und Unzucht versinkt.

Einer der frechsten Burschen ist der ungarische Jud Rudolf Steiner[1], der in Stuttgart neue Religionen gründet und sich damit die Millionen einer verdummten und verfaulten Schiebergesellschaft ergaunert.

Dieser jüdische Feuerfresser und Schlangenbändiger hat sich aus indischem Schwindel Einiges zusammengestohlen, und es genügt, um die armseligen Gehirne einer unterernährten Generation zu verwirren.

Ein paar Kriegsgewinnler[2], denen vor ihren mit Blut und Dreck beschmutzten Millionen graust, suchen Vergessen in dem Hokuspokus, den ihnen dieser geriebene Gauner vormacht.

Vielleicht ahnen sie, daß ihnen der kümmerlichste Rest christlichen Glaubens noch die eine Gewißheit in die Ohren donnern mußte, daß sie verworfen und verdammt sind vor Gott, daß gegen sie der milde Heiland die furchtbarsten Worte ewiger Verdammnis ausgesprochen hat. Irgend etwas, das sich in ihrem Gewissen regt, treibt sie ruhelos herum und treibt sie dem okkultistischen Schwindel des ungarischen Juden in die Arme. Sie bauen ihm Tempel mit ihrem Sündengeld und der Kerl benebelt sie mit dem stinkenden Weihrauche eines fratzenhaften, aus allen Aberglauben zusammengeschneiderten Aberglaubens. Er ernennt Jünger und Apostel, versammelt eine sittlich verfaulte Jugend um sich, die im Schwindel und arbeitsscheuer Gaunerei eine bequeme Art der Existenz findet.

Wenn man dieses Treiben sieht, versteht man erst die Klugheit unserer Vorväter, die gegen nichts härter waren, als gegen die Schwarmgeister. Die führen ein Volk ins tiefste Verderben. Darum schlugen sie ihnen die Köpfe ab und traten sie tot, wie das giftigste Ungeziefer – und hatten Recht, wie in allem; diese ehrenfesten Geschlechter vergaßen nie ihre höchste Pflicht, das Volk vor sich selbst zu schützen.

Heute aber hören wir mit Grauen, daß sich Leute, denen öffentliche Ämter anvertraut sind, mit dem jüdischen Zauberer und Feuerfresser zusammenhocken und die Regierung eines deutschen Landes sieht untätig zu, wie im Herzen einer uralten christlichen Kultur dieser Giftherd existieren darf.

Von allem Schlimmen, das diese Zeit gebracht hat, ist das das Schlimmste.

Or. fehlt. – MA 47 Nr. 119 S. 1 v. 25. 5. 1921. – Lemp S. 243 Nr. 1566; Hofmiller S. 726.

1 Rudolf Steiner (1861–1925), katholisch, geb. in Kraljević (Kroatien), gründete 1913 die Anthroposophische Gesellschaft; s. LThK 9, Sp. 1032f; vgl. auch LThK 1, Sp. 630ff; Benz-Graml S. 329.

2 Zur wirtschaftlichen Fundierung vgl. Else Pfaff, Neues von Rudolf Steiner (Süddeutsche Monatshefte 18/II) 1921, S. 303ff und Nr. 140.

Samstag, den 28. Mai 1921 106

Achtung!

Die Lumpenhunde wittern Morgenluft. Allenthalben rüstet sich das Gesindel, um bei der erwarteten und erhofften Entwaffnung[1] auf seine Rechnung zu kommen. Deswegen ist es an der Zeit, jetzt eine Mahnung ins Land zu schicken, die gehört werden mag.

Die erste gilt Allen, die es mit unserem Bayern, mit Recht und Gesetz, gut meinen, und sie heißt: Habt Vertrauen zu unserer Regierung Kahr[2] und laßt es euch durch nichts rauben! Werdet nicht kleinmütig und glaubt vor allem, daß, was auch geschehen möge, die große, konservative Mehrheit unseres Volkes zusammenstehen wird, um jeden Versuch zu Gewaltsamkeiten niederzuschlagen.

Ganz besonders muß sich unsere bäuerliche Bevölkerung darüber klar sein, daß sie die heilige Pflicht hat, tätig mit einzugreifen, wenn irgendwo in Bayern ein mißleiteter oder beutelustiger Pöbel seine Zeit für gekommen erachten sollte. Nie mehr, das muß erstes Gebot sein, nie mehr darf die Teilnahmslosigkeit, die 1918 den Münchner Saustall ermöglichte[3], bei uns auf dem Lande einreißen.

Jeder Einzelne ist verpflichtet, das Vaterland zu schützen; wer glaubt, daß er hintan stehen dürfe, so lange ihn die Not nicht persönlich bedroht, ist ein Verräter und ein Feigling. Und ein Dummkopf dazu, denn keine Existenz im Lande steht für sich und auf sich allein, jede besteht durch den Staat und muß darum für den Staat eintreten.

Wir wünschen nichts weniger, als Unruhen; kommen sie aber, dann müssen wir entschlossen sein, ganz anders, wie das heuer in Mitteldeutschland[4] geschehen ist, den Giftnattern die Köpfe zu zertreten.

Dann schützt Jeder sein Haus und seinen Herd nicht hinterm Zaun, sondern dort, wo die Mordbande getroffen werden muß. Sind wir Alle dazu bereit, dann verachten wir die französische Hinterlist, die unsere Entwaffnung fordert und verachten das Geheul der Lumpenhunde im eigenen Lande, die jetzt in der Presse, in Versammlungen und im Landtag eifriger als der Landesfeind unsere Wehrlosmachung betreiben wollen.

106

Wir werden nie wehrlos sein, wenn wir zusammenstehen, wir wollen es nicht sein.

Die Feinspinner der Mehrheitssozi[5] mögen es sich gesagt sein lassen, daß ihr verächtliches Treiben, ihr Buhlen um die Gunst des Saupöbels durch keine Phrasen verschleiert werden kann.

Wir kennen unsere Spiegelberge[6] und ihr heimlicher Plan gegen diese Regierung, die von der ungeheuren Mehrheit des Volkes gewählt[7] und also gewollt ist, wird scheitern.

Was sie tun, ist verbrecherisches Schüren, wenn sie sich auch noch so friedensselig gebärden; sie wollen die Unruhen, weil sie hoffen, auf den Trümmern dieser wieder hergestellten Ordnung ihre schmierige Parteiherrschaft aufrichten zu können.

Sie rechnen darauf, die Vermittler spielen zu dürfen, aber die ämtergierigen Parteibonzen sollen sich täuschen; vor sie dazu kommen, ihre verlogenen heuchlerischen Dienste anzubieten, werden wir den Plünderpöbel niedergeschlagen haben. Und das letzte Wort an die Schufte, die im Geheimen hetzen und ihre Saat schon reifen sehen. Geht es los, ihr Lumpenhunde, dann sollt ihr erfahren, daß hier in unserem Bayern kein schäbiger Präsident, oder wie sich das Proletentum selber betiteln mag, dem Zorne des echten und rechten Volkes Einhalt tun wird und kann.

Und bei uns wird man sich nicht begnügen, ein paar schlechte Kerle, die sich zum Raube bereit finden, wegzuräumen – hier zu Land soll es zuerst und zu allererst über die intellektuellen Urheber der Unruhen hergehen.

Und der Teufel hole Jeden, der dann noch von Schonung spricht und uns zumuten will, die Gefängnisse mit diesen Schurken zu füllen, die unser armes Land nicht zur Ruhe kommen lassen! Dann muß ganze Arbeit getan werden.

Dann aber auch weg mit Gesetzen[8], die es zulassen, daß jeder räudige Hund in der Presse die Vernichtung des Staates predigen darf.

Und beim Aufräumen soll uns kein Berliner Geschwätz stören. Denen, die sich dort Reichsregierung[9] heißen und ihrer selbst spotten, werden wir sagen, daß wir uns nicht im Geringsten um ihre Meinung kümmern und Herren im eigenen Lande sind und bleiben.

Or.[a)] 6 Bll., L 2396 (Lemp S. 198 Nr. 142). – MA 47 Nr. 121 S. 1 v. 28. 5. 1921. – Lemp S. 243 Nr. 1567; Hofmiller S. 726.

a) Bl. 1 oben links: Leiter für heute (Anweisung des Redakteurs für den Setzer); Bl. 6: Schlußzeichen

1 Über die Entwaffnung der Einwohnerwehr vgl. S. 480f. Gegen die Politik der Regierung Wirth polemisierte der MA Nr. 117 S. 1 v. 22. 5. 1921.
2 S. Nr. 1 Anm. 6.
3 Vgl. Nr. 67 Anm. 8.
4 Vgl. Nr. 73 und 74.
5 Vgl. Nr. 66 Anm. 1.
6 S. Nr. 132 Anm. 1.
7 Die Parteien der Regierung Kahr (BVP, Mittelpartei, DDP und Bauernbund) hatten bei der Landtagswahl 1920 knapp 70% der Stimmen erhalten (HBbG 4/I, S. 457; 4/II, S. 1298).
8 Zur Pressefreiheit nach der Weimarer Verfassung (Art. 118) s. Huber 6, S. 109.
9 S. Nr. 102/1 und 104.

Sonntag, den 29. Mai 1921 107

Spree-Weisheit[a)].

Ja, wer kommt denn da? Direkt aus Berlin kommt ein Reichstagssozi und gibt den Münchner Jenossen Uffklärung in der höheren Politik und wie wir hinschauen – ist es der Gruaba[1] von der Gruabn, der Redaktionsmartl vom Althoamereck[2], dessen etwas ungepflegtes Äußere allaweil noch ans Hottergaßl[3] und nicht an det Brandenburjer Tor erinnert. Er kommt mit einer ganzen Schmaizlerbladern[4] voll Berliner Gescheitheit und kramt sie vor den süddeutschen Minderwertigen aus.

Er sagt: »Die Frage eines Regierungswechsels in Bayern ist eigentlich von untergeordneter Bedeutung – er sagt ›Bedeiddung‹ –. Aber festzustellen ist, daß die Regierungsbildung im Reiche nicht ohne Folgen auf die ›Geschtaldung‹ der übrigen Länder bleiben kann«.

Ich bin der »Überzeigung«, sagt da Gruawa, daß die Tage der Regierung Kahr[5], wenn sie ihre Verpflichtungen gegenüber dem Reiche »erfillet« hat, gezählt sein müssen...

Am Ohr..., gel Martl? Also jetzt speiben Sie zuerst einmal aus, denn das viele Hochdeutsch in einem Woadhauser[6] Brodladen schaffet Brächreiz und die Zunke wird belegt.

Haben Sie das wirklich alles z' Berlin droben gelernet? Da haben Sie sich einen argen Hirnkatarrh an der Spree zugezogen und es wird gut sein, wenn Sie ein Klafter[7] Weißwürschte einnehmen und ein achtprozentiges Gurgelwasser vom Kreuzbräu[8] holen, damit Sie nicht so norddeutsch aus dem Maul riechen.

Recipe! Und jetzt passen Sie auf. Wissen Sie, was unsere bayerische Regierung auf Ihre zusammengestopselte Ultimatumsschreibergesellschaft tut?

Sie wissen es, Herr Gruawa, und wenn Sie einen dreimal gedrehten Kaktus[9] erblicken, dann denken Sie an die Reichsregierung.

Wir wollen uns nicht ärgern, obwohl es nicht schön ist, daß Sie sich einen solchen Schmarrn von den armseligen Berliner Köchen haben vorsetzen lassen. Jetzt reden wir von der »untergeordneten Bedeutung« des bayerischen Regierungswechsels. Kimmt Ihnen Bayern so klein vor, Sie neuartiger Spree-Athener? Ham se Ihnen an der Großmacht Preußen riechen lassen?

Wenn Ihnen, was wir zugeben, die Gaben gemangelt haben, um zu sehen und zu erkennen, was für eine gottesjämmerliche, traurige Saumischpoche[10] um Sie herum war, so können wir Ihnen auf gut bayerisch sagen, daß kein Neger- und kein Schlawakendorf[11] dem Berliner Saustall gegenüber »untergeordnet« ist.

Das merken Sie sich, Sie »untergeordneter« Woadhauser! Bei uns in München steht jeder Schandarm[12] an Einsicht, Bedeutung und Anständigkeit turmhoch über jedem Berliner Staatsmann.

»Die Regierungsbildung« im Reiche ist uns schon lange wurscht geworden; früher war sie uns noch ekelhaft, aber jetzt können sie im Hanswurstltheater an der Spree spielen, was sie wollen. Wir schauen nicht mehr zu.

Heißt man das dort droben eine Regierung »bilden«, wenn man sich von der Minderheit Strohmänner zusammenbettelt[13], weil sich die Mehrheit an der Latrinenreinigung nicht beteiligen mag?

Und das soll bei uns Folgen haben? Sie Schäker! Lächeln Sie auf Ihren fehlenden Stockzähnen!

Timm[14]?!?! Nee – Klimbimm! Schauen Sie, Herr Gruawa, in Ihrer Abwesenheit sind wir ganz parlamentarisch geworden und bei uns regiert die vom Volke gewählte Regierung, und die will regieren und regiert. Die Stellenjäger haben wir hinausgeschmissen im gesegneten März 1920[15] und wenn sie sich bei der Türe hereinzwängen wollen, hauen wir ihnen ein paar Fotzen[16] herunter. Das sind die einzigen Folgen, die bei uns das Berliner Hausierministerium ausübt. Das ging uns ab, daß wir auf die Spreeschlawiner aufpassen müssen.

Aber jetzt wären wir beinah heftig geworden und ich möchte doch dem Herrn Gruawa-Berlin in seiner untergeordneten Heimat Woadhausen ein herzliches Willkommen zurufen. Wir waren doch schmerzlich berühret, wie sie den Redaktionsmartl aus dem Altheimereck hinausgescheibelt haben und ihm ein Verlegenheitsschanzl[17] in Berlin verschafft haben.

Selbigesmal dachten wir nicht, daß der Gruawa von da Gruabn[18] so geschwind ein wohlunterrichteter Spree-Athener werden könnte; daß ein solchener Bierradi[19] eine Teltower Rübe wird.

Als er mit einem Schmaizlerglasl zur Welt kam, hatte es auch sein Vater nicht gedacht, daß er als »Breißischer Staatsmann« zum Kreuzbräu zurückkehrt und die »Tage des Ministeriums Kahr zählt«.

Denn bis auf fünfi, sagt der Vater, is der Martl nia kemma. Und dennoch hat Martin der Zahnluckerte ein politisches Exposä ausgespieben und seinen Münchener Jenossen in det höhere Regionsjebiet jeführt.

Dös muaß zerm[20] gwen sei.

Or. fehlt. – MA 47 Nr. 122 S. 1 v. 29. 5. 1921; Gesammelte Aufsätze S. 19f. – Lemp S. 243 Nr. 1568; Hofmiller S. 726.

a) Gesammelte Aufsätze folgt: (29. Mai 1921)

1 Martin Gruber (1866–1936), seit 1900 Redakteur der MP, seit 1919 MdR (MSP); Schröder S. 120; Schwarz S. 659. Vgl. auch Nr. 146.
2 S. Nr. 3 Anm. 4.
3 Gasse in der Münchener Innenstadt, nahe dem Altheimereck.
4 Kleine Schnupftabaksflasche (vgl. Grimm 2, Sp. 67; Schmeller 1, Sp. 332); vgl. Nr. 97 Anm. 6.
5 S. Nr. 1 Anm. 6. Zur Lage der Regierung Kahr s. Schwend S. 169f.
6 Gruber stammte aus Harthausen nahe Bad Aibling (Landkreis Rosenheim).
7 Eigentlich Längenmaß (ca. 1,80 m); s. Grimm 5, Sp. 902ff; Schmeller 1, Sp. 1327.

8 Bis 1905 Gastwirtschaft in der Münchener Innenstadt (Brunnstraße); dann katholisches Gesellschaftshaus.
9 Ausdruck der Fäkaliensprache.
10 S. Nr. 15 Anm. 9.
11 Von Slowake, unordentlicher Mensch, Taugenichts; Küpper 7, S. 2484.
12 S. Nr. 40 Anm. 2.
13 Die Regierung Wirth stellte ein Minderheitskabinett dar (Huber 7, S. 195). Vgl. Nr. 102/1 und 104.
14 S. Nr. 10 Anm. 3.
15 Zum Rücktritt der Regierung Hoffmann und der Regierungsbildung unter Kahr im März 1920 s. Nr. 1 Anm. 4.
16 S. Nr. 41 Anm. 11.
17 Angenehmer Posten (Ringseis S. 228).
18 S. Nr. 16 Anm. 7.
19 Rettich, zum Bier genossen; Teltower Rübe ist eine Berliner Spezialität.
20 S. Nr. 16 Anm. 6.

Dienstag, den 31. Mai 1921 108

Der neue Auswärtige[1].

Am 16. Oktober 1918 hatte die damalige Reichsregierung unter dem Prinzen Max[2] als Kanzler nach einer glänzenden, scheinbar auch die zaudernden Feiglinge jenes Kabinetts hinreißenden Rede Ludendorffs[3] beschlossen, in der Antwort auf Wilsons[4] Note zu erklären, daß der U-Boots-Krieg nur gegen Gewährung eines Waffenstillstandes eingestellt[a)] werde[5]. Aut-aut. Ludendorff, der glauben konnte, das Notwendige erreicht zu haben, reiste zurück ins Hauptquartier. Er kannte den degenerierten Ästheten[b)] Max von Baden nicht gut genug, um zu wissen, daß in dieser Seele nicht die Spur von Männlichkeit, Treue oder Entschlossenheit wohnte; er wußte noch nicht, daß dieser eitle Dilettant, der vor sich selber schauspielerte, viel zu verlogen war, um sich an ein gegebenes Wort gebunden zu halten.

Als Admiral Scheer[6] am 17. Oktober 1918 zur Sitzung kam, in der bloß die tags zuvor beschlossene und vereinbarte Note an Wilson stilisiert werden sollte, glaubte er, seinen Ohren nicht zu trauen, als ihm der Sohn des Paralytikers[7], diese – Gottlob verhinderte – Unzierde des badischen Thrones mit einem höhnischen

Lächeln eröffnete, daß sich über Nacht – nicht die Situation – sondern die Meinung des feigherzigen Kabinetts geändert habe.[8]

Mitten zwischen den staatssekretärlichen Spießbürgern und Proleten saßen drei Herren, denen man die vollen Hosen über die Jammergesichter ansah.

Wolff-Metternich[9], Brockdorff-Rantzau[10], und ein dicker, schwitzender Pfahlbürger, ein gewisser Dr. Rosen. Auf diese »besten Kenner der Psyche fremder Völker« wies der Karlsruher Schwätzer, der immer mit geschwollenen Redensarten geladen war, den überraschten Admiral Scheer hin und sagte, die Gutachten dieser Drei[c)] – er nannte sie nochmals beste Kenner der Volkspsyche – seien unbedingt gegen die schon vereinbarte Antwort an Wilson. Er erteilte Herrn Wolff-Metternich das Wort.

Dieses stark verkalkte Gegenteil von Mann ergriff das Wort und erklärte, er habe den U-Boots-Krieg ja immer für ein »illegales« Mittel gehalten. Würde man jetzt Wilson erklären, daß man darauf nur unter der Bedingung eines Waffenstillstandes verzichte, so würde der große und gerechte amerikanische Volksmann nie einen billigen, annehmbaren Frieden gewähren. Nur durch reumütige Unterwerfung, durch bedingungslosen Verzicht auf den »illegalen« U-Boots-Krieg werde man von Wilson ein großmütiges Entgegenkommen erreichen.

Brockdorff-Rantzau, um seine Meinung gebeten, erklärte nur, daß er sich der ausgezeichneten Darlegung seines Vorredners anschließe, und dann kam der Rosen an die Reihe.

Er errötete, wie ein Examens-Kandidat, schlug die Augen nieder, um dem Blicke des Siegers von Skagerrak[11] auszuweichen, und stotterte etwas daher, daß auch er sich »anschließe«.

Erzberger[12] feixte; der Bursche hatte tags zuvor mit der ganzen taktlosen Aufdringlichkeit, die dem Buttenhauser Steißtrommler eigen ist, seine Zustimmung zu Ludendorffs Ausführungen kundgegeben.

Jetzt freute sich die Dreckseele über den Sieg, den die Feigheit in den nach abwärts gerutschten Herzen der Spießbürger davongetragen hatte. Er wußte sich gegen alle Eventualitäten durch seine Schweizer Bankdepots geschützt[13]. Dieses Urbild von Gemeinheit grinste zu Scheidemann[14] hinüber, der für seinen Teil höhnisch lächelnd den Revolutionsweizen blühen sah.

Solf[15] öffnete seine verschlafenen Schweinsaugen halb und gähnte; die anderen Pfahlbürger[16] blähten sich auf als Zuschauer und Akteure bei einem historischen Momente.

Admiral Scheer versuchte, die Kerle an Wort und Pflicht zu erinnern. Umsonst.

Der Jammerprinz von Baden, der auch in diesem Momente noch das frisierte Maul des Schmierenkomödianten zeigte, wandte sich, drehte sich, schwätzte.

Admiral Scheer verließ das Zimmer, in dem einst Bismarck[17] geweilt hatte, und in dem jetzt unter einem verfaulten Fürstensprößling nur mehr[d)] Gemeinheit und Feigheit über das Schicksal Deutschlands entschieden.

Am gleichen Nachmittag erpreßte der badische Salon-Ästhet vom Kaiser den Verzicht auf den U-Boots-Krieg durch die Drohung, daß im Weigerungsfalle das ganze Kabinett zurücktreten werde[18].

Und das wäre schon am 17. Oktober die Revolution gewesen.

So war das Debüt des Dr. Rosen, der jetzt das Auswärtige leiten soll. Nette Aussichten!

Or.[e)] 7 Bll., L 2396 (Lemp S. 198 Nr. 147). – MA 47 Nr. 123 S. 1 v. 31. 5. 1921. – Lemp S. 243 Nr. 1569; Hofmiller S. 726.

a) verbessert aus: [genehmigt]
b) folgt: [den Schleimscheißer]
c) folgt: [Stöpsel]
d) folgt: [Dummheit]
e) Bl. 1 oben links: Leiter (Anweisung des Redakteurs für den Setzer); Bl. 7: Schlußzeichen

1 Dr. Friedrich Rosen (1856–1935), Diplomat, parteilos, seit 24. 5. 1921 Reichsaußenminister im Kabinett Wirth; AR Wirth S. XXVI; Biogr. WB. 2, Sp. 2364. – MA Nr. 119 S. 1 v. 25. 5. 1921 berichtete über die Ernennung von Dr. Rosen zum Reichsaußenminister.
2 Max von Baden (1867–1929), Thronfolger des Großherzogtums Baden, 3. 10.–9. 11. 1918 Reichskanzler; vgl. Matthias-Morsey S. XVI–XXIX; Huber 3, S. 832. – MP Nr. 131 v. 9. 6. 1921 zitierte die beleidigenden Äußerungen dieses Artikels über Prinz Max v. Baden, Erzberger, Solf und Rosen mit der Bemerkung »das Amtsblatt des Herrn v. Kahr, der MA, führt eine gefährliche Sprache«.
3 S. Nr. 65 Anm. 11.

4 Vgl. Nr. 42 Anm. 4. Text der 2. Note Wilsons v. 14. 10. 1918 s. Schulthess 1918/II, S. 610ff.

5 Die Sitzung des Gesamtkabinetts unter Teilnahme Ludendorffs fand am 17. 10. 1918 statt (Matthias-Morsey S. 220–253 Nr. 64 und 65). Eine mit der Tendenz von Thomas Artikel übereinstimmende Schilderung dieser Vorgänge enthält der Bericht von Magnus v. Levetzow, Der letzte Akt (Süddeutsche Monatshefte 21/II) 1924, S. 60–64; es handelt sich hierbei um das sog. Dolchstoßheft der Süddeutschen Monatshefte.

6 Reinhard Scheer (1863–1928), Chef des Admiralstabes; Biogr. WB. 3, Sp. 2470f. Scheer nahm auch an der in Anm. 5 genannten Beratung teil. Die von Thoma erwähnte 2. Sitzung des Kriegskabinetts in Anwesenheit Scheers fand am 19. 10. 1918 statt; s. Matthias-Morsey S. 273–282 Nr. 71–73. Scheers Äußerungen sind widersprüchlich dokumentiert.

7 Max von Baden war der Sohn des Prinzen Wilhelm von Baden (1829–1897); s. ADB 42, S. 701ff.

8 Zur Meinungsbildung der Reichsregierung am 19. u. 20. 10. 1918 s. Matthias-Morsey S. 282–294 Nr. 74–77. Text der Antwortnote, die in der Nacht vom 20. zum 21. 10. 1918 abging, bei Schulthess 1918/II, S. 612f.

9 Paul Graf Wolff-Metternich (1853–1934), 1910–1912 deutscher Botschafter in London, bis 1916 in Konstantinopel, sprach sich in der Sitzung v. 19. 10. 1918 gegen den uneingeschränkten U-Boot-Krieg aus (Matthias-Morsey S. 277ff Nr. 72a, b).

10 Ulrich Graf Brockdorff-Rantzau (1869–1928), seit 1912 deutscher Gesandter in Kopenhagen (s. NDB 2, S. 620), schloß sich der Meinung Wolff-Metternichs an (s. Anm. 9). Im selben Sinn äußerte sich Rosen (s. Anm. 1), deutscher Botschafter in Den Haag.

11 Scheer war Chef der deutschen Hochseeflotte in der Seeschlacht am Skagerrak 1916 (Gebhardt-Grundmann 4/I, S. 74). Seine Ansicht über die Verhandlungen am 19. 10. 1918 veröffentlichte Reinhard Scheer, Warum der Krieg verloren ging. Ein Beitrag zur Wahrheit über den Krieg (Kriegshefte der Süddeutschen Monatshefte 1918/19) S. 410–419 (März 1919); Ders., Wehrlos, ehrlos! Eine Betrachtung über Deutschlands Niedergang (Süddeutsche Monatshefte 16) 1919, S. 293–298 (Juli 1919); S. 294f verlegt Scheer die Besprechung auf den 17. 10. 1918 und betont, daß die drei Diplomaten Wolff-Metternich, Brockdorff-Rantzau und Rosen den Umschwung in der Meinung des Kabinetts bewirkt hätten.

12 S. Nr. 9 Anm. 1. Erzberger war Staatssekretär in der Regierung des Prinzen Max von Baden (Matthias-Morsey S. XXIX). Vgl. Nr. 54 Anm. 5 (Buttenhausen). Erzberger war Volksschullehrer (Epstein S. 23; Steißtrommler ist abwertende Bezeichnung dafür; Küpper 7, S. 2724).

13 S. Nr. 9 Anm. 13.

14 S. Nr. 12 Anm. 5.

15 Wilhelm Solf (1862–1936), Staatssekretär des Auswärtigen Amts in der Regierung des Prinzen Max von Baden; er schloß sich 1919 der DDP an; Biogr. WB. 3, Sp. 2674f.

16 Abwertende Bezeichnung für Spießbürger; s. Brockhaus-Wahrig 5, S. 104.

17 S. Nr. 6 Anm. 8.

18 Besprechung des Kaisers mit dem Reichskanzler am 20. 10. 1918 s. Matthias-Morsey S. 284ff Nr. 75.

Donnerstag, den 2. Juni 1921 109

Die Einwohnerwehrfrage[1].

Sie ist eigentlich keine »Frage«, kann unter vernünftigen Menschen keine sein, denn daß sich der Einzelne wie die Gemeinde und der Staat gegen Gewalt und Unrecht schützen dürfen, ist eine Selbstverständlichkeit.

Wo sie aufhört, das zu sein, hört der Staat auf.

Aber die sozialdemokratischen Führer und Stellenjäger und die sozialdemokratische Presse[2] haben dieses Gebot der Selbsterhaltung zu einer sozialen und politischen Frage umgefälscht und die kleinen Geister im Lande, die die Schulaufsätze der »Münchner Post« auswendig lernen und nachpappeln, wissen wieder einmal nicht, was sie tun.

Das ist seit Golgatha der Brauch bei den Dummen und Unmündigen. Heute ist ein Leser und Abonnent der »Münchner Post« imstande, in der kleinsten Gemeinde einen Gegensatz zwischen Bauern und Arbeitern herauszufinden und die Einwohnerwehr als Feindin der Arbeiter zu betrachten[3].

Er selber würde ja nie auf diesen Blödsinn kommen, wenn er nachdächte, denn, wenn der Bauer oder der Bürger Haus und Hof und Gemeinde schützen will, warum soll das ein Angriff gegen die Arbeiter sein?

Der lebt doch von dem, was der Bauer erzeugt, der lebt doch von dem, was er durch den Bürger verdient; das Leben weist sie aufeinander an, die Existenz des Einen ist die Existenz des Andern und ein gescheiter, selbständig denkender Arbeiter versteht, daß er sich selber schützt, wenn er Bürger und Bauern bei ihrem Selbstschutze unterstützt.

Aber da haben wir die Krankheit in unserem Volke. Die wenigsten denken selbständig; die große Mehrheit pappelt einfach den Parteimist nach, den ihnen die Zeitung täglich vorsetzt und der aus Dummheit, Führerehrgeiz, Hinterhaltigkeit, Herrschsucht und noch manchem andern zusammengesetzt ist. Bis jetzt hat noch Niemand gegen die »Feuerwehr« agitiert; wenn aber die »Münchner Post« etwa ein Jahr lang gegen die Feuerwehr als antisozialistische Einrichtung hetzen würde, dann könnten wir es erleben, daß manches Rindvieh die Feuerlöscheimer als Wahrzeichen des Kapitalismusses betrachten würde.

Und das wäre um kein Haar dümmer, wie das Geschrei, das gegen die Einwohnerwehr erhoben wird.

Die Einwohnerwehr ist keine Einrichtung gegen Jemand, sie ist, wie die Feuerwehr, eine Einrichtung für Alle.

Jetzt glaubt und redet aber der politische Depp, daß die Schutzwehr in der eigenen Gemeinde, im eigenen Land eine Versündigung gegen das Reich sei[4].

Wir wollen einmal untersuchen, wie dieser Blödsinn Gemeinschaden so vieler an sich harmloser Menschen geworden ist.

In der Zeit der größten Gefahr in München haben die damaligen Minister Auer[5] und Timm[6] begriffen, daß nur die Bewaffnung der ordnungsliebenden Bürger und Arbeiter den Staat retten könne. Sie erließen deshalb einen Aufruf zur Bildung von Einwohnerwehren[7]. Zwei Tage später zogen sie ihre Unterschrift und ihre Meinung zurück. Warum? Weil sich der Pöbel der Großstadt wütend dagegen erklärte und weil die Herren einsahen, daß sie ohne den Pöbel nichts und gar nichts sind.

Überall frißt der ganze Umsturz den halben, und überall erweckt der halbe Umsturz den ganzen zum Leben. Das ist die Geschichte aller Revolutionen.

Sieger bleibt entweder die Ordnung oder der Pöbel. Wer vom Pöbel erkoren ist, muß mit ihm durch dick und dünn gehen, oder er geht unter. Es kam auch in München so.

Auer wurde dreiviertel ermordet[8], Roßhaupter[9], Timm und Genossen gingen in den schmutzigen Wogen der Revolution unter und verschwanden. Das Ministerium hockte in Bamberg[10] und schrie um Hilfe.

Es war die offizielle Bankrott-Erklärung der Sozialisten; ihre 40 Jahre hindurch gemachten Versprechungen hatten sie nicht halten können und sie mußten eingestehen, daß sie weder mit den Radikalen gegen die Ordnungsparteien, noch mit den Ordnungsparteien gegen die Radikalen, regieren konnten.

Aber so bankrott die sozialdemokratische Firma war, ihre Angestellten und Dividendenbezieher wollten doch das einträgliche Geschäft, den Staat zu melken, nicht aufgeben.

Wir erlebten die Tatsache, die für sich allein die politische Unreife der Deutschen beweist, daß trotz jenes Bankrottes, trotz der Niederwerfung der Revolution durch die Truppen[11] und trotz des großen Wahlsieges der bürgerlichen Parteien[12] ein Mitglied der kleinsten Fraktion, der Unabhängigen, der Lehrer Hofmann Ministerpräsident blieb und mit einem farblosen Mischmasch scheinbar regierte[13].

Unter ihm, während seiner Regierung, wurde die Einwohnerwehr gebildet[14].

Aber auch sonst erstarkte im ganzen Lande der Wille zur Gesundheit von Woche zu Woche; das Ministerium Hofmann stand völlig neben draußen; es existierte eigentlich nicht und hatte nicht den geringsten Einfluß auf die ganze Entwicklung, auf die Genesung Bayerns.

Im März 1920 machte man der Scheinexistenz des Herrn Schulmeisters ein Ende und unter dem Beifall des ganzen Landes trat unser Kahr an die Spitze der Regierung[15].

Bayern wußte, daß Redlichkeit und Tüchtigkeit endlich wieder zurückgekehrt waren.

Von diesem Tage an hetzt die Sozialdemokratie in Bayern, und die sozialistischen Exzellenzen, samt den demokratischen Impotenzen in Berlin, stimmten in das Gekläffe ein.

Jetzt war mit einem Schlage die Einwohnerwehr, nach der die Hasenfüße am lautesten geschrieen hatten, eine reaktionäre Einrichtung.

Man darf glauben, daß Timm und Auer, wenn sie das Vaterunser überhaupt beten können, schon recht viele Vaterunser für das Bestehen der Einwohnerwehr und einer kräftigen Polizei gebetet haben.

Beide Staatsmänner gehen nie zu Bett, ohne in den weichen Kissen gerührt und dankbar an Pöhner[16] zu denken; er hat ihnen die Möglichkeit wieder gegeben, ihre Politik zu treiben, ohne die Konsequenzen ziehen zu müssen, er hat ihnen die Ausübung des alten lieben Handwerks, dem Pöbel zu schmeicheln und ihn gegen eine Regierung aufzuhetzen, wieder ungefährlich gemacht.

Der Bankrott ist vergessen und die sozialdemokratische Firma treibt wieder ihren Handel mit leeren Versprechungen und gefälschten Zukunftsstaatsaktien, ohne daß der Pöbel auf Erfüllung dringen kann.

Bei diesem Aufblühen des Geschäftes regte sich in den Leutchen der Wunsch nach Ämtern und Titeln.

Kahr steht ihnen im Wege. Und die Einwohnerwehr, die ihn und die Ordnung und die Redlichkeit dem Lande erhalten will, gilt den Stellenjägern als das größte Hindernis.

Darum haben sie sie bekämpft seit dem März 1920 und sie hoffen, sie mit Hilfe der Berliner Spießgesellen abzuschaffen und den Weg zu Ministerstühlen frei zu machen.

Das gute Stimmvieh, das die Artikel der »Post« frißt und wiederkäut, weiß davon nichts; es blökt auf Kommando gegen die Einrichtung, die ihm Arbeit und Verdienst sichert.

Wer aber ruhig und selbständig denken kann im Lande, der versteht, warum die Falschhauser im Landtag und in den Ausschüssen so eifrig die Geschäfte Frankreichs besorgen und die Entwaffnung nicht schnell genug haben können[17].

Es ist nicht schwer, diesen Falschspielern in die Karten zu schauen.

Aber das bayrische Volk wird wissen, ob es von Kahr und von der heiß erstrittenen Ehrlichkeit wieder lassen, ob es noch einmal den Saustall[18] einer sozialdemokratischen Regierung erdulden will.

Or. fehlt. – MA 47 Nr. 125 S. 1 v. 2. 6. 1921. – Lemp S. 243 Nr. 1570; Hofmiller S. 726.

1 Zur Einwohnerwehr s. S. 480f. MA Nr. 123 S. 1 v. 31. 5. 1921 brachte die Mitteilung, daß die Entscheidung über die Entwaffnung der bayer. Einwohnerwehr kurz bevorstehe.

2 S. Nr. 90 Anm. 1. Zur MP vgl. Nr. 1 Anm. 1.

3 Spätestens seit Frühjahr 1920 ging die Teilnahme der organisierten Arbeiter an der Einwohnerwehr zurück; vgl. Nr. 1 Anm. 3.

4 Vgl. dazu auch Nr. 88 u. 110.

5 S. Nr. 14 Anm. 3.

6 S. Nr. 10 Anm. 3.

7 Aufruf v. 27. 12. 1918 s. MinProt S. 439. Zur politischen Entwicklung der folgenden Tage s. Ebd. S. 211–231; vgl. auch Mitchell S. 172ff; Morenz S. 40; sowie im Nachwort S. 477.

8 S. Nr. 14 Anm. 6.

9 Albert Roßhaupter (1878–1949), Eisenbahnarbeiter, seit 1907 MdL (Sozialdemokrat), in der Regierung Eisner Minister für militärische Angelegenheiten; s. MinProt S. XL; Bayer. Biogr. S. 643 f.
10 S. Nr. 33 Anm. 7.
11 Zur militärischen Liquidation der Räterepublik Ende April/Anfang Mai 1919 vgl. HBbG 4/I, S. 431.
12 Ergebnisse der Landtagswahlen v. 12. 1. (2. 2.) 1919 u. v. 6. 6. 1920 s. HBbG 4/II, S. 1298; vgl. Nr. 63 Anm. 8.
13 S. Nr. 33 Anm. 8. Hoffmann gehörte nicht zur USP, er war Mehrheitssozialist. Nach der Wahl von 1919 bildete die MSP die zweitstärkste Fraktion nach der BVP.
14 Über die organisatorische Entwicklung der Einwohnerwehr während der Regierung Hoffmann im Jahr 1919 vgl. Large S. 17ff. S. auch S. 478.
15 Zum Rücktritt der Regierung Hoffmann am 14. 3. 1920 und zur Bildung der Regierung Kahr am 16. 3. 1920 vgl. HBbG 4/I, S. 454ff.
16 S. Nr. 17 Anm. 11.
17 Vgl. Nr. 110 Anm. 8.
18 Mehrfach wiederkehrender Ausdruck; vgl. Nr. 106 Anm. 3.

Freitag, den 3. Juni 1921 110

Die neue Revolution[a].

Am Samstag, den 28. Mai, erklärte unser Herr Ministerpräsident von Kahr[1], daß die Verhandlungen mit der Reichsregierung infolge Abwesenheit des Reichskanzlers[2] noch nicht zu Ende gebracht seien, er werde, wie er bestimmt hoffe, am Montag, den 30. Mai, der Kammer über die Lage Mitteilung machen[3]. Diese sachliche Erklärung, die jedem anständigen Menschen genügen mußte, bedeutete einen Aufschub von einem Tage, denn der Sonntag, an dem die Jenossen[b] auch nicht politisieren, zählt nicht.

Was erfolgte aber jetzt? Zuerst kam auf Samtpfoten der Timm[4]. Er erklärte sich nicht befriedigt; seine Partei, die wahrscheinlich tags darauf in allen Biergärten in und um München herum hockte, hätte sofortige Klarstellung verlangt.

Der tapfere Eisner[5]-Minister, der vom November 1918 bis[c] zum März 1919 nichts fertig brachte und zusah, wie auf einen argen Saustall der ärgere kam[6], hat es pressant.

Der Franzos wartet noch ein Monat, der Eisner-Jünger kann keine 24 Stunden warten.

Die braven Männer, die den Oberschlesiern[7] zu Hilfe kommen wollten, hieß er – der willenlose Mitläufer Eisners – »kurzsichtige Leute«.

Dabei spielt er sich als Reichsretter gegen Bayern auf.

Wer da nicht kotzen muß, der braucht ja dann bloß die Rede des Gareis[8] zu lesen. Der rote Schulmeister, der Sohn des roten Forstmeisters von Eichstätt[9], der als der allererste seinen Treueid für[d)] den König gebrochen hat[e)], »teilte das Befremden des Timm«.

Es handle sich entweder um das Festhalten an Kahr und der Einwohnerwehr[10] oder um das Festhalten am Reiche!!! Lieber Leser, wir ziehen uns einen Augenblick zurück, denn jetzt kotzen wir wirklich.

– – – So – – –

Daß das deutsche Reich auf den Hund gekommen ist, wissen wir seit November 1918; daß es noch bis auf den Gareis kommen soll[f)], haben wir soeben gehört.

Es rege sich Niemand auf[g)]. Seit einem Jahr schreibt ja die »Post«[11] den nämlichen Bockmist und der intelligente Schulmeister hat bloß die unverdauten Brocken von sich gegeben.

Das Reich, für das einmal Bismarck[12] gearbeitet und geredet hat, ist an dem Tage zu Grunde gegangen, wo der erste Sozi »für das Reich« eintrat. Es blühte und gedieh, war stark und angesehen, so lange die Sozi gegen das Reich wählten und hetzten, das ist vom 1. Januar 1871 – bis zum Herbste 1918[13]. Von da ab wurde es der Abstreifer, auf dem sich der letzte polnische Lump die Füße abputzt; diese Pensionsanstalt der sozialdemokratischen Arbeitersekretäre[14], dieser Tummelplatz der Dummheit und Feigheit, das wird jetzt von den Pensionären Berlins als das »Reich« hingestellt, zu dem sie »halten«. –

Am[h)] Schlusse der Verhandlungen[15] sagte der Gareis, man zwinge seine Partei, »ihre Ziele auf außerparlamentarischem Wege zu erreichen . . .«[i)]

Bauern! Da haben wir ja die Drohung, von der wir neulich sprachen[16], da haben wir ja die Ankündigung einer neuen Revolution.

Aber weit entfernt, uns davor zu ängstigen, möchten wir

wünschen, daß der Gareis den Versuch macht, außerparlamentarisch sein Ziel zu erreichen.

Denn wie ist's nachher, Oberlandler, Chiemgauer, Glonnthaler, Isengauer[17] und ihr andern alle?

Schauen[k)] wir zu, daß nochmal der rote Fetzen durch München getragen wird?

Oder[l)] schlagen wir jeden Hund tot, der das arme Vaterland in neues Verderben stürzen will[k)]?

Haltet euch bereit, denn, wenn der Gareis auch bloß mit dem Maul droht, so gibt es doch Gesindel genug, das bloß auf ein Signal wartet[l)].

Es ist jetzt an der Zeit, wachsam zu sein[h)].

Wenn solche Leute, wie der Gareis, frech werden und im Parlamente selbst mit Umsturz drohen, dann wissen sie, daß sie eine Schar von Lumpen hinter sich haben. Aber, das soll geschworen sein, sie sollen eine andere Suppe ausfressen müssen, wie die im Mai 1919[18].

Or.[m)] 4 Bll., Lg 66 (Lemp S. 199 Nr. 195; irrtümlich zu L 2396). – MA 47 Nr. 126 S. 1 v. 3. 6. 1921. – Lemp S. 243 Nr. 1571; Hofmiller S. 726.

a) verbessert aus: [Drohungen]
b) folgt: [mehr saufen]
c) folgt: [zur Hedschra im F⟨ebruar⟩]
d) verbessert aus: [gegen]
e) verbessert aus: [vergessen hatte]
f) folgt: [glauben wir aber nicht]
g) folgt: [In Algerien schon kriegen die Leute gern den Sonn⟨enstich⟩[19]]
h)–h) LV 1920/21, StenBer 3, S. 249[20]; Freie Presse Osnabrück Nr. 366 v. 14. 6. 1921
i) folgt: [Das ist eine Drohung.]
k)–k) LV 1920/21, StenBer 3, S. 261[21]
l)–l) RV Bd. 350, S. 3949[22]
m) Bl. 4: Schlußzeichen

1 S. Nr. 1 Anm. 6. MP Nr. 124 v. 1. 6. 1921 u. Vorwärts Nr. 252 v. 31. 5. 1921 berichteten über die Erklärung Kahrs im Haushaltsausschuß des Landtags, daß die bayer. Staatsregierung in Übereinstimmung mit der Reichsregierung entschlossen sei, in Erfüllung des alliierten Ultimatums das Möglichste zur Auflösung der Einwohnerwehr zu tun (AR Wirth S. 40 Anm. 5); ebenso auch MA Nr. 124 S. 1 u. 3 v. 1. 6. 1921 und Augsburger Postzeitung Nr. 244 v. 1. 6. 1921; vgl. auch Bayer. Volkspartei-Correspondenz v. 30. u. 31. 5. 1921.

2 Dr. Joseph Wirth; s. Nr. 102/1 Anm. 2.

3 Vgl. die in Anm. 1 zitierten Presseberichte.
4 S. Nr. 10 Anm. 3. Vgl. MA Nr. 125 S. 1 v. 2. 6. 1921.
5 S. Nr. 14 Anm. 7.
6 Timm war Justizminister in der Regierung Eisner.
7 Anfang Mai 1921 sammelten sich in Oberschlesien Selbstschutzkräfte, um die einseitige territoriale Festlegung der sich aus der Volksabstimmung ergebenden Grenzen durch polnische Verbände zu verhindern; dazu stießen am 11. Mai Gruppen des Freikorps Oberland; s. Friedrich Wilhelm v. Oertzen, Die deutschen Freikorps, München 1936, S. 171f; Venner S. 211ff; Kuron S. 76; Lexikon zur Parteiengeschichte 2, S. 677. Zur Organisation des Freikorps Oberland vgl. Kanzler S. 166ff. – Den Gedanken zur Aufstellung eines Scharfschützenkorps gegen Italien (wohl in ähnlicher Form wie die späteren Freikorps) erwähnt Thoma in einem Brief an Ludwig Ganghofer am 9. 6. 1915 (Keller, Briefe S. 278).
8 S. Nr. 43 Anm. 1. Vgl. MA Nr. 125 S. 1 v. 2. 6. 1921.
9 Karl Gareis; s. Nr. 43 Anm. 5.
10 Zur Einwohnerwehr s. S. 480.
11 Münchener Post; s. Nr. 1 Anm. 1.
12 S. Nr. 6 Anm. 8.
13 Vgl. dazu Huber 4, S. 100, 110; HBbG 4/I, S. 310f.
14 Von den Gewerkschaften bestellte Berater in Fragen des Arbeitsrechts und der Sozialversicherung (erstmals 1894 in Nürnberg); s. Heinrich Potthoff, Die Sozialdemokratie von den Anfängen bis 1945, Bonn-Bad Godesberg 1974, S. 53.
15 Vgl. die in Anm. 1 zitierten Presseberichte. In der Landtagsdebatte v. 21. 6. 1921 bestätigte der Abg. Neumann (USP) diese Äußerung des Abg. Gareis (LV 1920/21, StenBer 3, S. 224).
16 S. Nr. 106.
17 Die Einwohnerwehr war nach Gauen organisiert (Chiemgau, Isengau, Oberland); s. Kanzler S. 138f.
18 Niederwerfung der Räterepublik in München im Mai 1919; s. Nr. 68 Anm. 2.
19 S. Nr. 88 Anm. 12.
20 Nach Zitat des Abg. Max Blumtritt (USP) am 22. 6. 1921 im Landtag.
21 Nach Zitat von Staatssekretär Schweyer (Innenministerium) am 22. 6. 1921 im Landtag. Danach Hoegner, S. 88.
22 Nach Zitat des Abg. Hans Unterleitner (USP) am 17. 6. 1921 im Reichstag; vgl. Nr. 135 Anm. 4.

Samstag, den 4. Juni 1921 111

Geßler[1].

Wir meinen nicht den Schweizer Landvogt, der bei seinen Fehlern gewiß ein tapferes Mannsbild war und seinem damaligen Landesherrn die Treue hielt[a)2].

Also von[b)] ihm ist nicht die Rede, sondern von dem derzeitigen

Reichswehrlosigkeitsminister, dem Desorganisator des Armeerestes, unserm teuren[c)] Freunde zu Berlin.

Er hat zwar dem seinerzeit erschossenen Herrn Auer versprochen, daß er uns, den »Miesbacher Anzeiger«, verbieten werde, aber wir sind[d)] ihm nicht gram[3].

Wir wissen, daß sein Hinauswurf aus dem Reichsministerio[e)] morgen oder übermorgen erfolgen wird, und wissen auch, daß der »Miesbacher Anzeiger« ganz gewiß noch bestehen wird, wenn es notwendig wird, eine Todes-Anzeige des[f)] Maire von Nürnberg zu bringen[4].

Wir versprechen ihm schon heute, daß wir sie nicht schwarz umrändern werden.

Nach dieser rein geschäftlichen Notiz kommen wir auf Herrn Geßler zurück.

Aus dem Leben großer[g)] Männer soll und muß man bezeichnende Episoden erzählen.

Da kam einmal vor dem Kriege ein vor Ehrfurcht und Eifer schwitzendes, geschniegeltes und gebügeltes Männchen auf das Schiff des Kaisers und überbrachte dem damals noch regierenden Wilhelm II. ein Geschenk der Stadt Nürnberg, ein Bild[5].

Das war Höflichkeit der Stadtväter, nichts ungewöhnliches. Aber wie es das Männchen anbrachte!

Alte Matrosen und Seeoffiziere erinnern sich lachend noch Jahre lang an den komplimentierenden, in Ehrfurcht ersterbenden, in Ergebenheit zerfließenden, seines Nichts überbewußten kleinen Mann, der vor dem Glanze der Majestät zerging, zerfloß wie Rindsschmalz in der Sonne. Seine Majestät geruhten allerhuldvollst zu danken und das Männchen, das von den Regensburger[6] Dickgeselchten zu den Nürnberger Rostbratwürsten hinauf avanciert war, erstarb vor Glück.

Was ist der Mensch?

Noch nicht zwei Lustra[7] später runzelte der Kleine die Stirne, wenn das verfemte Wort »Hohenzollern« ausgesprochen wurde. Noch nicht zwei Lustra später verfolgte er »Kaisertreue« oder Treue zu geschworenen Eiden als Verbrechen, die jeden Offizier für die Reichswehr untauglich machten.

Alles, was der geradsinnige, männliche Noske[8] geachtet und trotz[h)] seiner sozialdemokratischen Vergangenheit geehrt hatte, verfemte das diensteifrige Nachfolgerchen.

Jetzt stand er mit Herzklopfen vor dem Scheidemann[9] und dem Kopierbauer[10] und erstarb vor Wonne, wenn ihm ein Prolet die feuchte Hand reichte und huldvollst sagte, daß er sich gut umgemausert habe.

Wir sind dem Geßlerchen nicht bös. Wir verstehen ja, was es für ihn bedeutet hat, mit einem wirklichen sozialdemokratischen Oberherrn, mit dem Auer, in einem Coupé sitzen zu dürfen. Da ist er aber übergeflossen von Ergebenheit, wie seinerzeit vor Seiner Majestät. Nein! Nein!

Dieser Geßler wäre nicht bei Küßnacht[11] erschossen worden. Die aufrührerischen Schweizer hätten ihm ein Pöstchen gegeben, er hätte statt dem Hut des Kaisers eine rote Zipfelhaube auf die Stange gesteckt – und Schiller hätte den »Tell« nicht dichten können, aus Mangel an einem finstern, charakterstarken Geßler.

Und die Schweizer hätten dann auch nicht bei Grandson und Murten[12] siegen können aus Mangel an einer Reichswehr, die ihnen der zum Demokraten[13] umgewandelte Landvogt desorganisiert hätte.

Es gibt so ne und so ne Geßlers.

Und die Weltgeschichte hängt von Zufälligkeiten ab.

Or.[i)] 6 Bll., Lg 181 (Lemp S. 198 Nr. 166). – MA 47 Nr. 127 S. 1 v. 4. 6. 1921. – Lemp S. 243 Nr. 1572; Hofmiller S. 726.

a) folgt: [Er hätte ja auch mit der Revolution in der Schweiz paktieren können und als Aufbauminister ein Pöstchen erhalten können. Aber die damaligen Geßlers waren nicht so, sie blieben bei ihren Fahnen.]
b) folgt: [diesem Landvogt, der bei Küßnacht erschossen wurde]
c) MA: treuen
d) folgt: [dem geschniegelten Herrchen,]
e) folgt: [nur eine Frage von]
f) folgt: [ehemaligen]
g) MA: größter
h) folgt: [Zeit und Umständen geehrt hatte]
i) Bl. 1 oben links: Für Freitag (Anweisung des Redakteurs für den Setzer); Bl. 6: Schlußzeichen

1 S. Nr. 6 Anm. 10 und Nr. 82 Anm. 2; vgl. auch S. 489.
2 Der von Friedrich v. Schiller popularisierte Schweizer Landvogt Hermann Geßler aus der Tell-Sage ist keine historisch gesicherte Person; vgl. HB der Schweizer Geschichte, 1, Zürich 1972, S. 194f.
3 S. Nr. 14 Anm. 3; vgl. Nr. 87 Anm. 26.

4 S. Nr. 82 Anm. 2.
5 S. Nr. 23 Anm. 2. – Weder in den Protokollen der Kommunalen Gremien, noch in den Akten des Magistrats, noch in der Stadtchronik von Nürnberg (sämtliche im Stadtarchiv Nürnberg), noch in der Nürnberger Tageszeitung Fränkischer Kurier ist das von Thoma karikierte Ereignis, das zwischen Januar und Juli 1914 anzunehmen wäre, nachzuweisen (für Forschungshilfe danke ich dem Stadtarchiv Nürnberg und Gerhard Hirschmann, Nürnberg). Sogenannte Patengeschenke hat die Stadt Nürnberg (vertreten durch Oberbürgermeister Georg v. Schuh) der Besatzung des Kreuzers Nürnberg beim Stapellauf und bei der Indienststellung 1906 und 1908 überreicht. Ob Thomas Geschichte davon ihren Ausgang nahm oder ob sie überhaupt frei erfunden ist, sei dahingestellt. – Die Staatsanwaltschaft München II ermittelte wegen dieses Artikels mit dem Ziel, Beleidigungsklage gegen den MA zu erheben. Auf Veranlassung von Minister Geßler unterblieb dies jedoch; vgl. dazu S. 469.
6 Geßler war von 1911–1913 Erster Bürgermeister von Regensburg; s. Dieter Albrecht, Regensburg im Wandel. Studien zur Geschichte der Stadt im 19. und 20. Jahrhundert, Regensburg 1984, S. 175 ff.
7 Zeitraum von ca. fünf Jahren (Pauly-Wissowa 13/II, Sp. 2040 ff).
8 Gustav Noske (1868–1946), Redakteur, 1919/20 Reichswehrminister; s. Biogr. WB. 2, Sp. 2033; Huber 4, S. 117.
9 S. Nr. 12 Anm. 5.
10 Gustav Bauer; s. Nr. 102/1 Anm. 5.
11 Kanton Schwyz; vgl. Anm. 2.
12 Siege der Schweizer über Herzog Karl den Kühnen von Burgund 1476; HB der Schweizer Geschichte (wie Anm. 2), S. 322 f.
13 Geßler gehörte zur DDP.

Dienstag, den 7. Juni 1921 112

Alwin in Not.

Unsere Mitbürger werden bemerkt haben, daß wir gestern eine schwarze Fahne aufgezogen hatten. Das bestürzte Miesbach erfuhr dann von uns, daß es sich um unsern geliebten, großen Staatsrat Alwin Saenger[1] handelte, der »sengeriche« Prügel bezogen haben soll. Wir waren ja nicht dabei und wissen es nur von der »Post«, der wir in diesem Falle herzlich gerne Glauben schenken[2].

Die Altheimereckler[3] beteuern es feierlich, daß unser inniggeliebter[a)] Staatsrat verwamst[4] worden ist, und da es uns wirklich sehr, sehr hart ankäme, in diesem Falle dem sozialdemokratischen Organe Zweifel entgegenzusetzen – so wollen wir es für ganz bestimmt und bewiesen erachten:

Jawohl, der Saenger, der die rote Fahnenwacht hält, hat Prügel gekriegt, und sogar – wie unser Postler bezeugt – ganz richtige, hoanbuachene, altboarische.

Endlich! – füge ich hinzu – hat es sich gezeigt, bis zu welchem Grade die Siedehitze steigen kann.

Gott sei Dank! – setze ich bei – gibt es in München noch Leute, die das Herz auf dem rechten Fleck haben – und ebenso wie wir, aber schon akkurat so, diesen tief-tief-traurigen Fall beweinen.

Die »Post« behauptet, daß die fürchterlichen Streiche, die der Kammer-Saenger der Sozi erlitt, auf den Rücken, beziehungsweise Dornfortsatz, beziehungsweise .rsch ... gegangen seien, zum Glücke, meint die »Post«, denn bald sie auf den Kopf gegangen wären, sagt der Postler, wären sie tödlich gewesen.

Das glauben wir nicht; in diesem Punkte müssen wir dem Erzähler[b)] widersprechen; der bedeutendste Kopf Bayerns hätte ganz gewiß Widerstand geleistet.

Aber sei dem, wie ihm wolle, wir schließen uns in der Hauptsache, in dem Berichte des wirklichen Geprügeltwordenseins, gerne der »Post« an.

Ein paar Schutzleute sollen nichts bemerkt haben. Aha! Hier ist ein Punkt contra Pöhner[5] angedeutet. Der unselige Polizeipräsident soll auch nichts gesehen und gehört haben. Das läßt tief blicken.

Man raunt sich zu, daß er um diese Zeit schlief.

Schlief!!! Als jenes Drama in der Barerstraße[6] vor sich ging!

Sänger halten Versammlungen, Sänger wandern heim und werden nahe der Heimstätte verwamst und Polizeipräsidenten schlafen.

Es waltet ein finsteres Verhängnis über den Saenger. Auch der Ibykus wurde auf dem Wege nach Olympia verhauen[c)7]. Scheinbar mehr auf den Kopf, wie auf den Dornfortsatz, denn er blieb tot. Bekanntlich waren auch keine Schutzleute in der Nähe, bloß Kraniche, die alsdann die Attentäter verrieten.

Sollte der moderne Ibykus der Sozi keinen Kranich finden, der ihn rächt?

Wir bezweifeln es, da es in München keine Kraniche gibt.

Eine Schnepfe[8], die um diese späte Stunde einsam durch die Barerstraße strich, würde als treue Anhängerin der roten Sache ganz gewiß die Attentäter verraten, aber sie war zu sehr gegen einen Kapitalisten beschäftigt und sah nichts.

Ein Kranich wär halt besser.

So müssen wir leider befürchten, daß unser moderner Ibykus für seinen rot-blau angelaufenen Dornfortsatz keine Rache findet.

Wir aber, wir lassen die schwarze Fahne noch zwei Tage an unserem Hause hängen. Es ist entsetzlich![9] –

Or.[d] 5 Bll., L 2396 (Lemp S. 198 Nr. 144). – MA 47 Nr. 129 S. 1 v. 7. 6. 1921. – Lemp S. 243 Nr. 1573; Hofmiller S. 726.

a) MA: innigstgeliebter
b) folgt: [der Arschprügel]
c) folgt: [Aber jene Streiche trafen den Kopf des geliebten]
d) Bl. 1 oben links: Leiter (Anweisung des Redakteurs für den Setzer); Bl. 5: Schlußzeichen

1 S. Nr. 99 Anm. 2. MA Nr. 128 S. 2 v. 5. 6. 1921 berichtet über den Überfall auf Alwin Saenger in der Barerstraße in München. Vgl. auch Hoegner, Radikalismus S. 58.
2 Münchener Post; s. Nr. 1 Anm. 1. Bericht über den Vorfall in MP Nr. 126 v. 3. 6. 1921 (vgl. auch MP Nr. 130 v. 8. 6. 1921). Im Landtag kam die Angelegenheit ebenfalls zur Sprache (LV 1920/21, StenBer 3, S. 241, 257f).
3 S. Nr. 3 Anm. 4.
4 Verprügeln (Grimm 13, Sp. 1469; Küpper 8, S. 3007).
5 S. Nr. 17 Anm. 11. Vgl. Nr. 116.
6 S. Anm. 1.
7 S. Nr. 116 Anm. 1.
8 S. Nr. 16 Anm. 9.
9 Unter den MA-Manuskripten Thomas (L 2396; Lemp S. 200 Nr. 238) befindet sich ein Blatt, dessen Text nach Nr. 112 entstanden ist, offensichtlich für den MA vorgesehen war, aber nicht veröffentlicht wurde: »Saenger. Von vertrauenswürdiger Seite wird uns versichert, daß der berühmte Staatsrat Saenger nicht an den Folgen unbekannter Prügel leidet, sondern an einer Störung des Dornfortsatzes, die er sich durch heftiges Automobilfahren während seines Staatssekretariats zugezogen hat.
Es stellt sich nämlich heraus, daß der eifrige Mann 22 000 Mk. Automobilspesen gemacht während seiner (Nachtrag von anderer Hand: kurzen) Amtszeit und da kann man sich ja vorstellen, wie er im Schnauferl herumgesaust ist.
Dabei soll ihm der Rückenwirbel aus der Scharnier gegangen sein; auch sonstige Störungen im Fassungsvermögen werden beobachtet.
Von den Schäden, die der Staatssäckel erlitten hat, reden wir nicht; sie entsprechen vollständig allen übrigen, die uns die gewissenhafte sozialdemokratische Beamtenwelt gebracht hat. Wir wünschen aufrichtig gute Besserung dem hohen Patienten«.
Die hohen Autospesen des Staatsrats Saenger wurden im Landtag im August 1921 mehrfach diskutiert. Kultusminister Matt gab sie mit 16 000 Mark an (LV 1920/

21, StenBer 3, S. 709–712; vgl. auch die Berichte in MA Nr. 182 S. 1 v. 7. 8. 1921; Nr. 185 S. 1 v. 11. 8. 1921; Nr. 188 S. 1 v. 14. 8. 1921).

Dienstag, den 7. Juni 1921 113

Sächsisch.

Von Sachsen wundert uns ja nichts. Wer einmal eine sächsische Soziversammlung gesehen hat und diese kleinen, rachitischen, verkrüppelten Schreier gesehen hat, weiß Alles.

Wer aber im Krieg etwa neben einer sächsischen Division, die aus dem Hauptindustriegebiet rekrutiert war, kämpfte, der weiß noch mehr[1].

Gesindel. Nicht die Spur von deutsch. Mehr braucht man nicht zu sagen, und Jeder wird es bezeugen, der diese Kerle sah.

Die Münchner erinnern sich vielleicht noch an den Geiselmörder Seidel[2], dessen schielendes, hundsgemeines, verschobenes Gesicht, an die Jammergestalt.

Das ist der Urtypus des[a)] radikalen Sachsen. Feig, grausam, verrückt.

Diese Burschen waren die ersten, die gegen unsere braven Freikorps in Oberschlesien Gift spritzten. Die Sauhunde kreischten nach der Entwaffnung der Kämpfer und die Regierung in Sachsen versprach ihnen, daß sie jeden Landesangehörigen, der in Oberschlesien deutschen Landsleuten helfen wollte, bestrafen werde[3].

Das rachitische Gesindel verlangte es und so muß es geschehen.

Or.[b)] 2 Bll., L 2396 (Lemp S. 199 Nr. 196). – MA 47 Nr. 129 S. 1 v. 7. 6. 1921. – Lemp S. 243 Nr. 1574; Hofmiller S. 726.

a) folgt: [radigale]

b) Bl. 1 oben links: Hinter Rundschau (Anweisung des Redakteurs für den Setzer); Bl. 2: Schlußzeichen

1 Vgl. Nr. 156 Anm. 4.

2 Fritz Seidel (1894–1919), Kaufmann aus Chemnitz; wegen Beteiligung am Münchener Geiselmord zum Tod verurteilt; s. Morenz S. 88ff, 132.

3 Zum Einsatz des Freikorps Oberland in Oberschlesien s. Nr. 110 Anm. 7; über die Behinderung der Transporte auf sächsischen Bahnhöfen s. Nr. 156.

Donnerstag, den 9. Juni 1921 114

Für den neuen Umsturz.

Es ist ein großer Fehler der bürgerlichen Politiker, zu glauben, daß nur die Kommunisten[1] und vielleicht noch die Uspe[2] für einen neuen Umsturz seien, die Mehrheitssozialdemokratie[3] dagegen wolle einen Ordnungsstaat, wenn auch nach ihren eigenen Plänen.

Die Mehrheitssozialdemokratie will nur dann keinen neuen Umsturz, wenn sie schon selbst mit in der Regierung sitzt oder entscheidenden Einfluß darauf ausübt. Berlin ist Beispiel[4].

In Bayern ziehen die Mehrheitssozialisten mit den Uspen und Kommunisten an einem Seil: gegen die bürgerliche Regierung Kahr[5], gegen die Einwohnerwehren[6] und damit für einen neuen Umsturz.

Duldsam gegen links und ganz links ist die Losung der bürgerlichen Demokraten[7]. Dadurch allein schon wird die Fortdauer der Revolution unterstützt, und zwar von sogenannten Bürgerlichen.

Mit allen aufrührerischen Elementen Hand in Hand, das ist in Bayern die Losung der Mehrheitssozialdemokratie. Durch einen neuen Putsch, den man aber nicht selbst anzetteln will, dazu ist man zu feig, will sich die Mehrheitssozialdemokratie Regierungsstellen, Ämter und Posten erkämpfen lassen.

Traurige Helden! Im Wahlkampf und nach Außen hin schreit man gegen die Kommunisten, geht es aber um Erlangung der Ministerposten, dann sind die Gareis[8] und Konsorten als Sturmböcke praktisch zu benützen.

Das ist der Krieg im Zeichen der Demokratie. Volksherrschaft!? Nein, zum Teufel: die Herrschaft der politisierenden roten Herrschaften, der Parteigötzen, der Führer und Abgeordneten. Da wird gewühlt und gehetzt in der roten Presse und in Versammlungen solange, bis sich ein Haufen dummer Teufel findet, mit der Waffe auf die Straße geht, um das Proletariat und seine Rechte zu verteidigen. So macht man es der Masse vor.

In Wirklichkeit stolpert das Männlein mit der roten Binde und mit Gewehr und Handgranate nur deshalb für einige Tage herum, damit die Auer[9], Timm[10] oder mögen sie heißen wie sie wollen, Minister werden.

Mögen Putsche Milliarden kosten, mag die Mark dadurch neuerdings sinken[11] – ganz gleich, der Gevatter Schuster hat schon einmal in die Regierung hineingeschmeckt und will wieder hinein und die Massen sollen ihm durch Streik und Aufstand dazu behilflich sein.

Der Rucksack-Spartakist findet seine Rechnung; er krampfelt sich durch. Der irregeleitete Prolet jedoch, der dem Wahnwitz seiner Führer Glauben schenkte, der fliegt dann wieder ins Loch, wandert ins Gefängnis dafür, weil er seinen großen Genossen Ministerstühle verschaffen half.

Noch ehe der Hahn dreimal kräht, wird der neue Minister seine Helfer verraten haben[12]. Er weiß von nichts!

Das ist vorderhand nichts als ein Bild der Zeit. Ob es so kommt, hängt von uns ab. Daß von der linken Seite die Einwohnerwehr nur deshalb beseitigt wird, weil sie für die Ordnung ist, das leugnen die schönsten Sprüche der Auer und Timm[13] nicht weg.

Noch aber sind sie nicht am Ziel! Es hängt davon ab, ob die Ehrlichen nicht nur ehrlich, sondern auch mutig und in sich einig sind. Mut und Einigkeit allein kann uns retten vor einer neuen roten Sintflut!

Or. fehlt. – MA 47 Nr. 131 S. 1 v. 9. 6. 1921. – Lemp S. 243 Nr. 1575; Hofmiller S. 726.

1 Die Kommunistische Partei Deutschlands entstand Ende 1918 durch den Zusammenschluß des Spartakusbundes mit den Internationalen Kommunisten Deutschlands; die Bezeichnung knüpft an die russische Kommunistische Partei an, die seit 1912 als bolschewistische Partei bestand und die Bezeichnung Kommunistische Partei Rußlands im März 1918 annahm. Über die Gründung der KP in München (Dezember 1918), den Aufbau der Parteibezirke Südbayern und Nordbayern (seit Herbst 1919) und die Abgrenzung zur USP 1920/21 vgl. Hartmut Mehringer, Die KPD in Bayern 1919–1945 (Bayern in der NS-Zeit 5) 1983, S. 6–16.

2 S. Nr. 10 Anm. 2.

3 S. Nr. 66 Anm. 1.

4 Über die Reichsregierung vgl. Nr. 102/1, über die preußische Regierung s. Nr. 96.

5 S. Nr. 1 Anm. 6.

6 Vgl. die Landtagsdebatte am 28.4.1921 (LV 1920/21, StenBer 2, S. 868–873). – MA Nr. 129 S. 3 v. 7.6.1921 hatte die Meldung gebracht, daß der Landeskommissär für die Entwaffnung der Zivilbevölkerung die Ablieferung der Maschinengewehre und Geschütze bis zum 10.6., die der übrigen Waffen bis zum 30.6.1921 angeordnet habe. Vgl. Schulthess 1921/I, S. 192.

7 Die bayer. Liberalen sammelten sich im November 1918 in der »Deutschen Volkspartei«, die sich dann als Landesverband der DDP anschloß (Morenz S. 31; Reimann S. 220ff; Huber 5, S. 987).

8 S. Nr. 43 Anm. 1.

9 S. Nr. 14 Anm. 3.

10 S. Nr. 10 Anm. 3.

11 Zum Geldwertverfall s. Nr. 90 Anm. 7.

12 Nach den Evangelien verleugnete Petrus Jesus dreimal; nach Matthäus (26,74), Lukas (22,60) und Johannes (18,27) krähte der Hahn einmal, nach Markus (14, 68 u. 72) zweimal.

13 Bei der in Anm. 6 zitierten Landtagsdebatte sprach für die MSP nur der Abg. Timm.

Donnerstag, den 9. Juni 1921 115

Etwas vom Oberland.

In Miesbach, Tegernsee[1] und Kreuth[2] ist man einem Jagdschieber[3] auf der Spur, der merkwürdig viel Geld übrig zu haben scheint, ohne daß sich die Bevölkerung über den redlichen Erwerb im Klaren sein kann. Ein Kriegsgewinnslump soll mit unter der Decke stecken, einer von den ganz eiskalten Schuften, die mit dem Elend des Landes gute Geschäfte gemacht haben.

Private Dinge berühren wir grundsätzlich nicht, aber diese heimlichen Treibereien haben ein öffentliches Interesse insofern, als sie das Rechtsgefühl und die Ehrbegriffe unseres Bezirkes bedrohen.

Solche Leute können und dürfen nicht in der Mitte eines anständigen Volkes die großen Herren spielen, sonst ist der Beweis erbracht, daß Betrug und Wucher jeder Verfolgung spotten dürfen und daß Geld[a)] heute jeden Schaden heilt.

Es wäre Sache der Betreffenden, sich still zu verhalten und die öffentliche Meinung nicht herauszufordern. Wenn aber Jemand glaubt, daß Bürger und Bauern zu kleinmütig sind, um ihre Meinung zu äußern und daß man bloß die Sozi[4] zum Schweigen bringen muß, indem man sich ihnen anschließt und ihre Wortführer abschmiert, dann könnte sich der Betreffende täuschen.

Wir empfehlen sehr dringend bescheideneres Auftreten, sonst hilft dem Herrn auch die Protektion gewisser Arbeiterräte[5] gar nichts gegen die Macht der öffentlichen Meinung, der man am Ende nicht so oft ins Gesicht schlagen darf. Haben wir uns verstanden?

Or.[b] 1 Bl., L 2396 (Lemp S. 198 Nr. 161). – MA 47 Nr. 131 S. 2 v. 9. 6. 1921. – Lemp S. 243 Nr. 1576; Hofmiller S. 726.

a) MA: Wucher
b) Schlußzeichen

1 Landkreis Miesbach. Am 8. 6. 1921 hatte der Gemeinderat Tegernsee beschlossen, die Jagd im Vertragsweg auf sechs Jahre zu vergeben und nur Einheimische zur Bewerbung zuzulassen (MA Nr. 132 S. 2 v. 10. 6. 1921).
2 Landkreis Miesbach.
3 Vgl. Nr. 137/1 u. Gajek (Serie Piper 925) S. 187f.
4 Nach der Gemeindewahl v. 15. 6. 1919 saßen im Gemeinderat Tegernsee acht Vertreter der bürgerlichen Parteien und vier Sozialisten (BStZtg Nr. 151 v. 18. 6. 1919).
5 Nach dem Betriebsrätegesetz v. 4. 2. 1920 waren in Betrieben mit mehr als 20 Mitarbeitern Arbeiter- bzw. Angestelltenräte (Betriebsräte) zu wählen zur Verwirklichung des Art. 165 der Weimarer Verfassung, wonach die Arbeitnehmer gleichberechtigt mit den Unternehmern an der Regelung der Lohn- und Arbeitsbedingungen mitwirken sollten; vgl. Staatslexikon 1, Sp. 1193.

Samstag, den 11. Juni 1921 116

Ibykus[a)1] und Pfiffikus.

Die »Münchner Post«[2] schreibt was von Mord, den wir in Miesbach predigen oder gutheißen oder gleich gar anstiften. Auf den saudummen Bockmist geben wir keine Antwort, weil wir nicht glauben, daß unter den Lesern der »Post« ein solches Rindvieh ist, daß es den verlogenen Schmerzensschrei glaubt, obgleich vielen Abonnenten der »Post« ganz gewiß die Schafwolle bei den Ohren herauswächst.

Aber der Bötin am Altheimereck[3] haben wir was anderes zu sagen. Sie ist nicht bloß hinterfotzig[4], sondern es hat ihrer verehrter

Leitung auch einer mit der Mistpretschen[5] aufs Hirn geschlagen, und so macht sie es halt wieder einmal dumm, wie sie die Katze aus dem Sack läßt.

Die nächtliche Prügelei in der Barerstraße[6] ist ja am Ende nicht wert, daß man sich deswegen bloß einen Augenblick damit abgibt, und wenn ein Staatsrat[7] blaue Flecken auf dem »salva venia«[8] hat, soll er in Gottes Namen eine Salbe darauf schmieren und uns in Ruhe lassen.

Dem Land Bayern kann der ganze Radau wurst sein, und daraus eine Mord-Affäre machen, ist bloß eine Lächerlichkeit, als die der »Miesbacher Anzeiger« diesen Straßenunfug auch betrachtet und behandelt hat. Aber jetzt kommt die andere Seite.

Wer bloß den Überfall auf den Herrn Saenger[9] als Politiker mißbilligt, kann das Schlechteste von den Tätern sagen, kann auf ihre Gesinnung schimpfen und den ganzen Zeitgeist verurteilen – aber die Polizei kann er nicht verdächtigen, sonst ist er selber sofort verdächtig.

Daß nicht an jedem Haus ein Schandarm steht, ist was Altes, und in der sicheren, wunderschönen Friedenszeit hat auch mancher Krakehler Krakehl gehabt und Maulschellen bekommen. Das Alles ist so selbstverständlich, daß es kein Wort braucht.

Warum macht also die »Post« den Polizeipräsidenten[10] und den Justizminister[11] für eine Katzbalgerei verantwortlich? Weil sie hetzen will.

Bei anständigen Menschen macht man mit der Hetze gegen die vielgeplagten und pflichttreuen Sicherheitsorgane keinen Eindruck. Die wissen, daß der Schutz der öffentlichen Ordnung notwendig und segensreich ist.

Die Artikel der »Post« sind daher bloß an die Adresse des Gesindels gerichtet, das man gegen den Polizeipräsidenten und damit gegen die Ordnung, die der verdiente Mann wieder hergestellt hat, aufhetzen will.

Das ist infame Pöbelkost, das ist Gift, das in der Hefe des Volkes wirken soll, sonst gar nichts.

Und die Entrüstungssoß drum herum ist Schwindel.

Unter dem Justizminister Timm[12] war ein Zuchthäusler Polizeidirektor[13]; jeder Einbruch, jeder[b)] Erpressungsversuch, Raub und

Plünderung waren vor Entdeckung und Strafe sicher, und jeder anständige Mensch war vogelfrei.

Wieviel Energie es gekostet hat, in dieser zerrütteten und verwüsteten Stadt wieder menschliche Verhältnisse zu schaffen, braucht der »Post«-Redakteur ja nicht zu verstehen, aber wenn er sich erfrecht, gegen diesen geordneten Zustand den Pöbel aufzuhetzen, dann muß man ihm begreiflich machen, daß es unser Volk satt hat, die Sicherheit fortwährend bedrohen zu lassen.

Daß er uns auch Mordgedanken gegen Herrn Auer[14] unterschiebt, ist ein guter Witz.

Auer ist bereits ermordet und zwar von einem eingeschriebenen, organisierten Mitglied der sozialdemokratischen Partei und einem langjährigen Leser und Abonnenten der »Münchner Post«[15].

Wenn der ehemalige Minister so lang lebt, bis ihn ein Miesbacher Mörder erschießt, dann lebt er lang und setzt Moos an. Das[c)] Mordgesindel in der Hauptstadt steht unter der roten Fahne[c)].

Or.[d)] 3 Bll., L 2396 (Lemp S. 199 Nr. 172). – MA 47 Nr. 133 S. 1 v. 11. 6. 1921. – Lemp S. 243 Nr. 1577; Hofmiller S. 726.

a) darüber: [Saenger]
b) folgt: [Mord war]
c)–c) MA: fehlt
d) Bl. 3: Schlußzeichen

1 Antiker Lyriker des 6. Jahrhunderts v. Chr., der nach der Legende von Räubern erschlagen wurde, was durch Kraniche an den Tag kam (Pauly-Wissowa 9/I, S. 816ff); durch Schillers »Die Kraniche des Ibykus« bekannt geworden.
2 S. Nr. 1 Anm. 1. Vgl. MP Nr. 129 v. 7. 6. 1921. Gemeint ist wohl Nr. 110. Vgl. auch MP Nr. 132 v. 10. 6. 1921 u. Der Kampf v. 10. 6. 1921.
3 S. Nr. 3 Anm. 4.
4 Heimtückisch, unaufrichtig (Küpper 4, S. 1289).
5 Brett zum Festschlagen des Mistes (auf dem Wagen); vgl. Schmeller 1, Sp. 375.
6 S. Nr. 112 Anm. 1.
7 Alwin Saenger; s. Nr. 99 Anm. 2.
8 »Mit Verlaub zu sagen« (antiquierte Höflichkeitsfloskel der bayer. Amtssprache).
9 Zu Mutmaßungen über den Täter, der durch das Privatleben Saengers motiviert gewesen sei, vgl. MA Nr. 141 S. 1 v. 21. 6. 1921; zur Aufklärung s. MA Nr. 142 S. 1 v. 22. 6. 1921 (wodurch die in Nr. 141 geäußerten Verdächtigungen sich als völlig haltlos erwiesen).
10 Ernst Pöhner; s. Nr. 17 Anm. 11.
11 Christian Roth; s. Nr. 75 Anm. 13.
12 S. Nr. 10 Anm. 3.

13 Thoma attackiert hier Josef Staimer (1871–1941; seit 1905 im Fabrikarbeiterverband Nürnberg tätig), der vom 8. 11. 1918–13. 4. 1919 Polizeipräsident in München war; vgl. Morenz S. 25, 133; Mehringer (wie Nr. 114 Anm. 1) S. 266; Nr. 53 Anm. 10. Die diffamierenden Vorwürfe gegen Staimer wiederholte MA 47 Nr. 158 S. 1 v. 10. 7. 1921. Nach 1919 gehörte Staimer zur KP in Nürnberg.

14 S. Nr. 14 Anm. 3.

15 Zum Attentat Alois Lindners, bei dem Auer schwer verletzt wurde, vgl. Nr. 14 Anm. 6.

Samstag, den 11. Juni 1921 117

Alpine Katastrophe[a)].

Drahtnachricht.

Herr Auer[1], der die Kahr[2]-Spitze ersteigen wollte, rutschte aus und stürzte in die Tiefe. Sein Genosse Timm[3], der an ihn angeseilt war, erlitt das gleiche Schicksal. Beide Staatsmänner sind innerlich schwer verletzt.

Spezialbericht.

Unser Gewährsmann teilt uns mit, daß sich der beklagenswerte Unfall folgendermaßen zugetragen hat:

Herr Auer trug sich schon seit Monaten mit der Idee, die Kahrspitze von der linken Seite her zu erklettern[4]. Er war schon einmal ganz nahe an den Gipfel gelangt und hatte oben ein Portefeuille liegen lassen, in dessen Besitz er unbedingt wieder gelangen wollte. Er machte in den letzten Wochen krampfhafte Kletterübungen und als er den günstigsten Moment für gegeben erachtete, machte er sich schleunigst an den Aufstieg.

Der alte Weg, den er kannte, war aber vermurt und bald hing er hilflos an der steilen Wand, rutschte jählings aus und stürzte ab. Der an ihn angeseilte Genosse Timm war ganz hilflos.

Er hatte keinerlei alpine Ausrüstung, sondern war sonderbarerweise in Ministeruniform[5] erschienen; sein alter Schiffhut von 1919 war ihm über die Augen heruntergerutscht und hinderte ihn am Sehen, auch kam ihm sein Degen zwischen die Füße.

Auer rief ihm im Fallen noch zu: »Nimm di z'sam Schorschi![6] Mir san ausgrutscht ...«

Aber da sausten beide schon in den gähnenden Abgrund.

Eine Rettungsgesellschaft brachte die beiden Opfer in das Spital am Altheimereck[7].

Weiterer Bericht[b)].

Der berühmte Professor Gruaba[8] aus Berlin, der früher seine Praxis neben der Hottergasse[9] ausgeübt hatte, ist ans Krankenlager geeilt.

Er machte beiden Patienten Einspritzungen mit Berliner Parteispiritus[c)] und Spreekampfer, welche die Verunglückten auch sofort ins Bewußtsein ihrer Lage zurückriefen.

Auer hat sich ziemlich erholt und gedenkt bereits in 14 Tagen seine Kletterübungen an der Parteistange wieder aufzunehmen.

Nicht so Timm, der noch zu Bett liegt und seinen zusammengetetschten Ministerschiffhut nicht aus den Händen geben will und auch sonst noch keine zusammenhängenden Sätze sprechen kann.

Letzter Bericht.

Genaue Kenner der Verhältnisse versichern uns, daß die Kahrspitze von der linken Seite aus nicht zu ersteigen ist. Die kühnen Kletterer ließen sich durch falsche Berichte täuschen. Das Bedauern ist allgemein.

Der Direktor des Altheimerecker Spitals sagte unserem Gewährsmann, daß zwar keine völlige Genesung zu erwarten sei, und daß beide Herren höchstens zur Ausübung eines sozialdemokratischen Mandates befähigt bleiben würden.

Man kann nur wünschen, daß ihnen wenigstens dieses bescheidene Los ermöglicht bleibt.

Or.[d] 5 Bll., L 2396 (Lemp S. 199 Nr. 174). – MA 47 Nr. 133 S. 1 v. 11. 6. 1921; Miesbacher Büchl S. 10f. – Lemp S. 243 Nr. 1578; Hofmiller S. 726.

a) Miesbacher Büchl folgt: Erschienen nach der mißglückten roten Offensive gegen die Regierung Kahr im bayerischen Landtag im Frühjahr 1921.
b) verbessert aus: [Nachbericht]
c) MA: Pankespiritus (vom Redakteur geändert); Miesbacher Büchl: ebenso
d) Bl. 1 oben links: 1. Seite, 3. Spalte (Anweisung des Redakteurs für den Setzer); Bl. 5: Schlußzeichen

1 S. Nr. 14 Anm. 3.
2 S. Nr. 1 Anm. 6.
3 S. Nr. 10 Anm. 3.
4 MA Nr. 128 S. 1 v. 5. 6. 1921 hatte berichtet, daß wenige Tage vor der Entscheidung über die Auflösung der Einwohnerwehr (vgl. Nr. 110) Philipp Scheidemann und ein Vertreter Erzbergers in München gewesen seien, um eine neue Regierung Auer vorzubereiten. Vgl. dazu auch MP Nr. 129 v. 7. 6. 1921.
5 Auer war Innenminister in der Regierung Eisner; über die Beamtenuniformen zur Zeit der Monarchie vgl. Weber, Anh.-Bd. S. 495 ff, 501 f. Die Minister trugen zur Gala-Uniform einen »dreieckigen« Hut (volkstümlich Schiffhut genannt) und einen Degen.
6 Gemeint ist wohl Georg Birk, Herausgeber der MP; s. Nr. 87 Anm. 10.
7 S. Nr. 3 Anm. 4.
8 Martin Gruber, MdR (MSP); s. Nr. 107 Anm. 1.
9 S. Nr. 107 Anm. 3.

Sonntag, den 12. Juni 1921 118

Gareis[1].

Von einem leidenschaftlichen Fanatiker, dessen Namen noch nicht bekannt ist, wurde der Abg. Gareis ermordet.

Dieser Mord zeigt neuerdings, möchten es doch auch die Denkfaulen einsehen, daß die Revolution noch lange nicht abgeschlossen ist. Und weil sie immer noch weiter dauert, als Gift im Körper des Volkes, ist es Unsinn, immer nur von der Ruhe zu sprechen und von der Wichtigkeit dieser Ruhe: Völker, die in der Revolution stehen, kennen keine Ruhe, keine Ordnung, keine Sicherheit, keine Autorität, keinen Rechtsstaat.

Das ist die einzige, ganz große Errungenschaft der Revolution.

Und dieser Errungenschaft ist der Revolutionär Gareis nun zum

Opfer gefallen. Die Kinder der Revolution werden gefressen von der Revolution.

Selbstverständlich verurteilt jeder anständige Mensch diesen feigen, hinterlistigen Mord. Aber die linke Seite, der Gareis angehörte, möge bedenken, daß die Revolution von ihr gezeugt wurde, daß sie aus dem Ordnungsstaat einen Unordnungsstaat gemacht hat, und daß alle Grundlagen des Rechts unterwühlt wurden – und daß der Mord eine der Hauptwaffen der Revolution war: der Revolution, für die Gareis in Wort und Schrift mit größter Leidenschaftlichkeit, vor keiner Drohung gegen jegliche Ordnung zurückschreckend, gearbeitet hat.

Und nichts ist bodenlos gemeiner, hinterhältiger und unehrlicher, als wenn die »Münchner Post«[2] jetzt mit Fingern auf die Rechtspolitiker zeigt, und diese für den Mord verantwortlich macht. Wenn sie in diesem Zusammenhang auch den »Miesbacher Anzeiger« nennt, so ist dies nur ein weiterer Beweis von ihrer heruntergekommenen Geistesverfassung und Gehirnversandung.

Über alle Maßen ist jedoch jeweils und auch diesmal wieder die Heuchelei der »Münchner Post«, eine Heuchelei widerlichster Art.

Wie hat seinerzeit die »Münchner Post« den jüdischen Mörder Adler, den feigen Wiener Juden, der Minister Stürkh ermordete, als Helden gefeiert[3]. Und denkt die »Post« nicht daran, wie gerade die Genossen es waren, die den gemeinen Kerl, den Metzger Lindner[4], der Auer[5] im Landtag zum Krüppel schoß, in Sicherheit brachten, wie sie den Mord in ihrer Presse verteidigten. Denkt die »Münchner Post« nicht daran, wie sie selbst dafür eintrat, daß an den politischen Mörder Lindner nicht das Todesurteil vollzogen wurde[6]. Schutz dem Mörder, wenn er auf eigenem Boden steht, frommer Augenaufschlag und widerlichste Heuchelei, wenn einer aus den eigenen Reihen als Opfer seines Wahnsinns einem Mörder vor den Revolver kommt. Man kann so und kann so.

Gareis ist tot! Sein Mörder noch unbekannt[7]. Bekannt aber für jeden Sehenden sind die Ursachen solcher Morde: das durch die Revolution vernichtete Rechtsgefühl und die größte Triebkraft aller Revolutionen – der politische Fanatismus.

Or. fehlt. – MA 47 Nr. 134 S. 1 v. 12. 6. 1921. – Lemp S. 243 Nr. 1579; Hofmiller S. 726.

1 S. Nr. 43 Anm. 1. Gareis wurde in den frühen Morgenstunden des 10. 6. 1921 vor seinem Haus in der Freystraße im Münchener Stadtteil Schwabing ermordet; s. MA Nr. 133 S. 3 v. 11. 6. 1921; vgl. Gumbel S. 116f; Moser v. Filseck S. 82f; Schulthess 1921/I, S. 198f.

2 S. Nr. 1 Anm. 1. MP Nr. 132 v. 10. 6. 1921 kritisierte die politische Richtung des MA; vgl. auch die bei Nr. 116 Anm. 2 zitierten Presseäußerungen.

3 Friedrich Adler (1879–1962), österr. Sozialist (Biogr. WB. 1, Sp. 26), hatte am 21. 10. 1916 den österr. Ministerpräsidenten Karl Graf v. Stürgkh erschossen (Ebd. 3, Sp. 2815; Schulthess 1916/II, S. 46f; vgl. Leser S. 275; Uhlirz 3, S. 192).

4 S. Nr. 14 Anm. 6.

5 S. Nr. 14 Anm. 3.

6 Lindner wurde vom Volksgericht beim Landgericht München I am 15. 12. 1919 wegen versuchten Totschlages (Fall Auer) und erschwerten Totschlages (Fall Jahreiß) zu 14 Jahren Zuchthaus verurteilt (Schulthess 1919/I, S. 506f); ausführlicher Prozeßbericht s. Die Attentate im bayer. Landtag. Der Prozeß gegen Alois Lindner und Genossen vor dem Volksgericht München, München 1919. Lindner war in Österreich festgenommen und nur unter der Bedingung ausgeliefert worden, daß er zu keiner härteren Strafe verurteilt werden dürfe, als es nach österr. Recht, das die Todesstrafe nicht mehr kennt, zulässig ist.

7 Vgl. Nr. 121 Anm. 5.

118/1

Gareis[1].

Die Tat in der Freystraße werden alle staatstreuen Männer verurteilen[a)], weil sie[b)] Gewalt über Recht setzte, als dieses Recht und die Achtung vor dem Gesetze wiederhergestellt waren.

Und dazu war sie unverzeihlich töricht, denn sie liefert gerade denen, die unseren Staat täglich mit Umsturz und Gewalt bedrohen, ein billiges Mittel, sich als die Verfolgten und Angegriffenen hinzustellen.

Wer für Ordnung und Recht eintritt, muß selbst[c)] Achtung vor dem Gesetze zeigen, heute mehr, als je, denn wir sind noch lange nicht über den Berg und wir müssen uns bereit halten, unser Bayern gegen Umtriebe zu schützen, die längst wieder in Vorbereitung sind.

Die Regierung, wie der Landtag haben sofort, unzweideutig mit klaren Worten ihrem Bedauern und ihrer Entrüstung Ausdruck gegeben[2]; das wird aber von unserm Lande nicht die giftigsten Angriffe fern halten, in denen die Demagogen Meister sind.

Der tote Gareis wird der Ruhe im Lande gefährlicher, als der lebende, obwohl der auch sein möglichstes[d)] in der Verhetzung der Massen getan hat.

Die Wahrheit[e)] darf auch vor dem offenen Grabe[f)] gesagt werden. Wir haben Gareis[g)] für einen ehrlichen Phantasten gehalten[3] und das ist immerhin ein Lob in einer Zeit, die sehr viele unehrliche Schwärmer hat, die ihre Taschen im Traumzustande zu füllen wissen.

Die Apostel des werktätigen Volkes sind keine armen Fischer geblieben; sie wissen als Rentner, Präsidenten, Landräte und Oberbürgermeister sehr genau, was Ideale an bar einbringen. Zu diesen Ehrenmännern gehörte Gareis nicht.

Aber er war trotzdem eine schwache Natur, ein halbfertiger Mensch und mißbrauchte seine Gaben zum Schaden seines Volkes und seines Landes.

Als Kriegsgefangener[4] lernte er in Afrika die Bestialität der Franzosen kennen und doch richtete sich sein Haß gegen die eigene Heimat. In der Schweiz konnte russischer Einfluß den haltlosen Mann verwirren, der die einfachste Wahrheit nicht verstand, die jeder arme Bauernbub in seinem Herzen trug: daß man zu erst und zu allererst zu seinem Vaterlande steht.

Das Halbwissen ist ihm wie so vielen verhängnisvoll geworden; ein unfertiger Charakter verlor er sich an Ideen, die gründliche Bildung, klares Pflichtgefühl und auch gesunder, einfacher Hausverstand leicht von sich abweisen.

Er war verbohrt und leidenschaftlich, wie alle diese Weltverbesserer, die Rezepte für das Leiden der Menschheit haben und sie aus einem Punkte kurieren wollen.

In seiner Beschränktheit ließ er sich trotz einer unleugbaren Gutmütigkeit seines Wesens immer weiter treiben, bis zur wüsten, gemeingefährlichen Hetze.

Als wildgewordener Philister tobte er im Ausschusse gegen das Ministerium[5], als sich dieses die gebührende Zeit für verantwortungsvolle Entschlüsse ausbat, er drohte mit Gewalt, mit der Rechtsbeugung durch die Massen; er beschimpfte die braven Männer, die in Oberschlesien unseren Landsleuten zu Hilfe eilten[6], er war der Wortführer dieser selbstmörderischen, schmutzigen

Pöbelinstinkte, obwohl er nach seiner Art, nach seiner Erziehung, nach seiner Abstammung ganz und gar nicht in die Reihen der antinationalen Verbrecher gehörte.

Aber gleich vielen andern ist er vom Führer der Massen schnell genug zum Sklaven der Massen geworden.

Er stand nicht mehr über denen, die er an ein eingebildetes Ziel führen wollte und es ist nicht rätselhaft und unerklärlich, daß er sich Haß und Abscheu zuzog.

Das darf und muß man sagen, auch wenn man die Tat verurteilt.

Or.[h] 5 Bll., NL Hofmiller (Hofmiller S. 725; Ebd. S. 726 bezieht das Or. irrtümlich auf Nr. 118). – Ungedruckt[7].

a) folgt: [denn so verrückt die Welt geworden ist]
b) folgt: [in unserm Ordnungsstaate]
c) folgt: [sich gerade heute sorgfältig hüten, die Gewalt zu verurteilen, denn]
d) folgt: [getan hat]
e) folgt: [braucht]
f) folgt: [nicht zu schweigen]
g) folgt: [allezeit]
h) Bl. 5: Schlußzeichen

1 S. Nr. 118 Anm. 1.
2 Zur Reaktion der Regierung vgl. Moser v. Filseck S. 83; Nachruf im Landtag s. LV 1920/21, StenBer 3, S. 208 ff.
3 Vgl. Nr. 71 Anm. 4.
4 S. Nr. 71 Anm. 5 und Nr. 88 Anm. 12.
5 Vgl. dazu Nr. 88.
6 Zum Einsatz des Freikorps Oberland in Oberschlesien s. Nr. 110 Anm. 7. Die Äußerungen von Gareis sind in den bei Nr. 110 Anm. 1 angegebenen Presseberichten erwähnt.
7 Dieser Artikel, der die Ermordung von Karl Gareis voraussetzt, erschien nicht im MA. Hofmiller besaß das Manuskript (S. 725); er ordnet den Text irrtümlich der Nr. 118 zu (s. dort).

Sonntag, den 12. Juni 1921 119

Pöstchen.

25000 Holzhäuser müssen in Deutschland für Nord-Frankreich gebaut werden und das ist nicht bloß eine furchtbare Auflage für unser gequältes Land, es ist auch ein sehr großes Geschäftche[1].

Vor ein paar Tagen hat der Herr Wirth im Reichstag gesagt, daß zu den Kriegsgewinnlern und Revolutionsgewinnlern nicht auch noch die »Reparations-Gewinnler« kommen sollen[2]. Und siehe da, schon sind sie da, und wer hat den Reparationsgewinn gleich wieder organisiert? Der Kriegs- und Revolutionsgewinnler Erzberger[3], der die Holzhäuser-Lieferung in Württemberg gegründet und arrangiert hat. Mit der Firma Holzmann und Co. an der Spitze, haben sich Frankfurter Juden, Württemberger Juden zusammengetan, die aus der Lieferungspflicht Deutschlands einen Riesenrebbach[4] herausschneiden werden.

Vorstand des Aufsichtsrates soll[a)] Konrad Haußmann[5] in Stuttgart sein, wie die A. A.[b)] meldet[6]. Hat er das Pöstchen erlangt, das allen demokratischen und sozialdemokratischen Männern des Zusammenbruches bald früher, bald später[c)] winkt?

Sie Alle, Alle, die im Oktober und November 1918 dem deutschen Volke die Waffen aus der Hand schmeichelten[7], sind warm gebettet.

Der Mann, der die falschen Depeschen oder Telefongespräche, die Wahnschaffe[8] entrüstet ablehnte, besorgte, der Helfershelfer des Prinzen Max[9], ist heute »Reichskanzler«[10]. Erzberger schneidet schweizerische Coupons[11], Scheidemann ist Oberbürgermeister von Cassel mit billiger Einrichtung, die aus dem Schlosse stammt[12], usw.

Jetzt[d)] gibt es Reparations-Pöstchen, sehr einträgliche, und die Demokratie macht sich bezahlt.

Bravo! Freie Bahn den Tüchtigen! Und die Notgroschen des ärmsten Landes dazu!

Or.[e)] 2 Bll., L 2396 (Lemp S. 199 Nr. 189). – MA 47 Nr. 134 S. 2 v. 12. 6. 1921. – Lemp S. 243 Nr. 1580; Hofmiller S. 726.

a) verbessert aus: [ist]
b) MA: »Augsburger Abendzeitung«
c) folgt: [reserviert ist]
d) davor: [Immer noch war nichts gefunden für Herrn Konrad Haußmann]
e) Bl. 2: Schlußzeichen

1 Über die Lieferung von Holzhäusern nach Frankreich im Rahmen der Reparationsleistungen vgl. Laubach S. 42ff. MA Nr. 97 S. 1 v. 27. 4. 1921 und Nr. 115 S. 2 v. 20. 5. 1921 berichteten darüber.
2 S. Nr. 102/1 Anm. 2. Die Rede des Reichskanzlers Wirth im Reichstag am 1. 6. 1921 s. RV Bd. 349 S. 3712.
3 S. Nr. 9 Anm. 1.
4 S. Nr. 121 Anm. 1.
5 Conrad Haußmann (1857–1922), Rechtsanwalt, seit 1890 MdR (Fortschrittspartei – DDP); s. NDB 8, S. 130f; Schwarz S. 340; seit 1902 mit Thoma bekannt, dessen Strafverteidiger und Rechtsberater; s. Lemp S. 20, 22. Vgl. dazu auch die charakterisierenden Äußerungen Haußmanns nach Begegnungen mit Thoma 1915 u. 1919. Haußmann (wie S. 500 Anm. 277) S. 38, 296; s. S. 489f.
6 MAA Nr. 234 v. 7. 6. 1921.
7 Über die äußerst vielschichtigen Verhandlungen, die im Oktober und November 1918 über den Waffenstillstand geführt wurden, vgl. Huber 5, S. 557ff, 581ff.
8 Arnold Wahnschaffe (1865–1941), 1909–1917 und 1918 (Oktober/November) Chef der Reichskanzlei; s. Huber 3, S. 833.
9 S. Nr. 108 Anm. 2.
10 Joseph Wirth (s. Anm. 2). Eine Tätigkeit Wirths zur Zeit des Kabinetts Prinz Max von Baden, als Wahnschaffe Chef der Reichskanzlei war, dokumentieren Matthias-Morsey nicht. Auch Prinz Max v. Baden, Erinnerungen und Dokumente (hg. v. Golo Mann u. Andreas Burckhardt), Stuttgart 1968, erwähnt Joseph Wirth nicht.
11 S. Nr. 9 Anm. 13.
12 S. Nr. 18 Anm. 7.

Sonntag, den 12. Juni 1921 120

Allerhand über das Bier.

Es gibt Leute, die kaum einen König der alten oder neuen Zeit mit Namen anführen können, aber der Gambrinus[1] ist ihnen bekannt. Den sieht man öfter, als den Landesvater, auf Krugdeckeln, an den Wänden der Bierhallen und wo es lustig hergehen soll, abgemalt. Ein dicker Herr, der ein schäumendes Glas Bier in der Hand hält.

Keiner fragt: Wann hat der gelebt? Wo hat er regiert? Und die Meisten sind damit zufrieden, daß dieser gute König das Bier erfunden hat. Ganz Gescheite sagen, daß er sich nicht Gambrinus, sondern Janprimus geschrieben habe, und als Johann I., Herzog von Brabant, zuerst das Biersieden eingeführt habe.

Ist aber alles nicht wahr. Das Bier ist viel älter und etliche tausend Jahr, vor Karl der Große und sein sagenhafter Bräumeister Gambrinus, oder der Johann von Brabant, gelebt haben, sind die Ägypter schon so schlau gewesen und haben sich einen Trank mit Gerste hergestellt, der sehr gelobt worden ist.

Ein griechischer Professor hat lange vor Christi Geburt schon beschrieben, wie die Ägypter gerne tränken und wie lustig sie sich bei ihrem Gerstenwein aufführten.

Die Ureinwohner von Spanien haben das Bier auch gekannt und ein römischer Professor namens Plinius[2], der um die Zeit der ersten Christenverfolgungen gelebt hat, erzählt, daß die Spanier das Bier durch Alter veredelten.

Daß die Germanen, unsere Vorfahren, aus Stierhörnern Bier tranken, wissen wir aus manchem Liede, aber auch aus den Aufschreibungen von römischen Gelehrten. Wie dieses Bier gebraut wurde und wie es geschmeckt hat, können wir uns nicht recht vorstellen, weil man zur Gerste erst im Mittelalter den Hopfen beigemischt hat.

Um Freising gab es schon im 9. Jahrhundert Hopfengärten und in der folgenden Zeit wurde in Deutschland der Hopfenbau immer häufiger.

Ums Jahr 1200 scheint erst die Beimischung des bitteren Aromas zum Bier allgemeiner und damit auch dieses Getränk haltbarer geworden zu sein.

Wie war es aber in unserer Heimat Bayern? Unser Geschichtsschreiber, der alte Aventin, schildert noch ums Jahr 1520 die bayrischen Bauern als Weintrinker[3]. Aber schon ein paar Jahrzehnte später war das Bier allgemeines Getränk und in wenigen Jahren verzehnfachte sich die Zahl der Bierbrauer im damaligen Herzogtum Bayern.

Es wurden jetzt Bierbrau- und Bierschankordnungen erlassen und vor allem bestimmt, daß bloß Hopfen, Malz und Wasser verwendet werden durften.

120

Im Jahre 1583 wurde das Hofbräuhaus gegründet und die Klagen über diese Konkurrenz lesen wir schon im Jahre 1605.

Sehr viel geschimpft wurde auch über das landesfürstliche Monopol – das Brauen von Weißbier[4]. Es hieß, daß dadurch der Weizen verteuert und das Brot so überaus klein werde.

Manche Inhaber von Braugerechtigkeiten verboten ihren Wirten den Ausschank des kurfürstlichen Weißbieres und wurden deshalb mit der Entziehung ihrer Realrechte bedroht. Unser gestrenger Kurfürst Max I. war ein haushälterischer Mann und verstand keinen Spaß, wenn ihm wer zu nahe treten wollte.

Daß bei uns dazumal rechtschaffen getrunken wurde, beweist die Tatsache, daß es im kleinen München von etlichen 15000 Einwohnern anno 1620 71 Bierbrauereien gab.

Trotzdem darf man ruhig sagen, daß in Norddeutschland noch mehr gesoffen wurde, wie wir aus den Denkwürdigkeiten des Schlesiers Hans von Schweinichen ersehen.

Das Braunschweiger Bier, Einbecker Bier hatte den besten Ruf in Deutschland.

Im 18. Jahrhundert hat sich bei uns das Tölzer Bier einen guten Namen erobert, den es noch lange ins 19. Jahrhundert hinein bewahrte.

Die alten Leute bei uns im Oberland erzählten noch vor wenigen Jahren, wie in der Stadt München das Tölzer Bier so beliebt und gesucht war.

Es[a)] ist aber schier traurig, wenn man heutzutag vom guten Bier redet, wo uns die Berliner mit der Kriegswirtschaft[5] immer noch zu dünnprozentigen Mistlacken zwingen wollen. Aber der Heimgartler will nicht politisieren und beschließt es darum für heute und sagt: Guten Abend. Es ist nicht mehr zu früh zum Heimgehen.

Or.[b)] 1 Bl., L 2396 (Bruchstück) (Lemp S. 199 Nr. 223). – MA 47 Nr. 134 S. 3 v. 12. 6. 1921. – Lemp S. 243 Nr. 1581; Hofmiller S. 726.

a) Beginn Bl. 6
b) Bl. 6: Schlußzeichen

1 Über den sagenhaften König Gambrinus, den irrtümlichen Bezug auf Herzog Johann I. von Brabant (1251–1294) und die ihm seit Aventin zugeschriebene

Erfindung des Bieres vgl. Bächtold-Stäubli 3, Sp. 283–288. – Der Informationsstand der Nr. 120 entspricht etwa Brockhaus' Konversations-Lexikon, 2, 14. Aufl., Leipzig 1891, S. 1001; 7, 1893, S. 520.

2 Über die Angaben zur Geschichte des Bieres bei Plinius d. Ä. (23–79) und Plinius d. Jg. (61 – ca. 113) vgl. Pauly-Wissowa 3, Sp. 463 f.

3 Johannes Turmairs, genannt Aventinus, Bayerische Chronik, Buch I (Sämmtliche Werke, 4, München 1883, S. 42).

4 Vgl. dazu Heinz Lieberich, Der altbaierische Staat und die Genußmittel (Mitteilungen für die Archivpflege in Oberbayern 26) 1947, S. 705–711. Über Herzog (Kurfürst) Maximilian I. v. Bayern (1597–1651) s. Biogr. WB. 2, Sp. 1835–1838; zum Hofbräuhaus vgl. Nr. 10 Anm. 4.

5 Zur Kriegswirtschaft vgl. Volkert S. 282. Zur Biersteuer und zum Bierpreis vgl. Nr. 97 und 161.

Mittwoch, den 15. Juni 1921 121

Mord und Rebbach[1].

Zwei Tage freie Hetze und als einzig erscheinendes, Gott wie heißt, sogar zweimal erscheinendes Blattl außer Konkurrenz Geld einstreichen, ist auch was Schönes, sagt die »Münchner Post«[2], und berechnet schmunzelnd den Profit[a)].

Die bürgerlichen Zeitungen stehen unterm Streik und erscheinen nicht, bloß am Altheimereck[3] schweigt die Trauer und der Rebbach blüht.

Der Tribun ist tot – es lebe der Straßenhandel!

Mit dem nassen Auge, das sie nicht hat, sucht die »Post« nach Schuldigen und heftet es drohend auch auf uns. Wir haben mitgeholfen, diese Atmosphäre, in der ein Mord passiert, zu schaffen.

So? Zunächst wollen wir dem Hetzblatt sagen, daß die geschäftige und die geschäftliche Art, wie es den Tod ihres angeblich beweinten Genossen ausnützt, ausschlachtet und ausbeutet, seiner würdig ist. Es möchte eine Atmosphäre schaffen, in der es Ministersturz und hinterdrein Klassenherrschaft, Saustall und Gewinnverteilung unter den Genossen gibt.

Aber mit dem Schaffen von Atmosphären in Bayern wird es gute Wege haben.

Daß sich die Arbeiter in einen Streik hineinhetzen ließen, obwohl die Ermordung des Abg. Gareis vollständig unaufgeklärt ist, obwohl nur schmutzige, gewissenlose Schufte daraus Material gegen Parteien und Richtungen holen konnten, ist traurig und bezeichnend.

Würden sich unsere Bauern endlich einmal zur straffsten Organisation zusammenfinden, so könnten wir mit einem Gegenstreik antworten und den Leuten zeigen, daß »alle Mäuler stehen still – wenn es bloß der Bauer will«[4]. So aber haben die Berufs- und Profithetzer ein Stichwort gegeben, und der Arbeiter[b)] wartet nicht ab, was die Untersuchung ergibt, die durch das Geschrei der »Post« ungeheuer erschwert ist. Politischer Mord – Reaktion – fertig. Und der Straßenhandel blüht. Gareis war nicht allein, als die Schüsse gegen ihn fielen[5]. Hat sein Freund und Begleiter sich auf den Täter geworfen? Hat er versucht, nach dem ersten Schusse den Freund zu schützen? Ist er dem Mörder nachgeeilt? Hat er nur das allerkümmerlichste, kleinste Teilchen dazu beigetragen, daß der Täter entdeckt werden kann? Nein! Viermal konnte der Mörder schießen – viermal!! – und dann ungestört weglaufen. Diese eine Tatsache steht heute fest.

Gewiß, Erregung, Entrüstung kann zur Tat geführt haben. Kann – mehr weiß heute kein Mensch.

Die Wahrheit ist, daß sich der heftige[c)], von russischen Hetzern beeinflußte Mann[d)] längst einen Haß zugezogen hatte, der eigentlich in keinem Verhältnisse zu der kleinen Persönlichkeit[e)] stand[f)]. Er bedachte nicht, daß bei uns die Geduld[g)] erschöpft ist, daß uns hier in Bayern noch die Schande von 1918 brennt. Dazu kommt, daß Gareis so töricht war[h)], unsere oberschlesischen Kämpfer[6] zu beschimpfen.

Zur selben Zeit, wo man erfuhr, daß von unseren tapferen Bayern[7] eine ganze Anzahl von den Polen ermordet und in gräßlicher[i)] Weise verstümmelt war; zur selben Zeit, wo man die Namen der Gefallenen las, mußte man hören, daß Gareis mit ein paar[k)] Genossen kreischend[l)] und schimpfend die Toten für ihre selbstlose Hingabe bespie[m)].

Wer dem allgemeinen Empfinden so ins Gesicht schlägt, wer den tausendmal verwundeten Nationalsinn auch noch mit Schmutz bewirft, um sich grinsenden Beifall[n)] zu verdienen, der könnte sich nicht wundern, wenn die Entrüstung zur hemmungslosen Leidenschaft geworden wäre.

Solche Leute, wie Gareis, steigern sich von einer Maßlosigkeit in die andere Zügellosigkeit hinein und verlieren allen Boden unter den Füßen.

Wir haben den Mann als halben Geisteskranken angesehen, als eine schwächliche Natur, die unter Kriegspsychose jeden Halt verloren hatte, und wir haben ihm dies zu Lebzeiten offen gesagt, wofür er ja auch Privatklage stellte[8].

Dies war der einzige Angriff, den wir gegen ihn richteten, und wir stellen das fest gegenüber den[o)] Lügen der Rebbach-»Post«, aber auch gegenüber der feigen Liebedienerei des »Regensburger Anzeiger«[9], der aus Angst für seine Fensterscheiben eine hintertükkische[p)] Denunziation gegen den »Miesbacher Anzeiger« begeht, der der Sache, die das Regensburger Blatt angeblich vertritt, unter den größten Gefahren gedient hat. Wenn der Regensburger Jämmerling die Hosen voll hat, soll er sie wenigstens nicht öffentlich[q)] umkehren.

Wir wissen, warum die »Post«, warum die Berliner Judenpresse[10] kreischend über den »Miesbacher Anzeiger« herfällt. Sie wollen mit[r)] dem toten Gareis im trüben politischen Wasser Krebse fangen, aber uns läßt das kalt. Wir sind für unser Land und für Ordnung und Recht eingestanden, wir predigen keinen Mord, wir verteidigen keinen Mord, aber wir treten dafür ein, daß unser Bayern frei bleibt von der Klassenherrschaft profitsüchtiger, gewissenloser Kerle[s)].

Die »Post« zeigt in ihren Sonntags-Hetzblättern, für die sie von der Arbeiterschaft das Monopol erschlichen hat, wohin die Angriffe zielen. Das Blatt erfrecht sich, zu schreiben, »die letzten Ereignisse – d. h. Saenger[11] – Gareis – stellen sich als die zwangsläufige Folge des in Bayern herrschenden, durch Kahr[12], Pöhner[13] und Roth[14] verkörperten Systems dar«.

»Dieses, das ganze Rechtsleben erschütternde!!! System usw. usw.«.

Versteht der »Regensburger Anzeiger« diese Sprache? Sieht er, wie hundsgemein hier mit einer verlogenen Hetze die Sache bekämpft wird, für die er angeblich eintritt?[t)]

Noch ist der Mord völlig ungeklärt, noch ist keine Spur des Täters gefunden.

Möglich, daß ein Fanatiker die Tat begangen hat, ebenso möglich, daß private Rachsucht das Motiv war – und in Schwabing[15] erzählt man sich Allerlei, was diese Annahme nicht so weit abliegend erscheinen läßt – jedenfalls eines ist sicher, daß Niemand das Geringste von der Tat und ihren Motiven weiß.

In diesem Momente schreibt das den Mord pekuniär[u)] so ausgiebig ausschlachtende Hetzblatt: »Der Polizei-Präsident Pöhner kennt die Kreise, kennt sie sehr genau, in denen der Mörder zu suchen ist«.

Diese feige[v)] Verdächtigung zeigt die ganze Gewissenlosigkeit dieser Burschen, denen es ausschließlich um ihre umstürzlerischen Zwecke zu tun ist.

Und mit diesen Verleumdern[w)] macht der »Regensburger Anzeiger« gemeinsame Sache! Pfui Teufel! Und ein Berliner Saujud fügt noch bei: »Man darf gespannt darauf sein, wie rasch Herr Pöhner den Mörder entdecken wird[16]...«

Mit solchen Mitteln stellt man sich[x)] angeblich auf den Boden des Rechtes gegen »deutschvölkische[17] Roheit«[y)].

Wenn der Begleiter des Herrn Gareis entschlossen genug gewesen wäre, den Täter zu fassen, oder doch wenigstens ihm nachzueilen, so wäre die Entdeckung erleichtert worden, und vielleicht hätte[z)] sie Denen eine schwere Enttäuschung gebracht, die mit der Tat eine so prachtvolle, jede dreckige Verleumdung ermöglichende Hetze zum Geschenke erhalten haben. Und vielleicht wäre auch der feigen Schreiberseele in Regensburg ein Licht darüber aufgegangen, daß man den Täter und seine Motive kennen muß, bevor man[aa)] ein Urteil fällen kann.

Or.[bb)] 9 Bll., L 2396 (Lemp S. 199 Nr. 181). – MA 47 Nr. 135/136 S. 1 v. 15. 6. 1921. – Lemp S. 243 Nr. 1582; Hofmiller S. 726.

a) folgt: [Das nasse Auge hat sie dabei, und wenn in dem andern ⟨neuer Absatz⟩ Das andere Auge flammt in Entrüstung auf und sucht nach Schuldigen]
b) verbessert aus: [das werktätige Volk]
c) verbessert aus: [haltlose]
d) verbessert aus: [verblödete Mensch]

e) verbessert aus: [dem wildgewordenen Schulmeister]
f) folgt: [Die bloß nachpappelte ⟨verbessert in: sagte⟩, was ihm der Cohn[18] und der Levi[19] in Berlin oder der Radeck[20] oder der Apfelbaum vorsagte.]
g) folgt: [mit den volksmörderischen Saujuden]
h) folgt: [in der gewissenlosesten Weise]
i) MA: gräßlichster
k) folgt: [sauberen]
l) folgt: [in gemeiner Weise]
m) folgt: [Das mag in Berlin gehen, wo man einen Harden[21] jeden Verrat nachsieht, hierzuland geht es nicht.]
n) folgt: [der Zuhälter]
o) folgt: [feigen]
p) verbessert aus: [hündische, hinterhält⟨ige⟩]
q) verbessert aus: [coram publico]
r) folgt: [der Leiche des]
s) verbessert aus: [Sauhunde]; MA folgt: Oder sollte irgendein Arbeiter noch des Glaubens sein, daß er zur Herrschaft gelangt, wenn einer seiner Führer, die von sich aus behaupten, Führer zu sein, die sich Proleten heißen und nahe an 100000 Mark Einkommen haben, ans Ruder gelangt? Das wäre Aberglauben!
t) MA folgt neuer Absatz: Doch wir wissen Bescheid, wer hinter dem »Regensburger Anzeiger« steht: Der »Held«[22], der in schwersten Stunden der Revolution nie da war, wenn er hätte da sein sollen: der verberlinerte Speck[23], mit dem man keine bayrische Maus mehr fängt – und dann der Knilling[24], die Exzellenz, die zuerst vor Eisner[25] kroch! Wir wissen Bescheid, und das Trio soll froh sein, wenn wir nicht mehr davon erzählen![26]
u) MA: geldlich
v) folgt: [hundsgemeine]
w) verbessert aus: [mit einem solchen verleumderischen Gesindel]
x) verbessert aus: [stellen sich diese Schufte]
y) MA folgt: Und beabsichtigt damit nichts anderes, als Bayern, weil es eine gewissenhafte Regierung[27] hat, durch eine Generaloffensive zu überrennen. Erzberger[28] und die Kommunisten Hand in Hand, und bayrische E⟨Lücke⟩ergilde unter der Decke mit Vater Auer[29] arbeitend: allerhand Respekt! –
z) folgt: [die Aufklärung der Tat]
aa) folgt: [über die Tat selber]
bb) Bl. 1 oben rechts: Leiter (Anweisung des Redakteurs für den Setzer); Bl. 9: Schlußzeichen; Rückseite: Eilt! (von Thomas Hand)

1 Gewinn, auch aus Unterschlagung oder Betrug; s. Landmann S. 218; Küpper 6, S. 2288.
2 S. Nr. 1 Anm. 1. Nach der Ermordung des Abgeordneten Gareis (USP; s. Nr. 43 Anm. 1; Nr. 118 und Nr. 118/1) hatten am 10. 6. 1921 Gewerkschaften, Betriebsräte, MSP, USP und KP einen dreitägigen Generalstreik beschlossen. Der Streikaufruf wurde verhältnismäßig wenig befolgt; vgl. Schulthess 1921/I, S. 199; Hanko S. 42; Moser v. Filseck S. 83. MA Nr. 135/136 S. 2 v. 15. 6. 1921 berichtete darüber (»Streik sei nur halbwegs gelungen«). MP Nr. 133 v. 11./12. 6. 1921 u. MP Extrablatt v. 11. 6. 1921 erschienen trotz des Aufrufs zum Generalstreik.
3 S. Nr. 3 Anm. 4.

4 Vgl. »Alle Räder stehen still, wenn Dein starker Arm es will« (Georg Herwegh, Bundeslied für den Allgemeinen Deutschen Arbeiterverein, 1863; Mackensen, Zitate S. 19).

5 Der Begleiter von Gareis, Andreas Seraing (USP-Mitglied), konnte keine Angaben über den Täter machen; vgl. Bericht in MA Nr. 137 S. 2 v. 16. 6. 1921.

6 Vgl. Nr. 110 Anm. 1 (Berichte über die Debatte im Haushaltsausschuß des Landtags).

7 Liste von Gefallenen des Freikorps Oberland in der Zeit v. 21. 5.–5. 6. 1921 s. Kuron S. 4. Zum Einsatz vgl. Nr. 110 Anm. 7; ferner Nr. 118/1 Anm. 6.

8 Nicht ermittelt.

9 Im Regensburger Anzeiger Nr. 261 (Morgenblatt) und Nr. 262 (Abendblatt) S. 1 v. 10. 6. 1921 waren der »Miesbacher Anzeiger, der Deutsch-Völkische Beobachter und ähnliche Erzeugnisse« als Mitschuldige (weil sie eine Atmosphäre schaffen, in der solche Untaten gedeihen können) bzw. als die eigentlich Schuldigen an dem Verbrechen bezeichnet worden. MA Nr. 137 S. 1 v. 16. 6. 1921 veröffentlichte eine Mitteilung des Herausgebers des Regensburger Anzeigers, Heinrich Held, daß dieser sich von den Vorwürfen gegen den Miesbacher Anzeiger distanziere. Im Regensburger Anzeiger Nr. 274 (Abendblatt) S. 4 v. 17. 6. 1921 wurden die Angriffe gegen die Führer der BVP (s. Anm. 22–24) zurückgewiesen und der MA als »politisches Witzblatt« bezeichnet. Letztere Feststellung bringt auch die Augsburger Postzeitung Nr. 269 v. 17. 6. 1921.

10 Über das Echo der Berliner Presse zum Mordfall Gareis berichtete MA Nr. 134 S. 2 v. 12. 6. 1921.

11 S. Nr. 112 und 116.

12 S. Nr. 1 Anm. 6.

13 S. Nr. 17 Anm. 11.

14 S. Nr. 75 Anm. 13.

15 Gareis wohnte in der Freystraße in Schwabing (s. Nr. 118 Anm. 1).

16 Vgl. die in Anm. 10 genannte Meldung.

17 Der Ausdruck »deutschvölkisch« ist weiterentwickelt aus »völkisch« (Synonym für »national«); die deutschvölkische Bewegung ist vom Rassenantisemitismus gekennzeichnet, politische Wirksamkeit fand sie in der Deutschvölkischen Partei (gegründet 1914), deren Parteitag im Dezember 1918 die Auflösung und die Überführung in die DNVP beschloß (vgl. Lexikon zur Parteiengeschichte 2, S. 559ff).

18 S. Nr. 70 Anm. 7.

19 S. Nr. 70 Anm. 4.

20 Karl Radek oder Radeck (1885–1939?), Redakteur, polnisch-russischer Sozialist, 1918/19 im Umkreis des Spartakusbundes und der KP in Berlin tätig; vgl. Biogr. WB. 2, Sp. 2239; Otto Ernst Schüddekopf, Karl Radeck in Berlin (Archiv für Sozialgeschichte 2) 1962, S. 94ff, 132–140.

21 S. Nr. 2 Anm. 9.

22 Heinrich Held (1868–1938), Journalist, Mitinhaber des Regensburger Anzeigers, seit 1907 MdL (Zentrum), 1918 Mitbegründer der BVP, seit 1919 Vorsitzender der Landtagsfraktion; s. NDB 8, S. 463f; Benz-Graml S. 133.

23 Karl Speck (1862–1942), Präsident des Landesfinanzamts München (Reichsbehörde), seit 1905 MdL (Zentrum), 1918 Mitbegründer und Vorsitzender der BVP; s. Schwend S. 587; Bayer. Biogr. S. 736.

24 Dr. Eugen v. Knilling (1865–1927), 1912–1918 Staatsminister des Innern für Kirchen- und Schulangelegenheiten, seit 1920 MdL (BVP); s. Schwend S. 580; Bayer. Biogr. S. 427; Landtagshandbuch 1921, S. 64.

25 S. Nr. 14 Anm. 7.

26 In der Begründung der Interpellation anläßlich der Ermordung des Abg. Gareis zitierte der Abg. Neumann (USP) am 21. 6. 1921 aus diesem Artikel: »Wenn der Regensburger Jämmerling die Hosen voll hat, soll er sie wenigstens nicht öffentlich umkehren. Wir wissen, warum die ›Post‹, warum die Berliner Judenpresse kreischend über den ›Miesbacher Anzeiger‹ herfällt. --- Doch wir wissen Bescheid, wer hinter dem ›Regensburger Anzeiger‹ steht, der ›Held‹ der in schwersten Stunden der Revolution nie da war, wenn er hätte da sein sollen, der verberlinerte Speck, mit dem man keine bayerische Maus mehr fängt, und dann der Knilling, die Exzellenz, die zuerst vor Eisner kroch. Wir wissen Bescheid und das Trio soll froh sein, wenn wir nicht mehr davon erzählen« (LV 1920/21, StenBer 3, S. 222).

27 Regierung Kahr (s. Nr. 1 Anm. 6).

28 S. Nr. 9 Anm. 1 und 6.

29 S. Nr. 14 Anm. 3.

Donnerstag, den 16. Juni 1921 122

Schleicher.

Es hat 1918 leider eine große Anzahl[a)] ehedem konservativste Elemente gegeben, die sofort beim ersten Johlen des Vorstadtpöbels ihre sämtlichen Ideale über Bord warfen und sich »auf den Boden der Tatsachen« stellten[1].

Sie verrieten lang vor dem dritten Hahnenschrei ihren Herrgott und ihren Heiland[2], sie verrieten ihren König und vergaßen ihre Eide, um sich vor der Hefe der Großstadt zu verbeugen. Der Anblick dieser gemeinen Sklavenseelen war ganz gewiß häßlicher noch, wie der aller besoffenen Heiligtumsschänder. Vor dem Krieg taten sie groß mit Loyalität und Religiosität, jetzt streckten sie auf Befehl der Sozi die Zungen heraus gegen ihre Altäre und Heiligtümer.

Die Geschichte der französischen Revolution ist erfüllt von Beispielen großherzigen Mutes, den Gottes- und Königsdiener bewiesen – die bayrische Revolution von 1918 sah nur allzuwenig Treue und Gottesfurcht.

Was sollte der Bauer tun, was mußte er denken, als er diese Stützen von Thron und Altar umknicken sah?[b)]

Wir haben uns wieder zusammengefunden und die Ordnung hergestellt ohne diese Lauen, von denen der Herr sagt, daß er sie ausspeien wolle[3].

Heute im Ordnungsstaat[4] möchten sie die Vermittler der Gegensätze spielen, damit ihre verächtliche Haltung bemäntelt wäre.

Die Wortführerin der Feigen ist die »Augsburger Postzeitung«[5], die sich noch dazu in den Dienst des reichgewordenen Judas aus Biberach[6] gestellt hat.

Diese Heuchlerin, die immer noch »in dem Boden der Tatsachen« ihren Giftweizen anbaut, möchte auch dem »Miesbacher Anzeiger« in den Rücken fallen.

Sie weiß, daß wir sie und ihr Treiben durchschauen, daß wir ihre heimliche Wühlerei gegen Kahr[7], gegen die Einwohnerwehr[8], gegen die Gesundung unseres bayerischen Vaterlandes kennen und rücksichtslos bloßstellen.

Sie, die giftigste Feindin unserer bayerischen Heimat, hat Recht, auf uns zu schmähen, weil sie uns fürchtet, weil sie weiß, daß wir ihr und ihrem Hintermanne die Maske der katholischen Gesinnung herunterreißen und unserm Volke zeigen, was für ein schwäbischer Ehrenmann dahintersteckt.

So mag sie auch jetzt im Falle Gareis[9] den Pöbelinstinkten schmeicheln und mit heuchlerischer Friedensliebe dem Umsturz Dienste leisten.

Der Tag wird kommen, wo dieses Blatt in keinem ehrlichen, altbayerischen Pfarrhofe mehr Eingang finden kann und wo auch unser Volk nach dem Worte Christi die Lauen ausspeien wird.

Or.[c] 4 Bll., L 2396 (Lemp S. 199 Nr. 198). – MA 47 Nr. 137 S. 1 v. 16. 6. 1921. – Lemp S. 243 Nr. 1583; Hofmiller S. 726.

a) folgt: [Beamte, Geistliche und andere]
b) folgt: [Was mußten unsere Krieger denken sagen, als sie diese Feigherzigkeit fanden? Dann kam ja die Umkehr.]
c) Bl. 1 oben links: Leiter (Anweisung des Redakteurs für den Setzer); Bl. 4: Schlußzeichen

1 Dieses Verhalten begründete schon im Dezember 1918 der führende Politiker der bayerischen Liberalen, Ernst Müller (Meiningen); s. Müller-Meiningen S. 96; Reimann S. 218f. Aus der Sicht der BVP vgl. dazu Schwend S. 58ff; s. Nr. 13.
2 Vgl. Nr. 114 Anm. 12.

3 In Anlehnung an Offenbarung Johannis 3, 16.
4 Über den mit der Regierung Kahr vor allem vor der Landtagswahl von 1920 in Zusammenhang gebrachten Begriff der »Ordnungszelle Bayern« vgl. Nr. 136 Anm. 5; im allgemeinen s. Speckner S. 137ff.
5 Vgl. dazu Nr. 8 u. 9. – In der Diskussion über die Pressehetze von rechts und von links (vgl. Nr. 118 u. 121) äußerte sich auch die Augsburger Postzeitung Nr. 262 u. 263 v. 11. 6. 1921; genannt wurde dabei auch der MA, »dessen Ton und Inhalt niemand billigen könne«, wobei aber betont wurde, daß die weiterreichenden Wirkungen von den »linksradikalen Hetzorganen« (wie »Der Kampf«) ausgingen.
6 Matthias Erzberger; s. Nr. 9 Anm. 1.
7 S. Nr. 1 Anm. 6.
8 S. S. 480.
9 S. Nr. 118.

Donnerstag, den 16. Juni 1921 123

Der Volkstribun.

Die »Münchner Post«[1] schreibt in ihrer 30 Pfennig-Monopol-Hetz-Nummer – dreißig Pfennig für zwei Seiten – einen Satz:

»Der Vertreter der Arbeiter ist ein Volkstribun und dessen Person ist sakrosankt[2] ...«

Bloß der Vertreter der Arbeiter? Nicht der Vertreter des Volkes? Und wo, in welchem deutschen Parlament gibt es keine Volksvertreter, sondern Arbeitervertreter?

»Sacrosanct«, dahinter schreibt der Galizier[3] »unverletzlich« und die ganze Redaktion ist stolz darauf, daß sie so was gefunden hat.

Die Schulaufsätze der Sozi-Redaktöre sind ja immer komisch durch das Herauskramen ihrer Halbbildung und die unfreiwillige Entblößung ihrer Unwissenheit. Wir sind gutmütig und geben dem Leitartikler der »Post« Andeutungen über Dinge, die er noch auswendig lernen muß, um noch mehr glänzen zu können.

Gar so unverletzlich waren die Volkstribunen nicht; wenn sie den Staat bedrohten, war's gleich gar mit dem »sacrosanct«.

Die beiden Volkstribunen Gracchen[4] wurden erschlagen, als sie den Umsturz planten; wie es im Konversationslexikon zu lesen ist.

Und der Volkstribun Clodius[5] wurde von dem anderen Volkstribunen Milo[6] ermordet. Milo war Unabhängiger und Clodius Mehrheitssozi und beide regten den Pöbel auf.

Es war ganz die nämliche Geschichte, wie im Februar 1919 in München, wo auch der Clodius-Auer von dem Milo-Lindner angeschossen wurde[7].

Der Milo kam aber bei einem späteren Krawall um, was wir ganz nebenbei bemerken, ohne den Vergleich weiterzuspinnen, sonst muß der »Postler« wieder lügen und dartun, daß wir den Tod des erschossenen Erhard wünschen.

Wir erzählen es bloß, damit man sieht, daß schon damals ein Volkstribun den andern nicht für sacrosanct (unverletzlich) gehalten hat.

Nach dem Tode des Clodius war kein Generalstreik[8]. Ob die »Römische Post« damals Extrablätter für dreißig Pfennig ausgegeben hat, ist nicht bekannt.

Or.[a] 3 Bll., L 2396 (Lemp S. 199 Nr. 216). – MA 47 Nr. 137 S. 1 v. 16. 6. 1921. – Lemp S. 243 Nr. 1584; Hofmiller S. 726.

a) Bl. 3: Schlußzeichen

1 S. Nr. 1 Anm. 1. MP Nr. 133 v. 11./12. 6. 1921 (vgl. Nr. 121).

2 Zum »tribunus plebis« konnte ein freier Plebejer als Vertreter der »plebs« (Masse der römischen Bürger im Gegensatz zu den Patriziern) gewählt werden; er war unverletzlich (sacrosanct); s. Pauly-Wissowa 6/I, 2, Sp. 2460ff.

3 Bei Thoma Synonym für Jude. Chefredakteur der MP war Paul Kampffmeyer (s. Nr. 3 Anm. 10).

4 Tiberius Gracchus wurde 132 v. Chr. erschlagen; sein Bruder Gajus Gracchus ließ sich 121 v. Chr. während der Auseinandersetzungen mit dem Senat von seinem Sklaven töten. Beide gelten als Sozialreformer (Pauly-Wissowa 2/I, 2, Sp. 1375–1400).

5 Die Streitigkeiten der Volkstribunen Clodius (plebejische Form von Claudius) und Milo endeten im Jahr 52 v. Chr. mit der Tötung des Clodius auf Befehl Milos; s. Pauly-Wissowa 4, Sp. 82–88.

6 Milo war wie Clodius Anführer einer Gladiatorenbande; er wurde nach der Tötung des Clodius ins Exil geschickt und kehrte 48 v. Chr. nach Italien zurück; s. Pauly-Wissowa 1, Sp. 2271–2276.

7 S. Nr. 14 Anm. 6.

8 S. Nr. 121 Anm. 2.

Freitag, den 17. Juni 1921 124

Spione.

Es vergeht kein Tag, ohne daß die Berliner Judenpresse[1] Angriffe, Verdächtigungen und Beleidigungen gegen unsere bayrische Regierung[2] richtet. Warum faßt man nicht einmal die Kerle heraus, die sich als[a)] Korrespondenten das Vergnügen machen, in München zu hetzen, und stellt sie vor Gericht?

Ist der Vorwurf der Parteilichkeit gegen ein Amt nicht mehr strafbar? Darf die »Post« sagen, daß Minister den Mord begünstigen?[3]

Fast allmonatlich läuft diese Verleumderin selber zu Gericht; die sozialdemokratischen Spießbürger sind gerichtsbekannte Querulanten, und selber sollen sie straflos jede Gemeinheit zur Hetze ausstreuen dürfen? Wir[b)] begreifen, daß sich unsere Regierung mit dem Pack nicht abgeben mag, aber warum läßt man sich das Treiben der galizischen[4] Judenbuben gefallen, die unsere Stadt als Berliner Korrespondenten verschandeln und zieht den Mauscheln[5] nicht ein paarmal die Ohrwascheln aus der Fasson?

Der überhebliche Ton, den sich die Burschen herausnehmen, zeigt, wie sich Berlin das Verhältnis zu Bayern so ungefähr vorstellt. Als etwas Untergeordnetes, als Provinz, die von der Stadt des Paragraphen 175[6] aus beherrscht wird.

Unsere Regierung weiß, daß unser Land jedes andere Los, auch den Untergang der Abhängigkeit von Berlin vorzieht; es wäre höchste Zeit, daß dies in der deutlichsten und schärfsten Form[c)] den Verderbern Deutschlands gesagt würde. Den frechen Burschen aber, die der Staatshoheit in Bayern täglich, ohne Übertreibung gesagt – tagtäglich die Zunge herausstrecken, muß das Handwerk gelegt werden[b)].

Kahr[7] – Pöhner[8] – Roth[9], sind diese vom Volke erwählten Hüter der Ordnung gerade noch gut genug, um als Vertreter eines »Mordsystems« von galizischen Hunden angebellt zu werden?[d)]

Das Übel greift immer weiter um sich. Nicht bloß die sozialdemokratische Hetzpresse vom »Vorwärts«[10] bis zum kommunistischen Diebsorgan betreibt das Verleumderhandwerk, nicht bloß das Organ des Meusche Püsch Mosse[11] samt allen Blättern der organisierten Wucherer stimmt in den Ton ein[e)], alles, was beschnitten ist, tut mit.

Zum Beispiel der »Berliner Börsenkurier«[12], der eigentlich nur das Organ für die Migränen und Katarrhe der Berliner Schauspielerinnen ist, sogar diese verwaschene Tratschzeitung erfrecht sich, die bayrische Regierung zu verleumden.

Sie hätte nicht den Mut, die letzten Schreiber der Berliner Sauwirtschaft anzugreifen, aber Kahr – warum nicht? Die Leserwelt an der Spree will so was lesen und da es bis jetzt ungefährlich war, mauschelt man mit.

Der »Berliner Börsenkurier« droht uns Bayern, daß man von der Spree aus die Entwaffnung unserer Einwohnerwehr überwachen wird[13].

Wörtlich schreibt dieser korrespondierende Kladerjüd folgendes:

»Dem Ministerium Kahr, dessen laxe!! Polizeihandhabung nach rechts hin die Unerquicklichkeit der Münchener Zustände am meisten verschuldet hat, wird eine scharfe Kontrolle auf den Fersen bleiben ...«

Wirklich?

Das heißt doch nichts anderes, als daß man uns[f)] Spione ins Land setzen will?

Nun, mit denen werden wir schon fertig werden, vorerst fragen wir die Regierung bloß, ob sie sich wirklich solche Drohungen und freche Überheblichkeiten und Verleumdungen bieten lassen will von Leuten, die das Gastrecht mißbrauchen?

Gibt es wirklich kein Mittel, den Burschen zu zeigen, daß die Staatshoheit in Bayern nicht der Spielball jedes zugereisten Schmocks[14] ist?

Or.[g)] 4 Bll., L 2396 (Bl. 1–2; Lemp S. 199 Nr. 204) und Lg 181 (Bl. 3–4). – MA 47 Nr. 138 S. 1 v. 17. 6. 1921. – Lemp S. 243 Nr. 1585; Hofmiller S. 726.

a) folgt: [Münchner]
b)–b) MP Nr. 139 v. 18./19. 6. 1921
c) folgt: [den Spree-Lustknaben]
d) Ende Bl. 2 (L 2396); Fortsetzung auf Bl. 3 und 4 (Lg 181)
e) folgt: [auch so ein verwaschenes]

f) folgt: [die Juden]
g) Bl. 4: Schlußzeichen

1 Vor allem die im Mosse-Verlag erscheinenden Zeitungen (vgl. Becker, Liberale Presse S. 83ff; Kaznelson S. 134). Zum Schlagwort Judenpresse vgl. Becker S. 207ff.
2 Gustav v. Kahr; s. Nr. 1 Anm. 6.
3 Münchener Post; s. Nr. 1 Anm. 1. Vgl. Nr. 118 Anm. 2.
4 Synonym für jüdisch bei Thoma.
5 Von Mausche, jidd. Namensform für Mosche, abgeleitet; Bezeichnung für jüdische Sprechweise (vgl. Günther S. 254ff).
6 S. Nr. 159 Anm. 3; vgl. auch Nr. 135.
7 S. Nr. 1 Anm. 6.
8 S. Nr. 17 Anm. 11.
9 S. Nr. 75 Anm. 13.
10 S. Nr. 61 Anm. 2.
11 S. Nr. 83 Anm. 1.
12 Der Berliner Börsen-Courier stand der DDP nahe (Becker, Liberale Presse S. 70, 118); vgl. HB der deutschen Presse 50, S. 274.
13 Vgl. Nr. 110 Anm. 1 und Nr. 114 Anm. 6.
14 S. Nr. 80 Anm. 3.

Freitag, den 17. Juni 1921 125

Epp[1].

Es verlautet, daß der Geßler[2] unsern verdienten Oberst Epp nach Preußen versetzen will.

Wir glauben, daß er es will, denn wir kennen den Burschen, den lächelnden Papa der Stadt Nürnberg[3], und zweifeln keinen Augenblick daran, daß er zu jeder Schikane gegen Bayern fähig ist.

Wir wissen aber auch, daß er die schelmische Gaunerei nicht ausüben kann, weil ganz Bayern dagegen ist.

Man überschätzt in Berlin das Maß von Geduld, das uns noch geblieben ist, und eine solche freche Herausforderung wird unsere Regierung mit einer glatten Absage erwidern.

Wir lassen uns von den Saujuden an der Spree weder regieren, noch schikanieren, und wenn man in Berlin nicht ganz von Gott verlassen ist, so schmeißt man den Geßler, so rasch es geht, aus der Reichswehr hinaus.

Niemand hat mehr, wie dieser Mensch, zur leidenschaftlichen

Erbitterung gegen Berlin beigetragen, und es ist nicht übertrieben, wenn wir sagen, daß in Bayern kein Name mehr verhaßt und verabscheut ist, als der des früheren Bürgermeisters[a] von Nürnberg.

Or.[b] 2 Bll., Lg 66 (Lemp S. 198 Nr. 158). – MA 47 Nr. 138 S. 1 v. 17. 6. 1921; MP Nr. 139 v. 18./19. 6. 1921. – Lemp S. 243 Nr. 1586; Hofmiller S. 726.

a) über: [Renegaten]
b) Bl. 1 oben rechts: 2. Artikel 3. Spalte erste Seite (Anweisung des Redakteurs für den Setzer); Bl. 2: Schlußzeichen

1 Franz Xaver Ritter v. Epp (1868–1946), Infanterieführer der 7. (bayer.) Reichswehrdivision; s. NDB 4, S. 547f; Benz-Graml S. 76.
2 S. Nr. 6 Anm. 10. MA Nr. 137 S. 2 v. 16. 6. 1921 brachte die Meldung, daß der bayer. Infanterieführer Oberst v. Epp nach Hannover versetzt werden solle; eine weitere Meldung dazu in MA Nr. 140 S. 1 v. 19. 6. 1921. Vgl. auch S. 489. Der bayer. Ministerrat beschäftigte sich am 18. 6. 1921 mit diesem beleidigenden Artikel und leitete Ermittlungen bei der Staatsanwaltschaft ein. Ministerpräsident Kahr erklärte jedoch gleichzeitig, daß er Minister Geßler und General Seeckt mitteilen werde, er warne dringend vor der Wegversetzung des Oberst Epp aus München (BHStA, Min. d. Äuß. Nr. 99516).
3 S. Nr. 82 Anm. 2.

Freitag, den 17. Juni 1921 126

Ein Unfall in Tegernsee[a].

Genosse Erhard Auer ist an einer heftigen Maul-Diarrhöe erkrankt, die ihn in Tegernsee befallen hat[1]. Es soll zu einer fünfstündigen Entleerung gekommen sein.

Wir wünschen dem alten Maultrommler gute Besserung und raten ihm, nördlich des Mains seine Jagd auf Ministerposten auszuüben[2].

Wir wären froh, wenn er an der Spree gut versorgt würde; von dort aus sind auch Oberbürgermeisterposten[3] und ähnliche leichter zu erreichen[b].

Übrigens freut es uns, daß der alte Rekonvaleszent nach Tegernsee gekommen ist, das doch so nahe an der Mörderzentrale Miesbach liegt, wo man nach den Angaben der »Post« auf den Auer lauert[4].

Es sollen in der Tat drei Attentäter mit noch nicht abgelieferten Schießgewehren auf den Ex-Minister[5] im Hinterhalt gelegen sein. Hinterm Niggl seinem Garten. Aber, wie es im Liede heißt:

Der erste, der hat ja koa Pulver net, Pulver net,
Der zwoate, der hat ja koa Blei,
An dritten, dem steht ja da Hahna net, Hahna net
L – – – – – alle drei!

Auf diese Weise entrann der edle Tribun[6] dem Tode, den die »Post« schon angezeigt hat.

Or.[c] 2 Bll., Lg 66 (Lemp S. 199 Nr. 213; irrtümlich zu L 2396). – MA 47 Nr. 138 S. 2 v. 17. 6. 1921. – Lemp S. 243 Nr. 1587; Hofmiller S. 726.

a) vom Redakteur ergänzt: in Tegernsee
b) folgt: [In Bayern gilt er als definitiv erschossen.]
c) Bl. 1 oben links: Nach dem Lokalen (Anweisung des Redakteurs für den Setzer); Bl. 2: Schlußzeichen

1 S. Nr. 14 Anm. 3. – Tegernseer Zeitung – Seegeist Nr. 70 v. 14. 6. 1921 u. MP Nr. 136 v. 15. 6. 1921 berichteten über die dreistündige Rede Auers im Steinmetzsaal in Tegernsee.
2 Sozialistische Minister saßen im Juni 1921 in der Reichsregierung (s. Nr. 102/1) und in den Regierungen der nord- und mitteldeutschen Länder Anhalt (Minister-Ploetz, Teil II, 4, S. 63 f), Braunschweig (Ebd. S. 112), Lippe (Ebd. S. 365), Mecklenburg-Schwerin (Ebd. S. 377), Mecklenburg-Strelitz (Ebd. S. 380), Oldenburg (Ebd. S. 419), Sachsen (Ebd. S. 492), Schaumburg-Lippe (Ebd. S. 503) und Thüringen (Ebd. S. 558).
3 Sozialdemokratische Oberbürgermeister amtierten beispielsweise in Kassel (Philipp Scheidemann; s. Nr. 18 Anm. 7), Hannover (Robert Leinert) und Magdeburg (Hermann Beims); vgl. Klaus Schwabe (Hg.), Oberbürgermeister (Deutsche Führungsschichten in der Neuzeit 13) 1981, S. 110.
4 Münchener Post; s. Nr. 1 Anm. 1. Vgl. auch Nr. 121 und 141.
5 Anspielung auf die Entwaffnung der Einwohnerwehr (s. Nr. 110) und auf die Tätigkeit Auers als Innenminister in der Regierung Eisner.
6 Vgl. Nr. 123.

Samstag, den 18. Juni 1921 127

Nach dem Rummel.

Ruhe – Ordnung – mit den zwei Worten wäre schon genug gesagt. Der ganze Gareis-Rummel[1], der von der »Post«[2] zur hundsföttischen Hetze aufgepeitscht werden wollte, der große Angriff von links auf die Regierung Kahr[3] hat zur lächerlichen Blamage geführt.

Der gesunde Sinn unserer einheimischen Arbeiter lehnte sich gegen die galizischen[4] Lügen der bezahlten Hetzer auf, und man darf sicher sein, daß das Ansehen des Altheimerecker[5] Lügenblattes nie geringer war, als in diesen Tagen.

Sicherlich war der Rucksack-Pöbel alarmiert, aber »die schönen Tage der Theresienwiese sind jetzt vorüber«[6].

Es steht ein Mann an der Spitze der Sicherheitsbehörde und sein Ernst, der sich immer von Phrasen und von Provokation frei gehalten hat, wirkte prachtvoll.

Wenn es die Bevölkerung Münchens nicht längst gewußt hätte, so hätte sie in diesen Tagen gesehen, wie viel Dank die Stadt und unser Vaterland Bayern unsern Männern Kahr und Pöhner[7] schulden.

Es wirkt herzerfrischend und löst ein befreiendes Lachen aus, wenn wir jetzt lesen, daß die »Frankfurter Zeitung« die Entfernung des Ministeriums Kahr befiehlt[8].

Die ganze galizische Preßkanaille Deutschlands glaubte, daß uns Bayern ein mit Sozialdemokratie und Erzbergerei[9] vermengter Judenbrei à la Berlin aufgehalst werden könnte und die Preßrabbiner tanzten einen Freudentschimmi[10].

Das landfremde Gesindel weiß ja nicht das Mindeste von der Stimmung in Bayern; es läßt sich von der »Münchner Post« bedienen und ahnt nicht, daß gegen die paar tausend Nachläufer, gegen diese oft zitierten »Massen«, das ganze Bayernland hinter Kahr und Pöhner steht.

Daß wir Alle tausendmal lieber vom Berliner »Raich« lassen, als von den Männern, die das Vertrauen, das wir ihnen schenken, täglich rechtfertigen. Und gerade das wollen wir dreifach unterstreichen, sehr ernst und sehr nachdrücklich den gewissen Filuhs

127

sagen, die sich in die Volkspartei[11] eingeschlichen haben und hier ein bißchen wühlen möchten.

Bei uns darf kein Platz sein für diese Unehrlichen und ihren jämmerlichen Ehrgeiz.

Kompromiß-Lumpen im Erzbergerstil müssen mit Schimpf und Schande hinausgeschmissen werden.

Es sind in diesen Tagen etliche aus dem Fuchsbau geschloffen, weil sie glaubten, sie könnten sich die sozialdemokratische Kompromiß-Sonne auf den Pelz scheinen lassen. Wir sind nicht in Berlin, wo die Jagd auf Portefeuilles mit demokratischen Vorstehhunden so einträglich ist.

Ihr kennt unser Volk schlecht, wenn ihr glaubt, daß eure Zeit gekommen ist.

Mit den Halben und Feigen haben wir es nicht.

Or. fehlt. – MA 47 Nr. 139 S. 1 v. 18. 6. 1921. – Lemp S. 243 Nr. 1588; Hofmiller S. 726.

1 S. Nr. 118 und 121.
2 Münchener Post; s. Nr. 1 Anm. 1.
3 S. Nr. 1 Anm. 6; vgl. Nr. 118 Anm. 2.
4 Bei Thoma Synonym für jüdisch.
5 S. Nr. 3 Anm. 4.
6 Beginn der Revolution am 7. 11. 1918 nach der Versammlung auf der Theresienwiese in München (HBbG 4/I, S. 395 f). »Die schönen Tage in Aranjuez sind nun zu Ende« (Schiller, Don Karlos, 1. Akt, 1. Auftritt).
7 S. Nr. 17 Anm. 11.
8 Frankfurter Zeitung (s. Nr. 2 Anm. 4) Nr. 427 v. 11. 6. 1921 »Ordnungszelle Bayern«.
9 S. Nr. 9 Anm. 1.
10 S. Nr. 153 Anm. 6.
11 BVP; s. Nr. 19 Anm. 9. Zur anwachsenden Mißstimmung innerhalb der BVP gegen Kahr vgl. Schwend S. 170.

Samstag, den 18. Juni 1921 128

Das auswärtige Amt.

Auf Doktor Rosen[1] reimt sich – Hosen. Was man dazu setzen will, kann sich Jeder selber machen, oder auch denken und er braucht sich nur die großartige Antrittshandlung des neuen Auswärtigen anzuschauen.

Auf Wunsch der Franzosen hat er zwei Filme verboten, »Die schwarze Schmach« und den »Fremdenlegionär Kirsch«[2].

Wir hören von wohl unterrichteter Seite, daß die Berichte über Oberschlesien[3] ebenfalls auf Wunsch der Franzosen verstummen werden und es ist doch nur staatsmännisch gedacht, wenn man das Geschäftsmauscheln[4] zwischen Rathenau[5] und Loucheur[6] nicht durch die Hilferufe der schlesischen Frauen und Kinder stören läßt.

Im reaktionären Bayern hat man wieder einmal die feingesponnenen Fäden Berliner Politik nicht gesehen und hat im ungeeignetsten Momente die »Gegenrechnung« der französischen!! Kriegsverbrechen veröffentlicht[7].

Es ist unglaublich! Diese plumpen Süddeutschen haben immer noch die reaktionäre Idee von nationaler Würde, die man in Berlin längst abgelegt hat. Südlich des Mains versteht man immer noch nicht, um was es sich handelt!

Rathenau mauschelt mit Loucheur und in München spricht man von französischen Kriegsverbrechen, in München interessiert man sich für die Ermordung der deutschen Landsleute in Oberschlesien!

Der einzige Bayer, dem man diese unglückliche Volkstümelei abgewöhnt hat, ist der Geßler[8], dessen Anpassungsfähigkeit von ganz Berlin W.[9] angestaunt wird.

Aber in München will man nicht verstehen, daß der Hund, auf den wir gekommen sind, unter französischer Dressur steht.

Einstweilen reimt sich auf Dr. Rosen immer noch ..... Hosen.

Or. fehlt. – MA 47 Nr. 139 S. 1 v. 18. 6. 1921; Kloeber S. 126. – Lemp S. 243 Nr. 1589; Hofmiller S. 726.

1 S. Nr. 108 Anm. 1.
2 Vgl. MNN Nr. 246 v. 15. 6. 1921 über den Protest der franz. Regierung. Im bayer.

Landtag wurde am 13. 7. 1921 über den Film »Fremdenlegionär Kirsch« gesprochen, der in verhängnisvoller Weise Propaganda für die franz. Fremdenlegion mache (LV 1920/21, StenBer 3, S. 376f). Der Film »Die schwarze Schmach. Ein Notschrei an die Menschheit« lief im Frühjahr 1921 auch in München (vgl. Anzeigen in MP, z. B. Nr. 88 v. 16. 4. 1921).

3 Am 15. 6. 1921 hatte die Reichsregierung in einer Note an die Regierungen in London, Paris und Rom schärfste Verwahrung dagegen eingelegt, daß die alliierten Truppen nicht nachdrücklich gegen die polnischen Insurgenten vorgingen (AR Wirth S. 69f Anm. 4). MA Nr. 135/136 S. 3 v. 15. 6. 1921 berichtete über die Lage in Oberschlesien.

4 Vgl. Nr. 124 Anm. 5.

5 S. Nr. 24 Anm. 2. Zu den von Rathenau geführten Verhandlungen vgl. Berglar S. 241; am 14. 6. 1921 hatte Rathenau darüber der Reichsregierung berichtet (AR Wirth S. 64f). Bericht auch in MA Nr. 137 S. 3 v. 16. 6. 1921.

6 Louis Loucheur (1872–1931), franz. Politiker, 1921/22 Minister der Régions libérées; s. Dictionnaire des Parlementaires Français 6, 1970, S. 2303ff. MP Nr. 135 v. 14. 6. 1921 berichtete über positive Äußerungen Loucheurs über Rathenau.

7 Vgl. Nr. 138.

8 S. Nr. 6 Anm. 10.

9 Vgl. Nr. 76 und 77.

Samstag, den 18. Juni 1921 129

Karl Haider[1].

Am Sonntag wird in Schliersee[2] das Denkmal des großen Malers Haider enthüllt und da ist es gut, wenn unser Winkel herin erfährt, wer der Mann gewesen ist. Gekannt, vom Sehen her, haben ihn wohl alle Schlierseer und auch die Miesbacher und Zeller[3] werden das kleine Mandl öfter beobachtet haben, wenn er in dem zugeknöpften Jägerrock mit dem großen Schlapphut auf dem Kopfe und dem Malzeug unterm Arm in unseren Bergen herumspaziert ist.

Aber das haben die Allerwenigsten gewußt, daß der Haider, der in der Seerose[4] seinen gemütlichen Haferl-Tarock[5] spielte, einer von den allergrößten Malern war, die unser Deutschland gehabt hat.

Er war in Berlin und München und Köln und in Paris schon lang berühmt, wie in Schliersee noch keine drei Leute wußten, was hinter dem kleinen Manndl steckte.

»Er malt halt so Tafeln«, sagte ein Oberlandler zum andern und der meinte dann, Marterln oder so was.

Aber meine lieben Leut', die Tafeln oder die Bilder hängen heut' in jedem großen Museum der Welt[6] an den Ehrenplätzen und jede Bildersammlung ist stolz darauf, wenn sie eine Landschaft von dem großen Karl Haider hat.

Da sieht man wieder einmal, wie wahr das Sprichwort ist, daß der Prophet daheim nicht viel gilt[7].

Man geht aneinander vorbei oder sieht einander im Wirtshaus und denkt nicht dran oder glaubt's auch gar nicht, daß der nächste Landsmann und Nachbar in der ganzen Welt bewundert wird.

Freilich, wie man daheim gehört hat, daß der Herr Haider Professor geworden sei, da sind schon mehr Leute zu dem Glauben gekommen, daß hinter dem Mann, der in dem unscheinbaren Hause draußerhalb Schliersee wohnte, was stecken müsse.

Und dann ist er auch Ehrendoktor einer Universität geworden, die ihm diese höchste Ehrung mit schmeichelhaften Worten zuerkannte[8]. Er war derweil schon ein Sechziger geworden, wie die Zeitungen seinen Ruhm verkündeten.

In unserm Winkel herin hat man auch davon nicht viel Aufhebens gemacht, denn der Haider ist alleweil noch zu seinem Haferl-Tarock gegangen und hat nicht dergleichen getan. Er ist so bescheiden und gemütlich geblieben, wie er alleweil war, und die stillen und bescheidenen Leute übersieht man leicht.

Jetzt, wo sein Denkmal enthüllt wird, geht Manchem ein Licht auf, und er denkt sich, wenn er das vor zehn Jahren gewußt hätte, wäre ihm der kleine Professor doch ganz anders vorgekommen.

Aber unserm Karl Haider war es so am liebsten, daß kein Wesen aus ihm gemacht wurde, denn er wollte seine Ruhe haben zum Malen und zum Musizieren, worin er auch ein feiner Künstler war.

Geboren ist unser berühmter Landsmann anno 1846 in München als der Sohn des Malers Max Haider[9], den unser König Max II.[10] vom Jagdgehilfen weg zum Künstler ausbilden ließ und der seinem hohen Gönner alle Ehre machte.

Unser Karl Haider studierte und machte Reisen ins Ausland, war mit berühmten Meistern befreundet, mochte aber nicht in der Stadt leben, sondern zog zu uns heraus nach Schliersee anno 1893 und verewigte die Schönheit unserer Berge in herrlichen Bildern. Gestorben ist er 1912. Er war ein kreuzbraver, echt altbayrischer Mann, und wenn am Sonntag[11] sein Denkmal enthüllt wird, wollen wir mit Stolz an ihn denken.

Und von den Schlierseern wird diemal einer sagen:

»Ja, wenn mancher Mann wüßte,
Wer mancher Mann wär,
Tät mancher Mann manchem Mann
Manchmal mehr Ehr«.

Or. fehlt. – MA 47 Nr. 139 S. 3 v. 18. 6. 1921; GW (1956) 8, S. 472ff; GW (1968) 1, S. 654ff. – Lemp S. 243 Nr. 1590; Hofmiller S. 726.

1 Karl Haider (1846–1912); vgl. Gerhild Kutschera, Karl Haider, Biographie einer Künstlerfamilie (Diss. Masch. Innsbruck) 1962; NDB 7, S. 518f. Über Karl Haider schrieb Thoma auch in »Leute, die ich kannte« (Lemp S. 212 Nr. 395; auch GW [1922] 1, S. 219–226) und in März 6/IV, 1912, S. 211–215 (Lemp S. 239 Nr. 1409; vgl. auch S. 248 Nr. 1717).

2 Haider war seit 1896 in Schliersee (Lkr. Miesbach) ansässig (Schliersee 779–1979, Schliersee 1978, S. 81, 244, 279). Über die Vorbereitung vgl. MA Nr. 127 S. 2 v. 4. 6. 1921.

3 Einwohner von Bayrischzell (Lkr. Miesbach).

4 Gasthof in Schliersee.

5 Kartenspiel um kleinen Einsatz (Küpper 3, S. 1146).

6 Der Werkkatalog von Kutschera (wie Anm. 1) S. 134–164 weist Gemälde und graphische Blätter in 15 deutschen Museen, in Wien und Budapest und in Privatbesitz nach.

7 Nach Matthäus 13, 57 und Markus 6, 4.

8 1901 erhielt Haider den Professorentitel, 1911 den Ehrendoktor der Universität Breslau; s. Kutschera (wie Anm. 1) S. 86, 104.

9 Max Haider (1807–1873), Leibjäger, dann Zeichner; Ulrich Thieme – Felix Becker, Allgemeines Lexikon der bildenden Künstler v. der Antike bis zur Gegenwart, 15, Leipzig 1922, S. 484. Max Haider wurde Leibjäger bereits bei König Max I. Joseph (1806–1825); sein künstlerisches Talent entdeckte König Ludwig I. (1825–1848); s. Kutschera (wie Anm. 1) S. 2.

10 Vgl. Dirrigl (wie Nr. 59 Anm. 5) S. 598.

11 19. 6. 1921; vgl. die Berichte in MA Nr. 138 S. 2 v. 17. 6. 1921; Nr. 141 S. 2 v. 21. 6. 1921; Nr. 143 S. 2 v. 23. 6. 1921. Biographische Notizen über Karl Haider sandte Anfang Juni 1921 Fritz Salzberger (Miesbach) an Thoma; sie hatte der Gemeindeschreiber von Schliersee zusammengestellt (s. Lemp S. 180 Nr. 47/V, Haider).

Sonntag, den 19. Juni 1921 130

Erhard der Gute.

Dem Menschenfreund Auer[1] blutet das Herz über die fürchterlichen Zustände in Bayern und er hat eine Friedensbotschaft erlassen, daß von jetzt ab Ruhe und Anstand walten sollen. Am Ende schafft er gar die »Münchner Post«[2] ab, habe ich gedacht, wie ich diese milden Worte gelesen habe, denn so lang am Altheimereck[3] Giftbrühe gekocht wird, gibt es ja keine Ruhe.

Nein – so arg macht es unser Erhard nicht; der schlagt bloß vor, daß die Volksgerichte[4] aufgehoben und die verurteilten Lumpen begnadigt werden.

Ich weiß nicht, es riecht so spaßig nach Moder, nach dem Eisner[5] und ein paar anderen Edelmenschen, die auch so gut gegen das Gesindel waren und so bös auf die Leute, die was arbeiten. Ja, der Auer muß es wissen. Daher kommen die schlimmen Zeiten, weil wir zu viel Lumpen im Zuchthaus und zu wenig heraußen haben. Das ist die Krankheit der Zeit.

Gerichte, die keine Gesetzesverletzung dulden, Sicherheitsbehörden, die ihre Pflicht erfüllen, Männer, die unbeugsam und furchtlos sind, die sind es, die unsere Bazi sich nicht ausleben lassen und daher kommt der unhaltbare Zustand der bürgerlichen Freiheit.

Wenn ein erprobter Staatsmann und gewesener Minister[6] zu der gegenwärtigen Regierung sagt, daß sie ihre Sache falsch macht, so heißt das nichts anderes, als: folgt meinem Beispiel und schaut, wie ich es gemacht habe.

Also schauen wir halt! Wie er's gemacht hat!? Wir steigen in Miesbach ein und bemerken schon am Bahnhof Holzkirchen[7] ein paar Strizzi in Uniform mit roten Armbinden, die in den Zug einsteigen und die Leute belästigen.

In ihren rohen und gemeinen Gesichtern steht es geschrieben, daß in unserm alten, lieben Bayern alle Zucht und Ehrbarkeit dem Münchner Zuhältertum preisgegeben ist. Am Bahnhof in München[8] lackeln an der Perronsperre ganz ähnliche Gestalten herum; die Verbrecherkneipen der Stadt haben das gemeinste, lichtscheue

Gesindel ausgespieen, das jetzt mit Handgranaten im Gürtel das tätige, arbeitende Volk umkreiste, wie der Hund eine Schafherde. In der Halle hocken ein paar Strizzi hinterm Maschinengewehr, rauchen Zigaretten und starren frech auf jeden Vorübergehenden, der noch so dumm ist, seiner Arbeit nachzugehen.

Wir sind in München von 1918, im Paradies der Bazi unter dem Minister des Innern Erhard Auer.

Alle Straßen voll Dreck, alle Straßen voll Gesindel; die anständigen Menschen gehen mit verstörten Gesichtern herum. Was ist aus unserm lieben München geworden? Matrosen begegnen uns, sie waren nie bei der Marine, sondern waren im Frieden Schaukelhutscher[9], Zuhälter, und dienten bei der Sankt Adelheimer[10] Garde. Die bürgerlichen Zeitungen sind von den Sozi beschlagnahmt, die Banken sind von Kommunisten besetzt; nachts streifen Lumpenpatrouillen herum, dringen in die Häuser, bedrohen die friedlichen Bewohner, plündern und stehlen.

Aber auf dem Schillermonument[11] steht ein Schlawinerjud und hält eine Hetzrede, der Pöbel johlt dazu und plündert die Läden am Lenbachplatz[12]. Alles ist herrlich unter dem Ministerium Auer.

Wir gehen zu ihm und wollen ihn selber fragen, wie lange er den Saustall weitermachen läßt.

Er sitzt käsebleich in seinem Lehnstuhl und verdreht die Augen schmerzlich nach oben und er flüstert uns ins Ohr, daß der Eisner schuld ist, daß der Eisner das Land ruiniert, und daß er, der edle Auer recht gut wisse, wie furchtbar die Zustände sind – aber...

Er zuckt die Achseln und lächelt tiefbetrübt. Er kann nichts machen, er kann halt gar nichts machen...

Die Türe wird aufgerissen und der Ausgeher kommt herein, die Hände in den Hosensäcken und sagt: »Du, hast g'hört, heut werd nix mehr g'schrieben. D' Maschinaschlampen is mit 'n Kare zum Tango ganga. Jetzt drah i s' Liacht aus...«

Die Exzellenz Auer schaut uns verständnisvoll an und setzt ihren Hut auf und geht. Er hat für heute wieder ausregiert. – Ja, so waren die Zustände, als die ganz echten Volksmänner am Ruder waren, die sich vor jeder Gewalttat, vor jeder Frechheit zurückzogen und uns allergnädigst ihr Mitleid schenkten, auf das wir pfiffen. Keinen Tag in seinem ganzen viermonatlichen Ministerdasein war der große Minister Auer Herr in seinem Büro[13]; jeder Maschinenschlampen hatte mehr zu sagen, wie er, denn der Schlampen hatte einen Zuhälter und der Zuhälter hatte Handgranaten.

Das war das goldene Zeitalter der Soziherrschaft in Bayern und das wollen sie unserm Lande wieder bringen.

Jetzt frage ich Jeden, ob der Auer nicht der Allerletzte ist, der heute Ratschläge geben kann?

Jetzt frage ich, ob dieser starke Charakter die Männer angreifen darf, die in langer, rastloser Arbeit das Land wieder aufrichteten, das unter Auer und Genossen eine Verbrecherhöhle gewesen ist.

Die Antwort kann sich Jeder selbst geben.

Or. fehlt. – MA 47 Nr. 140 S. 1 v. 19. 6. 1921. – Lemp S. 243 Nr. 1591; Hofmiller S. 726.

1 Erhard Auer; s. Nr. 14 Anm. 3. MP Nr. 136 v. 15. 6. 1921 brachte den Artikel »Ein Vorschlag zur Prüfung« v. Erhard Auer mit der Forderung, die Volksgerichte aufzuheben.

2 S. Nr. 1 Anm. 1.

3 S. Nr. 3 Anm. 4.

4 Die bayer. Volksgerichte waren Sondergerichte zur Aburteilung schwerer Straftaten (Mord, Plünderung, Brandstiftung u. a.) in einem verkürzten Verfahren, das keine Rechtsmittel kannte. Sie waren mit zwei Berufs- und drei Laienrichtern besetzt. Die Volksgerichte wurden durch Beschluß des Ministerrats der Regierung Eisner am 13. 11. 1918 eingeführt; die Kompetenz wurde im Januar 1919 auf weitere Tatbestände (Widerstand gegen die Staatsgewalt, Landfriedensbruch u. a.) ausgedehnt. Im Juli 1919 war diese Sondergerichtsbarkeit gesetzlich vom Landtag geregelt worden. Nach Inkrafttreten der Weimarer Reichsverfassung war die Vereinbarkeit der Volksgerichte mit dem Reichsrecht umstritten; zur Entstehung vgl. MinProt S. 15–18, 274; über die Entwicklung bis zur Aufhebung 1924 Franz J. Bauer – Eduard Schmidt, Die bayer. Volksgerichte 1918–1924 (ZBLG 48) 1985, S. 449–478. Der Vorstoß Auers 1921 wird nicht erwähnt.

5 S. Nr. 14 Anm. 7.

6 Auer war Innenminister in der Regierung Eisner.

7 Lkr. Miesbach. Vgl. Eck, Spartakl-Herrschaft S. 22f, der aber Zustände während der Räterepublik im April 1919 schildert.

8 Zum Folgenden vgl. Morenz S. 37ff. In Thomas Text »Die große Münchner Revolution anno 1919« (Kloeber S. 13–23) vom Mai 1919 erscheinen zahlreiche Bilder der folgenden Satire.

9 Schaustellergehilfen zum Anschieben der Schiffschaukeln. Matrosen als Eisners Garde werden mehrfach erwähnt; vgl. auch Nr. 53 Anm. 6.

10 Stadelheim, Stadtteil im Münchener Süden mit dem Strafgefängnis. Vgl. Thomas Stadelheimer Tagebuch; GW (1922) 1, S. 281–349.

11 Vgl. Müller, Mars und Venus S. 321 (Rede Leviens am Schillerdenkmal). S. auch Karl S. 30f.
12 Über Unruhen in München (auch mit Plünderungen) vgl. MinProt S. 9, 133f, 262, 267, 281, 286. Vgl. auch Morenz S. 23, 34; Müller-Meiningen S. 101.
13 Die geschilderten Verhältnisse sind mehr aus dem Ministerium Eisners, dem Ministerium des Äußern, überliefert; vgl. auch Nr. 53 Anm. 13 sowie Moser v. Filseck S. 28f, der Anfang Januar 1919 von den ziemlich chaotischen Verhältnissen im Ministerium des Äußern u. den geordneten im Innenministerium berichtet; s. auch Müller-Meiningen S. 103, 108f; Müller, Mars und Venus S. 286.

Sonntag, den 19. Juni 1921 130/1

»Positive Arbeit!«

schreibt der Volkstribun[1], kann uns allein retten, und er hat diese Redensart hingeschrieben am Tage des Generalstreiks[2], als er mit seinen Genossen das Land um zwei Tage positiver Arbeit gebracht hatte, bloß um gegen das Ministerium Kahr[3] zu hetzen.

»Wir müssen mit Haß und Verleumdung aufhören« schreibt er zwei Zeilen ober dem nächsten Hetzartikel der »Post«[4], die ihren schamlosen Verleumdungsfeldzug fortsetzt.

Das sind die wahren Charaktere, die Bayern braucht! Oder nicht?

Or. fehlt. – MA 47 Nr. 140 S. 1 v. 19. 6. 1921. – Lemp S. 244 Nr. 1592; Hofmiller S. 726.

1 S. Nr. 123 Anm. 1.
2 S. Nr. 121 Anm. 2.
3 S. Nr. 1 Anm. 6.
4 Münchener Post; s. Nr. 1 Anm. 1. Bezieht sich auf MP Nr. 136 v. 15. 6. 1921.

Sonntag, den 19. Juni 1921 131

Sensationelle Enthüllungen[a)].

Der Schorschi von der »Münchner Post«[1], ein Rindvieh mit Eichenlaub und Schwertern[2], in krimineller Hinsicht durch das Kino[3] vorgebildet, ist fieberhaft tätig, um dem Falle Gareis[4] auf die deutschnationale[5] Spur zu kommen.

Gestern meldete er, daß ein Student zum Andern sagte: »Diesmal ist's gefährlich – glaubst Du, daß er über die Grenze kommt?« Heute hörte er einen behäbigen[b)] Bürger, der aus einer reaktionären Wirtschaft kam, zu seiner Frau sagen: »Zenzi, mi druckt was ... mi druckt was«.

Schon glaubte Schorschi das Bekenntnis eines Mitwissenden zu hören, als der Bürger das Bein aufhob und sich so laut von seinem Drucke befreite, daß der Vigilant[6] der »Münchner Post« zurückprallte. Es scheint sich um einen schwer verdaulichen Schwartenmagen, nicht um den Fall Gareis gehandelt zu haben[c)].

Or.[d)] 1 Bl., Lg 181 (Lemp S. 198 Nr. 156; mit irrtümlicher Angabe 3 Bll.). – MA 47 Nr. 140 S. 2 v. 19. 6. 1921. – Lemp S. 244 Nr. 1593; Hofmiller S. 726.

a) darüber: [Wichtige Schärlok Holmes Der Filmschorschi von der Münchner Post, der die Detektivstücke]
b) MA: fehlt
c) folgt: [Allerdings fügte] (Ende Bl. 1)
d) Bl. 1 oben links: 2 Seiten (Hand des Redakteurs)

1 S. Nr. 1 Anm. 1. Zu Georg Birk s. Nr. 87 Anm. 10.
2 Der Orden Pour le merite wurde bei besonderen Verdiensten auch mit Eichenlaub verliehen; s. Hanns Möller, Geschichte der Ritter des Pour le merite im Weltkrieg, 1, Berlin 1935, S. 3f.
3 Vgl. Nr. 18 Anm. 11.
4 S. Nr. 118.
5 Deutschnational hatte schon um die Jahrhundertwende die Bedeutung von deutschvölkisch-antisemitisch, vgl. Kurt Knoll, Das Wesen der deutschnationalen Bewegung (Geschichte der deutschnationalen Bewegung in Österreich, hg. v. Paul Molisch) Jena 1926, S. 11, 15; Lexikon zur Parteiengeschichte 2, S. 459.
6 Spitzel; s. Grimm 12/II, Sp. 354f; 10/I, Sp. 2597.

Dienstag, den 21. Juni 1921 132

Spiegelberg, ich kenne Dich[1] –.

In den »M. N. N.« erklärt der Herr Auer, daß er nicht Minister werden will[2]. »Wer weiß, vor welch' ungeheueren Aufgaben die Männer der Regierung stehen, der hat sicher kein Bedürfnis, ein Regierungsamt zu übernehmen ...«

Sehr schön gesagt, o Du Bescheidener, aber wir spinnen den

Gedanken weiter. Wer das weiß, der sollte sich scheuen, die Männer, die unter dem Druck dieser riesengroßen Aufgaben stehen, an ihrer Erfüllung durch tägliche Hetze zu hindern. Und wer die Größe der Aufgaben kennt, der weiß auch, daß der Herr Auer viel zu schwach für sie ist. – Wir kennen Sie, geschäftiger Volkstribun[3], wir halten Sie nicht für einen Schreckensmann, aber für einen, der geschoben wird, wenn er zu schieben glaubt.

Wir unterscheiden einen Auer vor dem Februar 1919 und einen Auer nach dem März 1920[4].

Vor dem Februar 1919 hatte er den guten Glauben für sich und auch den guten Willen, die Revolution nicht ausarten zu lassen[5]. Staatsmann war er damals so wenig wie heute und so wenig, wie alle anderen Genossen: Klassenvertreter, Oppositionsführer, Parteiredner, kein Wildling, aber einseitig erzogen und gebildet. Die harte Tatsache der Revolution und ihre selbstverständliche Entwicklung verstand er nicht; er glaubte, daß Nachgeben, Predigen, Sanftmeierei bei den revolutionären Massen was ausrichten könnten. Er stand nicht, wie er hätte stehen sollen und müssen zum ruhigen und anständigen Teil des Volkes, als reale Macht zum Schutze der Ordnung, Sicherheit und der Arbeit. Sohin ist er auch kein wirklicher Arbeitervertreter.

Nach 14 Tagen Revolution war Auer eine machtlose Puppe und der sanfte Mann wurde von dem Straßenpöbel mehr gehaßt, als jeder Rechtsstehende. Auer war darüber unglücklich und sehr erstaunt und es dämmerte ihm die Erkenntnis von den notwendigen Folgen jeder Zuchtlosigkeit. Er machte schwächliche Versuche, sie einzudämmen, aber er hatte immer Angst vor seiner Courage, und ging jeden Schritt zurück, den er vorwärts getan hatte.

Ob er damals die erste Aufgabe jeder Regierung, die der Festigkeit und unbeugsamen Strenge, erkannt hat, kann zweifelhaft sein – sicher ist, daß er nicht einmal den Versuch machte, sie zu erfüllen. Das kann man Güte heißen, in ihren Wirkungen ist eine solche Schwäche schlimmer, wie das ärgste Gewaltsystem.

Auer überließ den ihm anvertrauten Staat dem zuchtlosen Pöbel und erhielt die Quittung für sein Wirken durch Lindner[6]. Professor Sauerbruch[7] hat nur den Patienten Auer gerettet; der Staatsmann

Auer – wenn es ihn je gegeben hat – war tot. Der Mann, den wir jetzt vor uns haben, nach dem März 1920[8], ist eine unsympathische Zeiterscheinung. Denn jetzt handelt, spricht, agitiert Herr Auer wider sein besseres Wissen, wider seine Erfahrung und wider der inneren Stimme in seiner Brust, die ihm sagt, daß die Anderen, die er angreift, den Staat gerettet haben.

Niemand weiß besser, als Herr Auer, wie segensreich und wertvoll die Tätigkeit Pöhners[9] ist, gerade weil sie frei ist von den Schwächen und Fehlern seiner eigenen unheilvollen Amtsführung.

Niemand weiß besser als er, daß wir heute die Freiheit haben, die im November 1918 sofort aufgehoben und der gemeinsten Gewaltherrschaft des großstädtischen Straßenpöbels aufgeopfert worden war. Wenn sich Auer heute mit den Mitteln und mit den Redensarten der früheren Zeit bei den Massen einschmeicheln will, kann seine offene oder geheime Ansicht sein, wie sie will, wir glauben ihm nichts mehr.

Wir glauben ihm genau so wenig, wie er sich selber.

Or. fehlt. – MA 47 Nr. 141 S. 1 v. 21. 6. 1921. – Lemp S. 244 Nr. 1594; Hofmiller S. 726.

1 »Ich kenne dich, Spiegelberg« (Friedrich v. Schiller, Die Räuber, 2. Akt, 3. Szene).
2 MNN Nr. 250 v. 17. 6. 1921; das folgende Zitat auch in MP Nr. 137 v. 16. 6. 1921. Vgl. Nr. 117 Anm. 4.
3 S. Nr. 123 Anm. 2.
4 Am 21. 2. 1919 wurde Auer bei einem Attentat schwer verletzt (s. Nr. 14 Anm. 6). Am 14. 3. 1920 trat der sozialdemokratische Ministerpräsident Johannes Hoffmann zurück (s. Nr. 33 Anm. 8 und Nr. 109 Anm. 15). Seitdem war die MSP in der parlamentarischen Opposition.
5 Über Auers Wirken in der Regierung Eisner s. MinProt S. XXXVIIIf u. ö. Vgl. auch Hofmiller, Revolutionstagebuch S. 56, 88, 93.
6 S. Nr. 14 Anm. 6.
7 Prof. Dr. Ferdinand Sauerbruch (1875–1951), seit Herbst 1918 Chef der Chirurgischen Universitätsklinik in München, in der Auer behandelt wurde; Ferdinand Sauerbruch, Das war mein Leben, Bad Wörishofen 1951, S. 319–325 bespricht ausführlich die Behandlung des Eisner-Attentäters Graf Arco und erwähnt dabei, daß nach dem Attentat »im Landtag ein Zentrumsabgeordneter und der Führer der Sozialdemokraten, Erhard Auer«, erschossen worden seien. Zur Behandlung Auers durch Sauerbruch vgl. Hitzer S. 160ff.
8 Auer erschien seit Juli 1920 wieder im Landtag.
9 S. Nr. 17 Anm. 11.

Mittwoch, den 22. Juni 1921 133

Unser Leitartikler[I].

Das glaubt kein Mensch, was wir Miesbacher können. Von unserm hintern Winkel aus haben wir das »naie daitsche Raich« in eine furchtbare Aufregung gebracht. In Berlin sausen die »Schnorralisten« herum und halten die »Nos« in den Wind, der von Miesbach herweht, und in München können die Redakteure der »Post«[2] nicht mehr schlafen, denn sie leiden an der Wahnvorstellung, daß sie eine Rakete im Zündloch haben, die alle Tag einmal losgebrannt wird, wenn der Postbot den verfluchten »Miesbacher« bringt.

Natürlich sucht man den Urheber so vieler schlafloser Stunden, den Verächter der herrlichen Republik, der den Stellen- und Renten-Jägern, den Tafel-Genossen der schmierigsten Schieber[3] eine unbekümmerte Verachtung entgegenbringt und dem Volke zeigt, was es für jämmerliche Götzen anbeten soll.

Zuerst riet man auf einen Stabsoffizier Ludendorffs[4], jetzt hat es die »Vossische Zeitung« in Berlin herausgebracht, daß Ludwig Thoma der Leitartikler des »Anzeiger« ist. Daß man aber auch nicht gleich auf den Namen und den Mann gekommen ist!

Er kann wohl als ein Vertreter des in Berlin so verlästerten Bayerns gelten; zudem weiß man, daß er von der ersten Stunde an dem neuen Wesen oder Unwesen eine gründliche Verachtung gezeigt hat[5], eine scharfe Sprache hat er immer an sich gehabt – also...

Das Schweißhündchen der »Vossischen« hat die Spur und bellt fröhlich seine Entdeckung in die Welt hinaus.

Seine Rekonvaleszenz, der Herr Auer[6], hat es auch neulich gesagt, denn der großmächtige Herr Minister kann es nicht fassen, daß ihm unsereins die Federn ausrupft.

Wir lassen aber nicht aus, und wenn uns selbst nichts mehr einfällt, stellen wir unsern indischen Landsmann Rabindranath Tagore[7] als Leitartikler an, von dem die Hanswursten in Berlin sicherlich die Watschen annehmen werden, die ihnen jetzt so viel Kopfweh machen.

133

Ein Brief Dr. Ludwig Thomas an die »Münchner Neuesten Nachrichten«[8].
(Ausgabe vom Montag, den 20. Juni 1921.)

Sehr geehrte Redaktion!

Wie mir brieflich mitgeteilt wurde, hat mich die »Vossische Zeitung« als den Leitartikler des »Miesbacher Anzeiger« bezeichnet[9], und nun weiß ich erst, warum seit vorgestern allerhand Zuschriften an mich als »Herausgeber« aus dem hohen Norden gelangen. Darunter auch einige liebenswürdige. Ich habe der »Vossischen« ein Dementi geschickt des Inhalts, daß ich weder der Leitartikler des »Miesbacher Anzeiger« bin, noch in irgendwelchen geschäftlichen Beziehungen zu dem Blatte stehe[10].

Erst heute hat mir ein Münchner Freund den Entrüstungsschrei der »Münchner Post«[11] am Telephon vorgelesen, woraus man erkennen mag, wie meine rege Anteilnahme an der Politik postalisch gebremst wird.

Ich stehe nicht an, der kummervollsten Verehrerin Peter Schlemihls[12] zu gestehen, daß ich dem »Miesbacher Anzeiger« zugetan und dankbar bin, denn der Ton, den sich die Berliner Presse gegen uns Bayern leistet, ist so widerlich und aufreizend, daß die grobkörnigste Erwiderung befreiend wirkt. Auch die Art, wie der »Miesbacher Anzeiger« für das Ministerium Kahr[13] und die durchaus[a)] gesicherte Ordnung[14] im Vaterlande eintritt, freut mich. Denen, die darin tiefschmerzliche Wandlungen meiner Überzeugung erblicken, gebe ich zu bedenken, daß ich auch früher nur das bekämpfte, was ich für dumm und schädlich hielt. Da ich kein bornierter Parteisimpel bin und mir über Erlebtes meine eigenen Gedanken und nicht die der »Münchner Post« mache, haben mich die Zeit und die Not meines Vaterlandes allerdings nicht unberührt gelassen.

Ich hänge an keinem Dogma und an keiner Doktrin und ich hege weder vor den Meinungen anderer Leute, noch vor meiner eigenen jene scheue Ehrfurcht, die unsere Politiker daran verhindert, etwas zu lernen.

Ich verstehe heute, warum der genialste demokratische Staatsmann Englands, der Vorkämpfer der Freiheit, Edmund Burke[15], der Todfeind der französischen Revolution war und wie er diesem Hasse seine ältesten Verhältnisse und seine teuersten Freunde opferte.

Aber da kämen wir auf Gebiete des Wissens und Lernens, von denen sich unsere Doktrinäre mit so viel Erfolg fernhalten. Und der Ton würde zu ernst gegenüber Lächerlichkeiten, deren größte die ist, wenn jeder Angriff auf mich Seitenhiebe auf die »Simplizissimusleute« enthält. Wir gestehen uns im »Simplizissimus« vor allem das Recht der eigenen Meinung zu, und wenn ich in manchen Dingen anders denke, als der eine und andere meiner alten Freunde und Mitarbeiter, so ist das ausschließlich meine Sache[16].

Hochachtungsvollst!

Dr. Ludwig Thoma.

Or. fehlt. – MA 47 Nr. 142 S. 1 v. 22. 6. 1921. – Lemp S. 244 Nr. 1595; Hofmiller S. 726.

a) MNN: durch es

1 Kirmayer S. 127 u. Lemp S. 244 Nr. 1595, denen wir hier folgen (s. S. 454), schreiben den einleitenden Text ebenso Thoma zu wie den folgenden Brief, der ohne Zweifel von Thoma stammt und zuerst in MNN erschien (s. Anm. 8). Hofmiller S. 726 bringt wie die Listen I und II zu diesem Artikel den Zusatz »(indirekt)«.

2 Münchener Post; s. Nr. 1 Anm. 1. MP Nr. 137 v. 16. 6. 1921 bespricht den Artikel der Vossischen Zeitung (s. Anm. 9) und schreibt dazu: »Bei allen Wandlungen, die Thoma und die anderen Simplicissimus-Leute in verhältnismäßig kurzer Zeit durchgemacht haben, können wir unmöglich glauben, daß er tatsächlich in jener Niederung gelandet ist. Wir sind überzeugt, daß Thoma diesen Schimpf nicht auf sich sitzen lassen wird«.

3 Vgl. beispielsweise Nr. 60, 65, 96, 99.

4 S. Nr. 83 Anm. 4.

5 Vgl. dazu Thomas Artikel vom Januar 1919 in der MAA und in der Frankfurter Zeitung (Lemp S. 248 Nr. 1703–1706).

6 S. Nr. 14 Anm. 3. »Rekonvaleszenz« bezieht sich auf Auers Verletzung bei dem Lindner-Attentat (s. Nr. 14 Anm. 6). Vgl. Nr. 126 Anm. 1.

7 Vgl. Nr. 142.

8 MNN Nr. 253 v. 20. 6. 1921 (Lemp S. 248 Nr. 1715). Auszug: Schwäbischer Merkur Nr. 279 v. 21. 6. 1921 (Ebd. S. 248 Nr. 1716). – Nach MNN gedruckt in GW (1956) 8, S. 410f; GW (1968) 1, S. 591 f (mit Datum: Juni 1921). – MP Nr. 141 v. 21. 6. 1921 kommentiert den Leserbrief Thomas in MNN.

9 Vossische Zeitung Nr. 269 v. 10. 6. 1921; die Zeitung stand der DDP nahe (Becker S. 116). Vgl. auch S. 453 f.

10 Das Dementi erschien in der Vossischen Zeitung Nr. 284 v. 19. 6. 1921. Darauf nimmt Bezug Die Weltbühne 17/II, S. 166 (erschienen am 11. 8. 1921).

11 S. Nr. 1 Anm. 1. MP Nr. 137 v. 16. 6. 1921.
12 Thoma verwendete das Pseudonym P. S. (Peter Schlemihl) seit 1899 (Lemp S. 215 Nr. 449); vgl. Rolf Flügel, Peter Schlemihl und der Simplicissimus (Das Bayerland 69) 1967, S. 35f und Nr. 163 Anm. 3.
13 S. Nr. 1 Anm. 6.
14 Vgl. dazu S. 475.
15 Edmund Burke (1729–1797); s. Encyclopaedia Britannica 4, S. 431–434.
16 Über Thomas Einstellung zum Simplicissimus in seinen späteren Jahren vgl. Lemp S. 151; Ahrens S. 554; Simplicissimus. Eine satirische Zeitschrift 1896–1944 (Ausstellungskatalog) München 1977, S. 47f, 76, 354; s. auch Nr. 98 Anm. 2. Von den knapp 800 Beiträgen Thomas zum Simplicissimus stammen ca. 750 aus der Zeit vor 1915.

Freitag, den 24. Juni 1921 134

Die drohende Entrechtung Bayerns?

Jetzt stellt es sich heraus, daß der Antrag des Erhard Auer[1] auf Aufhebung der Volksgerichte[2] in Bayern bestellte Arbeit ist und die Eröffnung einer Aktion bedeutet, die von Berlin aus gegen die bayerische Justizhoheit einsetzt und nach Meinung der Berliner Regierung im Oktober zum Ziele führen soll. Auer war die geeignete Persönlichkeit, die unter Verschleierung der wahren Absicht der sozialdemokratischen Bedienten in Berlin sich an gewisse Kompromißler in Bayern heranmachen sollte.

Mit dem Schlagworte »Versöhnungspolitik« glaubt er, Wachsweiche in die Falle locken zu können – aber die Bayerische Volkspartei[3] muß und wird diesen hinterhältigen Streich gegen Bayern erkennen, und hat sie ihn klar erkannt, dann wird sie ihn abwehren.

Sie wird es tun, denn es handelt sich um eine Lebensfrage für Bayern, für das bayerische Volk, das sein ganzes Vertrauen in die Volkspartei gesetzt hat.

Wir hatten sofort Verdacht, als wir den Aufruf des Herrn Auer lasen, denn aus jedem Worte sprach eine falsche Biederkeit, und diese Sehnsucht nach Frieden und Versöhnung, die alle Verbrecher auf die bürgerliche Gesellschaft loslassen will, trägt das Brandmal der Verlogenheit auf der Stirne.

Heute haben wir die Beweise dafür, daß hinter den von falscher Humanität triefenden Worten nichts anderes steckt, als der Angriff gegen Bayerns Justizhoheit, mit ihr gegen den Sicherheitsdienst und die Verwaltung in Bayern, daß nichts anderes dahintersteckt, als der Versuch zur politischen Entrechtung Bayerns[4].

Und die Volkspartei, deren Zahl und Stärke zuerst und zuletzt die Ursache dieses Angriffes ist, als Ausdruck des Ordnungswillens[5] in Bayern, diese Partei soll durch die Lüge dazu gebracht werden, sich selber und ihr Land dazu zu entrechten.

Wir beschwören Alle, die es gut meinen, um unser Land wachsam zu sein, sich nicht durch Redensarten über Hetze usw. täuschen zu lassen, sondern die Augen zu öffnen, und sie werden die hinterlistigen Motive der mit den Berlinern zusammen konspirierenden Sozialdemokraten durchschauen.

Folgendes ist in großen Zügen der Plan: Werden die Volkgerichte aufgehoben, dann setzt bei Unruhen künftig das Reich in Bayern Sondergerichte[6] ein.

Die Begnadigungs-Instanz ist dann der Reichspräsident!

Unsere bayerische Regierung ist dann im eigenen Lande machtlos, ohne Einfluß auf die wichtigsten Maßnahmen gegen Aufruhr und Revolution!

Die Sondergerichte, die jetzt in Mitteldeutschland errichtet waren, sind solche Gerichte des Reiches gewesen. Der Reichspräsident[7], der sich das schleimige Lob des Herrn Wirth[8] zugezogen hat, hat bis jetzt schon über

2000

– zweitausend! – der anarchistischen Mordbrenner begnadigt.

Das ist Amnestie für die ungeheuerlichsten Verbrechen!

Dabei hat die Reichsregierung lügenhafterweise erklärt, daß keine Amnestie erfolgen solle, und hat, ohne zu erröten, die Phrase gebraucht:

Recht muß Recht bleiben!

Das war, um den Rechtsparteien Sand in die Augen zu streuen. Um aber nach Links hin, um der Partei des Reichspräsidenten[9], Gefolgschaft zu leisten, hat man zweitausend Mordbuben begnadigt und also in der Tat doch amnestiert.

Was das politisch für Bayern bedeuten würde, wenn ein aus der Berliner Sozialdemokratie hervorgegangener Reichspräsident alle Lumpen und Hetzhunde wenige Wochen nach ihren Umsturzversuchen wieder auf München und Bayern loslassen würde, das ist ohne Weiteres klar:

Die Unmöglichkeit der verhaßten Ordnung im Lande!

Die Vernichtung des Einflusses der Volkspartei!

Die Knechtung Bayerns durch die Berliner Roten!

Wir wollen aber die geheimen Machenschaften der Auer und Genossen vor aller Augen bloßlegen.

Wir wollen zeigen, wie jetzt hintenherum mit Lug und Trug der Umsturz erreicht werden soll, der am Sonntag, den 12. Juni, mit Gewalt geplant war[10].

Or. fehlt. – MA 47 Nr. 144 S. 1 v. 24. 6. 1921. – Lemp S. 244 Nr. 1596; Hofmiller S. 726.

1 S. Nr. 14 Anm. 3.

2 S. Nr. 130 Anm. 1 u. 4. – Am 21. 6. 1921 hatten Auer und andere MSP-Abgeordnete im Landtag einen Antrag eingebracht, der auf die Aufhebung der Volksgerichte hinauslief (LV 1920/21, BeilBd 4, S. 525). Nach Beratung im Verfassungsausschuß am 28. 6. 1921 (Ebd. S. 555) wurde er am 14. 7. 1921 im Plenum abgelehnt (LV 1920/21, StenBer 3, S. 389). Derselbe Antrag war bereits im Oktober 1920 gestellt und am 1. 12. 1920 von der Landtagsmehrheit abgelehnt worden (LV 1920/21, StenBer 1, S. 896–921; BeilBd 3, S. 143, 265).

3 S. Nr. 19 Anm. 9. – Zur Diskussion über die Frage, ob die bayerischen Volksgerichte mit der Weimarer Reichsverfassung vereinbar seien, vgl. Bauer-Schmidt (wie Nr. 130 Anm. 4) S. 467ff.

4 Über das Verhältnis der Justizhoheit des Reiches zu der der Länder vgl. Huber 6, S. 526ff; über Reichs- und Landesverwaltung (letztere vollzog die meisten Reichsverwaltungsgesetze) s. Ebd. S. 480ff. Vgl. auch Zimmermann S. 103ff.

5 Vgl. dazu Nr. 136 Anm. 5.

6 Dies geschah für die Provinz Sachsen im März 1921 anläßlich der mitteldeutschen Aufstände (s. Huber 6, S. 720; Ders., Dokumente 3, S. 244–247).

7 Friedrich Ebert; s. Nr. 6 Anm. 2. Vgl. unten Anm. 9.

8 S. Nr. 102/1 Anm. 2.

9 Mehrheitssozialdemokraten; s. Nr. 66 Anm. 1. Im Mai 1921 stellten die KP und USP im Reichstag Anträge auf Erlaß einer Amnestie für die von Sondergerichten verurteilten Teilnehmer an den mitteldeutschen Märzunruhen. Am 4. 6. 1921 wurden diese abgelehnt, dagegen ein MSP-Antrag angenommen, die Sondergerichtsurteile im Wege der Einzelbegnadigung zu überprüfen. Die daraufhin vom Reichsjustizministerium eingeleitete Überprüfungsaktion zeigte erst im Herbst 1921 stärkere Auswirkungen; bis Mitte November waren in 766 Fällen Gnadenerweise erteilt worden; vgl. Jürgen Christoph, Die politischen Reichsamnestien 1918–1933 (Rechtshistorische Reihe 57) 1988, S. 100–118.

10 Am 11. 6. 1921 hatte die Vereinigte Kommunistische Partei Deutschlands einen Aufruf an das »Proletariat« mit der Aufforderung zum Sturz der Regierung Kahr, zur Entwaffnung der Bourgeoisie, zur Bewaffnung des Proletariats, zur

Beseitigung des Belagerungszustandes und der Ausnahmegerichte verbreitet; er wurde nicht befolgt (Schulthess 1921/I, S. 200).

Samstag, den 25. Juni 1921 135

Ins Stammbuch.

Der Reichskanzler[1] hat dieser Tage dem Unterleitner[2] Hansi in der sogenannten Nationalversammlung[3] auf eine Interpellation wegen der Ermordung des Gareis[4] mit einer Rede geantwortet. Und da hat er unter anderem auch nach der »Münchner Morgenpost«[5] Nr. 1 (Ersatz für den verbotenen »Kampf«) gesagt: »Aber in Bayern soll man sich darüber klar sein, daß das, was in den letzten Monaten und Wochen dort an einigen Plätzen geschehen ist, geeignet ist, die Einheit des Reiches zu zerstören[6]. Schamlose Presseäußerungen einiger süddeutscher Organe sind sogar bestrebt, den Süden vom Norden zu trennen und in dem entstehenden Wirrwarr die Reaktion zum Siege zu führen«. Und außerdem sagte er: »Diese Verwilderung der Sitten hat schließlich eine Atmosphäre geschaffen, die zu Entladungen führen mußte«, und dann quasselte er noch weiter, indem er ausführte: »Ich freue mich, daß jetzt die Entwicklung zum legalen Staatsgedanken sich in ganz Süddeutschland bemerkbar macht. Wir werden mit dem Süden freundschaftlich zusammenarbeiten. ›Verzeihen und vergessen‹ – das ist die Parole, die ich befolgen will«. Das hat der Wirth gesagt.

Nee Männecken, so duselig sind wir denn doch noch nicht, daß, wenn die Reichsregierung andauernd auf uns Bayern herumtrampelt, wir, wenn es der Reichsregierung paßt, verzeihen und vergessen sollen. Also bei uns im Süden ist eine Verwilderung der Sitten geschaffen, die zu Entladungen führen mußte! Der Mann, der Reichskanzler ist, scheint den hohen Norden nicht zu kennen. Und da wollen wir einmal etwas ihm in das Stammbuch schreiben, etwas, was nicht in der rechtsstehenden Presse zu lesen ist, sondern was eine linksstehende Presse geschrieben hat. Der Herr Reichskanzler lese, was jetzt folgt, und dann, wenn er mit Hilfe eines xbeliebigen Pöhner[7] eine andere Atmosphäre geschaffen hat, dann möge er wieder das Wort ergreifen über die Atmosphäre in Bayern. Zum Ausmisten, Herr Reichskanzler, gehören Mistgabeln, und bei dem Gesindel, das sich bei uns einnisten will, ist die Sprache notwendig, die wir führen. Doch nun zur Atmosphäre, in welcher der Herr Reichskanzler Dr. Wirth lebt.

– In Berlin da gibt's »eine feine Jejend«. Regierungsräte, Hochstapler, Bankdirektoren, Schieber, Schauspielerinnen und Kokotten wohnen dort. Kurfürstendamm, heißt die »Jejend«. Für Leute, die vorwärts kommen wollen, ist es notwendig, am Kurfürstendamm zu wohnen. Alle anderen Stadtteile werden nicht respektiert. Der Norden riecht nach Panke, das Zentrum nach Markthalle, der Osten nach Kommunistenaufstand. Wir werden jetzt den Kurfürstendamm photographieren. Also:

Sehr viele Autos. Sehr viele Droschken. Frauen in seidenen Strümpfen und gutgeschnürter Figur. Auch Frauen, die aussehen, wie Bordellmütter. Dickbäuchige Herren mit Hängebacken, schlanke mit langen Haaren. Gute Kaufleute, Intellektuelle, die Kommunismus aus sportlichem Ehrgeist propagieren. Viele Hunde, viele Backfische. Kriegsinvaliden, Dirnen, Kleiderjuden, Literaten. Dielen, Bars, Kabaretts, Lebensmittelgeschäfte. Drei Bedürfnisanstalten.

Diese Beschreibung ist nicht lückenlos, aber sie genügt. Die Kaffeehäuser sind immer überfüllt. An den Tischen werden Geschäfte abgeschlossen und Schweinigeleien erzählt.

In den Kaffeehäusern werden »Chansons« gesungen, die geschmacklos und kitschig sind, aber das Publikum applaudiert.

Eine Dame blättert in einem Modejournal und schlägt ihre Beine übereinander. Sie weiß, daß der Herr, der ihr gegenübersitzt, anbeißen wird. Auf der Straße, geflüstertes Angebot verbotener Dinge. Kokain, Nacht-Bars, Spielklubs.

Auf der Straße: geflüstertes erlaubter Dinge, Brillanten, Frauenfleisch.

Am Wittenbergplatz stehen junge Männer in auffallender Kleidung. Sie haben gepuderte Backen, benehmen sich sehr graziös und werfen melancholische, stumpfsinnige Blicke in den Abend. Sie pfeifen manchmal oder stecken die Zunge heraus. Sie suchen Kavaliere. Auf der Tauenzienstraße Damen in hohen Lackstiefeln.

Damen mit Reitpeitschen. Eine kleine Flagellation gefällig? Ein bißchen die Haut aufritzen? Werden Sie Mitglied des Vereins zur Erforschung sexueller Ausschweifungen! Komm doch mit, Kleiner, Du sollst es gut haben. Der Kleine dankt, er müßte mit dem letzten Straßenbahnzug fahren. –

Das, Herr Dr. Wirth, ist Berliner Atmosphäre, und in dieser Atmosphäre werden Morde ausgedacht. Aus dieser Atmosphäre heraus mordet man in Norddeutschland[8]. Wenn der Herr Reichskanzler diese Atmosphäre gesäubert hat, dann können wir in Bayern vergessen und verzeihen, was Berlin seit Jahren uns angetan hat. Hoffentlich tragen auch die übrigen Herren in der Reichsregierung dazu bei, daß in Norddeutschland der legale Staatsgedanke sich ebenso durchsetzt, wie er sich im Süden durchgesetzt hat.

Or. fehlt. – MA 47 Nr. 145 S. 1 v. 25. 6. 1921. – Lemp S. 244 Nr. 1597; Hofmiller S. 726.

1 Dr. Joseph Wirth; s. Nr. 102/1 Anm. 2.

2 Hans Unterleitner (1890–1971), 1918/19 Minister für Soziale Fürsorge in der Regierung Eisner, seit 1920 MdR (USP); s. MinProt S. XLVII.

3 Die Schlußsitzung der Deutschen Nationalversammlung fand am 21. 5. 1920, die erste Sitzung des Deutschen Reichstags am 24. 6. 1920 statt (RV Bd. 333, S. 5731; Bd. 344, S. 1 f).

4 S. Nr. 118. Die USP-Interpellation aus Anlaß der Ermordung von Karl Gareis v. 11. 6. 1921 s. RV Bd. 367, S. 1850; bei der Begründung der Interpellation zitierte der Abg. Unterleitner mehrfach den MA, u. a. Nr. 62, 80, 81, 110 (RV Bd. 350, S. 3948 f).

5 Anstelle der am 11./12. 6. 1921 verbotenen Zeitung Kampf (Organ der USP) erschien ab 13. 6. 1921 die Münchener Morgenpost. Vgl. BHStA, Slg. Rehse Nr. 4222.

6 Die Erklärung des Reichskanzlers Wirth v. 17. 6. 1921 s. RV Bd. 350, S. 3953–3957; Wirth sagte: »... die Einheit des Reiches zu gefährden«. Er führte weiter aus: »Ich weiß nicht, wer diese Pamphlete jede Woche in gewissen süddeutschen Zeitungen verfaßt«. (Zuruf links: Thoma! – Widerspruch bei der BVP). »Das wird bestritten. Ich würde jeden Literaten Deutschlands, jeden Künstler, aufs tiefste bedauern, wenn er seine Feder zu einem derartigen Henkers-Werk mißbrauchen wollte, Volksgenossen gegeneinander aufzuhetzen, die im Dienst des Vaterlands ihre Kräfte verzehren. Verzeihen und Vergessen, das ist die Parole, der ich auf diesem Gebiet folgen will« (Ebd. S. 3956). Zur Vorbereitung der Erklärung vgl. AR Wirth S. 61, 68, 72. In der Zentrumsfraktion wurde die »Hetze gewisser Presseorgane, wie Miesbacher Anzeiger, scharf verurteilt« (Morsey-Ruppert S. 223). – Bericht über die Reichstagssitzung v. 17. 6. 1921 in MA Nr. 140–142 v. 19.–22. 6. 1921. – Text eines von Rechtsradikalen gesungenen Schmähliedes auf den Gareis-Mord, verbunden mit Morddrohungen für Rathenau und Wirth s. bei Berglar S. 304 Anm. 27.

7 S. Nr. 17 Anm. 11.
8 Über die »Atmosphäre« in Berlin vgl. auch Thomas Manuskript vom Dezember 1918 (Lemp S. 184 Nr. 49; vgl. GW [1968] 1, S. 367–378) sowie das Gedicht »Ergebenstes Ersuchen an die Berliner« (Simplicissimus 12, 1907/08, S. 534; Lemp S. 224 Nr. 861).

Sonntag, den 26. Juni 1921 136

Nachdenken!

Wenn ein verdientes Blatt, wie die »Kölnische Volkszeitung«, von der »Münchner Post« zitiert werden kann[1], wenn auch in dieser Zeitung die uns hier zu Land bloß zum Lachen zwingende Behauptung von drohenden Rechtsputschen stehen kann, dann ist es weit gekommen – mit Preußen.

Die Entente ist besser unterrichtet als unsere eigenen Landsleute von dem gesunden deutschen Geist, der in Bayern herrscht und der jetzt wieder unsere brave Jugend zur Hilfe in Oberschlesien auf den Plan gerufen hat[2]. Die Polen kennen die gefürchteten Weiß-Blauen, über die erst neulich ein schwäbischer Revolutionsgewinnler im »Berliner Tageblatt« dummes Zeug geschrieben hat[3]. Vielleicht nehmen sich die anständigen Leute in Preußen die Mühe, uns auch kennen zu lernen.

Was sollte denn in Bayern ein Rechtsputsch bezwecken? Änderung einer Regierung, die von unserem Vertrauen getragen, von unserer Achtung und unbedingten Anhänglichkeit vom ersten Tage an begleitet ist?

Stehen alle Begriffe so auf dem Kopf, daß man im preußischen Zentrum die einzige volkstümliche und staatserhaltende Regierung mit Mißtrauen betrachten kann?[4] Wie muß da die sozialdemokratische Lüge um sich gefressen haben, wenn sich diese katholischen, konservativen Kreise derartig von allen Anschauungen abbringen lassen, die für sie die naturgemäßen sind?

In Bayern ist es ruhiger als irgendwo in Deutschland und hier herrscht in Stadt und Land eine Ordnung[5], die jedem Preußen, der sein Vaterland liebt, die schmerzlichste Erinnerung an die eigenen Verhältnisse in der Vorkriegszeit weckt.

Der Pressespektakel geht von der sozialdemokratischen Minderheit aus, die ihren Machtverlust nicht verschmerzen kann.

Wenn die Sozialdemokratie erst noch beweisen müßte, daß sie nicht demokratisch ist, daß sie die Unterordnung unter den Willen des Volkes ebensowenig will, wie die Unterordnung unter Gesetz und Recht, so beweist sie es jetzt in Bayern.

Sie will brutale Klassenherrschaft mit brutalen Mitteln, und wo dagegen ein Kraut gewachsen ist, wie bei uns, lügt und intrigiert sie.

Würde sie den Volkswillen anerkennen, so könnte keinen Tag lang in Bayern Streit sein. Wir haben doch keinen Grund, einen Gegner zu bekämpfen, den wir mit Zweidrittel-Mehrheit an die Wand gedrückt haben![6]

Was wir bekämpfen, ist der giftige Angriff, den die geschlagene Partei mit Lüge und Verleumdung vom ersten Tage an begonnen hat.

Sie ruft die Verlegenheitskoalition in Preußen[7] zur Unterstützung auf. Daß die Berliner, wie die schwäbische Demokratie, die durch unhaltbare Zustände im Reich ihre im Wahlkampf kläglich zerschundene Existenz aufblasen darf, Front macht gegen die bayerische Demokratie, ist selbstverständlich, schon wegen der warmherzigen, kerndeutschen Haltung der vaterländisch gesinnten Majorität in Bayern.

Daß das preußische Zentrum seine Nützlichkeitspolitik höher stellt, als die in Bayern wieder zu Ehren gekommenen Fundamente der christlichen Partei und des christlichen Staates, das ist leider wahr und leider traurig. Aber ein Blatt, wie die »Kölnische Volkszeitung«, müßte verstehen, wie richtig es ist, daß in dem kernhaften Bayern die von ihr so lange und so glücklich verfochtenen Ideale hochgehalten werden. Sie sollte die Torheit weit von sich weisen, die in dem Verlangen liegt, daß unser Agrarstaat die jämmerliche Kompromißpolitik der Industriebezirke mitmachen soll.

Sie müßte auch die dumme Lüge durchschauen, daß unsere ungeheuere konservative Mehrheit Mord und Totschlag, Gewalt und Schrecken anwende, um eine Macht zu erlangen, die sie seit eineinhalb Jahren hat[8], um die paar Schreier unterzukriegen.

Wir haben sie in friedlichem Wahlkampf geschlagen, wir werden sie wieder schlagen.

Wir werden nicht eine »homogene« Regierung haben, sondern die Regierung, die dem Willen unseres Volkes entspricht, und wir werden ein Staat bleiben, wie Herr von Kahr[9] sagte, und die es angeht, die werden guttun, es zu verstehen.

Or. fehlt. – MA 47 Nr. 146 S. 1 v. 26. 6. 1921. – Lemp S. 244 Nr. 1598; Hofmiller S. 726.

1 Kölnische Volkszeitung und Handelsblatt, dem Zentrum nahestehende Zeitung (HB der deutschen Presse 50, S. 298). Das Zitat in MP (s. Nr. 1 Anm. 1) Nr. 142 v. 22. 6. 1921.
2 S. Nr. 110 Anm. 7.
3 Gemeint ist Conrad Haußmann, der im Berliner Tageblatt Nr. 284 v. 19. 6. 1921 den Artikel »Fair play« veröffentlicht hatte. Darin hielt er der englischen Regierung vor, daß das von Lloyd George bei Unterzeichnung des Ultimatums (vgl. Nr. 102/1) zugesicherte »fair play« bis heute auf sich warten lasse. Innenpolitisch trat er mit gewissen Vorbehalten für die Unterstützung von Reichskanzler Wirth ein. Die Sonderpolitik Bayerns in der Frage der Einwohnerwehr sei sehr teuer gekommen; »die Aufputschung des blauweißen Blutes im Land des Haberfeldtreibens habe die Temperatur gesteigert«. Der Ton des MA sei ansteckend und wirke ebenso verrohend wie die Bolschewistenpresse. Den Exzessen der Extremen von links und rechts müsse planmäßig entgegengewirkt werden. – Zum Ausdruck »schwäbischer Revolutionsgewinnler« vgl. Nr. 119.
4 Vgl. Schwend S. 169; Morsey, Zentrumspartei S. 401 und Morsey-Ruppert S. 209 (Fraktionssitzung v. 31. 5. 1921 mit Bericht Wirths über die Verhandlungen mit der Regierung Kahr).
5 Auf die »Ordnungszelle Bayern« wies der Abg. Unterleitner in der in Nr. 135 Anm. 4 genannten Debatte in negativem Sinn hin. Vgl. Nr. 133 Anm. 14.
6 Vgl. Nr. 106 Anm. 7.
7 S. Nr. 96. – Zu »schwäbische Demokratie« s. S. 489.
8 Zur Bildung der Regierung Kahr im März 1920 s. Nr. 1 Anm. 6.
9 Vgl. Erklärungen Kahrs im Landtag am 22. 6. 1921 (LV 1920/21, StenBer 3, S. 236 ff).

Dienstag, den 28. Juni 1921 137

Erhaltet unsere Volksgerichte!

Der schlagende Beweis für die Notwendigkeit der Volksgerichte[1] ist der Fall Hölz[2].

Soweit darf es bei uns in Bayern nicht kommen, daß ein Raubmörder mit dem Gericht Schindluder treibt und dann trotz erwiesenen Mordes nicht zum Tode verurteilt wird.

Herr Auer[3] hat Mitleid mit den Verbrechern, wir haben Mitleid mit dem Lande und den ehrlichen Leuten.

Je heftiger sich die Spitzbuben über unsere Rechtspflege entrüsten, desto besser ist sie, und wenn in Gottes Namen die Lumpen den Zuzug nach Bayern einstellen, so können wir uns trösten.

In Berlin arrangieren die Kommunisten Aufläufe, um den Hölz zu befreien, und die Polizei ist machtlos und schaut zu. Außerdem weiß sie genau, daß der Mörder in kurzer Zeit ja doch begnadigt wird[4].

Wollen wir diese Zustände? – Nein! ruft das ganze Land entrüstet.

Aber seht euch vor! Herr Auer hat es in Berlin versprochen, daß er die Bayerische Volkspartei dazu bringen wird, daß sie ahnungslos die Aufhebung der Volksgerichte genehmigen soll.

Er verschweigt selbstverständlich, daß sein Antrag mit den Unabhängigen und besonders mit den Kommunisten in Berlin verabredet ist[5], und daß er nur die geheime Absicht hat, unserem Lande jedes wirksame Einschreiten gegen das Raubgesindel unmöglich zu machen. –

Das ganze Land hat die Tätigkeit der Volksgerichte mit dankbarer Genugtuung betrachtet, denn in diesen unsicheren Zeiten wirkt ein rasches und strenges Urteil noch viel besser und ist viel nötiger wie je.

Die alte Langsamkeit der ordentlichen Gerichte war schon im Frieden schädlich, jetzt wäre sie ein Unglück.

Wir führen eigens etliche Fälle an, damit unsere Leser sehen, wie prompt unsere Volksgerichte schwere Verbrechen gesühnt haben:[6]

1. Trauchgauer Mord; Tat: 20. Januar 1921; Urteil: 25. Mai 1921.

2. Ermordung des Hausmeisters Brunner von Landshut; Tat: 25. April 1920; Urteil: 4. Juli 1920.

3. Ermordung der Dienstmagd Eva Brill von Traunfeld; Tat: 10. November 1920; Urteil: 29. Dezember 1920.

4. Ermordung des Xaver Berger von Denklingen; Tat: 5. Februar 1920; Urteil: 16. April 1920.

5. Ermordung der Rosa Prügel von Nürnberg; Tat: 17. Mai 1919; Urteil: 7. Juli 1919.

6. Ermordung der Sophie Bühner von Fürth; Tat: 10. August 1919; Urteil: 18. Oktober 1919.

Wir greifen diese Fälle heraus und könnten leider noch mehr andere beifügen, denn die Unsicherheit ist ungeheuerlich gestiegen. Aber wenn sie etwas eindämmen kann, so ist es diese Raschheit der Justiz.

Und jetzt stellt sich Herr Auer so an, als wäre im Interesse eines friedlichen Ausgleiches die Beseitigung der Volksgerichte notwendig!

Das hieße Bürger, Bauern und Arbeiter dem Raubgesindel preisgeben, sonst gar nichts!

Wird sich in der Bayerischen Volkspartei auch nur ein Mann finden, der in der jetzigen Zeit zu allem Anderen auch noch die Verfolgung und Bestrafung schwerer Verbrechen behindern will? Darin wird sich Herr Auer täuschen und er wird seinen Mitwissern in Berlin sagen müssen, daß man in Bayern noch nicht ganz so dämlich ist, um sich durch süße Worte zu diesem Selbstmord verlocken zu lassen[7].

Or. fehlt. – MA 47 Nr. 147 S. 1 v. 28. 6. 1921. – Lemp S. 244 Nr. 1599; Hofmiller S. 726.

1 S. Nr. 130 und Nr. 134.
2 S. Nr. 100 Anm. 7; vgl. Huber, Dokumente 3, S. 243 f. Über den Prozeß gegen Hölz im Juni 1921 berichtete der MA häufig (vgl. Nr. 135/136, 139–141, 144 v. 16. 6.–24. 6. 1921).
3 S. Nr. 14 Anm. 3.
4 Hölz wurde zu lebenslanger Zuchthausstrafe verurteilt, 1928 begnadigt.
5 Zur Ablehnung der Volksgerichte durch USP und KP im Reichstag vgl. Bauer-Schmidt (wie Nr. 130 Anm. 4) S. 470.
6 Thomas Quelle über die folgenden Prozesse ist nicht ermittelt.
7 MA Nr. 148 S. 1 v. 29. 6. 1921 und Nr. 151 S. 1 v. 2. 7. 1921 trat weiter mit Nachdruck für die Erhaltung der Volksgerichte ein, die erst 1924 aufgelöst wurden (Bauer-Schmidt S. 463).

Dienstag, den 28. Juni 1921 — 137/1

Jagdverpachtung[1]. Der Gemeindeausschuß Tegernsee[2] hat am 24. Juni die Jagd der Gemeinde an Herrn Kaufmann Horn verpachtet gegen 3000 Mark Pachtschilling und Überlassung eines Grundstückes, das Herr Horn erst jüngst[a)] zu dem Zwecke erworben hatte[3]. Die Bewerbung um die Jagd war ausgeschrieben, aber das war nicht[b)] ernstlich gemeint. Wenigstens fanden die höheren Gebote, u. a. das eines Konsortiums von Bürgern überhaupt keine Beachtung.

Nach den Vorfällen des letzten Jahres hätte die Gesamtgemeinde, vor allem Bürger und Bauernschaft, kaum einen solchen Beschluß gefaßt.

Or.[c)] 1 Bl., L 2396 (Lemp S. 200 Nr. 233). – MA 47 Nr. 147 S. 2 v. 28. 6. 1921. – Drucknachweise fehlen.

a) folgt: [vermutlich]
b) über: [kaum]
c) oben links: Tegernsee, 25. Juni (Anweisung des Redakteurs für den Setzer); unten: Schlußzeichen

1 Vgl. Nr. 115.
2 Lkr. Miesbach.
3 Die Pacht der Gemeindejagd Tegernsee hatte Thoma 1909 bei der Versteigerung durch das Höchstgebot (1400 Mark jährlicher Zins) erworben. Nach dem in Nr. 115 Anm. 1 genannten Beschluß verpachtete der Gemeinderat (1. Bürgermeister Unger, 2. Bürgermeister Hastreiter) am 24. 6. 1921 die am 31. 12. 1921 ablaufende Gemeindejagd an den Hotelbesitzer Max Aigner und den Kaufmann Josef Horn (beide aus Tegernsee); s. L 2467/7; StaatsA München, LRA 152 191; Tegernseer Tal S. 217, 219. – Im August 1921, wenige Tage vor Thomas Tod, schrieb Fritz Salzberger (Miesbach) an Thoma, daß dieser sicher die »Staatsjagd« bekommen wird (Lemp S. 182 Nr. 47/V, Salzberger).

Sonntag, den 3. Juli 1921 138

Gegenrechnung.

Was hat bis heute die Berliner Regierung getan, um in der Schuldfrage[1] Aufklärung zu bringen? Nichts!

Versprochen hat sie es oft und es gibt sogar Beschlüsse der Demokratischen Partei[2], daß endlich etwas geschehen müsse, aber es ist nie etwas daraus geworden, und wenn man die Leute kennt, die dabei mitwirken sollen, so weiß man, daß nie etwas geschehen wird.

Daß der internationale Frankfurter Jud Bonn[3], der sich in unsere Münchener Universität hat eindrängen wollen, der aber von der ganzen Fakultät abgelehnt worden ist, daß der nichts für die deutsche Sache wirken kann und will, ist klar.

Und Berlin ist auch schon lang kein Boden mehr, wo für Deutschland etwas geschehen kann.

Russische Zeitungen können sie gründen, es kommen jetzt vier russische Zeitungen dort heraus[4]. Die Bolschewisten-Juden können sie ins Land hereinschmuggeln, saudumme Sprüche gegen unser Bayern können sie machen, und Alles, was noch gut Deutsch ist, angeifern und angrinsen, aber was Anständiges und Nützliches werden sie nie zustandebringen.

Jetzt hat eine Münchner Monatsschrift die Aufgabe erfüllt, die die Berliner Regierung seit Jahren gewissenlos versäumt hat, nämlich der Entente eine blutige Gegenrechnung unter die Augen halten und diesen Heuchlern zeigen, daß bloß auf der Seite unserer Feinde die Bestialität, die unmenschliche Roheit, gegen Gefangene, Kranke, Verwundete, ja Sterbende, geübt worden ist.

Die flammende Anklageschrift der »Süddeutschen Monatshefte« ist eine geschichtliche Tat von einer ungeheuren Bedeutung[5].

In München hat man privat das furchtbare Anklagematerial gesammelt, das wir der Entente auf ihre Lügen entgegenhalten können, in Berlin, wo man Berge von amtlichem Material hat, da hat man feig und gewissenlos geschwiegen und hat zugesehen, wie mit den Greuelmärchen gegen Deutschland die ganze Welt gegen uns mit Abscheu erfüllt worden ist.

Die Schuld der Entente ist nicht so groß, wie die Schuld des Berliner Mischmasches, denn die Lügen der Entente hatten einen Zweck, die Duldung der Berliner hatte keinen.

Sie hat ihre wirkliche und innerste Ursache in einer undeutschen, allem nationalen Empfinden fremden Charakterlosigkeit.

Die Anklage der »Süddeutschen Monatshefte« richtet sich indirekt auch gegen Berlin, und wären wir noch ein Land, das im Unglück Würde bewahrt, dann würde diese Veröffentlichung der »Süddeutschen Monatshefte« die pflichtvergessene Mischpoche[6] in Berlin unter einem Sturm der Entrüstung wegfegen.

Wir werden unseren Lesern im Oberland mit Erlaubnis der Münchener Herausgeber[7] ein Bild davon geben, was die Entente verbrochen und was die Berliner verschwiegen haben.

Wir lassen hier nur einige Proben aus der »Gegenrechnung« der »Süddeutschen Monatshefte« folgen. Die Aussagen sind alle eidlich bekräftigt.

Die Daumenschraube. Johann Zauner von Kochel berichtet: »Ich verbrachte fünf Monate im Hospital, dann kam ich nach Friaul bei Marseille auf eine Insel. Bei geringstem Vergehen wurden Prügelstrafen und Daumenschrauben angewendet, die furchtbare Schmerzen verursachten. Ein französischer Sergeant, eine direkte Bestie, hatte es sich zur Aufgabe gemacht, in der Frühe die Leute, welche sich nicht einmal rühren konnten, mit einem dicken Knüppel zu bearbeiten«[8].

Angespieen und gesteinigt. Hubert Reiter aus Leutstetten bei Starnberg sagt aus: »Während der Fahrt wurden wir in den Eisenbahnwagen von Zivil mit großen Steinen beworfen. ... Wenn wir zur Arbeit marschierten, wurden wir von Zivil angespieen. Da kümmerte sich der (französische) Offizier nicht darum, sondern er sagte noch dazu: Die Schweine müssen so behandelt werden«[9].

Mit Faustschlägen und Fußtritten traktiert. Otto Beck von Trostberg erzählt aus seiner französischen Gefangenschaft: »Der beim Oberkommando als Dolmetscher fungierende französische Offizier hat mich mit seinen Fäusten geschlagen und Fußtritte gegeben, weil ich keine Angaben über Truppen, Stellung usw. machte. Er sagte, daß ich vor ein Kriegsgericht käme, und wenn ich falsche Angaben machen würde, würde ich erschossen. Ausdrücke wie ›Saubayer‹, ›Bayerischer Mörder‹ etc. fehlten selten«[10].

Hundsgemeine Verpflegung. Jurist Anton Möhle aus Bad Tölz berichtet über seine Erfahrungen in französischer Gefangenschaft: »Endlich am dritten Tage unserer Gefangennahme gab es abends die erste Verpflegung, 150 Gramm Brot und 100 Gramm kaltes Büchsenfleisch. ... In Flavy le Martelle, wo wir beim Wiederaufbau schwer arbeiten mußten, gab es vom Oktober 1919 ab nur mehr Reis und Pferdefleisch, Speck und Fett wurde gestrichen. Einmal hatten wir über 14 Tage kein Salz im Essen, kein Brot, keinen Kaffee und so ging's fort«[11]. (Fortsetzung folgt.)

Die Gegenrechnung.

Erfroren. Ein Gefangener, Gefreiter Karl A., berichtet über die Verhältnisse und die Behandlung im Lager Vadelaincourt: »Die Unterkunftsverhältnisse – wasserdurchlässige Zelte, ohne Stroh, Baracken ohne Fenster, Öfen und Lagerstätten – sind ebenfalls schon bekannt. In Souilly sind in einer Nacht von den am 15. Dezember 1916 gefangenen Leuten des bayer. Ersatz-Regiments Nr. 1 dreizehn Mann erfroren, da die Gefangenen zum größten Teil mehrere Nächte unter freiem Himmel zubringen mußten«[12].

Im Käfig von Stacheldraht. Ein Schreckenslager war das Lager bei Crepy (Lehmberg genannt). Heinrich Kölner berichtete darüber: »... Es ging weiter rückwärts und endlich kam ich dann, von zwei Soldaten immer vorwärts getrieben, in einem Dorfe mit Namen Audignicourt an, 30 Minuten von meiner alten Arbeitsstelle entfernt. Obwohl ich nun drei Tage nichts gegessen hatte, außerdem 90 Kilometer zu Fuß gelaufen bin, mußte ich mir selbst einen kleinen Käfig aus Stacheldraht bauen, wo ich mich dann bis abends hineinstellen mußte. Sobald ich mich etwas an den Draht lehnte, bekam ich einen Kolbenstoß von meinem Posten. Die französischen Offiziere standen und gingen vorüber und lachten mich aus[13] ...«

Als Kadaver sollen sie zurückkehren. Die Franzosen legten System in die Qual und Marter, unter denen die deutschen Opfer einem schnelleren oder langsameren Tode zugeführt wurden. Der Kommandant von La Pallice äußerte sich: »Ich will, daß die Leute als Kadaver zurückkehren, die Hunde sollen arbeiten, daß sie bei der Rückkehr nicht mehr imstande sind, eine Familie zu ernähren«[14].

Wie Vieh transportiert und geschlagen. Die Engländer gaben den französischen Brüdern in der Mißhandlung der Gefangenen nichts nach. So berichtet ein in Gefangenschaft geratener G. R. in L., Rheinland: »Bin 1–1½ Tage im Güterwagen mit verschlossenen Fenstern und Türen transportiert worden, wo wir selbst unsere Notdurft verrichten mußten ... Nachdem wurden wir ausgeladen und beim Antreten zur Zählung haben die Offiziere mit Stöcken dreingeschlagen, wie die Händler beim Viehverladen[15] ...«

Deutsche Kriegsgefangene als Probescheibe. Der Franzose Vaillant-Courturier selber schreibt in der »Populaire« im Februar 1920: »Ich habe Offiziere gekannt, die sich rühmten, deutsche Kriegsgefangene niedergeschossen zu haben, lediglich um ihren Revolver zu probieren. Ich habe die feindlichen Leichen, die unsere schwarzen Soldaten verstümmelt haben, gesehen. Ich weiß die Namen von Offizieren, welche deutsche Kompagnien, die gefangen und entwaffnet waren, niederschießen ließen und für diese Greueltaten befördert und ausgezeichnet worden sind ... Und habe auch gesehen, wie man Verwundete getötet hat. ... Keine Art zu töten, war uns fremd[16] ...« (Fortsetzung folgt.)

Or. fehlt. – MA 47 Nr. 152 S. 1 v. 3. 7. 1921. – Lemp S. 244 Nr. 1600; Hofmiller S. 726. – Fortsetzung in MA 47 Nr. 155 S. 1 v. 7. 7. 1921 (eine weitere Fortsetzung erschien nicht).

1 Vgl. Nr. 34, 35 und 57.

2 Zum Beschluß des Vorstandes der DDP über die Kriegsschuldfrage (»eine verleumderische Lüge«) v. 14. 3. 1921 vgl. Schustereit S. 69ff.

3 Dr. Moritz J. Bonn (1873–1965) aus Frankfurt a. Main, Prof. für Staatswirtschaft an der Handelshochschule und a. o. Prof. an der Universität München (Kaznelson S. 694; Enc. Jud. 4, Sp. 1212); über sein Verhältnis zur Universität vgl. seine Memoiren S. 210ff, 230 (»... man tat in München nichts, um mich dort zu halten« ⟨1919⟩). Aus den Protokollen der Ministerratssitzung v. 18. 1. 1919 ergibt sich, daß die Fakultät für die Nachfolge von Lujo Brentano an erster Stelle Bonn, dann Gerhart Schulze-Gävernitz und schließlich Max Weber (Heidelberg) vorgeschlagen hat. Auf Vorschlag von Kultusminister Hoffmann wurde beschlossen, mit Max Weber zu verhandeln (MinProt S. 310, 313). Dieser erhielt dann den Lehrstuhl.

4 1921 erschienen in Berlin die russischen Zeitungen RUL', Socialističeskij Vestnik, Ukrainske Slovo u. Vyssij Monarchiceskij Sovet (Peter Bruhn, Gesamtverzeichnis russischer u. sowjetischer Periodika u. Serienwerke in Bibliotheken der Bundesrepublik Deutschland und West-Berlins, 2, Berlin 1966, S. 875, 999f; 3, Berlin 1973, S. 1466, 1586). In der russischen Publizistik Berlins dominierten die antibolschewistischen Emigranten (vgl. Hans-Erich Volkmann, Die russische Emigration in Deutschland 1919–1929, Würzburg 1966, S. 121f).

5 Im April 1920 ließ August Gallinger, Prof. an der Universität München, einen Aufruf zur Mitteilung von Erlebnissen deutscher Kriegsgefangener in den Süddeutschen Monatsheften (17/II, 1920, S. 65) erscheinen. Das Juni-Heft 1921 brachte unter dem Titel »Gegenrechnung« die Veröffentlichung (Süddeutsche sonatshefte 18/II, 1921, S. 145–244). In MA Nr. 135/136 S. 1 v. 15. 6. 1921 war bereits auf diese Publikation hingewiesen worden; sie wird auch in Nr. 128 und 162 erwähnt. – Der Landtag beschäftigte sich am 23. 6. 1921 auf Initiative der DDP-Fraktion mit dem Schicksal der deutschen Kriegsgefangenen (LV 1920/21, StenBer 3, S. 270ff; BeilBd 4, S. 528 Nr. 1458).

6 S. Nr. 15 Anm. 9.
7 Die Süddeutschen Monatshefte wurden unter Mitwirkung von Josef Hofmiller (1872–1933), Karl Alexander v. Müller (1882–1964), Hans Pfitzner (1869–1949) und Hans Thoma (1839–1924) herausgegeben von Paul Nikolaus Cossmann (1869–1942); Cossmann war Mitbegründer (1903) und von 1904–1933 Leiter der Zeitschrift (NDB 3, S. 374f; Selig S. 23–29, 58f).
8 Süddeutsche Monatshefte 18/II, S. 193. Das einleitende Schlagwort stammt von Thoma (so auch bei den folgenden Zitaten).
9 Ebd. S. 177.
10 Ebd. S. 164.
11 Ebd. S. 208.
12 Ebd. S. 190.
13 Ebd. S. 188 (Auszug aus einem längeren Bericht).
14 Ebd. S. 184.
15 Ebd. S. 182.
16 Ebd. S. 167.

Mittwoch, den 6. Juli 1921 139

Erzberger[1].

Der dunkelste Ehrenmann des deutschsprachlichen Gebietes veröffentlicht triumphierend, daß das Verfahren wegen Meineids gegen ihn eingestellt ist, weil die Beweise nicht langen[2].

Wir wissen nicht, welches I-Tüpferl fehlt, damit die falschen Eide Erzbergers falsch genug sind, denn er unterschlägt die Begründung des Gerichts.

Wir wissen aber, daß er als vereidigter Zeuge in sieben Fällen gelogen hat, und wir heißen das als Laien Meineid und überlassen es spitzfindigen Juristen, die Weite der Maschen auszurechnen, durch die ein Lump entschlüpfen kann.

1. Erzberger hat im Helfferich-Prozeß[3] auf Eid erklärt, daß er als Minister nicht mehr an der Maschinen-Fabrik Richter[4] beteiligt war. Es wurde bewiesen, daß er noch ein ganzes Jahr als Minister dabei war.

2. Er hat auf Eid erklärt, daß er vor Eintritt in den Aufsichtsrat des Thyssen-Konzernes keine finanziellen Beziehungen dazu hatte. Thyssen mußte aber zugeben, daß er zwei Jahre vor dem Eintritt Erzbergers diesem 15000 Mark zugewendet hatte[5]. Die zweite Lüge.

3. Dann log er in Sachen der Hapag-Aktien[6].

4. Des Weiteren log er, als er erklärte, daß er noch nicht Aufsichtsrat in der A.-G. Berger Tiefbau gewesen sei, als er den Schiedsrichter in einer Sache dieser A.-G. spielte. Er mußte die Unwahrheit selbst zugeben[7].

5. Er leugnete, daß er die Berufung Bergers in die Wiederaufbau-Kommission veranlaßt habe. Er wurde überführt und mußte diese Lüge widerrufen.

6. Er behauptete, daß er Bethmann Hollweg vor seiner U-Boot-Rede von diesem Angriff in Kenntnis gesetzt habe. Bethmann wies nach, daß es gelogen war[8].

7. Ebenso waren seine Angaben über den Kanzler-Sturz nachgewiesene Lügen.

Das sind in einer Verhandlung sieben schwere Verletzungen der Eidespflicht, die den Juristen nicht genügen, aber zur Brandmarkung dieses Menschen reicht eine einzige hin.

Der Leser wird bemerkt haben, daß die ersten fünf Falscheide geschworen waren, um den schimpflichen Verdacht eines schmutzigen Geldgewinnes von sich abzuwälzen.

Als Minister hat sich Erzberger Geldbezüge, Schmiergelder verschafft und hat als erster in unserer sauberen Republik das Beispiel des käuflichen Profitmachers gegeben[9].

Das allein macht diesen Menschen unmöglich, und nichts zeigt die tiefe Unsittlichkeit des neuen Systems greller, als die Tatsache, daß sich Erzberger immer noch und immer wieder als Politiker mausig machen kann.

Wir haben von den bewunderten Demokratien bis jetzt nur ihre Erbkrankheit, die Unsauberkeit und Bestechlichkeit, übernommen. Vor 1914 war der kleinste Gerichtssekretär in Deutschland sicher vor dem Verdacht, sein Amt gegen Entgelt zu mißbrauchen – Erzberger hat Erpressung und Bestechung als Minister zum ersten Laster der neuen Republik gemacht.

Ist es möglich, daß das Zentrum, in dem die Reichensperger[10] und Mallinkrodt[11] einmal führten, diesen Mann in seinen Reihen duldet?

Gibt es politische Gesichtspunkte, die einen Erzberger als nützlich und unentbehrlich erscheinen lassen? Nur in den Augen kurzsichtiger Dummköpfe, die nicht verstehen, daß diese Unsittlichkeit Fäulnis und Untergang der Partei nach sich ziehen muß.

Das Zentrum steht vor der Entscheidung, ob es noch als religionserhaltender Faktor in Deutschland gelten kann. Hält es Erzberger, dann hat es für immer das Recht verloren, an sittliche Kräfte im Volke zu appellieren, dann ist es mitschuldig, und ein zur Redlichkeit zurückkehrendes Deutschland muß und wird es verurteilen.

Or. fehlt. – MA 47 Nr. 154 S. 1 v. 6. 7. 1921. – Lemp S. 244 Nr. 1601; Hofmiller S. 726.

1 S. Nr. 9 Anm. 1.

2 Das Meineidsverfahren, das Erzberger gegen sich in Gang gebracht hatte (vgl. Nr. 30 Anm. 3), wurde am 29. 6. 1921 eingestellt, weil die Vorwürfe gegen Erzberger zur Eröffnung des Hauptverfahrens nicht hinreichten; s. Epstein S. 416; Meldung darüber in MA Nr. 149/150 S. 1 v. 1. 7. 1921.

3 Karl Theodor Helfferich (1872–1924), Bankier, 1916–1917 Staatssekretär im Reichsamt des Innern, seit 1919 MdR (DNVP); s. NDB 8, S. 470ff. Durch Beleidigungen provozierte er Erzberger zum Strafantrag. Der Prozeß (19. 1.–12. 3. 1920) endete mit der Verurteilung Helfferichs zu einer geringen Geldstrafe (Urteil s. Schulthess 1920/I, S. 39–43). Erzbergers Ruf wurde durch die detaillierte Beweisaufnahme des Verfahrens entscheidend geschädigt. Zum Verfahren vgl. Epstein S. 392–413.

4 Vgl. Epstein S. 480f.

5 Über Erzbergers Beziehungen zur Firma Thyssen vgl. Epstein S. 129ff, 465–473; Löwenstein S. 78–81.

6 Über Erzbergers Hapag-Aktien-Kauf und -Verkauf 1919 vgl. Epstein S. 405; Löwenstein S. 36ff.

7 Zur Rolle Erzbergers als Schiedsrichter in Fällen, an denen die Firma Berger beteiligt war, und als Aufsichtsrat derselben Firma vgl. Epstein S. 403f; Löwenstein S. 15ff, 82ff.

8 Rede Erzbergers v. 6. 7. 1917, mit der er das Scheitern des uneingeschränkten U-Boot-Krieges bekannt gab; damit wurde die Ablösung Bethmann Hollwegs (s. Nr. 32 Anm. 1) eingeleitet und die Friedensresolution vorbereitet; vgl. Epstein S. 212–228; Löwenstein S. 51ff; s. auch Morsey, Zentrumspartei S. 61ff.

9 Vgl. Karl Helfferich, Fort mit Erzberger! Berlin 1919, S. 81.

10 August Reichensperger (1808–1895) und Peter Reichensperger (1818–1892), führende Politiker der Zentrumspartei; s. Biogr. WB. 2, Sp. 2283f.

11 Dr. Hermann v. Mallinckrodt (1821–1874), führender Politiker der Zentrumspartei; s. NDB 15, S. 735.

Mittwoch, den 6. Juli 1921 140

Die Zigaretten-Religion.

Aus den Kriegsprofiten der Astoria[1] ist in Stuttgart die neue Religion entstanden, mit der der ungarische Schwindler Rudolf Steiner[2] den Dummen im Lande Württemberg[a)] beträchtliche Gelder abknöpft.

Aus Zigaretten kam sie und zu Zigaretten führt sie, denn der Apostel der Trotteln hat jetzt selber eine Fabrik gegründet[b)] und macht den Schöpsen seinen blauen Dunst nicht bloß mit Worten, sondern auch mit Tabak vor.

Die schwäbische Aktiengesellschaft zur Ausbreitung der Neureligion für Wasserköpfe floriert und zahlt gute Dividenden, wenigstens dem Stifter.

Die Viehzucht gedeiht in Württemberg.

Or. 1 Bl., L 2396 (Lemp S. 199 Nr. 221). – MA 47 Nr. 154 S. 1 v. 6. 7. 1921. – Lemp S. 244 Nr. 1602; Hofmiller S. 726.

a) folgt: [recht]
b) verbessert aus: [aufgemacht]

1 Die Zigarettenfabrik Waldorf-Astoria Company GmbH gründete 1906 in Stuttgart eine Filiale (Otto Borst, Stuttgart. Die Geschichte der Stadt, Stuttgart 1973, S. 286).
2 S. Nr. 105 Anm. 1. Die »Freie Waldorf-Schule« entstand aus einer Werkschule der Waldorf-Astoria-Fabrik (s. Pfaff, wie Nr. 105 Anm. 2, S. 304). Über die Verbindung Steiners mit dem Generaldirektor Emil Molt s. Evamaria Ciolina, Reklamesammelbilder u. Volkslesestoff der Waldorf Astoria Zigarette (Bayer. Jahrbuch für Volkskunde 1986/87) 1986, S. 24.

Freitag, den 8. Juli 1921 141

Bayer, wach auf!

Die »Münchner Post«[1] hat nach dem Tode des Abg. Gareis ein Flugblatt hergestellt, das konfisziert worden ist, aber jetzt zu Tausenden herumkolportiert wird.

Das elende Machwerk betitelt sich »Bayer, wach auf!« und zeigt deutlich, wie der Klüngel der »Münchner Post« für den 13. Juni die Revolution organisiert hatte[2], und es gibt nichts, was die Gewissenlosigkeit dieser Kreise so beleuchtet, wie diese freche Hetze.

Man wollte die Arbeiter in den Straßenkampf treiben, und zu diesem Zwecke versuchte man sie durch Lügen gegen die Regierung[3] aufzureizen.

Natürlich blieben die eigentlichen Macher im Hintergrund, aber wir sagen es dem Ehrenmanne Auer[4] offen ins Gesicht, daß er dieses Flugblatt kannte und billigte und auch, daß er die möglichen Folgen der ganzen, verlogenen Hetze, die Hunderte ins Unglück stürzen sollte, ganz genau kannte.

Dieser Mann, der mit kläglichem Entsetzen zusah, wie die erste Revolution[5] auf der Stelle die Stadt München ausländischen Mordbuben und den Strizzis der Vorstädte auslieferte, gab sich dazu her, gegen die Regierung zu hetzen, die vom ersten Tage an die Sicherheit der Bürger und die Möglichkeit der Arbeit wieder hergestellt hat.

Es gibt keinen Ausdruck, der zu stark ist, um ein solches Vorgehen zu bezeichnen, vor allem, wenn es so klar ist wie hier, daß alles nur geschieht, um den persönlichen Ehrgeiz auf Kosten der Verfassung und des sonst so gepriesenen demokratischen Systems zu befriedigen.

Gegen die ungeheure Mehrheit des Volkes, gegen den Volkswillen soll eine Klassenherrschaft herbeigeführt werden, die dann diese Herrschaften wieder an die Spitze bringen soll, von der sie von ihren eigenen Leuten heruntergeschmissen worden sind[6].

Es ist kein Zufall, daß in dem Flugblatt immer wieder auf Herrn Auer hingewiesen wird, und darum sagen wir, es gibt ein treues Bild von dem wahren Charakter dieses Volksmannes.

Dieses Flugblatt sollen die Arbeiter sogar lesen, und jeder von ihnen, der noch Recht und Unrecht unterscheiden kann, wird verstehen, wie hier die Wahrheit vergewaltigt wird und wie mit dem Leben der Arbeiter gespielt wird, um die Führer auf gute Posten zu bringen. Jede sinnlose Lüge halten diese Verbrecher für hinreichend für den Verstand des kleinen Mannes, der sich, wie sie meinen, vor die Maschinengewehre hintreiben läßt, damit die Macher hohe Gehälter einschieben.

Aber der Arbeiter hat den feigen Hetzern die Gefolgschaft verweigert[7]; er weiß, daß es eine himmelschreiende Lüge ist, wenn in Bayern von einem Mordsystem geredet wird, und er weiß, daß in ganz Deutschland die Sicherheit des Geringsten nirgends so geschützt ist, wie bei uns.

Von dem Inhalt des Machwerkes wollen wir nicht ausführlich reden, aber doch sagen wir: Für wie dumm muß das Pack unser Volk halten, daß es ihm einen solchen Schmarren vorsetzt?! Wahrscheinlich soll es volkstümlich sein, wenn der staubige Verfasser schreibt: »In den klaren Augen des Bayern leuchtet der Schnee!! seiner Berge wider, so klar und durchsichtig, wie sein Kindergemüat...«

Dieses Kindergemüat möchte der herzige Sozi halt ein bisserl vergiften mit seiner Rührmilli.

»Der Pistolenknall in der Freystraße[8] schlägt knallend an die Felsenhänge des Wetterstein, des Grünten und Watzmann[9]...« Wörtlich!!

Mitten in den Bergen, wo der Aar noch haust, wo die Sennerin frohe Jodler jauchzt, liegt ein Marktflecken, der heißt

Miesbach!!

»Und dort, inmitten lauter gutmütiger Menschen«, in deren Augen sich der durchsichtige Alpenschnee noch klarer widerspiegelt, »befindet sich eine Redaktionsstube, die des ›Miesbacher Anzeiger‹[10].

... Hier wird Krankheitsstoff gebraut, der letzten Endes das Gehirn Gareis' zerrissen!« – Wörtlich!!

Wenn halt ein Rindvieh poetisch wird! Jetzt glaubt der Verfasser, daß er das kernige Bayernherz gewonnen hat und lügt das Blaue vom Himmel herunter, von den schwarzen Plänen der Nationalen, der Einwohnerwehr[11], der Regierung.

Er weist schmerzhaft auf den Auer hin, der noch die »Schußwunde der Pflichterfüllung ... am Leibe trägt!!« – – Wörtlich!!!

Er hat aber keine Mißbilligung für den Genossen[12], der geschossen hat, sondern wieder für den »Miesbacher Anzeiger«, weil er vom Auer sagt, daß es eine Schußwunde der Demagogie ist, ein Hautloch der entschwundenen Volkstümlichkeit.

Auch an die Bürger und an die Bauern wendet sich das Flugblatt, die gegen das »Knüppel- und Mordsystem« herzbewegend angefeuert werden.

»Mit ihrem schmutzigen Mordfinger deuten sie auf Auer, Timm[13] und Saenger[14]!!!«

Wer denn? Wann denn? Dem Auer hat ein unabhängiger Genosse die Schußwunde der Pflichterfüllung hinaufgebrannt, der Timm wurde »vermißt«, und den Saenger hat ein Flitscherl gerettet, das dem blutigen Mörder das Spazierstöckerl entwand.

»Ihr Lügenbeutel, ihr traurigen!« sagt der Bauer.

Ja, Bauer, wach auf!

Er ist schon auf, und weil er auf ist, gibt es kein Ministerium Auer mehr, mit Lucke und Kare als Referenten.

Packt's euer Flugblatt zusammen.

Der besonnene Arbeiter und Familienvater ist euch am 13. Juni nicht auf den Leim gegangen. Der ist auch aufgewacht.

Or. fehlt. – MA 47 Nr. 156 S. 1 v. 8. 7. 1921. – Lemp S. 244 Nr. 1603; Hofmiller S. 726.

1 S. Nr. 1 Anm. 1. Zur Ermordung von Karl Gareis s. Nr. 118 und 121. Sammlung v. Pressenotizen dazu s. BHStA, Slg. Rehse Nr. 4222.
2 Vgl. Nr. 134 Anm. 10 (»Umsturz am 12. 6. 1921 geplant«).
3 Unter Ministerpräsident v. Kahr (s. Nr. 1 Anm. 6).
4 S. Nr. 14 Anm. 3.
5 Am 7./8. 11. 1918. Über Auers Mitwirkung vgl. auch Nr. 130 Anm. 13.
6 Bezieht sich auf das Attentat auf Auer am 21. 2. 1919 (vgl. Nr. 14 Anm. 6).
7 Vgl. Bericht in MA Nr. 135/136 S. 2 v. 15. 6. 1921.
8 S. Nr. 118 Anm. 1 und Nr. 118/1.
9 Berge bei Garmisch, Sonthofen und Berchtesgaden.
10 MA wurde mehrfach von sozialistischen Abgeordneten in diesem Sinne zitiert (s. RV Bd. 350, S. 3948 f; LV 1920/21, StenBer 2, S. 841, 857, 864; 3, S. 261). Vgl. Nr. 62, 80, 81, 110; s. auch S. 471 f.
11 Die sozialistischen Parteien traten im Landtag stets für die Auflösung der Einwohnerwehr ein (vgl. Nr. 110).
12 Alois Lindner; s. Nr. 14 Anm. 6.
13 S. Nr. 10 Anm. 3.
14 S. Nr. 99 Anm. 2, sowie Nr. 112 und 116.

Freitag, den 8. Juli 1921 142

Tagore an Deutschland.

Rabindranath Tagore[1] hat an Professor Eucken[2] einen Brief in englischer Sprache gerichtet und ihn gebeten, diesen Brief als allgemeine Antwort auf die vielen Fragen über sein Verhältnis zu Deutschland zu veröffentlichen. Der Brief lautet, nach der »B. Ztg.«[3], in deutscher Übersetzung:

»In unseren Schriften ist ausgesprochen, daß es drei Wege gibt, das Unendliche zu realisieren gemäß den individuellen Temperamenten. Nämlich durch Wissenschaft, durch Liebe, durch Handeln. Die Pfade dahin sind Philosophie, Religion, Wissenschaft. Aber, hingegen dem Wahnwitz selbstsüchtiger Leidenschaften und dem Mangel an Reinhaltung des Geistes haben die Menschen fast überall ihr Glück verloren, und falsche Philosophie, falsche Religion, falsche Kunst haben über uns unermeßliches Unglück ergossen. Es war die Mission Europas, die Ära des Karma Hoga heraufzuführen, die Vollendung der Seele durch die Tat. Aber es kam die Versuchung, durch Handeln die Vollendung des eigenen Selbst zu erstreben. Europa hat gelitten, und die Welt wartet gespannt darauf, zu sehen, ob es aus seinen Leiden lernt. Wenn es die Bestimmung Deutschlands ist, den Leidensweg bis zum Ende zu durchschreiten, um der modernen Zeit Sünde willen, und wenn es rein und stark daraus hervorgeht, wenn es das Feuer entzündet hat, als ein Licht auf dem Pfade in eine große Zukunft, zum Aufschwung der Seele zu wahrer Freiheit, dann wird Deutschland in der Geschichte der Menschheit gesegnet.

Ich trage mit mir die herzliche Gastfreundschaft Ihres Volkes und Ihres Landes, und ich hinterlasse Euch meine Liebe und mein Mitgefühl.

Rabindranath Tagore«.

In[a)] unserer heiligen Schrift ist ausgesprochen, daß der Mensch zum Arbeiten auf der Welt ist[4].

Das ist der vierte Weg, den es gibt, damit der Einzelne und ein ganzes Volk gesund bleibt. Vom Spintisieren der Brahminen kommt nichts heraus, als daß ein Volk von 300 Millionen die feigen Sklaven einer englischen Handelsgesellschaft geworden sind, und daß im reichsten Land der Welt jährlich Hunderttausende an Hunger sterben, weil sie zu faul sind zum Arbeiten.

Indien leidet und die Welt wartet gespannt darauf, ob es aus seinen Leiden lernt.

Wenn Sie daheim das Karma Hoga, den Zustand, daß man sich das Essen verdient, herbeigeführt haben, Herr Tagore, dann kommen Sie wieder nach Berlin und Darmstadt[5] zu den spinnenden Hanswursten, daß Sie miteinander Europa glücklich machen.

Ich hinterlasse Euch mein Mitgefühl und ein abgefieseltes Huhn auf Reis.

Bfüat di Gott Tagore
mit deine langen Hoore!

Or.[b)] 1 Bl., L 2396 (Bruchstück) (Lemp S. 199 Nr. 223). – MA 47 Nr. 156 S. 1 v. 8. 7. 1921; Miesbacher Büchl S. 25 f. – Lemp S. 244 Nr. 1604; Hofmiller S. 726.

a) Beginn Bl. 2
b) Bl. 2: Schlußzeichen

1 Rabindranath Tagore (1861–1941), indischer Dichter und Philosoph; s. The New Encyclopaedia Britannica 11, 1985, S. 496; 21, 1985, S. 200 f. – Im April 1921 hatte Conrad Haußmann Thoma aufgefordert, zum 60. Geburtstag Tagores »ein paar Bücher« zu spenden. Thoma kam der Aufforderung nach, obwohl er keine Zeile von dem Jubilar kannte (Keller, Briefe S. 453 v. 19. 4. 1921).
2 Rudolf Eucken (1846–1926), Professor für Philosophie in Jena bis 1920; s. NDB 4, S. 670 ff.
3 Miesbacher Büchl S. 25: Berliner Zeitung.
4 Genesis 3, 19; vgl. Nr. 24 Anm. 12 u. Nr. 90 Anm. 8.
5 Bezug nicht ermittelt. Im Juni 1921 hatte Tagore einen Vortrag in der Universität in München gehalten (Der Kampf Nr. 133 v. 11./12. 6. 1921).

Sonntag, den 10. Juli 1921 143

Bayer, wach auf!

So sagen wir jetzt auch, aber wir meinen es anders, wie der verlogene Hetzer der »Münchner Post«, der einen kleinen Straßenkampf arrangieren wollte[1].

Bayer, reib Dir die Augen und denk ein paar Jahre zurück, an die Zeit, wo Du Dein engeres, glückliches Vaterland gehabt hast, das dem Reiche eingegliedert war, dem es im Kriege eine Treue bewiesen hat, die erst späte Geschlechter in ihrer ganzen Größe verstehen werden.

Haben wir was für das Deutschland getan und geopfert?

Und zum Dank dafür soll das bayerische Vaterland versinken in dem Sumpf und Dreck der Weimaraner Gewinnler-Republik[2], soll jedes Recht auf Selbstverwaltung, Selbstbestimmung und Eigenart verlieren.

Wollen wir das? Nein!

Es heißt jetzt, daß man in Berlin prüft, ob wir das Recht haben, unsere Fremdenpolizei auszuüben, d. h. auf deutsch, ob wir gefährliche Personen aus dem Lande fernhalten dürfen.

Vor dem Kriege hat dieses Recht jeder Distrikt und jede unmittelbare Stadt gehabt, und gegen bestimmte Personen haben wir aus Sicherheitsgründen Aufenthaltsverbote angewandt[3].

Jetzt soll das ganze Bayern nicht mehr berechtigt sein, das eigene Gebiet vor dem Gesindel zu schützen, das irgend eine Berliner Behörde über die deutsche Grenze läßt.

Man prüft das jetzt in Berlin, und wir meinen, das ist eine Prüfung unserer Geduld und das Berliner Thermometer könnte den Siedegrad des bayerischen Temperaments anzeigen.

Ob es die Spreekaffern[4] verstehen oder nicht, die Tatsache steht doch fest, daß wir bloß bis zu einem gewissen Punkt mitgehen können und dürfen, und der Punkt ist genau da, wo die Ruhe in unserem Lande bedroht sein kann.

Abhängig sein von Berlin??

Unter keinen Umständen, und wenn es zum Äußersten kommt,

hernach ist alles andere besser, für unser Land nützlicher, als die Abhängigkeit von einem Staat, der kein Staat mehr ist.

Wir Bayern haben für die wahnsinnigen Dummheiten des Wasserkopfes an der Spree geblutet, gedarbt und gehungert, aber noch einmal zu Grunde gehen und langsam im Drecksumpf ersticken – das werden wir nicht.

Von der ungeheuerlichen Dummheit des Weimarischen Machwerkes[5] reden wir hier gar nicht ausführlich. Wie es diesen landfremden, geschichtsfremden, volksfremden Schreibern einfallen konnte, die Selbständigkeit und die Eigenart, die Freiheit und die Wohlfahrt der Einzelstaaten mit ein paar Paragraphen vernichten zu wollen, das ist nicht bloß eine Frechheit, sondern auch eine Lächerlichkeit. Das ganze Machwerk ist innerlich hohl und verfault und lebensunfähig; die Maden haben es schon heut zerfressen.

An allen Ecken und Enden zeigt sich die Unmöglichkeit dieser Zentralregierung, die eine solche Aufgabe nicht lösen könnte, selbst wenn sie was taugte. Bloß ein Beispiel aus Dutzenden: Glaubt man denn wirklich, daß die Selbstverwaltung der Gemeinden auf die Dauer vernichtet bleiben kann? Glaubt man wirklich, daß die Bedürfnisse der Gemeinden Irschenberg, Dürnbach[6] usw. in Berlin erwogen und befriedigt werden können?

Alles das ist ja bloß ein haarsträubender Blödsinn.

Dazu aber ist es die Unterdrückung der wirklichen, allein und vor allem notwendigen Freiheit.

Bis 1919 hat es als selbstverständlich gegolten, daß das Fundament einer wirklichen, segensreichen Freiheit die Selbstverwaltung der Gemeinde ist. Ihre Einrichtung steht am Anfange aller freiheitlichen Bestimmungen und ohne sie gibt es keine Freiheit.

Wie Jedermann in seinem Hause Herr sein muß, so muß die Gemeindeverwaltung Herrin und Ordnerin der Einnahmen und Ausgaben sein und bleiben[7].

Über dieser Lebensnotwendigkeit ist das Wahlrecht[8] bloß ein Schmarren, es zeigt die ganze Leichtfertigkeit der Verfassungsmacher, daß ihnen die Grundprinzipien aller staatlichen Ordnung nichts gegolten haben.

Es zeigt aber auch die Todkrankheit dieser Verfassung[9], die kaputt war, als sie verkündet wurde. Einer Verfassung, die dem Staate die Lebensadern unterbunden hat, wird man nicht ängstlich die Treue über das frühzeitige Grab halten.

Das sollten die Berliner erwägen und prüfen, vor sie daran gehen, unsern Geduldfaden, der verflucht dünn geworden ist, zu zerreißen. Hoffentlich wird unser Ministerium Kahr[10] den Eintagsfliegen in Berlin ein Licht darüber aufstecken, daß wenig oder nichts mehr fehlt zu dem Entschlusse Bayerns, sich frei zu machen und frei zu halten vom baldigen Berliner Bankrott.

Or. fehlt. – MA 47 Nr. 158 S. 1 v. 10. 7. 1921; Miesbacher Büchl S. 19ff. – Lemp S. 244 Nr. 1605; Hofmiller S. 726.

1 S. Nr. 141.
2 Vgl. etwa Nr. 8 Anm. 4 und Nr. 64 Anm. 16.
3 Vgl. Henle (wie Nr. 81 Anm. 10) S. 506ff u. Nr. 106 Anm. 4.
4 Kaffer von jidd. kapher, Bauer; Schimpfwort in der Bedeutung »ungebildeter Mann« (Küpper 4, S. 1398).
5 »Weimarer Verfassung«; die Verfassung des Deutschen Reiches trat am 14. 8. 1919 in Kraft. Sie hat das Selbstverwaltungsrecht der Gemeinden garantiert (Huber 6, S. 120, 484f).
6 Orte im Lkr. Miesbach.
7 Die Finanzrechte der Gemeinden wurden durch das Selbstverwaltungsgesetz erweitert (vgl. Volkert S. 93). Die Kompetenz dazu lag bei den Ländern, wie dies auch die bayerische Verfassung betont; vgl. Harald Pohl, Die bayer. Landesverfassung u. die bayer. Gemeindegesetzgebung zu Beginn der Weimarer Republik (Die alte Stadt 13) 1986, S. 149–153.
8 1919 war auf allen Ebenen die allgemeine, gleiche, unmittelbare und geheime Wahl nach dem Verhältniswahlrecht eingeführt worden.
9 Die Verfassungsurkunde des Freistaates Bayern v. 14. 8. 1919 (in Kraft seit 15. 9. 1919) folgte den Bestimmungen der Reichsverfassung.
10 S. Nr. 1 Anm. 6. Kahr betonte bei vielen Gelegenheiten die Treue Bayerns zum Reich. Zu Thomas Meinung vgl. auch Nr. 135.

Dienstag, den 12. Juli 1921 144

Zentrumspolitik[1].

Die Korrespondenz der Bayer. Volkspartei[2] hat mit klaren Worten dem Zentrum gezeigt, wie seine Politik und die Persönlichkeit Erzbergers[3] die große katholische Organisation an die Gefahr des Unterganges hingeführt haben.

Wir sagten das Gleiche vor ein paar Tagen[4], und es ist[a)] wichtig genug, daß man nochmals darauf hinweist.

Die heutige Zentrumspolitik widerspricht allem, was die katholische, einstmals königstreue Partei[5] seit ihrem Bestehen als unverlierbares Ideal hingestellt hat, und da helfen keine Nützlichkeitstheorien; wer seine Grundsätze aufgibt, der gibt sich selber auf.

Muß man es erst beweisen, daß das Zentrum nicht gegen das Bürgertum und das Bauerntum, gegen die Scheidemanns[6] und Kohns[7] und Rosenfelds[8] zusammengehen kann.

Daß es im Tauschhandel gegen die eingebildete Möglichkeit eines Friedens Religion und Vaterland nicht hingeben kann, ohne allen Boden zu verlieren?

Erzberger hat das Zentrum zu diesem Tauschhandel überredet[9], nicht bloß mit Gründen, auch mit Drohungen. Er benützte Interessen-Gegensätze zwischen Arbeitern, Bürgern und Bauern, um seine verwerflichen Zwecke zu erreichen; er brachte diese Gegensätze in die Partei hinein, vergrößerte sie und drohte mit dem Abfall der christlichen Gewerkschaften[10].

Die Partei erkannte bald genug die Charakterlosigkeit dieses Menschen, aber der »Situation« opferte sie diese Erkenntnis und ihre Grundsätze.

Dann kamen im Helfferich-Prozesse[11] die Enthüllungen, die für Erzberger nichts anderes bedeuteten, als die Aberkennung aller Ehrenrechte, der bürgerlichen Ehrbarkeit.

Daß es jetzt noch im Zentrum Leute gab, die nicht sehen wollten, was sie sahen, die sogar mit den einfachsten Grundsätzen der Rechtschaffenheit brechen konnten, das bedeutet eine ungeheure Entwürdigung der Organisation, die der Hort des Katholizismusses sein will und soll[12].

Das hieß offen proklamieren, daß man politischen Situationen zulieb auf die Seite der Unlauterkeit treten könne.

Würde das anerkanntes Prinzip der Partei, dann hätte sie keine Werbekraft im Volke mehr, dann müßte sie alle rechtschaffenen Menschen abstoßen. Es ist ohnehin schon so viel geschehen und schon so viel versäumt worden, daß das Ansehen der Zentrumspartei nicht noch mehr belastet werden darf.

Mit Recht geißelt die Korrespondenz der Bayer. Volkspartei das

Schweifwedeln vor der Linken, das unter den Schülern Erzbergers – nennen wir doch frei heraus seinen Schützling Wirth![13] – zur höchsten Blüte gedeiht.

Die Rede Wirths gegen Bayern[14] war eine Torheit, deren Folgen sich erst noch zeigen werden, und die unverzeihliche Rückgratlosigkeit, die zur Umschmeichelung eines zucht- und sittenlosen, das Vaterland und die Religion begeifernden Pöbels führte, wird und muß sich rächen.

Alle sittlichen Kräfte im Zentrum müssen sich gegen Erzberger, Wirth und Konsorten richten, wenn die Partei den Weg zu ihren Idealen zurückfinden will.

Religion und Vaterlandsliebe, nicht ausgeklügelte Kompromisse, müssen vor aller Augen sichtbar die Leitsterne der Zentrumspartei sein, oder ihr Untergang ist unabwendbar.

Or. fehlt. – MA 47 Nr. 159 S. 1 v. 12. 7. 1921. – Lemp S. 244 Nr. 1606; Hofmiller S. 726.

a) MA folgt: nicht

1 Zur Situation der deutschen Zentrumspartei im Sommer 1921 vgl. vor allem Morsey, Zentrumspartei S. 383–399.
2 Bayer. Volkspartei-Correspondenz v. 6. 7. 1921 (»Um die Zukunft des deutschen Zentrums«).
3 S. Nr. 9 Anm. 1.
4 S. Nr. 139 v. 6. 7. 1921.
5 Zur grundsätzlich positiven Einstellung der Zentrumspartei zur monarchischen Staatsform vor 1914 vgl. Epstein S. 50ff.
6 S. Nr. 12 Anm. 5.
7 S. Nr. 70 Anm. 7.
8 Dr. Kurt Rosenfeld (1877–1943), Rechtsanwalt, seit 1920 MdR (USP); Schwarz S. 740; Schröder S. 186.
9 Vgl. Nr. 9 Anm. 6, Nr. 121 Note y).
10 Über Erzbergers Rolle in der christlichen Gewerkschaftsbewegung vgl. Epstein S. 453ff. Sein Gegner war dort hauptsächlich Adam Stegerwald (vgl. Ebd. S. 427f). Vgl. die Diskussion im Fraktionsvorstand der Zentrumspartei über Erzbergers Aktivitäten in der Gewerkschaftsarbeit, wo Stegerwald gegen, Wirth für Erzberger sprach (Morsey-Ruppert S. 219–222 v. 16. 6. 1921).
11 S. Nr. 139.
12 Vgl. Nr. 166 Anm. 9.
13 Vgl. Nr. 166 Anm. 6.
14 S. Nr. 135.

Dienstag, den 12. Juli 1921 145

Die Türken.

Im Frühjahr 1919 gab es außer Deutschland und Österreich noch ein Land, das die Entente mit Verachtung behandeln und erdrosseln wollte, die Türkei[1].

In den Straßen von Konstantinopel blähte sich der Engländer nicht anders auf, wie in Köln, und spielte den Herrn gegen ein Sklavenvolk. In Paris schrieb[a] der von unsern Schmoks[2] als Tiger betitelte Clemenceau[3] den Türken ihr Schicksal vor[4] und der aufgeblasene Franzosenpöbel redete von ihnen, wie von den geknechteten Boches[5].

Heute verhandelt England mit der Türkei als Macht und die[b] Franzosen stehen höflich vor Kemal Bey[6] mit dem Hut in der Hand.

Das hat der nationale Sinn der Türken, die sich von keinem Sozialdemokraten die Waffen abschwindeln ließen[7], bewirkt.

Dieses Volk, das vier[c] Jahre länger als das deutsche, im Kriege liegt, gegen Italien, gegen den Balkanbund, gegen die Entente[8], ließ sich nicht zur Feigheit verführen von demokratischen Schwätzern und sozialdemokratischen Umstürzlern.

Es steht heute noch einmal unter Waffen[9] und schon dieser Entschluß allein hat es vor dem schimpflichen Untergange gerettet.

Mag es siegen oder besiegt werden, jedenfalls ist ihm das schmähliche Los Deutschlands erspart.

Es[d] wehrte sich das Volk von Männern gegen die Sklaverei, der sich der entmannte Schwätzer Max von Baden[10] und die ganze Sippschaft mit und nach ihm feige unterzogen haben.

Nichts ist für uns lehrreicher, aber auch schmerzlicher, als das Schauspiel, das uns jetzt die Türkei bietet.

So wehrt sich ein Volk, dessen Ehrgefühl nicht von der sozialdemokratischen Fäulnis zerstört ist, und so erringt es Leben und Freiheit, zu der gleichen Zeit, wo uns Feigheit und Verrat zu erbärmlichen Sklaven gemacht haben.

Nie hat die Geschichte den Völkern eine deutlichere und härtere Lehre gegeben[e].

Ehre verloren – Alles verloren!

Or.[f] 3 Bll., L 2396 (Lemp S. 199 Nr. 212). – MA 47 Nr. 159 S. 1 v. 12. 7. 1921. – Lemp S. 244 Nr. 1607; Hofmiller S. 726.

a) verbessert aus: [diktierte]
b) folgt: [triumphierenden]
c) verbessert aus: [zwei]
d) folgt: [ringt]
e) folgt: [Verloren ist nur, wer sich selbst aufgibt.]
f) Bl. 3: Schlußzeichen

1 Im Januar 1919 war das Oberkommando der Entente-Ostarmee von Belgrad nach Konstantinopel verlegt worden (Schulthess 1919/II, S. 363). Bereits im November 1918 war die alliierte Flotte in den Bosporus eingelaufen (HB der europ. Geschichte 6, S. 543).

2 S. Nr. 80 Anm. 3.

3 S. Nr. 58 Anm. 9.

4 Friedensvertrag v. Sèvres zwischen den Alliierten und der Türkei v. 10. 8. 1920 (HB der europ. Geschichte 7/I, S. 128).

5 Seit 1896 gebräuchliche, abwertende franz. Bezeichnung für Deutsche (Ernst Gamillscheg, Etymologisches Wörterbuch der franz. Sprache, 2. Aufl., Heidelberg 1969, S. 123).

6 Gazi Mustafa Kemal Pascha (1881–1938), seit 1934 mit Familiennamen Atatürk; seit 1920 Führer des nationalen Widerstands gegen die Durchführung des Friedensvertrags v. Sèvres; s. Biogr. Lex. zur Geschichte Südosteuropas 1, S. 108 ff.

7 Vgl. Nr. 119 Anm. 7.

8 Über den italienisch-türkischen Krieg 1911/12 vgl. HB der europ. Geschichte 6, S. 420; über die Balkankriege 1912/13 s. Ebd. S. 578–581. Im Oktober 1914 trat das Osmanische Reich an der Seite der Mittelmächte in den Weltkrieg ein. – Mit »demokratischen Schwätzern« ist offensichtlich die DDP gemeint (s. S. 488).

9 Über den griechisch-türkischen Konflikt in Anatolien und über die Aktionen der »Kemalisten« in Angora (Ankara) berichtete der MA im Juni und Juli 1921 wiederholt (z. B. Nr. 147 S. 3 v. 28. 6. 1921; Nr. 151 S. 3 v. 2. 7. 1921; Nr. 152 S. 3 v. 3. 7. 1921; Nr. 158 S. 1 v. 10. 7. 1921).

10 S. Nr. 108 Anm. 2.

Dienstag, den 12. Juli 1921 146

Allerhand.

Die Kosten des englischen Bergarbeiterstreiks[1] betragen 18850000 Pfund Sterling, d.i. gleich 380 Millionen Goldmark und gleich 4000 Millionen Mark heutiger deutscher Währung[2]. Und da liest man, daß unsere Sozi zwei Pamperlmillionen zur Unterstützung der Engländer hinübergeschickt haben[3], die sie den deutschen, hungernden Kindern entzogen haben.

Die anderen 3998 Millionen haben die Engländer selber zahlen müssen, und wenn sie sich mit den zwei Daitschen nicht die Hintern gewischt haben, dann wischen sie sie morgen. –

Der Sowjet-Vertreter in Berlin will dagegen protestieren, daß die zwei russischen Hetzer aus Bayern ausgewiesen worden sind[4]. Ist schon recht. Der Wirth[5] wird sein Bedauern ausdrücken mit dem Wirthskapperl in der Hand, und wir Bayern schmeißen die Bluthunde wieder hinaus, wenn sie zu uns kommen. –

Donnerstag, den 7. Juli, ist der Reichstag heimgeschickt worden[6]. Jetzt könnte der Hutzenauer-Girgl[7] gar noch beim Heuen mithelfen, und der Gruaba-Maschtei[8] beim Verfassen von Flugblättern.

Bis 6. September sollen wir Ruh' haben vor Rosenfeld[9]-Reden und weil sich der Berliner Wind gelegt hat, wird es zwei Monat lang nicht mehr Dreck regnen. –

Or. fehlt. – MA 47 Nr. 159 S. 2 v. 12. 7. 1921. – Lemp S. 244 Nr. 1608; Hofmiller S. 726.

1 Über Streiks in England 1920/21 berichtete der MA häufig, zuletzt in Nr. 155 S. 1 v. 7. 7. 1921; vgl. Nr. 91.

2 Nach Berichten von der Berliner Börse im Juli 1921 (wiederholt im Bayer. Staatsanzeiger erschienen) kostete 1 Pfund Sterling 277 Mark gegenüber dem Goldmarkpreis von 15,21 für 1 Pfund Sterling.

3 Zugrundeliegende Nachricht nicht ermittelt.

4 Am 30. 6. 1921 hatte das Bezirksamt Miesbach die russischen Staatsangehörigen Nikolai Krestinsky und Isaak Deutschmann, die sich in Tegernsee aufhielten, angewiesen, Bayern zu verlassen, da sie keine gültigen Aufenthaltsbewilligungen hätten; es war umstritten, ob sie Diplomatenstatus besaßen. Berichte darüber s. MA Nr. 157 S. 2 v. 9. 7. 1921; Nr. 163 S. 1 v. 16. 7. 1921; Nr. 164 S. 1 v. 17. 7. 1921. Die Angelegenheit kam auch im bayer. Landtag zur Sprache (LV 1920/21,

StenBer 3, S. 412 v. 15. 7. 1921). Vgl. auch Nr. 164 Anm. 5 sowie Marlene Struger, Nikolai Nikolaievich Krestinsky and Sovjet-German Relations 1921–1930 (Diss. Univ. of Wisconsin), Ann Arbor 1973, S. 13 ff.

5 S. Nr. 102/1 Anm. 2.

6 Der Reichstag vertagte sich am 7. 7. 1921 (MA Nr. 157 S. 1 v. 9. 7. 1921).

7 Georg Eisenberger (1863–1945), Bauer aus Hutzenau (Lkr. Traunstein), seit 1919 MdR (Bayer. Bauernbund); Schwarz S. 641. Vgl. auch die Glosse in MA Nr. 162 S. 2 v. 14. 7. 1921. Über Georg Eisenberger als Vorbild für den Vachenauer in Thomas Roman »Andreas Vöst« vgl. Gajek (Serie Piper 806) S. 315 ff und Alois J. Weichslgartner, Politik im Trachtengewand: Der Hutzenauer (Unser Bayern 37) 1988, S. 27 ff.

8 Martin Gruber; s. Nr. 107 Anm. 1. Flugblätter: Vgl. Nr. 141.

9 S. Nr. 144 Anm. 8.

Donnerstag, den 14. Juli 1921 147

Das Zentrum des Antisemitismus

hat der verzweifelnde Mayer[1] unser München geheißen. Der Mann hat, wie wir ihn kennen, nicht direkt lügen wollen, er hat übertrieben, und wahrscheinlich auch das in einer gewissen Angst. Daß er die ganze bürgerliche Presse Münchens für antisemitisch hält, zeigt deutlich, wie verschroben die Meinungen geworden sind und wie man auf jüdischer Seite heute alles Nationale und Bürgerliche gleichbedeutend mit Antisemitisch betrachtet[2].

Das kommt vom schlechten Gewissen und der systematischen Hetze der jüdischen Presse[3], die seit Jahr und Tag die konservative Gesinnung als ihrer Vormacht feindlich bekämpft und die Angegriffene spielt, wo sie selber nur angreift.

Zum schlechten Gewissen haben die eingesessenen jüdischen Mitbürger Münchens[4] einigen Grund, denn sie haben mit wenigen Ausnahmen ihre Zugehörigkeit zum Bürgertum verleugnet und sich offen und versteckt, mit ihrem Geld und mit ihren Neigungen, sofort auf die Seite der demagogischen Ostjuden gestellt, die München fünf Monate lang mit Hilfe des schlechtesten Pöbels mißhandelt haben[5].

Können sie sich heute beklagen, wenn das Volk sie für unsichere Kantonisten anschaut?

In Württemberg haben sich die bürgerlich-demokratischen Juden bedingungslos auf die Seite der Bürger gestellt. Als in Stuttgart im April 1919 ein Generalstreik vom Zaune gebrochen wurde, hat sofort das Bürgertum seinerseits mit einem Streik erwidert und nicht ein einziger jüdischer Bürger schloß sich davon aus[6].

Das ist Zusammengehörigkeit, die in München vollständig fehlt.

Darum kann es in Stuttgart und überhaupt in Württemberg keinem vernünftigen Menschen einfallen, Unterschiede zu machen und jüdischen Mitbürgern Mißtrauen entgegenzubringen.

Lassen wir aber die Vergangenheit und betrachten wir die Gegenwart!

Wenn es wahr ist, daß die heutige Regierung Kahr der großen Majorität im Landtage entspricht[7], mit welchem Recht bekämpft sie die jüdische Presse Deutschlands, verleumdet sie, verhöhnt sie, versucht sie zu unterwühlen? Vom ersten Tage an!

Wer ist der Angreifer und wer ist der Angegriffene?

Gibt es irgend eine antisemitische Kundgebung, Maßnahme, Verordnung des Ministeriums?[8] Wer das sagt, lügt.

Aber an keinem Tag seit dem März 1920[9] hat der semitische Kampf mit vergifteten Waffen ausgesetzt. In diesem Kampfe hat sich die bürgerliche Presse Bayerns, wie es ihre Pflicht ist, auf die Seite der großen bürgerlichen Volksmehrheit gestellt, und wenn dabei Späne fliegen, dann sind die hämischen Angreifer schuld.

Das Volk glaubt und muß glauben, daß jüdische Elemente unser Land nicht zur Ruhe kommen lassen, daß sie mit Hilfe des Proletariats an die Herrschaft wollen. Das regt den Zorn auf, und wenn sich die bürgerlichen Juden darüber beklagen, so verkennen sie die natürliche Folge ihres eigenen bürgerfeindlichen, demagogischen Verhaltens.

So sieht der Münchener Antisemitismus in Wirklichkeit aus.

Dem Herrn Mayer und Genossen sagen wir: Ihr müßt erst das Vertrauen zurückgewinnen, das ihr verscherzt habt; müßt erst noch zeigen, daß Ihr bürgerlich denkt, vor Ihr Euch beklagen dürft.

Der Sigmund Fränkel[10], der Bayern in holländischen Zeitungen verleumdet, weil es neben spartakistischen Blättern auch antisemitische gibt, der Mann erweitert eine Kluft, die Ihr 1918 aufgerissen habt.

Warum schreibt kein Münchner Bürger jüdischer Konfession an die preußischen Hetzblätter, daß der bayerische Bürger in der unantastbaren Rechtlichkeit des Ministerpräsidenten Kahr, in der Festigkeit und Ehrlichkeit dieser Regierung die Sicherung des bürgerlichen Lebens, wie der Arbeit erblickt?

Im wohltuendsten Gegensatz zu vielen, die öffentliche Moral wie die Sicherheit zerstörende Zustände in Norddeutschland?

Warum hetzt man und jammert dann über die Hetze?

Mit dieser feigen Verlogenheit gewinnt man keine Sympathien.

Or. fehlt. – MA 47 Nr. 161 S. 1 v. 14. 7. 1921; Miesbacher Büchl S. 30f. – Lemp S. 244 Nr. 1609; Hofmiller S. 726.

1 MA Nr. 160 S. 1 v. 13. 7. 1921 veröffentlichte einen Brief des Münchener Kommerzienrats und Versicherungsdirektors J. Mayer, in dem dieser um Unterstützung für die unter der Leitung von Franz Carl Endres stehende Zeitung Süddeutsche Presse warb; es solle ein »wirklich demokratisches Blatt« gefördert werden. Vgl. Nr. 21 Anm. 1 und 9.

2 In dem in Anm. 1 zitierten Brief wird die bürgerliche Münchener Presse folgendermaßen charakterisiert: Bayerische Staatszeitung (Organ der Regierung); MAA (deutsch-national); MNN (nennt sich rechtsdemokratisch, ist aber nationalistisch-reaktionär); Bayer. Kurier (BVP); Völkischer Beobachter (Pogromblatt der Nationalsozialisten).

3 Vgl. Nr. 124 Anm. 1.

4 Zur Haltung der bürgerlichen Führungsschichten innerhalb der jüdischen Gemeinde Münchens vgl. Werner J. Cahnmann, Die Juden in München 1918–1943 (Vergangene Tage) S. 38f; über die jüdischen Gegner der Münchener Räterepublik vgl. Immanuel Birnbaum, Juden in der Münchener Räterepublik (Ebd.) S. 369ff u. Sigmund Fraenkel, Ein Brief aus der Räterepublik (Ebd.) S. 373ff; vgl. auch Morenz S. 69 u. Nr. 2 Anm. 7.

5 Gemeint ist die Zeit zwischen November 1918 und Mai 1919. Führende Persönlichkeiten jüdischer Abkunft während dieser Zeit in München waren neben Kurt Eisner und Edgar Jaffé vor allem Felix Fechenbach, Gustav Landauer, Eugen Leviné, Erich Mühsam, Otto Neurath, Ernst Toller und Anton Wadler; vgl. Kaznelson S. 556ff; Morenz S. 123ff; Angress S. 234–299; Knütter S. 117f.

6 Thoma war vom 29. April bis 12. Mai 1919 in Stuttgart (Lemp S. 29); im Tagebuch (GW [1968] 1, S. 381–391) ist von dem Streik nicht die Rede. Nach Ansicht der dortigen bürgerlichen Kreise ging der Generalstreik auf Spartakisten und Unabhängige Sozialdemokraten zurück (Miller S. 119).

7 Vgl. Nr. 1 Anm. 6 und Nr. 63 Anm. 8.

8 Vgl. dazu Nr. 165 Anm. 2.

9 Bildung der Regierung Kahr. – Im Gegensatz zur folgenden Feststellung steht die im April 1920 vom Bund jüdischer Frontsoldaten Münchens veröffentlichte Erklärung, die sich gegen die Überfremdung durch Zuwanderung wendet (BStZtg Nr. 80 v. 7. 4. 1920).

10 Nicht ermittelt. Oder denkt Thoma an Sigmund Fraenkel (1860–1925), Groß-

handelskaufmann in München und Sprecher der jüdischen Orthodoxie in Bayern, der im Berliner Tageblatt Nr. 270 v. 11.6.1921 einen offenen Brief an den Polizeipräsidenten Pöhner mit der Aufforderung, gegen deutschvölkische Ausschreitungen in München vorzugehen, veröffentlichte? S. Sigmund Fraenkel, Die konfessionelle Verhetzung in München (Vergangene Tage) S. 375–378. Möglicherweise wurde der Artikel Fraenkels in holländischen Zeitungen nachgedruckt. Über Fraenkels Artikel im Berliner Tageblatt referiert auch MP Nr. 136 v. 15.6.1921. – Über Sigmund Fraenkel vgl. auch Anm. 4 u. MinProt S. 280.

Samstag, den 16. Juli 1921 148

Steuer-Apostel.

In München hat ein Genosse Sollmann[1] – Sohlmann soll er heißen – über die neuen Steuern gesohlt.

Die Einleitung war die sozialdemokratische Schablone über die Schuld am Kriege, die dieser[a)] Stopsler der Kriegserklärung zuschreibt. Wir haben uns nie so angestellt, als wenn wir die Unterlassungs- und Begehungssünden Wilhelms II. nicht sehen, aber in allem ist das Gegenteil von dem wahr, was der sozialdemokratische Parteikatechismus sagt[2].

Die Möglichkeit dieses Krieges und auch der Niederlage ist an dem Tag und in der Stunde entstanden, wo nach 1890[3] zum erstenmal deutsche Staatsmänner aus Furcht vor der Sozialdemokratie ihre Pflicht vergessen haben und für die Wehrhaftigkeit des Reiches nicht mehr das Notwendige[b)] verlangten[4].

Die Furcht vor einem Kriege zur rechten Zeit ist ein Teil der großen Schuld Wilhelms, die Entkräftung Deutschlands schon im Frieden auch.

Aber wir werden trotzdem der Partei, die sie systematisch erzwungen hat, die Hauptschuld zumessen.

Daß der deutsche Arbeiter ein Sklave geworden ist und in der Zukunft erst recht ein Sklave sein wird, das verdankt er vor allem und zuerst der Sozialdemokratie.

Darüber wird sich die Arbeiterschaft noch klar werden. Der Arbeiter im rechtsrheinischen Deutschland, dem jedes französische Bürschchen die Reitpeitsche ins Gesicht schlägt, dessen Frau oder

Tochter vom Senegalneger geschändet wird[5], der mag sich sagen, daß er sein Los nicht bloß den Scheidemann[6] und Ebert[7], den Vätern der Revolution, sondern ebenso den Bebel[8] und Singer[9] und Liebknecht[10] verdankt.

Sie haben dem deutschen Volke zu den Ersparnissen geholfen, die wir heute mit Hunderten[c)] von Milliarden bezahlen.

Aber darüber redete der Sohlmensch. Wer bezahlt sie? –

Wenn man den blühenden Unsinn liest, fragt man sich, wie es sein kann, daß heute noch ein Arbeiter so blind ist, an dieser Hetze einen Gefallen zu finden.

Der Sohlmensch redete von den 80 Milliarden Steuern, die der Wirth[11] erfinden will, um sich noch mehr Lob beim Briand[12] zu verdienen.

43 Milliarden! soll der Besitz tragen, 36¼ sollen mit indirekten Steuern hergeholt werden.

Beides bedeutet unseren Ruin.

Aber schon regt sich der Sozi und kreischt über den Kapitalisten, der sich nicht gutwillig um Hab und Gut bringen lassen will.

Natürlich, das ist die Hauptsache: Hetze gegen den Kapitalismus.

War in der Versammlung kein einziger Arbeiter, der das bissel gesunden Menschenverstand hatte, sich zu sagen, daß jede Überbelastung von Besitz und Einkommen zu allererst den Arbeiter trifft und zwar noch härter, als ihn die indirekte Steuer treffen kann? Wer den Arbeitgeber umbringt, wer aus der Welt jede Unternehmungslust, jeden Sparsinn treibt, der nimmt zuerst den Arbeitern das Brot. Die indirekte Steuer verteuert es, aber diese direkte Steuer entzieht es dem Arbeiter.

»Wir Sozi wollen eine neue Art der Besteuerung, die Besteuerung der Gold- und Sachwerte. Wer ein Landgut im Jahre 1914 kaufte, hat heute den acht- bis zehnfachen Wert …«, sagte der Sohlmann.

Bauern, hört's ihn gehen, den Sozi?

Er will, daß aller liegende Besitz, Haus und Feld, aufs zehnfache taxiert, mit Hypotheken belastet wird, die den gesamten Bauernstand im Lande vernichten müssen.

Der Wert eines Anwesens auf dem Papier ist gar nichts, nur das Erträgnis heißt etwas.

Von zehn Häusern[d)] tragen heute neun viel weniger wie 1914, von zehn Anwesen sind nicht zwei, die nach dem Notopfer[13] noch eine Belastung ertragen.

Der Kleinbesitz bricht auf der Stelle zusammen; der Handwerker, der kleine Geschäftsmann, der Kleinbauer – ja, mit was soll denn der die Zinsen dieser wahnsinnigen Überschuldung aufbringen?

Der Mittel- und Großbesitz könnte sich auch nur etwas helfen durch eine entsprechende Verteuerung der gesamten Produktion.

Denn irgendwo muß doch das Geld herkommen, das bar bezahlt werden muß für Zinsen.

Das kann man zuletzt[e)] auch dem Sohlmann begreiflich machen.

Belastet den Wald, so kostet das Holz mehr, belastet das Feld, so kostet das Korn mehr, belastet allen bäuerlichen Besitz, dann muß jedes landwirtschaftliche Produkt aufschlagen.

Jetzt patsch in die Hände, Sozi, und freu' Dich über die Steuer, die den † † † Besitz trifft!

Lern' was, und mach' Deine Augen auf! Wenn Du auf die höchste Stang oben hinauf einen Zentnerstein legst, geht der Druck nach unten.

Und die Mark, die Du dem schaffenden Besitz nimmst, holt er sich wieder durch sein Produkt.

Wer zahlt's? Der das Produkt braucht.

Und was kommt, wenn man dem Überfluß oder Luxus Lasten auflegt, die ihn drücken?

Er hört auf, er spart ein.

Aber der Besitzende fängt nicht damit an, daß er selber weniger ißt, sondern damit, daß er andern weniger zu essen gibt. Er läßt wenig oder nichts mehr bauen, ändern, verbessern, er kauft weniger, er stellt weniger Leute an.

Aber so ist's halt, über Besitz oder gar über den Luxus schimpfen kann Jeder, aber zum Verstehen, daß aus dem Luxus Arbeit und Verdienst kommen, gehört gesunder Hausverstand.

Und der ist nicht so allgemein, wie die dumme Neidhammel- und Faulenzer-Lehre:

»Eigentum is Diabstahl!«[14]

Or.[f)] 6 Bll., L 2396 (Lemp S. 199 Nr. 208). – MA 47 Nr. 163 S. 1 v. 16. 7. 1921. – Lemp S. 244 Nr. 1610; Hofmiller S. 726.

a) folgt: [dreiste Nichtswisser]
b) MA: Notwendigste
c) verbessert aus: [tausenden]
d) davor: [Anwesen]
e) folgt: [jedem Rindvieh]
f) Bl. 1 oben links: Leiter (Anweisung des Redakteurs für den Setzer); Bl. 6: Schlußzeichen

1 Wilhelm Sollmann (1881–1951), Redakteur, 1919–1924 MdR (MSP); s. Schröder S. 193f. MP Nr. 159 v. 12. 7. 1921 berichtete über die Veranstaltung im Münchener Löwenbräukeller am 11. 7. 1921.
2 Über Thomas Meinung zum Kriegsausbruch und zur Haltung Wilhelms II. vgl. Nr. 34 und 35.
3 Jahr der Entlassung Bismarcks.
4 Über die Heeresvermehrung zwischen 1893 und 1914 vgl. Huber 4, S. 554–563.
5 Vgl. Nr. 1 Anm. 11.
6 S. Nr. 12 Anm. 5.
7 S. Nr. 6 Anm. 2.
8 August Bebel (1840–1913), 1867–1913 (mit Unterbrechungen) MdR (SP); NDB 1, S. 683ff; Schröder S. 78.
9 Paul Singer (1844–1911), 1884–1911 MdR (SP); Biogr. WB. 3 Sp. 2665f; Schröder S. 193.
10 Wilhelm Liebknecht (1826–1900), 1867–1900 MdR (SP); NDB 14, S. 503f; Schröder S. 155f.
11 S. Nr. 102/1 Anm. 2. Über die Steuerpläne der Regierung Wirth vgl. die Erklärung des Reichskanzlers im Reichstag am 6. 7. 1921 (RV Bd. 350, S. 4467); Wirth führte auch das Reichsfinanzministerium. Zu seiner Steuerpolitik vgl. AR Wirth S. 88f, 91–97, 115f.
12 S. Nr. 150 Anm. 2.
13 Vermögenssteuer nach dem Gesetz über das Reichsnotopfer v. 31. 12. 1919 (vgl. die Nachweise in Anm. 11).
14 Nach Pierre Joseph Proudhon (1809–1865): »La propriété c' est le vol« (Mackensen, Zitate S. 215).

Samstag, den 16. Juli 1921 149

Der Brillanten-Adolf[a].

Beim Adolf Hoffmann[1] in Balin, in der Koppenstraße, ham se injebrochen. Hoffmanns waren aber nich in Balin, sondern in ihrer Villa uff dem Lande.

Und das ist nämlich der Führer der Armen, der ausgediente Plärrsozi vom preußischen Abgeordnetenhaus, revolutionärer Kultusminister in der Narrenzeit, jetzt Kommunist – – –

Nu, was wern se bei einem enterbten, armen Kommunisten jefunden haben? Nischt! –

Wat? Nischt??

Für 100000 Mark Schmucksachen und Wäsche haben se dem Führer der Ärmsten jeklaut.

Goldbroschen, Goldringe, Türkisen, Brilljanten und schönste Leinwand wie bei feine Leute.

Adolf, Adolf! Wer hätte das gedacht?

Die Diebe waren Parteiangehörige und sie haben ihren geliebten Führer ausgeplündert und dabei hinterließen sie einen Zettel mit der Inschrift: »Alles in Deinem Sinne. Die Jetreuen«.

Hoffmanns ertragen ihr Schicksal nicht mit Fassung, sondern belästigen die Ordnungsbande des Polizeistaates mit Hilferufen.

Der Zehngebote-Hoffmann, wie das greise Ulkgenie auch noch heißt, weil er über die Gebote Gottes ein Spottgedicht veröffentlicht hat, glaubt seit gestern an das siebente Gebot: »Du sollst nicht stehlen!«

»Det is wahr!«, sagte er zur Gattin, »det Jebot sollte man die Leute beibringen. Die Unehrlichkeit is mich peinlich, wenn se gegen mir praktiziert wird«.

Ganz Balin lacht.

Or. fehlt. – MA 47 Nr. 163 S. 1 v. 16. 7. 1921; Gesammelte Aufsätze S. 22f; Kloeber S. 140. – Lemp S. 244 Nr. 1611; Hofmiller S. 726.

a) Gesammelte Aufsätze folgt: (16. Juli 1921)

1 S. Nr. 33 Anm. 3 u. 6. Hoffmann war von 1908 bis 1918 Mitglied des preuß. Abgeordnetenhauses (Schwarz S. 676). Die Meldung über den Einbruch, bei dem Kleidung, Wäsche und Schmuck im Gegenwert von 100000 Mark gestohlen worden seien, brachte der MA Nr. 162 S. 2 v. 15. 7. 1921.

Sonntag, den 17. Juli 1921 150

Verlobungsanzeige.

Reichskanzler Wirth[1], Oberlehrer der Reserve, Inhaber des Briandschen[2] Hausordens für Artigkeit zeigt hiermit seine Verlobung an usw. usw.

Es ist aber schon widerrufen und wir bemerken nur, daß man den Herrn Oberlehrer verlobt hat sein lassen mit der Tochter eines Freiburger Holzgroßhändlers[3].

Saggera, sagt der Korbi von der Zell, de Sach kimmt mir so g'spassi vor, weil man so viel gelesen hat von Holzhäusern, die nach Frankreich geliefert werden sollen[4], und jetzt taucht als Schwiegervater ein Holzgroßhändler auf. Wenn's nichts miteinander zu tun hat, dann bitt ich halt vielmals zu entschuldigen.

Es hat nur auf einmal so schlecht g'rochen in der Stube herin, als wenn der Erzberger[5] in der Näh wär.

So ... so? Also mit der Verlobung ist es nichts? Kein Holzgroßhandel? Aber die Augen, meine ich alleweil, lassen wir auf diesen Punkt gerichtet.

Für alle Fälle möchten wir heut schon bitten, wenn das Ereignis eintritt, auch ganz harmlos, ohne Holzgroßhandel, wenn der Herr Oberlehrer sich verlobt, bitte gar schön: nicht photographieren lassen! Keine illustrierte Zeitung[6] auf der ersten Seite mit dem Familienglück verzieren!

Uns druckt noch der Herr Oberlehrer als jugendlicher Kanzler im Traum wie eine Drud[7].

Or. fehlt. – MA 47 Nr. 164 S. 1 v. 17. 7. 1921. – Lemp S. 244 Nr. 1612; Hofmiller S. 726.

1 S. Nr. 102/1 Anm. 2.

2 Aristide Briand (1862–1932), seit Januar 1921 französischer Ministerpräsident (Schulthess 1921/II, S. 59), hatte sich am 24. 5. 1921 in der französischen Kammer positiv über die Regierung Wirth geäußert (Laubach S. 45). Kommentare dazu in MA Nr. 152 S. 2 v. 3. 7. 1921 und Nr. 162 S. 1 v. 15. 7. 1921.

3 Wirth war unverheiratet; er wird als »fast eigenbrötlerisch« charakterisiert (AR Fehrenbach S. XXVIII).

4 S. Nr. 119 Anm. 1.

5 S. Nr. 9 Anm. 1. Zum Korruptionsvorwurf s. Nr. 139.
6 Vgl. Nr. 104.
7 Hexe; Alp, der Schlafende drückt (Grimm 2, Sp. 1453 f).

Sonntag, den 17. Juli 1921 151

Echo.

Die Sozi wollen in unserer Stadt ein Blatt gründen[1]. Nämlich, weil der »Anzeiger« in Bayern und Deutschland was gilt und der Reichskanzler in Berlin[2] die Haxen aufzieht, wann wir in Miesbach am Schnürl ziehen, deswegen meinen diese Schlauberger, braucht man nichts, als in der Näh vom Waitzinger[3] ein Blattl drucken, dann geht's schon.

Es kommt von der Gebirgsluft meint der Gruber[4], der jetzt ganz genau weiß, warum ihm in Woadhausen[5] und bei der Hottergaß[6] nie was eingefallen ist.

Jetzt zügeln wir in Miesbach nicht bloß Fleckvieh, sondern auch geistreiche Sozi.

Ist schad, daß der Taubenberger[7] den Regent nicht mehr hat, da könnten wir jetzt eine gute Raß Rindviecher kriegen.

Aber so ein Sozi, dem was einfallen soll, braucht viel Graserei. Ob's langt?

Or. fehlt. – MA 47 Nr. 164 S. 3 v. 17. 7. 1921. – Lemp S. 244 Nr. 1613; Hofmiller S. 726.

1 Von April bis September 1922 erschien in Miesbach die sozialdemokratische Zeitung »Miesbacher Echo« (Appel S. 256).
2 Reichskanzler Joseph Wirth (s. Nr. 102/1 Anm. 2).
3 Gasthof in Miesbach. Angeblich Treffpunkt von Thoma, Klaus Eck und Dietrich Eckart (Kloeber S. 11); vgl. dazu S. 458.
4 S. Nr. 107 Anm. 1.
5 S. Nr. 107 Anm. 6.
6 S. Nr. 107 Anm. 3.
7 Anspielung auf den Einödhof Taubenberg, nahe Miesbach? Vgl. die Erwähnung der »Taubenberger-Burgstaller Hochzeit« in Gmund im Brief v. 12. 4. 1920 (Keller S. 420). »Regent«: Vielleicht Anspielung auf die staatliche Förderung der Viehzucht während der Regentschaft in Bayern (1886–1913); vgl. HBbG 4/II, S. 735.

Dienstag, den 19. Juli 1921 152

Scheidemann[1].

Wer hätte sich früher um einen Scheidemann gekümmert? Niemand! Nie hätte er seinem Lande, seinem Volk, einen besonderen Schaden zufügen können. Reden halten und immer wieder Reden halten, wenn nicht im Reichstag, dann landauf, landab. Ein wanderndes Grammophon. Das war er uns.

Solche Schwätzer kommen aber in solchen Zeiten hoch. Das lange Elend, Bethmann[2], zog ihn aus dem Froschteich: Quak, quak, und schickte ihn im Kriege als außerordentliche Gießkanne ins Ausland, hauptsächlich nach Holland und Schweden[3].

Der Genosse im Gehrock! Der Genosse im Auto! Der Genosse mit der von den Geheimschatullen stets prall gefüllten Brieftasche!

Als der Illusionist, Salonplauderer und Hosenträträ Prinz Max von Baden[4] den Reichskanzlerthron zierte – das ist seither eine Art von gepolstertem Nachtstuhl, wenn's pressiert, ist alles da – wurde Scheidemann Staatssekretär[5].

Nicht lange war er in den Diensten der kaiserlichen Regierung, der er den Eid geleistet hat.

Am 9. November 1918 war es – nie wird es das dankbar erlöste freie Deutschland vergessen – daß er vom Balkon des Reichstages aus die sozialistische Republik[a)] ausrief[6].

Nun haben wir sie. Ein Meineidiger war der Herold. Er hatte seinen alten Herrn verraten, um der Revolution zu dienen. Und einige Wochen darauf verriet er die Revolution und ließ auf die Revolutionäre schießen[7]. Der Genosse auf die Genossen!

Die freie Republik wuchs dazwischenhinein und gedieh. Der Kriegsgewinn wurde verschoben. Die Revolutionsgewinne wurden höher als vordem die Kriegsgewinne – – und die Jenossen Ebert[8], Scheidemann, Müller[9], Bauer[10], rejierten die neue sozialistische Republik.

Sie speisten auf Silber und mit Oberschiebern, wie Sklarz[11]; ein Parvus, der sich Millionen ergaunert hatte, war Hauptfreund der Regierenden. Freiheit! Die der Schieberei! Gleichheit! Jedem in der Regierung war alles gleich! Brüderlichkeit – aber nur mit Sklarzen und Parvussen[12]!

Wie's nicht mehr weiterging[13], wurde Scheidemann Oberbürgermeister von Kassel. Und jetzt geht's in Kassel auch nicht mehr weiter. Protestversammlungen größten Stils gegen den roten Oberbürgermeister, der inmitten der jeklauten Schloßmöbel ein fürstliches Dasein führt[14].

Was nun, wenn Scheidemann auch von Kassel fort muß? Dann muß für ihn in der Berliner Regierung wieder etwas frei gemacht werden.

Mit[b)] Erzberger[15] kann auch Scheidemann wieder kommen! Einer ist so viel wert wie der Andere, und das deutsche Volk ist wert, daß es von solchen Leuten regiert wird.

Es ist nur das eine merkwürdig, daß Deutschland von Berlin aus rot regiert wird[16], und daß die Sozialdemokratie immer noch unzufriedener wird. Den Genossen gefällt die Republik, ihr eigenes Fabrikat, nicht mehr! Und das ist traurig.

Scheidemann, der rote Herrgott, hat die neue Zeit am 9. November 1918 ausgerufen. Das Volk jedoch schimpft nach wie vor, ja, mehr noch, als früher. Das Volk ist undankbar![b)]

Or. fehlt. – MA 47 Nr. 165 S. 1 v. 19. 7. 1921; Miesbacher Büchl S. 38f; Kloeber S. 111f. – Lemp S. 244 Nr. 1614; Hofmiller S. 726.

a) Miesbacher Büchl und Kloeber: Regierung
b)-b) Miesbacher Büchl und Kloeber: fehlt

1 S. Nr. 12 Anm. 5.
2 S. Nr. 32 Anm. 1.
3 Vgl. Scheidemann, Memoiren, 1, S. 382 (Reise nach Den Haag, 1915); 2, S. 5 (nach Stockholm 1917); vgl. auch Nr. 45.
4 S. Nr. 108 Anm. 2.
5 Am 3. 10. 1918 wurde Scheidemann Staatssekretär ohne besonderen Geschäftsbereich in der Regierung des Prinzen Max von Baden; s. Matthias-Morsey S. XXIXf; Schulthess 1918/I, S. 322.
6 Proklamation der »deutschen Republik« am 9. 11. 1918; s. Schulthess 1918/I, S. 451; Matthias-Morsey S. 629f; Miller-Potthoff 1, S. 18f.
7 Militärische Niederwerfung des Spartakus-Aufstands in Berlin (5.–12. 1. 1919); s. Miller-Potthoff 2, S. 195f.
8 S. Nr. 6 Anm. 2.
9 Hermann Müller (1876–1931), Redakteur, seit 1916 MdR (Sozialdemokrat); 1920 Reichskanzler, dann Vorsitzender der MSP-Reichstagsfraktion; Schwarz S. 717; Schröder S. 171.

10 S. Nr. 102/1 Anm. 5.
11 S. Nr. 40 Anm. 6.
12 S. Nr. 60 Anm. 4.
13 Scheidemann trat als Reichsministerpräsident am 20. 6. 1919 zurück, weil er die Unterzeichnung des Vertrags von Versailles ablehnte; s. AR Scheidemann S. LXff, 502; Gebhardt-Grundmann 4/I, S. 209; Schulthess 1919/I, S. 245ff. Vgl. Nr. 12 Anm. 5.
14 S. Nr. 18 Anm. 7. MA Nr. 145 S. 3 v. 25. 6. 1921 berichtete aus Kassel von einer Protestversammlung von mehreren 1000 Einwohnern gegen die Tätigkeit des Oberbürgermeisters Scheidemann.
15 S. Nr. 9 Anm. 1 und Nr. 166 Anm. 3.
16 Dem Kabinett Wirth gehörten Minister aus den Parteien der Weimarer Koalition an; s. Nr. 102/1 und Nr. 104.

Mittwoch, den 20. Juli 1921 — 152/1

Egern[a)1], 15. Juli. Der ausgezeichnete Münchner Komiker Weiß-Ferdl[2] gab mit Reiter-Holl[3] und Kiem[4] einen Vortragsabend in der »Überfahrt«. Der überfüllte Saal spendete den Musikstücken, wie dem Gesange Kiem Paulis ebenso herzlichen Beifall, wie den vorzüglichen, von echten erwärmendem Humor getragenen Darbietungen unseres verdienten Ferdl Weiß[b)]. Es würde uns sehr freuen, wenn wir in Miesbach auch einmal einen solchen fröhlichen Abend erleben dürften.

Or.[c)] 1 Bl., L 2396 (Lemp S. 200 Nr. 234). – MA 47 Nr. 166 S. 2 v. 20. 7. 1921. – Drucknachweise fehlen.

a) über: [Tegernsee]
b) MA: Weiß-Ferdl
c) unten: Schlußzeichen

1 Lkr. Miesbach.
2 Ferdinand Weißheitinger, gen. Weiß-Ferdl (1883–1949); s. Bayer. Biogr. S. 831.
3 Hans Reiter (gest. 1960) und Karl Holl (gest. 1947) traten mit Kiem Pauli als Gesangs-Terzett auf (Lemp S. 152f).
4 Paul Kiem (1882–1960), Musiker, Volksliedforscher; s. NDB 11, S. 581; v. Müller, Unterm weißblauen Himmel, S. 201–211; HBbG 4/II, S. 1228. S. Lemp S. 120f; Gajek (Serie Piper 925) S. 181ff; Tegernseer Tal S. 529.

Donnerstag, den 21. Juli 1921 153

Tegernseer[I] Sommerfrische.

Die Tage sind hier sehr heiß und der See wimmelt von badenden Gruppen, bei denen manche Fee große Fettaugen in der blauen Flut zurückläßt.

Viele Berühmtheiten spazieren am Strande, Sänger, Theaterdirektoren, hübsche Theater- und Filmsterne.

Die kurzen Kleider erlauben eingehende Studien über die Seltenheit hübscher Beine.

Auch berühmte Staatsmänner sind hier, unter anderen der preußische Geheimrat Martin Gruber[2] aus Berlin, früherer Zimmermieter in der Quellengasse in München.

Man spricht von wichtigen Konferenzen, die er mit dem zweiten Bürgermeister[3] von Tegernsee abhält, zwecks Anbahnung freundschaftlicher Beziehungen[a)] und Einführung von Backsteinkas aus europäischen Produktionsgebieten.

Die einleitenden diplomatischen Verhandlungen werden im Bräustübl[4] geführt.

Auch soll Gruber an der Verschlechterung der Beziehungen zwischen dem Ministerium Kahr[5] und dem hohen Norden beteiligt sein. Ob der preußische Staatsmann bei dieser Häufung von Geschäften dazukommt, das so notwendige Bad zu nehmen, ist leider fraglich.

Während sich im Bräustübl beim Backsteiner die hohe Politik und Diplomatie trifft, entfesselt im Schloß-Café die[b)] Blüte Deutschlands ein munteres Schiebertreiben. Vor den Toren stinken die Autos, in den herrlichen Räumen selbst ihre neuzeitlichen Passagiere. Bälle und Reunions gibt es täglich, bei denen die neuen Tänze, der Plattfuß-trott, der Obein-step, und der Krummhaxen-Tschimmy[6], in voller Grazie aufgeführt werden.

Das Neueste ist, daß die stillen Täler hinter Enter-Rottach[7] und Kreuth[8] von Elefanten, Kamelen, Indianern, Maharadschas und Cowboys wimmeln, wo früher nur Jäger und Holzknechte zu sehen waren.

Einige Filmgesellschaften[9] haben den exotischen, indischen Charakter unserer Latschenköpfe entdeckt und sind mit mehreren Dutzend Hanswurschten angerückt, um etwas Steppenromantik und Dschungelpoesie ins Oberland zu bringen.

Der Elefant ist wieder abgereist, die Kamele auch.

Der Staatsrat Gruber weilt noch hier.

Or.[c] 4 Bll., Lg 66 (Lemp S. 199 Nr. 203). – MA 47 Nr. 167 S. 2 v. 21. 7. 1921. – Lemp S. 244 Nr. 1615; Hofmiller S. 726.

a) folgt: [zu Paraguay und Turkestan]
b) folgt: [staatliche Blüte]
c) Bl. 4: Schlußzeichen

1 Lkr. Miesbach. Vgl. Gajek (Serie Piper 925) S. 188.
2 S. Nr. 107 Anm. 1.
3 Bei der Kommunalwahl am 15. 6. 1919 wurde in Tegernsee Bürgermeister Unger gewählt (BStZtg Nr. 151 v. 18. 6. 1919). Der zweite Bürgermeister hieß Hastreiter (vgl. Nr. 137/1).
4 Gaststätte in der herzoglichen Brauerei.
5 S. Nr. 1 Anm. 6; vgl. auch Nr. 117.
6 Über die neuen amerikanischen Gesellschaftstänze Foxtrott, Onestep und Shimmy vgl. Otto Schneider, Tanzlexikon, Wien – Mainz, 1985, S. 168 f, 378, 488.
7 Enterrottach, nahe Rottach (Lkr. Miesbach).
8 Lkr. Miesbach.
9 Zu Film und Kino vgl. Nr. 18.

Freitag, den 22. Juli 1921 154

Unsere Muttersprache[a].

Wir wissen kaum, wer die Lasker Schüler[1] ist, und unsere Leser werden es auch nicht wissen, aber der Jacobsohn[2] in Berlin sagt, daß sie die größte Dichterin Deutschlands[b] ist, und der Judassohn sagt es auch.

Dann muß es wahr sein.

Damit man es deutlich sieht, veröffentlicht der Jacobsohn einen Brief von ihr. Sie schreibt: »Ich frage Sie, wollen Sie meine Antwort abdrucken wörtlich? Ich habe mich nie in ein Journal aufgedrängt. Sollte der Artikel aus Neid dieser Frau sein, so kann ich Ihnen sagen nur, ich besitze nichts ...«

Die erste Dichterin Deutschlands scheint zu besitzen nichts von der Sprache Deutsch. Wir haben es abgedruckt wörtlich, um es zu zeigen deutlich, daß mauscheln so die Kladerjüdinnen[3], die was kommen auf eine Postkarte hin sofort.

Wir drucken es ab, damit der wirkliche Deutsche sieht, wie die Saubande sogar mit seiner Sprache Schindluder treibt.

Vor Jahrzehnten schon ist durch den galizischen[4] Nachschub die Presse zur gefährlichsten Sprachverderberin geworden und unzählige Fehler, Sinnwidrigkeiten, Häßlichkeiten, sind durch das Pressegesindel in unsere Muttersprache eingeschmuggelt worden[5]. Seit zehn und mehr Jahren benützt die Bande ihre Zeitungsmacht, um den ganzen Bau der deutschen Sprache zu zerstören und an ihre Stelle das jiddische Gauner- und Verbrecherkauderwelsch zu setzen[6].

Nach der Revolution stürzten sich die Zigeuner mit ihren Schlampen über unsere ehrwürdige Muttersprache her, rissen sie in Fetzen und diese »größte Dichterin Deutschlands« zum Beispiel macht es sich zur Aufgabe, als Oberschlawinerin Satzstellung und Wortstellung zu verlausen.

In Berlin hockt das Gesindel zu Hunderten beisammen, das die Sprach-Syphilis einführt, in Frankfurt ist die »Frankfurter Zeitung«[7] der Bazillenherd, der junge Nachwuchs ist schon zu Dreiviertel angesteckt.

Und das deutsche Volk macht feig und dumm die Neuzeit mit und ist gleichgültig gegen die Gefahr, mit der Reinheit der Muttersprache die reichen Schätze der Vergangenheit zu verlieren.

Or. fehlt. – MA 47 Nr. 168 S. 1 v. 22. 7. 1921; Gesammelte Aufsätze S. 24. – Lemp S. 244 Nr. 1616; Hofmiller S. 727.

a) Gesammelte Aufsätze folgt: (22. Juli 1921)
b) Gesammelte Aufsätze: fehlt

1 Else Lasker-Schüler (1869–1945), Dichterin; s. NDB 13, S. 652–656; Hansel S. 209.

2 S. Nr. 2 Anm. 6. In Die Weltbühne 17/II, S. 52 v. 14. 7. 1921 bezeichnete Jacobsohn Else Lasker-Schüler als die größte Dichterin Deutschlands und druckte den im folgenden zitierten Brief ab; dieser war die empörte Erwiderung auf eine in derselben Zeitschrift S. 16 v. 7. 7. 1921 veröffentlichte Parodie »Else Lasker-Schüler von Hedwig Courths-Mahler«.

3 S. Nr. 49 Anm. 2.
4 Synonym für jüdisch.
5 Vgl. Nr. 103 Anm. 6.
6 Vgl. Becker, Liberale Presse S. 67 u. ö.
7 S. Nr. 2 Anm. 4.

Samstag, den 23. Juli 1921 155

Lumpen-Memoiren[a).]

Die Erinnerungen an den Krieg füllen heute schon eine Bibliothek. Berühmte Feldherren, Generäle, Generalstäbler, Diplomaten, Politiker erzählen, warum es so gekommen ist und wie es anders hätte kommen können[1].

Das ist nicht ungewöhnlich. Aber in der Weltgeschichte einzig dastehend ist, daß sich auch die Schufte und Spione hervortrauen und erzählen, wie sie ihr Land verkauft und verraten haben, und wie schlau sie Treu' und Glauben mißbraucht haben, um hinterm Rücken der Kämpfer Hochverrat zu treiben.

Da ist in Wien ein Schuft, der heißt Julius Deutsch[2]; der berichtet lachend und ganz außer sich vor Stolz, wie er im brüchigen Österreich sein Galgenhandwerk als Spion trieb.

Er war Offizier! im Kriegsministerium – daß der feige Lump nicht an die Front ging, ist selbstverständlich – und er wußte es so einzurichten, daß er alle wichtigen Nachrichten, auch die geheimsten, in seine Hand bekam. Er richtete einen ganzen Spionendienst im Ministerium ein, und was er erfuhr, berichtete er sofort an einen anderen Schurken, den Genossen Otto Bauer[3], der sich auch ins Ministerium hineingedrückt hatte.

Die zwei Sozi berieten sich mit der Revolutionspartei darüber, wie sie die geheimen Nachrichten für den Umsturz verwerten konnten.

Natürlich haben sie ihr Wissen, genau so wie der Karoly[4], an den Feind verkauft, was der Daitsch zwar nicht sagt, aber was man sich leicht denken kann.

Der dumme Pöbel liest das und freut sich noch darüber, wie der Staat von feilen[b)] Schuften verraten und verkauft worden ist.

Der Sauhund Deutsch, der Aktendieb und Hochverräter, ist nach der Revolution Leiter des österreichischen Heerwesens geworden!

Der andere Lump, der Otto Bauer, aber wurde – Bundeskanzler!!

Das war Österreich, für das wir unsere Jugend, unser Reich, unser Glück, unsere Macht geopfert haben.

Aber seien wir gerecht!

War's herüben besser?

Hat die deutsche Schurkokratie von 1918 dem Vaterlande mehr Treue bewahrt?

Sie leugnen bloß den Dolchstoß von hinten[5], sie sind nicht so herzig aufrichtig, wie die Hendlbocher[6] und Schlawiner an der schönen blaben Danau[c)].

Die machen jetzt schon ein Volkslied daraus, eine Hetz, wie sie gar so fesch die Habsburger und das alte Reich verraten haben.

Das Lied heißt: »Der fesche Judas von der Wieden« oder so ähnlich und hat den Refrain:

»Vakaft's mei' Land, i fahr in Himmi«.

Das Lied erscheint im sozialdemokratischen Verlag und wird bei Parteiversammlungen gesungen.

Es ist urkomisch, wie die Bauernbuben, die Alpenländler, die Steyrer, Tiroler, Kärntner in Galizien, am Isonzo kämpften[7], bluteten, unter den furchtbarsten Entbehrungen verschmachteten und wie derweilen die jungen Drahrer aus Galizien ihre Gaudi und ihre harben Tanz als Spione aufführten. Dos is fesch!

Dos is an Sozi sei Freud!

Or. fehlt. – MA 47 Nr. 169 S. 1 v. 23. 7. 1921; Gesammelte Aufsätze S. 25f. – Lemp S. 244 Nr. 1617; Hofmiller S. 727.

a) Gesammelte Aufsätze folgt: (23. Juli 1921)
b) Gesammelte Aufsätze: feigen
c) Gesammelte Aufsätze: blauen Donau

1 1919 und 1920 erschienen Erinnerungen von Paul v. Hindenburg, Erich Ludendorff, Philipp Scheidemann, Gustav Noske, Theodor v. Bethmann Hollweg, Matthias Erzberger, Walter Rathenau, Kurt Helfferich u. a.

2 Dr. Julius Deutsch (1884–1968), österr. Sozialist, 1919/20 Staatssekretär für das Heer; s. Michael Stickler, Die Mitglieder des Österreichischen Nationalrates

1918–1968, Wien 1968, S. 33. Thomas Mitteilung bezieht sich auf die Veröffentlichung von Deutsch, Aus Österreichs Revolution. Militärpolitische Erinnerungen, Wien 1921; s. Leser S. 294. Vgl. auch Süddeutsche Monatshefte 21/II, 1924, S. 22–25.

3 Dr. Otto Bauer (1882–1938), österr. Sozialist, 1918/19 Staatssekretär des Auswärtigen; s. Österr. Biogr. Lex. 1, S. 56. Kanzler war Karl Renner.

4 Karl I., Kaiser v. Österreich; s. Nr. 85 Anm. 1. Bezieht sich wohl auf die Sixtusaffäre (vgl. Gebhardt-Grundmann 4/I, S. 117).

5 Zur Entwicklung der »Dolchstoßlegende« (daß die Heimat dem im Felde unbesiegten Heer in den Rücken gefallen sei) seit dem Jahreswechsel 1918/19 vgl. Friedrich Frhr. Hiller v. Gaertringen, »Dolchstoß«-Diskussion und »Dolchstoßlegende« im Wandel von vier Jahrzehnten (Festschrift für Hans Rothfels) Göttingen 1963, S. 122–160; Heinemann S. 178–191. Zur Popularisierung der Dolchstoßmentalität haben besonders die Süddeutschen Monatshefte 21/II, April und Mai 1924 beigetragen.

6 Österr. Ausdruck für Hühnerbrater; Schlawiner (von Slowene): durchtriebener Mensch (Küpper 7, S. 2484); blab: blau.

7 Vgl. dazu Uhlirz 3, S. 189f.

Sonntag, den 24. Juli 1921 156

Sächsische Hunde

haben einen Oberschlesien-Kämpfer aus München bei der Durchfahrt in Halle aus dem Waggon gerissen und mißhandelt[1].

Es klingt unglaublich, aber die Ortsangabe macht es leider begreiflich, ja fast selbstverständlich.

Das schmierigste, skrophulose Gesindel Sachsens, degeneriert seit Jahrzehnten, feig, entnervt, und wie solche Tiere immer sind, grausam, hat sich in Halle seit 1918 schon häufig durch Roheiten bemerklich gemacht[2]. Einzeln und in Gruppen, sind diese kommunistischen Halbmänner absolut ungefährlich, denn jeder normale Feiertagsschüler[3] kann das knochenfaule, von allen Lastern zerfressene Gesindel niederschlagen, aber deswegen treten sie immer in Massen auf, um einen Überfallenen von rückwärts zu mißhandeln.

Bekanntlich hat die sächsische Industriegegend 1914 die einzigen Truppen ins Feld geschickt, die sich sogleich durch Unzuverlässigkeit und Feigheit bemerklich machten[4].

Jetzt zeichnen sich die Lumiche[5] als Revolutionäre aus, aber nur, wenn sie Zehne gegen Einen sind.

Wenn Leute vom Korps Oberland[6] schon wirklich durch Sachsen reisen müssen, sollen sie sich immer in Gruppen zu Dreien oder Vieren zusammentun und ein paar von der Revolutionsbande durchtun, wenn sie frech werden oder gar eingreifen[a)].

Dann kuschen die sächsischen Hunde gleich wieder.

Or. fehlt. – MA 47 Nr. 170 S. 1 v. 24. 7. 1921; Miesbacher Büchl S. 39. – Lemp S. 244 Nr. 1618; Hofmiller S. 727.

a) Miesbacher Büchl: angreifen

1 Über die Lage in Oberschlesien berichtete der MA seit Anfang Mai sehr ausführlich, meist mehrmals wöchentlich. Zu Sachsen vgl. Nr. 113. Zu den Transporten vgl. auch Venner S. 211 f; Kuron S. 78 f.

2 Halle a. d. Saale (preuß. Provinz Sachsen) war wichtiger Eisenbahnknotenpunkt im Nord-Süd- und West-Ostverkehr. Im industriellen Ballungsraum Halle-Merseburg hatten seit 1918 USP und KP starke Anhängerschaften. Im März 1921 war es auch hier zu Unruhen gekommen; vgl. Berent Schwineköper, Provinz Sachsen Anhalt (Handbuch der historischen Stätten Deutschlands 11) 1975, S. LXXXII f, 188 f (Erich Neuß). Vgl. auch Nr. 73. – Der Ausdruck »skrophuloses Gesindel« wurde 1853 von dem erzkonservativen Historiker und Publizisten Heinrich Leo (1799–1878) publizistisch verwendet und hat seitdem Zitatenrang erlangt (Büchmann S. 406). Leo wünschte einen »frischen, fröhlichen Krieg, der Europa durchtobt, die Bevölkerung sichtet und das skrophulose Gesindel zertritt«.

3 Feiertagsschulen bestanden bis zur Schulpflichtverordnung von 1913 zur Ableistung der dreijährigen Feiertagsschulpflicht im Anschluß an die Grundschule (»Werktagsschule«); vgl. Volkert S. 206. Die Feiertagsschüler waren ca. 13 bis 16 Jahre alt.

4 Das Zentrum der deutschen Rückzugstruppen hinter die Marne im September 1914 (»Marneschlacht«) bildete die dritte Armee, welche aus Truppen des Königreichs Sachsen und der preuß. Provinz Sachsen bestand; deren Oberbefehlshaber war der sächsische Generaloberst Max Frhr. v. Hausen (vgl. NDB 8, S. 110); das »schwarze Schaf der Marneschlacht« war der sächsische Oberstleutnant Richard Hentsch. Diese Vorgänge bildeten die Grundlage für die Legendenbildung von der geringen militärischen Tüchtigkeit der Sachsen; vgl. Friedrich M. Kircheisen (Hg.), Des Generalobersten Frhr. v. Hausen Erinnerungen an den Marnefeldzug 1914, Leipzig 1920, S. 10; Lange S. 50, 53 (frdl. Hinweis von Gerhard Heyl). Zur Problematik der Marneschlacht u. zur Rolle des Oberstleutnants Hentsch vgl. Reinhart Eckstein, Marne 1914 (Mitt. d. Rankegesellschaft 1/1988), bes. S. 11 f, 30, 34. Möglicherweise spielt Thoma auf diese Legende an; vgl. Nr. 113.

5 Ostmitteldeutscher Ausdruck für Taugenichts, Strolch; s. Küpper 5, S. 1811.

6 Zum Freikorps Oberland vgl. Nr. 110 Anm. 7.

Bayrischzell[1].

Da, wo heut' das Pfarrdorf Zell, jetzt gewöhnlich Bayrischzell genannt, im Talgrund unterm Wendelstein[2] liegt, war vor 900 Jahren eine Wildnis.

Ums Jahr 1030 hat ein Graf Hermann von Castel (bei Amberg droben) von seiner Frau Haziga die Zeller Gegend angeheiratet. Diese Haziga stammte aus dem berühmten Geschlechte der Fürsten von Scheyern, den Voreltern unserer Wittelsbacher, und sie hatte in Tirol und diesem Teil von Bayern Besitzungen[3].

Der Graf Castel setzte einige Dienstleute dorthin, die Wald ausrodeten und die Gegend kultivierten; als ihren Pfarrer, dem sie auch den Zehnten gaben, betrachteten sie den Priester Piligrim in Willingau, das ist das Kirchdorf Willing[4] bei Aibling, also hübsch weit weg.

Ums Jahr 1070 kamen zwei fromme Adelige, Otto und Adalprecht, in die Gegend und erbauten ein kleines Gotteshaus[5], das man die Zelle hieß, und die Bauern nannten es bald die Zell. Wie auch heut' noch der Brauch ist, zu sagen: »in der Zell drin«.

Die Gräfin Haziga hatte derweil nach dem Tode des Grafen Castel einen Grafen Otto von Scheyern geheiratet und war wieder Wittib geworden[6]. Als solche lebte sie meist in Pienzenau, unweit von Miesbach; ob in Groß- oder Kleinpienzenau[7], läßt sich heute nicht mehr feststellen.

Von Pienzenau aus besuchte die Witwe oft die stille Zelle und sie stattete die frommen Brüder mit Gütern aus, einem Bauernhof in Hegling (bei Aibling), einem Landgut im Zillertal, einem Weinberg bei Botzen, einem Hof in Grafing u. a.[8]

Etliche Jahre später übergab sie die Zell dem Kloster Sankt Peter zu Hirsau (an der Nagold im Württembergischen) mit der Bedingung, daß die gute und gestrenge Art der Hirsauer Mönche in der Zell eingeführt werde. Der Abt Wilhelm erfüllte ihren Wunsch und schickte 12 Mönche und 12 Laienbrüder in die Zell[9].

Aber die hielten es da nicht lange aus. Es war ihnen zu rauh, zu einsam und zu abgelegen und sie baten, ihnen einen besser gelegenen Ort zuzuweisen.

Die Gräfin erhörte ihre Bitte und versetzte das Kloster zwei Stunden weiter nördlich an den Fischbach, wo es Fischbachau genannt wurde[10].

Das ist gewesen ums Jahr 1085.

Jetzt hält man's aber ganz gut aus in der Zell hinten, wovon man sich besonders um diese Zeit leicht überzeugen kann.

Or.[a] (Masch.schr.) 2 Bll., L 2396 (Lemp S. 200 Nr. 224). – MA 47 Nr. 170 S. 3 v. 24. 7. 1921. – Lemp S. 244 Nr. 1619; Hofmiller S. 727.

a) Bl. 1 oben links: Heimgarten; Bl. 2: Schlußzeichen

1 Lkr. Miesbach.
2 Nordöstlich Bayrischzell, 1838 m über NN.
3 Die historischen Angaben dieses Artikels sind entnommen dem Aufsatz des Kreisdirektors v. Obernberg, Urgeschichte der innern oder bayerischen Zelle im Landgerichte Miesbach (Oberbayerisches Archiv für vaterländische Geschichte 1) 1839, S. 161–169. Über die neuere Forschung ist zu vergleichen Joseph Hemmerle, Die Benediktinerklöster in Bayern (Germania Benedictina 2) 1970, S. 273 ff; Historischer Atlas von Bayern, Teil Altbayern 17, Landgericht Aibling und Reichsgrafschaft Hohenwaldeck (bearb. v. Franz Andrelang), 1967, S. 146–149.
4 Lkr. Rosenheim.
5 Obernberg (wie Anm. 3) S. 162.
6 Ebd. S. 166.
7 Ebd. S. 167. Groß- und Kleinpienzenau, Lkr. Miesbach.
8 Ebd. S. 162, 167. Högling, Lkr. Rosenheim; Zillertal (Tirol); Bozen (Südtirol); Markt Grafing, Lkr. Ebersberg.
9 Ebd. S. 162. Hirsau bei Calw (Baden-Württemberg).
10 Ebd. S. 168. Fischbachau, Lkr. Miesbach.

Sonntag, den 31. Juli 1921 158

Pensionen.

Es war einmal ein alter Hauptmann, der wurde pensioniert, weil es mehr Kompagnien gab als Bataillone, und weil nicht jeder ein Bataillon kommandieren kann, der Hauptmann war.

Da es aber nicht so viele Brigaden gab wie Regimenter und nicht so viel Divisionen wie Brigaden, wiederholte sich die Tatsache alljährlich: Hauptleute, Obersten und Generalmajore gingen in Pension, aber nicht einer ging, ohne daß der wachsame Behüter des Volksvermögens, der rauhhaarige Sozi, ein wütendes Gebell erhob[1]. Zwar verstand er natürlich nichts davon und kümmerte sich auch nicht ernsthaft darum, aber in den Ohren der Bierbankpolitiker klang es lieblich, wenn über die Pensionslast geschimpft wurde.

Es war dummes Geschwätz und Gesalber[2], wie 99 Prozent des gesamten sozialdemokratischen Hervorbringens, aber trotz aller Dummheit doch perfid. Das haben die Ehrenmänner alleweil gekonnt und verstanden, dummen Instinkten schmeicheln, um ihre Zwecke zu fördern.

Jetzt kamen sie selber ans Ruder, und damit stürzte eine Gehalts- und Pensionslast über das Land herein, die allein schon das Leben des Staates ersticken muß.

Diese Lügner, die jedem Major die paar tausend Mark als »Ausbeuter des Volkes« vorwarfen, schmissen Hunderttausende, Millionen und Milliarden hinaus, um ein Heer von niederträchtigen Faulenzern zu besolden.

Der Arbeiter merkt es ja heute noch nicht, wie er von diesen ehrenwerten Schmarotzern mißbraucht wird, aber man sollte meinen, allmählich müßte es sogar diesen gutmütigen Werkzeugen auffallen, wie eigentlich jeder Lump was geworden ist, Geld hat, Riesengehälter hat, und wie bloß der, der was tut und was taugt, unten geblieben ist.

Die zugereisten Handwerksburschen, die von Reportergebühren lebten, die Bierneigeln[3] im Hofbräuhaus[4] aussoffen, und auf Wunsch und Befehl sozialdemokratische Hetzreden auswendig lernten, das sind allmählich die Staatsmänner von 1918 und 1919 geworden, die Revolutionsgewinnler, die ganz richtigen[5].

Ein Lump hat den andern geschoben und gehoben und heute hocken sie grinsend im Fetthafen, und was sie ihrer Lebtag getan haben, tun sie jetzt erst recht: Sie schauen den Arbeitern beim Arbeiten zu.

»Plagt's Euch nur für uns, Ihr Rindviecher! Nur recht arbeiten! Fressen tun wir«.

158/159

Or. fehlt. – MA 47 Nr. 176 S. 1 v. 31. 7. 1921; Miesbacher Büchl S. 41 f; Kloeber S. 180 f. – Lemp S. 244 Nr. 1620; Hofmiller S. 727.

1 Die allgemein sehr niedrig angesetzten Offizierspensionen wurden 1906 durch Reichsgesetz etwas erhöht (Max v. Seydel, Bayer. Staatsrecht, bearb. v. Josef v. Graßmann – Robert Piloty, 2, Tübingen 1913, S. 606; vgl. auch Hermann Rumschöttel, Das bayer. Offizierskorps 1866–1914, München 1973, S. 106 ff, 122 ff). Nach anfänglichem Widerspruch stimmten die Sozialdemokraten schließlich doch dem Gesetz zu (RV Bd. 214, S. 685 ff; Bd. 217, S. 3386 ff, 3392 ff, 3408 ff, 3423 f, 3440).
2 Seichtes Gerede (Küpper 3, S. 1048).
3 Rest im Bierglas (Küpper 6, S. 2025).
4 S. Nr. 10 Anm. 4.
5 Die Minister bezogen zur Zeit der Monarchie jährlich 34 000 Mark; der Vorsitzende im Ministerrat erhielt jährlich 45 000 Mark. Die Regierung Eisner setzte einen einheitlichen Bezug von jährlich 18 000 Mark fest (MinProt S. 51, 67). Zur Zeit der Regierung Hoffmann wurden wieder die Beträge aus der Zeit der Monarchie eingeführt (GVBl 1920, S. 11 f). Unter der Regierung Kahr wurden seit 15. 7. 1920 dazu noch Teuerungszuschläge und Sonderzulagen gewährt (GVBl 1920, S. 413).

Dienstag, den 2. August 1921 159

Sodoma[a)1].

Der Apostel für Sodomie, der Spinat-Spezialist Hirschfeld[2], hat für den September einen Schweinekongreß nach Berlin einberufen.

Es handelt sich wieder einmal um einen Sturmlauf gegen den Paragraphen 175[3].

Der alte galizische Saubär betreibt seit Jahren die Freigabe der Sodomie wie eine Sache des Volkswohles. Er lebt in Berlin[4] mitten unter dem schamlosen Treiben, das längst keine Angst mehr vor dem Gesetze zeigt. Die männlichen Straßenhuren bieten sich an den belebtesten Orten an, es gibt täglich Bälle der Sodomiten, es gibt Zeitungen, Fachblätter für Sodomie, in denen sich Männer als Verlobte von Männern anzeigen – das Alles ist noch nicht genug.

Der Spinat-Apostel will das Laster noch mehr auf die Straße zerren, er will die Jugend von Grund aus vergiften und das Proletariat soll dem übersättigten, galizischen Judenlumpen die Lustknaben stellen.

Der Kerl hat ja den Versuch gemacht, auch in München seine

säuische Propaganda zu eröffnen[5], aber ein paar ordentliche Jagdhiebe haben dem alten Saubärn gezeigt, daß er nur in seinem Berliner Stall grunzen darf.

Zu uns kommt das Borstenvieh nicht mehr, weil es ahnt, daß ihm das nächste Mal die Schädeldecke eingeschlagen werden könnte.

In Berlin aber hält er den Spinat-Kongreß ab. –

Or. fehlt. – MA 47 Nr. 177 S. 1 v. 2. 8. 1921; Gesammelte Aufsätze S. 26. – Lemp S. 244 Nr. 1621; Hofmiller S. 727.

a) Gesammelte Aufsätze folgt: (2. August 1921)

1 Nach Genesis 19, 5 Ort, an dem widernatürliche Unzucht geübt wurde (LThK 9, Sp. 845 f).
2 S. Nr. 38 Anm. 1; vgl. Nr. 29 Anm. 6.
3 Das Strafgesetzbuch für das Deutsche Reich v. 1871 stellte die widernatürliche Unzucht unter Strafe (§ 175).
4 Vgl. Nr. 135.
5 S. Nr. 80 Anm. 7.

Mittwoch, den 3. August 1921 160

General Hoffmann[1],

der zur Zeit in Tegernsee weilt, soll vor kurzer Zeit dem sächsischen Sozialisten Albert[2] gegenüber sehr abfällige Äußerungen über seine alten Vorgesetzten Hindenburg[3] und Ludendorff[4] gemacht haben.

Ein Berliner Pressemann hat den General Hoffmann in Tegernsee darüber befragt und die Auskunft erhalten, daß Alberts Darstellung »tendenziös entstellt« gewesen sei; er habe durchaus sachliche Kritik an Maßnahmen der Obersten Heeresleitung geübt, und außerdem geglaubt oder gewunschen, daß sie nicht in die Zeitung kommen solle[5]. – – –

Ja, so was kommt von so was.

Ein alter Soldat kann seine sachliche Kritik an Vorgesetzten seinen Kameraden auftischen, aber einem spitzohrigen Sozialdemokraten hat ein Offizier gar nichts anzuvertrauen. Davon muß ihn Allerhand abhalten.

Glaubte Herr General Hoffmann wirklich, daß der Sozi ein

sachliches Interesse an seiner Kritik hatte? Und daß er diskret sein könnte?

Der wollte doch bloß das hören, was er verwerten konnte, um die zwei besten deutschen Namen vor den Proleten mit Schmutz zu bewerfen.

Es zeugt von einer Leichtgläubigkeit und Vertrauensseligkeit, die ungewöhnlich sind, wenn Herr General Hoffmann irgend ein anderes Interesse bei seinem sozialistischen Ausfrager voraussetzte.

Mit solchen Leuten sollte sich ein verdienter Offizier nicht einlassen, oder er muß die Erfahrung machen, daß er sofort zum Werkzeug der Hetzer wird.

Wenn Kritik notwendig ist, dann ist sie in Fachzeitschriften zu begründen.

Aber in einen Sautrog, aus dem sie der Sensations-Pöbel schlürft, gehört sie nicht[6].

Or. fehlt. – MA 47 Nr. 178 S. 1 v. 3. 8. 1921. – Lemp S. 244 Nr. 1622; Hofmiller S. 727.

1 Max Hoffmann (1869–1927), Generalmajor, zuletzt Generalstabschef beim Oberbefehlshaber Ost; s. NDB 9, S. 401 f.

2 MP Nr. 169 v. 23./24. 7. 1921 erwähnt das Interview des Journalisten Robert Albert (Dresdener Volkszeitung) mit General Hoffmann.

3 S. Nr. 65 Anm. 9.

4 S. Nr. 65 Anm. 11. Am 27. 7. 1921 hatte Ludendorff Thoma besucht (Lemp S. 176 Nr. 44).

5 Zur Auseinandersetzung zwischen Hoffmann und Ludendorff vgl. auch Die Weltbühne 17/II, 1921, S. 188 sowie Karl Friedrich Nowak (Hg.), Die Aufzeichnungen des Generalmajors Max Hoffmann, 2 Bde., Berlin 1929 u. Liebermann S. 239 f.

6 In L 2467/36 (Lemp S. 203 Nr. 280) liegen zwei fragmentarische Texte, die offensichtlich im selben Zusammenhang entstanden sind:
Der spitzte ja doch bloß die Löffel, um das heraus zu hören, was einzig und allein dem Sozi Freude macht; etwas verwertbares was dazu dienen kann, die zwei besten deutschen Namen mit dem Kötchen des Proleten zu beschmeißen. Und er hats grinsend heraus gehört und voll Glück weiter verbreitet. Ein klassischer Zeuge gegen Hindenburg und Ludendorff! Der eigene Oberst im eigenen Stabe fällt det vernichtende Urteil über die ollen Kameraden! Immer ran spaziert, wat Pöbel is un den Ohrenschmaus liebt!
3 Selbst wenn die Kritik geistreich und richtig gewesen wäre, was war dann damit gewonnen? Möge der Herr General Hoffmann das besondere, was er zu sagen hat, in fachwissenschaftlichen Aufsätzen niederlegen. Aber er soll nicht die Hand dazu bieten, daß sein Urteil als Sensation dem Pöbel im Sautrog vorgelegt wird. Das geht gegen alles nationale wie soldatische Gefühl. (Schlußzeichen).

Mittwoch, den 3. August 1921 161

Bier[1].

Der neue Bierpreis gibt Anlaß zum Kopfschütteln. Er gibt aber auch Anlaß zum Schimpfen. Nicht mit Unrecht.

Rechnen wir zuvörderst mit einer Teuerung in der Höhe des zehnfachen Friedenspreises, dann käme für Vollbier ein Preis von 2,60 bis 2,80 Mark heraus. So aber kommt der Liter auf 3,80 Mark.

Hier allein sieht man schon die Überteuerung.

Die Brauereien sprechen von der Auslandsgerste und ihrem hohen Preis. Auch das ist verständlich. Sie sprechen von den erhöhten Betriebsausgaben und den erhöhten Löhnen. Das alles können sie nachweisen.

Was uns aber alle Nachweise nicht plausibel machen können, ist die traurige Tatsache, daß gerade wir in Bayern, die wir auf den Biergenuß angewiesen sind, eine derartige Entwicklung des Bierpreises mitmachen müssen. Daß wir dagegen nichts tun können!

Unerhörte Steuern wurden auf das Bier gelegt![2] Diese Schlauheit konnte natürlich nur Berlin ausdenken. Es dürfte z. B. auch eine Preisfrage sein, wie oft Umsatzsteuern fällig werden, bis man die Maß Bier zu 3 Mark 80 Pfennig an den Mund bringt.

Daß heute ein Waggon Gerste z. B. oftmals über 1000 Mark Fracht kostet, dürfte nicht allgemein bekannt sein. Es gab eine Zeit, und sie liegt noch nicht so weit zurück, da kostete ein Waggon Gerste so viel, wie heute die Fracht von zwei Waggons kostet.

Nicht zu vergessen ist, wie bei allen Preissteigerungen, die Einwirkung des Achtstundentages[3]. Es gibt Brauereien, in denen heute die Hälfte Bier gesotten wird, als wie früher, das Personal wurde aber bedeutend erhöht.

Von all dem abgesehen aber: gerade der erhöhte Bierpreis ist in Bayern geeignet, sehr ungünstig auf die übrige Preisbildung einzuwirken. Schon kommen die ersten Arbeiterforderungen. Wer kann's den Arbeitern verdenken? Kein Mensch, der weiß, wie wenig heute unser Geld noch wert ist, kann die Berechtigung solcher Neuforderungen abstreiten.

Und wird nicht der Bauer sagen, was, ein Liter Milch ist nicht zwei Mark wert, wenn ein Liter Bier 3,80 Mark kostet?

Und der Handwerker, der Gewerbetreibende, der Beamte, alle werden versuchen, für sich die neuen hohen Preise irgendwie abzuwälzen. Durch Erhöhung ihrer Preise – wenn es nur immer geht – oder durch neue Gehaltsforderungen – wenn sie nur bewilligt werden?!

So geht der Tanz weiter. Schon seit den Novembertagen 1918, seit der glorreichen Zeit. Seit den Tagen, in welchen auch in Miesbach[4] ein Münchner Obergenosse vom Podium beim Bräuwirt herab an die durch Eisner[5] erlösten Bayern sprach: Jetzt kommt endlich auch die Stunde der Freiheit, der Gerechtigkeit, der Zufriedenheit und des Glückes für die Armen und Elenden.

Und was ist gekommen? Die Zahl der Armen hat sich vervielfacht, und noch nie, zu keiner Zeit, hat der kleine Mann so sehr gelitten unter der Not, unter der Teuerung, unter den Folgen einer schlechten Regierung, als wie jetzt im Zeichen der Republik, im Zeichen der Freiheit, im Zeichen der großen Errungenschaften der glorreichen Revolution[6].

Or. fehlt. – MA 47 Nr. 178 S. 2 v. 3. 8. 1921. – Lemp S. 244 Nr. 1623; Hofmiller S. 727.

1 Vgl. Nr. 97.
2 Am 20. 6. 1921 beriet die Reichsregierung über die Erhöhung von Verbrauchssteuern, darunter auch der Biersteuer (AR Wirth S. 77). Vgl. auch Meldungen im MA Nr. 161 S. 1 v. 14. 7. 1921 und Nr. 176 S. 1 v. 31. 7. 1921. Ab 1. 8. 1921 lagen die Bierpreise in München zwischen 2,00 und 4,10 Mark pro Liter (Stadtarchiv München, Chronik 456 I a).
3 Vgl. Nr. 16 u. 24. In der Nahrungs- und Genußmittelindustrie arbeiteten 1921 83% der Beschäftigten wöchentlich 48 Stunden; 16% der Beschäftigten hatten kürzere Arbeitszeiten (Günter Scharf, Geschichte der Arbeitszeitverkürzung, Köln 1987, S. 375).
4 Appel S. 83 erwähnt eine vom Arbeiter- und Soldatenrat am 13. 11. 1918 veranstaltete Versammlung mit 2000 Teilnehmern; dort trat ein Redner der MSP aus München auf.
5 S. Nr. 14 Anm. 7.
6 Vom 7./8. November 1918.

Donnerstag, den 4. August 1921 162

Der große Betrug.

Man rührt sich in Deutschland, endlich!, nachdem man fast drei Jahre zu den gemeinsten Lügen geschwiegen, ja diese Lügen selbst unterstützt hat. Denn das soll dem Schuft Eisner unvergessen bleiben, daß er Urkunden fälschte, eigens und bloß zu dem Zwecke, um die Schuld Deutschlands vor den Franzosen nachzuweisen[1]. Dafür allein hätte der polnische Lump an den höchsten Galgen gehört.

Jetzt wehrt man sich gegen die freche Lüge von den deutschen Grausamkeiten und weist in der »Gegenrechnung« nach, daß die Bestialität immer und ausschließlich französische Nationaleigenschaft war[2].

Und nunmehr wendet man sich auch gegen die ungeheuerliche Lüge von der Schuld am Kriege. Daß sie überhaupt in der Welt Glauben finden konnte, ist freilich außer in der Dummheit der romanischen und angelsächsischen Zeitungsleser, auch in vielen Fehlern der deutschen begründet.

Wir haben es den hysterischen Spitzbuben an der Seine leicht gemacht, sich als die Unschuldigen hinzustellen, nach 43jähriger Vorbereitung zum Kriege, während der jedem Schulbuben der Haß gegen Deutschland und die Sehnsucht nach dem Revanchekrieg eingebläut wurde.

Davon wollen wir ein anderesmal reden; jetzt danken wir Denen, die mit Fleiß und Sorgfalt das Material sammelten, das auch die Widerstrebenden überzeugen muß.

Natürlich geht die Abwehr des großen Betruges nicht von der Berliner Regierung aus; im Gegenteil, der Karlsruher Oberlehrer[3] hat in Essen sogar das österreichische Ultimatum als »Kriegsursache« bezeichnet, was die Einsicht und politisch-historische Bildung dieses Algebra-Lehrers grausam beleuchtet.

Mit der Schwada, die den Hauptteil der Karlsruher Intelligenz bildet, kommt man in der Republik zu gut bezahlte Poschte, aber zu einem solide Wisse müßte man was lernen und das isch mühsamer und zahlt sich nicht so aus.

Also von der Reichsregierung ist selbstverständlich in drei Jahren nicht das Geringste geschehen, um den Lügen entgegenzuarbeiten; eine dumme Rede über den unentdeckten Mörder eines Halbnarren ist eben leichter zu halten[4].

Aber in München haben die »Süddeutschen Monatshefte« mit ihren beiden großen Publikationen »Gegenrechnung«[5] und »Der große Betrug«[6] der Wahrheit den Weg gebahnt.

Es wäre töricht, zu glauben, daß die Reichsregierung nunmehr auf diesem Wege fortschreiten werde, denn die Berliner Banknoten-Fledderer haben weder den Ernst, noch die Gewissenhaftigkeit, noch den Mut zu der Arbeit.

Sie fürchten sich nicht bloß vor dem Stirnrunzeln der Entente, auch die Ungnade der Sozi droht ihnen, wenn sie das Märchen von der »deutschen Schuld« zerstören[7].

Denn mit dieser Lüge hat die Sozialdemokratie das Volk vergiftet, und mit der anderen, ebenso großen, ebenso frechen, daß im Jahre 1917 ein möglicher, ja leicht zu erreichender Frieden durch die Oberste Heeresleitung verhindert worden sei[8].

Diese Lüge hat sie von dem Biberacher Gauner[9] übernommen und mit ihr konnte sie das Volk in die Revolution hineinhetzen und es blind machen gegen die Gemeinheit der Führer.

Darum will die Sozipresse[10] nichts wissen von den Publikationen der »Süddeutschen Monatshefte«, denn sie ahnt, daß auf dem Wege zur Wahrheit einmal der ganze Schwindel der Landverderber aufkommen wird.

Or. fehlt. – MA 47 Nr. 179 S. 1 v. 4. 8. 1921. – Lemp S. 244 Nr. 1624; Hofmiller S. 727.

1 Zu der von Eisner in Gang gesetzten Dokumenten-Veröffentlichung vgl. Nr. 34 Anm. 3.

2 S. Nr. 138.

3 Reichskanzler Dr. Joseph Wirth; s. Nr. 102/1 Anm. 2. Wirth wurde in Freiburg i. Breisgau geboren; nach der Ausbildung zum Gymnasiallehrer wirkte er in Karlsruhe. Am 19. 6. 1921 hatte Wirth in einer Versammlung des Deutschen Gewerkschaftsbundes in Essen über das Londoner Ultimatum vom 5. 5. 1921, das am 11. 5. 1921 vom Deutschen Reich angenommen worden war (Schulthess 1921/II, S. 264ff, 267), gesprochen und dabei das österreichische Ultimatum vom Juli 1914 an Serbien erwähnt, das »Tod und Verderben in der ganzen Welt« gebracht habe und »der Beginn der Zerrüttung der ganzen Weltwirtschaft« gewesen sei (Schulthess 1921/I, S. 202; MNN Nr. 253 v. 20. 6. 1921).

4 Gemeint ist die Rede Wirths im Reichstag am 17. 6. 1921 anläßlich der Interpellation über die Ermordung des Abg. Karl Gareis (s. Nr. 135 Anm. 6).

5 S. Nr. 138.

6 Das Juli-Heft der Süddeutschen Monatshefte (18/II, 1921, S. 245–320) leitete Paul Nikolaus Cossmann mit dem Beitrag »Der große Betrug« (S. 245f) ein, womit er die Behandlung der »Schuldfrage« meinte. Zu den einschlägigen Artikeln dieses Heftes vgl. Nr. 57. – MA Nr. 173 S. 2 v. 28. 7. 1921 berichtete über das Heft.

7 Vgl. Nr. 34 Anm. 3 (Dokumentenveröffentlichung zur Kriegsschuldfrage durch Kurt Eisner). Der Sozialdemokrat Scheidemann trat als Ministerpräsident der Reichsregierung wegen des Kriegsschuldartikels des Versailler Vertrags zurück (s. Nr. 12 Anm. 5); die sozialdemokratischen Reichskanzler Bauer und Müller ließen keinen Zweifel daran, daß das Reich den Schuldspruch nicht als verbindlich anerkenne (vgl. Huber 5, S. 1165; 7, S. 19f, 131).

8 Über angebliche Friedensmöglichkeiten im Jahr 1917, die USP-Kreise im Oktober 1918 propagandistisch als Argument für die Beendigung des Krieges ausgenutzt hätten, vgl. Süddeutsche Monatshefte 16/I, 1919, S. 377–409; Ebd. 21/II, 1924, S. 108ff.

9 Matthias Erzberger; s. Nr. 9 Anm. 1 und 16. Thoma bezieht sich wohl (irrtümlich) auf Erzbergers Einsatz für die Friedensresolution vom Juli 1917; vgl. Epstein S. 204–215. Bei der in Anm. 8 genannten Sache war er nicht beteiligt.

10 MP Nr. 159 v. 12. 7. 1921 erwähnt die von den Süddeutschen Monatsheften veröffentlichte »Gegenrechnung«, wofür sie keine Reklame machen wolle; vgl. dazu auch MP Nr. 168 v. 22. 7. 1921, Nr. 171 v. 26. 7. 1921 u. Nr. 174 v. 29. 7. 1921.

Freitag, den 5. August 1921 163

Pazifisten[1].

Das pazifistische Kartell hielt am 1. August Reden ab[2]. Wir kommen nicht in den Verdacht, Kriegshetzer zu sein und unsere Leserwelt, die Bauernschaft, ist von allen Ständen, die es gibt, der friedliebendste, aber gegen die dummen Schwätzer, die jetzt so klug sein wollen, sagen wir es immer wieder, daß Deutschland die Drosselschlinge um den Hals hatte[a)] und sich nur wehrte. Hätten wir den Krieg 1905 wirklich angefangen, dann hätte es sich gezeigt, daß Mut und Tatkraft eine Gefahr abwenden, in die feiges Geschehenlassen uns immer tiefer verstrickt. Aber[b)] es ist leichter, über den Krieg schimpfen und jammern, als ihn verstehen.

Einer, sicher ein guter Mensch, glaubte, vor dem Krieg wäre die Kultur vom Egoismus überwuchert gewesen. – O du Grundgütiger! Und heut'?

Wäre[c)] Egoismus, Mammonismus, Hundsfottismus[d)] Kriegsursache – dann müßte es heut' ärger losgehen, wie gestern.

Eine Frau Hallgarten[3], die schon seit 1918 politisch aus dem Maul stinkt, heißt 1914 – Deutschlands tiefsten Fall!

Diese hysterische Jüdin, die[e)] sogar kommunistischen Rotzbuben überlästig wurde, fügte den Satz bei, daß wir in Oberschlesien nicht bedrückt würden, wenn wir nicht mit dem Säbel rasselten![4]

Wir würden der Person bloß wünschen, daß sie heute in ihrer heimatlichen Wasserpolakei[5] wäre, das andere kriegte sie schon zu fühlen.

Vielleicht wären ihr die eigenen Schmerzen nicht so gleichgültig, wie die der gemarterten deutschen Frauen, über die sie die Achseln zuckt, während sie Schlagrahm zu der Lektüre frißt.

Der Kriegsteilnehmer Schitzinger[f)6] hatte das letzte Wort.

»Nie wieder Krieg!«

Auch nie wieder[g)] Gehirngrippe! fügen wir ergänzend bei.

Or.[h)] 2 Bll., Lg 66 (Lemp S. 199 Nr. 187). – MA 47 Nr. 180 S. 1 v. 5. 8. 1921. – Lemp S. 244 Nr. 1625; Hofmiller S. 727.

a) folgt: [als es zu spät]
b) folgt: [heute haben die Deppen Recht, die]
c) davor: [Überwuchert ist die Kultur frei]
d) verbessert aus: [Nationalismus]
e) folgt: [den letzten]
f) MA: Schützinger
g) folgt: [Cholera]
h) Bl. 1 oben links: Leiter (Anweisung des Redakteurs für den Setzer)

1 Das Wort Pazifismus zur Bezeichnung aller Bestrebungen zur Ausschaltung des Krieges aus dem internationalen Leben kommt im späten 19. Jahrhundert auf. Führende Vertreter in Deutschland waren Ludwig Quidde (s. Nr. 92) und Hellmut v. Gerlach (s. Nr. 48 Anm. 1).

2 Über die Veranstaltung des Kartells pazifistischer Vereine in München am 31. 7. 1921 berichtete MP Nr. 176 v. 1. 8. 1921.

3 Constanze Hallgarten, geb. Wolff-Arndt (1881–1969), seit 1915 führend in der deutschen Friedensbewegung tätig. Sie hatte auf das unter Nr. 11 veröffentlichte Gedicht Thomas ihm folgende Zeilen geschickt: »Wenn jeder recht nach aufwärts strebt, /Da kommen wir nach oben«, /Wo uns ein solcher Dichter lebt, /Muß man den Herrgott loben. /Dem Peter Schlemihl danken wir/Wohl früher frohe Stunden, /Dem Ludwig Thoma ist beim Bier/All Geist und Witz entschwunden. /Was ehedem er selbst verlacht/Trotz Pfaffen und Minister, /Das ist er worden über Nacht: /Ein bayrischer Philister (Constanze Hallgarten, Als Pazifistin in Deutschland, Stuttgart 1956, S. 30). – Über die ursprünglich freundschaftlichen

Beziehungen ihres Mannes Robert Hallgarten zu Thoma vgl. George W. F. Hallgarten, Als die Schatten fielen, Berlin 1969, S. 18.

4 Die Äußerung von Constanze Hallgarten bestätigt sie selbst in dem in Anm. 3 genannten Buch S. 50; sie gibt jedoch irrtümlich an, daß die Veranstaltung im Juli 1922 stattgefunden hätte.

5 Mit Wasserpolacke wurde der polnische Schlesier bezeichnet, der schlecht deutsch spricht (Küpper 8, S. 3059). Constanze Hallgarten stammte aus Leipzig, die Familie Hallgarten aus Frankfurt am Main.

6 S. Nr. 17 Anm. 3. Schützingers Mitwirkung erwähnt auch Constanze Hallgarten (wie Anm. 3).

Samstag, den 6. August 1921 164

Rußlands Not.

Rußland ist zusammengebrochen[1]. Die fürchterlichste Gewaltherrschaft, die die Welt je gesehen, die grausamste, mit Millionen Mordtaten[a)] aufrechterhaltene Tyrannei erstickt in Blut und Tränen.

Nicht, weil das Volk die Kraft hatte, Rache an seinen Quälern, an den Mordbuben, zu nehmen, – die kommt noch – muß kommen –, sondern weil der furchtbarste Hunger alle Bande gelöst hat. Alles, was einmal Organisation war in diesem Lande, ist von den Sowjet-Juden[2] seit zwei Jahren zerstört worden, ja, es gibt eigentlich keine Spur von einem Zusammenleben mehr. Das ungeheure Reich ist in eine Unmenge von lebensunfähigen Einzelgebilden zerfallen und den letzten Rest aller Lebensbedingungen hat der Sowjet-Jude zerstört.

Es gibt keine Bahnen, keine Straßen, keine Wägen, keine Pferde, es gibt keine Gemeinden, es gibt keine Behörden, es gibt nicht das geringste, was zur gegenseitigen Hilfeleistung notwendig ist.

Zwei Drittel des Landes sind nicht mehr bebaut, denn es fehlt an Menschen, an Tieren, an Geräten. Auf Strecken so groß wie unser halbes Oberbayern findet sich kein Pflug mehr.

Und nun kam die Dürre und das vollständige Ausbleiben der Brotfrucht[3].

Rußland verhungert! Das ist die Folge einer zwei Jahre dauernden Herrschaft der Kommunisten und Sowjetjuden!

Hier ist das Paradies, das sie den deutschen Narren versprechen.

Natürlich bringen sich die Mordbuben und Gauner rechtzeitig in Sicherheit. Daß von den Lumpenhunden sogar am Tegernsee[4] ein paar auftauchten, ist bekannt, und ebenso bekannt, daß die »Post«[5] und der »Vorwärts«[6] ihre Dreckschleudern aufrissen, weil das Mordgesindel hinausgeschmissen wurde.

Die Organe der »Arbeiter« finden es nur berechtigt, daß sich die Moskauer Mordjuden in Deutschland vergnügen, indes das von ihnen erwürgte Volk verhungert.

Sie sind halt so volksfreundlich, unsere Sozi. – –

Or.[b)] 3 Bll., L 2396 (Lemp S. 199 Nr. 184). – MA 47 Nr. 181 S. 1 v. 6. 8. 1921. – Lemp S. 244 Nr. 1626; Hofmiller S. 727.

a) folgt: [in Furcht und Schrecken]
b) Bl. 1 oben links: Leiter (Anweisung des Redakteurs für den Setzer)

1 Berichte über die katastrophale Wirtschaftslage Rußlands brachte der MA seit Ende Juni 1921 (z. B. Nr. 148 S. 1 v. 29. 6. 1921; Nr. 165 S. 1 v. 19. 7. 1921; Nr. 167 S. 1 v. 21. 7. 1921; Nr. 174 S. 2 v. 29. 7. 1921; Nr. 178 S. 1 v. 3. 8. 1921). Vgl. auch Schulthess 1921/II, S. 167.
2 Über führende Positionen von Juden in der bolschewistischen Revolution und in Sowjet-Rußland s. Mosse S. 17ff; Enc. Jud. 5, Sp. 797ff.
3 Über die Dürre-Katastrophe berichtete MA Nr. 157 S. 3 v. 9. 7. 1921 nach einer Prawda-Meldung.
4 S. Nr. 146 Anm. 4.
5 Münchener Post; s. Nr. 1 Anm. 1. MP Nr. 157 v. 9./10. 7. 1921 berichtete über die in Nr. 146 Anm. 4 erwähnte Angelegenheit.
6 S. Nr. 61 Anm. 2.

Mittwoch, den 10. August 1921 165

Gesindelpresse, nicht Arbeiterpresse[a)].

Für wen schreibt eigentlich die Sozipresse[1] vornehmlich und wem gehört ihre Sorge und Liebe?

Dem rechtschaffenen Arbeiter gewiß nicht, denn der braucht die Preßbuben nicht und sein Tagwerk gibt keinen Anlaß zum Spektakelmachen.

Der eigentliche Schützling der Sozipresse ist allemal der Lump, und damit man's wieder deutlich sieht, hat sie jetzt Lärm geschlagen für den Abschaum der Menschheit, der im Prinz-Karl-Fort in Ingolstadt interniert ist, bis er ausgewiesen wird[2].

Schauermärchen werden erzählt von der Mißhandlung der stinkenden, seit 10 Generationen ungewaschenen und verlausten Ostjudenbande – und nicht eines ist wahr.

Da hockt eine Gesellschaft beisammen! Einer allein ist[b)] eine Bande. Von der unteren Donau herauf gewalzte rumänische, ungarische Juden, Mädchenhändler, Diebe, Hochstapler; fast jeder eine Zierde des Verbrecher-Albums.

Kann die Polizei etwas anderes tun als diese Nacht- und Galgenvögel einsperren und möglichst bald abschieben?

Ist das nicht selbstverständliche Pflicht gegen jeden anständigen Bürger unseres Staates, zu denen der ehrliche Arbeiter doch auch zählen will?

Warum[c)] verleumdet dann diese angebliche Arbeiterpresse ständig die Polizei, um sie an der Sicherung des Rechtes zu hindern?

Merkt der Arbeiter nicht, daß seine eigene Presse ihn damit auf eine Stufe stellen will mit dem Abhub des schlimmsten Gesindels?

Wird es den Arbeitern nicht zu dumm, wenn er sieht[d)], daß jede freche, durchsichtige Lüge eines abgestraften Gauners sofort und ungeprüft die Unterstützung seiner, der von ihm erhaltenen Arbeiterpresse findet?

Bringt er dafür seine Opfer und ist's so gemeint, daß er als Sozi Kamerad mit den Ostdieben und Lumpen sein muß und sich gegen Staat und Polizei aufhetzen lassen muß?

Geht den Arbeitern kein Licht auf, wenn sie sehen, wie z. B. jetzt der »Vorwärts«[3] jede hundsgemeine Sittenlosigkeit, das »gemeinsame Nacktbaden«[4], das Ertöten des Schamgefühls, als Programm verficht?

Ist das die Presse der deutschen Arbeiter, die arbeiten, die ehrliche, anständige Familienväter sind und sein wollen?

Nein, das ist die Gesindelpresse, die jüdische Verbreiterin der Zucht-, Ehr- und Schamlosigkeit!

Or.[e)] 3 Bll., NL Hofmiller (Hofmiller S. 725). – MA 47 Nr. 184 S. 1 v. 10. 8. 1921. – Lemp S. 245 Nr. 1627; Hofmiller S. 727.

a) folgt: [Ihre Schützlinge]
b) MA folgt: schon
c) folgt: [lügt und]
d) MA: sie sehen
e) Bl. 3: Schlußzeichen. Rückseite: Es geht mir g⟨anz⟩ gut. Morgen früh (Samstag ⟨6. August 1921⟩) 7[h] werde ich operiert. Gruß Th⟨oma⟩. – Dabei frankierter Briefumschlag (Poststempel München) mit eigenhändiger Aufschrift Thomas »S. H. Herrn Apotheker Salzberger in Miesbach«

1 S. Nr. 90 Anm. 1.
2 Über das Ausländer-Sammellager (Ausländer-Gefangenen-Lager) im Fort Prinz Karl bei Ingolstadt berichteten die MNN Nr. 325 v. 4. 8. 1921 unter Berufung auf »marxistische Blätter«; es wurden dort seit April 1920 Ausländer, darunter auch Juden, die in ihre Heimatländer abgeschoben werden sollten, festgehalten. Über die schlechten Verhältnisse in diesem ehemaligen Kriegsgefangenenlager und über die polizeilichen Maßnahmen vgl. BHStA, MInn Nr. 71 741 (Hinweis v. Theodor Straub, Lippertshofen). – Zu den 1920 von der bayer. Staatsregierung geplanten Maßnahmen zur Abschiebung der seit 1914 zugewanderten Juden vgl. S. Adler-Rudel, Ostjuden in Deutschland (Wissenschaftliche Abhandlungen des Leo Baeck Instituts 1) 1959, S. 114f; Reiner Pommerin, Die Ausweisung von »Ostjuden« aus Bayern 1923 (Vierteljahrshefte für Zeitgeschichte 34) 1986, S. 319f; Maurer S. 403ff; ferner Die Weltbühne 17/I, 1921, S. 717.
3 S. Nr. 61 Anm. 2.
4 Über einen Antrag der BVP, die Staatsregierung zu ersuchen, »die Ausartung des freien Luft- und Wasserbadens an öffentlichen Orten zu grobem, sittlich bedenklichen Unfug« zu verhindern, beriet der Verfassungsausschuß des Bayer. Landtags am 6. 8. 1921, der Landtag am 9. 8. 1921 (LV 1920/21, StenBer 3, S. 723 f; BeilBd 4, S. 977f). Über die Ausschußverhandlung berichtete MA Nr. 184 S. 1 v. 10. 8. 1921, mit der Bemerkung, daß die Sozialdemokraten gegen den Antrag gestimmt hätten.

Mittwoch, den 17. August 1921 166

Wirth[1] und Lump[2].

In der Presse taucht hartnäckig die Meldung immer wieder auf: Der Erzberger[3] kommt, der Wirth ist besonders tätig für sein Wiederauftauchen.

Wir trauen dem Wirth alles zu, seit wir den Schweißriesen in der Schenkkellner-Stellung in der »Berliner Illustrierten«[4] erblickt haben. Dieses jugendliche Talent, jeden Posten zu erreichen, gestützt auf ein badisch gewetztes Maulwerk, und sonst auf nichts, hat uns nie imponiert. Wer was ist und was taugt, ist in der Revolution nicht in die Höhe gekommen, und wer in die Höhe gekommen ist – – – der kann sich die Achtung bei Anderen holen.

Daß der Algebra-Lehrer die Aufgabe angenommen hat, vor Frankreich zu kuschen[5], ist Gemütssache. Ein rechter Mann hätte sich lieber die Zunge abgebissen; aber in der Schule des Biberacher[6] Lumpen sind keine Männer hergewachsen[a)].

Über kurz oder lang wird der Schweißriese hinausbefördert sein, dann können ihm seine Berliner Wohltäter jede Algebra-Stunde auf seinen Dienst als »Kanzler« aufrechnen.

Geld tragt's, photographiert ist er auch worden – hat er nicht seine Bestimmung erfüllt?

Aber das andere Geschäft da, dieses Händewaschen gemeinsam mit dem meineidigen Erzberger[7], das muß ihm das deutsche Volk versalzen – oder es ist nicht mehr wert, als unter solchen Menschen zu verderben.

Hier gibt es keine Parteistandpunkte. Die große Mehrheit des deutschen Volkes weiß, ist davon überzeugt, glaubt daran, daß Erzberger ein bestochener und[b)] bestechlicher Lump ist, der trotz seines katholischen Heuchelns vor Gericht wissentlich falsch geschworen hat.

Der Wirth nimmt daran keinen Anstoß – und für uns stimmt das ganz zu seinem Bilde – aber es gibt keinen ehrlichen Menschen in Deutschland, der die Wiederkunft des Schurken nicht als das größte Unglück in so viel Unglück betrachtete.

War und ist es notwendig, daß das Zentrum den guten Teil des Volkes, der aufwärts will, vor solche Gewissensnöte hinstellt?

Kaum ist der Ehrenmann Trimborn[8] tot, taucht als Kandidat der feistgefressene Lump auf, der die Hände in allen Taschen hat und alle Hände in seine Taschen stecken läßt. Dieses Urbild der schmutzigen Käuflichkeit darf bei jeder Gelegenheit drohend vor dem katholischen Volke stehen. Und Niemand hat den Mut, glattweg zu sagen, daß wir uns, so tief wir gesunken sind, immer noch keinen ehrlosen Lumpen aufzwingen lassen. In den Dreck steigen wir nicht, wir Bayern ganz gewiß nicht!

Schmeißt die Wirth und die Erzberger hinaus; schafft reine Luft; seid, was ihr wart, katholisch, ehrenhaft und nochmal ehrenhaft und deutsch – und das Zentrum kann der Mittelpunkt der Wiedergenesung werden![9]

Duckt Ihr Euch aber feig unter den Bakel[c] dieser Schulmeister, wollt Ihr dem deutschen Volke den Sinn für Recht und Anstand mit Gewalt austreiben – dann[d] sind Vaterland und Religion für Euch leere Begriffe geworden und dann habt Ihr Alles verloren!

Und bloß den Biberacher Schurken gewonnen.

Or.[e] 5 Bll., NL Hofmiller (Hofmiller S. 725; Lemp S. 199 Nr. 194 bezieht das Or. v. Nr. 102/1 irrtümlich hierher). – MA 47 Nr. 189 S. 1 v. 17. 8. 1921; Erzberger-Mord S. 27f. – Lemp S. 245 Nr. 1628; Hofmiller S. 727.

a) MA: herangewachsen
b) MA: bestochener, bestechlicher
c) im Original steht eindeutig »Bakel«
d) folgt: [seid ihr]
e) Bl. 5: Schlußzeichen. Rückseite: L⟨ie⟩b⟨er⟩ AP⟨otheker⟩. Es geht langsam und gut vorwärts. Heut oder morgen kommen die Nadeln heraus. Laßts regnen. Wie war der Corpsph⟨ilister⟩ Ab⟨en⟩d? – Dabei frankierter Briefumschlag (Poststempel München) mit eigenhändiger Aufschrift Thomas »S. H. Herrn Apotheker Salzberger Miesbach«

1 S. Nr. 102/1 Anm. 2.
2 Liederlicher Mensch, Taugenichts (Schmeller 1, Sp. 1474f). Gemeint ist Matthias Erzberger (Anm. 3); vgl. auch Nr. 94 Anm. 7 sowie MA Nr. 151 S. 3 v. 2. 7. 1921.
3 S. Nr. 9 Anm. 1. Nach Einstellung des Meineidverfahrens (s. Nr. 139) bereitete Erzberger seine Rückkehr in die aktive Politik vor (Epstein S. 427f). Vgl. auch Meldung in MA Nr. 185 S. 1 v. 11. 8. 1921, daß sich Wirth nachhaltig für Erzberger einsetze.
4 Vgl. Nr. 104.
5 Wirth war Gymnasiallehrer für Mathematik. Zu seiner politischen Einstellung gegenüber Frankreich vgl. Laubach S. 46ff. MA Nr. 186 S. 1 v. 12. 8. 1921 bringt einen Leitartikel über »Das Franzosenministerium Wirth«. Vgl. auch Nr. 150.
6 Matthias Erzberger (s. Nr. 9 Anm. 1 u. 16). Über die freundschaftlichen Beziehungen zwischen Wirth und Erzberger s. Epstein S. 415f, 426; vgl. Nr. 102/1 Anm. 3.
7 S. Nr. 139.
8 Carl Trimborn (1854–1921), Rechtsanwalt, seit 1896 MdR (Zentrum), seit 1920 Vorsitzender der Zentrumspartei; Biogr. WB. 3, Sp. 2934f. Die Nachricht vom Tod Trimborns am 25. 7. 1921 brachte der MA Nr. 173 S. 1 v. 28. 7. 1921.
9 Über die in der Zentrumspartei kontrovers geführte Diskussion über Erzberger vgl. Morsey, Zentrumspartei S. 395–399; vgl. auch Nr. 144 Anm. 10.

Donnerstag, den 18. August 1921 167

Wie lange noch?

Die bayrische Regierung[1] steht in diesem Herbste vor der Schicksalsfrage, ob sie der Berliner Wirtschaft die letzte Kraft des Landes aufopfern will, und ob die zu Gunsten des schamlosesten Ausbeutertums festgesetzten Formeln stärker sein müssen, als die Lebensnotwendigkeiten Bayerns.

Die Frage ist beantwortet, wenn sie gestellt ist. Man muß sich bloß durch das Geheul der Schieber nicht irre machen lassen und die Redensarten von Trennung von Deutschland und dem Reiche verächtlich bei Seite schieben[2]. Es handelt sich bloß darum: darf[a] Bayern wehrlos der Auswucherung des preußischen, besonders berlinischen Schiebertums ausgesetzt werden? Nein. –

Niemand kann behaupten, daß wir übertreiben, wenn wir sagen, daß schon in der letzten Woche ein derartiger Aufkauf von Getreide, Gerste etc. stattgefunden hat, daß jetzt in der Ernte, noch vor der letzte Wagen herin ist, der heimische Bedarf aufs höchste gefährdet ist.

Der Berliner Jud bietet über Welthandelspreis[3], hamstert und schlägt z.B. bayrische Gerste als Auslandsgerste mit hohem Schwindelprofit los. Nicht anders macht er's mit Getreide. Unsere Landbrauereien suchen Land auf Land ab nach Gerste, aber die Schwindelpreise können sie nicht anlegen und so stehen wir vor der Gefahr, daß unsere Brauindustrie lahmgelegt wird. Da rufen wir nach Gesetz und Recht.

Grenzen zu! Ob es in Berlin geschrieben oder nicht, ob es dort gefällt oder nicht, ob die Reichsregierung gütigst einwilligt oder nicht – ganz wurst, zuerst kommen wir.

Dem Profit der Kriegswucherer[b][4] kann das Leben unseres bayrischen Staates nicht aufgeopfert werden.

Das ist einfach, klar und selbstverständlich.

Die Reichsregierung kann sich an ihren Paragraphen[5] aufhängen lassen, ihr Wohlwollen ist uns genau so viel, wie ihr Mißvergnügen, weniger, wie gar nichts. Und droht sie, gut: dann erst recht: Die Grenzen zu und den Ausbeutern die Fäuste unter die Nasen gehalten! Aufopfern tun wir Bayern uns für Niemand mehr, aber zu allerletzt[c)] für die profitwütige Saubande im Norden.

Or.[d)] 3 Bll., L 2396 (Lemp S. 199 Nr. 219). – MA 47 Nr. 190 S. 1 v. 18. 8. 1921. – Lemp S. 245 Nr. 1629; Hofmiller S. 727.

a) verbessert aus: [kann]
b) MA: des Kriegswucherers
c) MA: allererst nicht
d) Bl. 1 oben links: Leiter (Anweisung des Redakteurs für den Setzer); Bl. 3: Schlußzeichen; auf der Rückseite: Es geht langsam. Der Appetit fehlt. Gruß Th⟨oma⟩

1 Unter Ministerpräsident v. Kahr; s. Nr. 1 Anm. 6. In derselben Nummer berichtete der MA über Beratungen im bayerischen Kabinett über die Mißstände in der Getreideversorgung; das bayer. Landwirtschaftsministerium soll Verhandlungen mit der Reichsregierung aufnehmen. Die bayer. Anliegen kamen am 19. 8. 1921 in der Sitzung der Reichsregierung zur Sprache (AR Wirth S. 203 f).
2 Vgl. Nr. 135 Anm. 6.
3 Über Preistreiberei auf dem bayer. Getreidemarkt klagte v. Kahr im August 1921, ebenso darüber, daß das Reichsernährungsministerium dagegen nichts unternehmen wolle (AR Wirth S. 203 Anm. 4).
4 Zur Bekämpfung des Kriegswuchers bestanden das Kriegswucheramt (Landeswucherabwehrstelle) und Wuchergerichte (Volkert S. 133, 281).
5 Die öffentliche Diskussion ging um die Anwendung des § 42 der Reichsgetreideordnung, wonach das Reichsernährungsministerium Ausfuhrverbote für Brotgetreide erlassen konnte (AR Wirth S. 204). – Es wurde nicht erwähnt, daß die hohen Preise den bayer. Produzenten zugute kamen (vgl. auch MA Nr. 186 S. 1 v. 13. 8. 1921; Nr. 189 S. 2 v. 17. 8. 1921).

Anhang

Nachwort

Überlieferung und Textgestaltung

Ludwig Thoma hat zwischen 1901 und 1918 fünf, mit vollem Namen oder mit Initialen gezeichnete Beiträge im Miesbacher Anzeiger veröffentlicht. Dabei handelte es sich um zwei Erzählungen (»Der Rauchklub« und »Der Klient«) und drei politische Artikel (über Kriegsanleihen, über die Einigkeit im Krieg und über die Vaterlandspartei). Außerdem erschien im Mai 1918 im Miesbacher Anzeiger unter dem Titel »Bürger und Bauer und Vaterlandspartei« mit voller Namensangabe der Text einer Rede, die Thoma am 12. Mai 1918 in einer großen Versammlung der Vaterlandspartei in Holzkirchen gehalten hatte[1].

In den Jahren 1920 und 1921 erschienen weitere sieben Artikel im Miesbacher Anzeiger unter seinem Namen; es waren dies vier, schon anderwärts mehrfach veröffentlichte Erzählungen[2], zwei bei öffentlichen Veranstaltungen vorgetragene Gedichte[3] und der im Zusammenhang der Diskussion um die Mitarbeit Thomas beim Miesbacher Anzeiger geschriebene Offene Brief[4]. Thomas Beziehungen zum Miesbacher Anzeiger konnten demnach als allgemein bekannt gelten.

Außer diesen Beiträgen, als deren Verfasser Thoma eindeutig gesichert ist, werden ihm weitere 173, ohne Verfasserangabe veröffentlichte Artikel aus den Jahren 1920 und 1921 zugeschrieben. Hier ist Thoma als Autor in unterschiedlicher Weise belegt.

Von insgesamt 95 Beiträgen besitzt die Handschriftenabteilung der Städtischen Bibliotheken München im »Ludwig-Thoma-Archiv« die handschriftlichen Vorlagen für den Druck; in dieser Zahl sind auch zwei in Maschinenschrift überlieferte Artikel und vier nur teilweise erhaltene Manuskripte enthalten. Thomas unverkennbare Handschrift und die Überlieferungsgeschichte erlauben eine völlig gesicherte Zuschreibung dieser anonym erschienenen Texte an den Autor. Hierher gehören auch zwei Textfragmente, welche bisher noch nicht publiziert waren, inhaltlich aber zu erschienenen Beiträgen gehören und deshalb hier veröffentlicht werden[5].

Zur Überlieferung dieses Handschriftenbestandes ist Folgendes zu bemerken: Die Manuskripte wurden offensichtlich in der Redaktion der Zeitung gesammelt; den nach Thomas Tod vorhandenen Bestand kaufte Maria v. Liebermann von Klaus Eck[6]. Die Manuskripte gelangten damit in den schriftlichen Nachlaß Thomas' in dem Haus auf der Tuften am Tegernsee. Von dort gingen sie 1957 an die Münchener Bibliothek über[7]. Es sind dies die unter der Signatur »L« verwahrten Schriftstücke des Thoma-Archivs.

Die Sammlung der Originale war beim Kauf durch Frau v. Liebermann nicht mehr vollständig. Zwischen 1924 und 1930 erwarb die Städtische Bibliothek München Manuskripte von elf Artikeln (darunter zwei Bruchstücke). Auf welchem Weg sie dorthin gelangten, ist nicht mehr feststellbar; 1930 waren sie jedenfalls im Besitz der Bibliothek. Es sind dies die mit der Signatur »Lg« versehenen Stücke[8]. Bei der Abgabe von Autographen Thomas wurde in zwei Fällen, den Artikeln 102/1 und 124, Zusammengehöriges getrennt. Jeweils einige Blätter blieben im Nachlaß, einige gingen in den Altbestand der Bibliothek über.

Drei Manuskripte besaß Josef Hofmiller, der nicht mitteilt, wie und wann er in ihren Besitz kam. Diese Stücke verwahrt jetzt mit dem Hofmiller-Nachlaß das Deutsche Literaturarchiv in Marbach a. Neckar[9]. Eines dieser Manuskripte wurde in der vorliegenden Form nicht veröffentlicht[10].

Thoma schrieb auf Blätter im Quart-Format (22 cm zu 28 cm), fast immer mit Tinte, in deutscher Schreibschrift; Überschriften und Fremdwörter sind gelegentlich mit lateinischen Buchstaben geschrieben. Das Gedicht zur Ganghofer-Gedächtnisfeier ist in verschiedenen Entwurfsfassungen, die zum Teil nach dem System Gabelsberger stenographiert sind, überliefert[11]. Am Ende der Texte steht jeweils ein charakteristisches, schlingenförmiges Schlußzeichen. Sein Fehlen kann Unvollständigkeit des Artikels anzeigen. Die handschriftlich überlieferten Texte weisen häufig Korrekturen auf; die für die Textentwicklung wichtigen Varianten sind in den Noten der Edition nachgewiesen.

Bei der handschriftlichen Überlieferung fällt auf, daß aus den ersten Monaten von Thomas Mitarbeit (Mitte Juli 1920 bis Mitte Januar 1921) ziemlich wenig Autographen erhalten sind, daß bis Mitte Juni 1921 die Überlieferung sehr dicht und schließlich bis Mitte August 1921 wieder lückenhafter ist.

Die Redaktion des Miesbacher Anzeigers war sich der Bedeutung ihres Mitarbeiters bewußt; sie legte wohl kurz nach dessen Tod zwei Listen an, welche seine Beiträge mit Angabe des Titels, der Nummer und des Datums der jeweiligen Zeitungsausgabe aufführen. Beide Listen (mit I und II bezeichnet) sind mit Schreibmaschine geschrieben und enthalten unsystematische und unvollständige handschriftliche Nachträge über den Nachdruck einzelner Arbeiten in den »Gesammelten Aufsätzen« und im »Miesbacher Büchl«. Bemerkenswert ist, daß die Liste I teilweise auf freien Rückseiten von Redaktionsformularen des Miesbacher Anzeigers steht. Beide Listen stimmen überein; sie führen 149 Artikel auf. Beide befinden sich jetzt in der Handschriftenabteilung der Münchener Bibliothek[12]. Es ist aber nicht mehr feststellbar, ob sie dorthin erst mit dem Thoma-Nachlaß 1957 gelangten. Liste II trägt den handschriftlichen Vermerk »Zum Brief Hans Maier v. 23. 12. 21«. Damit ist der mit Thoma befreundete Redakteur der Münchener Zeitung gemeint[13]. Hans Maier erwähnt »die Sammlung jener 149 Aufsätze« im Jahr 1927 (s. S. 456). Die Listen erwähnen übereinstimmend 23 Artikel nicht, welche durch Originale gesichert sind. Sie sind also nicht nach den Manuskripten angefertigt; sie wurden dem Augenschein nach auch nicht fortlaufend geführt, sondern wohl nach dem Gedächtnis des Redakteurs (wohl von Klaus Eck) nach Thomas Tod angefertigt. Sie nennen 77 Artikel, die nicht durch Handschriften überliefert sind[14]. Deren Authentizität könnte deshalb fraglich erscheinen.

Eine der Listen lag offensichtlich Josef Hofmiller vor, als er das 1930 veröffentlichte Verzeichnis der Artikel Thomas im Miesbacher Anzeiger bearbeitete. Verschiedene Übereinstimmungen lassen dies erkennen[15]. Hofmiller führt 18 Artikel an, die in den Listen fehlen; 16 davon sind durch Originale gesichert. Hofmiller bezeichnet ausdrücklich drei Originale als seinen Besitz. Er hat die Originale nicht mit den im Miesbacher Anzeiger erschienenen Texten verglichen, da ihm die Diskrepanz zwischen der ihm vorliegenden Nr. 118/1 und dem erschienenen Text Nr. 118 nicht aufgefallen ist (s. S. 462). Hofmiller ist sicher nicht unzuverlässiger als die beiden Listen; ob er aber für die nicht durch Originale gesicherten Artikel höhere Glaubwürdigkeit verdient als diese, muß dahingestellt bleiben. Er äußert sich nicht näher über die Begründung seiner Zuschreibungen.

Hofmillers Verzeichnis bildete die Grundlage für die Bibliographie der Thoma-Artikel des Miesbacher Anzeigers bei Lemp[16], der über Hofmiller hinaus noch drei Beiträge Thomas ermittelte[17]. Lemp stand erstmals der handschriftliche Nachlaß Thomas zur Verfügung. Durch sein Archivverzeichnis[18] hat er den Zusammenhang zwischen dem handschriftlich erhaltenen Werk Thomas und den im Druck vorliegenden, Thoma zugeschriebenen Artikeln hergestellt. Die vorliegende Edition enthält über die Drucknachweise bei Lemp hinaus noch sieben Artikel, deren Originale vorliegen und deren Druck im Miesbacher Anzeiger festgestellt werden konnte[19]. Dazu kommen noch drei bisher unveröffentlichte Texte, die Thoma offensichtlich im Zusammenhang mit der Arbeit für den Miesbacher Anzeiger schrieb[20].

Es ist nicht auszuschließen, daß außer den im Besitz der Bibliotheken in München und Marbach a. Neckar befindlichen Manuskripten Originale von Thomas Hand in öffentlichen oder privaten Sammlungen ruhen. Sollten solche Autographen auftauchen, so könnten die nur aufgrund der Listen und des Hofmiller-Verzeichnisses gegebenen Zuschreibungen gesichert werden. Es ist aber auch möglich, daß damit noch weitere, bisher nirgends erwähnte Texte bekannt würden.

Die vorliegende Edition enthält die im Miesbacher Anzeiger zwischen Juli 1920 und August 1921 gedruckten Arbeiten Thomas, die namentlich gezeichnet oder durch Originale von seiner Hand überliefert oder ihm in den Listen I und II sowie in der Liste von Hofmiller zugeschrieben sind.

Die Texte sind nach Xerokopien aus dem vollständigen Exemplar des Miesbacher Anzeigers im Stadtarchiv Miesbach[21] hergestellt. Die Zeitung insgesamt wurde nach dem Film benutzt, den die Bayerische Staatsbibliothek besitzt.

Die Texte werden nach der ersten Druckausgabe im Miesbacher Anzeiger der Jahre 1920 und 1921 wiedergegeben, wobei einige orthographische Unrichtigkeiten, wie die falsche Verwendung des Apostrophs und der Gebrauch von Ae, Oe und Ue anstelle von Ä, Ö und Ü stillschweigend berichtigt wurden. Andere Abweichungen von dem seit 1901 geltenden, im Orthographischen Wörterbuch von Konrad Duden festgehaltenen orthographischen Regelwerk, so insbesondere die Handhabung der Großschreibung von substantivierten Adjektiven, Pronomen und Adverbien und bei der getrennten Schreibung von zusammengehörigen Wörtern, wurden nach der Druckvorlage beibehalten.

Dieser enge Anschluß an die Druckvorlage ist durch folgende Überlegung begründet: Bei der Veröffentlichung in einer Tageszeitung mit sehr kurzen Herstellungsterminen hat der Autor sicher keine Korrekturen gelesen; insofern können die Texte nicht als vom Verfasser autorisiert gelten. Die gute Hälfte der Texte ist handschriftlich vom Verfasser überliefert. Der Vergleich der Manuskripte mit den Druckfassungen zeigt, daß der Schriftsetzer erheblich in Thomas Orthographie eingegriffen hat und diese mit dem Dudenschen Wörterbuch in weiten Partien in Übereinstimmung brachte. In den genannten Fällen tat er dies jedoch nicht, aus welchen Gründen auch immer: Vielleicht, weil diese Schreibformen sich noch nicht voll durchgesetzt hatten oder weil er nicht zu häufig die Vorlagen ändern wollte. Die hier durchscheinende Achtung vor der Autorintention sollte in der Edition sichtbar bleiben.

Ein diplomatischer Abdruck der handschriftlich überlieferten Texte wäre ein beachtenswerter Beitrag zur Frage der Durchsetzung der einheitlichen Rechtschreibung, die in Bayern mit der Veröffentlichung von Rechtschreibregeln 1879 einen entscheidenden Impuls bekam und 1903 mit der Einführung der »für das deutsche Sprachgebiet einheitlich festgesetzten Rechtschreibung« fortgeführt wurde. Thoma hat sich dieser Normierung nicht angeschlossen; er behielt bis zu seinem Tod orthographische Schreibweisen bei, die er offensichtlich in der Elementarschule erlernt hatte. Ein diese Formen wiedergebender, diplomatischer Abdruck erwies sich jedoch als untunlich, da von einem erheblichen Teil der Thoma zugeschriebenen Texte die Autographen fehlen, in diesen Fällen also die Schreibweise der Druckausgabe maßgeblich sein muß. Ein Wechsel der Orthographie nach dem Stand der Überlieferung erscheint jedoch nicht vertretbar, so daß die vorliegende Edition sich in erster Linie an die Druckausgabe in der Zeitung hält.

1879 wurden an den bayerischen Schulen einheitliche Regeln für die Rechtschreibung eingeführt; ihnen entsprachen ziemlich weitgehend die 1880 für die preußischen Schulen als verbindlich erklärten orthographischen Regeln. Beide folgten den Empfehlungen der I. Orthographischen Konferenz von 1876; die preußischen und die bayerischen Regeln bildeten die Grundlage für das 1880 erstmals erschienene Orthographische Wörterbuch der deutschen Sprache von Konrad Duden[22].

Thoma folgte diesen Regeln nicht durchgehend. Er schrieb »bezalen, erzälen, obwol« (Regeln: bezahlen, erzählen, obwohl), »Blüthe, Noth, Muth, zumuthen, Heimath, Verräther, verrathen, Wuth, Rath« (Regeln: stets ohne -h-), »ächt, läugnen« (Regeln: echt, leugnen), »Erkenntniß, Bekenntniß, dießmal« (Regeln: stets mit -s-), »baar, Loos, Maaß, Heerde, Scheere, Schaar« (Regeln: bar, Los, Maß, Herde, Schere, Schar), »Hülfe, hülfreich, Hülfslehrer, Sprüchwort« (Regeln: Hilfe, Sprichwort); er verwendete vor dem Genitiv-s bei Eigennamen den Apostroph (z. B. Bismarck's), was die Regeln für unzulässig erklärten. In anderen Fällen folgte er konservativen Bestimmungen der Regeln, wie bei »Thür, That, thun«, weil diese bei langem Vokal nach t das Dehnungs-h vor dem Vokal noch kannten. Die Unterscheidung von k und z in Fremdwörtern für c nach dem Lautwert ließen die Regeln offen; Thoma hielt sich an die fremdwörtliche Schreibweise (»socialdemokratisch, Doctrin, Centrum, Cadaver, Corporation«). Die von den Regeln noch für zulässig beibehaltenen Formen »Brod, Sammt, Intrigue« verwendete auch Thoma im Gegensatz zu den später eingeführten Formen »Brot, Samt, Intrige«[23].

Den Grundsatz der Regeln, Adjektive, Pronomen und Adverbien, die wie Substantive verwendet werden (auch in Verbindungen), im Zweifelsfall klein zu schreiben, folgte Thoma im allgemeinen nicht; er tendierte zur Bevorzugung der Großschreibung in solchen Fällen (z. B. Alles, Jemand, Niemand, Andere; ohne Weiteres, Einzelne, aufs Neue).

Bei den Ausgaben literarischer Texte Thomas ist es seit jeher üblich, die Orthographie des Autors auf die seit 1901 geltenden Regeln umzustellen. Begründet wird dies damit, daß der Verfasser in aller Regel Druckkorrekturen gelesen hat. Dasselbe wird auch für die 1922 erschienene, als Ausgabe letzter Hand geltende Sammelausgabe der Werke angenommen[24].

Die Herausgeber der Thoma-Briefe, welche sämtlich ohne Mitwirkung des Autors nach dessen Tod erschienen sind, haben sich über die Berichtigung der Schreibweise keine Gedanken gemacht (so Hofmiller-Hochgesang) oder nur kurz darauf hingewiesen, daß Rechtschreibung und Zeichensetzung modernisiert wurden[25]. Die von der Orthographie-Norm abweichenden Formen Thomas lassen nahezu alle von Lemp veröffentlichten Faksimile von Thoma-Handschriften erkennen.

Die Edition ist chronologisch nach dem Erscheinungsdatum im Miesbacher Anzeiger angelegt. In der Kopfzeile stehen das Tagesdatum der Zeitungsausgabe und die laufende Nummer der Thoma-Beiträge. Dem Text folgen die Nachweise der handschriftlichen und gedruckten Überlieferung mit bibliographischen Hinweisen; eine zusammenfassende Übersicht bringt die folgende Liste. Textvarianten sind in Noten (Buchstaben), sachliche Erläuterungen in Anmerkungen (Ziffern) angegeben.

Liste zur Überlieferung

In der folgenden Liste enthalten
Spalte 1: Die laufende Nummer der Edition.
Spalte 2: Das Erscheinungsdatum im MA.
Spalte 3: Angabe der handschriftlichen Überlieferung; unter »Or.« stehen die Signaturen der Städt. Bibliotheken München, Handschriftenabteilung (L oder Lg) oder des Deutschen Literaturarchivs Marbach a. Neckar (NL Hofm.); unter »Lemp« steht die Nummer des Archivverzeichnisses bei Lemp S. 198ff.
Spalte 4: Nennung (+) in Liste I und Liste II (zur Überlieferung s. S. 437) und bei Hofmiller (Süddeutsche Monatshefte 27) 1930, S. 725ff.
Spalte 5: Drucknachweis unter »Lemp« mit Angabe der Nummer der Bibliographie bei Lemp S. 240–245 und unter »MA« mit Angabe von Nummer und Seite der MA-Ausgabe.
Spalte 6: Nach »B« (Bemerkung) stehen Angaben über Verfassernennung, Vorabdrucke und Anmerkungen zur Überlieferung. Nach »N« (Nachdruck) sind vollständige Editionen nachgewiesen, deren Titel im Literaturverzeichnis aufgeführt sind.

1 Nr.	2 Ersch.-Datum	3 Or.	Lemp Nr.	4 L.I	L.II	Hofm.	5 Lemp Nr.	MA Nr./S.	6 B: = Bemerkung – N: = Nachdruck
1	15. 7. 1920	–	–	+	+	+	1460	162/1	
2	17. 7. 1920	–	–	+	+	+	1461	164/1	
3	31. 7. 1920	–	–	+	+	+	1462	176/2	N: Kloeber S. 56
4	19. 8. 1920	L 2407	130	–	–	+	1463	192/2	B: Mit Verfassernennung: Ludwig Thoma; in L 2407 von der Druckfassung abweichende Entwürfe (vgl. auch Lemp S. 158f Nr. 261)
5	28. 8. 1920	–	–	+	+	+	1464	200/1	
6	31. 8. 1920	–	–	+	+	+	1465	202/1	N: Kloeber S. 59f
7	17. 9. 1920	–	–	+	+	+	1466	217/2	
8	30. 9. 1920	–	–	+	+	+	1467	228/1	
9	3. 10. 1920	L 2396	160	+	+	+	1468	231/1	
10	5. 11. 1920	–	–	+	+	+	1469	258/1	N: Kloeber S. 82f

11	16. 11. 1920	L 2407/ 16	123	–	–	+	1470	267/2	B: Mit Verfassernennung im redaktionellen Teil: Ludwig Thoma. – Vorabdruck: Teg. Ztg. v. 13./14. 11. 1920 (Lemp Nr. 1711) N: Kanzler S. IXf
12	18. 11. 1920	–	–	+	+	+	1471	269/1	
13	23. 11. 1920	–	–	+	+	+	1472	273/1	N: GW (1956) 8, S. 416f; GW (1968) 1, S. 597f
14	28. 11. 1920	–	–	+	+	+	1473	278/1	
15	28. 11. 1920	–	–	–	–	+	1474	278/1	N: Kloeber S. 77
16	4. 12. 1920	–	–	+	+	+	1475	283/3	N: Miesbacher Büchl S. 57f; Kloeber S. 122f; GW (1956) 8, S. 417f; GW (1968) 1, S. 598f
17	5. 12. 1920	–	–	+	+	+	1476	284/1	N: MA 47 Nr. 112 S. 2 v. 15. 5. 1921
18	8. 12. 1920	–	–	+	+	+	1477	286/1	
19	10. 12. 1920	–	–	+	+	+	1478	287–288/1	B: Lemp Nr. 160 irrtümlich hierher bezogen. N: Kloeber S. 92f
20	17. 12. 1920	–	–	+	+	+	1479	294/1	
21	18. 12. 1920	–	–	+	+	+	1480	295/1	N: MA 46 Nr. 305 S. 1 v. 31. 12. 1920 (teilweise)
22	18. 12. 1920	–	–	–	–	+	1481	295/2	
23	19. 12. 1920	–	–	+	+	+	1482	296/1	N: Kloeber S. 90f
24	21. 12. 1920	–	–	+	+	+	1483	297/1	N: Kloeber S. 88f
25	22. 12. 1920	–	–	+	+	+	1484	298/2	N: Miesbacher Büchl S. 61ff; Kloeber S. 119f (beide mit erweitertem Text)
26	24. 12. 1920	–	–	+	+	+	1485	300/2	N: Kloeber S. 67f
27	25. 12. 1920	–	–	–	–	+	1486	301/3	B: Mit Verfassernennung: Ludwig Thoma. – Erstdruck: Simplicissimus 6, S. 98; vgl. Lemp Nr. 560; ferner Nr. 358, 379, 381, 1457
28	30. 12. 1920	–	–	–	–	+	1487	304/2	B: Mit Verfassernennung: Ludwig Thoma. –Erstdruck: Simplicissimus 5, S. 414; vgl. Lemp Nr. 543; ferner Nr. 358, 373, 381
29	31. 12. 1920	–	–	+	+	+	1488	305/1	N: Kloeber S. 86f
30	4. 1. 1921	–	176	+	+	+	1489	2/1	B: Nach Lemp Nr. 176 Or. in L 2396; dort nicht vorhanden

1 Nr.	2 Ersch.- Datum	3 Or.	Lemp Nr.	4 L.I	L.II	Hofm.	5 Lemp Nr.	MA Nr./S.	6 B: = Bemerkung – N: = Nachdruck
31	5. 1. 1921	–	–	+	+	+	1490	3/3	
32	8. 1. 1921	–	150	+	+	+	1491	5/1	B: Nach Lemp Nr. 150 Or. in L 2396; dort nicht vorhanden
33	13. 1. 1921	–	–	+	+	+	1492	9/1	N: Kloeber S. 107f
34	15. 1. 1921	L 2396	153	+	+	+	1493	11/1	
35	16. 1. 1921	–	–	+	+	+	1494	12/1	
35/1	16. 1. 1921	Lg 181	232	–	–	–	1495	12/2	N: Die Weltbühne 17/I, Nr. 6 S. 178; LV 1920/21, StenBer 2, S. 628; Lemp S. 160f Nr. 266f
36	21. 1. 1921	Lg 181	183	+	+	+	1496	16/1	N: Miesbacher Büchl S. 7f; Kloeber S. 96f
37	27. 1. 1921	L 2396	222	+	+	+	1497	21/1	B: Or. Bruchstück
38	28. 1. 1921	L 2396	177	+	+	+	1498	22/1	N: Kloeber S. 101
39	28. 1. 1921	–	–	+	+	+	1499	22/1	
39/1	29. 1. 1921	L 2396	239	–	–	–	–	23/2	
39/2	1. 2. 1921	L 2396	227	–	–	–	–	25/1	
40	2. 2. 1921	L 2396	186	+	+	+	1500	26/1	N: Kloeber S. 105f
41	2. 2. 1921	–	–	+	+	+	1501	26/2	N: Miesbacher Büchl S. 37; Kloeber S. 127f
42	4. 2. 1921	L 2396	215	+	+	+	1502	28/1	
43	6. 2. 1921	L 2396	164	–	–	+	1503	30/2	
44	10. 2. 1921	L 2396	175	+	+	+	1504	33/2	
45	15. 2. 1921	L 2396	171	+	+	+	1505	37/1	
46	16. 2. 1921	L 2396	207	+	+	+	1506	38/1	N: Miesbacher Büchl S. 15f
47	16. 2. 1921	L 2396	225	+	+	+	1507	38/2	B: Or. maschinenschriftlich
48	17. 2. 1921	L 2396	165	+	+	+	1508	39/1	B: Or. Bruchstück – N: Kloeber S. 103f
49	17. 2. 1921	L 2396	182	–	–	+	1509	39/1	
50	18. 2. 1921	L 2396	190	–	–	+	1510	40/2	
51	19. 2. 1921	L 2396	167	–	–	+	1511	41/1	
52	22. 2. 1921	L 2396	162	+	+	+	1512	43/1	
53	[illegible]	L 2396	[illegible]	+	+	+	[illegible]	[illegible]	

54	1. 3. 1921	L 2396	220	+	+	+	1514	49/1	
55	1. 3. 1921	–	–	+	+	+	1515	49/1	
56	2. 3. 1921	L 2396	169	+	+	+	1516	50/1	N: Kloeber S. 102
57	6. 3. 1921	–	–	+	+	+	1517	54/1	
58	12. 3. 1921	L 2396	206	+	+	+	1518	59/1	
59	12. 3. 1921	L 2396	191	–	–	+	1519	59/2	N: Miesbacher Büchl S. 33 ff
60	13. 3. 1921	L 2396	155	–	–	+	1520	60/2	N: Kloeber S. 98 ff
61	15. 3. 1921	L 2396	211	–	–	+	1521	61/2	
62	16. 3. 1921	–	–	+	+	+	1522	62/1	N: Gesammelte Aufsätze S. 3 f
63	19. 3. 1921	–	–	+	+	+	1523	65/1	
64	20. 3. 1921	L 2396	178	+	+	+	1524	66/1	
65	23. 3. 1921	L 2396	197	+	+	+	1525	68/1	N: Gesammelte Aufsätze S. 6 ff
66	24. 3. 1921	L 2396	217	+	+	+	1526	69/1	
67	25. 3. 1921	L 2396	168	+	+	+	1527	70/2	
67/1	29.3.–26.4.1921	–	–	–	–	–	1630	s. Sp. 6	MA-Beilage »Der Erzähler« Nr. 13–17 v. 29. 3.–26. 4. 1921 B: Mit Verfassernennung: Von Ludwig Thoma – Erstdruck: Simplicissimus 8, Nr. 27, S. 214 – Nr. 36, S. 286; vgl. Lemp Nr. 698; ferner Nr. 356, 379, 396
68	30. 3. 1921	L 2396	205	+	+	+	1528	73/1	
69	31. 3. 1921	–	–	+	+	+	1529	74/2	
70	1. 4. 1921	–	–	+	+	+	1530	75/1	N: Gesammelte Aufsätze S. 8 f
71	2. 4. 1921	L 2396	201, 223	+	+	+	1531	76/2	N: Kloeber S. 129 f
72	2. 4. 1921	–	–	+	+	+	1532	76/3	N: Berliner Volkszeitung Nr. 157 v. 5. 4. 1921; Gesammelte Aufsätze S. 9
73	3. 4. 1921	L 2396	146	+	+	+	1533	77/2	
74	5. 4. 1921	L 2396	157	+	+	+	1534	78/1	N: Kloeber S. 163 ff
75	6. 4. 1921	L 2396	188	+	+	+	1535	79/1	
76	6. 4. 1921	–	–	+	+	+	1536	79/2	N: Die Weltbühne 17/I, Nr. 16 S. 447; Miesbacher Büchl S. 13; Kloeber S. 118
77	7. 4. 1921	L 2396	149	+	+	+	1537	80/1	N: Gesammelte Aufsätze S. 9 f
78	7. 4. 1921	L 2396	173	–	–	+	1538	80/2	
79	8. 4. 1921	L 2396	185	+	+	+	1539	81/2	N: Miesbacher Büchl S. 35 f; Kloeber S. 110

1 Nr.	2 Ersch.-Datum	3 Or.	Lemp Nr.	4 L.I	L.II	Hofm.	5 Lemp Nr.	MA Nr./S.	6 B: = Bemerkung – N: = Nachdruck
80	8. 4. 1921	L 2396	145	+	+	+	1540	81/2	
81	9. 4. 1921	–	–	+	+	+	1541	82/1	
82	9. 4. 1921	L 2396	180	+	+	+	1542	82/1	
83	10. 4. 1921	–	–	+	+	+	1543	83/1	N: Miesbacher Büchl S. 14
83/1	12. 4. 1921	L 2396	240	–	–	–	–	84/2	
84	15. 4. 1921	L 2396	218	+	+	+	1544	87/1	B: Lemp Nr. 218 verweist irrtümlich auf Nr. 94
85	15. 4. 1921	L 2396	159	–	–	+	1545	87/2	
86	16.4. 1921	L 2396	202	+	+	+	1546	88/1	N: Gesammelte Aufsätze S. 10f
87	17. 4. 1921	L 2396	143	+	+	+	1547	89/1	
88	19. 4. 1921	L 2396	151	+	+	+	1548	90/1	
89	19. 4. 1921	L 2396	214	+	+	+	1549	90/1	
90	21. 4. 1921	L 2396	148	+	+	+	1550	92/1	
91	22. 4. 1921	L 2396	209	+	+	+	1551	93/1	
92	23. 4. 1921	L 2396	192	+	+	+	1552	94/1	
93	24. 4. 1921	L 2396	218	+	+	+	1553	95/1	
94	24. 4. 1921	L 2396	154	–	–	+	1554	95/1	
95	25. 4. 1921	L 2396	200	+	+	+	1555	96/1	
95/1	28. 4. 1921	–	–	–	–	–	1556	98/3	B: Mit Verfassernennung: Ludwig Thoma. – Erstdruck: Simplicissimus 8, S. 410; vgl. Lemp Nr. 719; ferner Nr. 358, 373, 381
96	29. 4. 1921	L 2396	193	+	+	+	1557	99/1	
97	30. 4. 1921	L 2396	179	+	+	+	1558	100/2	N: Gesammelte Aufsätze S. 13f
98	1. 5. 1921	–	–	+	+	+	1559	101/1	
99	1. 5. 1921	L 2396	170	+	+	+	1560	101/1	
100	3. 5. 1921	L 2396	199	+	+	+	1561	102/1	

101	7. 5. 1921	L 2396	163	–	–	+	1562	105/4	N: Miesbacher Büchl S. 53f; Kloeber S. 116f
102	12. 5. 1921	L 2396	152	+	+	+	1563	109/1	
102/1	14. 5. 1921	Lg 181 L 2396	194 223	–	–	–	–	111/1	
102/2	19. 5. 1921	L 2396	237	–	–	–	–	114/1	
103	19. 5. 1921	–	–	+	+	+	1564	114/1	
104	24. 5. 1921	–	–	+	+	+	1565	118/1	N: Gesammelte Aufsätze S. 17f
105	25. 5. 1921	–	–	+	+	+	1566	119/1	
106	28. 5. 1921	L 2396	142	+	+	+	1567	121/1	
107	29. 5. 1921	–	–	+	+	+	1568	122/1	N: Gesammelte Aufsätze S. 19f
108	31. 5. 1921	L 2396	147	+	+	+	1569	123/1	
109	2. 6. 1921	–	–	+	+	+	1570	125/1	
110	3. 6. 1921	Lg 66	195	+	+	+	1571	126/1	B: Lemp Nr. 195 irrtümlich zu L 2396
111	4. 6. 1921	Lg 181	166	+	+	+	1572	127/1	
112	7. 6. 1921	L 2396	144	+	+	+	1573	129/1	B: Der sachlich hierher gehörige Text in L 2396 (Lemp Nr. 238) ist in Anm. 9 ediert
113	7. 6. 1921	L 2396	196	+	+	+	1574	129/1	
114	9. 6. 1921	–	–	+	+	+	1575	131/1	
115	9. 6. 1921	L 2396	161	+	+	+	1576	131/2	
116	11. 6. 1921	L 2396	172	+	+	+	1577	133/1	
117	11. 6. 1921	L 2396	174	+	+	+	1578	133/1	N: Miesbacher Büchl S. 10f
118	12. 6. 1921	–	–	+	+	+	1579	134/1	
118/1	–	NL Hofm.	–	–	–	–	–	–	B: Hofmiller S. 725 irrtümlich auf Nr. 118 bezogen
119	12. 6. 1921	L 2396	189	+	+	+	1580	134/2	
120	12. 6. 1921	L 2396	223	+	+	+	1581	134/3	B: Or. Bruchstück
121	15. 6. 1921	L 2396	181	+	+	+	1582	135–136/1	B: Erhebliche Unterschiede zwischen Or. und MA
122	16. 6. 1921	L 2396	198	+	+	+	1583	137/1	
123	16. 6. 1921	L 2396	216	+	+	+	1584	137/1	
124	17. 6. 1921	L 2396 Lg 181	204	+	+	+	1585	138/1	

1 Nr.	2 Ersch.- Datum	3 Or.	Lemp Nr.	4 L.I	L.II	Hofm.	5 Lemp Nr.	MA Nr./S.	6 B: = Bemerkung – N: = Nachdruck
125	17.6.1921	Lg 66	158	+	+	+	1586	138/1	N: MP Nr. 139 v. 18./19. 6. 1921
126	17.6.1921	Lg 66	213	+	+	+	1587	138/2	B: Lemp Nr. 213 irrtümlich zu L 2396
127	18.6.1921	–	–	+	+	+	1588	139/1	
128	18.6.1921	–	–	+	+	+	1589	139/1	N: Kloeber S. 126
129	18.6.1921	–	–	+	+	+	1590	139/3	N: GW (1956) 8, S. 472ff; GW (1968) 1, S. 654ff
130	19.6.1921	–	–	+	+	+	1591	140/1	
130/1	19.6.1921	–	–	+	+	+	1592	140/1	
131	19.6.1921	Lg 181	156	+	+	+	1593	140/2	
132	21.6.1921	–	–	+	+	+	1594	141/1	
133	22.6.1921	–	–	+	+	+	1595	142/1	B: Brief mit Verfassernennung auch in MNN Nr. 253 v. 20.6.1921; Schwäbischer Merkur Nr. 279 v. 21.6.1921 (Lemp Nr. 1715f); GW (1956) 8, S. 410f; GW (1968) 1, S. 591f
134	24.6.1921	–	–	+	+	+	1596	144/1	
135	25.6.1921	–	–	+	+	+	1597	145/1	
136	26.6.1921	–	–	+	+	+	1598	146/1	
137	28.6.1921	–	–	+	+	+	1599	147/1	
137/1	28.6.1921	L 2396	233	–	–	–	–	147/2	
138	3.7.1921 u. 7.7.1921	–	–	+	+	+	1600	152/1 155/1	
139	6.7.1921	–	–	+	+	+	1601	154/1	
140	6.7.1921	L 2396	221	+	+	+	1602	154/1	
141	8.7.1921	–	–	+	+	+	1603	156/1	
142	8.7.1921	L 2396	223	+	+	+	1604	156/1	B: Or. Bruchstück – N: Miesbacher Büchl S. 25f

143	10. 7. 1921	–	–	+	+	+	1605	158/1	N: Miesbacher Büchl S. 19ff
144	12. 7. 1921	–	–	+	+	+	1606	159/1	
145	12. 7. 1921	L 2396	212	+	+	+	1607	159/1	
146	12. 7. 1921	–	–	+	+	+	1608	159/2	
147	14. 7. 1921	–	–	+	+	+	1609	161/1	N: Miesbacher Büchl S. 30f
148	16. 7. 1921	L 2396	208	+	+	+	1610	163/1	
149	16. 7. 1921	–	–	+	+	+	1611	163/1	N: Gesammelte Aufsätze S. 22f; Kloeber S. 140
150	17. 7. 1921	–	–	+	+	+	1612	164/1	
151	17. 7. 1921	–	–	+	+	+	1613	164/3	
152	19. 7. 1921	–	–	+	+	+	1614	165/1	N: Miesbacher Büchl S. 38f; Kloeber S. 111f
152/1	20. 7. 1921	L 2396	234	–	–	–	–	166/2	
153	21. 7. 1921	Lg 66	203	–	–	+	1615	167/2	
154	22. 7. 1921	–	–	+	+	+	1616	168/1	N: Gesammelte Aufsätze S. 24
155	23. 7. 1921	–	–	+	+	+	1617	169/1	N: Gesammelte Aufsätze S. 25f
156	24. 7. 1921	–	–	+	+	+	1618	170/1	N: Miesbacher Büchl S. 39
157	24. 7. 1921	L 2396	224	–	–	+	1619	170/3	B: Or. maschinenschriftlich
158	31. 7. 1921	–	–	+	+	+	1620	176/1	N: Miesbacher Büchl S. 41f; Kloeber S. 180f
159	2. 8. 1921	–	–	+	+	+	1621	177/1	N: Gesammelte Aufsätze S. 26
160	3. 8. 1921	–	–	+	+	+	1622	178/1	B: Zum Sachzusammenhang dieses Textes gehörige Fragmente in L 2467/36 (Lemp Nr. 280) sind in Anm. 6 ediert.
161	3. 8. 1921	–	–	+	+	+	1623	178/2	
162	4. 8. 1921	–	–	+	+	+	1624	179/1	
163	5. 8. 1921	Lg 66	187	+	+	+	1625	180/1	
164	6. 8. 1921	L 2396	184	+	+	+	1626	181/1	
165	10. 8. 1921	NL Hofm.	–	+	+	+	1627	184/1	
166	17. 8. 1921	NL Hofm.	–	+	+	+	1628	189/1	B: Lemp Nr. 194 irrtümlich hierher bezogen N: Erzberger-Mord S. 27f
167	18. 8. 1921	L 2396	219	+	+	+	1629	190/1	

Zum Miesbacher Anzeiger

1874 gründete der aus Bad Tölz stammende Buchdrucker Karl Urban in Miesbach eine Zeitung, die er zusammen mit der Druckerei 1876 an den Buchdrucker Georg Mayr verkaufte. Seitdem hieß das Blatt endgültig Miesbacher Anzeiger[26]; gleichzeitig übertrug das Bezirksamt Miesbach der Firma Mayr den Druck und Verlag des Bezirksamtsblatts. Seit 1904 erschien die Zeitung täglich. Georg Mayr und seit 1905 sein Sohn Wilhelm Friedrich Mayr führten sie zunächst in liberalem, dann seit der Jahrhundertwende in konservativem Stil im Sinn der Zentrumspartei[27]. Nach Wilhelm Friedrich Mayrs Tod (1916) leitete dessen Witwe Kreszenz Mayr die Zeitung und verpachtete sie dann 1919 an den Redakteur Klaus Eck. Im Juli 1922 schied Eck nach Streitigkeiten mit Frau Mayr aus dem Betrieb aus.

Klaus Eck (geb. 1881) stammte aus einem kleinen Bauernanwesen in Festenbach bei Gmund am Tegernsee[28]. Seit 1909 gehörte er zur Redaktion des Miesbacher Anzeigers, den er nach dem Pachtvertrag verantwortlich führte. Im Impressum der Zeitung stand er seit Juli 1920[29]. Später wurde er verantwortlicher Redakteur im Bayerischen Zeitungsblock, einem Zusammenschluß oberbayerischer Zeitungen.

1929 ging auch der bis dahin selbständige Miesbacher Anzeiger in diesem Pressetrust auf[30]. Eck starb 1929; ob er der NSDAP angehörte, ist umstritten[31]. Als Eck die leitende Position im Miesbacher Anzeiger antrat, war er Mitglied der Bayerischen Volkspartei und tendierte zu dem von Georg Heim geprägten bäuerlichen, betont föderalistischen Flügel der Partei. Soweit seine Beiträge zur Zeitung identifiziert sind[32], zeigen sie eine scharf antisozialistische Tendenz, sind von einem vulgären Antisemitismus geprägt, sehen die Probleme der Gegenwart von der Novemberrevolution bedingt und geben für die bayerischen Zustände Kurt Eisner und seiner Gruppe, für die Verhältnisse im Reich den durch Juden und Sozialisten in Berlin verursachten Zuständen die Schuld. Eck brachte eine aggressive, einen beleidigenden Ton nicht scheuende Sprache in die Spalten der Zeitung[33]. Im Juni 1919 stellte der bayerische Innenminister, der Sozialdemokrat Fritz Endres, fest, daß die Tagespresse vielfach eine aufreizende Sprache gegen die jüdische Bevölkerung führte; er wies die Verwaltung an, dem mit Nachdruck entgegenzutreten, besonders bei den Blättern, die als Amtsblatt mit den Behörden in Verbindung stehen. Dazu notierte der Bezirksamtmann De Rudder in Miesbach, daß »bisher manche Artikel des Anzeigers aufreizend gewesen seien, in letzter Zeit falle die Sprache gemäßigter aus«[34]. Eine positive Wende erwartete Eck von der seit März 1920 in Bayern herrschenden Regierung Kahr, weshalb sich die Opposition gegen die Reichsregierung von selbst verstand. Neben inhaltlichen Parallelen fallen in Ecks Artikeln auch formale und stilistische Anklänge an die Schreibweise Thomas für den Miesbacher Anzeiger auf.

Seine Meinung über den Miesbacher Anzeiger formulierte Thoma am 22. Juni 1921: Er ist ihm zugetan und dankbar, weil er dem widerlichen und aufreizenden Ton der Berliner Presse gegen Bayern gehörig entgegentritt, weil er sich für das Ministerium Kahr und die dadurch gesicherte Ordnung im Vaterland einsetzt[35].

Der Ton, den der Miesbacher Anzeiger gegen Berlin, gegen die Juden, gegen die Sozialisten und die Demokraten in Nord- und Süddeutschland anschlug, war nicht weniger aufreizend. Er nahm an Schärfe zu in der Zeit, in der Klaus Eck verantwortlicher Redakteur und Thoma der wichtigste Artikelschreiber war. Kurz nach Thomas Tod wurde das Blatt für 14 Tage verboten; Grund war die Kommentierung der Ermordung von Matthias Erzberger. Dazu schrieb der Bezirksamtmann von Miesbach, daß auch ein großer Teil der nicht links stehenden Bevölkerung die oft rohe und gemeine Ausdrucksweise des Anzeigers verurteile; die rüden Angriffe auf die Reichsregierung würden stark verhetzend wirken[36].

Thomas Verbindungsmann zum Miesbacher Anzeiger war Fritz Salzberger, Apotheker in Miesbach. Dies überliefern Hofmiller und Dresler[37]. Salzberger (1880–1925) gehörte zu den konservativen Bürgern Miesbachs[38]. Seit wann die Bekanntschaft zwischen beiden bestand, ist nicht belegt[39], intensiv wurde sie jedoch seit dem Jahr 1919, als Thoma wieder in die Reihen der Corpsstudenten (Münchener Corps Suevia) aufgenommen wurde. 1888 war er wegen einer, heute nur mehr schwer nachvollziehbaren Mensurangelegenheit vom Corps Suevia für immer dimittiert worden[40]. Seit der Rezeption von 1919 besuchte er die in Tegernsee stattfindenden »Corpsphilisterabende«, zu denen auch der Apotheker Salzberger kam. Salzberger war von seiner Studienzeit in Rostock her Angehöriger des Corps Visigothia. Er hat nicht nur den Kontakt zu dem Miesbacher Redakteur Klaus Eck hergestellt, sondern war auch Adressat für Manuskriptsendungen Thomas an die Redaktion[41]. Bei Thomas Begräbnis am 29. August 1921 sprach Salzberger am offenen Grab[42].

Es mag Klaus Eck, der als Autodidakt vom Holzknecht und Landarbeiter zum leitenden Redakteur aufgestiegen war, geschmeichelt haben, mit dem wesentlich älteren, literarisch höchst erfolgreichen, wohlhabenden Akademiker Thoma auf so vertrautem, gleichsam konspirativem Fuß zu stehen, daß ihm dieser zahlreiche Manuskripte umsonst überließ, obwohl er sonst in Honorarfragen keineswegs besonders großzügig war.

Thomas Mitarbeit wirkte sich für die Zeitung auch wirtschaftlich aus; denn die Auflagenzahl vervielfachte sich. Die tägliche Auflage der Zeitung betrug in den Kriegsjahren 4000 bis allerhöchstens 5000 Exemplare[43], die zum überwiegenden Teil an Abonnenten abgesetzt wurden. Sehr bald nach Kriegsende gelang es Klaus Eck, die Abonnentenzahl erheblich zu steigern und außerdem das regionale Absatzgebiet auszudehnen. Zwischen 1920 und 1923 sollen in München täglich 4000 Exemplare verkauft worden sein. Zudem gingen Sendungen nach Nord- und Westdeutschland; Berlin, Hannover, Hamburg und Frankfurt werden als Verbreitungsorte genannt. Hier spielte der Straßenverkauf eine große Rolle. Die Tagesauflage stieg auf 18000 Exemplare[44]. Nach 1923 ist die Auflage wieder auf 5000 Exemplare zurückgegangen. Die von Klaus Eck eingeleitete und von Thoma nachhaltig unterstützte politische Richtung des Blattes und der von Thoma gepflegte journalistische Ton waren wohl die Gründe für die weite Verbreitung der aus der oberbayerischen Provinz kommenden Zeitung.

Thomas Anonymität

Daß Thoma gelegentlich im Miesbacher Anzeiger publizierte, war durch seine mit Namen gezeichneten Arbeiten bekannt. Seine Tätigkeit als maßgeblicher Kommentator in der Zeit von Juli 1920 bis August 1921 sollte geheim bleiben. In dem Beleidigungsprozeß, der durch seinen Artikel vom 31. Juli 1920[45] provoziert worden war, stand deshalb der verantwortliche Redakteur, Klaus Eck, nicht der Autor vor Gericht. Eck bekannte sich als Verfasser und nahm das Urteil mit der Geldstrafe an.

Thoma wollte durch seine Journalistik hinter den Kulissen wirken; dies schrieb er im Januar 1921 an Maria v. Liebermann, »als etliche Artikel im Miesbacher Anzeiger Aufsehen bis nach Berlin hinaus« erregten[46]. Mitte April 1921 schrieb er wieder an Frau v. Liebermann über die Beachtung, die der Anzeiger in Norddeutschland fand; »schnauf aber nie was davon«[47], fügte er bei, um zu betonen, wie sehr ihm an der Geheimhaltung seiner Mitarbeit lag. Inzwischen waren die Klagen der Münchener Post sowie führender Sozialdemokraten gegen Klaus Eck in München verhandelt worden; die Grundlage der Beleidigungsklagen waren jeweils Thoma-Artikel gewesen, wobei Eck sich vor Gericht als Autor ausgab (s. S. 468). All dies hatte für Publizität der Zeitung gesorgt. Artikel, die im Januar[48], Februar[49], März[50] und April[51] 1921 erschienen waren, wurden seit Ende April im bayerischen Landtag zitiert. Die Münchener Post war meist die Vorlage dafür; sehr wahrscheinlich nach dieser sozialdemokratischen Zeitung übernahmen andere sozialistische Blätter in Mittel- und Westdeutschland Zitate aus dem Miesbacher Anzeiger[52]. Fast ausschließlich handelte es sich dabei um Thoma-Artikel. Nun wurde auch die Frage öffentlich diskutiert, wer wohl als Verfasser hinter den Artikeln, die besonderes Aufsehen erregten, stehe. Im April 1921 meinte die Berliner Volkszeitung, die Beiträge aus dem Miesbacher Anzeiger nachgedruckt hatte[53], ein Anhänger Ludendorffs komme als Leitartikler in Frage[54]; der mit seinem bajuwarischen Namen als verantwortlich zeichnende Redakteur sei sicher nicht der Verfasser.

Am 10. Juni 1921 brachte dann die Berliner Vossische Zeitung im Zusammenhang mit der Nachricht von dem Gareis-Mord den

Kommentar, daß der Miesbacher Anzeiger, in dem »sich Ludwig Thoma als Leitartikler betätigt«, wie die andere rechtsradikale bayerische Presse die Ausschreitungen der italienischen Faschisten als Vorbild gepriesen hätte[55]. Am 16. Juni griff die Münchener Post diese Nachricht auf und knüpfte daran die Betrachtung, sie könne sich nicht vorstellen, daß Thoma in jener Niederung des berüchtigten Skandal- und Hetzblattes gelandet sei[56]. Thoma dementierte die Nachricht der Vossischen Zeitung und veröffentlichte dies in einem Brief an die Münchner Neuesten Nachrichten[57]. Der offene Brief erschien am folgenden Tag auch im Miesbacher Anzeiger nach einem einführenden Text »Unser Leitartikler«, der sich in Stil und Ton deutlich von der Schreibweise des offenen Briefes unterscheidet[58], aber auch formale und inhaltliche Anklänge an andere Thoma-Beiträge im Miesbacher Anzeiger aufweist[59], so daß man die Autorschaft Thomas auch für den dem offenen Brief vorausgehenden Text erschließen kann.

Thomas Dementi einer Mitarbeit an der Zeitung veranlaßte die Münchener Post, am 21. Juni 1921 nochmals auf die Sache zurückzukommen und Thomas allgemein bekannte Wertschätzung der Politik des Ministeriums Kahr kritisch zu kommentieren[60].

Inzwischen war auch im Deutschen Reichstag Thomas Name im Zusammenhang mit dem Miesbacher Anzeiger genannt worden. Am 17. Juni 1921 begründete der bayerische USP-Abgeordnete Hans Unterleitner die Interpellation zur Ermordung von Karl Gareis; er geißelte dabei die hetzerische Wirkung der Publizistik von der Art des Miesbacher Anzeigers, aus dem er dabei zitierte[61]. Hier fiel von der linken Seite des Hauses der Zwischenruf »Thoma«.

Auf Thomas Einlassungen gegen die Vossische Zeitung nahm Siegfried Jacobsohn in der Weltbühne direkt Bezug, wobei er aber durchblicken ließ, daß er dem Dementi keinen Glauben schenke[62]. Ein anderer Literaten-Kollege aus vergangenen Jahren, Karl Kraus in Wien, zitierte nach der Münchener Post eine längere Passage aus dem Artikel »Anti-arisch«, mit dem Thoma Kraus und Jacobsohn scharf angegriffen hatte[63]. Kraus stellte zwar nicht die Beziehung zwischen diesem Beitrag und Thoma als Verfasser her, übernahm aber die Mitteilung der Münchener Post, daß der Miesbacher Anzeiger das »von Ludwig Thoma begönnerte Blatt« sei.

Schon im Januar 1921 hatte sich Kraus negativ über Thomas Teilnahme an der Fahnenweihe der Einwohnerwehr geäußert[64]. Das zu dieser Gelegenheit von Thoma geschriebene Gedicht war für die Pazifistin Constanze Hallgarten, die mit Thoma seit längerem persönlich bekannt war, der Anlaß, ihm ihre Meinung dazu in gereimter Form wissen zu lassen[65].

Genaue Informationen über den Umfang von Thomas Mitarbeit am Miesbacher Anzeiger hatten nur die Redakteure der Zeitung, Klaus Eck und Martin Weger; informiert waren sicher auch der Miesbacher Apotheker Fritz Salzberger und der Münchener Redakteur Hans Maier. Daß Thoma für den Anzeiger schrieb, wußte auch Frau v. Liebermann; ob sie 1920/21 über die Artikel im einzelnen informiert war, ist nicht belegt. Ebenfalls unbekannt ist, ob Josef Hofmiller schon zur Zeit des Erscheinens der Artikel über Thomas Verfasserschaft im einzelnen genauer unterrichtet war.

Sehr wahrscheinlich war im Kreis um Ministerpräsident Kahr bekannt, daß Thoma viel für den Miesbacher Anzeiger schrieb. Die engen Beziehungen zwischen Thoma und Kahr machen dies wahrscheinlich (s. S. 475), was sich auch in der Diskussion über den Miesbacher Anzeiger als »Kahrsches Amtsblatt« (s. S. 474) widerspiegelt. Ein weiterer Hinweis darauf ist die Äußerung des Hauptmanns der bayerischen Landespolizei Adolf v. Bomhard vom 26. November 1923; Bomhard meinte im Gespräch mit Kollegen im Generalstaatskommissariat, der damaligen Behörde Kahrs, man solle einen fähigen Pressemann, etwa Klaus Eck oder Bernhard Stempfle, gewinnen, der sich der Propaganda für den Generalstaatskommissar annehme. Thoma wäre der Richtige für diese Aufgabe gewesen; Eck und Stempfle waren die wichtigsten Mitarbeiter des Miesbacher Anzeigers[66].

Nach Thomas Tod[67] und dem bald darauf einsetzenden Rückgang der öffentlichen Wirkung des Miesbacher Anzeigers (s. S. 452) bestand kein Interesse mehr an der Frage, ob Thoma Mitarbeiter des Blattes war und welche Beiträge auf ihn zurückgingen. Die Diskussion darüber kam erst 1927 wieder in der Öffentlichkeit in Gang, als die erste Ausgabe der Briefe Thomas erschien[68]. Der Rezensent Hans Maier kannte die erwähnten Listen der Thoma-Artikel (s. S. 437). Er meinte, daß diesem letzten Buch von Ludwig Thoma (der Brief-Edition) noch ein allerletztes folgen könne; »das gäbe einen prächtigen Band von derselben Stärke; aber aus gewissen Gründen wird sie noch lange nicht, wahrscheinlich nie erscheinen: die Sammlung jener 149 Aufsätze, die er für ein altbayrisches Heimatblatt aus Zorn und Scham geschrieben hat. Bis in die Tage seines Sterbens lag ihm diese Lust am Herzen, frei herauszuschimpfen. Den letzten Artikel gab er mir am 20. August im Roten Kreuz zur Beförderung an die ausgemachte Deckadresse, an unsern Freund Fritz Salzberger[69]. Ich kenne die Aufsätze alle und darf darum sagen, daß am Bild Ludwig Thomas ohne diese Kenntnis die letzten Striche fehlen«[70].

Im März 1927 besprach Karl Alexander v. Müller die Brief-Edition[71]. Auch er kommt dabei auf Thomas Arbeiten für den Miesbacher Anzeiger zu sprechen; er meint, die 149 Artikel seien der »urwüchsige Ausdruck seiner Kampflust und Heimatliebe, wie seiner ursprünglichen publizistischen Kraft, ebenso wichtig, ja vielleicht sogar wichtiger für sein Gesamtbild als die Schlemihl-Gedichte seiner frühen Jahre«. Müller forderte, daß sie seinen Gesammelten Werken beigefügt werden müssen, »nicht um bis dahin antiquierte, politische Einzelstimmungen wieder aufzufrischen, sondern als elementarer Ausbruch eines elementaren Volksgefühls, wie es nicht eben viele mehr in unserem zivilisierten Deutschland gibt«. Wohl aus einer dieser Rezensionen hat die Zahl der 149 Artikel jener Autor übernommen, der in der Münchener Post wenig später ebenfalls die Ausgabe der Thoma-Briefe von Hofmiller-Hochgesang besprach; Thoma habe in der kurzen Zeit vom Beginn der Restaurationsbestrebungen (seit Bildung der Regierung Kahr im März 1920) bis zu seinem frühzeitigen Tod »die damalige bayerische Politik in verhängnisvoller Weise in reaktionärem Sinn beeinflußt«[72].

In der Literatur über Thoma wird bis in die jüngste Zeit immer wieder erwähnt, daß er circa 150 Artikel im Miesbacher Anzeiger veröffentlicht habe; dies geht offensichtlich auf die Rezensionen von Hans Maier und Karl Alexander v. Müller zurück[73]. Welche Texte Thoma im einzelnen zuzuschreiben sind, war seit der Veröffentlichung Hofmillers im Jahr 1930 bekannt. Wie schon erwähnt (s. S. 437), gehen seine Angaben auf Maier zurück, dessen Mitteilungen er ergänzte.

Die Tatsache, daß auch nach der Veröffentlichung von Hofmillers Verzeichnis die Thoma-Artikel des Miesbacher Anzeigers weiterhin ziemlich unbekannt blieben, ist wohl darin begründet, daß schon damals nur sehr wenige vollständige Exemplare der Tageszeitung mehr vorhanden waren und daß sich niemand die Mühe machte, die Beiträge zu sammeln. In Buchform veröffentlicht lagen seit Ende 1921 30 Artikel Thomas vor. Bereits im September 1921 hatte der Redakteur beim Miesbacher Anzeiger Martin Weger[74] unter der Schriftleitung von Klaus Eck unter dem Titel »Das Duftigste aus dem Miesbacher Anzeiger« 22 Aufsätze ernsten, heiteren, satyrischen und ähnlichen Inhalts (so der Untertitel), die 1920 und 1921 in der Zeitung erschienen waren, publiziert. Darunter befanden sich 13 Thoma-Artikel. Im Dezember 1921 folgte eine zweite Sammlung unter dem Titel »Miesbacher Büchl«, die unter 46 Beiträgen 17 Thoma-Texte brachte[75]. Im Vorwort zu dieser zweiten Ausgabe schrieb Klaus Eck, daß davon 30000 Exemplare hergestellt worden seien. Beide Editionen geben aber keine Hinweise auf die Verfasser. Thomas Anonymität blieb bei diesen Veröffentlichungen gewahrt. Bei den Thoma-Artikeln handelt es sich überwiegend um solche mit antijüdischem[76] oder antisozialistischem[77] Inhalt. Einige wenden sich gegen die Reichsregierung[78].

Thomas Name wurde bei vollen Textabdrucken erstmals genannt in der Sammlung von Artikeln des Miesbacher Anzeigers, die 1938 Wilhelm v. Kloeber unter dem Titel »So ein Saustall! Altbairisches aus den finstersten Zeiten des Systems von Ludwig Thoma, Dietrich Eckart, Klaus Eck« herausgab. Diese Edition enthält 94 Artikel, von denen 28 aus Thomas Feder stammen; davon waren zehn Texte schon in einer der beiden genannten Sammlungen von 1921 enthalten[79]. Nach Kloebers Meinung (S. 11) waren die drei Autoren die »allerersten, die den Kampf um ein neues, saubres und bodenverwurzeltes Deutschland aufnahmen«, denen »es immer um die große deutsche Sache« ging, »wenn auch nur einer von ihnen, Dietrich Eckart, damals den Weg zu Adolf Hitler und zur deutschen Freiheitsbewegung gefunden hat«. Einleitend druckt Kloeber einen Thoma-Text ab, »Die große Münchner Revolution anno 1919«, der weder vorher noch nachher publiziert worden ist[80]. Kloeber gibt bei den einzelnen Artikeln keine Verfasser an; er meint, daß »eine ganze Reihe von Artikeln gemeinsam im Waitzinger (Gasthof in Miesbach) entstanden sind, wenn Thoma von seiner Tuften bei Rottach herüberkam und Dietrich Eckart von München nach Miesbach fuhr«. Kloebers Veröffentlichung besprach der Münchener Zeitungswissenschaftler Adolf Dresler[81]. Aufgrund von »eingehenden Nachforschungen bei Männern, die alle drei Genannten gekannt haben«, stellte er fest, daß von einer Gemeinschaftsarbeit, wie sie Kloeber schildert, keine Rede sein könne, daß vielmehr Eck Thoma am Tegernsee aufgesucht hätte und daß dort unter Mitwirkung des Feuilletonschriftleiters der Münchener Zeitung Hans Maier die Beiträge für den Miesbacher Anzeiger besprochen worden seien[82]. Maier sei auch als Überbringer von Thomas Beiträgen tätig gewesen; außerdem habe Maier versucht, Thoma mit Dietrich Eckart bekannt zu machen. Dieser Versuch sei jedoch fehlgeschlagen, eine nähere Bekanntschaft habe sich nicht ergeben. Dresler erwähnt weiter die im Besitz Maiers befindliche Liste mit den 149 Thoma-Beiträgen zum Miesbacher Anzeiger, die Maier angeblich von Thoma erhalten habe. Letztere Feststellung kann nicht stimmen, da die oben erwähnten Listen (s. S. 437) sicher erst nach Thomas Tod entstanden sind. Dreslers Informationen gehen offensichtlich auf Hans Maier zurück, der 1938 in München wohnte. Es besteht kein Anlaß, an ihnen zu zweifeln. Daß Thoma gelegentlich im Miesbacher Waitzingerbräu einkehrte, ist sicher anzunehmen; Ende der 1920er Jahre wurde im dortigen Bräustüberl ein Wandfresko mit der Darstellung der Hauptbeteiligten an der Miesbacher Journalistik der Jahre 1920/21 angebracht: Klaus Eck, Fritz Salzberger, Ludwig Thoma und Dietrich Eckart[83].

Die für die Geschichte der oberbayerischen Presse wichtige Dissertation von Sieglinde Kirmayer über den »Miesbacher Anzeiger 1874–1950« geht auch auf Thomas Mitarbeit für die Zeitung ein; obwohl der Verfasserin Hofmillers Liste der Thoma-Artikel bekannt war, erörterte sie Thomas Anteil an der Gestaltung der politischen Linie des Blattes nur knapp[84]. Sie bringt aber gute Belege für die sachlichen und formalen Parallelen, die die journalistischen Arbeiten von Klaus Eck und Ludwig Thoma aufweisen.

1985 veröffentlichte der Miesbacher Kollegiat Bernd Lörsch seine gymnasiale Facharbeit »Die Artikel Ludwig Thomas im Miesbacher Anzeiger 1920/21«[85]. 1986 folgte das Manuskript einer Rundfunksendung von Otto Gritschneder »Ludwig Thoma im Miesbacher Anzeiger«[86]; ebenfalls 1986 veröffentlichte Max Holzer einen Aufsatz »Der rechtsradikale Ludwig Thoma. Ein Streifzug durch den Miesbacher Anzeiger«[87]. Bei diesen Arbeiten handelt es sich um Skizzen, die versuchen, mit methodischen Kriterien der Literatur- und Geschichtswissenschaft dem Phänomen der späten Thoma-Texte auf die Spur zu kommen. Die Zusammenhänge zwischen Thomas Arbeit am »Ruepp« und der gleichzeitigen journalistischen Tätigkeit untersuchte Bernhard Gajek[88]. Eine eingehende Analyse der Artikel in der Zusammenschau mit dem Briefcorpus, den »Erinnerungen«, dem literarischen Schaffen insgesamt und besonders im Vergleich mit den früheren Arbeiten Thomas im Simplicissimus und im März und unter Berücksichtigung der zeitgeschichtlichen Situation und der zeitgenössischen Publizistik überhaupt steht aus.

Als Beleg dafür, daß Thomas Mitarbeit am Miesbacher Anzeiger trotz dessen Beachtung in der deutschen Presse und in deutschen Parlamenten in der Gesellschaft Münchens und Berlins, auch soweit sie sich für literarische Fragen interessierte, nicht allgemein bekannt war, mag das Werk Lion Feuchtwangers dienen. In seinem Roman »Erfolg« schildert er kritisch-satirisch die Münchener Gesellschaft der Nachkriegszeit[89]. Unter den zahlreichen Personen, die deutlich erkennbare Züge von Zeitgenossen aufweisen[90], ist mit dem Schriftsteller Dr. Lorenz Matthäi unverkennbar Ludwig Thoma gemeint. Feuchtwanger erwähnt Matthäi häufig, teilt Einzelheiten aus dessen Biographie mit und beschreibt dessen Art, sich zu bewegen und zu verhalten[91]. All dies stimmt mit Thomas Vita überein. Feuchtwanger ist auch der Miesbacher Anzeiger bekannt[92], den er als Materialsammlung über Sitten und Gebräuche der altbayerischen Menschen negativ würdigt. In keinem Fall stellt er jedoch einen Zusammenhang zwischen Matthäi-Thoma und der Zeitung her, wie dies wohl zu erwarten wäre, wenn er von dieser journalistischen Tätigkeit des ihm persönlich bekannten Thoma gewußt hätte.

Als weiterer Gewährsmann für dieselbe Feststellung kann der Thoma nichts weniger als wohl gesonnene Dr. Willy Ritter Liebermann v. Wahlendorf gelten. Er kommt in seinen Erinnerungen ausführlich auf seine und seiner Frau, Maria v. Liebermann, Beziehungen zu Thoma zu sprechen. Thomas Einstellung zum Judentum charakterisiert er so: Aus einer Unterhaltung mit ihm über Juden und die Judenfrage »ging zumindest hervor, daß er, ohne vielleicht Antisemit zu sein, der damals als national und salonfähig erachteten Ideologie von der Schädlichkeit der Juden für das Deutsche Volk doch stark anhing«[93]. Von Thomas journalistisch propagiertem, militantem Antisemitismus wußte Liebermann, der für derlei als sehr bewußter Jude von der allergrößten Empfindlichkeit war, jedenfalls nichts.

Zur Entstehung der Artikel

Thoma schrieb die Artikel unmittelbar, nachdem ihm die zugrundeliegende Nachricht bekannt geworden war. Im Artikel 81 schildert er, wie er am frühen Morgen beim Beginn der Arbeit an den nächsten Beitrag für den Anzeiger denkt und sich dabei vorstellt, daß diesmal etwas Versöhnendes, Ausgleichendes kommen solle; aber dann liest er eine Nachricht, die ihn erregt. »Und weggeblasen ist sofort wieder alles Versöhnliche. Die guten Absichten werden erstickt im heiligen Manneszorn«. Und so entsteht ein neuer scharfer Artikel gegen Berlin. Damit beschreibt Thoma wohl zutreffend die Situation, in der viele Artikel für den Miesbacher Anzeiger entstanden sind.

Die Redaktion übernahm die Artikel innerhalb weniger Tage in die Zeitung, wie dies gelegentlich auf den Manuskripten angebrachte Anweisungen des Redakteurs für die Druckerei erkennen lassen[94]. Die Redaktion änderte im ganzen gesehen wenig an Thomas Texten. Einige Eingriffe in Thomas Manuskripte (wohl von Klaus Eck vorgenommen) sind bemerkenswert: Thoma charakterisierte den kommunistischen Reichstagsabgeordneten Hoffmann dadurch, daß dieser »aus einem Nuttenkeller von Berlin-Nord« stamme; das änderte der Redakteur in »Nachtkeller«[95]. Die vulgären Mundartausdrücke »verreckt« und »Saumensch« wurden in »verendet« und »Luder« abgeschwächt[96]. Im selben Artikel änderte die Redaktion das von Thoma mit 10:1 angegebene Wettrisiko für das Ausbrechen eines Judenpogroms auf 100:1. Thomas süddeutschen Vulgärausdruck »Fotz« änderte der Redakteur in »Maul«[97]. Gelegentlich verstärkte der Schriftleiter Thomas Adjektive: Aus einem »roten Hund« machte er einen »blutroten«, aus der »fürchterlichen Trostlosigkeit« des Reiches eine »fürchterlichste«[98]. Verschiedentlich finden sich solche Steigerungen auch in den gedruckten Texten, ohne daß das jeweilige Manuskript geändert worden wäre[99]. Solche, wahrscheinlich auf den Schriftsetzer zurückgehende Textvarianten finden sich auch bei schwer verständlichen Ausdrücken des Manuskripts; so wird »Krapäle« (für Gesindel) in »Sippe« oder »Harste« (Schar) in »Leute« geändert[100]; aus Thomas Wendung »auf den Gesetzestafeln des Mosses, im Berliner Tageblatt« machte der Setzer »Moses Gesetzestafeln«, weil ihm der Mosse-Verlag der Berliner Zeitung nicht geläufig war[101]. Die Farbenfolge »Schwarzgelbrot« von Thomas Schabbesflagge änderte er stillschweigend in »Schwarz-rot-gelb«[102]. Die von Thoma bewußt gewählte Form »das daitsche Volk« und die »naie Note«, wobei beide Male durch die Nachahmung des Jiddischen auf den jüdischen Einfluß in Berlin hingewiesen werden sollte, erschienen im Druck als »das deutsche Volk« und die »naive Note«, wobei letztere Form keinen Sinn ergibt[103].

Diese Änderungen, in der Redaktionsstube und der Schriftsetzerei vorgenommen, griffen nicht wesentlich in Thomas Texte ein. In zwei Fällen sind etwas weitergehende Änderungen durch den Vergleich zwischen gedrucktem Text und dem Original von Thomas Hand erkennbar. Der scharfe Artikel gegen die Münchener Post und die bayerischen Sozialdemokraten vom 11. Juni 1921 schließt im Manuskript mit dem Satz: »Das Mordgesindel in der Hauptstadt steht unter der roten Fahne«; in der Zeitung fehlt dieser Satz[104]. Aber vielleicht geht dies nur auf den fehlenden Platz beim Umbruch zurück. In einer anderen Invektive gegen die Sozialisten fügte der Redakteur zwei Hinweise auf die Arbeiterschaft hinzu[105].

Wesentlich stärkere Änderungen gegenüber dem Manuskript enthält der nach dem Generalstreik, der von den sozialistischen

Parteien und den Gewerkschaften nach dem Gareis-Mord ausgerufen worden war, erschienene Artikel gegen die Münchener Post. Die Ergänzungen, die nicht in das Manuskript eingetragen, aber doch gedruckt wurden, enthalten Angriffe gegen die Führer der Sozialdemokraten, gegen die Politiker der Bayerischen Volkspartei Held, Speck und Knilling sowie gegen die Erzberger-Richtung im Zentrum[106]. Das an vielen Stellen vom Autor korrigierte Original trägt auf der Rückseite von seiner Hand den Vermerk »Eilt«. Dies und der Veröffentlichungstermin schließen aus, daß über die endgültige Fassung zwischen dem Verfasser und der Redaktion beraten worden ist. Es ist überliefert, daß Klaus Eck in die Setzmaschine diktierte[107]. Vielleicht ist auf diese Weise die Diskrepanz zwischen dem vorliegenden Original und dem gedruckten Text zu erklären. Daß Thoma mit den Änderungen und Ergänzungen nicht einverstanden war, ist wohl kaum anzunehmen. Eine vom Verfasser autorisierte Fassung des veröffentlichten Textes liegt jedoch nicht vor.

Unklar ist die Entstehung des Artikels über den am 10. Juni 1921 ermordeten USP-Abgeordneten Karl Gareis, der bereits am 12. Juni 1921 im Miesbacher Anzeiger erschien und von Hofmiller Thoma zugeschrieben wird[108]. Denselben Titel »Gareis« trägt der eindeutig von Thoma verfaßte, aber im Miesbacher Anzeiger nicht erschienene Artikel. In beiden Texten wird die Mordtat verurteilt. Der gedruckte Beitrag ergeht sich in erster Linie darüber, daß Gareis in der Tradition der Revolutionäre von 1918 gestanden sei und daß er für sie gearbeitet habe, jetzt aber deren Errungenschaften zum Opfer gefallen sei, weil der Mord eine der Hauptwaffen der Revolution sei. Dann griff dieser Artikel die Münchener Post an, die die »Rechtspolitiker« und den Miesbacher Anzeiger als deren Propagandisten für die Mordtat verantwortlich mache. Der ungedruckte Text, der wohl noch vor dem 13. Juni 1921, dem Tag der Beerdigung von Gareis, geschrieben wurde[109], ging mehr auf die Person des Ermordeten ein, wiederholte Angaben zur Biographie, bescheinigte ihm persönliche Ehrenhaftigkeit und kritisierte dessen linksgerichtete politische Einstellung. Erschienen ist dieser Text nicht, vielleicht auch deshalb, weil Thoma im Lauf der folgenden Woche noch dreimal über den Gareis-Mord im Miesbacher Anzeiger schrieb[110]. Der Monat Juni 1921 gehörte zur Zeit der lebhaftesten Mitarbeit Thomas am Miesbacher Anzeiger; es erschienen 31 Artikel aus seiner Feder in dem Blatt. In dieser Zeit lief auch die öffentliche Diskussion über seine Tätigkeit als Verfasser von Leitartikeln für den Miesbacher Anzeiger (s. S. 454). An Maria v. Liebermann, die darüber offensichtlich beunruhigt war, schrieb er am 20. Juni 1921, sie solle wegen dieser öffentlichen Diskussion doch nicht ängstlich sein, er habe schon mit den Ministern des alten Systems Krieg geführt und sei das Raufen gewohnt. Es mache ihm Spaß, »wie unser stilles Tegernsee mitten in den Strudel hineingezogen wird, weil der Unterfertigte grobe Steine in den Berliner Entenpfuhl schmeißt«[111]. Wenige Tage später heißt es in einem Brief an dieselbe Adressatin: »Wir zwei wollen aber nicht politisieren; ich schreibe auch nie mehr Aufsätze, wenn Du da bist«[112]. Sie kam aber nicht; so schrieb er in den folgenden sechs Wochen weitere 30 Artikel für den Anzeiger.

Ein weiterer Text von Thomas Hand über den Sozialdemokraten Alwin Saenger von Juni/Juli 1921 wurde ebenfalls nicht im Miesbacher Anzeiger veröffentlicht, obwohl er, wie nach der äußeren Erscheinungsform zu erschließen ist, dafür bestimmt war[113]. Thoma bezog sich dabei auf einen Vorfall, der sich in den ersten Juni-Tagen 1921 in München zugetragen hatte; er glossierte dies und brachte das in sehr spöttischer Weise mit der damals öffentlich geführten Diskussion um außergewöhnlich hohe Automobilspesen Saengers während dessen Tätigkeit als leitender Beamter im bayerischen Staatsministerium für Unterricht und Kultus während der Regierung Hoffmann in Zusammenhang[114].

Enge inhaltliche und stilistische Abhängigkeiten bestehen auch zwischen dem kritischen Artikel über den General Hoffmann[115] und zwei handschriftlichen Fragmenten[116], die sich wie der Artikel mit einem von dem General gewährten Interview beschäftigen. Ob das hier zu erschließende Original die Vorlage für die Herstellung des schließlich veröffentlichten Textes bot, ob diese Neufassung von Thoma selbst oder von einem der Redakteure angefertigt wurde, muß offen bleiben.

Die angeführten Beispiele für die Eingriffe der Redaktion in die Texte Thomas sind da kontrollierbar, wo seine Manuskripte vorliegen. Bei einem Drittel der Artikel ist dies nicht der Fall; hier kann deshalb vorerst nicht eindeutig entschieden werden, ob sämtliche Formulierungen in der Tat der Autorintention entsprechen. Texte »letzter Hand« liegen dafür nicht vor.

Näherer Untersuchung bedarf die Arbeit Thomas an seinen Texten; dies ist anhand der Korrekturen in den Originalen vorzunehmen[117]. Dabei müßte zur Abgrenzung auch die Schreibweise von Klaus Eck, allenfalls auch von Martin Weger, berücksichtigt werden. Deren Beiträge zu der Zeitung sind jedoch noch nicht identifiziert und gesammelt.

Als »Auftragsarbeit« kann das als Artikel 11 veröffentlichte Gedicht Thomas gelten. Ministerpräsident Kahr hatte ihn im Oktober 1920 gebeten, für eine große Veranstaltung der Einwohnerwehr in Tegernsee ein Festgedicht zu verfassen. Er ließ dem Dichter Gedanken wissen, die ihm berücksichtigenswert erschienen. Thoma kam dem Wunsch nach und folgte der Tendenz der Vorgabe.

Thomas Quellen

Thomas politische Beiträge zum Miesbacher Anzeiger kann man als Kommentare oder politische Feuilletons[118] bezeichnen, die – wenn sie an herausgehobener Stelle plaziert waren – als Leitartikel galten[119]. Vielfach lagen seinen Betrachtungen aktuelle Tagesereignisse zugrunde. Die Nachrichten darüber entnahm er häufig Zeitungen, in erster Linie dem Miesbacher Anzeiger selbst, wie dies aus der zeitlichen Abfolge der Erscheinungsdaten zu erschließen ist. Sachliche Diskrepanzen zwischen vorangehender Nachricht und folgendem Kommentar kommen kaum vor[120]; dies empfahl sich schon aus Rücksicht auf aufmerksame Leser.

Die eigene Zeitung lieferte auch das Material für Kommentare über Parlamentsverhandlungen im Reichstag und – häufiger – im bayerischen Landtag. Die Berichterstattung aus den Parlamenten war im Sachlichen korrekt, was durch den Vergleich mit den gedruckt vorliegenden stenographischen Reichstags- und Landtagsverhandlungen unschwer zu kontrollieren ist. Dies ist bei den

Beratungen in den Ausschüssen des bayerischen Landtags nicht der Fall, weil darüber keine gedruckten Protokolle vorliegen; zur Überprüfung sind hier Presseberichte heranzuziehen. Sachlich fehlerhafte Berichte über Ausschußverhandlungen lassen sich nicht nachweisen.

Nachrichten und Kommentare anderer Zeitungen bildeten ebenfalls den Hintergrund von Artikeln Thomas; in erster Linie ist hier die sozialdemokratische Münchener Post zu nennen. Ob Thoma dazu jeweils Hinweise von Klaus Eck oder seinem Münchener Gewährsmann Hans Maier oder anderen Bekannten erhielt, ist nicht feststellbar. Daß er auf das sozialistische Blatt abonniert war, ist wohl auszuschließen.

Erwähnt werden auch die Münchner Neuesten Nachrichten, die München-Augsburger Abendzeitung, die Augsburger Postzeitung, der Regensburger Anzeiger, die Bayerische Volkspartei-Correspondenz, die Süddeutsche Presse, die Kölnische Volkszeitung und Handelsblatt, die Frankfurter Zeitung und die in Berlin erscheinenden Blätter Welt am Montag, Berliner Tageblatt, Vossische Zeitung, Berliner Volkszeitung. Häufig geschah dies aufgrund gezeichneter Übernahmen nord- und westdeutscher Pressenachrichten durch den Miesbacher Anzeiger oder durch Münchener Blätter.

Notizen in der von Siegfried Jacobsohn herausgegebenen Weltbühne[121] kommentierte Thoma ebenso wie gelegentlich auch die Arbeiten seines früheren Freundes Karl Kraus in der Zeitschrift Die Fackel[122]. Besondere Bedeutung als Vorlage für Thoma haben die Süddeutschen Monatshefte, aus denen er einen großen Abschnitt mit Quellenangabe wörtlich übernahm[123]. Sie kommen auch als Quellen für Sachinformationen in Frage[124]. Mit deren Herausgebern, Paul Nikolaus Cossmann[125], Josef Hofmiller[126] und Karl Alexander v. Müller[127] war er näher bekannt, hatte er doch auch zwischen 1904 und 1920 in den Monatsheften publiziert[128]. Mit Hofmiller war er freundschaftlich verbunden. Die Linie der Süddeutschen Monatshefte entsprach in vielem Thomas Ansichten. Die Zeitschrift ist der bürgerlichen, politisch ziemlich weit rechts stehenden, anspruchsvollen Publizistik zuzuordnen. Seine Sympathie für diese Zeitschrift zu verschweigen, sah Thoma keinen Anlaß.

Die von dem antisemitischen Vorkämpfer Theodor Fritsch herausgegebene Hetzzeitschrift »Hammer. Blätter für deutschen Sinn« bildet in einem Fall die wörtliche Vorlage für einen umfangreichen Artikel zur Kriegsschuldfrage[129]; der Beitrag ist als Materialsammlung aufgebaut und endet mit Vorwürfen gegen die Reichsregierung, weil sie nichts für die Abwendung der ungerechten Verleumdung des deutschen Volkes tut. In einigen anderen Fällen[130] könnte diese Zeitschrift als Informationsgrundlage gedient haben.

Erwähnt sei schließlich noch, daß sich Thoma für Sachinformationen auch der Zeitschrift des historischen Vereins für Oberbayern, des Brockhausschen Lexikons oder von Heimatforschern zusammengestellter Unterlagen bediente[131].

Überflüssig zu bemerken, daß die wichtigsten Informationsquellen für Thoma seine scharfe Beobachtungsgabe für die Zeitläufte und sein unerschöpfliches Gedächtnis für Vergangenes waren.

Prozesse gegen den Miesbacher Anzeiger

Bereits der dritte Artikel, den Thoma für den Miesbacher Anzeiger schrieb, hatte eine Beleidigungsklage zur Folge. Am 24. Juli 1920 war Thomas Freund Ludwig Ganghofer in Tegernsee gestorben[132]. Am 26. Juli brachte die Münchener Post einen Nachruf, in dem sie den Verstorbenen als »Volksschriftsteller alten Geschmacks, bieder und gemütlich«, als »Lieblingsschriftsteller des verflossenen Kaisers«, als Kriegsberichterstatter (in abwertender Form) und auch als Antisemiten (»auch ein bißl Antisemit war Ganghofer«) darstellte. Darauf bezeichnete der Miesbacher Anzeiger am 31. Juli 1920 im Artikel 3 die Münchener Post als »Leiborgan der Zuhälter von der Schwanthalerhöhe«. Rechtsanwalt Dr. Benedikt Bernheim stellte am 11. August im Auftrag des Chefredakteurs Paul Kampffmeyer Privatklage am Schöffengericht beim Amtsgericht München[133] wegen Beleidigung gegen Klaus Eck als verantwortlichen Redakteur. In der Verhandlung am 14. Oktober 1920 bekannte sich Eck als Verfasser und erklärte, daß er in der letzten Zeit im Kreis

Ganghofers verkehrte, daß er über die Nachricht vom Tod »ziemlich betrübt« gewesen sei, in dieser Stimmung den Artikel der Münchener Post zu Gesicht bekommen, diesen als »hämisch und spöttisch« gehalten und in dieser Stimmung den Artikel geschrieben habe. Mit der angegriffenen Wendung habe er die Münchener Post als solche, nicht einzelne Redakteure treffen wollen; er räumte die Möglichkeit ein, daß sich der Hauptschriftleiter beleidigt fühlen könnte. Das Schöffengericht verurteilte Eck wegen Beleidigung zu 250,– Mark Geldstrafe[134]. Am 24. Oktober veröffentlichte der Miesbacher Anzeiger den Urteilstenor[135].

In dem zweiten Beleidigungsprozeß, in den Eck wegen eines von Thoma stammenden Artikels[136] verwickelt war, setzte sich Thoma bei der Vorbereitung der Verteidigung nachdrücklich für Eck ein[137] und schrieb nach dem Urteil ein »Nachwort«[138].

In diesem zweiten Verfahren handelte es sich um eine Privatklage wegen Beleidigung des Hauptmanns a. D. Hermann Schützinger und des MSP-Abgeordneten Johannes Timm. Der Sache lag Folgendes zugrunde: Im November 1920 schlossen sich in München Kreise, die an der Demokratisierung der Reichswehr interessiert waren, zum Republikanischen Schutzbund zusammen; eine Vorläuferorganisation war der Republikanische Führerbund gewesen, der von der Staatsregierung wegen seiner auf die Politisierung des Militärs ausgerichteten Zielsetzung verboten worden war[139]. Am 29. November veranstaltete der Bund eine Versammlung in München mit Timm und Schützinger als Hauptrednern. Schützinger kam auch auf die Einwohnerwehr zu sprechen, die er nicht grundsätzlich ablehnte, sondern deren Auflösung er für den Fall forderte, daß sich dort »einseitig orientierte Bevölkerungsschichten« bewaffnet organisierten. Schützinger war einer der wenigen Offiziere, die nach dem Krieg für die Republik eintraten und sich den Sozialisten anschlossen.

Am 5. Dezember erschien im Miesbacher Anzeiger ein politisches Feuilleton aus der Feder Thomas[140]. Dem ehemaligen Offizier warf der Artikel vor, daß er »des Königs Rock mit dem Janker des Vorstadtsozis« vertauscht habe. Bei Timm kritisierte er das Verhalten nach der Ermordung Eisners und verspottete ihn, daß er erst nach Beginn des Ministeriums Kahr wieder in der Öffentlichkeit aufgetreten sei. Die beiden fühlten sich dadurch beleidigt; in ihrem Auftrag stellte Rechtsanwalt Alwin Saenger Privatklage gegen Eck wegen verleumderischer Beleidigung. Die Grundlage für den Artikel hatte allein ein Bericht über die Versammlung in den Münchner Neuesten Nachrichten[141] abgegeben; die dortigen Informationen waren im Miesbacher Anzeiger verallgemeinert und verzerrt wiedergegeben worden. Auf die Klage hin bat Thoma den Feuilletonredakteur der Münchener Zeitung Hans Maier um Material über die Versammlung des Republikanischen Schutzbundes[142]. Außerdem ersuchte er Ende Januar 1921 in einem Artikel alle Leser in indirekter Weise um Material, das gegen den Republikanischen Schutzbund und gegen Schützinger verwendet werden könnte[143]. Mit dieser Glosse geißelte Thoma die Methode der sozialistischen Presse, insbesondere der Münchener Post, die zuerst beleidigende Behauptungen aufstellte und sich erst danach das Beweismaterial besorgte. Der Miesbacher Anzeiger mache es umgekehrt; er habe für das, was er sage, vorher die Beweise. Das war eine in diesem Fall unzutreffende Einlassung.

Die Recherchen brachten jedoch offensichtlich kein Ergebnis; denn in der Verhandlung vor dem Schöffengericht München am 12. Mai 1921 konnte der Angeklagte Eck die in dem Artikel über Schützinger und Timm gebrachten Behauptungen nicht als wahr erweisen, so daß er wegen übler Nachrede in zwei Fällen zu 500,– Mark Geldstrafe verurteilt wurde. Schützinger hatte inzwischen versucht, beim Deutschen Offiziersbund Rückhalt und »Ehrenschutz« gegen die Angriffe des Miesbacher Anzeigers zu finden. Er bewirkte jedoch das Gegenteil; der Offiziersbund schloß ihn aus seinen Reihen aus, weil Schützinger »die Achtung vor dem, was dem Offizier wert und teuer wäre, verleugnet habe«[144].

Gegen das Urteil legte Rechtsanwalt Kohl zunächst Berufung ein, zog sie aber am 20. Mai 1921 wieder zurück. Gleichzeitig veröffentlichte Thoma ein »Nachwort« zu dem Prozeß[145]. Er schrieb: »als wir vor Gericht ...« und verbesserte dann »wir« in »ich«. Weiter heißt es in dem Artikel »mein Prozeß«. Das ist eigenhändig von Thoma überliefert und zeigt, daß er sich mit Klaus Eck völlig identifizierte, daß er dessen Meinung zu seiner eigenen machte, daß er selbst in der Anonymität bleiben wollte und Eck offensichtlich dankbar dafür war, daß sich dieser vor dem Schöffengericht als Autor bekannte. Das Manuskript dieses Artikels zeigt Nachträge von anderer Hand, wahrscheinlich der von Eck, die einige Formulierungen Thomas verstärken. Die Angriffe des »Nachworts« richteten sich besonders gegen den führenden MSP-Politiker Johannes Timm und dessen Verhalten während der Regierung Eisner; außerdem galten sie dem Rechtsanwalt und Prozeßvertreter Schützingers und Timms, dem MSP-Abgeordneten Alwin Saenger. Die Anwürfe gegen ihn waren allgemeiner Art, diffamierend und beleidigend, ohne Bezug auf konkrete Anlässe. Saenger war einer der sozialistischen Abgeordneten, die den Miesbacher Anzeiger in der Öffentlichkeit, besonders im Landtag, als Hetzblatt herausstellten und zitierten (s. S. 471).

In einem weiteren Artikel[146] polemisierte im Miesbacher Anzeiger wohl Eck persönlich gegen die Münchener Post, die fand, das Münchener Gericht sei nicht objektiv und habe den Angeklagten zu milde behandelt. Justizminister Roth wies diesen Vorwurf im Landtag zurück und bescheinigte dem Schöffengericht mustergültige Objektivität[147].

Die bayerischen Sozialdemokraten versuchten wiederholt, den Reichspräsidenten und die Reichsregierung zu Klagen gegen den Miesbacher Anzeiger zu veranlassen, um dessen beleidigende Journalistik gerichtlich in Grenzen zu weisen. Reichspräsident Ebert ließ dem Bezirksvorstand Oberbayern-Schwaben jedoch im Februar 1921 wissen, daß er sich mit gerichtlichen Schritten gegen den Miesbacher Anzeiger nicht lächerlich machen wolle[148]. Die Münchener Post forderte auch die bayerische Staatsregierung auf, dem Blatt, das die elementarsten Regeln des menschlichen Anstandes mißachte, mehr Aufmerksamkeit zu widmen[149]. Die Staatsanwaltschaft beim Landgericht München II ermittelte im Juni 1921, ob wegen der Artikel 111 und 125 Strafantrag gestellt werden sollte[150]. In beiden Fällen war der Reichswehrminister Geßler Zielscheibe der höhnischen und hämischen Äußerungen. Minister Geßler verzichtete jedoch auf die Strafverfolgung, da das Beleidigungsverfahren nur bedingt geeignet sei, in solchen Fällen politischer Beleidigung den Angegriffenen zu schützen. Auch das Kabinett unter Reichskanzler Wirth war der Meinung, man solle auf Strafanträge verzichten[151].

Wegen anderer Artikel war Klaus Eck mehrfach in Beleidigungsverfahren verwickelt, wobei er jeweils zu Geldstrafen verurteilt wurde[152]. Das größte Aufsehen erregte der Prozeß gegen Klaus Eck und seinen Mitredakteur Martin Weger im Jahr 1922 wegen eines die Reichsflagge »Schwarz-Rot-Gold« diffamierenden Artikels. Die Sache wurde vor dem Schwurgericht München verhandelt. Die Geschworenen verneinten jedoch die Schuldfrage, so daß die beiden Angeklagten freigesprochen werden mußten[153]. Thoma war damals schon tot. Ein gleichartiges Verfahren hätte aber durchaus auch schon zu seinen Lebzeiten stattfinden können; denn die Verunglimpfung der Reichssymbole der Republik war ein wiederkehrender Topos in Thomas Miesbacher-Anzeiger-Journalistik[154].

Zitierung von Thoma-Artikeln

In der Landtagsdebatte über den Staatszuschuß für die Einwohnerwehr für 1920 kam Karl Gareis (USP) am 16. März 1921 auf die Konfliktsituation zwischen Bayern und dem Reich zu sprechen. Diese sei vor allem durch die von der Regierung Kahr gedeckte, besonders in der Provinzpresse gepflegte Hetze gegen die Reichsregierung und die Linksparteien entstanden. Als Beleg dafür gab er an: »Ein Blatt der Bayerischen Volkspartei, das ich wegen seiner besonderen individuellen Ausdrucksweise gerne zitiere«; dann folgte Artikel 35/1 vom 16. Januar 1921. Dieser war schon am 10. Februar 1921 kommentarlos von der Weltbühne abgedruckt worden.

Bei der Besprechung des Etats der Unterrichtsverwaltung im bayerischen Landtag befaßte sich Gareis, selbst Gymnasiallehrer, ausführlich mit der Neuordnung der Rechtsstellung der Volksschullehrer. Zur Frage der politischen Betätigung der Lehrer außerhalb der Schule erwähnte er ausführlich den Fall eines Schulamtsbewerbers aus Egern, der auf einer Versammlung im Februar 1921 kommunistische Anschauungen vertreten hatte. Dazu zitierte er einen größeren Abschnitt aus Artikel 44, in dem Thoma den Lehreranwärter als linksradikalen Jugendverderber abkanzelte. Daß gegen den Junglehrer ein Disziplinarverfahren eingeleitet wurde, führte Gareis auf den Bericht des Miesbacher Anzeigers zurück[155].

Das gegen die Reichsregierung und den dort angeblich vorherrschenden jüdischen Einfluß gerichtete, grob-antisemitische Pamphlet vom 16. März 1921[156], welches sich gegen das die bayerische Einwohnerwehr betreffende Entwaffnungsgesetz richtete, wurde in großen Auszügen wenige Tage später von der Münchener Post nachgedruckt. Am 28. April 1921 zitierte daraus Alwin Saenger (MSP) im bayerischen Landtag bei der von den sozialistischen Parteien in Gang gesetzten Debatte über den bayerischen Ausnahmezustand. Saenger fragte dabei den Vertreter des Innenministeriums, warum er gegen derartige Presseäußerungen nicht mit den Mitteln des Ausnahmezustands-Rechts eingreife, warum er antisemitische Äußerungen zulasse, gegen kommunistische aber einschreite. Im selben Zusammenhang zitierte er auch die groben antisemitischen Entgleisungen über Eisner (»Hinrichtung des Eisner«) und Dr. Hirschfeld (»Prügelstrafe gegen den Magnus Spinatfeld«)[157].

Aus demselben Artikel vom 8. April 1921 und dem folgenden Beitrag zitierte in der Debatte vom 28. April auch Max Blumtritt (USP), um den Nachweis zu führen, daß der Miesbacher Anzeiger zu Gewalttaten aufrufe. Die von Blumtritt bei gleicher Gelegenheit aus dem Artikel 77 zitierten Passagen dienten als Nachweis für die vom Miesbacher Anzeiger betriebene antisemitische Hetze.

In dieser Debatte ergriff der Abgeordnete Saenger nochmals das Wort und zitierte die Angriffe gegen die MSP-Abgeordneten Auer und Timm aus Artikel 63 als Beleg für die einseitig nach links gerichtete bayerische Justiz und forderte die Regierung auf, sich eindeutig vom Miesbacher Anzeiger zu distanzieren. In der Erwiderung wies Staatssekretär Schweyer (Innenministerium) auf die vom kommunistischen Aufstand in Mitteldeutschland drohenden Gefahren hin, auf die Unterstützung, die die mitteldeutsche Bewegung von der kommunistischen Presse erfahren habe, räumte antisemitische Ausschreitungen in Bayern ein und stellte fest, daß aus diesem Grund auch der Deutschvölkische Beobachter beschlagnahmt worden sei. Auf den Miesbacher Anzeiger ging er dabei nicht ein[158].

Aus den schon genannten Artikeln 62, 80 und 81 zitierte im Reichstag Hans Unterleitner (USP) in der Debatte über die anläßlich der Ermordung des Abgeordneten Karl Gareis eingebrachte Interpellation am 17. Juni 1921 und belegte damit seine Behauptung, daß durch derartige Pressehetzereien in Bayern eine Stimmung geschaffen und der Boden bereitet worden sei, auf dem der Mord hätte geschehen können. Dazu zog er noch eine Wendung aus Artikel 110 heran (»Oder schlagen wir jeden Hund tot, der das arme Vaterland in neues Verderben stürzen will? Haltet Euch bereit, denn, wenn der Gareis auch bloß mit dem Maul droht, so gibt es doch Gesindel genug, das bloß auf ein Signal wartet«). Auch er kritisierte die bayerischen Behörden, die gegen derartige Veröffentlichungen nicht einschritten, und prangerte die dem Reich feindliche Gesinnung bayerischer Presseorgane an. Reichskanzler Wirth erklärte, er wisse nicht, wer der Verfasser reichsfeindlicher Pamphlete sei. Zurufe von links nannten Thoma, wogegen sich Widerspruch bei der Bayerischen Volkspartei erhob[159]. Als Entgegnung auf diese Debatte erschien am 25. Juni 1921 der Artikel 135, in dem zum wiederholten Mal die »Berliner Zustände« im negativen Licht dargestellt wurden. Der ausgesprochen antisemitische Zungenschlag fehlte hier.

Bei der Erörterung des Mordfalles Gareis im bayerischen Landtag am 22. Juni 1921 zitierte Max Blumtritt (USP) nochmals aus Artikel 110 mit dem Hinweis, daß der Miesbacher Anzeiger das Leib- und Magenblatt des Herrn v. Kahr sei; er wollte damit belegen, daß politische Motive die Grundlage für die Tat gewesen seien, weil man Gareis die Schuld an der Auflösung der Einwohnerwehr gebe. In der Antwort darauf führte Staatssekretär Schweyer aus, daß die Sätze des Artikels »Schauen wir zu, daß noch einmal die roten Fetzen durch München getragen werden? Oder schlagen wir jeden Hund tot, der das arme Vaterland in neues Verderben stürzen will?« keineswegs als Aufforderung zur Ermordung des Abgeordneten Gareis gewertet werden könnten[160].

In der Begründung zu dieser Interpellation hatte der USP-

Abgeordnete Neumann ausgeführt, daß man in Kreisen der Bayerischen Volkspartei beginne, von den »deutschnationalen Freunden ein klein wenig abzurücken«. Dafür sei die zwischen dem Regensburger Anzeiger (dem Blatt der Bayerischen Volkspartei) und dem Miesbacher Anzeiger laufende Auseinandersetzung der Beweis; er stützte sich dabei auf Zitate aus Artikel 121 vom 15. Juni 1921. Dessen Entstehung ist vielschichtig; wahrscheinlich stammen nur Teile des Zitates tatsächlich von Thoma (s. S. 462).

Aus dem Miesbacher Anzeiger vom 17. Juni 1921 übernahm die Münchener Post einen größeren Abschnitt aus Artikel 124 und den ganzen Artikel 125, um die antisemitische, dem Treiben in Berlin und der Politik der Reichsregierung feindselige Haltung der Zeitung herauszustellen.

Die Weltbühne Siegfried Jacobsohns brachte am 27. Januar 1921 den Beitrag von Kurt Tucholsky »Reisende, meidet Bayern« mit dem Aufruf zum Boykott des bayerischen Fremdenverkehrs wegen der schikanösen Behandlung von Nichtbayern durch die unter der Führung des Präsidenten Pöhner stehende Polizei. Dagegen polemisierte Thoma im Artikel 41 vom 2. Februar 1921. In dem sich anschließenden journalistischen Wortwechsel druckte Die Weltbühne am 14. April 1921 das Thoma-Gedicht vom 6. April 1921 mit den schweren antisemitischen Beleidigungen nach und geißelte anschließend die sich gegen den wenigvermögenden Mittelstand richtende, von Geldgier diktierte Haltung der Bayern[161]. Aus dem Artikel 80 zitierte Karl Kraus in seiner Zeitschrift Die Fackel antisemitische Äußerungen des Miesbacher Anzeigers.

An Thomas Todestag (26. August 1921) wurde Matthias Erzberger ermordet. Wenige Wochen später erschien die Broschüre »Der Erzberger-Mord«; sie enthält eine Sammlung von Presseveröffentlichungen, welche in besonders krasser Weise die gegen Erzberger gerichtete Hetze betrieben hatten. Hier ist auch Thomas Artikel 166 vom 17. August 1921 nachgedruckt, der in scharfen Formulierungen gegen Reichskanzler Wirth und den Zentrumspolitiker Erzberger polemisiert.

Der Miesbacher Anzeiger – ein »Kahrsches Amtsblatt«?

In der publizistischen Diskussion über die Auflösung der Einwohnerwehr veröffentlichte der Miesbacher Anzeiger am 16. März 1921 den Artikel 62, der in scharfen, beleidigenden Formulierungen die Reichsregierung wegen des Gesetzentwurfs über die Entwaffnung der Wehrverbände angriff. Am 19. März 1921 zitierte daraus die Münchener Post große Teile und bezeichnete dabei den Miesbacher Anzeiger als ein »Kahrsches Amtsblatt«[162]. Bereits am 17. März hatte im Landtag der sozialdemokratische Abgeordnete Giermann geäußert, daß der Miesbacher Anzeiger nun wohl Staatszeitung würde, da der Ministerpräsident ihn in der Hand gehalten habe[163]. Wenige Tage später griff Thoma den Ausdruck »Kahrsches Amtsblatt« auf und bemerkte richtig, daß der Miesbacher Anzeiger als Insertionsorgan der örtlichen Behörden »Amtsblatt« sei[164], und schloß daran scharfe Angriffe an die sozialdemokratische Zeitung und deren Eintreten für die Politik der Reichsregierung an.

Bei Zitaten aus dem Miesbacher Anzeiger nannte der MSP-Abgeordnete Saenger die Zeitung das Organ des Ministerpräsidenten[165], worauf Thoma den Sozialdemokraten wiederum die Verantwortung für die Situation des Reiches zuschob[166]. Saenger forderte im Landtag die Regierungspartei auf, sich von der Zeitung zu distanzieren, sonst müsse sie als Amtsblatt der Regierung gelten[167]. In derselben Debatte behauptete Staatssekretär Schweyer (Innenministerium), daß sich das Blatt zu Unrecht als Amtsblatt bezeichne[168]. Damit hatte er jedoch nicht recht.

Auch die Münchener Post kam bei ihrer Kritik der Regierung Kahr auf das »Amtsblatt«-Zitat zurück, als sie die massiven Beleidigungen von Mitgliedern der Reichsregierung durch die Artikel 86 und 108 zurückwies.

Thomas Name wurde im Zusammenhang dieser Artikel nicht genannt; diese Debatten fanden vor dem Zeitpunkt statt, seit dem Thomas Mitarbeit am Miesbacher Anzeiger öffentlich diskutiert wurde (s. S. 454). Das Eintreten Thomas für die politische Linie Kahrs ist einer der wenigen positiven Aspekte seiner Publizistik im Miesbacher Anzeiger. Mit Gustav v. Kahr war Thoma seit 1916 persönlich bekannt, als Kahr während des Krieges Schriftsteller um sich sammelte, um Veröffentlichungen zur »geistigen Versorgung der Soldaten und der Heimat« anzuregen[169]. 1920/21 korrespondierten die beiden wiederholt miteinander. Thoma machte aus seiner Sympathie für Kahr, dessen Heimatliebe, Redlichkeit und Klugheit kein Hehl[170]. Bei der Landtagswahl am 6. Juni 1920 gab er ihm seine Stimme[171]. Seine Mitwirkung bei dem Einwohnerwehr-Fest am 14. November 1920 in Tegernsee ging auf Kahrs Wunsch zurück (s. S. 464). Noch in den letzten Lebensmonaten äußerte er sich positiv über den Ministerpräsidenten[172], als dessen politische Position schon stark umstritten war. Wenige Tage vor Thomas Tod wollte ihn Kahr noch besuchen; er wurde daran durch Termingründe gehindert, wie einer seiner Mitarbeiter am 19. August 1921 an Thoma schrieb[173].

Öffentlich bekannte Thoma seine Meinung über Gustav v. Kahr in der Presse im Juni 1921 bei der Diskussion über seine Mitarbeit am Miesbacher Anzeiger: »Die Art wie der Miesbacher Anzeiger für das Ministerium Kahr und die dadurch gesicherte Ordnung im Vaterland eintritt, freut mich«[174]. Die häufigen Erwähnungen des Ministerpräsidenten und seiner Regierung sind durchgehend anerkennend, höflich und positiv formuliert. »Unser Verhältnis zu Kahr ist das ehrlicher Leute zum Ehrenmann«[175]. Seine Regierung hat für Thoma die Mehrheit des Volkes hinter sich[176]. Seit der Regierungsbildung im März 1920, »im gesegneten März 1920«, sind Sicherheit und Ordnung, Redlichkeit und Tüchtigkeit wieder zurückgekehrt[177]. Für die wichtigsten Mitarbeiter des Ministerpräsidenten hielt Thoma den Justizminister Roth und den Münchener Polizeipräsidenten Pöhner[178], die gemeinsam energisch gegen die Linksparteien die Möglichkeiten des Ordnungsrechtes einsetzten.

Häufig nahmen die Artikel in scharfer Form Stellung gegen die Mehrheitssozialisten in Bayern und im Reich, wenn diese die Kahrsche Politik in der Einwohnerwehrfrage oder bei der Handhabung des Ausnahmerechts kritisierten[179].

Daß gegen Kahr agitierende Kommunisten Thomas Widerspruch herausforderten, verstand sich von selbst[180], wobei jedoch auffällt, daß die extrem nach links tendierende Partei wenig erwähnt wurde, daß Thomas Attacken weit mehr den Mehrheitssozialisten und den Unabhängigen Sozialdemokraten galten.

Auch das Zentrum, besonders die von Erzberger vertretene Richtung, griff Thoma mehrfach heftig an, wenn aus dieser Richtung die betont föderalistische, auf die Erhaltung der Einwohnerwehr gerichtete Politik der Regierung Kahr kritisiert wurde[181].

Publizistische Kritik gegen Kahr wurde vor allem in der Frankfurter Zeitung laut; dies forderte Thomas Widerspruch heraus, wobei er auch auf den jüdischen Einfluß in der dortigen Redaktion hinwies[182]. Auch die »Berliner Judenpresse« nahm Thoma aufs Korn, weil er »unsere bayerische Regierung« angegriffen, verdächtigt und beleidigt sah. Ebenso wies er Kurt Tucholskys Vorwürfe gegen das partikularistische Kahr-Bayern zurück[183].

Wie Kahr war Thoma der Meinung, daß ohne die Sicherheitskräfte der Einwohnerwehr der innere Frieden nicht garantiert werden könne, daß die den Entente-Forderungen zu sehr nachgebende Haltung der Reichsregierung in der Eigenstaatlichkeit Bayerns einen Gegenpol finden müsse. Beide waren der Meinung, daß die auf den Reichszentralismus ausgerichteten politischen Kräfte zu bekämpfen seien. Die Wurzeln dieses von beiden in gleicher Weise angenommenen Übels sah der Journalist Thoma im »galizischen«, jüdischen Einfluß auf die Reichspolitik und auf die sozialistischen Parteien, und dieser Einsicht gab er lautstark Ausdruck. Vergleichbares ist vom Ministerpräsidenten nicht im entferntesten überliefert. Daß Thoma im Miesbacher Anzeiger schrieb, wird Kahr sicher bekannt gewesen sein; es gibt aber keine Anhaltspunkte dafür, daß er über die Verfasserschaft der einzelnen Artikel informiert war.

Die Wirkung des Miesbacher Anzeigers und seiner Polemik kam am 13. Juni 1921 im bayerischen Ministerrat bei der Erörterung der nach der Ermordung des Abgeordneten Gareis gegebenen politischen Lage zur Sprache[184]. Der Handelsminister Hamm (DDP) forderte nachdrücklich Maßnahmen gegen die hetzerischen Artikel des Miesbacher Anzeigers und des Völkischen Beobachters; der Staat müsse gegen die publizistischen Ausschreitungen, die die Atmosphäre vergiften würden, vorgehen. Ihm pflichtete der zum Bayerischen Bauernbund gehörende Landwirtschaftsminister Wutzlhofer bei, der mitzuteilen wußte, daß der Miesbacher Anzeiger »von einer bestimmten Finanzgruppe finanziert« würde. Darauf erwiderte Justizminister Dr. Roth, er wisse sicher, daß der

Miesbacher Anzeiger »ein an ihn ergangenes Angebot kapitalistischer Kreise abgelehnt habe«. Im Gegensatz zu den Vorrednern war er der Meinung, es sei ein großer Fehler, gegen die genannten Blätter jetzt vorzugehen; die sozialistische Presse greife die Staatsregierung, insbesondere die Justizverwaltung, in unverantwortbarer Weise an; das führe zu den die öffentliche Sicherheit bedrohenden Ausschreitungen. Ministerpräsident Kahr schloß sich dieser Ansicht an und betonte, daß er die gegen ihn gerichteten Angriffe der sozialistischen Zeitungen wie des Völkischen Beobachters stets ignoriert habe. Die Ministerrunde kam dann zu dem Ergebnis, daß Innen- und Justizministerium die Presseveröffentlichungen genau beobachten sollten. Wenige Tage später beschloß dann der Ministerrat, die Staatsanwaltschaft mit Ermittlungen gegen den Miesbacher Anzeiger zu beauftragen wegen der den Reichsminister Geßler beleidigenden Veröffentlichungen (s. S. 469).

Zur Einwohnerwehr

Fast während des ganzen Zeitraums, in dem Thoma politische Fragen im Miesbacher Anzeiger kommentierte, stand die Einwohnerwehr[185] im Zentrum des öffentlichen Interesses. Als in der Zeit unmittelbar nach der November-Revolution die öffentliche Sicherheit erheblich bedroht war und die regulären Polizei- und Gendarmeriekräfte nicht ausreichten, bildeten sich in Bayern, wie auch in anderen Ländern, lokale Flur- und Ortsschutzverbände aus wehrfähigen Männern, die im Umgang mit Waffen erfahren waren. In der sozialistischen Regierung Eisner war die Meinung über Notwendigkeit, Zweckbestimmung und Einsatz der Wehren umstritten. Mit Nachdruck kam die Organisation der Wehrverbände erst nach der chaotischen Münchener Rätezeit in Gang. Mit Unterstützung der Behörden, vor allem der Bezirksämter und der Kreisregierungen, entstand nun ein durchgehendes System von privatrechtlich fundierten, nach Kreisen und Gauen eingeteilten Verbänden, die in einem Landesverband der Einwohnerwehren unter dem Landeshauptmann Dr. Georg Escherich zusammengefaßt waren. Der Landesverband gab auch eine wöchentlich erscheinende Zeitung heraus, das »Heimatland. Vaterländisches Wochenblatt für das Bayerische Volk«. Im Januar 1920 hat darin auch Thoma publiziert[186].

Die Wehrverbände wurden durch staatliche Zuschüsse und Spenden privater Mäzene finanziert[187]. An die Mitglieder wurden Handwaffen ausgegeben, die aus Militärbeständen stammten und über die militärischen wie auch die zivilen Verwaltungsstellen verteilt wurden. Die Wehrmänner hatten sich für örtliche Wach- und Sicherheitsdienste bereitzuhalten, wozu sie aufgerufen (»aufgeboten«) werden konnten. Gelegentlich kam es auch zu überörtlichen größeren Einsätzen, wobei die Verbände mit Maschinengewehren und Feldgeschützen bewaffnet sowie mit Pferden, Bagagewägen, Feldküchen und anderen Fahrzeugen ausgerüstet waren.

In manchen Landesteilen, besonders in den südlichen Gebieten Oberbayerns, bestanden enge persönliche und mentalitätsmäßige Verbindungen zwischen den sich formierenden Wehren und den örtlichen Schützenvereinen und insgesamt zu den kleinstädtisch-bürgerlichen und ländlich-bäuerlichen Bevölkerungsschichten.

Wenn auch die erste Entwicklungsphase der Einwohnerwehren in Bayern unter der Leitung der Sozialdemokraten Johannes Hoffmann (Ministerpräsident), Martin Segitz und Fritz Endres (Innenminister 1919/1920) vor sich ging, so war doch nicht zu verkennen, daß mehr und mehr die bäuerlich-bürgerlich-konservativen Kräfte in den Verbänden dominierten und auch von den staatlichen Behörden unterstützt wurden. Schon im September 1919 hatte das Innenministerium die Weisung gegeben, USP-Angehörige von den Wehren fernzuhalten[188]. Nach dem Kapp-Putsch, der in Bayern zum Verzicht der Sozialdemokraten auf die Teilnahme an der Regierung und zur Bildung des von der Bayerischen Volkspartei, der Deutschen Demokratischen Partei und dem Bauernbund getragenen Kabinetts unter Ministerpräsident Kahr führte, verstärkte sich diese Entwicklungslinie. Die Einwohnerwehren wurden nun zunehmend von den sozialistischen Parteien und deren Presse als konservativ-reaktionär attackiert.

Dazu kam, daß die Entente-Mächte seit Herbst 1919 und seit dem Inkrafttreten des Versailler Vertrags mit zunehmendem Mißtrauen die Einwohnerwehr beobachteten, weil sie darin eine Umgehung der Abrüstungsbestimmungen des Friedensvertrages erblickten. Der preußische Innenminister Severing ordnete im April 1920 die Auflösung der Wehren in Preußen an, was aber nicht verhinderte, daß in den folgenden Monaten wieder dem Orts- und Flurschutz dienende Verbände aufgestellt wurden, welche der bayerische Landeshauptmann Georg Escherich in der Organisation Escherich (Orgesch) zusammenzufassen gedachte[189]. Ministerpräsident v. Kahr hatte schon als Regierungspräsident von Oberbayern den Auf- und Ausbau der Einwohnerwehren unterstützt; als Regierungschef ließ er keine Gelegenheit vorübergehen zu versichern, daß die Ordnung, Ruhe und Sicherheit im Staat ohne die Einwohnerwehren nicht garantiert werden könne, daß die Verbände nichts mit einer versteckten Wehrmacht zu tun hätten und daß man alle politischen Kräfte anspannen müsse, um die Auflösung der Wehren zu verhindern. Dabei ließ er auch durchblicken, daß er die auf Entgegenkommen gegen die Entente-Forderungen abgestellte Politik der Reichsregierung für verfehlt hielt und einen eigenen Weg zu gehen gedachte.

In dieser Situation begann Thoma, das Thema »Einwohnerwehren« im Miesbacher Anzeiger zu besprechen[190]. Bereits in dem ersten, am 15. Juli 1920 veröffentlichten Beitrag kommt die Einwohnerwehr zur Sprache, wobei die Nachrichten über die Konferenz von Spa den Kommentar ausgelöst haben; alle, in den folgenden Monaten immer wiederholten Komponenten, die Haltung der sozialdemokratischen Münchener Post, die Forderung der Alliierten, die Haltung Kahrs und die Betonung der Eigenstaatlichkeit Bayerns, werden hier schon erwähnt und im Sinn der Regierung Kahr dargestellt. Die Selbstschutzbewegung in Brandenburg und anderen preußischen Provinzen gab Thoma Anlaß, sich für diese nach seiner Meinung aus den bestehenden Zuständen mit ihrer Unsicherheit zu erklärende Bewegung auszusprechen und ihre Bedeutung für die Abwehr der bolschewistischen Gefahr zu betonen[191]. Das »Landesschießen« im September 1920 billigte Thoma und verteidigte den »erhebenden und tiefergreifenden Verlauf des Begrüßungsaktes am Königsplatz in München« gegen Vorwürfe, die von katholischer, dem Zentrum nahestehender Seite erhoben wurden, und erklärte Juden und Preußen als deren Urheber[192]. Auf des Ministerpräsidenten Wunsch hat sich Thoma nachhaltig für die Einwohnerwehren und deren Darstellung auf einer großen Versammlung in Tegernsee eingesetzt, bei der Organisation des vielbesuchten Festes mitgeholfen und für die Hauptveranstaltung ein Gedicht geschrieben[193]. Eine ähnliche Veranstaltung fand im November 1920 in Innsbruck auf Einladung der einwohnerwehrähnlichen »Heimatwehr Tirol« statt. Die österreichischen Sozialisten wollten das Treffen durch einen Eisenbahnerstreik verhindern, was jedoch nur zum Teil gelang und Thomas Kritik herausforderte[194].

Thoma wandte sich nun häufig gegen die dem früheren Reichsfinanzminister Matthias Erzberger nahestehenden Zentrumskreise[195], die im Verhalten der bayerischen Regierung Verstöße gegen die selbstverständliche Reichstreue sahen. Erzberger, den Thoma als Lump zu bezeichnen nicht anstand[196], mußte sich grob beleidigende Vorwürfe gefallen lassen, die sachlich all das aufgriffen, was der deutschnationale Karl Helfferich dem Zentrumsmann Erzberger vorwarf[197].

Die Abneigung des Artikelschreibers gegen die Sozialisten wurde auch im Zusammenhang mit der Einwohnerwehrfrage deutlich[198]. Die bürgerliche Regierung Kahr und die Einwohnerwehr gehörten für Thoma zusammen; wenn die Sozialisten und Kommunisten Einfluß gewännen, drohe die Gefahr eines neuen Umsturzes[199]. Die Gesundung des bayerischen Vaterlandes wurde nach Thomas Ansicht vom Ministerpräsidenten Kahr und seiner Einwohnerwehrpolitik garantiert[200]. Gegen das Reich und die »Berliner Judenpresse« gelte es, Front zu machen und die Anweisungen über die Entwaffnung der Bevölkerung nicht zu beachten[201]. Im März 1921 beschloß der Reichstag das »Entwaffnungsgesetz«, nach dem alle Wehrverbände aufzulösen und alle Waffen abzuliefern waren. Die Bayerische Volkspartei hatte zwar im Reichstag gegen das Gesetz gestimmt, ließ aber erkennen, daß das einwandfrei zustandegekommene Gesetz auch für Bayern verbindlich sei und dort vollzogen werden müsse[202].

In den beiden folgenden Monaten versuchte Kahr, wenigstens die Auflösung, wenn schon nicht die Entwaffnung, der Verbände zu verhindern, um auf diese Weise die Interessen der Einwohnerwehrführung um Escherich und Kanzler zu berücksichtigen[203].

Thoma unterstützte auch in dieser Phase die Kahrsche Politik vorbehaltlos, polemisierte gegen den vom Reich bestellten Entwaffnungskommissar Dr. Peters genauso wie gegen den pazifistisch eingestellten Demokraten Ludwig Quidde[204]. Als dann anfangs Juni 1921 die Entscheidung zur Auflösung gefallen war und Landeshauptmann Escherich die einzelnen Verbände zur Ablieferung der Waffen aufforderte, schrieb Thoma nochmals im Rückblick über die Entwicklung der Einwohnerwehren[205] und griff dabei die Sozialdemokraten an, daß sie die Wehren als reaktionäre Einrichtungen denunziert hätten, die das Ministerium Kahr stützten und somit der Rückkehr der Sozialisten an die Macht im Wege stünden.

Bei der Verteilung der Waffen aus ehemaligen Militärbeständen, bei der von der Entente-Kommission zur Überwachung angeordneten Anmeldung der Waffen und schließlich bei deren Ablieferung kam es auf allen Seiten (den Wehrverbänden, der Polizei, den deutschen und den alliierten Überwachungsinstanzen) zu Unkorrektheiten, Übergriffen, Denunziationen, Bestechungen und Gewalttaten, ohne daß im Einzelfall die Schuldfrage jeweils eindeutig zu klären ist. Unverkennbar ist, daß auch persönliche Bereicherungsabsichten und korrupter Opportunismus vielfach im Spiel waren und politisch-ideologisch motiviert und beschönigt wurden. Während die sozialistische Publizistik Gewalttaten als politisch begründete Femeaktionen deklarierte, versicherte ebenso lautstark die nach rechts und ultrarechts orientierte Presse, daß hier lediglich Verräter an den nationalen Belangen die verdienten Reaktionen für ihre Taten gefunden hätten. Thoma schrieb in dieser Tendenz über den dubiosen Fall Dobner-Bracher, bei dem es um undurchsichtige Waffenschiebungen und Denunziationen ging[206]. Auch im Mordfall Gareis[207] war die Rede davon, daß der Ermordete wegen seiner Haltung in der Einwohnerwehrfrage einem von rechtsradikalen Kreisen angezettelten Racheakt zum Opfer gefallen sei.

In Thomas Journalistik über die Einwohnerwehr beansprucht ein fiktives Interview mit einem britischen Offizier irischer Abstammung besonderes Interesse[208]. Thoma legte dem Briten all das in den Mund, was er selbst für richtig hielt, daß die Bürgerwehr in keiner Weise eine Bedrohung der Entente darstelle, daß vom deutschen Volk eine Gefährdung des Friedens nicht ausgehen könne, daß eine »hysterische Nation« (Frankreich) vom Haß beseelt sei, den im Krieg Vernichteten auch noch zu mißhandeln, daß Frankreich nicht imstande sei, politische Gedanken zu fassen, und daß wenigstens England erkenne, ein wehrloses, zur Verzweiflung getriebenes Deutschland werde sich dem Bolschewismus öffnen und damit eine ungeheuere Gefahr für Europa darstellen.

Zum Judentum

In zahlreichen Artikeln für den Miesbacher Anzeiger gab Thoma seiner zum Haß gesteigerten Abneigung gegen die im Deutschen Reich lebenden Bürger israelitischer Konfession und die aus den östlichen Nachbarländern zugewanderten Juden (»Ostjuden«) in groben, vulgären, beleidigenden und diffamierenden Wendungen Ausdruck. Gelegentlich erwähnte er die eingesessenen jüdischen Bürger, hielt ihnen aber generalisierend vor, daß sie nichts gegen die von Juden inszenierte Revolution von 1918 unternommen hätten[209]; in den allermeisten Fällen werden aber alle Juden als »Galizier«[210], d. h. als aus dem Osten zugewanderte Israeliten, bezeichnet. Krotoschin und Labischin (preußische Provinz Posen), Krakau, Tarnopol und Jaroslau (österreichisches Kronland Galizien) sind bei ihm unterschiedslos Herkunftsorte der »galizischen« Zuwanderer[211], wie für ihn auch die aus dem unteren Donaugebiet, aus Ungarn und Rumänien zugezogenen Juden zu den Ostjuden gehören[212]. Zu abstoßenden Schilderungen, die alle Ostjuden diffamieren sollten, steigerte er seine im Feldzug von 1915 gemachten Beobachtungen, die er in Tagebuchnotizen festgehalten hatte, bei seiner Beschreibung des jüdischen Bevölkerungsteils von Berlin[213]; dabei beklagte er den Einfluß der Juden in der Presse, im Theater- und Kunstleben, in Gewerbe und Handel und – seit 1918 – in der Regierung. Berlin ist »galizisch verhunzt«, eine »Mischung von galizischem Judennest und Newyorker Verbrecherviertel«[214]. Die »galizische Preßkanaille«[215] beeinflußte die öffentliche Meinung dort, aber auch in Frankfurt[216], und ein Redakteur der Münchener Post erscheint als »Galizier«[217].

Deutsche Politik und Kultur sah er durch den jüdischen Einfluß verdorben und polemisierte dagegen in ordinären und verhetzenden Formulierungen[218]. Auch auf die deutsche Sprache hätten es die Juden abgesehen und würden sie vorsätzlich verderben[219].

Generell traf die Juden Thomas Vorwurf, daß sie die Revolution angezettelt hätten und führend im Sozialismus und Kommunismus wirkten[220]. Ist dies immerhin noch damit zu belegen, daß zahlreiche führende Politiker dieser Jahre jüdischer Herkunft waren, so sind die Auslassungen über Kurt Eisner, Gustav Landauer und Magnus Hirschfeld und die daran anschließenden Hetzparolen gegen die »Beschnittenen« in dem berüchtigten, in Presse und Parlament mehrfach zitierten Artikel »Anti-arisch«[221] rational nicht zu erklären, für einen juristisch ausgebildeten, in rechtsstaatlichen Kategorien denkenden Menschen schon überhaupt nicht.

Jüdische Kaufleute spielten im Wirtschaftsleben der Kriegs- und Nachkriegszeit eine Rolle; daß dabei Korruption und ungerechtfertigte Spekulation im Spiel waren und daß damit auch sozialdemokratische Politiker (besonders Scheidemann) in Verbindung gebracht wurden, diskutierte die nationale wie auch die sozialistische Presse lebhaft. Der Miesbacher Anzeiger erörterte dies mit spezifisch antisemitischem Vokabular[222]. Daß die von den Berliner jüdischen Getreidespekulanten manipulierten Preise[223] den bayerischen Bauern Gewinne brachten, blieb jedoch unerörtert.

In privaten Gesprächen und in Briefen ließ Thoma seine sich in Haßtiraden ergehende antisemitische Einstellung nicht erkennen, er lehnte Derartiges sogar ausdrücklich ab und wollte sich den »Deutschnationalen« wegen deren Programm in der Judenfrage nicht anschließen. Gleichzeitig schrieb er aber auch, daß er die ostjüdische Kulturfeindlichkeit hasse[224]. Eine Aufforderung der Tegernseer Nationalsozialisten zum Beitritt ließ er unbeantwortet[225].

Zu den sozialistischen Parteien

Dreiviertel der Artikel Thomas beschäftigen sich mit den sozialistischen Parteien und ihren führenden Politikern oder enthalten Anspielungen auf die »Sozi oder die USPen«, wie die Mehrheitssozialisten und die Unabhängigen Sozialdemokraten meist genannt wurden[226]. Deren Opposition gegen die Regierung Kahr, deren Eintreten für die Belange des Reiches sind die wichtigsten, sehr häufig vorkommenden Themen. Die Revolution von 1918 haben sie in Gang gesetzt und durchgeführt, die hergebrachte Ordnung zerstört, und nun tun sie alles, um die Wiederherstellung von Sicherheit und Ordnung unter Kahr zu torpedieren. Sie treten für die reine Parteiwirtschaft ein, sind deshalb für die Leitung des Staates ungeeignet und sind gegen den Willen des Volkes, der in »ungeheurer Majorität« antisozialistisch ist; sie sind deshalb undemokratisch[227].

Nationaler Sinn und fester, ehrenhafter Familiensinn werden nach Thomas Meinung von der Sozialdemokratie planmäßig unterhöhlt und zerstört[228]. Von den bayerischen Sozialisten lehnte Thoma in allererster Linie den unabhängigen Sozialdemokraten Kurt Eisner ab, der den Umsturz in München in Gang gebracht hatte. Er bezeichnete ihn in diffamierender Weise als »Kurt, den Langhaareten«, »den Vielgeliebten«, »Itzig von der Promenadestraße«, »Saujud«, »Berliner Ostjud«, »Schuft, polnischer Lump«[229] und verstieg sich bei der Erwähnung der Ermordung zu völlig unqualifizierten Formulierungen[230].

Eisners Parteifreund Karl Gareis, seit 1920 im Landtag einer der wichtigsten Debattenredner der Unabhängigen Sozialdemokraten, kam demgegenüber besser weg; er wurde zwar als Phantast und halber Geisteskranker bezeichnet; die Mordtat, der Gareis zum Opfer fiel, verurteilte Thoma[231].

Von den Mehrheitssozialisten wurde am häufigsten Erhard Auer erwähnt, der schon während des Krieges die führende Persönlichkeit unter den bayerischen Sozialdemokraten war und auch im bürgerlichen Lager Ansehen genoß; im Januar 1919 schrieb Thoma an Conrad Haußmann, daß Auer und Timm kluge und ehrliche Männer seien[232]. Für die Zeit vor dem Februar 1919 (Mordanschlag auf Eisner, Attentat auf Auer) attestierte ihm Thoma, »daß er guten Glauben und guten Willen, die Revolution nicht ausarten zu lassen, hatte«, daß er aber nach dem März 1920 (Beginn der Regierung Kahr) sich dem Druck der Partei gefügt habe[233]. Andere Formulierungen lassen gewisse Sympathien noch durchscheinen[234], die ganz seinem Vorgänger Georg v. Vollmar gelten[235]. Auers Ministertätigkeit unter Eisner wurde kritisch, zum Teil auch falsch dargestellt[236]; seine aktuelle Politik in Berlin gegen Kahr lehnte Thoma strikt ab: »Auer und Timm muß man aufs Maul schlagen, die uns die Berlinerei ins Haus bringen möchten«[237]. Ganz witzig ist die Satire »Alpine Katastrophe«[238], die Thoma im Juni 1921 schrieb, als Gerüchte über eine Regierungsbildung in Bayern unter Auer und Timm umliefen.

Johannes Timm hielt eine ähnliche politische Richtung wie Auer; in der Regierung Eisner war er Justizminister gewesen. Thomas Sympathien genoß er noch weniger als Auer. Obwohl zunächst als »klug und ehrlich« beurteilt, wurde ihm seine Ministertätigkeit in zum Teil beleidigender Weise vorgehalten; auch seine politischen Aktionen fanden nicht Thomas Gefallen[239].

Wie Johannes Timm war auch der Mehrheitssozialist Alwin Saenger Thomas publizistischer Gegner. Timm war Privatkläger, Saenger sein Anwalt im Prozeß gegen den Miesbacher Anzeiger wegen des Thoma-Artikels »Der Bund gegen die Einwohnerwehr« (s. S. 468). Saenger zitierte den Miesbacher Anzeiger im Landtag in der Auseinandersetzung mit der Regierung Kahr[240].

Zum linken Flügel der Mehrheitssozialisten gehörte Johannes Hoffmann aus Kaiserslautern; er war wegen seines Engagements für die Sozialdemokraten als Lehrer 1912 suspendiert worden. In der Regierung Eisner wurde ihm das Staatsministerium des Innern für Kirchen- und Schulangelegenheiten übertragen, dessen Bezeichnung er sogleich änderte (»Staatsministerium für Unterricht und Kultus«). Seine laizistische Schulpolitik fand in konservativen und kirchlichen Kreisen lebhafte Kritik. Nach Eisners Ermordung wählte ihn der Landtag zum Ministerpräsidenten; wegen der Unruhen im April 1919 ging er mit der Regierung nach Bamberg. Nach dem Ende der Rätewirren bildete er eine Koalitionsregierung (MSP, BVP, DDP), die bis zu seinem Rücktritt im März 1920 bestand.

Thoma zeichnete eine bösartige Karikatur Hoffmanns und verkannte völlig dessen Bemühungen um eine Konsolidierung der äußerst verwirrten Lage im Jahr 1919[241]. Er kritisierte Hoffmanns antikirchliche Schulpolitik[242] und dessen Haltung gegenüber der Kahrschen Einwohnerwehrpolitik; dabei bezeichnete Thoma Hoffmann fälschlicherweise als führendes Mitglied der Unabhängigen Sozialdemokraten[243]. Hoffmann gehörte jedoch stets zur MSP.

Die führende Zeitung der bayerischen Mehrheitssozialisten, die Münchener Post, ist die am meisten erwähnte und am schärfsten attackierte Zeitung in Thoma-Artikeln. Bis in die Kriegszeit hinein stand Thoma mit dem Chefredakteur der Münchener Post, Adolf Müller, auf gutem Fuß, wie er noch 1919 schrieb[244]. Müller hatte diese Position 1917 aufgegeben; mit dem Nachfolger, Paul Kampffmeyer, geriet Thoma bald in heftige Auseinandersetzungen, die 1920 zum Strafverfahren gegen den Miesbacher Anzeiger führten. Anstelle des Verfassers Thoma stand der Redakteur Klaus Eck vor Gericht[245]. Daß »der verflossene Staatsanzeiger vom Altheimereck« ein einseitiges Parteiblatt sei, dubiose Skandalgeschichten aufgreife und gegen Polizei und Rechtspflege hetze, hielt Thoma der Zeitung vor[246]; er kreidete ihr an, daß sie sich schützend vor den Reichspräsidenten bei der Abwehr der Angriffe des Miesbacher Anzeigers stellte[247], daß sie die »Amtsblatt-Geschichte« (s. S. 474) kolportierte und gegen die Verbreitung des Miesbacher Anzeigers in den Münchener Kasernen agitierte[248]. Besonders heftige publizistische Auseinandersetzungen mit der Münchener Post ergaben sich im Frühsommer 1921 nach den Gewalttaten gegen sozialistische Abgeordnete in München, wobei dem Miesbacher Anzeiger vorgeworfen wurde, er habe dazu hetzerisch aufgefordert. Auch hier spielten Artikel Thomas eine bedeutende Rolle[249]. Mehrmals wurden die Redakteure der sozialistischen Zeitung mit der jüdisch beeinflußten Journalistik in Verbindung gebracht[250], außerdem treibe die Münchener Post Brunnenvergiftung (»so lange am Altheimereck Giftbrühe gekocht wird, gibt es ja keine Ruhe«)[251]. Insgesamt wurde die gesamte »Sozipresse« als »Gesindelpresse, die nicht für den rechtschaffenen Arbeiter schreibe«, charakterisiert[252].

Schärfer noch wurden die führenden Sozialdemokraten im Reich angegriffen, allen voran der Reichspräsident Friedrich Ebert, den Thoma ebenso wie Philipp Scheidemann als »Vater der Revolution« bezeichnete[253]. Wie das Reich und seine Symbole wurde auch der Präsident diffamiert und lächerlich gemacht[254]. Die in der antisozialistischen Presse häufig gebrauchten, abwertenden Anspielungen auf Eberts frühere Berufsausübung und auf seine äußere Erscheinung sind auch bei Thoma in groben Ausdrücken zu finden[255]. Der Reichspräsident lehnte es ausdrücklich ab, sich dagegen mit gerichtlichen Klagen zur Wehr zu setzen (s. S. 469).

Philipp Scheidemann, der schon dem Kabinett des Prinzen Max v. Baden angehört hatte, der die Republik ausgerufen hatte und dann erster Ministerpräsident der neuen Reichsregierung geworden war, wurde von Thoma besonders negativ dargestellt[256]. Ihn traf der Vorwurf der Korruption wegen seiner Beziehungen zu ziemlich zwielichtigen Persönlichkeiten, wie den Brüdern Sklarz und Alexander Helphand, was nicht nur im Miesbacher Anzeiger, sondern allgemein in der rechten wie auch der linken Presse lebhaft diskutiert wurde[257]. Von den Sozialisten erhielt allein Gustav Noske gute Zensuren (»der geradsinnige, männliche«)[258].

Mit durchgehend negativen Epitheta wurden die Kommunisten versehen; »Pöbel«, »Schandweiber«, »Haderlump«, »Taschendieb«, um nur einige zu nennen[259]. Sie stellten nach Thomas Meinung nicht einmal die größte Gefahr dar; schlimmer seien die Mehrheitssozialisten, »die nach rechts und links lügen, die die Staatsmänner spielen und dem Raubgesindel schmeicheln«[260]. Der mitteldeutsche Aufstand im März 1921, der auf kommunistische Initiativen zurückging, veranlaßte Thoma zu heftigen Angriffen auf den Kommunismus; ebenso kritisierte er die Reichsregierung und die preußische Regierung, die seiner Meinung nach nicht genügend energisch gegen die Unruhestifter vorgegangen seien[261]. Wegen der drohenden kommunistischen Komplotte müßten die bayerischen Volksgerichte erhalten bleiben, gegen deren Existenz die Sozialdemokraten agitierten[262]. Kommunisten und Sowjetjuden hätten in zwei Jahren Rußland zugrundegerichtet, stellte Thoma anläßlich der in weiten Teilen Rußlands herrschenden katastrophalen Wirtschafts- und Ernährungssituation fest[263].

Insgesamt fällt auf, daß die gemäßigten Sozialdemokraten, besonders auch die in Bayern und speziell München, wesentlich häufiger von Thoma attackiert wurden als die linksradikalen politischen Kräfte, daß aber die Diktion gegenüber beiden Gegnern ziemlich ähnlich ist.

Zur »Demokratie«

Thoma verwendete den Begriff »Demokratie (demokratisch)« in zweifacher, unterschiedlicher Bedeutung. So bezog er »Demokratie« auf die Staatsform im Gegensatz zur Monarchie; Thoma sprach dabei von »der Herrschaft des Volkes«[264]. Dieser Inhalt des Begriffs ist auch da gegeben, wo in ausgesprochen abwertender, ablehnender Weise von der demokratischen Staatsform und der Republik des Deutschen Reiches die Rede ist[265].

Dann kommen aber »Demokratie«, »Demokraten«, »demokratisch« auch vor als Bezeichnung für die Deutsche Demokratische Partei (DDP) und ihre Mitglieder; einige Male[266] kommen beide Bedeutungen in demselben Artikel vor. Im Januar 1919 schrieb Thoma an Conrad Haußmann, einen der Gründer der DDP, daß er auch für Bayern eine starke bürgerliche demokratische Partei in Stadt und Land für wünschenswert halte, womit er wohl die von Haußmann repräsentierte liberale Partei meinte, gleichzeitig aber seine starken Sympathien für die kurz vorher gegründete Bayerische Volkspartei und ganz besonders für die von Dr. Heim vertretene Linie nicht verhehlte. Zur selben Zeit teilte er Frau v. Liebermann mit, daß er »mit Kopf und Herz bei Haußmann, Payer usw.« stehe, also zu den führenden Leuten der DDP, die ihm schon lange bekannt waren, halte[267]. Von dieser Sympathie ist 1920/21 nichts mehr zu spüren. Bei den Wahlen von 1920 warnte er davor, Sozialdemokraten und Demokraten (= DDP) zu wählen[268].

In den Artikeln des Miesbacher Anzeigers kommt die DDP schlecht weg. Schon für die Bismarckära warf Thoma den Liberalen (jetzt »Demokraten« genannt) ihre politische Haltung und dann während des Krieges ihr Eintreten für die Friedensresolution von 1917 vor[269]. Das Bündnis mit den Sozialdemokraten und der

Zentrumspartei in der »Weimarer Koalition« lehnte er ebenso ab[270] wie die Zusammenarbeit der Württemberger Demokraten mit dem Zentrum, das Thoma nur durch den »Kriegsgewinnlumpen« (= Erzberger) repräsentiert sah[271]. Wurden gelegentlich auch Beschlüsse der DDP in nicht abwertender Form erwähnt[272], so mußten sich doch führende DDP-Mitglieder grobe Beleidigungen gefallen lassen, so die Reichsminister Simons (der in Wirklichkeit gar nicht DDP-Mitglied war), Geßler und Groener (auch er war parteilos)[273] und die Publizisten Hellmut v. Gerlach, Franz Carl Endres und Ludwig Quidde[274]. Seit April 1921 wurde in der Berliner Volkszeitung und in der Vossischen Zeitung, die beide der DDP nahestanden, die Frage nach dem Leitartikler des Miesbacher Anzeigers diskutiert, was Thoma zu Angriffen gegen die demokratische Presse und zu dem Dementi in der Vossischen Zeitung veranlaßte[275].

Am meisten erstaunt, daß auch Conrad Haußmann von Thoma angegriffen wurde, als der Miesbacher Anzeiger am 12. Juni 1921 aus der München-Augsburger Abendzeitung eine Nachricht über Reparationslieferungen an Frankreich übernahm und den beteiligten Firmen ungerechtfertigte Bereicherungen als »Reparations-Gewinnler« vorwarf. Aufsichtsratsvorstand einer solchen Firma sollte Conrad Haußmann aus Stuttgart sein, der sich damit in die Reihe der sozialdemokratischen und demokratischen Postenjäger in der nationalen Notzeit eingegliedert habe[276].

Mit Haußmann war Thoma seit langem bekannt; er hatte Thoma in juristischen und in sehr persönlichen Angelegenheiten geholfen. Während des Krieges hatten sich die Beziehungen abgekühlt; Ende 1918 knüpfte sie Thoma wieder an, weil er menschlichen Zuspruch und juristischen Rat brauchte[277]. Die Beziehungen blieben weiter freundschaftlich, wie die Korrespondenz in den Jahren 1919 und 1920 zeigt[278]. Zwei Briefe Thomas an Frau v. Liebermann aus den Jahren 1920 und 1921 lassen eine mehr distanzierte Haltung gegenüber Haußmanns politischer Linie erkennen[279]. Der letzte Brief Haußmanns an Thoma stammt vom 18. September 1920. Ob danach, d. h. in der Zeit, in der die meisten Artikel zum Miesbacher Anzeiger entstanden sind, die beiden Kontakt hatten, ist vorläufig nicht bekannt. Zu Thomas Begräbnis kam Conrad

Haußmann und sprach Gedenkworte am offenen Grab[280]. Darüber berichtete der Miesbacher Anzeiger mit einem, was Haußmann anlangt, abwertenden Unterton. Sollte das ein Hinweis darauf sein, wie man im Kreis um Thoma und Eck im Jahr 1920/21 über Haußmann und die Demokraten dachte und redete[281]? Und sollte dies den Schlüssel geben zur Antwort auf die Frage, warum Thoma so nachdrücklich auf der Anonymität seiner Beiträge zu der Zeitung bestand? Dann hätte ihn die Scheu, vor seinen alten politischen und menschlichen Freunden Farbe zu bekennen, daran gehindert, offen zu seinen Ansichten zu stehen.

1 Lemp S. 240 Nr. 1456–1459 sowie MA Nr. 44 S. 2 v. 21. 2. 1918 (= Lemp S. 247 Nr. 1696, Nachdruck in MAA Nr. 98 v. 22. 2. 1918); vgl. dazu auch Hofmiller, Briefe 1, S. 172f v. 23. 2. u. 2. 3. 1918 sowie Gajek (Serie Piper 806) S. 351f. Die Rede v. 12. 5. 1918 erschien in MA Nr. 117 S. 4 v. 19. 5. 1918.
2 Nr. 27, 28, 67/1, 95/1.
3 Nr. 4, 11.
4 Nr. 133.
5 Nr. 112 Anm. 6, Nr. 160 Anm. 6.
6 Kirmayer S. 125 Anm. 6
7 Vgl. dazu Lemp S. 9ff; Stadtbibliothek München. Festschrift zum 50jährigen Bestehen der Handschriftensammlung, Redaktion: Richard Lemp, München 1974, S. 26.
8 Festschrift (wie Anm. 7) S. 5f.
9 Nr. 118/1, 165, 166.
10 Nr. 118/1; vgl. dazu S. 462.
11 Nr. 4.
12 Im Faszikel L 2396.
13 Über Maier s. Zils S. 231; über seine Beziehung zu Thoma s. Nr. 17 Anm. 13.
14 Nr. 25 (Autograph fehlt) wurde Ende 1921 im Miesbacher Büchl in erweiterter Form nachgedruckt. Zu diesem Zeitpunkt war das Original noch vorhanden.
15 Übereinstimmender Druckfehler bei Nr. 2, Zusammenfassung von Nr. 130 u. 130/1, Zusatz bei Nr. 133 (»indirekt«).
16 Lemp S. 240–245.
17 Nr. 35/1, 67/1, 95/1.
18 Lemp S. 198ff.
19 Nr. 39/1, 39/2, 83/1, 102/1, 102/2, 137/1, 152/1.
20 Nr. 112 Anm. 6, Nr. 118/1, Nr. 160 Anm. 6.
21 Zur Überlieferung der Zeitung vgl. van Laak S. 10.
22 Regeln und Wörterverzeichnis für die deutsche Rechtschreibung zum Gebrauch an den bayerischen Schulen, München 1879; über die Einführung vgl. Englmann-Stingl, 3. Aufl., München 1888, S. 378. Bis dahin gab es keine, für alle bayerischen Schulen verbindliche Regelung. Einige Anhaltspunkte enthielten die für die einzelnen Regierungsbezirke erlassenen Kreislehrpläne; vgl. Johann Anton Englmann, Handbuch des bairischen Volksschulrechtes, 2. Aufl., München 1879,

S. 310, über die Kreislehrpläne Ebd. S. 287ff. – An den Präparandenschulen und den Schullehrerseminarien (beide dienten der Lehrerbildung) war 1868 das Buch v. Joseph Kehrein, Wörterverzeichnis zur Einübung der deutschen Rechtschreibung, Leipzig 1861 eingeführt worden (Ministerialblatt für Kirchen- u. Schul-Angelegenheiten im Königreich Bayern 1868, S. 246). – Regeln und Wörterverzeichnis für die deutsche Rechtschreibung zum Gebrauch in den preußischen Schulen, Berlin 1880. – Konrad Duden, Vollständiges Orthographisches Wörterbuch der deutschen Sprache, Leipzig 1880. Vgl. dazu Deutsche Orthographie, von einem Autorenkollektiv unter Leitung von Dieter Nerius, Leipzig 1987, S. 247–250. Zur Einführung der einheitlichen Rechtschreibung im Unterricht der bayer. Schulen am 1. 1. 1903 vgl. Englmann-Stingl, 5. Aufl., S. 639f.

23 Etwa die Hälfte der von Thoma verwendeten, den Regeln nicht entsprechenden Schreibformen enthält auch das von Kehrein bearbeitete Wörterverzeichnis (s. Anm. 22).

24 Vgl. dazu auch Gajek (Serie Piper 321) S. 114; Ders. (Serie Piper 487) S. 157f; Ders. (Serie Piper 806) S. 341f; Ders. (Serie Piper 925) S. 209.

25 Keller, Briefe S. 467; Lemp, Vom Advokaten zum Literaten S. 4.

26 Kirmayer S. 10–16; Michael Gasteiger, Markt u. Stadt Miesbach, Miesbach 1956, S. 163f.

27 Kirmayer S. 90ff.

28 Ebd. S. 116–121.

29 MA Nr. 176 v. 31. 7. 1920: Schriftleitung: N. Eck; Nr. 178 v. 3. 8. 1920: Herausgeber und verantwortlicher Schriftleiter: Klaus Eck.

30 Kirmayer S. 119, 175f; van Laak S. 12f.

31 Der Nationalsozialist Hermann Esser sagte in seiner Grabrede, daß Eck nicht in den Reihen der Nationalsozialisten gestanden sei. Die MP schrieb 1929, Eck habe eine Mitgliedskarte der NSDAP v. 1922 besessen; BHStA, Slg. Rehse P 4806; Kirmayer S. 121.

32 Die meisten Artikel Ecks erschienen anonym; er schrieb auch unter den Pseudonymen Vitus, Vitus Gaisreither (Geisreiter), Melchisedek. Vgl. Kirmayer S. 187f; Appel S. 128–133, 256–268.

33 Vgl. Appel S. 234f.

34 StaatsA München, LRA Nr. 152913. Zum Antisemitismus in der deutschen Presse vgl. Jochmann S. 482f. Zu den Äußerungen des MA über die Rätezeit in München vgl. Peter Winter, Die Münchener Räterepublik in der Kritik der zeitgenössischen Presse (Magisterarbeit, Masch., Regensburg) 1986, S. 42ff, 61f, 129–141.

35 Nr. 133.

36 BHStA, Min. d. Äuß. Nr. 102136 v. 6. 9. 1921; zum Verbot vgl. auch Kirmayer S. 158; Erzberger-Mord S. 28f. Als Ersatz erschien vom 6. 9. bis 28. 9. 1921 das Miesbacher Tagblatt.

37 Hofmiller S. 725; Dresler S. 580; vgl. auch Lemp S. 30, 160 u. Nr. 129 Anm. 11, Nr. 137/1 Anm. 3; Gajek (Serie Piper 925) S.161.

38 Vgl. Appel S. 246f; BHStA, Slg. Rehse P 235 sowie den Nachruf von Hans Maier (Lemp S. 182 Nr. 47/V).

39 Vgl. dazu Ziersch, Jagdkönig S. 211.

40 Wolfgang Gottwald, Der Corpsstudent Ludwig Thoma (Einst und Jetzt. Jahrbuch des Vereins für corpsstudentische Geschichtsforschung, Erlangen 1982), S. 150, 155; vgl. Keller, Briefe S. 406.

41 Vgl. Nr. 165 Note e) und Nr. 166 Note e). Unter den Briefen an Thoma (StBibl., HsAbt.) befindet sich eine Karte vom »SC.-Abend« am 26. 8. 1921 mit Unterschrift u. a. Salzbergers mit Genesungswünschen.

42 MA Nr. 201 S. 2 v. 31. 8. 1921.

43 Kirmayer S. 24ff u. Anhang II.

44 Diese Zahl gibt Dresler S. 579 an. Die Schätzung von Kirmayer S. 124 (26000) dürfte zu hoch gegriffen sein. Die Mitteilung von Appel S. 258 (50000) ist sicher nicht richtig.

45 Nr. 3; vgl. S. 466.

46 Keller, Briefe S. 443 v. 24. 1. 1921.

47 Ebd. S. 452 v. 18. 4. 1921; vgl. dazu S. 463.

48 Nr. 35/1.

49 Nr. 44.

50 Nr. 62, 63.

51 Nr. 72, 77, 80, 81.

52 Volkszeitung für Zittau Nr. 135 v. 13. 6. 1921 nimmt Bezug auf Nr. 112 und erwähnt Thomas Mitarbeit beim MA. Freie Presse Osnabrück Nr. 366 v. 14. 6. 1921 zitiert aus Nr. 110.

53 Nr. 72.

54 Nr. 83, 84; vgl. dazu Lemp S. 160.

55 Vossische Zeitung Nr. 269 v. 10. 6. 1921.

56 MP Nr. 137 v. 16. 6. 1921. – Die konservative Augsburger Postzeitung teilte mit, daß »der Hauptmitarbeiter des MA der bekannte Schriftsteller Ludwig Thoma ist« (Nr. 265 v. 15. 6. 1921).

57 MNN Nr. 253 v. 20. 6. 1921; das Dementi veröffentlichte die Vossische Zeitung Nr. 284 v. 19. 6. 1921 als knappe Notiz.

58 Beide Texte sind in Nr. 133 ediert.

59 Vgl. dazu Kirmayer S. 126f u. Nr. 142.

60 MP Nr. 141 v. 21. 6. 1921. – Am 20. 6. 1921 schrieb der Chefredakteur Theodor Wolff im Berliner Tageblatt (Nr. 285) über die Situation in Bayern nach dem Gareis-Mord; er führte aus: »In Temps und anderwärts wird behauptet, daß Ludwig Thoma, der einst die Götter des deutschen Militarismus und den Spießerbrauch beißend verhöhnte, im MA seine jetzigen Verehrer und Freunde zur Ermordung des Abgeordneten Gareis aufgefordert habe, was im Interesse der deutschen Literatur widerlegt werden sollte, wenn es, wie die ehemaligen Verehrer hoffen, nicht stimmt«.

61 Nr. 110.

62 Die Weltbühne 17/II, 1921, S. 166. Schon im Juli 1921 hatte Jacobsohn den rüden Stil des Anzeigers mit Thoma in Zusammenhang gebracht (Ebd. S. 53).

63 Nr. 80 Anm. 11; über Kraus und Thoma vgl. auch Lemp S. 19.

64 Nr. 11 Anm. 1.

65 Nr. 163 Anm. 3.

66 Deuerlein S. 450. – Bernhard Rudolf Stempfle (1882–1934) aus München, ursprünglich katholischer Ordensgeistlicher, 1919–1921 Pressereferent der bayerischen Einwohnerwehr und enger Mitarbeiter von Rudolf Kanzler, übernahm nach Ecks Ausscheiden die Leitung des MA, für den er seit Mitte 1921 geschrieben hatte. Ende 1925 schied er aus (Kirmayer S. 132, 189). In seinem Nachlaß (BHStA, Nachlaß Stempfle) befinden sich Bruchstücke der Redaktionsakten des MA aus den Jahren 1919–1925. Manuskripte Thomas enthält der Nachlaß nicht.

67 In den zahlreichen Nachrufen nach Thomas Tod (Sammlung davon in L 2467/13) wurde nur in wenigen Fällen auf die Mitarbeit beim MA hingewiesen; vgl. MP v. 29. 8. 1921; Anhalter Zeitung in Dessau v. 30. 8. 1921.

68 Hg. v. Josef Hofmiller und Michael Hochgesang. – Im Thoma-Archiv (StBibl., HsAbt., Briefe an Thoma) befinden sich Aufzeichnungen von Josef Hofmiller (v. 2. 3. 1927, sowie ein undatiertes Blatt) darüber, daß die Veröffentlichung von Artikeln Thomas im MA wünschenswert sei, weil dadurch das Bild Thomas, welches sich aus den »Briefen« und aus den »Erinnerungen« ergebe, wesentlich ergänzt werden könnte.

69 Bezieht sich auf Nr. 165, 166 oder 167; der letzte Artikel Thomas erschien jedoch schon am 18. 8. 1921.

70 Münchener Zeitung Nr. 34/35 v. 5./6. 2. 1927.

71 MNN Nr. 63 u. 64 v. 5. u. 6. 3. 1927.

72 MP Nr. 90 v. 20. 4. 1927; vgl. dazu Lemp S. 160.

73 Ziersch (1936), ohne Zahlenangabe; Stark (1937) S. 95 (149 Artikel); Eduard Stemplinger, Wir Altbayern, München 1946, S. 139 (149 Artikel, davon 20 gezeichnet); Ders., Ludwig Thoma als Altbayer, Altötting 1948, S. 13 (149 Artikel); v. Müller, Unterm weißblauen Himmel, S. 193 (anderthalbhundert Artikel); Heinle (1963), S. 136, 161 (149 anonyme Kampfartikel); Thumser (1966), S. 199; Haage (1982), S. 223 (über 150 Hetzartikel); Ahrens (1983), S. 555 (125 polemische Artikel); Benno Hubensteiner, Biographenwege, München 1984, S. 199 (»in der Handschriftenabteilung der Münchner Stadtbibliothek liegen die Manuskripte oder die Einzelnachweise für fast zweihundert hochbrisante Artikel auf«); Gritschneder, Thoma und die Justiz, S. 96 (»... 125 derbpolitische Artikel für den Miesbacher Anzeiger«).

74 Seit April 1921 bei der Zeitung tätig; Kirmayer S. 131 f.

75 Vgl. die Nachweise in der Überlieferungsliste, Spalte 6. Die im September 1921 erschienene Ausgabe ist als »Gesammelte Aufsätze«, die Ausgabe von Dezember 1921 als »Miesbacher Büchl« zitiert (Titel s. Abkürzungsverzeichnis).

76 Nr. 41, 62, 65, 70, 76, 77, 83, 147, 154, 159.

77 Nr. 16, 46, 79, 97, 101, 107, 117, 149, 152, 155, 158.

78 Nr. 36, 72, 86, 104, 143.

79 Vgl. die Angaben in der Überlieferungsliste, Spalte 6. Bei Nr. 19 läßt Kloeber S. 92 f einen Absatz, der an die BVP appelliert, sich vom Erzberger-Kurs des Zentrums zu trennen, weg. Bei Nr. 152 fehlt in den Nachdrucken (Miesbacher Büchl S. 38 f; Kloeber S. 111 f) ein auf Erzberger hinweisender Absatz des Artikels. – Am 25. 8. 1941 erschien unter der Verfasserangabe H. S. in der Landeszeitung für Mecklenburg (Neustrelitz) der Artikel »Ludwig Thoma als politischer Journalist. Zum 20. Todestag des Leitartiklers vom Miesbacher Anzeiger«; Nachdruck in erweiterter Form unter der Überschrift »Gegen die Mischpoche aus Schieberopolis: Ludwig Thoma als politischer Journalist« im Völkischen Beobachter (Berliner Ausgabe v. 27. 8. 1941). Der Verfasser reiht Auszüge aus Nr. 13, 50, 51, 53, 98, 116, 133, 151 und schließt mit der Bemerkung: »Thomas Artikel im MA dürfen heute ⟨1941⟩ den Anspruch darauf erheben, zu den ersten publizistischen Zeugnissen eines aufrechten Widerstandes gegen das Verbrechen von 1918 gerechnet zu werden. Sie bezeichnen zudem den letzten Schaffenshöhepunkt eines reichen Lebens, das allzufrüh am 26. August 1921 erlosch«.

80 Vgl. dazu Nr. 130 Anm. 8.

81 Ludwig Thoma und der Miesbacher Anzeiger (Chiemgau Zeitung, Prien, Nr. 108 v. 10. 5. 1938); in leicht veränderter Form unter dem Titel »Zur Geschichte des Miesbacher Anzeigers« (Zeitungswissenschaft 13) 1938, S. 579 ff.
82 Zur Entstehung der Artikel vgl. S. 460.
83 Abbildung: Miesbach, 1983, S. 163; vgl. auch Thumser S. 198, 223 f (teilweise unrichtig); Haage S. 253; Kirmayer S. 120 u. Nr. 151.
84 Kirmayer S. 121–128 mit Besprechung von Nr. 133; Ebd. S. 134 f werden Nr. 77 u. 97 stilistisch knapp gewürdigt; Ebd. S. 156 f sind Nr. 62 u. 72 als Beitrag zur Frage der Einwohnerwehr, S. 163 Nr. 11 als Hinweis auf die Bedeutung der Fahnenfrage erwähnt.
85 Miesbacher Hefte 1, 1985.
86 Gehört – Gelesen 33/I, S. 48–54; in leicht veränderter Form auch im Münchner Stadtanzeiger Nr. 40 v. 30. 5. 1986, S. 16 f erschienen.
87 Schmankerl 55/56. Blätter für bayrisch-österreichische Heimatliteratur, 1986, S. 19–29. Einschlägige Zitate aus dem Miesbacher Anzeiger brachte auch Susanne Tölke in der Rundfunksendung »Die vergessenen Seiten des Ludwig Thoma« v. 26. 8. 1986. Weitere Diskussionsbeiträge zur neueren Thoma-Rezeption lieferten Wilhelm H. Bencker, Ludwig Thoma ein Mißverständnis? (Münchner Stadtanzeiger Nr. 44 S. 17 v. 13. 6. 1986) und Willi Winkler, Dreinhauen, daß die Fetzen fliegen (BStZtg Nr. 37 v. 12. 9. 1986).
88 Serie Piper 543, S. 205–222.
89 Lion Feuchtwanger, Erfolg. Drei Jahre Geschichte einer Provinz, Frankfurt a. Main 1983.
90 Vgl. dazu Synnöve Clason, Die Welt Erklären. Geschichte und Fiktion in Lion Feuchtwangers Roman »Der Erfolg« (Acta Universitatis Stockholmiensis. Stockholmer Germanistische Forschungen 19) 1975, S. 43 ff, 58 ff, 100 f; Egon Brückener – Klaus Modick, Lion Feuchtwangers Roman »Erfolg«. Leistung und Problematik schriftstellerischer Aufklärung in der Endphase der Weimarer Republik (Monographien Literaturwissenschaft 42) 1978, S. 59 ff; Jürgen Kolbe, Heller Zauber, Berlin 1987, S. 341 ff.
91 Erfolg (wie Anm. 89) S. 16, 32 f, 62, 71 f, 80 f, 164–167, 244, 376, 425, 466, 550, 603, 737, 762.
92 Ebd. S. 359, 783; Clason (wie Anm. 90) S. 42 f.
93 Liebermann S. 207. Vgl. Gajek (Serie Piper 925) S. 203 f.
94 Nr. 83/1: Heutige Nummer; Nr. 93: Übermorgen; Nr. 165: Am 5. 8. 1921 in München zur Post gegeben, am 10. 8. 1921 erschienen.
95 Nr. 43 Note a).
96 Nr. 61 Note b) und c).
97 Nr. 66 Note b).
98 Nr. 68 Note a), Nr. 71 Note a).
99 Nr. 111 Note g), Nr. 112 Note a), Nr. 148 Note b).
100 Nr. 45 Note c), Nr. 82 Note a).
101 Nr. 51 Note d). In Nr. 117 (s. Note c) schrieb Thoma »Parteispiritus«; MA macht daraus »Pankespiritus«.
102 Nr. 65 Note b).
103 Nr. 56 Note c), Nr. 78 Note c).
104 Nr. 116 Note c).
105 Nr. 75 Noten g), h), i).
106 Nr. 121 Noten s), t), y).

107 Kirmayer S. 135f.
108 Nr. 118; Hofmiller besaß persönlich das unter Nr. 118/1 erstmals veröffentlichte Original Thomas.
109 Vgl. die Formulierung »Die Wahrheit darf auch vor dem offenen Grab gesagt werden« in Nr. 118/1.
110 Nr. 121 v. 15.6.1921; Nr. 127 v. 18.6.1921; Nr. 131 v. 19.6.1921.
111 Hofmiller-Hochgesang S. 246.
112 Keller, Briefe S. 458; vgl. Thumser S. 223f.
113 Nr. 112 Anm. 9.
114 Vgl. Nr. 99 Anm. 2.
115 Nr. 160.
116 Ebd. in Anm. 6 ediert.
117 Die für die Textentwicklung wichtigen Korrekturen sind in den Noten der Edition nachgewiesen. Der unter Nr. 4 veröffentlichte Prolog zur Ganghofer-Gedächtnisfeier ist in mehreren Entwürfen überliefert; hier wird Thomas Bemühen um die Form des Gedichts besonders deutlich.
118 Kirmayer S. 68 spricht von einer unter Eck und Thoma einsetzenden »Feuilletonisierung« der ganzen Zeitung.
119 Im Journalistenjargon als »Leiter« bezeichnet; vgl. die in den Noten nachgewiesenen Anweisungen des Redakteurs an den den Umbruch durchführenden Setzer.
120 Vgl. etwa Nr. 74 Anm. 3, wo Thoma von höheren Verlusten der Polizei spricht, als sie die vorangehende MA-Mitteilung enthält.
121 Vgl. Nr. 41, 76, 98, 154.
122 Nr. 80; aus diesem Artikel zitierte Kraus antisemitische Äußerungen Thomas.
123 Nr. 138.
124 Vgl. Nr. 23, 34, 35, 108, 128, 140, 155, 162. Vgl. auch Nr. 57 Anm. 1.
125 Vgl. Korrespondenz im Nachlaß: Lemp S. 177 Nr. 47/I, S. 179 Nr. 47/V. Vgl. Hofmiller-Hochgesang S. 165; Keller, Briefe S. 428, 434, 440, 458; Selig S. 66ff; Gajek (Serie Piper 543) S. 239. Über Cossmann vgl. auch Mohler S. 400 u. Cahnmann S. 415ff.
126 Über Hofmillers Verhältnis zu Thoma vgl. vor allem Josef Hofmiller, Herbsttage mit Ludwig Thoma (Ausgewählte Werke) Rosenheim 1975, S. 115–120. Zur Korrespondenz vgl. Ders., Briefe I, S. 151 (1917), 169–175, 177ff, 183ff (1918), 196, 211 (1920); II, S. 365; Keller, Briefe S. 327 (u. ö.); Lemp S. 177 Nr. 47/I, S. 180 Nr. 47/V. Nach Thomas Testament sollte er sich um die Ordnung der nachgelassenen Manuskripte annehmen (Lemp S. 9, 162f). 1927 besorgte Hofmiller die erste Briefausgabe. Über weitere Kontakte vgl. Lemp S. 86, 155, 157, 159, 166. Zu den von Hofmiller stammenden Informationen über Thomas Mitarbeit am MA s. S. 437. Zahlreiche Belege für übereinstimmende Beurteilungen von Politikern und politischen Ereignissen durch Hofmiller und Thoma enthält Hofmillers Revolutionstagebuch.
127 v. Müller, Mars u. Venus S. 204, 207, 220, 331; Ders., Unterm weißblauen Himmel S. 186–200; Ders., Im Wandel einer Welt S. 54ff. Vgl. auch die S. 456 erwähnte Rezension v. Müllers.
128 Lemp S. 234 Nr. 1230–1240.
129 Nr. 57; über Fritsch (1852–1933) vgl. Mohler S. 217, 287, 356; Michalski S. 17, 25f, 53f; Fritsch S. 518, 531, 535f.
130 Vgl. Nr. 2 Anm. 5, Nr. 40 Anm. 6, Nr. 57 Anm. 1, Nr. 75 Anm. 1.

131 Vgl. Nr. 129, 142, 157.
132 Vgl. Lemp S. 158f sowie Nr. 4.
133 Der Gerichtsstand München ergab sich aus der Strafprozeßordnung (§ 7), weil bei Beleidigungssachen, die im Weg der Privatklage verfolgt wurden, das Schöffengericht am Wohnsitz des Beleidigten zuständig war.
134 Prozeßakt im Document Center Berlin, AG München Nr. 222/1920.
135 MA Nr. 249 S. 4; hier wird auch das Urteil in einer weiteren Privatklage gegen Klaus Eck veröffentlicht; diese hatte Rechtsanwalt Dr. Benedikt Bernheim wegen Beleidigung durch einen MA-Artikel angestrengt. Eck und der mit ihm beklagte Herausgeber der Chiemgau-Zeitung, Albert Vogler, der den Artikel nachgedruckt hatte, wurden zu je 100,– Mark Geldstrafe verurteilt. Der zugrundeliegende Artikel stammt nicht von Thoma; vgl. den wohl von Eck stammenden Artikel »Wegen Beleidigung« in MA Nr. 242 S. 1 v. 16. 10. 1920; Kloeber S. 78f. – Über das Verfahren Bernheim gegen Eck enthält der Nachlaß Stempfle verschiedene Schriftstücke (BHStA, Nachlaß Stempfle Nr. 2; dort auch Belege für weitere Beleidigungsprozesse, in die der MA verwickelt war).
136 Nr. 17.
137 Nr. 39/1.
138 Nr. 102/2.
139 Vgl. Nr. 17 Anm. 2 sowie LV 1920/21, StenBer 2, S. 673.
140 Nr. 17.
141 MNN Nr. 500 v. 30. 11. 1920; Prozeßakt: Document Center Berlin, AG München Nr. 14/1921.
142 StBibl., HsAbt. I/36 und III/7.
143 Nr. 39/1. Auf die Klage von Schützinger und Timm nimmt auch Nr. 56 v. 2. 3. 1921 Bezug; dabei wird letzterer lächerlich gemacht.
144 BHStA, KrA, OP Nr. 49443.
145 Nr. 102/2. – Rechtsanwalt Kohl vertrat Klaus Eck.
146 MA Nr. 116 S. 1 v. 21. 5. 1921.
147 LV 1920/21, StenBer 3, S. 265f.
148 Vgl. Nr. 50 sowie MP Nr. 35 v. 12. 2. 1921.
149 MP Nr. 90 v. 19. 4. 1921 im Zusammenhang mit Nr. 86.
150 BHStA, Min. d. Äuß. Nr. 101156. Die beleidigenden Äußerungen des MA gegen Minister Geßler kamen am 18. 6. 1921 im bayer. Ministerrat zur Sprache. Staatssekretär Schweyer (Innenministerium) wurde ersucht, die Staatsanwaltschaft einzuschalten (BHStA, Min. d. Äuß. Nr. 99516).
151 AR Wirth S. 140.
152 Z. B. im November 1920 wegen Beleidigung des Grafen Bothmer (BStZtg Nr. 277 v. 27. 11. 1920) oder im Dezember 1920 wegen Beleidigung des Rechtsanwalts Alwin Saenger (MA Nr. 298 S. 3 v. 22. 12. 1920) oder im Oktober 1920 und im Mai 1921 wegen Beleidigung des Rechtsanwalts Dr. Benedikt Bernheim (MA Nr. 242 S. 1 v. 16. 10. 1920; Kloeber S. 78f; MA Nr. 133 S. 3 v. 11. 6. 1921) oder im Oktober 1921 wegen Beleidigung des Abgeordneten Erhard Auer (Document Center Berlin, AG München Nr. 175/1921). Vgl. auch Anm. 135.
153 StaatsA München, Staatsanwaltschaft München I, Nr. 3020a, 3089a; Kirmayer S. 162–166; Gritschneder, Gehört-Gelesen 33/I, S. 51. Zu den Schwurgerichten vgl. Volkert S. 129.
154 Nr. 36 (Schwarz-rot-gelber Fetzen); Nr. 62 (Schwarz-rot-gelber Weimarer

Putzhadern, demokratischer Schandfetzen); Nr. 65 (Schabbes-Flagge schwarz-gelb-rot); Nr. 67 (Schabbesflagge, ein Weimaraner Putzhadern); Nr. 102 (Dreckvogel, Pleitegeier für den Adler des Reichswappens).

155 LV 1920/21, StenBer 3, S. 43 f.

156 Nr. 62.

157 Nr. 80.

158 LV 1920/21, StenBer 2, S. 860 ff.

159 RV Bd. 350, S. 3956.

160 LV 1920/21, StenBer 3, S. 261.

161 Vgl. die Nachweise bei Nr. 41 und 76.

162 MP Nr. 65 v. 19./20. 3. 1921.

163 LV 1920/21, StenBer 2, S. 681.

164 Nr. 67. Der Ausdruck stand auch im Zeitungskopf. Die Zeitung war seit 1876 »Amtsblatt« des Bezirksamts Miesbach; s. Kirmayer S. 13.

165 S. Nr. 62 u. 80; LV 1920/21, StenBer 2, S. 841.

166 Nr. 99.

167 Nr. 63; LV 1920/21, StenBer 2, S. 864.

168 Ebd. S. 867.

169 BHStA, Nachlaß Kahr K. 5 fol. 365 (Lebenserinnerungen zu 1916); Thoma erwähnt dies am 14. 8. 1917 (Walther Ziersch, Ludwig Thoma, München 1928, S. 258). – Über Gustav v. Kahr (1862–1934) vgl. NDB 11, S. 29 f; Bernhard Zittel, Gustav v. Kahr (Fränkische Lebensbilder 3) 1969, S. 327–346; Schwend S. 151–158; HBbG 4/I, S. 454–465; Schwabe S. 133 ff, 308.

170 Keller, Briefe S. 423 v. 7. 5. 1920, S. 434 v. 27. 8. 1920.

171 Ebd. S. 425 v. 1. 6. 1920.

172 Ebd. S. 458 v. 24. 6. 1921.

173 StBibl., HsAbt., Briefe an Thoma.

174 Nr. 133.

175 Nr. 30.

176 Nr. 1, 63, 106, 127, 136, 147.

177 Nr. 17, 107, 109, 136.

178 Nr. 17, 75, 102/2, 121, 124.

179 Z. B. Nr. 46, 53, 63, 66, 69, 88, 110, 114, 117, 121.

180 Nr. 68.

181 Nr. 9, 12, 30, 54, 94.

182 Nr. 14, 65, 127.

183 Nr. 41, 124.

184 BHStA, Min. d. Äuß. Nr. 99516.

185 Vgl. HBbG 4/I, S. 462 ff; Wolfgang Zorn, Bayerns Geschichte im 20. Jahrhundert, München 1986, S. 239–245; Large S. 82 ff; Steger S. 329–346; Lexikon zur Parteiengeschichte 2, S. 569–579. Zu den Anfängen während der Regierung Eisner vgl. MinProt S. 211 ff, 216 f, 228 ff, 416 f (über die umstrittenen Entschließungen des Innenministeriums v. 12. u. 18. 11. 1918). Vgl. auch Nr. 109.

186 Lemp S. 248 Nr. 1712.

187 Vgl. die Verhandlungen über den Staatszuschuß von 1920 in LV 1920/21, StenBer 2, S. 868–874; BeilBd 4, S. 257, 276.

188 StaatsA München, AR Nr. 2752/33.

189 Severing, Mein Lebensweg 1, S. 279 ff; Nußer S. 175 ff, 189 ff.

190 Vgl. Kirmayer S. 155ff.
191 Nr. 5.
192 Nr. 8.
193 Nr. 11.
194 Nr. 14.
195 Nr. 9, 12, 30, 54.
196 Nr. 62, 94, 166; vgl. Keller, Briefe S. 416f v. 18. 2. 1920.
197 Nr. 19, 30, 139, 144.
198 Nr. 17, 18, 21, 33, 88, 110.
199 Nr. 114.
200 Nr. 122.
201 Nr. 35/1, 51, 62; vgl. auch Nr. 68.
202 Vgl. dazu Schwend S. 168f.
203 Vgl. dazu auch Kanzler S. 112–118.
204 Nr. 72, 81, 92, 106, 124.
205 Nr. 109.
206 Nr. 10, 17, 18, 22, 39, 43.
207 Vgl. S. 472 mit Anm. 160.
208 Nr. 39/2.
209 Vgl. besonders Nr. 147; ebenso auch Nr. 2. Über die Struktur der jüdischen Gemeinde in München und über das Verhalten Münchener Juden 1918/19 vgl. Cahnmann S. 406–413.
210 »Galizier« als Synonym für Ostjude oder auch für Jude allgemein ist mehrfach lexikalisch belegt; publizistisch vgl. etwa Hofmiller, Revolutionstagebuch S. 209. Über die jüdische Bevölkerung in Galizien vgl. Jüd. Lex. 2, Sp. 865–879; zum galizischen Judentum vgl. Salcia Landmann, Erinnerungen an Galizien, 2. Aufl., Wiesbaden–München 1983. Die von Albert Langen und Ludwig Thoma gegründete Wochenschrift März 8/II–IV, 1914 brachte von Kurt Aram die Artikelfolge »Rußland und die Juden« mit guten Informationen über die soziale und wirtschaftliche Lage der Juden in Rußland und Polen, über die Pogromhaltung der Bevölkerung, über die Korruption der Behörden und über die Rechtslage der Juden.
211 Vgl. Nr. 15, 29, 51, 60, 67, 98.
212 Nr. 147.
213 Nr. 77; vgl. auch Nr. 83, 165.
214 Nr. 14, 29.
215 Nr. 98; vgl. auch Nr. 38, 41, 80, 83, 124.
216 Nr. 2, 14, 127.
217 Nr. 123; vgl. auch Nr. 127.
218 Nr. 62, 76.
219 Nr. 49, 103, 154.
220 Vgl. Nr. 2, 79, 87; ähnlich auch in Nr. 24, 26, 55, 76, 102, 130, 147, 164.
221 Nr. 80; vgl. auch Nr. 17, 51, 162.
222 Vgl. Nr. 40, 56, 119.
223 Nr. 167.
224 Liebermann S. 207; Keller, Briefe S. 423 v. 28. 4. 1920.
225 Lemp S. 173 Nr. 17.
226 Über die antisozialistische Linie des Miesbacher Anzeigers unter Klaus Eck vgl. Kirmayer S. 141–144.

227 Nr. 20, 37, 62, 66, 84, 114, 136.
228 Nr. 91.
229 Nr. 13, 34, 47, 51, 53, 67, 87, 162; Anfang 1919 qualifizierte Thoma Eisner wesentlich besser (»er ist ein Ideologe«); Keller, Briefe S. 348 v. 3. 1. 1919.
230 Nr. 17, 51, 80.
231 Nr. 43, 71, 88, 96, 110, 118, 118/1, 121, 122, 127.
232 Keller, Briefe S. 352.
233 Nr. 132.
234 Nr. 14, 66, 141.
235 Nr. 66; vgl. die positiven Äußerungen in den »Erinnerungen«; GW (1922) 1, S. 180f.
236 Nr. 46, 53, 109, 130.
237 Nr. 75; Parallelen an vielen anderen Stellen.
238 Nr. 117; vgl. auch Nr. 126.
239 Vgl. Nr. 10, 22, 39, 46, 53, 56, 88, 102/2, 109, 110.
240 Nr. 99, 100, 112, 116; vgl. S. 471.
241 Nr. 33, 66, 67, 68.
242 Nr. 95.
243 Nr. 109.
244 Keller, Briefe S. 350 v. 9. 1. 1919. Zur MP vgl. auch Brehm, Pressekritiker S. 52ff.
245 Vgl. Nr. 3, 17; s. auch S. 466.
246 Nr. 22.
247 Nr. 50.
248 Nr. 67, 87.
249 Nr. 116, 121, 123, 127, 131, 141.
250 Z. B. Nr. 3, 123, 127.
251 Nr. 130.
252 Nr. 165.
253 Nr. 148.
254 Nr. 23, 36, 41.
255 Nr. 6, 40, 50, 81, 82, 92, 102.
256 Vgl. Keller, Briefe S. 423f v. 14. 5. 1920; Gajek (Serie Piper 925) S. 166.
257 Nr. 12, 60, 64, 65, 108, 152.
258 Nr. 111.
259 Nr. 2, 33, 64.
260 Nr. 68. Über die Zusammenarbeit der MSP mit den Kommunisten vgl. auch Nr. 20.
261 Nr. 73, 74, 75; vgl. auch Nr. 100.
262 Nr. 130, 134, 137.
263 Nr. 164.
264 Nr. 19, 20, 64, 88, 133, 139, 141.
265 Nr. 58, 62, 84, 114.
266 Nr. 62, 64, 84, 114.
267 Keller, Briefe S. 353–359 v. 13. u. 14. 1. 1919; GW (1956) 1, S. 485f.
268 Keller, Briefe S. 425 v. 16. 5. 1920.
269 Nr. 42.
270 Nr. 24, 84, 102/1, 109, 114, 145.
271 Nr. 62.

272 Nr. 92, 119, 138.
273 Nr. 64, 104, 111, 125.
274 Nr. 48, 69, 92.
275 Vgl. Nr. 83, 84, 133.
276 Nr. 119. Auch mit dem in Nr. 136 genannten »schwäbischen Revolutionsgewinnler«, der den »schwäbischen Demokraten« angehörte, ist Haußmann gemeint.
277 Keller, Briefe S. 343, 345ff v. 29. 12. 1918 u. 1. 1. 1919; vgl. Rösch S. 101ff; s. auch Lemp S. 151. Vgl. dazu auch Haußmanns Äußerung v. 21. 11. 1919 (über Thomas »Schwenkung« zu Tirpitz); Conrad Haußmann, Schlaglichter, hg. v. Ulrich Zeller, Frankfurt am Main 1924, S. 296f. – Friedrich Henning, Die Haußmanns, Gerlingen 1988, S. 100–104 bringt nichts Neues über das Verhältnis von Haußmann zu Thoma.
278 Rösch S. 204–211.
279 Das Innere Reich 3/II, 1936, S. 1287 v. 19. 1. 1920; Keller, Briefe S. 449 v. 11. 4. 1921.
280 Grabrede v. 29. 8. 1921 s. StBibl., HsAbt., L 2467/13; vgl. Lemp S. 166.
281 Bericht über die Trauerfeier s. MA Nr. 201 S. 2 v. 31. 8. 1921. – Im Thoma-Archiv (StBibl., HsAbt., Briefe an Thoma) befindet sich eine wohl von Conrad Haußmann stammende Aufzeichnung v. 16. 4. 1923, in der die damals vom Redakteur der Münchener Zeitung Hans Maier verbreiteten negativen Äußerungen über das Verhältnis von Thoma zu Haußmann richtiggestellt werden.

Abkürzungen

Abg.	Abgeordneter
ADB	Allgemeine Deutsche Biographie, hg. durch die historische Commission bei der Königl. (Bayerischen) Akademie der Wissenschaften, 55 Bde. u. Registerbd., Leipzig 1875–1912
Ahrens	Ahrens, Helmut, Ludwig Thoma. Sein Leben, sein Werk, seine Zeit, Pfaffenhofen 1973
Angress	Angress, Werner T., Juden im politischen Leben der Revolutionszeit (Schriftenreihe wissenschaftlicher Abhandlungen des Leo Baeck Instituts 25) 1971, S. 137–315
Appel	Appel, Michael, Kultur und Gesellschaft Miesbachs in den Anfangsjahren der Weimarer Republik (Magisterarbeit Masch. München) 1985
AR	Akten der Reichskanzlei. Weimarer Republik. Das Kabinett Bauer. 21. Juni 1919 bis 27. März 1920, bearb. v. Anton Golecki, 1980. – Das Kabinett Fehrenbach. 25. Juni 1920 bis 4. Mai 1921, bearb. v. Peter Wulf, 1972. – Das Kabinett Müller I. 27. März bis 21. Juni 1920, bearb. v. Martin Vogt, 1971. – Das Kabinett Scheidemann. 13. Februar bis 20. Juni 1919, bearb. v. Hagen Schulze, 1971. – Die Kabinette Wirth I und II. 10. Mai 1921 bis 26. Oktober 1921, 26. Oktober 1921 bis 22. November 1922, 2 Bde., bearb. v. Ingrid Schulze-Bidlingmaier, 1973
Augsburger Stadtlexikon	Augsburger Stadtlexikon. Geschichte, Gesellschaft, Kultur, Recht, Wirtschaft, hg. v. Wolfram Baer u. a., Augsburg 1985
Bach	Bach, Adolf, Deutsche Namenkunde, I/1 u. 2: Die deutschen Personennamen, 2. Aufl., Heidelberg 1952–1953
Bächtold-Stäubli	Handwörterbuch des deutschen Aberglaubens, hg. v. Hanns Bächtold-Stäubli, 10 Bde., Berlin–Leipzig 1927–1942
Bayer. Biogr.	Bosls bayerische Biographie, hg. v. Karl Bosl, Regensburg 1983
Bayern u. seine Armee	Bayern und seine Armee. Eine Ausstellung des Bayerischen Hauptstaatsarchivs aus den Beständen des Kriegsarchivs, bearb. v. Rainer Braun – Gerhard Heyl – Andreas Groß (Ausstellungskataloge der Staatlichen Archive Bayerns 21) 1987
Becker	Becker, Werner, »Demokratie des sozialen Rechts«. Die politische Haltung der Frankfurter Zeitung, der Vossischen Zeitung und des Berliner Tageblatts 1918–1924 (Phil. Diss. München) 1965
Becker, Liberale Presse	Becker, Werner, Die Rolle der liberalen Presse (Schriftenreihe wissenschaftlicher Abhandlungen des Leo Baeck Instituts 25) 1971, S. 67–135
Benz-Graml	Biographisches Lexikon zur Weimarer Republik, hg. v. Wolfgang Benz – Hermann Graml, München 1988
Berglar	Berglar, Peter, Walther Rathenau. Ein Leben zwischen Philosophie und Politik, Graz–Wien–Köln 1987

Bergmann	Bergmann, Hannsjörg, Der Bayerische Bauernbund und der Bayerische Christliche Bauernverein 1919–1928 (Schriftenreihe zur bayerischen Landesgeschichte 81) 1986
BHStA	Bayerisches Hauptstaatsarchiv
Biogr. Lex. Südosteuropas	Biographisches Lexikon zur Geschichte Südosteuropas, 4 Bde., München 1974–1981
Biogr. WB.	Biographisches Wörterbuch zur deutschen Geschichte, bearb. v. Karl Bosl – Günther Franz – Hanns Hubert Hofmann, 3 Bde., 2. Aufl., München 1973–1975
BJb.	Bayerisches Jahrbuch
Bonn	Bonn, Moritz Julius, So macht man Geschichte. Bilanz eines Lebens, München 1953
Borneman	Borneman, Ernest, Sex im Volksmund. Die sexuelle Umgangssprache des deutschen Volkes. Wörterbuch und Thesaurus, Herrsching 1984
Brehm	Brehm, Friedl, Der Bayerndichter als Münchner Pressekritiker (Das Bayerland 69) 1967, S. 50–54
Brockhaus-Wahrig	Brockhaus-Wahrig. Deutsches Wörterbuch, hg. v. Gerhard Wahrig – Hildegard Krämer – Harald Zimmermann, 6 Bde., Wiesbaden–Stuttgart 1980–1984
BStAnz	Bayerischer Staatsanzeiger
BStZtg	Bayerische Staatszeitung
Büchmann	Büchmann, Georg, Geflügelte Worte, 15. Aufl., Berlin 1887
BVP	Bayerische Volkspartei
Cahnmann	Cahnmann, Werner J., Die Juden in München 1918–1943 (Zeitschrift für bayerische Landesgeschichte 42) 1979, S. 403–461
DDP	Deutsche Demokratische Partei
Deuerlein	Der Hitler-Putsch. Bayerische Dokumente zum 8./9. November 1923, hg. v. Ernst Deuerlein (Quellen und Darstellungen zur Zeitgeschichte 9) 1962
Deutsche Militärgeschichte	Deutsche Militärgeschichte von 1648 bis 1939, hg. v. Militärgeschichtlichen Forschungsamt, 6 Bde., München 1983
Deutsche Verw. Gesch.	Deutsche Verwaltungsgeschichte, hg. v. Kurt G. A. Jeserich – Hans Pohl – Georg-Christoph v. Unruh, 6 Bde., Stuttgart 1983–1988
Deutsche Zeitungen	Deutsche Zeitungen des 17. bis 20. Jahrhunderts, hg. v. Heinz-Dietrich Fischer, Pullach 1972
DNVP	Deutschnationale Volkspartei
Dokumente	Die deutschen Dokumente zum Kriegsausbruch. Vollständige Sammlung der von Karl Kautsky zusammengestellten amtlichen Aktenstücke mit einigen Ergänzungen, hg. v. Graf Max Montgelas – Walter Schücking, 4 Bde., Charlottenburg 1919
Dresler	Dresler, Adolf, Zur Geschichte des »Miesbacher Anzeigers« (Zeitungswissenschaft 13) 1938, S. 579–581; dasselbe unter dem Titel Ludwig Thoma und der »Miesbacher Anzeiger« (Chiemgau-Zeitung, Prien, Nr. 108 v. 10. 5. 1938)

Duden	Duden, Konrád, Orthographisches Wörterbuch der deutschen Sprache, 8. Aufl., Leipzig–Wien 1913
DVP	Deutsche Volkspartei
Eck, Spartakl-Herrschaft	Eck, Nikolaus, Die Spartakl-Herrschaft im bayerischen Oberland, Miesbach 1920 (Umschlag: Spartakl-Wirtschaft)
Enc. Jud.	Encyclopaedia Judaica, 1: Introduction, Index, Jerusalem 1972; 2–16: A–Z, Jerusalem 1971
Engelmann	Engelmann, Bernt, Deutschland ohne Juden. Eine Bilanz, München 1974
Englmann-Stingl	Englmann, Johann Anton – Stingl, Eduard, Handbuch des Bayerischen Volksschulrechtes, 3. Aufl., München 1888; 4. Aufl., München 1897; 5. Aufl., München 1905
Enseling	Enseling, Alfons, Die Weltbühne von Siegfried Jacobsohn und Carl von Ossietzky. Ein Beitrag zur Publizistik der »Intellektuellen Linken« (Diss. Münster) 1962
Epstein	Epstein, Klaus, Matthias Erzberger und das Dilemma der deutschen Demokratie, übers. v. Irmgard Kutscher, Berlin–Frankfurt a. Main 1962
Erzberger-Mord	Der Erzberger-Mord. Dokumente menschlicher und politischer Verkommenheit, Bühl (Baden) 1921
Eschenburg	Eschenburg, Theodor, Matthias Erzberger. Der große Mann des Parlamentarismus und der Finanzreform, München 1973
Fenske	Fenske, Hans, Konservativismus und Rechtsradikalismus in Bayern nach 1918, Bad Homburg vor der Höhe–Berlin–Zürich 1969
Fischer, Schwäb. WB.	Fischer, Hermann – Pfleiderer, Wilhelm, Schwäbisches Wörterbuch, 6 Bde., Tübingen 1904–1936
Fischer (SP 464)	Ludwig Thoma, Jozef Filsers Briefwexel. Nachwort v. Helga Fischer (Serie Piper Band 464) 1986
Fritsch	Fritsch, Theodor, Handbuch der Judenfrage. Die wichtigsten Tatsachen zur Beurteilung des jüdischen Volkes, 34. Aufl., Leipzig 1933
Gajek (SP 321)	Ludwig Thoma, Der Wilderer und andere Jägergeschichten. Textrevision u. Nachwort v. Bernhard Gajek (Serie Piper Band 321) 1984
Gajek (SP 487)	Ludwig Thoma, Agricola. Bauerngeschichten. Mit Zeichnungen v. Adolf Hölzel u. Bruno Paul. Textrevision u. Nachwort v. Bernhard Gajek (Serie Piper Band 487) 1986
Gajek (SP 543)	Ludwig Thoma, Der Ruepp. Roman. Textrevision u. Nachwort v. Bernhard Gajek (Serie Piper Band 543) 1987
Gajek (SP 806)	Ludwig Thoma, Andreas Vöst. Bauernroman. Textrevision u. Nachwort v. Bernhard Gajek (Serie Piper Band 806) 1988
Gajek (SP 925)	Ludwig Thoma, Der Jagerloisl. Eine Tegernseer Geschichte. Textrevision u. Nachwort v. Bernhard Gajek (Serie Piper Band 925) 1989
Gall	Gall, Lothar, Bismarck. Der weiße Revolutionär, Frankfurt am Main–Berlin–Wien 1980
Gebhardt-Grundmann	Gebhardt. Handbuch der deutschen Geschichte, 9. Aufl., hg. v. Herbert Grundmann, 4 Bde., Stuttgart 1970–1976

Gerstl	Gerstl, Max, Die Münchener Räte-Republik, München 1919
Gesammelte Aufsätze	Das Duftigste aus dem Miesbacher Anzeiger. Gesammelte Aufsätze ernsten, heiteren, satyrischen und ähnlichen Inhalts, hg. v. dem Verlage des Miesbacher Anzeiger unter der Schriftleitung von Klaus Eck, verantwortlicher Herausgeber Martin Weger, Miesbach in Oberbayern 1921 (erschienen Ende September 1921)
Geßler	Geßler, Otto, Reichswehrpolitik in der Weimarer Zeit, hg. v. Kurt Sendtner, Stuttgart 1958
Gollwitzer	Gollwitzer, Heinz, Ludwig I. von Bayern. Königtum im Vormärz. Eine politische Biographie, München 1986
Grimm	Grimm, Jakob – Grimm, Wilhelm, Deutsches Wörterbuch, 17 Bde., Leipzig 1854–1971
Gritschneder, Angeklagter	Gritschneder, Otto, Angeklagter Ludwig Thoma. Unveröffentlichte Akten, Rosenheim 1978
Gritschneder, Gehört – Gelesen	Gritschneder, Otto, Bayern – Land und Leute. Ludwig Thoma im Miesbacher Anzeiger (Gehört – Gelesen 33/I) 1986, S. 48–54
Gritschneder, Thoma u. die Justiz	Gritschneder, Otto, Ludwig Thoma und die Justiz (Ders., Weitere Randbemerkungen) München 1986, S. 95–107
Gründer	Gründer, Horst, Walter Simons als Staatsmann, Jurist und Kirchenpolitiker (Bergische Forschungen 13) 1975
Günther	Günther, Hans F. K., Rassenkunde des jüdischen Volkes, 2. Aufl., München 1930
Gumbel	Gumbel, Emil J., »Verräter verfallen der Feme«. Opfer/ Mörder/ Richter 1919–1929, Berlin 1929
Gumbel, Polit. Mord	Gumbel, Emil J., Vier Jahre politischer Mord, Berlin 1922
Guthmann	Guthmann, Johannes, Ein Jahrhundert Standes- und Vereinsgeschichte, München 1961
GVBl	Bayerisches Gesetz- und Verordnungs-Blatt
GW (1922)	Ludwig Thoma, Gesammelte Werke, 7 Bde., München 1922
GW (1956)	Ludwig Thoma, Gesammelte Werke. Mit einer Einführung v. Johann Lachner, Redaktion v. Albert Knaus, 8 Bde., München 1956
GW (1968)	Ludwig Thoma, Gesammelte Werke. Erweiterte Neuausgabe, 6 Bde., München 1968
Haage	Haage, Peter, Ludwig Thoma. Bürgerschreck und Volksschriftsteller, München 1982
Hanko	Hanko, Helmut M., Thomas Wimmer 1887–1964 (Miscellanea Bavarica Monacensia 73) 1977
Hansel	Hansel, Johannes, Personalbibliographie zur deutschen Literaturgeschichte, 2. Aufl., Berlin 1974
Hattenhauer	Hattenhauer, Hans, Deutsche Nationalsymbole. Zeichen und Bedeutung (Analysen und Perspektiven 19) 1984
Hauttmann-Karlinger	Hauttmann, Max – Karlinger, Hans, München, München – Berlin 1922
HB	Handbuch

HBbG	Handbuch der bayerischen Geschichte, hg. v. Max Spindler, Bd. 4: Das neue Bayern 1800–1970, 2 Teilbde., verbesserter Nachdruck, München 1979
HB der deutschen Presse	Sperlings Zeitschriften-Adreßbuch. Handbuch der deutschen Presse. Die wichtigsten deutschen Zeitschriften und politischen Zeitungen Deutschlands, Deutsch-Österreichs und des Europäischen Auslandes, 50. Ausgabe, Leipzig 1923; 53. Ausgabe, Leipzig 1927
HB der europ. Geschichte	Handbuch der europäischen Geschichte, hg. v. Theodor Schieder, 7 Bde., Stuttgart 1968–1987
HB d. Lit. in Bayern	Handbuch der Literatur in Bayern. Vom Frühmittelalter bis zur Gegenwart. Geschichte und Interpretationen, hg. v. Albrecht Weber, Regensburg 1987
Heinemann	Heinemann, Ulrich, Die verdrängte Niederlage. Politische Öffentlichkeit und Kriegsschuldfrage in der Weimarer Republik (Kritische Studien zur Geschichtswissenschaft 59) 1983
Heinle	Heinle, Fritz, Ludwig Thoma in Selbstzeugnissen und Bilddokumenten, Reinbek bei Hamburg 1963
Heyl	Reich und Länder in der Weimarer Republik. Ausstellung des Bayerischen Hauptstaatsarchivs München zur 50. Wiederkehr des Verfassungsjahres 1919, bearb. v. Gerhard Heyl (Ausstellungskataloge der bayerischen staatlichen Archive 3) 1970
Hillmayr	Hillmayr, Heinrich, Roter und Weißer Terror in Bayern nach 1918, München 1974
Hirschfelder	Hirschfelder, Heinrich, Die bayerische Sozialdemokratie 1864–1914, Teil 1: 1864–1878, Teil 2: 1878–1914 (Erlanger Studien 22/I und 22/II) 1979
Hitzer	Hitzer, Friedrich, Anton Graf Arco. Das Attentat auf Kurt Eisner und die Schüsse im Landtag, München 1988
Hoegner	Hoegner, Wilhelm, Die verratene Republik. Geschichte der deutschen Gegenrevolution, München 1958
Hoegner, Außenseiter	Hoegner, Wilhelm, Der schwierige Außenseiter. Erinnerungen eines Abgeordneten, Emigranten und Ministerpräsidenten, München 1959
Hoegner, Radikalismus	Hoegner, Wilhelm, Der politische Radikalismus in Deutschland 1919–1933, München 1966
Hofmiller	Hofmiller, Josef, Ludwig Thoma im »Miesbacher Anzeiger« (Süddeutsche Monatshefte 27) 1929/1930, S. 723–727
Hofmiller, Briefe	Hofmiller, Josef, Briefe, ausgewählt u. hg. v. Hulda Hofmiller, 1.Teil, Leipzig 1940; 2. Teil, Dessau 1941
Hofmiller, Revolutionstagebuch	Hofmiller, Josef, Revolutionstagebuch 1918/19. Aus den Tagen der Münchner Revolution, Leipzig 1938
Hofmiller-Hochgesang	Ludwig Thoma, Ausgewählte Briefe, hg. v. Josef Hofmiller – Michael Hochgesang, München 1927
Huber	Huber, Ernst Rudolf, Deutsche Verfassungsgeschichte seit 1789, 7 Bde., Stuttgart 1957–1984
Huber, Dokumente	Dokumente zur deutschen Verfassungsgeschichte, hg. v. Ernst Rudolf Huber, 3 Bde., Stuttgart 1961–1986

Hümmert	Hümmert, Ludwig, Bayern. Vom Königreich zur Diktatur 1900–1933, Pfaffenhofen a. d. Ilm 1979
Jansen	Jansen, Reinhard, Georg von Vollmar. Eine politische Biographie (Beiträge zur Geschichte des Parlamentarismus und der politischen Parteien 13) 1958
Jochmann	Jochmann, Werner, Die Ausbreitung des Antisemitismus (Schriftenreihe wissenschaftlicher Abhandlungen des Leo Baeck Instituts 25) 1971, S. 409–510
Jüd. Lex.	Jüdisches Lexikon. Ein enzyklopädisches Handbuch des jüdischen Wissens, begr. v. Georg Herlitz – Bruno Kirschner, 4 Bde., Berlin 1927–1930
Kanzler	Kanzler, Rudolf, Bayerns Kampf gegen den Bolschewismus. Geschichte der bayerischen Einwohnerwehren, München 1931
Karl	Karl, Josef, Die Schreckensherrschaft in München und Spartakus im bayr. Oberland. Tagebuchblätter und Ereignisse aus der Zeit der »bayr. Räterepublik« und der Münchner Kommune im Frühjahr 1919, München 1920
Kaznelson	Juden im deutschen Kulturbereich, hg. v. Siegmund Kaznelson, 3. Aufl., Berlin 1962
Keller, Briefe	Ludwig Thoma, Ein Leben in Briefen (1875–1921), hg. v. Anton Keller, München 1963
Keßler	Keßler, Richard, Heinrich Held als Parlamentarier (Beiträge zu einer historischen Strukturanalyse Bayerns im Industriezeitalter 6) 1971
Kirmayer	Kirmayer, Sieglinde, Der »Miesbacher Anzeiger« – Heimat- und Kampfblatt 1874–1950. Ein Beitrag zur Geschichte der bayerischen Provinzpresse (Diss. Masch. München) 1956
Klappenbach	Wörterbuch der deutschen Gegenwartssprache, hg. v. Ruth Klappenbach – Wolfgang Steinitz, 6 Bde., Berlin 1968–1977
Kloeber	So ein Saustall! Altbaierisches aus den finstersten Zeiten des Systems von Ludwig Thoma, Dietrich Eckart, Klaus Eck, hg. v. Wilhelm von Kloeber, München 1938
Kluge-Mitzka	Kluge, Friedrich – Mitzka, Walther, Etymologisches Wörterbuch der deutschen Sprache, 20. Aufl., Berlin 1967
KMBl	Amtsblatt des Staatsministeriums für Unterricht und Kultus
Knaus	Knaus, Albrecht, Die »Münchner Post« während des Weltkrieges (Diss. München) 1940
Knütter	Knütter, Hans-Helmuth, Die Juden und die deutsche Linke in der Weimarer Republik 1918–1933 (Bonner Schriften zur Politik und Zeitgeschichte 4) 1971
Kollmann	Kollmann, Ottmar, Vorschriftensammlung für die Gemeindeverwaltungen, 2. Aufl., München 1920
Kosch	Kosch, Wilhelm, Deutsches Literatur-Lexikon. Biographisch-bibliographisches Handbuch, 10 Bde., 3. Aufl., Bern 1966–1986
Kosch, Biogr. Staatshandbuch	Kosch, Wilhelm, Biographisches Staatshandbuch. Lexikon der Politik, Presse und Publizistik, fortgeführt v. Eugen Kuri, 2 Bde., Bern – München 1963

KP	Kommunistische Partei
KrA	Kriegsarchiv
Krause	Krause, Konrad, Die jüdische Namenwelt, Essen 1943
Kritzer	Kritzer, Peter, Die bayerische Sozialdemokratie und die bayerische Politik in den Jahren 1918 bis 1923 (Miscellanea Bavarica Monacensia 20) 1969
Küpper	Küpper, Heinz, Illustriertes Lexikon der deutschen Umgangssprache, 8 Bde., Stuttgart 1982–1984
Kuron	Kuron, Hans-Jürgen, Freikorps und Bund Oberland (Diss. Erlangen) 1960
L, Lg	Städtische Bibliotheken München, Handschriftenabteilung (Signaturen)
van Laak	van Laak, Ursula, Bibliographie bayerischer Zeitungen aus der Zeit des Nationalsozialismus mit Fundortnachweis, hg. vom Institut für Zeitgeschichte, München 1975
Landmann	Landmann, Salcia, Jiddisch. Das Abenteuer einer Sprache, Olten – Freiburg i. Br. 1979
Landtagshandbuch	Amtliches Handbuch des Bayerischen Landtags, hg. v. Landtagsamte, München 1920, 1921
Lange	Lange, Karl, Marneschlacht und deutsche Öffentlichkeit 1914–1939 (Studien zur modernen Geschichte 17) 1974
Large	Large, David Clay, The Politics of Law and Order: A History of the Bavarian Einwohnerwehr, 1918–1921 (Transactions of the American Philosophical Society vol. 70/II) Philadelphia 1980, S. 3–87
Laubach	Laubach, Ernst, Die Politik der Kabinette Wirth 1921/22 (Historische Studien 402) 1968
Lemp	Lemp, Richard, Ludwig Thoma. Bilder, Dokumente, Materialien zu Leben und Werk, München 1984
Lemp, Vom Advokaten zum Literaten	Ludwig Thoma. Vom Advokaten zum Literaten. Unbekannte Briefe, hg. v. Richard Lemp, München 1979
Lemp 1967	Ludwig Thoma zum 100. Geburtstag, hg. v. d. Stadtbibliothek München, verantwortlich Richard Lemp, München 1967
Leser	Leser, Norbert, Zwischen Reformismus und Bolschewismus. Der Austromarxismus als Theorie und Praxis, Wien 1968
Lexikon zur Parteiengeschichte	Lexikon zur Parteiengeschichte. Die bürgerlichen und kleinbürgerlichen Parteien und Verbände in Deutschland (1789–1945), hg. v. Dieter Fricke u. a., 4 Bde., Köln – Leipzig 1983–1986
Liebermann	Liebermann von Wahlendorf, Willy Ritter, Erinnerungen eines deutschen Juden 1863–1936, hg. v. Ernst Reinhard Piper (Serie Piper Band 761) 1988
Löwenstein	Der Prozeß Erzberger-Helfferich. Ein Rechtsgutachten mit einem Begleitwort von Justizrat Dr. Siegfried Löwenstein, 3. Aufl., Ulm a. D. 1921
LThK	Lexikon für Theologie und Kirche, hg. v. Josef Höfer – Karl Rahner, 11 Bde., 2. Aufl., Freiburg i. Br. 1957–1965

LV StenBer; BeilBd; Rep.	Verhandlungen des Bayerischen Landtags, Stenographische Berichte; Beilagen-Band; Repertorium
MA	Miesbacher Anzeiger
MAA	München – Augsburger Abendzeitung
Mackensen, Dt. WB.	Mackensen, Lutz, Deutsches Wörterbuch, 5. Aufl., München 1967
Mackensen, Zitate	Mackensen, Lutz, Zitate, Redensarten, Sprichwörter, 2. Aufl., Hanau 1981
Maser	Maser, Werner, Friedrich Ebert, der erste deutsche Reichspräsident, München 1987
Matthias-Morsey	Die Regierung des Prinzen Max von Baden, bearb. v. Erich Matthias – Rudolf Morsey (Quellen zur Geschichte des Parlamentarismus und der politischen Parteien I, 2) 1962
Maurer	Maurer, Trude, Ostjuden in Deutschland 1918–1933 (Hamburger Beiträge zur Geschichte der deutschen Juden 12) 1986
MdL	Mitglied des (bayerischen) Landtags
MdR	Mitglied des Reichstags
Menges	Menges, Franz, Reichsreform und Finanzpolitik. Die Aushöhlung der Eigenstaatlichkeit Bayerns auf finanzpolitischem Wege in der Zeit der Weimarer Republik (Beiträge zu einer historischen Strukturanalyse Bayerns im Industriezeitalter 7) 1971
Michalski	Michalski, Gabrielle, Der Antisemitismus im deutschen akademischen Leben in der Zeit nach dem I. Weltkrieg (Europäische Hochschulschriften III, 128) 1980
Miesbacher Büchl	Miesbacher Büchl. Gesammelte Aufsätze ernsten, heiteren, satyrischen u. ähnlichen Inhalts aus dem Miesbacher Anzeiger, hg. v. dem Verlage des Miesbacher Anzeiger (Schriftleitung: Klaus Eck), gesammelt und herausgegeben v. Martin Weger, Miesbach (Oberbayern) 1921 (erschienen im Dezember 1921)
Miller	Miller, Max, Eugen Bolz. Staatsmann und Bekenner, Stuttgart 1951
Miller – Potthoff	Die Regierung der Volksbeauftragten 1918/19, bearb. v. Susanne Miller – Heinrich Potthoff, 2 Teile (Quellen zur Geschichte des Parlamentarismus und der politischen Parteien I, 6/I u. II) 1969
Minister-Ploetz	Regenten und Regierungen der Welt, bearb. v. Bertold Spuler (Minister-Ploetz 2, 4), 2. Aufl., Würzburg 1964
MinProt	Die Regierung Eisner 1918/19. Ministerratsprotokolle und Dokumente, bearb. v. Franz J. Bauer (Quellen zur Geschichte des Parlamentarismus und der politischen Parteien I, 10) 1987
Mitchell	Mitchell, Allan, Revolution in Bayern 1918/1919. Die Eisner-Regierung und die Räterepublik, München 1967
MNN	Münchner Neueste Nachrichten
Mohler	Mohler, Armin, Die konservative Revolution in Deutschland 1918–1932, 2. Aufl., Darmstadt 1972
Morenz	Revolution und Räteherrschaft in München. Aus der Stadt-

	chronik 1918/19, hg. v. Ludwig Morenz – Erwin Münz (Neue Schriftenreihe des Stadtarchivs München 29) 1968
Morsey-Ruppert	Die Protokolle der Reichstagsfraktion der Deutschen Zentrumspartei 1920–1925, bearb. v. Rudolf Morsey – Karsten Ruppert (Veröffentlichungen der Kommission für Zeitgeschichte A, 33) 1981
Morsey, Zentrumspartei	Morsey, Rudolf, Die deutsche Zentrumspartei 1917–1923 (Beiträge zur Geschichte des Parlamentarismus und der politischen Parteien 32) 1966
Moser v. Filseck	Politik in Bayern 1919–1923. Berichte des württembergischen Gesandten Carl Moser von Filseck, hg. v. Wolfgang Benz (Schriftenreihe der Vierteljahrshefte für Zeitgeschichte 22/23) 1971
Mosse	Mosse, Werner E., Die Krise der europäischen Bourgeoisie und das deutsche Judentum (Schriftenreihe wissenschaftlicher Abhandlungen des Leo Baeck Instituts 25) 1971, S. 1–26
MP	Münchener Post
MSP	Mehrheitssozialdemokraten (Sozialdemokratische Partei)
Müller-Meiningen	Müller (Meiningen), Ernst, Aus Bayerns schwersten Tagen. Erinnerungen und Betrachtungen aus der Revolutionszeit, Berlin – Leipzig 1924
v. Müller, Im Wandel einer Welt	v. Müller, Karl Alexander, Im Wandel einer Welt. Erinnerungen Bd. 3, 1919–1932, München 1966
v. Müller, Mars u. Venus	v. Müller, Karl Alexander, Mars und Venus. Erinnerungen 1914–1919, Stuttgart 1954
v. Müller, Unterm weißblauen Himmel	v. Müller, Karl Alexander, Unterm weißblauen Himmel, Stuttgart 1952
NDB	Neue Deutsche Biographie, hg. v. der Historischen Kommission bei der Bayerischen Akademie der Wissenschaften, 14 Bde., Berlin 1953–1987
NL Hofmiller	Deutsches Literaturarchiv Marbach a. Neckar, Nachlaß Josef Hofmiller
Nußer	Nußer, Horst G. W., Konservative Wehrverbände in Bayern, Preußen und Österreich 1918–1933 mit einer Biographie von Forstrat Georg Escherich 1870–1941, 2 Bde., München 1973
Österr. Biogr. Lex.	Österreichisches Biographisches Lexikon 1815–1950, hg. v. der Österreichischen Akademie der Wissenschaften, bearb. v. Eva Obermayer-Marnach, 9 Bde., Graz – Köln – Wien 1957–1985
Or.	Original (Autograph Thomas)
Osterroth	Osterroth, Franz, Biographisches Lexikon des Sozialismus 1, Hannover 1960
Pauly-Wissowa	Paulys Real-Encyclopädie der classischen Altertumswissenschaft. Neue Bearbeitung hg. v. Georg Wissowa u. a., 24 Bde., 10 Bde. (2. Reihe) u. 15 Supplementbde., Stuttgart 1894–1978
Piepenstock	Piepenstock, Klaus, Die Münchner Tagespresse 1918–1933 (Diss. Masch. München) 1955
Pledl	Pledl, Wolfgang, Bayern 1918 bis 1921 (Zeitschrift für bayerische Landesgeschichte 49) 1986, S. 125–168

Rabbow	Rabbow, Arnold, Lexikon politischer Symbole, München 1970
Reimann	Reimann, Joachim, Ernst Müller-Meiningen senior und der Linksliberalismus in seiner Zeit. Zur Biographie eines bayerischen und deutschen Politikers (1866–1944) (Miscellanea Bavarica Monacensia 11) 1968
RGBl	Reichsgesetzblatt
Ringseis	Ringseis, Franz, Neues Bayerisches Wörterbuch, Pfaffenhofen 1985
Röhrich	Röhrich, Lutz, Lexikon der sprichwörtlichen Redensarten, 2 Bde., 3. Aufl., Freiburg i. Br. 1974
Rösch	Rösch, Gertrud, Frauen um Ludwig Thoma. Ein Beitrag zur Biographie des Autors aus seinen Briefen (Zulassungsarbeit, Masch. Regensburg) 1985
RV	Verhandlungen des Reichstags
Sachwörterbuch	Rößler, Hellmuth – Franz, Günther, Sachwörterbuch zur deutschen Geschichte, 2 Bde., München 1958
Schade	Schade, Franz, Kurt Eisner und die bayerische Sozialdemokratie, Hannover 1961
Schärl	Schärl, Walter, Die Zusammensetzung der bayerischen Beamtenschaft von 1806 bis 1919 (Münchener Historische Studien, Abteilung Bayerische Geschichte 1) 1955
Scharlau-Zeman	Scharlau, Winfried B. – Zeman, Zbyněk A., Freibeuter der Revolution. Parvus-Helphand, Köln 1964
Scharnagl	Scharnagl, Anton, Die Schulpolitik in Bayern seit der Revolution (Schulpolitik und Erziehung. Zeitfragen NF 22) 1924
Scheidemann	Scheidemann, Philipp, Der Zusammenbruch, Berlin 1921
Scheidemann, Memoiren	Scheidemann, Philipp, Memoiren eines Sozialdemokraten, 2 Teile, Dresden 1930
Schmeller	Schmeller, J. Andreas, Bayerisches Wörterbuch, bearb. v. Karl Frommann, 2 Bde., 2. Aufl., München 1872–1877
Schmolze	Revolution und Räterepublik in München 1918/19 in Augenzeugenberichten, hg. v. Gerhard Schmolze, München 1978
Schröder	Schröder, Wilhelm Heinz, Sozialdemokratische Reichstagsabgeordnete und Reichstagskandidaten 1898–1918. Biographisch-statistisches Handbuch (Handbücher zur Geschichte des Parlamentarismus und der politischen Parteien 2) 1986
Schulte	Schulte, Franz Gerrit, Der Publizist Hellmut von Gerlach (1866–1935) (Kommunikation und Politik 19) 1988
Schulthess	Schulthess' Europäischer Geschichtskalender, NF, 25.–37. Jahrgang 1909–1921, München 1910–1926
Schulz-Basler	Deutsches Fremdwörterbuch, hg. v. Hans Schulz – Otto Basler u. a., 7 Bde., Straßburg – Berlin 1913–1988
Schustereit	Schustereit, Hartmut, Linksliberalismus und Sozialdemokratie in der Weimarer Republik. Eine vergleichende Betrachtung der Politik von DDP und SPD 1919–1930, Düsseldorf 1975
Schwabe	Die Regierungen der deutschen Mittel- und Kleinstaaten 1815–1933, hg. v. Klaus Schwabe (Deutsche Führungsschichten in der Neuzeit 14) 1983

Schwabe, Oberpräsidenten	Die preußischen Oberpräsidenten 1815–1945, hg. v. Klaus Schwabe (Deutsche Führungsschichten in der Neuzeit 15) 1985
Schwarz	Schwarz, Max, MdR. Biographisches Handbuch der Reichstage, Hannover 1965
Schwarz, Nürnberg	Schwarz, Klaus-Dieter, Weltkrieg und Revolution in Nürnberg (Kieler Historische Studien 13) 1971
Schwend	Schwend, Karl, Bayern zwischen Monarchie und Diktatur. Beiträge zur bayerischen Frage in der Zeit von 1918 bis 1933, München 1954
Selig	Selig, Wolfram, Paul Nikolaus Cossmann und die Süddeutschen Monatshefte von 1914–1918, Osnabrück 1967
Severing	Severing, Carl, Mein Lebensweg, 2 Bde., Köln 1950
SP	Sozialdemokratische Partei
Speckner	Speckner, Herbert, Die Ordnungszelle Bayern. Studien zur Politik des bayerischen Bürgertums, insbesondere der Bayerischen Volkspartei, von der Revolution bis zum Ende des Kabinetts Dr. von Kahr (Diss. Masch. Erlangen) 1955
Sperlich	Sperlich, Waltraud, Journalist mit Mandat. Sozialdemokratische Reichstagsabgeordnete und ihre Arbeit in der Parteipresse 1867 bis 1918 (Beiträge zur Geschichte des Parlamentarismus und der politischen Parteien 72) 1983
StaatsA	Staatsarchiv
Staatslexikon	Staatslexikon. Recht, Wirtschaft, Gesellschaft, hg. v. der Görres-Gesellschaft, 11 Bde., 6. Aufl., Freiburg i. Br. 1957–1970
Stark	Stark, Anna, Die Bauern bei Ludwig Thoma mit besonderer Berücksichtigung der Dachauer Bauern (Diss. München) 1937
StBibl., HsAbt.	Städtische Bibliotheken München, Handschriftenabteilung
Steger	Steger, Bernd, Berufssoldaten oder Prätorianer. Die Einflußnahme des bayerischen Offizierskorps auf die Innenpolitik in Bayern und im Reich 1918–1924, Frankfurt (Main) 1980
Tegernseer Tal	Das Tegernseer Tal in historischen Bildern und Ortsgeschichten der Talgemeinden, Hausham 1980
Terr.Ploetz	Geschichte der deutschen Länder. »Territorien-Ploetz«, hg. v. Georg Wilhelm Sante – A. G. Ploetz Verlag, 2. Bd., Würzburg 1971
Thomas Werke	s. unter GW; Fischer; Gajek; Hofmiller-Hochgesang; Keller; Lemp
Thumser	Thumser, Gerd, Ludwig Thoma und seine Welt, München 1966
Tramer	Tramer, Hans, Der Beitrag der Juden zu Geist und Kultur (Schriftenreihe wissenschaftlicher Abhandlungen des Leo Baeck Instituts 25) 1971, S. 317–385
Traumann	Traumann, Josef, Organisations-Handbuch für Zentrumswähler, 2. Aufl., Hildesheim 1925
Uhlirz	Uhlirz, Mathilde, Handbuch der Geschichte Österreichs und seiner Nachbarländer Böhmen und Ungarn, Bd. 2 u. 3, Graz–Wien–Leipzig 1939–1941

USP	Unabhängige Sozialdemokratische Partei
Venner	Venner, Dominique, Söldner ohne Sold. Die deutschen Freikorps 1918–1923, Kiel 1984
Vergangene Tage	Vergangene Tage. Jüdische Kultur in München, hg. v. Hans Lamm, München 1982
Vietsch	v. Vietsch, Eberhard, Bethmann Hollweg. Staatsmann zwischen Macht und Ethos (Schriften des Bundesarchivs 18) 1969
Volkert	Volkert, Wilhelm, Handbuch der bayerischen Ämter, Gemeinden und Gerichte 1799–1980, München 1983
Wahrig	Wahrig, Gerhard, Deutsches Wörterbuch, o. O. 1982
Weber	Weber, Karl – Weber, Friedrich, Neue Gesetz- und Verordnungen-Sammlung für das Königreich Bayern mit Einschluß der Reichsgesetzgebung, 42 Bde. u. Anhangbd., Nördlingen – München 1880–1919
Wende	Lexikon zur Geschichte der Parteien in Europa, hg. v. Frank Wende, Stuttgart 1981
Wentzcke	Wentzcke, Paul, Die deutschen Farben. Ihre Entwicklung und Deutung sowie ihre Stellung in der deutschen Geschichte, 2. Aufl., Heidelberg 1955
Witt	Witt, Peter-Christian, Friedrich Ebert. Parteiführer, Reichskanzler, Volksbeauftragter, Reichspräsident, Bonn 1987
ZBLG	Zeitschrift für bayerische Landesgeschichte
Ziersch	Ziersch, Walther, Ludwig Thoma und die Münchner Stadt, Gauting vor München 1936
Ziersch, Jagdkönig	Ziersch, Walther, Wie Ludwig Thoma Jagdkönig wurde und andere Thoma-Erinnerungen, München 1929
Zils	Geistiges und künstlerisches München in Selbstbiographien, hg. v. Wilhelm Zils, München 1913
Zimmermann	Zimmermann, Werner Gabriel, Bayern und das Reich 1918–1925, München 1953
Zöllner	Zöllner, Erich, Geschichte Österreichs, 7. Aufl., Wien 1984
[...]	Vom Verfasser im Manuskript gestrichen
⟨...⟩	Vom Herausgeber ergänzt

Namen- und Sachregister

Ludwig Thoma

Agricola

Bauerngeschichten. Textrevision und Nachwort von Bernhard Gajek. 164 Seiten. Serie Piper 487

Andreas Vöst

Bauernroman. Textrevision und Nachwort von Bernhard Gajek. 355 Seiten. Serie Piper 806

Ausgewählte Werke

729 Seiten. Geb.

Heilige Nacht

Eine Weihnachtslegende. Mit Zeichnungen von Wilhelm Schulz.
64 Seiten. Geb.
(Auch in der Serie Piper 262 lieferbar)

Der Jagerloisl

Eine Tegernseer Geschichte.
Mit 15 Zeichnungen von Eduard Thöny und
40 Zeichnungen von Julius Widnmann.
Textrevision und Nachwort von Bernhard Gajek.
220 Seiten. Serie Piper 925

Jozef Filsers Briefwexel

Nachwort von Helga Fischer.
Mit 29 Zeichnungen von Eduard Thöny.
188 Seiten. Serie Piper 464

Piper

Ludwig Thoma

Der Ruepp

Roman. Textrevision und Nachwort von
Bernhard Gajek. 247 Seiten. Serie Piper 543

Die schönsten Romane und Erzählungen

Jubiläumsausgabe in sechs Bänden. Herausgegeben von
Richard Lemp. 2053 Seiten. Geb.

Tante Frieda

Neue Lausbubengeschichten.
Mit 41 Zeichnungen von Olaf Gulbransson.
Textrevision und Nachwort von Bernhard Gajek.
151 Seiten. Serie Piper 379

Der Wilderer und andere Jägergeschichten

Textrevision und Nachwort von Bernhard Gajek.
119 Seiten. Serie Piper 321

Das Thoma-Buch

Von und über Ludwig Thoma in Texten und Bildern.
Herausgegeben von Richard Lemp.
511 Seiten. Serie Piper 641

Piper